Lift Up Your Hearts

Pew Edition

First Pr

First Wyoming U

Lucile
University P

Eastmin

S

Li
Trinity United

Direct
in
San Francisco Th

S
for
to

SIEYÈS

DU MÊME AUTEUR

La République de Monsieur Pompidou, *Fayard*, 1974.
Les Français au pouvoir, *Grasset*, 1977.
Éclats (en collaboration avec Jack Lang), *Simoën*, 1978.
Joseph Caillaux, *Hachette Littérature*, 1980.
L'Affaire, *Julliard*, 1983.
Un coupable (roman), *Gallimard*, 1985.
L'absence (roman), *Gallimard*, 1986.
La Tache (nouvelles), *Gallimard*, 1988.

JEAN-DENIS BREDIN

SIEYÈS

La clé de la Révolution française

Éditions de Fallois

PARIS

L'ANG·COLL

Les photos illustrant cet ouvrage proviennent de la Bibliothèque nationale (© B.N., Paris) à l'exception de la première (Archives nationales) et de la dernière (© Photo Buloz).

© Éditions de Fallois, 1988
22, rue La Boétie, 75008 Paris
ISBN 2-87706-014-4

Pour Olivier

PROLOGUE

De l'abbé Sieyès que sait-on ? Qu'il publia, en janvier 1789, un libelle *Qu'est-ce que le Tiers Etat ?* qui le rendit célèbre ? Qu'élu député aux Etats Généraux il ouvrit la Révolution en appelant les représentants du Tiers Etat à se constituer en « Assemblée nationale » ? Que dix ans plus tard, membre du Directoire, il organisa, avec Bonaparte, le 18 Brumaire, et qu'il ferma la Révolution, la remettant à celui qu'il croyait le plus civil des militaires ? Qu'il eut ainsi cette étrange destinée, d'être l'initiateur de la Révolution en 1789, puis son liquidateur en 1799 ?

On sait parfois cela... parfois aussi que Sieyès illustra, en formules restées fameuses, les principaux moments de la Révolution ; qu'il proclama hardiment, à la veille des Etats Généraux, que le Tiers Etat était « TOUT », un TOUT traité comme s'il n'était « RIEN » ; qu'il résuma ce qu'il fit, ou ne fit pas, sous la Terreur, en constatant simplement : « J'ai vécu » ; enfin qu'il annonça quand agonisait le Directoire : « Je cherche une épée » pour clore la Révolution. Le reste de son action, de sa vie, est à peu près ignoré. Rarement on sait qu'il exerça, sur l'Assemblée constituante, une influence décisive ; qu'il se tut pendant la Terreur, mais qu'il réapparut au lendemain de Thermidor et reprit une place importante, qu'il fut en 1798 l'ambassadeur du Directoire à Berlin, que nommé Directeur en mai 1799 il réussit à devenir le maître du pouvoir. Sait-on qu'après avoir fait le 18 Brumaire avec Bonaparte il abdiqua peu à peu son rôle, enseveli, par Napoléon, sous les honneurs ? Qu'il connut encore le temps d'une longue vieillesse, de l'exil, de l'oubli, enfin qu'il mourut en 1836, dans l'indifférence générale ? Que Sieyès couvrit ainsi, de sa présence, ou de son ombre, presque un siècle de l'histoire de France ?

L'homme semble aussi méconnu que son rôle. La plupart de ses contemporains ont laissé de lui des portraits sévères, souvent injurieux.

Talleyrand, qui fut souvent proche de lui dans l'action, l'a décrit comme un modèle d'inhumanité. « Les hommes sont à ses yeux des échecs à faire mouvoir... ils occupent son esprit mais ils ne disent rien à son cœur » [1]. Théodore de Lameth, l'un de ses adversaires à la Constituante, l'a peint orgueilleux, cynique, recherchant la compagnie des femmes et des jeunes gens pour être sûr de satisfaire son appétit de domination. Pour Barras, qui ne lui pardonnera pas le 18 Brumaire, Sieyès n'était qu'un prêtre haineux, cruel, lié à tous les hommes corrompus de son temps [2], et Barras se complaît à transmettre l'image d'un Sieyès égoïste, insensible, et surtout prétentieux « fermant les yeux quand il parlait pour mieux s'écouter, et jouir plus pleinement de sa sagesse et de son éloquence, la figure ridée comme une pomme cuite » [*]. D'autres n'ont vu en Sieyès qu'un charlatan dissimulé sous des formes mystérieuses, qui semblait faire une confidence quand il disait bonjour [4]. Plusieurs de ses contemporains l'ont peint avare, prévaricateur, toujours occupé d'asseoir sa fortune. L'argent... et la peur auraient conduit Sieyès. « Le seul sentiment qui exerçait une véritable influence sur Sieyès, explique Talleyrand, c'était la peur » [5]. Il aurait eu peur de tout, peur pour sa carrière, peur pour sa vie, peur pour sa fortune. Fouché le décrit terrorisé, prêt au terrorisme pour se débarrasser de ses ennemis, et Napoléon a peint son complice de Brumaire, devenu Consul, affolé, inventant mille périls dans leur palais commun. Même Benjamin Constant, qui fut l'ami de Sieyès, le décrira hanté par la peur : « Après la haine, la passion la plus vive de Sieyès c'était la peur. Il se croyait toujours menacé, et alors il cherchait qui il pût exposer à sa place » [6]. Sous la Terreur Sieyès aurait été obsédé par la préoccupation des périls qu'il courait au point de ne plus rien voir d'autre. « Robespierre ne faisait tomber 80 têtes par jour que pour avoir la sienne... » [7]. La crainte et l'intérêt auraient-ils donc été les vrais ressorts de cet apôtre de la liberté ?

Sans doute Sieyès a-t-il occupé trop de place en son temps pour plaire à ses contemporains. Et il était trop orgueilleux pour s'attacher à les séduire. Mais l'Histoire aussi s'est parfois satisfaite de telles caricatures. Taine dénonce en Sieyès « le plus absolu des théoriciens » [8], dominé par l'orgueil, exempt de tout scrupule. Si Sieyès a combattu les privilèges de la noblesse c'est simplement parce qu'il n'était pas noble. Il n'a jamais parlé et agi que par haine, ou par envie. Edgar Quinet voit Sieyès au 18 Brumaire terrassé par la peur, cherchant à se rassurer sous l'épée de Bonaparte. « Observez Sieyès à cet instant. Que trouvez-vous en lui de l'homme de 89 ? La peur, la peur sordide occupe seule cette intelligence en ruine » [9]. Georges Lefebvre peint Sieyès comme un politique égoïste, avide, qui, bien sûr, eût été moins animé contre l'aristocratie s'il était

---

[*] Dans un portrait de Sieyès faussement attribué à Benjamin Constant [3].

devenu évêque, naviguant entre ses contradictions, changeant d'opinion aussitôt qu'il changeait d'intérêt, se rattachant à la « catégorie la plus détestable des intellectuels, ceux qui font de la politique pour satisfaire leur rancune et leur orgueil »[10].

Tout n'est pas de cette encre-là. Quelques-uns de ceux qui connurent Sieyès ont dressé de lui des portraits attentifs, parfois même élogieux. Ainsi Madame de Staël, qui aimait la compagnie de l'illustre abbé, a beaucoup admiré cet « esprit de la première force et de la plus grande étendue », tout en regrettant son humeur misanthrope. « La race humaine lui déplaît, et il ne sait pas traiter avec elle. On dirait qu'il voudrait avoir à faire à autre chose qu'à des hommes, et qu'il renonce à tout, faute de pouvoir trouver sur terre une espèce plus selon son goût... »[11]. Benjamin Constant juge, comme Madame de Staël, que ce fut un homme d'un esprit immense ; il déplore, comme elle, son peu de sympathie pour l'espèce humaine. « Son dédain pour la médiocrité, le sentiment qu'elle est d'une autre nature que lui, la lui rend insupportable »[12]. Rares sont au XIXᵉ siècle les observateurs de Sieyès qui ont bien voulu le regarder sans préjugés. Ceux-là ont généralement décrit sa force d'abstraction, la puissance de son esprit[13]. Mais ils ont regretté son dogmatisme, son intransigeance. C'était, résume Mignet qui fut son confrère à l'Institut, plus un métaphysicien qu'un homme d'Etat. « Ses vues se tournaient naturellement en dogmes... à chaque époque, il fallait qu'on accepte sa pensée ou sa démission. » On a dit aussi sa mauvaise humeur, sa soif de solitude, sa susceptibilité que tout blessait. Il semblait de la destinée de cet esprit extraordinaire de vivre insatisfait[14]. Sainte-Beuve qui s'est attaché à scruter Sieyès au travers des papiers personnels de l'abbé, dont il a eu connaissance, lui voit un orgueil presque maladif, un excès de douleur et de mépris[15]. Il imagine la révolte douloureuse de Sieyès contre les calomnies, les persécutions, celles qu'il a souffertes, celles aussi qu'il a imaginées. « Je conclus... qu'il en était résulté dans la partie la plus sensible de son être une maladie du genre de celle dont Rousseau et d'autres grands esprits solitaires se sont vus atteints »*. Sieyès lui-même a raconté, dans ses rares confidences, qu'il avait contracté, dès l'âge de 14 ans, une sorte de mélancolie sauvage**.

---

* Il s'agit des papiers amassés par Hippolyte Fortoul qui avait entrepris avant de devenir ministre de Napoléon III de rédiger une biographie de Sieyès. La mort de Fortoul en 1856 interrompit ce travail à peine ébauché. Ce qu'il reste des notes et des documents réunis par Fortoul est aujourd'hui assemblé aux Archives nationales[16]. Fortoul eut à sa disposition de nombreux documents et semble-t-il des écrits de Sieyès dont certains n'ont pas été retrouvés. Ce sont ces documents et ces écrits que Fortoul montra à Sainte-Beuve.

** *Notice sur la vie de Sieyès*, écrite à Paris, en messidor an II, publiée à Paris chez Maradan, libraire, en l'an III. Sur la genèse de cette notice, véritable apologie de Sieyès inspirée et corrigée par lui, cf. *infra*, p. 338.

La distance, la méfiance, l'inaptitude au bonheur auraient-elles été ses maladies incurables ?

Ambitieux et détaché. Capable d'intrigues très savantes pour venir au pouvoir, et d'y renoncer soudain, par humeur, ou par peur. Téméraire en de grandes occasions, craintif en d'autres. Apte aux coups d'éclats comme aux longues patiences. Le plus absolu des théoriciens, mais aussi le plus politique, conduit par ses dogmes mais exempt de scrupules. Solitaire et se voulant entouré d'amis, n'aimant pas les gens du commun mais haïssant les privilégiés, professant le mépris des hommes et seulement occupé à construire leur bonheur... on n'en finirait pas d'observer les traits contraires imputés à Sieyès. La malveillance, la calomnie y tiennent leur part. Elles n'ont cessé d'accompagner un homme que l'on eût dit toujours occupé à déplaire. Mais ne serait-ce pas aussi l'effet d'insolubles contradictions ? D'étranges métamorphoses qui auraient définitivement brouillé son image ?

Et l'œuvre de Sieyès souffre des mêmes incertitudes que sa personne. Nous n'imaginons pas aujourd'hui la gloire qui fut la sienne en son temps. Pendant toute la Révolution, il jouit d'une réputation colossale [17]. Il incarne la victoire sur l'Ancien Régime. Quand, élu Directeur en 1799, il quitte la Prusse où il était ambassadeur et rentre en France, il est célébré comme un sauveur, accueilli par des manifestations populaires d'une rare ampleur. A la veille du 18 Brumaire, il semble évident que Sieyès seul a la force de transmettre la légitimité révolutionnaire, il est resté le symbole de la Révolution et Bonaparte ne s'y trompe pas. En Allemagne il a été comparé à Descartes, à Kant, loué comme un grand philosophe. Mais son influence ne se borne pas à son temps. Pour Madame de Staël, ses écrits, ses opinions ont ouvert un temps nouveau en politique. Benjamin Constant juge de même qu'il a exercé une influence essentielle sur les idées et les institutions [18]. Mignet lui a prêté une œuvre de génie, ce que, après une longue éclipse, de rares historiens lui consentent à nouveau. Les théoriciens de la science politique ont été nombreux à vanter l'immensité de son œuvre. Carré de Malberg a vu en lui l'un des fondateurs du droit public moderne [19]. Il aurait substitué la souveraineté de la Nation à la souveraineté du Roi, et ainsi fait la Révolution [20]. Il serait un des rares politiques qui ont changé le cours de l'histoire [21]. Au terme d'une très minutieuse étude sur Sieyès et sa pensée, Paul Bastid conclut que Sieyès a marqué la césure entre l'Ancien Régime et la pensée politique moderne, qu' « il a affranchi le droit public » [22]. Il aurait lancé et répandu la plupart des grandes idées [23] que nous remuons encore. Ainsi celui qui osa dire : « La politique est une science que je crois avoir achevée » [24] n'aurait été présomptueux qu'en la forme...

Mais alors comment expliquer que d'importants historiens de la Révolution aient à peine gardé le souvenir de Sieyès ? Que d'autres aient vu en lui un usurpateur de l'Histoire, faux symbole en 1789 de la liberté et de la souveraineté populaire, dans la réalité instrument zélé du gouvernement de la bourgeoisie[25] ? Que d'autres encore n'aperçoivent qu'un étrange horloger, travaillant à fabriquer des constitutions de plus en plus compliquées ? Que la mémoire populaire ne sache rien ou presque de lui ? Comment Sieyès aurait-il pu jouer un tel rôle dans l'histoire des hommes, dans l'histoire des idées, et être resté si mal connu, si méconnu ?

Telle est l'étrangeté, ou l'infortune de Sieyès. Tous ceux qui ont bien voulu réfléchir sur l'homme, et sur son œuvre, se sont heurtés au mystère d'un génie très original, très secret, qui n'apparaît jamais que dans « une sorte d'éloignement et d'ombre »[26]. On connaît mal les lieux où il a vécu. On ne sait rien, ou presque, de sa vie quotidienne. Sa vie privée il l'a enfermée dans le mystère *, et quelques médisances ne suffisent pas à en lever le voile. Au soir de sa vie il s'est orgueilleusement refusé à écrire ses mémoires, à se camper pour la postérité : son œuvre devait se suffire à elle-même ! Et quand tous les acteurs de la grande Révolution sont fixés, figés, dans l'image, vraie ou fausse, qu'en restitue l'Histoire, Sieyès apparaît insaisissable. Son physique même, à travers les quelques portraits que nous gardons de lui, semble incertain, changeant d'une image à l'autre, avec la seule évidence d'un long nez busqué. « Il n'avait pas une physionomie heureuse », explique Talleyrand qui évoque son teint pâle, sa taille sans précision, sa démarche molle, son « extérieur commun » : une description qui ne le décrit pas, comme si la tâche était impossible. Nous ne voyons pas Sieyès. Nous ne le connaissons pas.

Fut-il le grand doctrinaire de 1789, qui exprima la Révolution, puis la fit, puis la symbolisa ? Ou ne fut-il qu'un inventeur très doué de slogans politiques, un grand brasseur de théories ? A-t-il à ce point influencé la science politique qu'elle ne cesse d'exploiter ses concepts, ou ne nous a-t-il rien légué qu'une brocante d'idées reçues et de projets baroques ?

Qui est Emmanuel Sieyès ? Quelles traces a-t-il laissées ? Ce livre tente de regarder d'un peu près, sans préjugés s'il se peut **, l'étrange

---

* « Son silence même, écrit Lamartine, était un de ses prestiges »[27]. Les silences de Sieyès lui ont été autant reprochés que ses actes et ses discours... « On persistait à [le] regarder comme un grand homme d'Etat, écrira La Harpe, parce qu'il parlait peu et par sentences... »[28].

** Une place importante a été faite ici à l'historiographie révolutionnaire du XIXe siècle et de la première moitié du XXe siècle. C'est qu'entretenant avec la Révolution une relation passionnelle, l'éclairant, l'interprétant, au besoin la transformant à la lumière rétrospective des temps qui suivent, une part de l'historiographie refait la Révolution, la prolonge. Elle n'en semble pas séparable.

philosophe qui ouvrit, ferma la Révolution, et sans doute l'explique mieux qu'aucun autre, l'un des rares intellectuels qui ont secoué l'Histoire, et peut-être fabriqué des instruments de pensée. Ce pourquoi l'antipathique abbé Sieyès vaut d'être rencontré.

PREMIÈRE PARTIE

DU RIEN AU TOUT

I

UN ENFANT CHÉTIF, MALINGRE, SANS VOIX

C'est à Fréjus que vivait la famille Sieyès. Honoré Sieyès, le père d'Emmanuel, y exerçait les fonctions de receveur des droits royaux et de directeur des postes.

Le grand port de l'Empire romain, chargé d'histoire, avait connu une longue décadence [1]. Il avait subi, comme la plupart des ports artificiels construits par les Romains, l'inexorable loi de l'ensablement. Les eaux croupissantes achevaient de se combler, entretenant les fièvres, éloignant la population. Fréjus — qui avait compté jusqu'à 40 000 habitants — n'en avait plus que 3 000 en 1700, 2 600 en 1750. Pas d'industries, sinon quelques poteries et une savonnerie voisine ; des marais qui couvraient de vastes étendues, un terroir inculte pour la plus grande partie, largement envahi par les landes ; des murailles, des portes — des ouvrages d'art admirables — mais qui eussent obligé, pour être maintenues en état, à de grands travaux, et d'importants emprunts... Par surcroît, aux alentours, les menaces de l'insécurité qui régnait dans l'Esterel, les voleurs attaquant les voyageurs, les loups aussi, dont la chasse était récompensée... Il semblait que le lent déclin de la vieille cité fût inexorable. Pourtant la municipalité, conduite par ses trois « consuls » en charge *, dont le « premier consul » obligatoirement choisi parmi les avocats et les docteurs en médecine, luttait afin de sauver la ville. Pour le tenter, il fallait assécher les marais, curer le vieux port romain. A plusieurs reprises au XVIIIᵉ siècle, la commune sollicite le secours du Roi qui accordera en 1779 remise d'impositions et aides financières « pour détruire la cause du mal... », tâcher de « donner à la province et à l'Etat un nouveau port qui serait le plus utile de la Méditerranée après ceux de Toulon et Marseille » [2]. Elle s'adresse

---

* Aux termes du règlement du 2 mars 1720 le Conseil municipal de Fréjus était composé de « trois consuls en charge, des trois consuls de l'année précédente, du capitaine de la ville, de six conseillers en charge et de six anciens conseillers ».

surtout au meilleur des intercesseurs, son évêque, auquel elle ne cesse de demander son appui.

L'évêché évoque d'illustres souvenirs. C'est un évêque de Fréjus qui fut élu pape à Lyon, en 1316, sous le nom de Jean XXII. C'est l'ancien évêque de Fréjus, André Hercule de Fleury, devenu cardinal, qui fut le précepteur de Louis XV puis son Premier ministre. L'évêché, les clercs regroupés autour de l'évêque, donnent à la ville ce qui lui reste d'activité et de rayonnement. Nommé évêque en 1735, Martin du Bellay prie le Roi d'aider la ville de Fréjus, mais il en trouve le climat malsain, il y réside le moins qu'il peut, et il pense à transporter son palais à Draguignan. Son successeur Emmanuel François de Bausset œuvrera pour faire rétablir l'ancien port romain. Il abandonnera en 1782 « tous les droits qu'il pourrait avoir sur les étangs et marais de Fréjus... »[3] et des environs. Mais le projet impliquait d'immenses travaux, des charges financières trop lourdes... A la veille de la Révolution les cahiers de doléances décriront une ville souffrante et languissante, dont la situation ne cesse de s'aggraver.

Honoré Sieyès avait épousé Anne Anglès, fille d'un notaire royal à Fréjus *. Les deux familles étaient de condition modeste, elles comptaient dans leurs ascendants de nombreux artisans, des artistes aussi, des peintres notamment **. Plusieurs historiens ont prêté à Sieyès des origines de petite noblesse que rien n'établit[6] : c'est ainsi que Lamartine décrira à tort Sieyès « né d'une famille aristocratique à Fréjus »[7]. La confusion peut être venue du fait que le village de Sieyès, établi en Haute-Provence, au pied des Alpes, avait donné son nom à une lignée d'aristocrates. Mais rien n'indique que la famille d'Emmanuel ait eu un lien quelconque avec les marquis de Sieyès ni avec le village dont ils tinrent leur patronyme. « Sieyès » semble une déformation provençale du mot latin « cis » : c'est du moins l'hypothèse que retient Hippolyte Fortoul dans les pages qu'il a consacrées à Sieyès, fragments de sa biographie inachevée. Les Provençaux recevant ce mot de la langue latine, l'auraient transformé, et adouci. Le patronyme Sieyès — qui se prononçait Si-ès — reçut tout au long de la vie de l'abbé des orthographes variables : Siéys, Scies, Syeyes[8]. Emmanuel Sieyès lui-

---

* La famille Anglès semble avoir été de bourgeoisie récente. Le frère d'Anne Anglès, avocat à Fréjus, sera « premier consul » de la commune en 1786. Il épousera Ursule-Marguerite de Broc de Roquebrune, d'une famille bien bourgeoise malgré la particule. Leur fils unique Henri Anglès (1796-1869) fera une carrière de fonctionnaire, à laquelle le cousin Sieyès ne sera pas indifférent[4].

** Honoré Sieyès était né à Fréjus et avait épousé Anne Anglès également née à Fréjus en 1738. Il était le fils de Vincent Sieyès, peintre et consul de Fréjus, qui avait épousé Anne d'Acheux, et le petit-fils de Jean Sieyès, orfèvre à Fréjus. Le frère de Jean Sieyès, Emmanuel Sieyès, mort en 1697, était peintre, élève de Mimault à Aix-en-Provence. Les deux enfants d'Emmanuel — les grands-oncles de l'illustre abbé — furent l'un et l'autre peintres à Aix[5].

même écrivit son nom de diverses manières. Sous la Constituante il signera Siéyes ou Sièyes. Puis, sous le Directoire, il déplacera l'accent et signera Sieyès *.

Honoré Sieyès et Anne Anglès étaient, l'un et l'autre, sans fortune. Grâce aux deux emplois du père, et peut-être aussi par le « revenu de quelques biens de campagne » **, ils pouvaient élever une famille nombreuse. Mais ils ne pouvaient pas « établir » leurs enfants. Les préoccupations d'argent, l'inquiétude de l'avenir, ne cesseront d'être au cœur des correspondances échangées dans la famille Sieyès.

Les deux filles aînées, Antoinette née en 1739 et Marie-Marguerite née en 1743, furent faites, ou se firent, religieuses. Elles ne paraissent pas avoir beaucoup compté chez les Sieyès. Il suffisait qu'elles ne donnassent aucun souci. « Mes deux sœurs sont, après vous et ma mère, écrira Emmanuel à son père, ce que j'aime le mieux au monde... »[9]. Affection en vérité très lointaine, car les deux sœurs de Sieyès semblent n'avoir tenu aucune place dans sa vie. Le premier fils d'Honoré et d'Anne, Joseph-Barthélemy, naquit en 1744. Il sera avocat, député de Draguignan, magistrat, et il fera, appuyé sur son frère, une belle carrière ***. Car les fils d'Honoré se révéleront très solidaires quand viendra la réussite de l'abbé, et celui-ci ne cessera de soutenir ses frères pour assurer leur carrière et leur fortune ****.

Emmanuel Sieyès est né le 3 mai 1748 à Fréjus : son père était alors presque quinquagénaire. L'acte de baptême atteste que l'enfant eut pour parrain M. Joseph de Borély « seigneur de Saillans et de Saint-Julien » et pour marraine Mme Catherine de Perros « dame de Saillans et de Saint-Julien ». Après Emmanuel viendra Léonce, né en 1751, qui fera lui aussi bonne carrière, souvent aidé par l'abbé *****. Enfin naîtra, en 1756, le dernier, Jean-François, qui sera vite, pour son père déjà vieux, une

---

* C'est, par référence à l'usage, l'orthographe qui sera adoptée dans le présent ouvrage. Il convient cependant d'observer que, même sous le Directoire, Sieyès modifiera encore, par moments, l'orthographe de son nom.

** C'est ce qu'assurera Sieyès lorsqu'il publiera, en 1795 (an III), sa *Notice sur la vie de Sieyès* destinée à confondre ses calomniateurs. Mais les affirmations de la *Notice*, constamment inspirée du souci de défendre et de magnifier Sieyès, doivent être accueillies avec précaution.

*** Sous le nom de Sieyès-Labaume — il ajoutera à son patronyme le nom d'une terre acquise en 1781 — il sera avocat, député aux Etats Généraux, maire de Fréjus de 1796 à 1798, puis, aidé par Emmanuel, membre du Tribunal de cassation en 1800, Premier conseiller à la Cour de Cassation sous l'Empire. Il décédera à Paris le 25 novembre 1830, après avoir été promu à l'honorariat.

**** Les Sieyès, observe Paul Bastid, agiront en leur temps comme une « gens » évoquant, « toutes proportions gardées, le souvenir des Bonaparte accrochés à la fortune de Napoléon »[10].

***** Il sera directeur des Postes puis député au Corps législatif en 1800. Il décédera, comme son frère Joseph-Barthélemy, en 1830, laissant plusieurs enfants, dont l'un, Jean-Ange-Marie, vivra avec Sieyès dans les dernières années de sa vie.

préoccupation obsédante, et l'abbé devra fournir à son dernier frère le réconfort d'une efficace solidarité ∗.

Emmanuel, dit la tradition, fut un enfant « chétif, malingre, sans voix », né « à peine viable » [11] : ce que rien n'assure. Il se décrira lui-même comme un « enfant faible et languissant » [12] et il se plaindra, tout au long de sa vie, de sa mauvaise santé et de ses nombreuses « incommodités » [13]. « J'ai un faible tempérament. Le moindre effort, tout exercice un peu violent, me laissent une lassitude générale... » Plusieurs de ses contemporains attesteront sa nature souffreteuse, ses multiples douleurs, sa voix anormalement faible. Mais Sieyès sera assez détesté pour être constammant caricaturé dans ses caractères physiques comme dans ses traits moraux. Et s'il se présentera volontiers comme un enfant malade puis un adolescent fragile, ce sera pour mieux faire admettre que ses parents l'ont contraint — malgré ses goûts qui le portaient, prétendra-t-il, au métier militaire — à choisir la carrière ecclésiastique.

Selon Sieyès, ses premières études commencèrent dans la maison paternelle « sous la direction d'un précepteur qui conduisait son élève au collège des Jésuites, établis à Fréjus, pour y recevoir les leçons publiques avec les autres enfants de la ville » [14]. On peut douter, avec Paul Bastid, que la situation de la famille eût vraiment permis le recours à un précepteur [15]. Mais, publiant sa *Notice* sous la Convention, Sieyès cherchera sans doute, s'inventant un précepteur, à se décrire plus étranger à l'influence des Jésuites qu'il ne le fut en réalité. Sieyès paraît avoir été un bon élève. Il raconte que les Jésuites de Fréjus « remarquèrent cet écolier travailleur », et qu'ils proposèrent à ses parents de l'envoyer à leur grand pensionnat de Lyon. Le père de Sieyès aurait alors résisté aux instances des révérends pères [16], et il aurait décidé d'envoyer son fils achever ses classes au collège des Doctrinaires de Draguignan. Est-ce vraiment la « résistance » d'Honoré Sieyès à la sollicitation des Jésuites — ou plus vraisemblablement l'édit royal leur interdisant l'ensei-

---

∗ Jean-François entrera, selon la volonté de son père, dans la carrière ecclésiastique, où son frère l'aidera de ses intrigues. Il y renoncera dès le début de la Révolution, s'adonnera au commerce, obtiendra un poste de consul de France et deviendra, grâce à son frère, administrateur des Postes. Sur la généalogie des Sieyès, cf. la très complète étude de Frédéric d'Agay, *Les grands notables du Premier Empire dans le Var*, (Paris, CNRS, à paraître 1988). M. Frédéric d'Agay, qui a bien voulu nous communiquer ses travaux sur la généalogie de Sieyès et des Anglès, constate que les parents de Sieyès mirent au monde huit enfants. Claire-Catherine née le 25 novembre 1741 mourut en bas âge. Quant à Félix-Léonce, né le 30 août 1745, trois ans avant Emmanuel, il n'a pas cessé de poser problème. Selon les documents familiaux, il serait lui aussi mort en bas âge, et l'on peut observer qu'aucune correspondance d'Emmanuel, ou de son père, n'a parlé de lui. Mais plusieurs tableaux généalogiques (cf. not. le tableau dressé par le baron de Tupigny, et le tableau reproduit par Marquant dans son *Inventaire des Archives Sieyès*) assurent que Félix-Léonce serait parti pour l'Irlande, qu'il serait mort, faisant naufrage en 1783, et qu'il aurait laissé une nombreuse et brillante descendance, maintenant installée en Espagne et en France.

gnement, puis leur expulsion — qui explique ce changement de collège ? Il est sûr en tout cas qu'Emmanuel se retrouve en 1763 à Draguignan, dans l'un des établissements de la Congrégation de la Doctrine chrétienne *. Il n'a pas encore seize ans.

Il y restera moins de deux ans **. Les humanités constituent l'essentiel de l'enseignement donné par les Doctrinaires. Le latin y est le véhicule pédagogique ordinaire *** quoique la place du français, l'épaulant ou même le substituant, n'ait cessé de s'étendre dans la seconde moitié du XVIIIe siècle. Les enseignements scientifiques étaient réservés aux classes terminales [17]. Emmanuel lit avec passion les historiens latins, il s'enflamme pour les grands capitaines de l'Antiquité, Alexandre, Hannibal, César [18]. Beaucoup de ses camarades se destinent à entrer dans l'artillerie ou dans le génie militaire. Emmanuel brûle d'en faire autant, et il l'écrit à ses parents ; c'est au moins ce qu'il racontera dans la *Notice*. Mais sa santé chétive, sa complexion délicate sont des obstacles ****. Sa tendre mère, assure Albéric Neton, biographe de Sieyès, s'alarme de le voir si faible, elle le supplie de renoncer à des projets qui ne sont pas faits pour lui [19]. Ne voit-il pas que l'enseignement qu'il reçoit a pour fonction essentielle d'élever les jeunes gens dans l'esprit ecclésiastique et, s'il se peut, de former des prêtres [20] ? La famille Sieyès est d'une extrême piété. Dans ses lettres à son fils, Honoré invoque sans cesse la volonté divine, il lui rappelle que « tous les états sont égaux quand on s'y comporte en bon chrétien ». Les parents souhaitent que leur fils soit prêtre, non seulement parce que la foi le recommande, mais parce que l'état ecclésiastique laisse espérer une belle carrière et des revenus substantiels, pourvu qu'Emmanuel soit travailleur et bien protégé. Or il se trouve qu'Honoré, à la fois pieux et habile, s'est fait quelques relations dans l'Eglise. Il est prêt à les exploiter pour aider son fils, afin que celui-ci devienne à son tour capable d'aider la famille. Est-il vrai qu'Emmanuel résista longuement, puis qu'il céda, vaincu par une « douloureuse scène

---

* Fondée à la fin du XVIe siècle par César du Bus dans le comtat Venaissin, la Congrégation de la Doctrine chrétienne *comptait à l'époque* de la Révolution soixante maisons. Elle jouait, dans le midi de la France, un rôle éducatif presque égal à celui des Jésuites.

** Et non six ans, comme l'écrit par erreur Octave Teissier, dans son article très documenté sur « La Jeunesse de l'abbé Sieyès », dans *Nouvelle Revue*, 1897, pp. 128 et ss.

*** Sur le recul — et la résistance — du latin dans le système d'enseignement français au XVIIIe siècle, cf. not. Daniel Mornet, *Les origines intellectuelles de la Révolution française 1715-1817*, Paris, Armand Colin, 1933, pp. 170 et ss.

**** « Les parents de Sieyès, écrit Fortoul, ne regardèrent que la délicatesse de sa santé ; ils pensèrent que l'état ecclésiastique, en développant son intelligence qui faisait leur orgueil, protégerait mieux sa délicate constitution, objet de leurs tendres sollicitudes... Il fallut renoncer à la géométrie et prendre la robe. »

de larmes » et pour ne pas faire de peine à sa mère[21] ? Il se préparera donc à devenir prêtre.

Le voici parti pour Paris. Le 13 novembre 1765, il est admis au Petit Séminaire de Saint-Sulpice. Il n'a pas dix-huit ans. Quelques mois plus tôt il a reçu la tonsure des mains de l'évêque de Fréjus, Martin du Bellay, prélat élégant et influent qui voulait bien s'intéresser à la famille Sieyès[22].

Rien ne permet de penser qu'Emmanuel Sieyès entrât au séminaire par vocation ni même aidé par un sentiment religieux. Il semble qu'il se destinât à être prêtre parce que maladif, comme Talleyrand le devint parce que boiteux[23]. « Dans une position si contraire à ses goûts naturels, racontera Sieyès dans sa *Notice*, il n'est pas extraordinaire qu'il ait contracté une sorte de mélancolie sauvage... »[24]. Sieyès dira « qu'il y perdit son bonheur » et il évoquera les dix années les « plus tristes » de sa vie. En fait, il ne passera au séminaire de Saint-Sulpice que cinq ans, cinq ans d'études, de lectures. Et déjà le jeune séminariste commence à couvrir des dizaines de pages de son écriture penchée, ardente, presque violente, retenant les idées qu'il découvre, s'appliquant à les dépasser.

II

UN SÉMINARISTE AUX MAUVAISES LECTURES

Le séminaire de Saint-Sulpice avait été fondé, vers le milieu du XVIIe siècle, par un curé de Saint-Sulpice, M. Olier, qui avait institué une congrégation de prêtres séculiers spécialement destinés à l'éducation des jeunes ecclésiastiques. Les *Sulpiciens* — ainsi dénommés parce que le principal établissement de la Communauté touchait à l'église Saint-Sulpice, et que les prêtres du séminaire rendaient à la paroisse divers services spirituels — ne prononçaient aucun vœu, ne prenaient aucun engagement ; ils se consacraient, sous la direction d'un Supérieur général assisté d'un conseil de 12 membres, à l'éducation et à la formation des futurs prêtres. Au milieu du XVIIIe siècle, la Communauté comprenait quatre « maisons » : le *Grand Séminaire* de Saint-Sulpice où étaient admis essentiellement les membres des familles nobles destinés à devenir évêques * ; le *Petit Séminaire,* créé en 1684 pour accueillir des clercs incapables de payer la pension du Grand Séminaire et destinés dans l'Eglise à des emplois plus modestes ; la *Petite Communauté de Saint-Sulpice,* dite encore *Communauté des Robertiens ;* enfin la *Communauté des philosophes de Saint-Sulpice* ainsi appelée parce qu'elle regroupait les étudiants en philosophie. Ces quatre maisons, contiguës et communicantes, avaient des activités et des enseignements communs[2].

C'est au Petit Séminaire que fut admis Emmanuel Sieyès. La pension y était moins élevée qu'au Grand Séminaire, les bâtiments plus modestes. La règle de vie y était la même : à cinq heures du matin le lever, suivi de la prière en commun et d'une méditation de trois quarts d'heure, puis l'étude, la messe, les classes extérieures, les conférences de la maison, les repas, la lecture spirituelle, la récréation, la prière du soir,

---

* Là se pressait la noblesse, écrit Fortoul, « qui ne prenait les Ordres que pour recevoir les évêchés ». L'un des rares développements de Fortoul, qui soit sinon achevé du moins suivi, est consacré à *Philosophie et politique de Saint-Sulpice*[1].

le coucher à neuf heures *. Les chambres du Petit Séminaire étaient des cellules très inconfortables — mais les séminaristes ne faisaient qu'y dormir et prier. La nourriture était saine, réduite, « des mets simples, presque dans leur état naturel et à dose légère ». Le pain et le vin s'achetaient [3].

Le Petit Séminaire semble avoir été un pensionnat très libre dont les élèves suivaient, pour la plupart, les cours de la faculté de théologie. A Saint-Sulpice ne se professait qu'un enseignement élémentaire. On y étudiait les Saintes Ecritures, les dogmes, la théologie, la morale. En revanche, le droit canon et l'histoire ne faisaient encore, au temps de Sieyès, qu'une entrée timide dans l'enseignement. De même les mathématiques, la physique, ne pénétrèrent que peu à peu le séminaire dans la seconde moitié du XVIIIe siècle. La leçon, la dictée, la soutenance de thèse, vérifiant les connaissances, la réflexion, l'argumentation, constituaient des méthodes uniformes, souvent monotones, parfois interrompues par les conférences que venaient donner des maîtres extérieurs : ainsi Condorcet, déjà célèbre comme mathématicien, vint occasionnellement aider aux exercices des séminaristes. Mais l'initiation à l'esprit ecclésiastique, à la piété, aux aptitudes, aux vertus religieuses, était la préoccupation principale. Elle impliquait l'enseignement de la prédication, la principale mission du prêtre étant de prêcher la parole de Dieu. Elle obligeait à la fréquentation des sacrements — la Confession et la Communion hebdomadaires étaient de pratique —, aux « conférences de piété », où les séminaristes étaient invités à intervenir sur un sujet de méditation offert à l'avance, en termes « simples et courts », aux « examens spirituels » où chacun, à tour de rôle, s'examinait publiquement sur quelque vice ou quelque vertu [4]. La Communauté devait ainsi veiller sur la pureté des séminaristes. Les amitiés particulières étaient sévèrement prohibées. Voyait-on deux séminaristes habituellement ensemble pendant les récréations, les supérieurs les avertissaient qu'ils se devaient à tout le monde, et on leur envoyait un tiers pour se promener avec eux **. La fréquentation des femmes, l'image même des femmes étaient interdites. On ne devait leur parler qu'en cas de nécessité absolue, et s'éloigner d'elles le plus promptement qu'il était possible. Lorsque les séminaristes représentaient des pièces de théâtre — *L'Avare, Le Misanthrope, Le Malade imaginaire,* et parfois même des pièces de Voltaire, *Zaïre, Mahomet* —, les pièces étaient « corrigées ». On en retirait les « beautés dangereuses », les rôles de femme étaient supprimés, les sœurs devenaient des frères, les amis remplaçaient les maî-

---

* L'horaire comportait un « temps libre » dont la durée variait selon les séminaires entre quatre et six heures par jour.
** « Les amis se cachaient... écrit l'abbé Baston... ils s'en aimaient davantage. » (*Mémoires* de l'abbé Baston, Paris, Picard, 1897 ; rééd., H. Champion, 1977.)

tresses, l'amour était effacé ou réduit à l'état d'innocence *. L'essentiel n'était pas que les prêtres eussent la vocation. En cela la Communauté de Saint-Sulpice ne s'éloignait pas des exigences ordinaires de l'Eglise ni des prescriptions du concile de Trente. Il fallait que les futurs prêtres eussent une vie moralement bonne, et une science correspondant à leur future fonction **. Ceci obligeait à exclure ceux qui avaient un empêchement physique ***, un empêchement intellectuel, et surtout moral, à expulser les mauvais élèves, les mauvais caractères et les semeurs de mauvaises mœurs...

Il semble qu'à Saint-Sulpice, Emmanuel Sieyès n'ait guère été apprécié. En vérité il ne fut pas le seul à avoir causé du souci aux Sulpiciens. L'indiscipline fut croissante durant la seconde moitié du XVIIIe siècle, et elle obligera, après 1782, à une sévère reprise en main du séminaire. Car l'esprit nouveau exerçait ses ravages. Les séminaristes lisaient en cachette Helvétius et Rousseau ; on devait saisir *La Nouvelle Héloïse* dans les chambres, traquer, sans résultat, les mauvaises lectures. Ici et là on signalait les progrès de la coquetterie. Au Grand Séminaire notamment, où les aristocrates se préparaient à devenir évêques, les séminaristes recherchaient les tenues élégantes, les soutanes habillées, parfois provocantes. Dans les années qui précéderont la Révolution, le perruquier se fera, racontera-t-on [5], huit mille livres par an rien qu'à soigner les perruques de Messieurs les séminaristes, certaines perruques étant à plusieurs étages, soutenus par un attirail de longues épingles. La chasteté, cette fleur délicate, si nécessaire à l'état ecclésiastique, ne cessait d'être menacée, d'autant plus fragile que la discipline dans les séminaires de Saint-Sulpice n'était pas contraignante et laissait des horaires à l'improvisation. Dans les maisons voisines, de nombreux séminaristes oubliaient leur vocation. Ainsi Talleyrand, pensionnaire du Grand Séminaire, raconte avoir rencontré dans l'une des chapelles de l'église, une jeune et belle personne dont l'air « simple et modeste » lui plut extrêmement. Elle accepta d'abord la moitié de son parapluie, puis il se rendit chez elle, rue Férou, tous les jours pendant deux ans... [6].

Ce sont les lectures de Sieyès, son caractère aussi, qui paraissent avoir attiré la méfiance des Sulpiciens. Le registre de Saint-Sulpice porte sur lui des notes sévères. On le dit « sournois » et troublé par les mauvaises

---

* Il semble que l'abbé de Bernis — le futur cardinal — ait servi en son temps à corriger ainsi les pièces classiques pour les adapter à une société sans femmes...

** « On s'engage, s'il est besoin, dans les Ordres », avait écrit Bourdaloue dans son *Exhortation sur la dignité des prêtres*. « Je dis s'il est besoin, car hors du besoin on n'aurait garde d'y penser, et vous entendez bien quel est ce besoin... non seulement on est prêtre avec ambition, mais on ne l'est que par ambition. »

*** De nombreux séminaires exigeaient que les candidats soient soumis à l'examen d'un chirurgien habile, vérifiant l'intégrité du corps et même la robustesse de la constitution. Mais les conditions physiques ont été très inégalement vérifiées. L'âge de la tonsure a notamment beaucoup varié selon les séminaires.

lectures : « Sieyès montre d'assez fortes dispositions pour les sciences mais il est à craindre que ses lectures particulières ne lui donnent du goût pour les nouveaux principes philosophiques » *. Ses supérieurs durent avertir l'évêque de Fréjus qui l'avait recommandé et se faisait tenir au courant : « Vous pourrez en faire un chanoine honnête homme et instruit... nous devons vous prévenir qu'il n'est nullement propre au ministère ecclésiastique »[7]. Il semble qu'en 1770 Sieyès ait été prié de se retirer, de lui-même, du séminaire. On ne souhaitait pas qu'il fût ordonné prêtre au titre de la maison. En décembre 1770, il entre au séminaire de Saint-Firmin tenu par les Lazaristes. Il en sortira prêtre, le 28 juillet 1772, à l'âge de vingt-quatre ans...

L'essentiel de ses études de théologie, c'est à la Sorbonne, non au séminaire, que Sieyès les fit, comme d'ailleurs la plupart des pensionnaires de Saint-Sulpice. Le 3 août 1770, il avait été reçu « maître ès arts » : le diplôme impliquait deux années de philosophie et trois années de théologie. Le séminariste Sieyès ne paraît pas avoir été brillant, porté dernier sur la liste des candidats admis. Le maître ès arts devait subir ensuite l'accumulation des épreuves qui conduisaient au baccalauréat puis à la licence. Le baccalauréat obligeait d'abord à affronter, en deux mois successifs, deux examens, l'un en philosophie, l'autre en théologie, chacun des examens se prolongeant quatre heures entières, devant quatre docteurs, dont l'unanimité était indispensable, puis à soutenir, dans la même année, une thèse appelée « tentative » devant dix docteurs dont le jugement devait être également unanime. La licence exigeait la soutenance de trois thèses successives : l'une en six heures, l'autre en douze heures, sur l'incarnation, la grâce, les vertus théologales, les actes humains, les péchés, les lois, la conscience, la troisième enfin, en dix heures, sur la religion, l'Eglise, l'Ecriture sainte et les principaux faits de l'histoire ecclésiastique **. Emmanuel sera fait licencié en 1774, après neuf ans d'études en Sorbonne, reçu cinquante-quatrième sur quatre-vingts ***. Ses études furent « convenables mais sans éclat ». Il négligera, dit-il dans sa *Notice*, la formalité du bonnet de Docteur pour entrer dans le monde...

Emmanuel Sieyès n'eut-il vraiment — comme il le prétendra — que de mauvais souvenirs des « plus tristes » années de sa vie, celles où il fut ainsi « séquestré de toute société humaine raisonnable » ? Il consentira du moins que l'amour de l'étude avait pu y gagner, que « son attention se dirigea fortement sur les livres et les sciences »[9]... Et le temps libre, que lui laissaient le séminaire et la Sorbonne, lui permit d'immenses lectures,

---

* *Notice sur la vie de Sieyès*, p. 8. Mais Sieyès — inspirateur ou auteur de cette notice — prend la précaution d'ajouter que ses maîtres se rassurèrent « en observant son amour prononcé pour la retraite et le travail, et la simplicité de ses mœurs ».

** Ces trois thèses étaient dites la « mineure » la « majeure », et la « sorbonnique ».

*** Le premier fut Clermont-Tonnerre qui deviendra cardinal sous la Restauration[8].

la découverte de ses auteurs préférés, Voltaire, Locke, Condillac, Bonnet... Par ailleurs la Communauté de Saint-Sulpice mettait à la disposition des séminaristes des « campagnes » où ces jeunes gens allaient, toutes les semaines, prendre un peu de repos, où ils pouvaient aussi passer leurs vacances. On y jouait aux échecs, au billard, à la balle. Surtout on se promenait dans les jardins, on courait sous les ombrages. C'est là, assure Fortoul, que Sieyès contracta « un des goûts les plus chers et les plus marquants de sa vie, celui des champs »[10]. Fortoul décrit Sieyès passant du temps à méditer, à cultiver sa « mélancolie sauvage » dans la campagne dont disposaient les Sulpiciens à Issy « en face du charmant paysage que forme la Seine en serpentant au pied des coteaux verts de Passy et d'Auteuil ». Cette campagne avait pour nom « La Solitude », tant elle était tranquille. Elle avait autrefois accueilli Bossuet, Fénelon, le cardinal de Noailles, le cardinal de Fleury. En réalité il est douteux que Sieyès ait pu fréquenter la belle maison d'Issy, chargée d'illustres souvenirs, car elle était la maison de campagne du Grand Séminaire. C'était à Vaugirard, dans l'ancienne — et modeste — maison de M. Olier que les pensionnaires du Petit Séminaire allaient rechercher la verdure et le repos. De là ils partaient en promenade, à dix ou douze, ils allaient au village de Nanterre, ils montaient au mont Valérien. Seuls ou en bande, les séminaristes marchaient, parlaient, rêvaient. La campagne devait renforcer leur vertu et leur caractère...

Et sans doute est-il vrai qu'Emmanuel Sieyès y cultiva son goût de la retraite et du silence. Toujours il aimera s'écarter du monde et du bruit... pour y revenir. Déjà, il semble sombre et tourmenté *. Adolescent sans amis ? Homme sans femmes ? Prêtre sans vocation ? Mais la lecture, la réflexion, le plaisir de la solitude ne le quitteront pas.

---

* Œlsner — son confident, son admirateur, son ami — écrira de lui : « Sieyès n'a dû avoir ni parents, ni amis, ni habitués ; ses yeux n'ont pas dû se remplir de ce que l'on appelle les douces larmes de la compassion pour un ou quelques individus, fraction imperceptible de la société. C'est elle tout entière qui est l'objet de sa sensibilité, de ses travaux, de son culte ; en donnant à la généralité, il ne doit rien à l'individu... » Il ne sera que « l'amant du beau et du vrai ». (Œlsner, *Des opinions politiques du citoyen Sieyès et de sa vie comme homme public*, Paris, Goujon fils, an VIII, p. 5.) L'ouvrage d'Œlsner, sans doute revu par Sieyès, est un brûlant panégyrique...

III

OU JE ME DONNERAI UNE EXISTENCE OU JE PÉRIRAI

La théologie, la philosophie qu'enseignait la Sorbonne semblent n'avoir que médiocrement intéressé Sieyès. Il ne les étudia, assurera-t-il dans sa *Notice*, « qu'autant qu'il lui était nécessaire pour passer les examens et les thèses d'usage »[1]. En revanche, il consacra l'essentiel de son temps à lire tout ce qui n'était pas nécessaire à la préparation de ses examens. « Il parcourait indistinctement et sans règle toutes les parties de la littérature, il étudiait les sciences mathématiques et physiques, et cherchait même à s'initier dans les arts, surtout dans la musique... il recherchait les ouvrages de métaphysique et de morale »[2]. Le jeune séminariste avait accès à la grande bibliothèque de Saint-Sulpice, qu'avait beaucoup enrichie le cardinal de Fleury : on y trouvait les historiens, les moralistes, les poètes, et Sieyès les lut avec avidité*. Quant aux lectures interdites ou décommandées par les Sulpiciens, elles pénétraient sans mal au séminaire où la discipline ne cessait de se relâcher, quoi qu'en dira Sieyès, décrivant « les tortures physiques et morales » imposées aux jeunes gens. Si critiquée qu'elle fût, l'œuvre de Descartes connaissait dans les séminaires un succès consacré par l'enseignement[3]. Voltaire était lu sans précaution. Les œuvres d'Helvétius, de Rousseau étaient apparemment interdites, mais précautions et sanctions n'empêchaient pas les séminaristes de lire — et même d'apporter au séminaire — les livres qui leur plaisaient. Les notes rédigées par Emmanuel Sieyès, à Saint-Sulpice d'abord, puis au séminaire de Saint-Firmin quand il préparait sa licence, et dans les années qui suivirent, admirablement rassemblées et classées aux Archives nationales par Robert Marquant dans ce qu'est aujourd'hui le « fonds Sieyès », attestent un furieux appétit de connaissances**.

* Talleyrand décrit, dans ses *Mémoires*, avec admiration, la grande bibliothèque de Saint-Sulpice (1891 ; rééd., Paris, Jean de Bonnot, 1967, pp. 20 et ss.). « Une bonne bibliothèque offre des secours à toutes les dispositions de l'âme... »

** Sainte-Beuve, qui a eu connaissance par Fortoul de nombreux manuscrits écrits par Sieyès, assure que l'on possède « tous ses manuscrits de cette époque de Saint-Sulpice ou

Sieyès est un véritable enfant des Lumières. Il lit tout ce qu'il trouve, il accumule les savoirs les plus divers, il dévore les livres, sans méthode, selon ses curiosités ou ses passions, il commente, il résume, il corrige la plume à la main beaucoup des ouvrages qu'il lit, notamment en métaphysique et en économie politique, il ne cesse de prendre des notes, il commence des écrits qu'il ne terminera pas. Il est encore à Saint-Sulpice quand il construit, en 1770, un « projet de bibliothèque » ou de bibliographie :

> « J'ai voulu me faire un catalogue des livres dont je pourrai composer ma bibliothèque, si je deviens jamais assez riche pour m'en former une. Quel ordre leur donner ? Il se présente d'abord celui dans lequel les encyclopédistes ont rangé les connaissances humaines, rien de plus naturel que de classer les livres suivant les divisions des objets dont ils traitent, mais les ouvrages se refusent à cet arrangement analytique, leurs auteurs ne l'ont pas conçu, ou ne se sont pas souciés de le suivre... Vous les voyés (sic) mêler ensemble des rameaux qûils (sic) ont arrachés à des branches différentes, donner pour des noms importans (sic) des ridicules rhapsodies... » [4].

Il multiplie les notes « sur l'application de l'algèbre à l'arithmétique et à la géométrie, et sur la trigonométrie rectiligne et sphérique » [5]. La musique l'occupe beaucoup. Il l'a rencontrée à Saint-Sulpice, par le chant. Sieyès avait, quand il parlait, une voix faible et voilée que l'accent provençal ne quittera jamais. Mais cette voix, assure Fortoul, devenait « douce et expressive dans le chant » [6]. Le jeune séminariste dresse ce qu'il appelle le « catalogue de ma petite musique », des ariettes, des ambigus, des romances tirées des opéras-comiques en vogue. « Il recopie ou invente des partitions, il fait la liste des airs qu'il veut acquérir : " Aimez-vous, aimez-vous sans cesse... ", " Aimons, buvons, tandis que nous vivons "... » [7]. Mais la musique est aussi pour lui objet de réflexion. Il explore dans ses notes les vertus du langage musical, il recherche en quoi la musique est une science, il rêve d'inventer une « langue philosophique universelle, mélodieuse, harmonique, instrumentale » [8] dont la musique lui fournit un modèle. Il lit et commente les philosophes, notamment Condillac auquel il consacre d'abondantes notes de lecture, et Helvétius qui paraît lui avoir inspiré, entre 1772 et 1774, le projet d'un commencement de livre politique : *De la cause des*

---

des années qui suivirent ». Il est probable qu'en réalité beaucoup se sont perdus, avant et après que Fortoul et Sainte-Beuve en eussent pris connaissance. Le fonds Sieyès rassemble aux Archives nationales tout ce que Robert Marquant a pu retrouver, réunir et inventorier. (Archives nationales, « Les archives Sieyès », inventaire par Robert Marquant, avant-propos par Marcel Dunant, Paris, S.E.V.P.E.M., 1970. Sur le fonds Sieyès aux Archives nationales, cf. l'étude de Marcelle Adler-Besse, dans *Annales historiques de la Révolution française*, 1970, pp. 519 et ss.)

malheurs des hommes[9]. Il lit Grotius, Hobbes, Locke, surtout, auquel il prend un intérêt passionné : il lit et relit les *Lettres sur la tolérance*, l'*Essai sur le gouvernement civil*, l'*Essai philosophique concernant l'entendement humain*, qui exerceront sur sa pensée une forte influence *. Il y prendra beaucoup d'idées, et même de formules. Il travaille sur toutes les œuvres à la fois, il les commente, il les explique, il les conteste, il écrit sur la théorie de la connaissance, de la souveraineté, de la représentation, du droit naturel, du gouvernement civil, de la propriété. Il entreprend un vaste classement des théories lockiennes. Il étudie avec passion l'économie politique, il lit et annote les physiocrates **, — plus tard il leur empruntera beaucoup —, il réfléchit sur l'argent, sur la banque, sur le travail, sur la production, sur le papier monnaie, il écrit sur tout... mais très peu sur l'histoire. Déjà, s'observe dans ses notes sa méfiance à l'égard de l'histoire : Sieyès voudrait tirer tout progrès de l'intelligence, de la raison ; il ne veut pas que la société idéale soit prisonnière de son passé ni même expliquée par celui-ci ***. Dès 1772, dans un texte que Sieyès reprendra, pour partie, lorsqu'il publiera sa première brochure, le jeune séminariste a exprimé son dédain des faits existants[10] :

« Je laisse les nations formées au hasard. Je suppose que la raison tardive va présider à l'établissement d'une société humaine, et je veux offrir le tableau analytique de sa constitution.

» ... On me dira que c'est un mauvais *roman* que je vais faire. Je répondrai : tant pis ! J'aurais mieux aimé trouver dans la suite des faits ce qu'il m'a fallu chercher dans l'ordre des possibles. Assez d'autres se sont occupés à combiner des idées *serviles*, toujours d'accord avec les événements. Quand on les médite, plein du seul désir de l'intérêt public, on est obligé à chaque page de se dire que la saine politique n'est pas la science

* Fortoul consacre, dans son esquisse de biographie, un chapitre inachevé intitulé *Sur Locke* à exposer la passion de Sieyès pour les méditations de Locke qui « opéra de grands changements dans la pensée humaine ». Sieyès a plusieurs fois parlé de l'intérêt qu'il prit à la lecture de Locke. Celui-ci a exercé une grande influence sur Sieyès, qui théorisera après lui le lien irréductible qui unit la liberté et la propriété.

** Il a travaillé sur Mercier de la Rivière, sur Quesnay, sur Turgot. Il sera sans doute l'un des premiers lecteurs des *Recherches sur la nature et les causes de la richesse des Nations*, d'A. Smith, publié en Grande-Bretagne en 1776, traduit en France en 1787. Colette Clavreul, dans sa thèse sur « L'influence de la théorie de Sieyès sur les origines de la représentation en droit public » (Université Paris I, octobre 1982), émet l'hypothèse qu'il ait pu lire Smith en anglais. Smith exercera sans aucun doute une forte influence sur Sieyès qui fera de la division du travail le fondement d'une organisation politique moderne.

*** Sainte-Beuve remarque chez Sieyès un véritable mépris de l'histoire, à laquelle il ne s'intéressait « pas plus qu'à la théologie ou à la mythologie ». En réalité, cette disposition d'esprit, si fréquente chez les hommes des Lumières, est moins assurée chez Sieyès que ne le dit Sainte-Beuve. On pourra consulter notamment les notes historiques prises par Sieyès sur les Etats Généraux du XVe au XVIIe siècle (A.N. 284 AP 3, dossier 2), et les réflexions qu'il conduisit à partir de ces notes à l'effet de préparer ses brochures. En réalité, Sieyès est disposé à se servir de l'histoire, comme objet de connaissance. Mais ce qu'il refuse, c'est la soumission de ce qui est à ce qui fut.

de ce qui *est* mais de ce qui *doit être*. Peut-être un jour se confondront-elles et l'on saura bien alors distinguer l'histoire des sottises humaines de la science politique.

» ... Si nous donnons le nom de roman au plan d'un édifice qui n'existe pas encore, un roman est à coup sûr une folie en physique : ce peut être une excellente folie en politique. »

C'est l'année où Sieyès est fait prêtre. Il n'est pas encore licencié. Il a vingt-quatre ans. Déjà ce texte révèle quelques-uns des caractères de cette intelligence très systématique : sa puissance, son assurance, sa soif d'universel, et aussi son goût des formules bien faites. Et déjà se remarque chez l'abbé ce souci du classement, de l'ordre, de la division méticuleuse qui inspirera beaucoup de ses projets. Ainsi le montre son *Tableau de la distribution des travaux dans une société bien ordonnée*, un tableau parmi beaucoup d'autres qu'il fit et refit, pour répartir et classer les connaissances, les idées, les travaux, les fonctions, les pouvoirs *.

Mais les notes de Sieyès révèlent aussi les contradictions de son caractère, cette nonchalance et cette impatience qui le poussent à être tantôt au-delà, tantôt en deçà de son propre travail. Il s'est ainsi décrit dans sa *Notice* : « Le besoin de savoir une fois satisfait, il reste avec ses notes et ses tableaux analytiques qui ne peuvent être que pour lui. La mise au net, le remplissage des vides et cette sorte de toilette que les auteurs, même les moins soucieux de fumée littéraire, ne pourraient refuser à des écrits destinés à voir le jour, lui sont insupportables ; il a déjà passé à d'autres méditations... »[11]. Le plus souvent, il ne fait rien de son travail. Il le reconnaît en exaltant ses mobiles : « S'il s'est permis quelques infidélités à cette sorte de paresse, ce n'a été qu'enchaîné par le sentiment d'un grand intérêt public... » Une fantastique ardeur au travail sur un fond de nonchalance, le projet de changer le monde mais aussi le goût de la distance, de l'isolement, une solitude subie et cultivée : Sieyès est déjà semblable à lui-même.

Mais il a sa famille. Et il compte sur elle. Honoré Sieyès, qui a consenti de lourds sacrifices pour que son fils vienne à Paris poursuivre des études, entend bien que celui-ci fasse carrière. Il lui veut des protecteurs dont Emmanuel devra entretenir, avec talent, le bienveillant intérêt.

Le premier fut l'abbé Gros de Besplas, vicaire général de l'évêque de Fréjus, Monseigneur de Bausset. L'abbé de Besplas, qui sera aumônier du comte de Provence et professeur de théologie à la Sorbonne, consentit, par sympathie pour la famille Sieyès, à surveiller les études du jeune Emmanuel. Prêtre moderne, mondain, probablement incroyant,

---

* Roberto Zapperi a choisi, présenté et publié, sous le titre *Ecrits politiques de Sieyès*, (Paris, Edition des Archives contemporaines 1985) plusieurs textes — « Notes et fragments inédits » — de Sieyès, impossibles à dater, mais sans doute écrits entre 1770 et 1785, qui sont utiles pour découvrir la progression de la pensée d'un jeune abbé.

nourri des philosophes, l'abbé de Besplas avait publié en 1763 un *Traité des causes du bonheur public*. Emmanuel vint souvent lui rendre visite, durant le temps du séminaire, puis après avoir quitté celui-ci. Le bienveillant abbé de Besplas écrira le 26 avril 1774 à Honoré Sieyès : « Monsieur votre fils vient me voir assez souvent et je lui en sais gré. Sa conduite me paraît toujours irréprochable. » Sans doute le jeune séminariste fit-il à l'occasion valoir, auprès de son protecteur, les difficultés de la vie à Paris. « Il m'a paru, ajoutera l'abbé, fort gêné dans ses moyens. Comme il mérite, et que vous pouvez compter sur une place avantageuse pour lui, je pense qu'il serait convenable de faire encore quelque effort pour lui ; il serait triste de le laisser en bon chemin, surtout dès que nous voyons un terme assuré... D'ailleurs je m'occupe en attendant à le placer dans une Communauté de Paroisse où les frais seront beaucoup moindres... » L'abbé de Besplas conseille vivement au père d'Emmanuel de « lui fournir à présent ou à différentes époques un sac de cent pistoles ». « Il y a un temps pour semer, conclut l'abbé philosophe, et un temps pour recueillir. » Honoré Sieyès est sensible à de tels arguments. Il veut bien semer, s'il est sûr de recueillir.

Mais ce père attentif avait réussi à trouver, pour Emmanuel, un autre protecteur en la personne de l'abbé Jean-Baptiste-Florimond Meffray de Césarge. Celui-ci appartenait à une famille considérée — il était le fils du marquis de Césarge — et il avait été nommé à vingt-quatre ans vicaire général, comme l'abbé de Besplas, du diocèse de Fréjus. L'abbé de Césarge, courtisan, libertin, qui intriguait pour devenir aumônier de l'Oratoire du Roi, place très enviable à la Cour, s'était fait promettre un prêt par Honoré Sieyès, car l'argent manquait à l'ambitieux abbé plus influent que riche. Nommé en septembre 1769 à la fonction espérée, l'abbé de Césarge adressait à Honoré une lettre pleine d'attention et de gratitude [12] :

> « Le Roi vient de m'accorder, Monsieur, l'agrément de la charge de Maître de son Oratoire. Je vais demain à Versailles remercier Sa Majesté, et être présenté à la famille royale. J'entrerai sur-le-champ en exercice. J'ai été au séminaire pour voir Monsieur votre fils, j'ai remis la lettre que vous m'aviez donnée ; je n'ai pu le voir, j'en ai été très fâché. Vous connaissez l'intérêt que je prends à tout ce qui vous regarde, à plus forte raison à tout ce qui vous appartient. Ce sont des sentiments qui sont inaltérables dans mon âme. Je suis pressé comme vous pouvez penser : n'oubliez pas ce que je vous ai demandé, vous aurez toute sûreté, mon père et ma mère s'obligeront. »

Rien n'est meilleur que la reconnaissance d'un homme habile et ambitieux. Honoré Sieyès fit donc les plus grands efforts pour prêter à Césarge les dix mille livres que celui-ci attendait :

« Fréjus, 30 septembre 1769,
« J'ai actuellement 4 000 livres dont vous pouvez disposer de la manière et par la voie que vous me préviendrez. Mme de Cépède a promis de me payer aux fêtes de Noël les 6 000 livres qu'elle me doit. Cette dernière somme vous est destinée, si je puis y ajouter même 2 000 livres soit par emprunt ou autrement je le ferai de tout mon cœur. »

L'abbé Césarge remercia aussitôt, assurant :

« Je ne désire rien plus ardemment que d'être à portée de vous témoigner, dans la personne de vos enfants, combien je suis pénétré de reconnaissance de vos procédés honnêtes et obligeants. »

Quelques jours plus tard il écrivait à son dévoué créancier :

« J'ai vu Monsieur votre fils, il est bien dans son état ; qu'il continue d'étudier et d'être sage, avec ces deux conditions je vous réponds de son avancement et de sa fortune. N'en soyez pas en peine, il a pris le meilleur parti » [13].

Les intérêts du prêt de dix mille livres seront, en 1770, portés par l'abbé de Césarge au séminaire de Saint-Sulpice pour aider à payer la pension d'Emmanuel.

« Je vous envoie, Monsieur, la quittance de l'économe du séminaire de Saint-Sulpice de 440 livres... Je pense à M. l'abbé votre fils, et j'espère que vous serez content de moi si mes desseins sur lui réussissent. »

En 1772, l'année où Emmanuel Sieyès sera ordonné prêtre, l'abbé de Césarge écrira, de Versailles, à l'heureux père :

« Je suis fort content de votre fils l'abbé, il est fort décent, le voilà en licence. Il a de l'esprit, de l'intelligence. Je crois qu'il vous fera honneur, et j'ai lieu d'espérer qu'après sa licence il vous sera peu à charge. »

Honoré Sieyès peut être rassuré, mais Emmanuel est impatient. Le clergé de France, expliquera Sieyès, comptait, quand il fut ordonné, deux sortes d'ecclésiastiques : les « ecclésiastiques prêtres » et les « ecclésiastiques administrateurs » [14]. Le jeune abbé se montre aussitôt très impatient de prendre, dans cette seconde catégorie, la place qu'il estime mériter. Comme il n'est pas noble, il ne peut rêver d'être évêque. Etre prêtre ne l'intéresse pas. Il veut, comme ses protecteurs, devenir un administrateur, chanoine, puis grand vicaire auprès d'un évêque, il veut se rapprocher des prélats politiques, et pourquoi pas de la Cour [15]. Sieyès entend que le zèle de ses protecteurs soit vite récompensé. Tout jeune prêtre, non encore licencié, il a, en 1773, espéré de l'appui de l'abbé de

Césarge la faveur d'un « bénéfice » qui lui procurerait quelques ressources et lui permettrait d'aider sa famille*. Le bénéfice fut manqué,
soit que Césarge eût échoué dans ses démarches, soit qu'il les eût
mollement soutenues. Le 25 juin 1773, furieux de cet échec, Emmanuel
adresse à son père une lettre qui éclaire singulièrement son état d'esprit :

> « … " Mon protecteur " se console du grand coup qu'il a manqué. Son
> peu de succès ne lui fait pas autant de peine certainement qu'à moi. Si la
> chose eût réussi, comme il l'espérait, je devenais *tout,* au lieu que je ne suis
> *rien.* N'importe, je n'ai pas encore à me plaindre, puisque mon cours n'est
> pas achevé. Ou je me donnerai une existence ou je périrai. Vous m'avez
> mis sur le chemin ; j'attends seulement que vous ne m'abandonnerez pas
> au milieu d'un cours que vous m'avez fait commencer sur d'autres
> espérances. Au reste, j'ai vos lettres, que je garde précieusement. Je
> pourrai toujours vous mettre sous les yeux vos propres paroles. Je tiens
> aussi fidèlement compte de tout l'argent que vous avez eu la bonté de
> m'envoyer. Je suis très en règle pour l'ordre de mes dépenses depuis ma
> bachelière. »

Emmanuel Sieyès se révèle dans cette lettre où la colère le dispute à
l'âpreté. On y lit la violence, la fureur de son amour-propre, l'exaltation
de son ambition — « ou je me donnerai une existence ou je périrai » —,
le peu de cas aussi qu'il fait des autres, même les plus proches, de son
protecteur, de son père, aussitôt qu'il est blessé, et encore l'importance
qu'il attache aux problèmes matériels, aux bons comptes, à l'argent.
Toujours il sera menacé par la mesquinerie, sinon par la méchanceté. On
y voit aussi la force de son écriture, et déjà, appliquée à lui-même, la
formule qui fera plus tard sa gloire : « Si la chose eût réussi je devenais
tout, au lieu que je ne suis *rien.* » Passer du « rien » au « tout », voilà
l'ambition de l'abbé Sieyès.

---

* Un bénéfice était le droit perpétuel de percevoir quelque portion des revenus des
biens consacrés à Dieu, accordé à un clerc, par l'Eglise, en rémunération de quelque
office spirituel. La « chasse aux bénéfices » était le fait, non seulement des ecclésiastiques
mais de leur famille : « On pousse un cadet jusqu'à la tonsure pour mériter un bénéfice
devenu en fait bien familial. » (Bernard Plongeron, *La vie quotidienne du clergé français au*
XVIIIᵉ siècle, Paris, Hachette, 1974, pp. 221 et ss.). Les « bénéficiers sans charge d'âme »
étaient des abbés, chanoines, chapelains, qui obtenaient les fruits d'un bénéfice sans en
assumer la charge spirituelle. Telle pouvait être l'ambition du jeune Sieyès.

IV

PARTOUT DES TÊTES PENSANTES

Quand, en 1774, le jeune abbé Sieyès conquiert sa licence, s'achève le règne de Louis XV. Le Roi bien-aimé s'était fait détester plus sans doute qu'aucun de ses ancêtres. Après avoir paru, un temps, composer avec le grand mouvement d'idées qui agitait son siècle [1], il avait choisi, à partir de 1770, de se raidir, soutenant obstinément Maupeou qui s'acharnait à briser la résistance des Parlements, et Terray — son très impopulaire contrôleur général — qui usait d'expédients pour résorber l'énorme déficit, cette plaie mortelle de l'Etat monarchique. Etrange destin : en ce temps où triomphent les Lumières, Louis XV a retrouvé le ton de l'absolutisme le plus intransigeant. « Vous venez d'entendre mes volontés. Je vous ordonne de vous y conformer... Je défends toute délibération contraire à mes édits... Je ne changerai jamais. » Ainsi dit-il, lorsqu'il fait enregistrer, lors de son lit de justice d'avril 1771, l'édit transformant son Grand Conseil en Parlement de Paris. « Je ne changerai jamais » ! C'était compter sans la **mort, qui** le prend, le 10 mai 1774, dans l'indifférence générale, sinon le soulagement. Les Français semblent même oublier de prier pour le salut du Roi, et le carrosse qui emporte le corps de Louis XV jusqu'à Saint-Denis, le 12 mai, n'est suivi que des gardes du corps et des domestiques. Sur le passage on crie : « Taïaut ! Taïaut ! » et aussi « Voilà le plaisir des dames... ». Ne serait-ce pas la monarchie française que, sans le savoir, on porte en terre ?

Pourtant, c'est sous ce règne-là que la lumière, que les Lumières ont éclairé, transformé les mentalités. Jamais une société ne vécut si fantastique essor de l'intelligence et du savoir, une telle souveraineté de la raison. « Tout bien pesé, écrit Pierre Chaunu, les Lumières en Europe ont opéré la première multiplication par dix des cerveaux. Derrière un sourire, l'Europe des Lumières, c'est cela d'abord, un front d'acculturation, le multiplicateur forcené des hommes, des moyens, des pensées... » [2]. Mais c'est en France que cette grande revendication de l'esprit humain, s'arrogeant le droit de remettre en cause tous les dogmes, de gouverner la société au nom de la raison, fut la plus radicale, la plus violente aussi. C'est en France que les Lumières furent éblouissantes au risque de devenir aveuglantes. Et sans doute la patrie de Descartes pouvait-elle sembler destinée à accueillir et multiplier les Lumières : le rationalisme intellectuel avait déjà imprégné sa culture. Mais ce qui sépare la France de la seconde moitié du XVIIIᵉ siècle des autres pays d'Europe, de l'Angleterre, de l'Allemagne, c'est sans doute qu'elle n'a derrière elle aucune révolution, ni politique ni religieuse, et que le catholicisme et la monarchie fondent encore l'ordre français, comme les deux piliers d'un absolutisme aussi monumental que fragile. Le catholicisme dominant, qui fut assez puissant pour briser le protestantisme, pour réduire ses contestations internes, peut régner apparemment en souverain implacable sur la foi, sur la morale, sur la vie, sur l'ordre : il offre à la révolte des esprits la meilleure des cibles, à force de défier la raison par son intransigeance et son immobilité. La monarchie qu'a construite Louis XIV fait de même, prétendant assembler, unifier, incarner tous les pouvoirs. On dirait que cet Etat omnipotent et arrogant oblige à une contestation absolue. Au XVIIIᵉ siècle, la monarchie et l'Eglise catholique livrent, en France, au grand mouvement des Lumières, un terrain privilégié. C'est en France que se trouvent idéalement assemblés, et provocants, si même ils sont très vulnérables, les ennemis que la raison se donne : l'arbitraire, le fanatisme, l'absolu. Mais en France aussi l'esprit des Lumières, nourri aux sources qu'il combat, empruntera vite à l'absolutisme ses propres instruments. La raison proclamera sa monarchie absolue. Elle posera ses dogmes au nom du mépris des dogmes. L'intolérance inspirera la lutte pour la tolérance. La haine de l'arbitraire légitimera bientôt l'arbitraire...

C'est autour de l'année 1750 que la plupart des historiens situent, en France, le véritable avènement des Lumières qui éclairèrent et transformèrent l'Europe entière★. En 1748, Montesquieu a publié *L'Esprit des lois* : le débat sur les rapports de la monarchie et du despotisme, sur les limitations de la souveraineté est désormais au cœur des discussions théoriques. Le grand Voltaire a choisi, à partir de ce moment, de se consacrer à la lutte contre l'intolérance, contre les dogmes, à appeler au respect de la froide raison, et au règne de la justice. Le premier volume de l'Encyclopédie est paru en 1751, proposant un fabuleux ordonnancement du savoir et de l'intelligence, symbolisant le triomphe des philosophes. En 1749, Diderot a publié sa *Lettre sur les aveugles*, et Rousseau, en 1750, son *Discours sur les sciences et les arts*. En 1758, paraîtra *De l'esprit* d'Helvétius dont le retentissement sera considérable.

★ Daniel Mornet date de 1748 le début de ce qu'il appelle la « lutte décisive » de l'esprit nouveau. Puis, à partir de 1770 cet esprit nouveau lui paraît avoir « exploité » une victoire déjà acquise[3]. Denis Richet trace à peu près les mêmes lignes de partage dans son ouvrage *La France moderne, l'esprit des institutions*[1].

Vers 1750, tout change, constate Daniel Mornet dans son important ouvrage sur les origines intellectuelles de la Révolution. Les esprits audacieux se sentent, se savent soutenus par l'opinion, protégés par elle. Ils s'enhardissent et se multiplient. « C'est par dizaines que l'on pourrait énumérer les écrits impies, et non plus obscurs mais largement répandus, non plus mesurés et polis, mais injurieux ou féroces »[4]. Le fanatisme, la persécution religieuse, l'esprit dogmatique, l'arbitraire, l'injustice sont dénoncés avec une vigueur et même une violence, qui ne cessent de croître, chaque écrit encourageant l'autre.

Signe symbolique ? Les philosophes pénètrent à l'Académie française. De 1760 à 1770, sur quatorze élections, neuf font entrer des philosophes dans un corps jusque-là respectueux et prudent. Le journal *L'Année littéraire* le déplore : « Le plus mince écrivain veut passer pour philosophe ; c'est la maladie ou, pour mieux dire, la folie du jour. » La contagion de l'esprit nouveau envahit les classes privilégiées, et notamment la grande noblesse où la philosophie devient le signe de la distinction de l'esprit, sinon des manières. On prétend chasser la médiocrité, les idées anciennes, se dégager de tous les préjugés y compris ceux de l'absolutisme. On croit élégant de se moquer des privilèges, dont on tire profit. « Les femmes, soupire Mme du Mausset, quand elles sont sur le déclin, ont remplacé la dévotion par la philosophie. » L'incrédulité, la tolérance, la justice même sont perçues comme des privilèges de l'esprit, de l'esprit libre et raisonnable. Les salons se sont, peu à peu, transformés. Chez Helvétius, chez d'Holbach, tous deux athées, chez Mme de La Briche ou Mme d'Epinay, chez Mlle de Lespinasse vaguement déiste, chez Mme Necker, pieusement chrétienne, on se retrouve entre philosophes, entre initiés. Condorcet, Garat, Suard, Diderot, d'Alembert, Morellet, Marmontel, La Condamine, Rouelle, bien d'autres se rencontrent, causent, ils ne cessent de pourfendre les dogmes, de dénoncer le fanatisme et parfois de se moquer de Dieu. Diderot a laissé le tableau de ces conversations brillantes, insolentes, où il était de bon ton de bafouer joyeusement tous les vieux respects[5].

Mais cette évolution des esprits n'a pas été l'exclusivité des privilégiés, ni des salons parisiens. En province, notamment dans les « académies provinciales », lieux de rencontres et de discussions, s'observe une agitation qui mêle la noblesse, les magistrats, les fonctionnaires, les avocats. On traite des problèmes généraux de la philosophie, on discute des questions sociales qui, vite, conduisent au bord des discussions politiques ; on parle économie, on met à l'ordre du jour la dépopulation, la criminalité, la peine capitale, ou de grands débats sur la morale, la souveraineté, l'honneur, la vertu. Dans les bibliothèques provinciales on trouve *L'Esprit des lois* et *L'Encyclopédie*. On y trouvera *Du Contrat social*. On réclame des réformes, on dénonce des injustices. L'esprit critique est partout. « Cet éveil si vaste, si actif, si ardent de l'intelligence n'a pas été limité à Paris ou à quelques grandes villes. Il a été celui de toute la France, entendons de toute la France moyenne... »[6]. Partout des têtes pensantes...

La religion catholique est bien sûr la principale victime. On revendique une morale qui ne soit plus fondée sur l'ordre de Dieu ni sur les lois de la religion, mais sur la liberté de pensée et sur la tolérance. On ose même combattre certains articles fondamentaux de la foi catholique, tels l'indissolubilité du mariage ou les vœux monastiques. « Il pleut des bombes, constate Diderot, dans la maison du Seigneur »[7]. Les progrès de l'irréligion sont sans doute plus sensibles dans la grande noblesse, dans la bourgeoisie riche, que dans le peuple. Et l'incrédulité, affichée par de nombreux prélats*, s'infiltre plus lentement dans le moyen et le bas clergé. Mais partout s'imposent, brutalement ou par une lente évolution, les postulats d'une nouvelle morale dédaigneuse des dogmes, construite moins pour le salut dans l'autre monde que pour le bonheur dans celui-ci.

Sans doute, dans le domaine des idées politiques, l'évolution paraît plus lente, ou plus prudente. On n'aperçoit nulle contestation de la monarchie. Rares sont ceux qui osent s'en prendre à l'organisation politique et à la société des ordres. Ainsi Jaubert, qui publie, en 1766, l'*Eloge de la roture* où il se propose « de rétablir le Tiers Etat dans le rang qui lui convient, de faire revivre des droits que l'ambition, l'ingratitude et l'ignorance avaient éteints mais que la nature a rendus imprescriptibles ». Ainsi Castilhon, dans son *Diogène moderne*, qui prétend démontrer que « les roturiers étaient visiblement les fils de la nature, et les nobles enfants de l'orgueil », et encore que « la roture est infiniment plus ancienne et par cela même plus respectable que la noblesse ». Mais la société des Lumières, quand elle pourfend l'absolutisme, secoue, sans le savoir, ou sans le dire, les fondements mêmes de la monarchie. Les mots « despote » et « despotisme » reviennent sans cesse davantage dans les discours, dans les écrits[9]. « Le Roi a un grand attachement pour le despotisme », ose écrire Malesherbes en 1772, dans une lettre privée. Et quand disparaît Louis XV, en 1774, cette mentalité nouvelle, qui exigera la réforme des institutions, est déjà formée dans ses traits essentiels. Les dogmes sont excommuniés. On dénonce toute forme d'intolérance. L'Eglise fait obstacle : on lui dénie le droit d'imposer des croyances, d'ordonner une morale. Sur les décombres de la foi et de la pratique

---

* Les prélats étaient nombreux qui affichaient, outre la liberté de leurs mœurs et leur attrait pour les idées nouvelles, leur incrédulité. Quand, à la mort de Christophe de Beaumont, un parti puissant où les femmes jouaient un rôle essentiel poussa Loménie de Brienne à devenir archevêque de Paris, Louis XVI l'écarta en objectant : « Il faudrait au moins que l'archevêque de Paris crût en Dieu. » De même Dillon, archevêque de Narbonne, grand séducteur, grand chasseur, se plaignait de n'avoir jamais rencontré Dieu. Et bien d'autres...[8].

religieuse, l'esprit nouveau propose, impose des dogmes nouveaux. La raison ne peut se tromper. C'est d'elle — et de l'intelligence — qu'il faut tenir les principes éternels qui doivent fonder l'organisation sociale. Et c'est devant le tribunal de la raison que sont, que seront assignés préjugés et privilèges. Mais ces accusés-là ne fondent-ils pas en réalité les équilibres temporels et spirituels de la France traditionnelle ?

Ainsi la France de l'Ancien Régime fut-elle secouée par ce grand courant culturel qui s'est irrésistiblement propagé tout au long du XVIIIe siècle et, avec une force invincible, dans la seconde moitié de ce siècle, s'étendant de Paris à la province, des élites éclairées aux classes moyennes, par des formes nombreuses de sociabilité — fêtes, cabarets, confréries, associations, loges [10] — aussi bien que par l'enseignement, et encore par les livres, les libelles, les pamphlets, les feuilles volantes. Vers le milieu du XVIIIe siècle, assure Tocqueville [11], « les hommes de lettres sont devenus les principaux hommes politiques du pays » : ils ont pris, dans le gouvernement des esprits, la place que la noblesse française avait totalement perdue. L'aristocratie avait perdu son empire, sa domination économique, et son autorité culturelle. Elle n'avait plus d'autre force que celle de ses apparences, et des survivances de ses privilèges. « Son crédit avait suivi la fortune de son pouvoir : la place était vide et les écrivains pouvaient s'y étendre à leur aise, et la remplir seuls. » C'est dans ces années-là, observe Paul Bénichou, datant le « sacre de l'écrivain » dans la société française [12], que s'est composée la figure idéale de l'homme de lettres, dans tout son prestige, que se sont dressées à leur plus haut niveau à la fois la dignité de l'écrivain et son emprise sur l'opinion publique. Se substituant à une aristocratie impuissante et souvent dérisoire, les nouveaux maîtres de la pensée sont devenus les maîtres de l'opinion *. La révolution culturelle est prête à emporter la révolution politique [14].

Bien sûr, ce vaste éveil de l'intelligence, qui multiplia pendant cinquante ans, à Paris et dans les villes, les « têtes pensantes », et créa, en dépit de la diversité des opinions et du foisonnement des œuvres, un esprit commun, appelant une société nouvelle, ne pouvait suffire à faire la Révolution. « S'il n'y avait eu que l'intelligence pour menacer effectivement l'Ancien Régime... il n'aurait couru aucun risque » [15]. Il fallait aussi le divorce, sans cesse plus intolérable, entre des institutions despotiques, arbitraires, délabrées, et l'esprit nouveau. Il fallait l'absurdité de tous les vestiges d'une société féodale, symbolisée par les droits seigneuriaux et les privilèges nobiliaires, d'autant plus détestés qu'ils n'avaient pas d'autre fondement que leur propre survie. Il fallait

---

* François Furet a analysé, dans *Penser la Révolution française*, à la lumière des écrits de Tocqueville, la manière dont les philosophes et les hommes de lettres sont peu à peu devenus les porte-parole nécessaires dans une société privée de classe dirigeante par la destruction du rôle politique de la noblesse [13].

l'arbitraire d'une monarchie qui distribuait, selon les opportunités de son gouvernement, les avantages et les fardeaux, sans respecter aucune règle ni aucun droit acquis. « La nation, écrivait Turgot dans un rapport secret à Louis XVI, est une société composée de différents ordres mal unis et d'un peuple dont les membres n'ont entre eux que très peu de liens et où, par conséquent, personne n'est occupé que de son intérêt particulier. Nulle part il n'y a d'intérêt commun visible... Dans cette guerre perpétuelle de prétentions et d'entreprises, Votre Majesté est obligée de tout décider par elle-même ou par ses mandataires » [16]. Mais cette anarchie autoritaire pouvait durer encore, ou évoluer autrement.

Il fallait aussi le développement du commerce tout au long du XVIIIᵉ siècle, et celui des industries, notamment de l'industrie de la soie, la multiplication des banques, l'enrichissement des négociants, les progrès d'une bourgeoisie [17] affranchie de toute domesticité nobiliaire, forte de sa richesse mais aussi du rayonnement des hommes de lettres parfois sortis de ses rangs, célébrés et soutenus par elle* ; il fallait la misère d'une partie des paysans — ceux qui n'arrivent pas à vivre de leur terre** —, écrasés d'impôts arbitraires et de « corvées » en nature***, obligés au service militaire quand le sort les désignait, constamment menacés par les brigands, condamnés à l'ignorance, « classe délaissée que personne n'a envie de tyranniser, mais que nul ne cherche à éclairer et à servir » [20]. Il faudra encore une crise économique, le fléchissement progressif du prix du grain à partir de 1770, l'effondrement du prix du vin à partir de 1781, le marasme de l'industrie, « un monde déprimé par dix années de malaise » [21] et, encore à la veille de la Révolution, la mauvaise récolte des céréales en 1788 et les rigueurs de l'hiver 1788-1789, la hausse des prix qui s'ensuivit, la multiplication, en 1787 et 1788, des grèves réprimées à Lyon, à Marseille, à Bordeaux, à

* On confrontera à la thèse d'une classe bourgeoise, précapitaliste, dont l'essor aurait été à l'origine d'un déséquilibre fatal entre l'économique et le politique, les réflexions d'Alfred Cobban pour qui la Révolution fut l'œuvre non d'un capitalisme embryonnaire, mais des propriétaires terriens, des rentiers, des fonctionnaires détenteurs de charges, des professions libérales, c'est-à-dire d'une bourgeoisie hostile au développement du capitalisme [18].

** Sur le partage des terres en France à la veille de la Révolution, cf. Tocqueville, *L'Ancien Régime et la Révolution*, dans *Œuvres complètes*, Paris, Gallimard, 1971, t. II, vol. 1, p. 50. Dès avant 1780 les paysans français possédaient entre 40 et 45 % des terres du royaume. Mais la population paysanne comptait près de 18 millions de personnes — soit les deux tiers de la population totale — et la propriété était très inégalement répartie. Un grand nombre de paysans ne disposaient pas d'une superficie suffisante de terres pour pouvoir vivre, et ils devaient louer leur force de travail. Les « journaliers », sans terre, et tous ceux qui devaient avoir recours au salariat — salariat permanent ou salariat saisonnier — formaient un véritable prolétariat paysan. Ils constituaient, selon Labrousse, la majorité de la population des campagnes [19] (*infra*, p. 136).

*** La taille royale, la dîme ecclésiastique, les droits seigneuriaux absorbaient une bonne part de la récolte. Les « corvées » en nature — le four seigneurial, le moulin seigneurial, le pressoir seigneurial, les chasses aristocratiques — étaient souvent vécues comme une oppression économique et humaine.

Paris, des émeutes sanglantes contre la perception des impôts, contre le pain cher, les paniques locales entretenues par le brigandage et préparant la « grande peur » : mais tout cela n'était pas nouveau dans la France émeutière, violente d'avant la Révolution. Il faudra encore, pour que viennent les secousses, les maladresses d'un roi mou, hésitant, qui ne cessera de céder, de reprendre, de céder à nouveau, accumulant les périls de politiques contraires, finissant par s'y perdre, perdant la monarchie avec lui*. Il faudra des hommes capables de volontés patientes et d'audaces réfléchies. Ainsi le comte de Mirabeau, ainsi l'abbé Sieyès...

Cet abbé Sieyès, trop pressé pour « courir le bonnet de docteur », il a été formé par les Lumières. La connaissance et la réflexion lui prennent ses jours et beaucoup de ses nuits. Il lit, il écrit, il invente des théories, il construit des systèmes, il croit à l'avènement de la raison, au progrès universel, il entend changer le monde. Mais pour le changer, ce monde, Emmanuel Sieyès doit d'abord y entrer...

---

* L'ancienne monarchie n'a pas su gouverner, assure Lavisse. Elle est l'auteur responsable de la Révolution. Lavisse fait le portrait du « roi de rêve » qui eût, peut-être, empêché la Révolution [22]...

V

UN ECCLÉSIASTIQUE ADMINISTRATEUR

L'abbé Sieyès a vingt-six ans quand, ordonné prêtre, ayant achevé sa licence, il décide d' « entrer dans le monde ». Il se décrit dans sa *Notice* comme un jeune homme naïf et pur, que surprennent les intrigues et les « habitudes étroites des petites coteries ». « Il n'entendit rien d'abord, dit-il, au partage oblique de la société, à ses mœurs incertaines, à ce dédain poussé jusqu'au mépris pour ce qui n'est que la vérité, et à la multitude des petits intérêts croisés, des petites affections cachées qui, animant chaque individu à l'insu des autres, forment souvent, de ce mélange en action, un jeu assez piquant quoique de mauvaise foi... » Reste à observer ce monde étrange : « Je crois voyager chez un peuple inconnu, il me faut en étudier les mœurs »[1]. En vérité il est douteux que les intrigues, les coteries aient tant surpris Sieyès ou qu'il y fût mal disposé. Son ambition n'a jamais répugné aux moyens de la réussite, et il était trop doué, même en habileté, pour que ce monde lui fût vraiment incompréhensible.

S'efforce-t-il alors pour se faire connaître d'être reçu dans les salons, comme le croit Paul Bastid[2] ? C'est possible, car il ne ménageait aucun des moyens de la réussite, mais on ne trouve nulle trace de sa vie à Paris durant ces années où n'a pas commencé sa carrière. La *Notice* assure qu'il fréquente alors les spectacles, et qu'il passe une partie des années 1773 et 1774 « soit à cultiver la musique... soit à réfuter le système politique des économistes qu'il trouvait raide et pauvre », soit encore « à faire des recherches importantes sur la marche égarée de l'esprit humain en philosophie, sur la métaphysique du langage, et les méthodes intellectuelles ». La qualité dominante de l'esprit du jeune abbé, affirme-t-il fièrement, est la passion du vrai. « Il n'est point content, s'il tient un sujet, qu'il ne l'ait approfondi, analysé dans toutes ses parties, et ne l'ait ensuite reconstruit dans son ensemble. » L'éloge exagère à peine. Il est exact que l'abbé ne cesse d'analyser les livres qu'il lit, de classer les connaissances qu'il accumule, d'approfondir et de juger les théories, afin d'entreprendre, à partir d'elles, ou contre elles, des ouvrages nouveaux qu'il n'achève pas. Sainte-Beuve[3] a raison d'observer que cet esprit — « né maître » — ne s'asservit à aucun des maîtres du jour. On dirait qu'il ne lit que pour réfuter. Sans doute subit-il les influences et les modes de son temps. Il est, et restera, l'héritier des encyclopédistes. Il a le culte de la raison. Il croit au progrès universel, et à la perspective d'une perfection qui doit toujours indiquer le sens de la marche. Il est sûr que la réflexion changera le devenir de l'humanité. Il a, selon la description que Tocqueville a faite de l'esprit dominant dans la seconde moitié du XVIIIe siècle, « le goût des idées générales, des systèmes complets, des constructions abstraites, l'envie de tout refaire suivant les règles de la logique et d'après un plan unique ». Il croit que « la transformation totale et soudaine d'une société... peut s'opérer sans secousse, à l'aide de la raison, et par sa seule efficacité »[4]. Comme Condillac, il dédouble l'idéal et le réel, et déploie ses projets dans la fiction de sociétés imaginaires. Comme Rousseau, réfléchissant sur les inégalités, il pourrait écrire : « Commençons donc par écarter tous les faits, car ils ne touchent point à la question »[5]. Comme Condorcet, dont il sera l'ami, il considère que le progrès incessant de l'esprit humain peut et doit conduire à un autre monde. Mais il reste un esprit indépendant, il aborde tous les textes qu'il découvre avec un souci de libre critique, et même de défiance. En cela il est, il restera fidèle à l'exigence des Lumières. Il ne s'asservit pas aux encyclopédistes. Il juge Condillac. Il réfute Montesquieu. Il critique impitoyablement Rousseau. Nul philosophe dont il soit le disciple : sauf peut-être, par instants, le lointain Descartes, et Voltaire dont il aime la vigoureuse liberté de l'esprit. Cette indépendance qu'il témoigne déjà dans ses études, dans ses lectures, deviendra sa manière d'être. Elle explique pour partie, car il ne cessera de dérouter même ses admirateurs, qu'il ait été si difficilement reconnu, si rarement aimé.

Toujours Sieyès entretiendra le mystère sur sa vie. Ce qui sans doute le singularise en son temps. On ne sait pas grand-chose de lui dans ces mois qui suivent son entrée dans le monde. Il habite rue de La Harpe, un pauvre logement semble-t-il. A-t-il alors quelque emploi ? Fortoul s'est posé la question : il croit, sans en avoir la preuve, que, pour vivre, Sieyès dut alors écrire sous d'autres noms. Peut-être Sieyès fut-il attaché à la paroisse Saint-Séverin, peut-être donna-t-il des cours dans un collège, peut-être se fit-il quelque temps le chapelain d'une famille aisée... aucune trace sérieuse ne permet d'en décider. Qui voit-il ? Fortoul est tenté de lui donner pour relations un certain nombre de Provençaux qui auraient partagé ses goûts, ses nostalgies... et son accent[6] ! Fréquente-t-il, comme l'imagine Fortoul, l'abbé Arnaud, venu de Carpentras, qui sera académicien, l'abbé Maury venu de Valréas, l'abbé Rives venu d'Apt, bibliothécaire du duc de La Vallière, tous écrivains et philosophes * ? En fait on ne lui connaîtra, tout au long de sa vie, que de rares amis, peut-être, dès cette époque, Moreau, ancien avocat à Aix, écrivain à ses heures, qui deviendra bibliothécaire de la reine et conseiller du comte de Provence. Ce qui est sûr, c'est que Sieyès continue de rendre visite à ses protecteurs, Mgr Martin du Bellay, l'ancien évêque de Fréjus venu à Paris, l'abbé de Césarge surtout, qui ne cesse de s'intéresser au fils très doué de son bienfaiteur.

Dans le moment, l'urgent est de faire carrière. Voici que la mort de Louis XV peut heureusement y aider. Le 7 juin 1774, M. de Césarge annonce à Honoré Sieyès qu'il a demandé pour Emmanuel, à l'occasion de l'avènement de Louis XVI, le bénéfice d'un « canonicat de joyeux avènement ». C'est enfin l'espoir d'un revenu régulier et qui pourra aider la famille. L'évêque de Fréjus peut-il jouer un rôle pour obtenir cette difficile faveur ? M. de Césarge conseille en tout cas au jeune abbé de remercier l'évêque, Mgr de Bausset, frère de l'influent marquis de Bausset-Roquefort : « Ecrivez à M. de Fréjus pour le remercier et lui demander ses bontés. Il n'a pas pensé à vous, il ne s'en doute pas. Mais c'est égal, c'est un hommage que vous lui devez. » Ainsi l'abbé expérimentait les recettes et aussi les humiliations de la réussite...[7]. Le 20 octobre, le titre est effectivement délivré, sur la collégiale de Pignans, située à une trentaine de kilomètres de Fréjus. Mais le titre n'est qu'une expectative. Il faut encore, pour que le bénéfice devienne effectif, que son titulaire disparaisse... « Je ne souhaite la mort de personne », écrira en 1775 Mgr du Bellay à Honoré Sieyès, qui vieillit de plus en plus inquiet, « mais je désire que [votre fils] soit bientôt pourvu ». Sieyès devra attendre sept ans pour que meure le titulaire du bénéfice...

En attendant, il ne cesse d'écrire. La plupart de ses manuscrits, il les commence, il les rature, il les abandonne. Il vient à bout cependant d'un premier libelle dit *Lettres aux économistes sur leur système de politique et de morale* qui est prêt pour l'impression et obtient l'approbation de la censure en février 1775[8]. Dans sa première lettre, *Sur les richesses*, Sieyès entreprend de réfuter la pensée des physiocrates auxquels il ne cessera de beaucoup devoir :

> « Je me propose d'examiner dans chacune de mes lettres une des questions intéressantes sur lesquelles il me paraît que vous vous trompez : je ne vous opposerai que peu de raisonnements. A quoi bon, quand l'erreur est une fois démontrée, entasser objections sur objections, comme si l'on voulait finir par écraser ses *adversaires*. La qualité d'adversaire je l'adopte si elle désigne seulement que nous avons des sentiments opposés ; je la rejette si on y attache la moindre idée d'hostilité. Les philosophes ne

---

* Sieyès avait connu l'abbé Maury à Saint-Firmin. Ils faisaient ensemble de longues promenades au Luxembourg. Fortoul consacre à l'abbé Rives un long et étrange portrait, celui d'un fanatique sanguinaire dont le destin aurait croisé celui de Sieyès. Il assure que les *Lettres philosophiques* de l'abbé Rives comporteraient des emprunts à Sieyès.

sont point ennemis, ils cherchent de concert un bien auquel ils doivent tous prendre part. Il est donc de l'intérêt commun d'advertir ceux qui s'égarent et non s'amusent à les *combattre*. Voilà je crois le véritable esprit de la critique philosophique. Il n'est point assurément dans mon caractère de la faire dégénérer en satire, mais aussi je suis bien loin d'approuver une sorte de politesse minutieuse et fade, qui des cercles passe dans les lettres. »

Mais le moment n'est pas encore venu de publier *. L'urgence est de s'élever dans la carrière ecclésiastique. L'abbé de Césarge n'oublie ni sa gratitude, ni ses promesses à Honoré Sieyès. Il a pour ami Jean-Baptiste Joseph de Lubersac, alors âgé de trente-cinq ans, aumônier du Roi, brillant, mondain, homme de plaisir, très ouvert aux idées nouvelles **. En août 1775, Lubersac réalise une belle promotion : il obtient d'être nommé évêque de Tréguier, et premier aumônier de Madame Sophie, tante du roi Louis XVI. Césarge s'entremet habilement, et le jeune et brillant évêque consent à prendre l'abbé Sieyès, qui s'honore de plusieurs protections, comme secrétaire. Sieyès assure que l'évêque de Tréguier lui avait procuré, pour l'emmener à Tréguier, un brevet de joyeux avènement sur son église cathédrale [10] ; mais ce ne fut, cette fois encore, que l'expectative d'un bénéfice dont Sieyès ne sera mis en possession qu'en 1779.

Ainsi l'abbé Sieyès partit, en 1775, pour la province de Bretagne, accompagnant un prélat influent, séduisant, nourri des idées nouvelles, « très représentatif du haut clergé sous l'Ancien Régime finissant » [11]. Tréguier était alors une ville importante, quoique déjà déclinante, dominée par son évêché ***. Renan décrira l' « Athènes bretonne » comme un « nid de prêtres et de moines, ville tout ecclésiastique, étrangère au commerce, à l'industrie, un vaste monastère, où nul bruit du dehors ne pénétrait » [13]. Quand Lubersac y fut nommé, le problème de la « résidence » séparait, opposait les évêques. Les uns ne cessaient de

* Il semble que Sieyès ait renoncé à la publication de ses *Lettres aux économistes* [8].
** Brissot, qui connut Mgr de Lubersac à Chartres, s'attache à le décrire dans ses *Mémoires* Elevé dans une famille aristocratique, raconte Brissot, Lubersac avait des opinions toutes philosophiques et l'esprit le plus éclairé, « mais il recula quand il fallut mettre la théorie en pratique. Avant même l'ouverture des Etats Généraux, que nous avions appelée ensemble de tous nos vœux, je le vis déjà s'épouvanter : il craignait l'influence de la Cour sur l'Assemblée, et ne craignait pas moins l'influence de l'Assemblée sur le peuple, et celle du peuple sur l'Assemblée : il craignait tout ». Lubersac fut député du Clergé à la Constituante, l'un des premiers de son ordre à se réunir au Tiers Etat, et à poursuivre l'abolition de quelques privilèges. Il émigrera en 1791, et rentrera en France en 1802. Il se retirera alors comme chanoine du chapitre de Saint-Denis. Brissot qui le vit, pendant la Révolution alors que Lubersac, privé de son évêché, vivait retiré dans sa campagne de Bougainval, assure que « rien ne rappelait plus le prêtre léger, l'homme dépravé... » qu'avait été le jeune évêque [9].
***L'évêché sera supprimé en 1790 et il semble que les habitants de Tréguier en aient conçu quelque ressentiment contre Sieyès qui parut les abandonner dans le combat pour le maintien de l'évêché [12].

« labourer » leurs diocèses, tandis que d'autres se dispensaient d'y habiter *, n'y faisant que de rares apparitions [15]. Les prêtres attachés aux évêques, secrétaires, grands vicaires, qui composaient leur entourage, s'efforçaient souvent, comme les évêques eux-mêmes, de ne pas résider à l'évêché, pour rester disponibles aux exigences de leur carrière [16]. Sieyès accompagna son évêque à Tréguier, mais ni l'un ni l'autre ne semblent avoir aimé le temps passé là-bas. Sieyès invoquera vite sa mauvaise santé. « L'air salin de la mer et les vents continuels » lui donnaient mal aux yeux. Cette souffrance, s'ajoutant aux autres tracasseries, le souciera longtemps. Toujours, le travail lui fatiguera la vue : « Je ne puis guère lire à la lumière... » [17]. Mais plus que l'air salin, c'est sans doute l'ambition qui l'éloigne de Tréguier. C'est à Paris qu'il faut vivre : « Cette fois, écrit-il à son père le 18 décembre 1777, mon séjour habituel est à Paris et m'a été facile à obtenir parce qu'il [l'évêque] y a mis de la bonne volonté. » Mgr de Lubersac se révèle bienveillant à l'égard de son protégé qui ne fait plus à Tréguier que des séjours intermittents. Il est vrai que Mgr de Lubersac, attaché à la Cour, aimant le faste, la fréquentation des jolies femmes et les esprits distingués, ne se plaît pas davantage dans son évêché.

Quoique anxieux de son avenir, fébrilement impatient, l'abbé Sieyès n'oublie pas sa famille. Le 31 janvier 1778, il annonce à son père qu'il a été malade. Il se préoccupe de l'état de sa mère : « Je suis bien content de savoir que ma bonne mère se trouve mieux de ses yeux. » Pour le reste il ne dit rien de sa vie nouvelle, répugnant à la moindre confidence. « Je n'ai rien à vous apprendre sur mon compte. On ne parle ici que d'assassinats ou de suicides... » [18]. Il demande des nouvelles de son dernier frère Jean-François : « Je suis curieux de connaître de plus en plus la conduite de mon frère à votre égard », de ses sœurs religieuses : « J'ai bien des torts vis-à-vis de mes sœurs. Donnez-moi, je vous prie, de leurs nouvelles et apprenez-moi si je suis encore dans leur souvenir. » Surtout, il est inquiet de sa carrière, mécontent que sa réussite se fasse trop attendre : « Il n'y a rien de nouveau sur mon compte quant aux faits ; car après des promesses données et violées, des promesses sont de nouveau offertes pour me tromper... » Il intrigue pour devenir, à la suite de son évêque, chapelain de Madame Sophie. Ainsi pourrait-il améliorer sa situation matérielle, et surtout quitter définitivement Tréguier. M. de

---

* Les abus de la non-résidence ont été fréquemment dénoncés durant les dernières années de l'Ancien Régime. Les prélats qui participaient aux intrigues de Cour s'efforçaient d'obtenir des fonctions à Paris, à Versailles, en tout cas d'y habiter. « Sire, avait dit M. de Vardes à Louis XVI, quand on est loin de Votre Majesté, non seulement on est malheureux, mais encore on est ridicule... » Déjà, en 1740, Montesquieu écrivait : « Il n'y a en France que Paris et les provinces éloignées, parce que Paris n'a pas encore eu le temps de les détruire » [14].

Lubersac ne se montre-t-il pas assez empressé ? Sieyès écrit à son père le 3 avril 1778, donnant libre cours à une vive colère :

« Mon évêque, dit-il, m'a joué. Il n'est pas assez délicat pour me rendre des services qui ne tournent pas à son profit. Son dessein serait de me faire son âme damnée à Tréguier. C'est la seule raison qui peut l'avoir engagé à me manquer de parole de la manière la plus plate, à me faire manquer Madame Sophie et à étonner toutes mes connaissances. Mes amis savent bien que la première place vacante chez Madame Sophie m'était due. Ce qu'il y a de plaisant, c'est qu'en m'annonçant que les premières places vacantes étaient décidément destinées à d'autres que moi, il m'a fait une histoire de ses débats en ma faveur, auprès de la Princesse, qui avait l'air de solliciter mes remerciements. J'ai fait semblant d'être dupe, mais le diable n'y perd rien. Je lui avais fait suggérer de me faire avoir au moins la survivance du chapelain ordinaire. Il la demanda fort à propos à Madame Sophie, qui répondit : " très volontiers ", parce que personne ne la lui avait demandée.
» La marche naturelle était de la prendre au mot et de me faire expédier le brevet. Point du tout. Sa réponse fut : " Eh bien, Madame trouvera bon que j'en dispose en sa faveur dans quinze ou seize mois. " C'est ainsi du moins qu'il me l'a rendue. Si mon dessein n'était de m'assurer à tout événement le canonicat de Tréguier, je lui aurais dit ma façon de penser. Patience. On m'a bien souvent manqué de parole et promesse, sans m'étonner, mais ici j'ai été surpris. Je croyais voir mon intérêt uni au sien dans une place qui m'appellerait à Versailles. Mais il a changé. La nullité de ses vieux et les embarras qu'ils lui ont occasionnés lui ont inspiré de se décharger sur moi de tout le service, de me faire son grand vicaire de confiance et de me laisser toute l'année à Tréguier, ou dans telle autre ville où il pourra être transféré. Il a chargé l'abbé de Césarge de me dire à ce sujet cent choses propres à tourner la tête à un nouveau venu. Je ne crois pas plus aux promesses de tous ces gens-là qu'aux prédictions de l'almanach. Mais j'ai l'air d'y croire, parce que je ne puis pas faire mieux... »

Les lettres de l'abbé à son vieux père éclairent ainsi les sentiments qui l'habitent. Il est furieux dès que son ambition est contrariée. Il ressent à l'extrême la moindre blessure d'amour-propre :

« Je dépends des événements et je ne puis rien par moi-même. C'est à mon évêque de me placer et il n'a rien à m'offrir »[19].

Les soucis financiers, la recherche de son indépendance, l'obsèdent :

« Vous désireriez fort... écrit-il à son père, que quelqu'un de nous se séparât de sa tige quant aux secours qu'il en retire encore. En conscience je dois prendre cette réflexion pour moi, et je vais répondre naturellement que vous avez raison et que je suis honteux de n'être pas encore en état de me passer de la rente annuelle de l'argent prêté à M. de Césarge... »[20].

Il reste cependant un bon fils, un bon frère. Il se soucie de la santé de sa mère, de l'avenir de ses frères. Le projet de mariage de Léonce, son cadet, lui inspire des réflexions désabusées sur les femmes :

> « Vous avez bien raison, les femmes à présent aiment le luxe à un point qui dérange bien des ménages... Beaucoup ne se réduiront jamais. Aussi je pense qu'il faut savoir calculer quand on se marie... »

Mais le père de l'abbé est sur le point d'atteindre ses quatre-vingts ans. L'avenir de ses enfants l'obsède. L'abbé Sieyès a enfin reçu, en 1778, grâce à la mort du titulaire, le bénéfice effectif de son canonicat breton. Le registre des délibérations du chapitre atteste que Sieyès y fut solennellement reçu le 11 janvier 1779 : « Deux chanoines l'ont conduit et mené au chœur... lui ont fait baiser le grand autel... il a prêté le serment, donné le baiser de paix »[21]. On le voit ensuite présent jusqu'en juin 1779, assidu aux réunions du chapitre. Puis il cesse de venir. Et il continue de se plaindre. Il se plaint d'attendre toujours le titre de chapelain de Madame Sophie, il se plaint de son évêque, il se plaint de sa santé fragile, de ses yeux surtout qui lui font mal. Et le vieil Honoré doit tancer l'abbé, comparant sa réussite au sort de son jeune frère Jean-François :

> « Je voudrais bien lui voir un état tel qu'il désire... Il envie le vôtre... mais je ne crois pas que je puisse venir à bout de lui faire donner la tonsure... »[22].

Le père inquiet ne cache pas à son fils qu'il comptait davantage sur son aide. Maintenant que l'abbé est pourvu d'un canonicat ne pourrait-il vraiment faire quelque chose ?

> « Je me vois à la fin de ma course... Vous savez ce que j'ai fait pour vous tous... Je ne mourrai pas content que je ne vous voie tous placés... »

Et comme l'abbé obtient, enfin, le titre tant espéré de chapelain de Madame Sophie, et qu'il serait désormais en situation de venir en aide à sa famille s'il y mettait un peu plus d'empressement, Honoré le réprimande fort[23] :

> « Votre réponse, mon fils, du 6 mai dernier sur le nouvel état que désirait prendre votre frère Jean-François, ne fut pas satisfaisante pour moi. Il m'a fallu du temps à me résoudre sur ce que j'avais à faire, à examiner et réfléchir sur cette vocation tardive ; l'indifférence que vous avez paru y prendre, les difficultés que vous y avez trouvées, ont été un prétexte honnête de ne pouvoir, ni vouloir vous priver d'aucun des avantages que vous avez obtenus des connaissances que je vous ai procurées de MM. de C... et B... Ensuite des sacrifices que j'avais faits précédemment et après, en votre faveur au préjudice même de vos frères cadets. Cet oubli que vous avez fait de l'amitié que vous leur devez, et de votre reconnaissance

envers moi, nous a été un coup de poignard, j'en ai été malade tout le mois de juillet, jusqu'à être obligé de m'interdire tout exercice, et à me résoudre même de ne plus vous parler d'aucun de vos frères, et à plaindre surtout le sort de Jean-François. Les deux lettres que vous avez écrites en juillet et en août, auxquelles vous n'avez fait aucune mention de lui, l'ont fort affligé. Il persiste cependant dans sa résolution d'embrasser l'état ecclésiastique, de reprendre ses études et d'entrer dans tel séminaire que vous lui indiquerez... Il nous a écrit à ce sujet par le dernier courrier, il m'a toujours vivement pressé et me presse encore plus aujourd'hui de vous écrire à ce sujet et d'écrire même à M. de Fréjus.

» ... Je commence donc, en oubliant tout le passé, à vous exhorter par cette lettre, de penser sérieusement à lui procurer ou votre bénéfice de Tréguier ou l'expectative sur Pignans... Dans l'un et l'autre cas je vous dédommagerai des avantages qu'un autre vous donnerait de ces bénéfices, jusqu'à ce que vous ayez assez de revenus pour vivre à votre aise à Versailles. »

Mais Emmanuel sait ses devoirs, si même il ne semble pas assez pressé, et il les accomplira toute sa vie. Le malheureux Jean-François recevra, enfin, en 1781, la tonsure, et, en mars 1782, Emmanuel consentira fraternellement à lui céder le bénéfice de Pignans devenu vacant quelques mois plus tôt. Quand la mère de Sieyès mourra en 1781, puis le père en décembre 1783, leurs missions seront remplies. Tous les fils seront installés. Quant aux filles religieuses, elles n'avaient jamais donné, avec la grâce de Dieu, aucun souci à leurs parents.

Ainsi va maintenant l'abbé Sieyès, entre Versailles, Paris et Tréguier, commençant d'être pourvu, impatient de l'être davantage. Nulle trace, dans ses écrits, dans ses lettres, de la moindre préoccupation religieuse. Il dira dans sa *Notice* qu'il n'a jamais été qu'un « ecclésiastique administrateur », qui ne prêchait ni ne confessait, et qu'il avait fui toutes les occasions de se mettre « en évidence cléricale ». En réalité, il est très improbable qu'il eût pu se tenir tout à fait à l'écart des Sacrements, et il célébra certainement la Messe en de nombreuses occasions. Mais il est vrai que les ecclésiastiques voués à l'administration, ou à l'intrigue, ceux, notamment, qui entouraient des prélats eux-mêmes peu occupés par leur ministère religieux *, pouvaient vivre à l'écart de la vie religieuse. Que Sieyès fût indifférent au service de Dieu ne le singularisait pas. En son temps l'incrédulité des prêtres, presque affichée dans une partie du haut clergé, s'était infiltrée dans le moyen clergé, notamment chez ces abbés qui répugnaient, comme Sieyès, au ministère ecclésiastique. Les rares notes écrites par Sieyès — sans doute au séminaire — qui concernent la religion la décrivent comme une source d'ignorance et d'égarement : « ... La perfectibilité de l'homme est arrêtée, ses efforts détournés, au lieu d'accroître ses connaissances et ses jouissances sur la terre, [elles]

---

* De nombreux écrits — dans la seconde moitié du XVIIIe siècle — distinguent les évêques administrateurs et les prélats évangélistes [24].

sont transportées et égarées dans les cieux. La religion fut donc la première ennemie de l'homme... »[25]. Le vieil Honoré a beau se recommander, avant de mourir, aux prières de son fils : « Vos [prières] sont celles d'un digne patriarche que Dieu se plaira à exaucer », lui parler du « devoir de se conformer à la volonté de Dieu », le persuader que « tous les états sont égaux quand on y trouve du pain et qu'on se comporte en bon chrétien »[26], ce père si pieux ne trouve, apparemment, aucun écho. L'aumônier de Madame Sophie ne s'intéresse pas à la religion qu'il sert, il ne connaît d'autre dogme que celui de la liberté de l'esprit, d'autre culte que celui de la raison... Et dans le moment il se préoccupe surtout de sa carrière.

Ce qu'il a appris, en revanche, ces années-là, c'est la puissance des protecteurs, c'est aussi la force des privilégiés. Désigné comme représentant du Clergé aux Etats de Bretagne, il a vécu, pour la première fois, l'expérience, et vu les inégalités, d'une assemblée d'Ancien Régime. L'assemblée des Etats de Bretagne symbolisait et gérait les vestiges de l'autonomie provinciale. On y votait par tête, non par ordre. La noblesse bretonne — surabondante — avait fait adopter ce système, apparemment audacieux, qui assurait en fait sa prépondérance ; tous les « gentils-hommes » sans exception avaient droit de présence et de vote et ils étaient près de 1 300, alors que le Tiers Etat comptait moins de 50 représentants, et le Clergé guère davantage. L'assemblée trop nombreuse délibérait dans la confusion, souvent dans l'agitation. On ne peut savoir le rôle qu'y joua l'abbé Sieyès, qui y fut envoyé par le chapitre de Tréguier, car il n'était établi aucun compte rendu des séances[27]. « Rien n'égale, assure la *Notice*, l'indignation que Sieyès aurait rapportée de cette assemblée contre la honteuse oppression où la Noblesse y tenait le malheureux Tiers Etat... »[28]. Il n'est pas impossible que l'abbé Sieyès ait tiré quelques enseignements de ces débats tumultueux où s'affrontaient surtout les diverses classes de la noblesse bretonne. Mais la meilleure leçon que reçoit l'abbé lui vient de son état[29]. Elle lui vient de la difficulté qu'il y a pour lui, pauvre, de petite famille, à se hisser au rang qu'il estime mériter. L'épiscopat était devenu, tout au long du xviii⁰ siècle, l'apanage des familles nobles. Alors que le siècle de Louis XIV avait connu une proportion appréciable d'évêques roturiers, il n'y avait plus un seul roturier sur les 130 évêques de France à la veille de la Révolution. L'Eglise, comme l'armée, était le champ clos de la noblesse. Les clercs roturiers pouvaient-ils au moins devenir grands vicaires, « ecclésiastiques administrateurs » ? Ils le purent de moins en moins, durant la seconde moitié du xviii⁰ siècle, les évêques étant heureux de compter, dans le collège de leurs vicaires, des noms qui brillaient dans l'armorial de France. De rares plébéiens réussissaient à s'infiltrer, s'imposant par leurs talents, et surtout par leurs relations[30]. Parmi ceux-ci, il faut compter Sieyès qui eut la chance d'être aidé de deux privilégiés influents, Césarge et Lubersac. Reste que l'abbé Sieyès est condamné, dans l'Eglise, à un rôle second, ce que son ambition et son orgueil ne peuvent supporter. Et il voit ce qu'il a dû dépenser d'intrigues, de flatteries, d'astuces, pour s'élever, les offenses qu'il a subies, les humiliations qu'il a souffertes. Elles l'ont durablement déchiré. Il y a sans doute cultivé son humeur ombrageuse, sa détestation des hommes. Il y a appris la haine des privilégiés.

VI

MONSIEUR LE GRAND VICAIRE

La carrière de l'abbé Sieyès est maintenant liée à celle de son protecteur, Mgr de Lubersac. Sieyès le sait. S'il exprime vite sa rancœur à l'égard de l'évêque de Tréguier dès que celui-ci ne sert pas assez bien ses projets, il n'en cultive pas moins l'amitié de l'évêque, qui ne cesse d'apprécier davantage son dévoué collaborateur. Leur relation devient de plus en plus agréable au fil des ans. Ils se voient volontiers à Paris, et l'abbé est souvent invité dans la campagne de Mgr de Lubersac à Bougainval. Là, ils lisent beaucoup l'un et l'autre, ils discutent de leurs lectures, et poursuivent, le soir, entre esprits éclairés, d'interminables débats sur l'organisation des sociétés et les mécanismes de gouvernement. Sieyès y rencontre la comtesse de Laseinié, nièce du prélat, qui fait auprès de celui-ci de longs séjours, et qui sera très attentive au jeune abbé. « C'était, raconte Brissot *, l'une des personnes les plus aimables et les plus spirituelles [1] qu'on pût rencontrer, un des caractères les plus élevés et les plus capables de nobles sentiments. » Peu à peu Mme de Laseinié prendra Sieyès sous sa protection, l'entourant de son affection et de ses conseils.

Mgr de Lubersac, qui s'ennuyait à Tréguier, obtient enfin en 1780, d'être nommé évêque de Chartres, placé ainsi à la tête d'un évêché important, entouré de quatre-vingts chanoines et d'un conseil de seize vicaires généraux. L'évêché de Chartres devait lui permettre d'assurer commodément son double service d'aumônier du jeune roi Louis XVI et de premier aumônier de Madame Sophie. L'abbé Sieyès suit à Chartres

---

* Brissot était le treizième enfant d'un traiteur-rôtisseur de Chartres. Il fit ses études de droit, écrivit plusieurs pamphlets, fut, en 1789, enfermé deux mois à la Bastille, puis partit aux Etats-Unis. Revenu en France, il lança un journal, *Le Patriote français*, et fonda la « Société des amis des Noirs » (voir *infra*, p. 216). Elu député à la Législative, il fut le partisan farouche de la guerre révolutionnaire. Réélu à la Convention, il deviendra l'un des chefs des Girondins. Décrété d'accusation le 2 juin 1793, il s'enfuira, sera arrêté, condamné à mort et guillotiné le 31 octobre 1793. A Chartres il avait bien connu l'abbé Sieyès.

son protecteur. Il deviendra vicaire général, puis grand vicaire, réalisant une importante promotion.

> « Je n'ai pas eu de domicile, écrit-il à son père au début de l'année 1781, depuis mon départ de Bretagne, et mon prélat m'emmène dans quelques jours à sa maison de campagne, à quelques lieues de Chartres. Vous pouvez m'adresser vos lettres dans cette dernière ville jusqu'à Pâques où il me faudra revenir à Versailles, mais en général les lettres me parviendront toujours quand elles seront envoyées chez Mgr l'évêque de Chartres, en son hôtel rue du Bac à Paris, quoique je n'y sois pas logé »[2].

Comme dans chacune de ses lettres il se plaint de sa santé :

> « Ma santé a, dit-on, besoin d'être réparée de fond en comble, mais les bains et autres ordonnances sont trop coûteux dans ce pays-ci. Quant à mes yeux, la guérison n'est pas solide. »

Chartres n'avait pas alors 13 000 habitants. Michel Vovelle a très attentivement analysé cette population, dans l'étude qu'il a consacrée à Chartres et à la Beauce au XVIIIe siècle[3], et il a observé le poids social, considérable, de l'ensemble des chapitres, couvents et communautés, soit près de 600 personnes, sur la ville et la région. Le chapitre cathédral de Chartres, constate Vovelle, sera à la fin de l'Ancien Régime le plus important de France. Appuyé sur la puissance de sa propriété foncière — près de 7 000 hectares, 113 maisons à Chartres, 60 à la campagne — et sur un vaste réseau d'influences, le chapitre apparaissait comme un corps étranger à la ville, supérieur à elle, attaché à ses privilèges, imbu de son importance, et généralement fermé à tout esprit de réforme*. Il prétendait régenter la vie spirituelle du diocèse, et disputait à l'évêque de nombreuses prérogatives, dont celle des nominations**. Economiquement et socialement le chapitre, fortement épaulé par la bourgeoisie locale, notamment les hommes de loi, dominait la ville. « Chartres, écrit Vovelle, vit de son chapitre, comme d'autres villes vivent de leur Parlement »[5]. Ainsi Sieyès devait découvrir, sous de nouveaux aspects, les privilèges et les immobilités de la société monarchique. Son rôle ne promettait pas d'être simple : grand vicaire, membre du chapitre, il était aussi le représentant de l'évêque, placé au poste délicat où se nouaient les affrontements.

A Chartres, comme à Tréguier, Sieyès ne résidera pas. Il n'y fera que des séjours de durée très variable. L'essentiel de son temps, il le passera à Paris. Paul Bastid a recensé, dans les archives d'Eur-et-Loir, les traces de

---

* Au début du siècle un chanoine sur trois était noble. En 1789 on comptera un aristocrate sur deux.

** A la veille de la Révolution, constate Vovelle, sur les 800 paroisses du diocèse, l'évêque ne nommait qu'à 68[4].

Sieyès[6] : elles ne sont pas nombreuses. On trouve l'abbé, en juin 1783, prêtant serment, comme chanoine, en remplacement de M. de La Chambre, puis en août, accomplissant le stage traditionnel. Il est présent douze fois aux séances du chapitre en 1783, neuf fois en 1784, absent plusieurs mois à la fin de l'année 1784, présent à deux séances seulement en 1785 puis en 1786. Entre-temps le grand vicaire éprouve une grave déception : Madame Sophie est morte le 3 mars 1782, et avec elle le titre envié qui conduisait Sieyès à Paris et à Versailles. « C'est un vrai malheur pour moi, écrit-il à son père. Je ne sais même pas si on me conservera mes appointements. J'ai peur que non »*. Il est furieux, inquiet de l'avenir. Il espère que la chapelle de Madame Sophie passera à Madame Elisabeth, sœur cadette de Louis XVI, mais il redoute les intrigues, les influences, il prévoit qu'une fois encore il sera oublié. « Il est temps que la fortune se mêle un peu de mes affaires, soupire-t-il, les apparences ne sont pas favorables pour le moment. »

Dans l'évêché de Chartres, Sieyès, investi de la confiance, et même de l'amitié de Lubersac, semble avoir joué un rôle important. Ce rôle paraît s'être exercé d'une manière diplomatique, souvent occulte, qui convenait au grand vicaire. Les archives de Chartres le montrent « s'occupant de la réfection des livres liturgiques, de la suppression des obits et des fondations, plaidant le cas échéant au nom de l'évêque, rédigeant des mémoires... »[8]. Mais il est en réalité le plus proche collaborateur de Lubersac, celui qui aide l'évêque à régler les problèmes difficiles. Sieyès aura l'honneur, en 1786, d'être nommé par le diocèse commissaire à la Chambre souveraine du Clergé de France siégeant à Paris**. Il est permis de penser que la présence de Sieyès dans cette juridiction composée d'ecclésiastiques éminents marqua son éducation politique et juridique. Elle l'aida à bien connaître — ce qui lui servira plus tard — les ressources de l'Eglise et des communautés religieuses, à réfléchir sur le brûlant problème de leur imposition. Mais ce que Sieyès y voit, dans le moment, c'est une étape de sa carrière. Il en franchira une autre en 1788. La confiance de Lubersac lui vaudra d'être nommé chancelier de l'église de Chartres, fonction honorifique, sans définition précise, visant entre autres choses à « l'éducation de ceux qui doivent lire et chanter dans les

---

* Sa fonction à la chapelle de Madame Sophie de France jointe à son bénéfice faisait, semble-t-il, à Sieyès un revenu appréciable d'environ 13 500 livres de rente. (A. Bigeon, *Sieyès, l'homme, le constituant*, Paris, Henri Becus, 1893, p. 12.) Sieyès dans sa *Notice* donnera en détail les variations de sa fortune, pour répondre aux calomniateurs, mais ne s'étendra pas sur ce point précis[7].

** Il y avait à la fin de l'Ancien Régime huit Chambres souveraines siégeant à Paris, Rouen, Lyon, Tours, Toulouse, Bordeaux, Aix, Bourges. La Chambre de Paris, que la *Notice* qualifie pompeusement de « Chambre supérieure du Clergé de France », englobait dix-huit diocèses dont Chartres. Ces Chambres, composées de parlementaires et d'ecclésiastiques désignés par les diocèses, jugeaient des impositions sur les « bénéfices » — tels ceux de Sieyès — et sur les communautés ecclésiastiques.

divins offices » [9]. Toujours le nouveau chancelier avait été passionné de musique, et il chantait bien ; mais l'honneur dut compter plus, pour lui, que la fonction.

Il avait voulu être un « ecclésiastique administrateur », et il l'était devenu. On peut douter qu'il se tînt tout à fait à l'écart des Sacrements, comme il dira l'avoir voulu, car il n'était pas si facile, pour un grand vicaire, de n'être jamais prêtre *. Il est sûr en tout cas qu'à Chartres il disait la Messe. Essaya-t-il d'atteindre à la dignité de prévôt, la plus haute fonction du chapitre, celle qui comportait l'administration du temporel et donnait les moyens de la vraie puissance ? L'*Histoire de la Révolution de France* de Bertrand de Moleville ajoute aux calomnies de l'auteur une note perfide de l'éditeur, rapportant qu'en 1788 Sieyès aurait failli devenir prévôt du chapitre grâce à l'insistant appui de la comtesse de Laseinié. Mais Mgr de Lubersac aurait refusé de céder aux démarches de son aimable nièce, au motif « qu'il ne pouvait donner cette place qu'à un gentilhomme ». L'abbé Sieyès, « tapi dans un coin », aurait, de sa cachette, entendu la conversation et, de ce jour, conçu la plus vive haine pour la noblesse. L'anecdote — qui se superpose aux accusations de Bertrand de Moleville ** — n'a sans doute aucun fondement mais elle éclaire la haine qui entourera Sieyès. Souvent il sera ainsi présenté, par ses détracteurs, caché derrière un rideau, écoutant aux portes, aussi fourbe qu'indiscret. En vérité l'abbé n'avait aucun besoin de se voir refuser la prévôté pour détester les privilégiés. Il avait mesuré, à chaque étape de sa difficile réussite, combien il lui en coûtait de n'être pas bien né, et son orgueil exagérait encore le prix payé.

Une étrange correspondance échangée par l'abbé avec son père durant les années 1780-1781, qui précédèrent la mort du vieil Honoré, éclaire le regard de Sieyès sur les privilèges de la noblesse. Honoré aurait bien voulu, avant de mourir, se trouver des origines nobiliaires pour mieux aider sa famille. Il lorgnait du côté des marquis de Sieyès, originaires de la région de Digne... En 1780 il envoie à son fils un modèle d'armoiries

---

* « Il s'était obstiné à être ordonné prêtre pour courir les bénéfices », écrit Mgr Jean Leflon [10].

** Bertrand de Moleville, ancien ministre de Louis XVI, raconte dans son *Histoire de la Révolution de France* publiée dès 1801, que Sieyès aurait été prêt, en 1787, à devenir un bon serviteur de la monarchie s'il avait reçu une abbaye de 12 000 livres de rente. Césarge se serait entremis, et Loménie de Brienne aurait promis l'abbaye pour enchaîner l'abbé « avec des chaînes de bon or ». Sieyès se serait dérangé à deux reprises pour faire allégeance... mais l'archevêque l'aurait oublié dans le salon des visiteurs. Furieux de n'avoir pas été reçu, et surtout d'avoir perdu l'abbaye, Sieyès serait devenu un adversaire convaincu de l'Ancien Régime : « Il ne tint, écrit Moleville, qu'à une abbaye de 12 000 livres de rente et à une étourderie de moins de la part de l'archevêque de Sens que l'abbé Sieyès ne fût un des apôtres les plus zélés de l'Ancien Régime. » Bertrand de Moleville assure avoir reçu le témoignage de plusieurs personnes, sans en citer une. La calomnie serait sans importance si elle n'avait été constamment reprise par les ennemis de Sieyès pour mettre en doute son honnêteté et la sincérité de ses convictions [11].

que pourrait bien utiliser la famille. L'abbé examine soigneusement le modèle, apporte ses suggestions et ses retouches :

« Je laisserai plus de place, répond-il, au chef d'azur que je ferai graver. Quant aux banderoles de fleurs qui entourent l'écusson, j'ai cru bien faire de choisir un ornement qui convînt à des gens de cabinet, comme vous, mon frère et moi, peuvent l'être. »

Mais vite il se révolte :

« Quelle preuve avez-vous que vos armes soient vraiment de vos ancêtres ? Savez-vous seulement où votre père était né ? Tout ce que je sais c'est que M. votre père, M. votre oncle étaient des peintres de petite ville, ce qui ne doit donner de l'orgueil à personne... »[12].

Honoré répond, insistant maladroitement auprès de son fils :

« Je puis bien vous assurer que j'ai trouvé un cachet dont mon père Vincent, mon aïeul Jean et mon bisaïeul Vincent se sont toujours servis. Je n'ai pas cherché plus loin notre généalogie, quoique je susse que le marquis de Sieyès — village situé comme je vous l'ai dit, auprès de Digne — eut les mêmes armes. »

Honoré conclut tristement :

« Je prétendais, avant que de me procurer aucune liaison avec des gens de noblesse, de parvenir à acquérir assez de biens pour être regardé d'un bon œil. »

Et voici qu'Emmanuel répond vivement à son père, lui signifiant ce qu'il pense des titres et privilèges :

« N'allez pas croire qu'il y ait jamais eu de parenté entre MM. de Sieyès et nous. Leur nom est Plan ou du Plan ; et il n'y a que soixante ans qu'ayant acheté la terre de Sieyès, qui appartenait alors à M. de Villeneuve, ils en ont pris le nom. C'est le père de l'évêque de Die, qui se nomme Plan des Augiers, et du conseiller au Parlement de Grenoble, qui porte le nom de Plan de Sieyès, qui fit cette acquisition ; il avait acheté une charge de secrétaire du Roi et il était le fils d'un marchand de drap de Digne... Le blason auquel ils ont droit ne peut avoir aucun rapport avec celui que Monsieur votre père a imaginé, à moins que ces messieurs ne se soient donné des armes qu'après l'acquisition de la petite terre de Sieyès... »

Cette polémique familiale sur ce que Bastid a appelé la « gloriole sénile » du père[13], a peut-être laissé à l'abbé quelques idées. Le 21 avril 1781, il écrit bizarrement à son père :

« J'ai proposé à M. Alix, avant les fêtes, de vous faire passer le sceau que je promis à mon frère Léonce. En me l'accordant pourtant, il m'a prié d'attendre après les fêtes. En conséquence, je vais le lui porter arrangé dans une petite boîte avec du coton. C'est celui dont je me sers depuis un an que je vous envoie. Ce nouveau est bon, une couronne de marquis, et doit servir de préférence à vous et à mon frère aîné. Si vous me le demandez à cet effet, je vous le ferai passer l'année prochaine ou même plus tôt. J'ai profité des observations que vous me fîtes dans le temps, comme vous le verrez par l'empreinte que j'ai mise au fond dans la petite boîte. »

Sieyès a-t-il fait usage à un quelconque moment d'armoiries portant une couronne de marquis ? A-t-il seulement voulu rassurer son vieux père du soin qu'il prenait de la promotion familiale ? L'abbé déteste les préjugés, les titres, les rites de la noblesse. Mais il sait la difficulté de s'en passer pour réussir.

« J'ai vu, écrit-il à son père, un millier de fois que j'aurais fait bien autrement mon chemin si j'avais pu me réclamer de quelqu'un du monde. Ce sont des préjugés. Mais si rien ne peut les remplacer, si eux seuls peuvent nous servir, pourquoi les avoir négligés ? »[14].

Ces préjugés odieux il faut bien s'en servir. A moins de les détruire...
M. le grand vicaire va sur ses trente-cinq ans. L'enfant chétif, malingre, l'adolescent fragile, replié, ombrageux, est demeuré un homme que sa santé médiocre ne cesse d'occuper. Il a lui-même décrit ses maladies, longuement, complaisamment[15]. Il souffre moins des yeux qu'à Tréguier, mais le travail lui fatigue toujours la vue et il sent, surtout le soir, « un peu d'âcreté au bord des paupières ». Les dartres lui sont peu à peu venues sur sa tête devenue presque chauve : « J'ai toute la partie de la tête qui a, ou doit avoir des cheveux, couverte d'écailles farineuses. » Dès 1777, il a « ressenti des âcretés en urinant ». Ce n'était qu'une « ardeur, assez légère et fort rare » au début. Elle n'a fait qu'augmenter avec le temps. Elle lui vient la nuit, au lit, elle interrompt son premier sommeil. L'abbé urine, dans le moment cela le soulage, puis « l'ardeur » le reprend. « Je voudrais éteindre le feu qui me tourmente, je suis dans un état d'érection très forte. » Puis l'ardeur diminue, l'abbé se recouche « souffrant encore un peu... Je m'accroupis sur le côté comme les enfants quand ils ont froid, et bientôt je m'endors ». Ce n'est pas tout : l'abbé ressent, tandis que vient l'ardeur, « des douleurs sourdes, dans le bas-ventre, du côté gauche, qui est celui des varices dans la bourse »[16]. En outre, une hernie de naissance ne cesse de le faire souffrir. « J'ai essayé bien des bandages, aucun n'a su la contenir, et je les ai laissés... J'ai un faible tempérament », conclut tristement l'abbé. Ses lettres sont nombreuses qui parlent de ses douleurs, de ses fatigues. Mais sa mauvaise santé lui sert aussi de refuge. Toute sa vie elle lui donnera raison ou prétexte pour refuser des fonctions, prendre distance. Toujours il sera fatigué. Souvent il ne sera pas mécontent de l'être.

Le grand vicaire Sieyès est aussi difficile à saisir au physique qu'au moral. « Une taille moyenne, un corps plutôt sec, des cheveux ni blonds ni bruns... une calvitie prononcée mais irrégulière... un front presque étroit mais haut et bombé, un teint pâle, un nez aigu et busqué, un visage tout en longueur » : ainsi le décrit Paul Bastid [17], sur la foi des rares portraits conservés de lui, qui d'ailleurs ne se ressemblent pas. Il semble que Sieyès fût non pas à proprement parler disgracieux, mais sans charme, sans flamme apparente, la démarche gênée, le geste maladroit. Le portrait que fera à Bruxelles en 1817 le peintre David d'un Sieyès, âgé de soixante-neuf ans, élégant, majestueux, le flattera sans doute, mais ne diminuera pas cette rigidité, presque cette absence, cette sécheresse des traits et du regard dont l'abbé avait conscience et qui le faisaient souffrir. Ses ennemis ont, bien sûr, exagéré sa laideur. Ils lui ont inventé des infirmités. Talleyrand lui attribue des « indispositions naturelles » qui lui auraient interdit notamment le commerce des femmes [18]. De même Etienne Dumont, ami de Mirabeau, rapportera que Sieyès « avait peu de sensibilité pour les femmes... ce qui tenait peut-être à une disposition faible et maladive » [19]. D'autres le décriront au contraire, pour lui nuire, très assidu auprès de Joséphine de Beauharnais [20], très occupé par « l'une de ses maîtresses » [21], amant mystérieux de l'actrice Dugazon, ou encore entouré de jeunes gens et de vieilles femmes [22]. N'eut-il aucune vie sexuelle, comme le suggère Talleyrand ? Par « indisposition naturelle » ou parce que l'éducation des Jésuites, puis le séminaire, l'avaient, ainsi que le laisse entendre la *Notice*, « torturé physiquement », l'arrachant « impitoyablement au cours de sa nature » ? Fut-il voué à l'amour solitaire ? Sa condition de prêtre — même renégat — le tint-elle à distance, réelle ou feinte, de toute sexualité ? La vérité est que Sieyès a choisi d'enfermer sa vie privée, ou le peu qu'il en eut, dans le mystère et qu'il est impossible de savoir si cette vie fut insignifiante ou parfaitement cachée. Ce qui est sûr, c'est que sa vie privée n'a joué dans sa vie publique aucun rôle. Il est sûr aussi que, si l'abbé se plaignait d'être faible, languissant, toujours souffreteux, il n'en était pas moins très capable de plaire. Sans doute il est d'humeur atrabilaire [23], il est raide au point qu'il croit faire un effort quand il emploie une formule de demi-politesse [24]. Mais sitôt qu'il parle d'un sujet qui l'intéresse, ses grands yeux éteints s'enflamment, sa voix, anormalement faible, prend force et il peut être fascinant. Les femmes, si même il ne leur fait pas la cour, apprécient sa présence et sa conversation. « Il fait preuve de l'esprit, et le plus gracieux, lorsqu'il consent à s'ouvrir et à se développer » [25]. « Il ne dédaigne pas, observe Talleyrand, de plaisanter avec les femmes, et alors il arrive à une sorte de grâce » [26]. Plus tard, chez Madame Necker, chez Madame de Genlis, il sera très recherché : brillant causeur dont tous admirent la vaste culture et l'imagination. Madame de Staël le décrira comme un esprit supérieur à tous ceux qui l'entouraient, pourvu qu'il prît la peine de le montrer. Par surcroît, l'abbé ne manque pas d'ironie, il aime les mots cruels, qu'alimentent son pessimisme ou sa méchanceté. Il est pris, quand le goût lui en vient, d'une « très bonne veine de plaisanterie » [27], il invente des dialogues drôles, il imagine des chansons, il s'amuse à caricaturer les hommes et les situations...

Comment vit M. le grand vicaire à Paris, à Chartres, à Versailles, à la campagne où l'invite son évêque ? Sieyès évoque complaisamment sa « dure destinée », sans en dire davantage. On ne sait rien ou presque de sa vie quotidienne. On ne sait précisément où il vivait * ni comment il partageait son temps. On ne lui connaît alors que de très rares amis : l'avocat Moreau d'Aix-en-Provence, Dominique Clément de Ris, avocat au Parlement de Paris **. Il est probable qu'à cette époque il ne fréquente encore que peu les salons qui ne lui deviendront familiers que plus tard. Il ne voyage pas ou guère. Ce n'est qu'en août 1787 qu'il accompagnera Mgr de Lubersac aux eaux de Spa et dans un voyage à travers la Hollande [28]. Il ne semble pas qu'il soit déjà membre des sociétés secrètes où il s'affiliera volontiers, quand il sera célèbre et qu'il s'engagera dans la vie politique. Pour l'instant il est un ecclésiastique habile, érudit, et bien sûr philosophe, qui veille à sa carrière. Il lit, autant que ses yeux le permettent, il écrit, de cette écriture cursive, agile, autoritaire, si mobile qu'on la dirait toujours précipitée en avant par la pensée. Roberto Zapperi, dans l'importante préface — qui parfois se fait réquisitoire — à l'édition critique qu'il a donnée de *Qu'est-ce que le Tiers Etat ?*, assure que Sieyès n'eut en réalité « aucune préparation philosophique sérieuse » et lui voit « une formation culturelle très limitée ». Zapperi accuse Sieyès de n'avoir pas compris Rousseau, et d'en avoir caricaturé la pensée pour mieux la réfuter [29]. De même Zapperi voit en Sieyès un « écrivain lent et gauche » [30]. Cette observation n'est pas juste si l'on considère l'écriture de Sieyès facile, incisive, souvent brillante. Mais elle peut rendre compte des hésitations, des atermoiements, de la nonchalance aussi qui entouraient et parfois décourageaient l'écrit. Il écrit sur le commerce, sur la richesse, sur la monnaie, sur l'esprit humain, sur la musique, sur les facultés de l'âme, sur la liberté de l'esprit. Il souligne d'une main rageuse tout ce qui lui semble important. Avide de tout connaître, de tout maîtriser, il écrit de plus en plus vite, et son écriture devient illisible à force d'être bousculée. Et il entreprend des ouvrages qu'il abandonne aussitôt.

---

* A Tréguier, il habitait, quand il venait, dans la rue dénommée aujourd'hui rue Stanco. La maison a été détruite.
** Futur sénateur de l'an VIII par la volonté de Sieyès. Une longue et chaleureuse amitié les unira.

VII

L'ASSEMBLÉE DE L'ORLÉANAIS

Louis XVI n'a pas vingt ans quand, le 10 mai 1774, il succède à son grand-père. « Nous régnons trop jeune », aurait-il confié à Marie-Antoinette. Mais l'âge et l'expérience ne corrigeront pas les faiblesses de son intelligence, celles surtout de son caractère. Eût-il fallu un roi inflexible, résolu à vaincre, ou à détourner, ce grand mouvement des esprits ? Eût-il fallu un « roi de rêve » capable de comprendre l'état des choses, de mesurer et de consentir les sacrifices nécessaires, de s'y tenir, d'épouser et de canaliser la Révolution ? Louis XVI apportait sa conscience, sa bonne volonté, des vertus qui, en d'autres temps, eussent suffi à faire un roi, mais aussi les défaillances d'un esprit court, hésitant. Bientôt pris dans ses contradictions et ses humeurs, flottant, selon les influences, entre les mouvements de son cœur qui le portaient aux réformes, et les résistances de ses principes qui le conduisaient à les regretter aussitôt, partagé, au point d'en être très malheureux, entre sa fidélité à l'ordre ancien et sa sympathie pour les idées nouvelles, il deviendra peu à peu un jouet aux mains des hommes, au gré des événements, n'opposant plus que ses prérogatives ou son courage. De toutes les politiques il choisira ou subira la pire, celle de n'en avoir aucune, ou de les avoir toutes. Il aidera beaucoup à faire la Révolution à force de la vouloir et de ne pas la vouloir. Et sans doute ne retrouvera-t-il sa cohérence, son existence vraie, que dans sa fin tragique, réunifiant pour mourir ses principes, ses vertus, et son comportement.

Les premiers gestes du jeune Roi sont de congédier les ministres détestés, Maupeou, d'Aiguillon et Terray, et de rappeler les anciens Parlements. « La grande affaire est enfin terminée », écrit la reine à sa mère. Et Turgot devient en août Contrôleur général des Finances. Turgot au pouvoir, c'est, semble-t-il, l'avènement des idées nouvelles. Agé de quarante-sept ans, ancien intendant de la généralité de Limoges, dont il avait fait un champ d'expérience pour des réformes, c'est un homme enthousiaste, désintéressé, fuyant le monde, à l'aise surtout parmi ses amis ou dans son cabinet. Formé aux Lumières, disciple des physiocrates, Turgot est un « philosophe ». Dans son discours *Des progrès successifs de l'esprit humain* et dans ses *Lettres sur la tolérance*, il a prétendu fonder la morale sur une conception laïque de la justice ; il a réclamé l'abolition des institutions qui portent atteinte à la dignité humaine : esclavage, servage, droits féodaux. Il croit qu'il existe un ordre naturel des sociétés que la raison doit connaître, il pense que le devoir des gouvernements est de le découvrir et de le réaliser. Il réprouve le fanatisme, il imagine une Eglise libre dans un Etat libre, un enseignement laïc à trois degrés, une assistance publique laïcisée. Il rêve d'une paix universelle. Grand travailleur, il a la passion du bien public. « Vous vous imaginez avoir l'amour du bien public, lui a dit Malesherbes, vous en avez la rage. » La venue de Turgot est aussitôt célébrée par les philosophes, les économistes, tous ceux qui portent les Lumières. « Si le bien ne se fait pas, proclame d'Alembert, c'est que le bien est impossible... » et Voltaire regrette d'être aux portes de la mort alors qu'il voit soudain « en place la vertu et la raison »[1]. Oui, la vertu est au pouvoir avec le clan des philosophes, et Turgot appelle à ses côtés ses amis : l'économiste Dupont de Nemours, l'abbé Morellet, le jeune et enthousiaste Condorcet[2]. Mais les réformes de Turgot ne tardent pas à irriter tour à tour le clergé, les privilégiés, les gens d'affaires, les industriels, la Cour, la reine... Le 10 mai 1776, Turgot se présente trois fois à la porte du cabinet du Roi sans être reçu. Le 12 mai il est congédié[3]. « J'ai fait, Sire, ce que j'ai cru de mon devoir, écrit Turgot au Roi ; tout mon désir est que vous puissiez toujours croire que j'avais mal vu... Je souhaite que le temps ne me justifie pas. » « C'est un désastre, se lamente Voltaire. Je ne me consolerai jamais d'avoir vu naître et périr l'âge d'or que M. Turgot nous préparait... »[4].

Vient Necker, qui avait beaucoup fait pour servir à l'impopularité croissante de son prédécesseur. Banquier, Suisse, protestant, bientôt pourvu du titre de directeur général des Finances, c'est un philosophe lui aussi, quoique plus prudent, couronné par l'Académie française en 1772 pour son éloge de Colbert. Ouvert aux idées nouvelles, sévère, de mœurs irréprochables *, satisfait de lui et des siens, justement auréolé d'une réputation de grand financier car il avait construit une immense fortune, vanté des philosophes pour les clartés de son esprit, lucide dans ses perspectives, mais très précautionneux, même hésitant dans ses moyens, Necker sera vite entouré d'une popularité qui tournera à l'engouement — ce que l'on appellera la « neckromanie ». Il est vrai qu'il excelle dans

---

* Il avait épousé la fille d'un pasteur du pays de Vaud, Suzanne Curchod, belle, sage, femme de lettres ouverte elle aussi aux idées nouvelles, qui réunissait dans ses dîners du vendredi, savants, philosophes, hommes de lettres et politiques. Les Necker pourraient incarner le modèle du « couple philosophique » intègre, cultivé, sensible aux mouvements des esprits, fréquentant les philosophes, écrivant l'un et l'autre, écrivant bien.

l'art d'entretenir sa réputation et qu'il croit au gouvernement de l'opinion. Peu importe qu'il commence à gouverner à coups d'emprunts, — mais que pouvait-il faire d'autre ? — il est salué comme le successeur de Sully et de Colbert, le grand économiste dont a besoin la France. Mais sa raideur, ses projets de réforme de l'administration fiscale lui font beaucoup d'ennemis, fonctionnaires, ministres, privilégiés proches du Roi qu'il semble menacer ou mépriser. Toujours attentif à sa propagande, il croit bon de publier, en février 1781, un mémoire apologétique, son *Compte rendu au Roi par M. Necker*, véritable réquisitoire contre la Cour dont il révélait les folles dépenses : « Je n'ai vu que mon devoir... Enfin, et je l'avoue aussi, j'ai compté fièrement sur cette opinion publique, que les méchants cherchent en vain d'arrêter ou de lacérer, mais que, malgré leurs efforts, la justice et la vérité entraînent après elle. » Le *Compte rendu* de Necker peut se vendre à cent mille exemplaires en quelques jours *, passer de main en main, produire, comme dira Rabaut Saint-Etienne « l'effet d'une lumière subite au milieu des ténèbres », Necker sait qu'il s'est offert à la disgrâce et sans doute a-t-il voulu la provoquer pour la précéder. Il exige le titre de ministre d'Etat, demande une déclaration du Roi étendant à toute la France le régime des « Assemblées provinciales ». Louis XVI refuse. Et Necker démissionne, en mai 1781, pour n'être pas démissionné.

C'est le tour de Charles Alexandre de Calonne, ancien intendant à Metz et à Lille, bel homme, spirituel, toujours souriant, affichant les manières et l'aisance d'un grand seigneur, ne décourageant jamais aucune demande : le contraire de Necker **. Comme Necker, Calonne commence par nourrir les finances d'emprunts et d'expédients, de promesses aussi pour sembler satisfaire tous les intérêts. Puis il comprend que le seul moyen d'acquitter l'énorme dette du Trésor, et de supprimer le déficit, est de refondre le système fiscal tout entier, et qu'on ne peut refondre ce système sans abolir les privilèges fiscaux. Le 20 août 1786, il propose au Roi un « plan d'amélioration des finances » qui suggère d'établir « l'égalité proportionnelle dans la répartition de l'impôt », et parle d'abolir la corvée, de diminuer la taille, de supprimer les douanes intérieures, enfin d'établir dans toute la France des « Assemblées provinciales », satisfaction offerte au mouvement des idées. « C'est du Necker tout pur ce que vous me donnez là », s'écrie Louis XVI. « Sire, aurait répondu Calonne, dans l'état des choses présent on ne peut rien offrir de mieux »[5], et il persuade aisément le Roi de soumettre son plan non pas aux Parlements, dont on ne devait attendre que des difficultés, mais plutôt, comme l'avaient fait autrefois

---

* « Jusqu'aux harengères, avait commenté Mallet du Pan, achètent l'ouvrage de Necker. »
** Il aurait été l'auteur d'une brochure, *Les Comment*, largement diffusée, qui avait prétendu démontrer les contre-vérités du *Compte rendu* de Necker au Roi.

Henri IV et Louis XIII, à une « Assemblée de Notables » désignés par le Roi, et dont on pouvait, s'ils étaient bien choisis, espérer la complaisance. L'idée plut à Louis XVI. Le lendemain du jour de la convocation, il dit à Calonne : « Je n'ai pas dormi de la nuit, mais c'était de plaisir. »

Les Notables se réunirent à Versailles le 22 février 1787. Ils étaient 147, très largement dominés par la noblesse et le haut clergé *. Louis XVI ouvrit en personne l'Assemblée, annonça des projets « grands et importants », exprima l'espoir « qu'aucun intérêt particulier ne s'élèverait contre l'intérêt général ». Calonne parla à son tour, avoua l'énormité du déficit — pour faire comprendre la gravité des circonstances — et fit en termes vigoureux, qui stupéfièrent l'Assemblée, le procès du régime :

> « Les abus qu'il s'agit aujourd'hui d'anéantir pour le salut public, ce sont les plus considérables, les plus protégés, ceux qui ont les racines les plus profondes et les branches les plus étendues. Tels sont les abus dont l'existence pèse sur la classe productive et laborieuse, les abus des privilèges pécuniaires, les exceptions à la loi commune, et tant d'exemptions injustes qui ne peuvent affranchir une partie des contribuables qu'en aggravant le sort des autres. »

La dénonciation des privilèges fiscaux, les projets qui les menaçaient, la véhémence du ton de Calonne, déchaînèrent aussitôt contre lui, chez les Notables, mais aussi à la Cour et dans une partie de l'opinion, une opposition qui alla se renforçant de jour en jour. Des projets du ministre, les Notables n'acceptèrent que ceux qui touchaient aux « Assemblées provinciales », à la liberté du commerce des grains, à la transformation de la corvée. Ils repoussèrent l'essentiel, c'est-à-dire toutes les réformes qui menaçaient les privilèges fiscaux. Comme autrefois Necker, Calonne fit imprimer et répandre le 31 mars son rapport, et ses propositions, ainsi qu'un manifeste dénonçant l'opposition intéressée des Notables. Ceux-ci s'indignèrent, protestèrent. La Cour, la reine dénoncèrent Calonne comme un ennemi public, sinon un fou. Le 8 avril 1787, Louis XVI le congédia.

Vient, en mai 1787, le quatrième réformateur désigné par Louis XVI, l'archevêque de Toulouse, Loménie de Brienne, d'une vieille famille de secrétaires d'Etat et de diplomates, homme solennel, réfléchi, habile courtisan et qui passait pour bien administrer les affaires de son diocèse. Il avait été, parmi les Notables, l'un de ceux qui s'étaient le plus fermement opposés à Calonne. Venait-il soutenir la politique contraire ?

Mais Brienne était aussi un ami de Turgot, de l'abbé Morellet, un

---

* Calonne avait habilement « dosé » son assemblée : il espérait pouvoir compter sur les 36 grands seigneurs, les 13 intendants et conseillers d'Etat, les 37 députés des pays d'Etat et des villes, choisis parmi les officiers de justice et des finances. Il n'y avait que 3 roturiers dans l'assemblée, les représentants du Tiers étant tous nobles.

prélat presque philosophe qui fréquentait le salon de Julie de Lespinasse, connaissait Condorcet et la plupart des beaux esprits [6]. Il commence par faire reconnaître la liberté de l'état civil aux protestants au risque d'affronter l'hostilité du clergé. Puis, à la surprise des Notables, il reprend devant eux les projets de Calonne. Les Notables imaginent alors de se déclarer sans pouvoir pour accorder de nouveaux impôts : ce qui sous-entendait que le Roi aurait dû réunir les Etats Généraux seuls habilités à les consentir. Les Etats Généraux ? La Fayette, qui conduit la noblesse libérale dans l'Assemblée des Notables, en lance le mot le 21 mai. Personne ne relève cette audace. Il ne reste dans le moment qu'à clôturer l'Assemblée, ce que les Notables eux-mêmes semblent souhaiter. Ce fut fait le 25 mai.

Loménie de Brienne n'avait plus d'autre issue que de faire aboutir ses projets par les voies ordinaires. Et parmi les projets, hérités de Calonne, figure celui des « Assemblées provinciales », qui seront créées par édit enregistré au Parlement le 22 juin 1787. Partout en France devront être installées des Assemblées provinciales, composées des trois ordres*. Sans doute ces Assemblées, placées au côté de l'intendant du Roi ne recevront d'attributions que consultatives. Mais cette réforme, apparemment modeste, constituait en vérité, selon Tocqueville, une « première révolution » [7] dont ni les Notables, ni le Roi, ni même l'opinion publique, n'aperçurent l'importance. D'une part — et le précédent servira — le Tiers Etat devait y recevoir une représentation égale à celle des deux ordres privilégiés et le vote avoir lieu « par tête » et non « par ordre ». D'autre part l'Assemblée, ainsi placée auprès de l'intendant pour le conseiller ou le contrôler, n'avait-elle pas vocation à devenir peu à peu, bon gré mal gré, le véritable administrateur du pays ? « L'administration, écrit Tocqueville, avait changé tout à coup ses agents et renouvelé toutes ses maximes. L'Etat n'avait pas pensé d'abord recevoir de cette immense réforme un grand choc... [mais] la nation n'était plus d'aplomb dans aucune de ses parties... »**. Et de fait, tout ce qu'on connaît des actes des Assemblées provinciales enseigne que, dans le temps court où elles purent fonctionner, elles entrèrent en guerre, sourde ou ouverte, avec les intendants.

Et l'Assemblée provinciale n'était, dans le projet de Calonne repris par Brienne, qu'un morceau d'une réforme plus vaste, plus audacieuse encore. Dans chaque communauté de France n'ayant pas de municipa-

---

* L'idée en avait été conçue par Turgot, aidé de Dupont de Nemours, mais le ministre avait été renvoyé avant d'avoir pu présenter son projet.

** « C'est en 1787 et non en 1789, écrit François Furet réfléchissant sur Tocqueville, que Loménie de Brienne détruit l'Ancien Régime par sa réforme administrative qui substitue aux intendants des assemblées électives. C'est en 1787 que le rapport traditionnel des Français et de l'Etat, que le vrai tissu de la vie sociale se trouvent bouleversés... » [8].

lité, devrait être un jour créée une « Assemblée municipale » composée du seigneur et du curé, membres de droit, et de citoyens élus au suffrage censitaire. Des « Assemblées secondaires », dites de district, devraient être issues des Assemblées municipales, leurs membres étant pour partie élus, pour partie nommés. Ainsi l'Assemblée provinciale était destinée à couronner un édifice. Le Roi nommerait, dans les trois ordres, la moitié des membres, puis l'Assemblée se compléterait en élisant l'autre moitié. L'édit de juin 1787 annonçait que ces dispositions pourraient être améliorées à l'usage, et cette prévision laissait peut-être espérer qu'une Assemblée nationale serait un jour constituée, issue des Assemblées provinciales [9]...

Ainsi avait été initiée par Calonne et Brienne une « grande révolution administrative » [10]. Et celle-ci eût pu constituer une ultime tentative du Roi de France pour transformer progressivement, sans révolution violente, le despotisme en monarchie constitutionnelle [11]. L'ambitieux projet fut accueilli avec joie par les philosophes — tel Condorcet [12] — qui crurent y voir le chemin d'une révolution pacifique. Mais il se brisera sur l'hostilité systématique des Parlements, puis il se perdra dans les remous de la Révolution*. Il aura fourni entre-temps à quelques-uns, comme Sieyès, une tribune, des expériences, l'occasion d'affrontements révélant les clivages d'une société, presque une répétition générale préparant les assemblées futures.

L'Assemblée provinciale de l'Orléanais fut l'une de celles qui furent mises en place à la fin de l'année 1787. Sa circonscription territoriale correspondait à peu près aux actuels départements du Loiret, du Loir-et-Cher et de l'Eur-et-Loir. Les membres nommés par le Roi furent convoqués à Orléans pour le 6 septembre 1787. Le 10 septembre, les 26 membres désignés procédèrent, selon le règlement, à l'élection de 26 autres membres. C'est sur la recommandation de l'évêque de Chartres, lui-même désigné par le Roi, que l'abbé Sieyès, vicaire général, fut ainsi coopté, au nom du clergé. Il entrait dans une Assemblée que présidait le duc de Luxembourg et qui comptait parmi ses membres l'abbé Louis ** et Lavoisier.

L'Assemblée provinciale se réunit le 17 novembre. « Aussitôt Sieyès, dit complaisamment la *Notice*, donna des preuves de quelque capacité en affaires, d'un cœur probe et ami de son pays » [13]. Le grand vicaire fit partie du bureau du bien public, du bureau de l'agriculture et du « comité pour les vingtièmes » ***. Y fut-il actif ? Les procès-verbaux de

---

* Une vingtaine d'Assemblées provinciales fonctionneront à la fin de 1787 et en 1788. Puis leurs « commissions intermédiaires » — les substituant entre les sessions — prolongeront une vague activité jusqu'en 1790.
** Dont Louis XVIII fera son ministre des Finances.
*** L'impôt du vingtième, établi en 1710, portait notamment sur la propriété foncière. Egal autrefois au vingtième du revenu, il avait subi de nombreuses augmentations. Les dispenses ou les réductions dont bénéficiaient les nobles rendaient l'impôt très

l'Assemblée, très sommaires, mentionnent rarement son nom [14]. Mais il semble que les absences étaient très fréquentes et que les députés se rassemblaient difficilement. Sieyès fut quand même assez présent pour être désigné à la « commission intermédiaire », organe permanent de l'Assemblée, prévu par l'édit royal, qui devait entre les sessions préparer les décisions à prendre, puis assurer l'exécution des résolutions adoptées. L'un des protecteurs de Sieyès, l'abbé de Césarge, lui aussi représentant du clergé à l'Assemblée de Chartres, présida la première commission intermédiaire. La *Notice* assure que l'on fit sur l'abbé Sieyès de « fortes instances » pour l'engager à recevoir à son tour la présidence de la commission. Il aurait décliné cet honneur, mais Sieyès aimera toujours refuser les fonctions offertes ou dire qu'il les a refusées, et il cultivera soigneusement l'orgueil de ses refus.

C'est, semble-t-il, au « comité pour les vingtièmes » que s'est déployée son activité. Le Roi avait offert aux Assemblées provinciales la faculté de répartir elles-mêmes l'impôt des vingtièmes et d'offrir de verser annuellement au Trésor une somme fixe dite « abonnement ». Sur l' « abonnement », qui laissait présager un impôt fixe, réparti avec justice, frappant indistinctement les biens nobles et non nobles *, le débat fut très vif à l'Assemblée de l'Orléanais. La majorité de la noblesse, entraînée par le duc de Luxembourg, se prononça contre l'abonnement. Mais parmi les privilégiés quelques esprits éclairés, le comte de Rochambeau, Mgr de Lubersac, l'abbé Sieyès, soutinrent l'abonnement, et celui-ci fut voté le 30 novembre 1787 ** : l'Assemblée décida d'offrir au Roi une somme fixe de 2 300 000 livres pour l'Orléanais ***, proposition qui fut acceptée par le Roi. La « commission intermédiaire » dut donc rédiger un projet de décision. Sieyès fit, sur ce projet, des critiques, dont Lavoisier, autre membre de la commission, déplora la violence : « Plusieurs de ses réflexions sont bonnes, observa le grand savant, mais elles auraient pu être présentées d'une manière plus modérée... » [16]. Et Sieyès insista, semble-t-il, sans succès, pour renforcer les droits de la province sur la recette des impôts, au détriment des prérogatives de l'administration royale.

De même, au bureau du bien public, Sieyès travailla aux côtés de Lavoisier. Celui-ci rédigea un projet sur l'esquisse d' « ateliers de charité » et de caisses qui verseraient des secours aux vieillards et aux

lourd pour les petits propriétaires. L'impôt variait chaque année et son instabilité augmentait son impopularité. Il rapportait à l'Etat, en 1784, 76 millions de livres, dont 1 million 200 000 livres pour la province de l'Orléanais.

* Le Roi, donnant l'exemple, avait déclaré que ses propres domaines et ceux des Princes du sang cesseraient d'être exemptés.

** Albéric Neton, biographe de Sieyès, assure que le clergé, presque tout entier, entraîné par Sieyès, vota l'abonnement [15]

*** Ce qui représentait une substantielle augmentation du vingtième.

veuves pour les protéger de l'indigence. « Les lois, expliquait le rapport de Lavoisier, doivent protéger le faible, l'indigent, l'infirme, l'homme en un mot qui manque de subsistance, dans quelque état que ce soit. » Plus tard, Sieyès reprendra les idées généreuses de ce projet qui n'eut pas le temps d'aboutir.

L'abbé Sieyès a-t-il beaucoup appris à l'Assemblée de l'Orléanais ? Bastid le croit : « Tous les germes déposés en lui par une jeunesse difficile et que sa pensée solitaire et concentrée avait développés lentement, éclatent soudain. Son attitude politique se fixe. Ses vieilles méfiances à l'égard des ordres privilégiés se confirment et s'exaltent... Orléans accentua Rennes... Dès ce moment Sieyès embrasse la cause du peuple » [17]. Il est probable que les idées de Sieyès ont, dans ces travaux et ces débats, gagné en assurance et en clarté. La fermeté, la violence même du grand vicaire ont surpris. Et déjà Sieyès suscite de violentes antipathies. C'est l'époque où, selon Bertrand de Moleville, Loménie de Brienne aurait convoqué le grand vicaire, déjà encombrant, pour lui offrir afin qu'il se tînt tranquille, la rente d'une abbaye de 12 000 livres. Puis le ministre l'aurait oublié dans l'antichambre... *. Orgueilleux, ombrageux, vite méprisant, ferme dans ses idées au point d'être brutal, audacieux aussitôt qu'il est décidé, inattentif aux antipathies qu'il suscite, quoique souffrant de n'être jamais assez aimé, l'abbé Sieyès accuse son portrait.

* Voir *supra*, p. 59.

VIII

C'EST LÉGAL PARCE QUE JE LE VEUX

Loménie de Brienne n'avait sans doute ni la volonté ni les moyens de ses vastes réformes. Renvoyée l'Assemblée des Notables, il lui fallait affronter les Parlements[1]. Comment espérer d'eux qu'ils consentent à une quelconque politique de réformes fiscales ? Dès juillet 1787, le Parlement de Paris refuse d'enregistrer les édits réformant la fiscalité, fait ses remontrances au Roi, blâme les dépenses inutiles, c'est-à-dire la plupart des dépenses, et surtout se déclare sans pouvoir pour consentir de nouveaux impôts. Seule la Nation, affirme le Parlement, peut les consentir, réunie dans ses Etats Généraux. Ce n'est pas que les parlementaires soient sensibles aux idées nouvelles. Ils sont, pour la plupart, fermés à toute évolution de la société, mais ils entendent affirmer, en chaque occasion, leur indépendance, et leurs prérogatives face à l'autorité royale. Leur robe semble leur faire un manteau de justice et de vertu. Ils ont beau être ouvertement rétrogrades, combattre la monarchie dans chacune de ses ouvertures, toujours défendre leurs privilèges, ils réussissent à se rendre populaires, à force de s'opposer à l'absolutisme royal, d'affirmer l'existence de lois fondamentales supérieures au pouvoir du Roi, de se dresser contre lui au nom de la justice. Louis XVI est contraint de tenir, le 6 août 1787, un lit de justice pour imposer au Parlement de Paris l'enregistrement d'un impôt sur le timbre. Le lendemain, le Parlement déclare nul et illégal l'enregistrement forcé et dénonce les édits du Roi comme contraires aux « droits de la Nation ». A leur sortie, les magistrats sont acclamés par la foule : « Vive les pères du peuple ! Point d'impôts ! »[2]. Alors Louis XVI exile le Parlement à Troyes. Puis, cédant aux manifestations dans les villes, au mouvement des parlements de province qui s'agitent pour soutenir leurs collègues parisiens, aux violentes émeutes de la basoche, il capitule, négocie la fin de l'exil, et les parlementaires font à Paris un retour triomphal *. Trois jours et trois nuits la place Dauphine sera illuminée, et retentira des feux d'artifice. En novembre, Louis XVI recommence : le même mouvement autoritaire, puis le même recul. Pour faire enregistrer une série d'emprunts — qui devraient rapporter 420 millions — le Roi, cédant aux conseils de Lamoignon, garde des Sceaux, décide de faire enregistrer ses emprunts sans l'approbation du Parlement. Les votes du Parlement, décide-t-il, ne seront tenus que pour des avis, et ne seront pas clos par un vote final. La séance du Parlement de Paris a lieu, le 19 novembre, dans une atmosphère de drame. Le Roi parle sur un ton de menace : « Je veux tenir cette séance pour rappeler à mon Parlement des principes dont il ne doit pas s'écarter. Ils tiennent à l'essence de la monarchie, et je ne permettrai pas qu'ils soient altérés. » A son tour le garde des Sceaux Lamoignon fait la leçon aux magistrats. Le duc d'Orléans se dresse, il affirme que le Roi commet un acte illégal. « C'est légal parce que je le veux », rétorque Louis XVI, et le duc est exilé dans son château de Villers-Cotterêts. En janvier 1788, le Parlement fait ses remontrances au Roi, déclarant « illégal » l'enregistrement forcé du 19 novembre. Lamoignon décide alors de vaincre la résistance des Parlements. Il fait adopter par Louis XVI une série d'ordonnances destinées à les « décapiter ». L'enregistrement des édits leur sera retiré pour être confié à une « Cour plénière », résurrection de l'ancienne *Curia Regis*, nommée et présidée par le Roi. Le Parlement de Paris prend le 3 mai une délibération proclamant « les lois fondamentales du royaume », et rappelant qu'aucun impôt ne peut être créé en France sans qu'il ait été voté par les Etats Généraux. A nouveau Louis XVI tient un lit de justice, le 8 mai, pour faire enregistrer ses édits : « Vous venez d'entendre mes volontés. Plus elles sont modérées, plus elles seront fermement exécutées ; elles tendent toutes au bonheur de mes sujets ». Puis il fait arrêter deux parlementaires et il met le Parlement de Paris « en vacances ». Alors commence la grande révolte des Parlements.

La province prend le relais de Paris : il semble que l'unanimité se fasse contre le coup de force du Roi. Non, le Roi de France ne peut plus dire : « C'est légal parce que je le veux. » Les parlementaires de province se mobilisent, contre l'arbitraire monarchique, contre les impôts nouveaux, contre les Assemblées provinciales présentées comme usurpatrices. Les Etats Généraux sont partout réclamés comme le seul remède à l'arbitraire royal. On se réfère aux « lois fondamentales » du royaume qui exigent leur convocation. Une large partie de la bourgeoisie de province, qu'ont pénétrée les idées nouvelles, vient au secours des Parlements : officiers, avocats, huissiers, tout « l'univers chicanier de l'Ancien Régime »[4] témoigne sa solidarité aux parlementaires. La réunion des Etats Géné-

* Tocqueville décrit les parlementaires exaltés par leur victoire, enivrés par leur popularité, « le Parlement se traitant lui-même en Roi »[3].

raux devient un objectif commun, et commode, qui peut masquer la diversité des objectifs et des opinions. Une large partie du clergé de France joint ses remontrances. On s'en prend aux Assemblées provinciales accusées d'être nées de l'arbitraire royal, on réclame le recours aux anciens « Etats provinciaux », longtemps impopulaires, autrefois combattus comme aristocratiques, et dont on découvre soudain la légitimité.

Passé le temps de la rigueur, voici celui de la faiblesse. Le Roi, fidèle à son usage, commence à plier. Il cédera, d'abord à Besançon où il consent à réunir les Etats de Franche-Comté, puis il cédera à Grenoble, où la force du mouvement et une véritable insurrection l'obligeront à accepter la réunion des Etats du Dauphiné. Les émeutes ont été dramatiques à Grenoble où les soldats du Roi ont été lapidés. Le Parlement « mis en vacances » s'est réuni quand même, le 7 juin * ; les métiers se sont assemblés à l'appel du tocsin, les paysans sont descendus de la montagne pour rétablir le Parlement, pour se battre contre l'arbitraire du Roi : l'insurrection a été si violente que le Roi a dû capituler. En Bretagne **, la noblesse s'est déclarée solidaire du Parlement. A Rennes, le 9 mai, gentilshommes, avocats, étudiants, ont manifesté au coude à coude et le 10 mai, l'intendant du roi a été lapidé par la foule. A Paris, la foule ouvre de force le Palais de Justice, capture l'intendant, réinstalle le Parlement. Les émeutes gagnent presque toutes les villes de Parlement : Besançon, Dijon, Toulouse, Pau. Les Etats Généraux sont maintenant la revendication générale, d'autant plus ardente qu'elle renvoie les difficultés du moment à un avenir imprévisible. Arthur Young, agronome anglais en voyage en France, dînant à Paris en octobre 1787, décrit ainsi ses impressions :

> « Une opinion prévalait dans tout ce cercle : c'est qu'on était à l'aurore d'une grande révolution dans le gouvernement ; que tout le montre : la grande confusion dans les finances, avec un déficit impossible à combler sans les états généraux du royaume... Tous s'accordent à dire que les états du royaume ne peuvent s'assembler sans qu'une plus grande liberté n'en soit la conséquence ; mais, parmi les hommes que je rencontre, il en est si peu qui aient des idées justes sur la liberté que je ne sais de quelle espèce serait cette nouvelle liberté qui naîtrait... »[5].

L'échec de Loménie de Brienne — et du Roi — est désormais consommé. L'archevêque de Toulouse et le garde des Sceaux Lamoignon font accepter au Roi la réunion des Etats Généraux qui semble, en

---

* Ce fut « la journée des tuiles » jetées du haut des toits sur les troupes royales. En juillet, au château de Vizille, les représentants des trois ordres, réunis en Etats, réclameront le respect des libertés dauphinoises et la réunion des Etats Généraux.

** L'opposition est la plus vive en Bretagne et dans le Dauphiné, c'est-à-dire dans les régions dotées d' « Etats » provinciaux que dominent la noblesse et le clergé.

quelques mois, devenue nécessaire. Le 5 juillet, un arrêt du Conseil annonce leur prochaine convocation, et le 8 août, un édit les convoque pour le 1er mai 1789. La création de la Cour plénière est annulée. Le 16 août, les paiements de l'Etat sont suspendus pour six semaines, le 24, Brienne est prié de donner sa démission et, le 26 août, il est remplacé par Necker, nommé directeur général des Finances, puis le lendemain ministre d'Etat, Necker qui retrouve sa place en vainqueur :

> « Je fus à Versailles, écrit Necker. Le Roi voulut me voir, dans le cabinet de la Reine, en sa présence. Il éprouvait dans sa grande bonté une sorte d'embarras, parce qu'il m'avait exilé l'année précédente. Je ne lui parlais que de mon dévouement et de mon respect : et dès ce moment je me replaçai près du prince, ainsi que j'avais été dans un autre temps »[6].

Ainsi s'achève — apparemment — la révolte des notables. L'institution des Parlements, la plus liée à l'Ancien Régime, celle qui prétendait tenir ses droits des assemblées franques et qui défendait ses privilèges de caste, avait ainsi suscité un extraordinaire mouvement d'opinion et de solidarité où s'étaient rejointes des forces contraires : les ordres privilégiés, les bourgeois attirés ou dominés par la noblesse de robe, et tous les esprits éclairés qui détestaient l'arbitraire. L'absolutisme monarchique avait été leur adversaire commun, la réunion des Etats Généraux sera désormais l'attente commune. Voici le banquier genevois revenu comme un sauveur. Il a un salon, il ménage le clergé, il flatte l'esprit du siècle, c'est un homme des Lumières même si, parce qu'il est suisse, protestant, banquier, il n'observe pas la société du même regard que Turgot ou Condorcet *. Il veut plaire, il sait plaire à tous. Il semble qu'il va restaurer les finances, faire des réformes et des miracles. Et il commence symboliquement par prêter à l'Etat sur sa fortune personnelle. Dans l'immédiat il cède aux vents dominants, il fait congédier le garde des Sceaux Lamoignon, que remplace Barentin, il restitue l'enregistrement des édits aux Parlements. Pour satisfaire l'opinion publique, il fait accepter au Roi, en décembre, le « doublement » de la représentation du Tiers Etat aux Etats Généraux **. « Aurait-on pu soutenir, observera Necker dans son ouvrage sur la Révolution française, à un tribunal d'équité, que les intérêts des quatre-vingt-dix-huit centièmes de la Nation n'exigeaient pas un aussi grand nombre de représentants,

---

* En dépit de ses préjugés et de son orgueil, Necker sera l'un des observateurs les plus intelligents — et les plus maltraités par l'Histoire — de la Révolution.

** Afin que cette représentation fût égale à celle de la Noblesse et du Clergé réunis. Le Roi, en son Conseil du 27 décembre 1788, ordonne que « les députés aux prochains Etats Généraux soient au moins au nombre de 1 000 » et que « le nombre des députés du Tiers Etat soit égal à celui des deux autres ordres réunis ». Il décide aussi que l'élection des députés se fera par bailliage, et que les curés pourront être députés. Cette décision aura une importance décisive car les curés donneront au Tiers Etat la majorité aux Etats Généraux.

d'enquêteurs et d'interprètes, que les intérêts des deux autres centièmes ? »[7]. « La critique, ajoutera fièrement Necker, s'éleva bien
faiblement... On l'entendit à peine au milieu des applaudissements
universels. » La France vit maintenant les yeux fixés sur ses Etats
Généraux.

IX

IL Y A DONC UN HOMME EN FRANCE

L'arrêt du Conseil du Roi du 5 juillet 1788 qui annonçait la convocation prochaine des Etats Généraux sollicitait « toutes les personnes instruites du royaume d'envoyer renseignements ou mémoires relatifs à la prochaine convocation des Etats Généraux ». Cette singulière procédure qui supprimait implicitement toute censure, signifiait, à sa manière, la puissance de l'opinion dans la société française, le prestige de l'écrit et aussi la bonne volonté, ou la faiblesse, de la monarchie *.

Les brochures et les libelles n'avaient cessé de circuler, tout au long du XVIIIe siècle. Entre 1770 et 1780, leur nombre avait considérablement crû. La liberté d'écrire, tant réclamée par les philosophes, s'était affirmée, les saisies se faisaient plus rares et demeuraient souvent symboliques. Les occasions de libelles, les libelles eux-mêmes, foisonnent tandis que l'on approche de la Révolution : ceux-ci sont toujours plus violents, et toujours plus lus. Daniel Mornet observe, à titre d'exemple, qu'en 1787 il est paru, sur la seule Assemblée des Notables, quatorze livres et brochures, puis quinze sur la publication de ses procès verbaux [2]. Toutes les formes d'écrits se multiplient et grossissent en volume : vrais essais philosophiques, pamphlets, chansons. Il faut y ajouter les « nouvelles à la main », sortes de recueils de curiosités et de potins, souvent impertinents, théoriquement interdits depuis une ordonnance de 1745, mais dont le commerce est devenu florissant. L'invitation de Brienne ne pouvait que séduire une opinion éclairée, avide d'écriture et de lecture. Elle s'adressait à une société dominée par l'esprit

* La convocation des Etats Généraux imposait, conformément à l'usage, la rédaction des cahiers de doléances. Dans chaque bailliage, les assemblées des trois Ordres rédigeront les « cahiers » que les députés apporteront aux Etats pour dire les revendications de leurs mandants. Sans doute des « modèles » seront répandus, mais dans l'ensemble les cahiers rédigés dans les premiers mois de 1789 éclaireront, avec une sincérité non douteuse, l'état de la société française à la veille de la Révolution. « Il n'y a pas d'exemple en histoire d'une pareille consultation écrite de tout un peuple et d'un pareil monument de littérature nationale » [1].

littéraire[3]. Effectivement, les écrits seront innombrables, dès la fin de 1788 et dans les premiers mois de 1789, à l'effet de « préparer » les Etats Généraux *. Ce que l'on a pu appeler la « crise des brochures » durera plusieurs mois. Dès la fin de 1788, un amateur se vantait d'en avoir réuni deux mille cinq cents. Et l'on trouvera dans ce torrent d'écrivains quelques auteurs dont les noms ne resteront pas inconnus : Mounier, Volney, Mirabeau, Robespierre et, bien sûr, Sieyès...

A Chartres, à Paris, le grand vicaire a suivi, avec avidité, les événements qui ont secoué la monarchie. Il ne s'est fait aucune illusion sur le rôle du Parlement de Paris. « Ce grand corps, dira-t-il, n'avait ni lumières, ni véritable énergie »[6]. Il voit que le combat des Parlements n'est qu'une péripétie dans la lutte contre l'absolutisme. Au printemps de 1788, quand le Parlement de Paris fut mis en vacances et exilé, Sieyès aurait proposé de « faire arrêter et pendre le ministre signataire d'ordres évidemment arbitraires, illégaux et proscrits par le peuple ». C'est au moins ce qu'assure la *Notice*, ajoutant : « **Le succès** de cette mesure était infaillible, elle eût entraîné les applaudissements de toute la France... » Cette forfanterie — que Sieyès racontera en 1795 — aide à éclairer l'état d'esprit de l'abbé en 1789. Il juge que le moment est venu d'actions nouvelles, sans doute violentes, et il ne croit voir autour de lui que des hommes qui hésitent ou qui biaisent[7]. Telle est l'une des singularités de Sieyès. Capable de longs silences et de brusques reculs, il est, quand lui vient la décision d'agir, implacable et même téméraire.

Dans l'été 1788, il s'enferme à la campagne **. Il rédige d'abord — très vite semble-t-il — ses *Vues sur les moyens d'exécution dont les représentants de la France pourront disposer en 1789*. Mais il décide d'en suspendre la publication car il veut aller plus loin. Il écrit, sans désemparer, à l'automne, son *Essai sur les privilèges* et, en novembre et décembre, *Qu'est-ce que le Tiers Etat ?* Il donne les trois ouvrages à la publication. L'*Essai sur les privilèges* et les *Vues sur les moyens d'exécution* sont publiés dans les deux derniers mois de l'année 1788, *Qu'est-ce que le Tiers Etat ?* paraît au début du mois de janvier 1789. Le succès fut immense, la diffusion favorisée par les clubs et les sociétés politiques ***, les salons, et tout le parti éclairé. Les *Vues sur les moyens d'exécution*,

---

* Le voyageur Arthur Young écrira dans son *Journal*, le 9 juin 1789 : « Chaque moment produit une brochure nouvelle ; il en a paru treize aujourd'hui, seize hier, et quatre-vingt-douze la semaine dernière... les dix-neuf vingtièmes de ces productions sont en faveur de la liberté, et en général très fortes contre la noblesse et le clergé »[4]. Jacques Godechot évalue à 300 le nombre des pamphlets publiés dans les mois de juillet, août et septembre 1788, la plupart attaquant la politique royale ou l'absolutisme monarchique[5].

** On trouve parmi les notes manuscrites de Sieyès des « notes historiques », dont certaines sont datées de 1788, sur les Etats Généraux de 1484, de 1576, de 1588, de 1614 ; Sieyès y étudie notamment l'organisation des Etats et la composition des ordres. On y trouve également des études sur l'origine de la convocation des Etats, et l'évolution de leur fonctionnement[8].

*** Par la « Société des Trente », par le « Club des Enragés »[9] (*infra*, pp. 93 et ss.).

brochure anonyme, connaît deux éditions dans l'année 1789, l'*Essai sur les privilèges*, également anonyme, deux éditions en quelques mois. Mais c'est la brochure *Qu'est-ce que le Tiers Etat ?* qui conquiert l'opinion. Plus de trente mille exemplaires sont enlevés en quelques semaines, quatre éditions se succèdent au cours de la même année, les trois premières anonymes, la quatrième portant le nom de l'auteur : « Emmanuel Sieyès » *. La brochure eut, dit-on, près d'un million de lecteurs, en un temps où l'on aimait à se prêter les livres **. On s'aborde au café, dans la rue, en se disant : « Avez-vous lu le *Tiers* ? » [12]. On en arrache des feuillets que des orateurs lisent à haute voix au café Foy, au café du Caveau, et sur les places. « Il y a donc un homme en France », écrit le comte de Mirabeau à l'abbé Sieyès le 23 février 1789, le remerciant de l'envoi de l'*Essai sur les privilèges* et de la brochure *Qu'est-ce que le Tiers Etat ?* [13]. En quelques semaines Sieyès est devenu célèbre. Dans les passions du moment et l'attente fiévreuse des Etats Généraux, il semble avoir posé les principes, ouvert le chemin. Demain, proclame-t-il, le Tiers Etat devra s'ériger en Assemblée nationale, établir une Constitution... Son libelle de cent vingt-sept pages annonce la Révolution. Et il en propose les moyens.

---

* Le succès obtenu par la première édition, en janvier 1789, poussa Sieyès à revoir et compléter sa brochure. La seconde édition — bientôt suivie d'une seconde édition corrigée — ne comportait que quelques modifications de texte. C'est la troisième édition, ainsi qualifiée quoiqu'elle fût en fait la quatrième, publiée sans doute à la fin de mai 1789, et comportant le nom de l'auteur, qui apporta à la brochure de nombreux remaniements. Les 127 pages de la première édition devinrent 180 pages. Sieyès se référera toujours à sa troisième édition [10].

** Il semble que le chiffre de 300 000 exemplaires vendus — souvent cité — soit exagéré [11].

X

LE TIERS EST LA NATION

L'*Essai sur les privilèges* *, écrit après la chute de Loménie de Brienne et le rappel de Necker, prépare la brochure sur le Tiers Etat. Il est court — à peine vingt pages — et ne suit aucun plan. Sieyès pose d'abord un principe qu'il estime de droit naturel : « Il est une loi mère d'où toutes les autres doivent découler : ne fais point de tort à autrui. C'est cette grande loi naturelle que le législateur distribue en quelque sorte en détail par les diverses applications qu'il en fait pour le bon ordre de la société ; de là sortent toutes les lois positives. » Qu'est-ce qu'un privilège ? C'est la permission de faire tort à autrui. « Tous les privilèges sont donc, par la nature des choses, injustes, odieux et contradictoires à la fin suprême de toute société politique. »

Posé ce préambule, Sieyès entre dans l'étude des privilèges. Il entreprend d'abord de démontrer que les privilèges dits « honorifiques » ** ne sauraient être sauvés de la proscription générale. Ils tendent en effet à « avilir le corps des citoyens ». « Concevra-t-on qu'on ait pu consentir à vouloir ainsi humilier vingt-sept millions huit cent mille individus pour en honorer ridiculement deux cent mille ? » Cependant les privilèges ne doivent pas être confondus avec les « justes récompenses » qu'une société peut accorder à des citoyens vertueux et utiles. Les privilèges, eux, ne sont que des vanités. « Vous demandez moins à être distingués *par* vos concitoyens que vous ne cherchez à être distingués *de* vos concitoyens. »

Après quoi Sieyès s'en prend aux effets néfastes des privilèges « soit relativement à l'intérêt public soit relativement à l'intérêt des privilèges

---

* La première édition parut en novembre 1788. Une première mouture de l'*Essai sur les privilèges* que conservent les Archives nationales, plus rapide, semble aussi plus vigoureuse[1].

** Il les acceptera plus tard, avec résignation ou complaisance. Mais sans doute tiendra-t-il les titres et décorations qu'il recevra non comme des privilèges honorifiques mais comme de « justes récompenses ».

eux-mêmes ». Le privilège ouvre l'âme à l'intérêt particulier. Il la ferme aux inspirations de l'intérêt commun. « L'idée de patrie se resserre pour le privilégié ; elle se renferme dans la caste où il est adopté. » Naît dans le cœur du privilégié « le besoin de primer, un désir insatiable de domination : vraie maladie antisociale ». Les privilégiés en viennent à se regarder comme une « autre espèce d'hommes »*.

Qu'est-ce qu'un bourgeois près d'un bon privilégié ? Celui-ci a sans cesse les yeux sur le noble temps *passé*. Il y voit tous ses titres, toute sa force. Il vit de ses ancêtres. Le bourgeois, au contraire, les yeux toujours fixés sur l'ignoble présent, sur l'indifférent avenir, prépare l'un et soutient l'autre par les ressources de son industrie. Le bourgeois est, au lieu d'avoir été... Un bon privilégié caresse, idolâtre, sa propre dignité. « Il se complaît en lui-même, autant qu'il méprise les autres. Il n'est pas poli parce qu'il croit le devoir aux autres, mais parce qu'il croit se le devoir à lui-même. » Ce n'est pas assez que les privilégiés se regardent comme une autre espèce d'hommes : ils se considèrent même comme un besoin des peuples ; « c'est comme formant un corps privilégié qu'ils s'imaginent être nécessaires à toute société qui vit sous un régime monarchique ». Quels sont donc les deux grands mobiles de la société ? L'argent et l'honneur. « C'est par le besoin que l'on a de l'un et de l'autre, qu'elle se soutient. » Le privilégié détient l'honneur. C'est son apanage. Mais comment le privilégié peut-il satisfaire son amour de l'argent ? Par l'intrigue, assure Sieyès, et par la mendicité **. L'intrigue et la mendicité deviendront « l'industrie particulière de cette classe de citoyens ». « Ils rempliront la Cour, ils assiégeront les ministres, ils accapareront toutes les places, toutes les pensions, tous les bénéfices... Toutes les portes doivent être ouvertes à leurs sollicitations... Les cahiers

---

* Sieyès publie, à la fin de sa brochure, à titre d'exemple, le procès-verbal de l'ordre de la Noblesse aux Etats Généraux de 1614 : « J'ai honte, Sire, de vous dire les termes qui de nouveau nous ont offensés. Ils comparent votre Etat à une famille composée de trois frères. Ils disent l'ordre ecclésiastique être l'aîné, le nôtre le puîné, et eux les cadets.

» En quelle misérable condition sommes-nous tombés, si cette parole est véritable ! En quoi tant de services rendus d'un temps immémorial, tant d'honneurs et de dignités transmises héréditairement à la noblesse et mérités par leurs labeurs et fidélité l'auroient-elles bien, au lieu de l'élever, tellement rabaissée, qu'elle fût avec le vulgaire, en la plus étroite sorte de société qui soit parmi les hommes, qui est la fraternité. Et non contents de se dire frères, ils s'attribuent la restauration de l'Etat, à quoi, comme la France sait assez qu'ils n'ont aucunement participé, aussi chacun connoît qu'ils ne peuvent en aucune façon se comparer à nous, et seroit insupportable une entreprise si mal fondée.

» Rendez, Sire, le jugement, et par une déclaration pleine de justice, faites-les mettre en leurs devoirs, et reconnoître ce que nous sommes, et la différence qu'il y a. Nous en supplions très humblement Votre Majesté au nom de toute la noblesse de France, puisque c'est d'elle que nous sommes ici députés, afin que, conservée en ses prééminences, elle porte, comme elle a toujours fait, son honneur et sa vie au service de Votre Majesté. »

** Cf. le portrait de la noblesse à la fin du XVIIIe siècle que dresse Tocqueville, celui d'une noblesse immobile, inutile, tracassière, « l'ombre d'elle-même » et qui ne vit plus que de ses privilèges [2].

des anciens Etats Généraux, ceux des anciennes assemblées de Notables, sont pleins de demandes en faveur de *la pauvre classe privilégiée*. Les privilégiés engloutissent et les capitaux et les personnes, tout est voué sans retour à la stérilité privilégiée... » Un temps viendra, annonce Sieyès, ayant ainsi dénoncé « le plus funeste préjugé qui ait affligé la terre... où nos neveux indignés resteront stupéfaits à la lecture de notre histoire, et donneront à la plus inconcevable démence les noms qu'elle mérite... »

L'*Essai sur les privilèges* est un pamphlet, violent, implacable, plus pressé d'excommunier les préjugés que de démontrer vraiment leur malfaisance. Sieyès s'y révèle ce qu'il est, un philosophe engagé dans l'action politique, et qui n'entend, dans le moment, que porter des coups. Lorsqu'il se demande, avec une féroce ironie, « pourquoi on n'a pas encore ajouté à la porte des églises, s'il n'existe déjà, un tronc pour *la pauvre classe privilégiée* », il précise en note : « Je m'attends bien que l'on trouvera cet endroit de *mauvais* ton. Cela doit être : le pouvoir de proscrire, sur ce prétexte, des expressions exactes, souvent même énergiques, est encore un droit des privilégiés. » Il devine les critiques que lui vaudra sa véhémence, ou son ironie. Il en prend le risque.

Sieyès, qui a beaucoup réfléchi sur les modes d'expression et d'adéquation de l'écriture à la pensée, a rêvé d'une langue simple, exacte, « sans prestige »★, disant exactement ce qu'elle a à dire. « La langue la plus raisonnable, a-t-il écrit dans ses notes éparses[4], devrait être celle qui se montre le moins, *qui laisse passer* pour ainsi dire *le coup d'œil de l'entendement* et lui permet de ne s'occuper que des choses ; et point du tout cette langue coquette, qui cherche à s'attirer les regards ; ou, si vous aimez mieux, la langue ne devant être que le serviteur des idées, ne peut point vouloir représenter à la place de son *maître*. » L'abbé dénoncera souvent les abus de l'éloquence, le ridicule du style académique. « Pourquoi notre style oratoire et académique est-il si apprêté ? »[5]. Le mauvais usage de la langue, corrompue par la recherche de l'élégance, lui paraît le propre des « cerveaux décousus » qui constituent malheureusement l'immense majorité des hommes et même des gens de lettres. La langue ne doit que refléter, aussi exactement qu'il se peut, la connaissance et l'idée★★. Malheureusement « nos langues sont plus

★ « L'art social, comme il dira, c'est-à-dire la science politique doit, pour lui, construire sa propre langue, pour lutter contre les mots " vulgaires " qui la gênent. En toute occasion la langue doit être le serviteur de la pensée, au lieu que la pensée soit limitée par la langue »[3].

★★ « Quand on parle on a quelque chose à dire, pourquoi ne pas l'exprimer tout simplement, voilà le langage de l'évidence. On veut encore promener l'esprit à droite, à gauche, sur tout ce qui l'avoisine, à propos d'un mot on approche d'un adjectif qui vous transporte à cent lieues, et, ce qui est singulier, cette manière d'expression paraît nécessaire à l'activité de notre esprit, ce style est adopté par tous ceux qui partent pour bien écrire, ils volent comme les papillons... »[6]. On aperçoit ici l'influence de Locke : Sieyès reprend les idées et parfois même les formules de l'*Essai philosophique concernant*

savantes que nos idées », elles font semblant de porter des savoirs, des idées qui n'existent pas. « Je crois que la tête de l'homme est une somme de petites cases ressemblant à des estomacs ; elles veulent se remplir n'importe comment et tout y est bon... dès qu'elles sont pleines, de sottises ou de vérités, elles sont contentes... »[7]. Buffon semble à l'abbé un « brillant déclamateur » ; l'*Essai sur les Révolutions* de Chateaubriand ne sera pour lui qu'un « fatras à prétention philosophique », écrit par un « charlatan »[8] ; il qualifiera Rousseau de fabuleux bavard. Le « grand harmoniste social », comme il se définira, rêve d'une langue rationalisée, purifiée, conduite comme la musique qu'il aime tant, par une « unité de mélodie » et sans aucune concession de style ni de mode. « Les gens de lettres ressemblent trop à la musique sans unité »[9]. Et Sieyès n'hésitera pas à user à l'occasion de mots inventés quand ils lui sembleront les plus aptes à l'exacte expression. Il désignera — par anticipation — l'Etat totalitaire, en appelant « Ré-totale », par opposition à la « Ré-publique », un gouvernement qui s'empare de tous les droits et régit toutes les actions. Il qualifiera d' « adunation » le mouvement d'unification nationale qui sera l'un de ses grands projets. Son objectif, vers lequel il tendra avec application, est que la langue reflète rigoureusement l'idée, sans jamais rien céder à l'éloquence.

Et l'on vérifie déjà, dans l'*Essai sur les privilèges*, quelques-uns des mérites de l'écriture de Sieyès : sa force, sa précision, sa souplesse, et aussi cet art des formules saisissantes, provocatrices, qui le rendra célèbre. En même temps il cherche à éclairer ses idées d'une lumière pédagogique. A tout moment il veut être compris, il veut enseigner, au prix souvent de répétitions, sinon de rabâchages*. On aperçoit aussi, à quelques moments, ce que Bastid a appelé sa « paresse d'écrivain ». Parfois il va trop vite, au risque d'être superficiel, parfois il fonce en avant, revient en arrière, touche à tout, au risque de paraître léger. Les mouvements de son esprit l'entraînent, ou, au contraire, son obsession le paralyse. Mais on ne doit pas négliger que l'*Essai sur les privilèges* est moins un essai philosophique qu'un acte politique. Avec brutalité, sans consentir la moindre nuance, Sieyès dénonce indistinctement, comme

---

l'entendement humain. Il s'inspire notamment des chapitres de Locke « Des idées simples » (Livre II, chap. II), « De l'imperfection des mots » (Livre III, chap. IX), « De l'abus des mots » (Livre III, chap. X).

* Roberto Zapperi, dans l'introduction de son édition critique de *Qu'est-ce que le Tiers Etat ?*, décrit Sieyès comme un « écrivain fort peu doué ». Il juge ainsi l'écriture de Sieyès dans le *Tiers* : « Sa prose, tout en étant très agile, est sèche et dépouillée, voire même pauvre quant à la syntaxe et au lexique. Elle calque intentionnellement les mouvements caractéristiques du langage parlé, et va même jusqu'à se présenter sous une forme dialogique qui rappelle les catéchismes. La construction syntaxique est très simple, formée de périodes brèves ou coupées fréquemment, marquée par un rythme binaire alterné qui n'admet d'autre possibilité que l'opposition mécanique du oui au non, de la vérité à l'erreur, du juste au faux. »

néfastes, privilèges et privilégiés. Il affirme péremptoirement leur malfaisance sociale. Sans doute est-il conduit par l'analyse lucide de la société où il vit, mais il est aussi porté par la haine : « Quand on n'est pas de mon espèce, on n'est pas mon semblable ; un noble n'est pas de mon espèce, donc c'est un loup, je tire dessus » *. Pas le plus infime égard, observera Tocqueville réfléchissant sur *Qu'est-ce que le Tiers Etat ?*, au rôle historique de la noblesse, à ce qu'il pouvait éventuellement subsister de son utilité sociale. Tous les privilèges sont indistinctement ridicules, égoïstes et nuisibles. L'*Essai sur les privilèges* — quoique moins cohérent que le pamphlet qui le suit — est déjà « ce véritable cri de guerre » dont parlera Tocqueville, « spécimen de la violence et du radicalisme de l'esprit de la Révolution » [11]. Simplement Sieyès qui confond, dans l'opprobre, privilèges et privilégiés — sans cependant dire un mot du clergé ** — n'explique pas comment il faudra se débarrasser de tant de malfaisance sociale. Ce sera l'objet de sa prochaine brochure.

Plus que l'*Essai sur les privilèges*, la fameuse brochure *Qu'est-ce que le Tiers Etat ?*, qui fit la gloire de Sieyès et constitue aujourd'hui le principal, sinon le seul souvenir que la mémoire populaire garde de lui, a mérité d'entrer au répertoire des grandes œuvres politiques [12]. « Ce texte, écrit Colette Clavreul, fut une arme décisive dans la lutte révolutionnaire » [13]. On sait que Sieyès, retiré à la campagne, l'a rédigé en deux mois, à la fin de l'année 1788, pendant que se réunissait l'Assemblée des Notables convoquée par Necker pour organiser les Etats Généraux. Le grand vicaire de Chartres entend préparer le Tiers à la réunion des Etats Généraux ordonnée pour le 1ᵉʳ mai 1789. Mais il voit plus loin. Il veut influer sur les événements.

Le plan ***, resté célèbre, de la première partie, est très pédagogiquement exposé par Sieyès en tête de son ouvrage :

> « Le plan de cet écrit est assez simple. Nous avons trois questions à nous faire :
> 1 — Qu'est-ce que le Tiers Etat ? — TOUT.
> 2 — Qu'a-t-il été jusqu'à présent dans l'ordre politique ? — RIEN.
> 3 — Que demande-t-il ? — À ÊTRE QUELQUE CHOSE. »

---

* Le propos sera rapporté par Benjamin Constant en 1815. Mais Constant ne datera pas ce propos, imputé à Sieyès, ni ne précisera à qui il fut tenu [10].

** On observera que Sieyès ne stigmatise que les privilèges de la noblesse — alors que toute l'ancienne société était construite sur l'organisation des privilèges, et que le Roi ne cessait d'en conférer. Sieyès semble oublier les privilèges qui ne sont pas nobles : mais il ne se bat, dans le moment, que contre la noblesse.

*** Chamfort se serait vanté d'avoir fourni à Sieyès les formules mémorables « Qu'est-ce que le Tiers Etat ? Tout. Qu'a-t-il ? Rien » [14]. Mais on sait que Sieyès n'avait pas besoin de Chamfort pour user d'une figure de rhétorique qui lui était familière (voir *supra*, p. 38).

La seconde partie du libelle a moins résisté à l'usure du temps. Elle était pourtant essentielle puisqu'elle formulait des objectifs et une stratégie :

> « Ainsi nous dirons :
> 4 — Ce que les ministres ont *tenté* et ce que les privilégiés eux-mêmes *proposent* en sa faveur.
> 5 — Ce qu'on aurait *dû* faire.
> 6 — Enfin ce qui *reste* à faire au Tiers pour prendre la place qui lui est due » *.

Sieyès — qui a subi la forte influence des physiocrates — commence par définir le Tiers Etat par son utilité sociale. Tous les travaux des hommes se divisent en quatre classes : les travaux de la campagne, les travaux de l'industrie humaine, « depuis la vente des matières jusqu'à leur consommation ou leur usage », les travaux des marchands et des négociants, enfin la multitude « des travaux particuliers et des soins directement utiles ou agréables à la personne », quatrième classe qui embrasse « depuis les professions scientifiques et libérales les plus distinguées, jusqu'aux services domestiques les moins estimés ». Qui supporte tous ces travaux sans exception ? Le Tiers Etat. C'est lui encore qui, pour les dix-neuf vingtièmes, remplit toutes les fonctions publiques « avec cette différence qu'il est chargé de tout ce qu'il y a de vraiment pénible... ». Ainsi le Tiers Etat est-il toute l'utilité sociale : « Il est l'homme fort et robuste dont un bras est encore enchaîné. Si l'on ôtait l'ordre privilégié, la nation ne serait pas quelque chose de moins mais quelque chose de plus. »

Ce qu'est le Tiers Etat ? TOUT. « Tout, mais un tout " entravé et opprimé ". » « Que serait-il sans l'ordre privilégié ? Tout, mais un tout libre et florissant. » Qu'est-ce qu'une Nation ? « Un corps d'associés vivant sous une loi commune et représenté par la même législature. » Or la noblesse est étrangère à la Nation « d'abord par son principe puisque sa mission ne vient pas du peuple ; ensuite par son objet puisqu'il consiste à défendre non l'intérêt général, mais l'intérêt particulier ». Ce n'est que timidement, dans une note, que l'abbé Sieyès évoque l'autre ordre privilégié, le clergé, dont il est, à Chartres, une personnalité éminente.

> « Je ne parle pas du clergé. Si vous le considérez comme un corps chargé d'un service public, il appartient à l'organisation sociale... C'est précisément parce que le clergé est une profession qu'il est quelque chose parmi nous. S'il n'était qu'un ordre, il ne serait rien de réel... »

---

* Les citations ici reproduites adaptent l'orthographe, la ponctuation, les accents et l'usage des majuscules. Zapperi, dans son édition critique, a conservé l'orthographe originale de la troisième édition.

Donc le Tiers embrasse tout ce qui appartient à la Nation ; et tout ce qui n'est pas le Tiers ne peut pas se regarder comme étant de la Nation. « Qu'est-ce que le Tiers ? TOUT. »

Sieyès n'a pas de mal à démontrer ensuite que le Tiers, jusqu'à présent, n'a été RIEN. Rien dans les Etats Généraux. Rien dans l'histoire. Car ce n'est pas le Roi qui règne en France, ce sont les nobles :

> « C'est une grande erreur de croire que la France soit soumise à un régime monarchique. Otez de nos annales quelques années de Louis XI, de Richelieu, et quelques moments de Louis XIV où l'on ne voit que despotisme tout pur, vous croirez lire l'histoire d'une aristocratie *aulique*. C'est la Cour qui a régné, non le monarque, c'est la Cour qui fait et défait, qui appelle et renvoie les ministres, qui crée et distribue les places. Le peuple s'est accoutumé à séparer dans ses murmures le monarque des moteurs du pouvoir. »

Les droits politiques du Tiers sont nuls. Il n'est RIEN.

Que demande donc le Tiers Etat ? Simplement à devenir QUELQUE CHOSE. Plus précisément il demande « de vrais représentants aux Etats Généraux, c'est-à-dire des députés tirés de son ordre *, qui soient habiles à être les interprètes de son vœu et les défenseurs de ses intérêts ». Il demande « un nombre de représentants égal à celui des deux autres ordres ensemble ». Enfin il demande que les votes, aux Etats Généraux, « soient pris par tête et non par ordre ». La modeste intention du Tiers n'est ainsi que d'avoir aux Etats Généraux une influence égale à celle des privilégiés. Sieyès entreprend de justifier ces trois propositions ou ces trois exigences. Il commence par évaluer à 81 400 « le nombre total des têtes ecclésiastiques » et à 110 000 « les têtes nobles pour la totalité du royaume ». Donc, en tout, il n'y a pas 200 000 privilégiés **. « Comparez ce nombre à celui des vingt-cinq ou vingt-six millions d'âmes et jugez de la question. » Dès lors le vote « par ordre » aux Etats Généraux est une

---

* Sieyès, venu du clergé, n'en représentera pas moins le Tiers Etat aux Etats Généraux.

** Etudiant la brochure de Sieyès, Tocqueville, dans *L'Ancien Régime et la Révolution,* estime que le nombre des nobles était supérieur à celui qu'avance Sieyès. « Voilà toute la politique, déplore Tocqueville, réduite à une règle de proportion. ... Que de légèreté sous cette prétendue profondeur, et quelle ignorance de la vraie condition du gouvernement des hommes sous cet orgueil d'infaillibilité politique »[15]. Le nombre total des nobles — comprenant les nobles « de race » justifiant de quatre degrés de noblesse, les personnes anoblies par le Roi ou par l'exercice des charges qui conféraient une noblesse héréditaire ou viagère — était probablement, en 1789, de 300 000 à 400 000, soit 1,1 à 1,5 % de la population. De même le chiffre des « têtes ecclésiastiques » que donne Sieyès est inférieur à la réalité. On comptait à la veille de la Révolution environ 70 000 prêtres séculiers, auxquels il fallait ajouter le clergé régulier, soit environ 60 000 personnes « moines et religieuses » que Sieyès ne prend en compte dans ses calculs qu'à concurrence de 17 000. L'ensemble des privilégiés ne représentait pas 2 % de la population[16].

absurdité. Le vote « par tête » n'est qu'un moindre mal, car il ne peut y avoir, en réalité, de « volonté commune » des trois ordres assemblés : ce que Sieyès démontrera dans sa seconde partie.

Sieyès dresse, en début de seconde partie, le bilan de ce qui fut tenté par les gouvernements récents, notamment le bilan des essais de Calonne et de Brienne. En quelques pages il règle leur compte aux « Assemblées provinciales » qu'il connaît bien. « J'en connais une où sur cinquante-deux membres il n'y en a qu'un seul qui ne soit pas privilégié. » Puis il s'en prend aux Notables. « Qu'ont fait les Notables en 1787 ? Ils ont défendu leurs privilèges contre la Nation. C'est qu'au lieu de consulter les Notables *en privilèges,* il aurait fallu consulter des Notables *en lumières...* » *. Au passage l'abbé rend quand même hommage aux « défenseurs de la justice et de l'humanité » qu'il a personnellement connus dans les ordres privilégiés. Pense-t-il à Mgr de Lubersac ? Au duc de Rochambeau ? Au duc d'Orléans ? C'est en tout cas une sage précaution : « En attendant les honneurs publics qui leur seront décernés, puissent-ils ne pas dédaigner l'hommage d'un citoyen dont l'âme brûle pour une patrie et adore tous les efforts qui tendent à la faire sortir des décombres de la féodalité ! »

Sieyès entend ensuite mettre en garde le Tiers contre toutes les « fausses séductions » **. Par exemple le projet de ne voter par tête que ce qui regarde l'impôt, alors que tout le reste est, pour lui, essentiel. « Peut-on croire que le Tiers Etat tombera dans un piège aussi grossier ? » Par exemple le projet d'imiter la Constitution anglaise et de vouloir, à l'exemple de l'Angleterre, une Chambre Haute d'où la haute noblesse continuerait à diriger la France ***. « Gardons-nous de l'esprit d'imitation... La Nation française est composée d'hommes trop jeunes ou trop vieux... Les jeunes cherchent à imiter, les vieux ne savent que

---

* *Supra,* p. 67. Malgré l'échec de l'assemblée des Notables convoquée par Calonne qui l'avait contraint à démissionner, Necker avait à nouveau convoqué une Assemblée des Notables, le 6 novembre 1788, pour délibérer sur les modalités de l'élection aux Etats Généraux ; et l'Assemblée avait à nouveau échoué.

** Sieyès repousse l'opinion de certains publicistes du Tiers Etat qui semblaient prêts, dans les brochures qu'ils avaient publiées, à se contenter de la simple réunion des ordres sur la base d'une proportion favorable au Tiers Etat : 3 votes sur 5 selon Target (*Les Etats Généraux convoqués par Louis XVI*), 5 votes sur 8 pour Rabaut Saint-Etienne (*A la Nation française, sur les vices de son gouvernement*)[17].

*** Etienne Dumont, qui avait dîné avec Sieyès chez l'évêque de Chartres, avait été surpris de l'hostilité de Sieyès à la Constitution anglaise, que d'ailleurs, selon Dumont, l'abbé connaissait mal. « Je crus que cet ami de la liberté devait aimer les Anglais ; je me mis sur son terrain, mais je vis avec surprise que toute la Constitution d'Angleterre ne lui paraissait qu'une charlatanerie faite pour en imposer au peuple... toute influence de la Couronne était à ses yeux de la vénalité, toute opposition n'était qu'un manège d'antichambre. La seule chose qu'il aimait en Angleterre, c'était le jugement par jury, mais il l'entendait fort mal, et, comme tous les Français, s'en était formé des idées fausses ; en un mot, il était clair qu'il regardait les Anglais comme des enfants en matière de constitution, et qu'il se croyait en état d'en donner une beaucoup meilleure à la France »[18].

répéter... Les Anglais n'ont pas été au-dessous des lumières de leur temps ; ne restons pas au-dessous des lumières du nôtre... »

Mais les grandes audaces de Sieyès — celles qui ouvrent une stratégie — sont enfermées dans les deux derniers chapitres de son fameux ouvrage, si même ce ne sont pas ceux-là, plus touffus, moins incisifs, qui firent sa célébrité. Ce qu'on aurait dû faire ? C'est en vérité avoir recours à la Nation elle-même. « Si nous manquons de constitution, il faut en faire une : la Nation seule en a le droit. » La Nation existe avant tout, elle est l'origine de tout [19]. Avant elle et au-dessus d'elle il n'y a que le droit naturel. La Nation doit se donner, librement, des lois constitution-nelles, lois fondamentales auxquelles les Corps qui existent et agissent par elles ne peuvent point toucher. Ensuite elle doit se donner « les lois proprement dites, celles qui protègent les citoyens et décident de l'intérêt commun » qui sont l'ouvrage du Corps législatif « formé et se mouvant d'après ses conditions constitutives »*. Pour décider de la Constitution, c'est la Nation, et elle seule, qu'il faut consulter. Où prendre la Nation ? Là où elle est. « Les Etats Généraux fussent-ils assemblés », assure Sieyès qui sur ce point changera d'opinion ou de méthode, « sont incompétents à rien décider sur la Constitution »... « Ce droit n'appartient qu'à la Nation seule, indépendante, nous ne cessons de le répéter, de toutes formes et de toutes conditions. » Comment aurait-on dû faire pour respecter ces principes ? Il fallait convoquer la Nation, interroger la Nation « pour qu'elle députât à la métropole des représentants extraordinaires avec une procuration spé-ciale, pour régler la constitution de l'assemblée nationale ordinaire ».

Que reste-t-il à faire ? Dans les dernières pages de sa brochure, l'abbé Sieyès ramasse ce qu'il appelle le « développement de quelques prin-cipes ». Il rassemble ses idées et ses objectifs. Le Tiers Etat ne saurait rien espérer des privilégiés : « L'âme des privilégiés s'est identifiée avec les faveurs de la servitude. » Il ne peut rien attendre que de ses lumières et de son courage. Le Tiers Etat devra s'assembler à part. « Il ne concourra point avec la Noblesse et le Clergé, il ne votera avec eux ni par ordre ni par tête... *Le Tiers seul, dira-t-on, ne peut pas former les Etats Généraux. Eh ! tant mieux ! Il composera une Assemblée nationale* »**.

Et c'est au Tiers ainsi assemblé, assemblé seul, de « prévenir la généralité des citoyens sur la " fausse constitution " de la France. C'est à lui de se plaindre hautement que les Etats Généraux, composés de plusieurs ordres, ne peuvent être qu'un corps mal organisé, incapable de remplir ses fonctions nationales. C'est à lui de démontrer la nécessité de

* Après avoir affirmé la souveraineté constituante de la Nation, Sieyès pose ainsi en principe la distinction du pouvoir constituant et des pouvoirs constitués qui sera l'un des fondements de sa doctrine [20].
** Sieyès n'a souligné que les mots « Etats Généraux » et « Assemblée nationale ».

donner à une députation extraordinaire un pouvoir spécial pour régler, par des lois certaines, les formes constitutives de sa législature ».

Le Tiers, répète plusieurs fois Sieyès, est la Nation. « Qu'est-ce que la volonté d'une Nation ? C'est le résultat des volontés individuelles, comme la Nation est l'assemblage des individus. Il est impossible de concevoir une association légitime qui n'ait pas pour objet la sécurité commune, la liberté commune, enfin la chose publique. Voilà l'objet de l'assemblée souveraine : les affaires communes. » Les privilégiés ne sont pas représentables en tant que tels, car *les ordres privilégiés n'appartiennent pas à la Nation.* « Le privilégié ne serait représentable que par sa qualité de citoyen. » Mais les privilégiés sont les maîtres de rentrer quand ils le voudront dans la Nation « en se purgeant de leurs injustes privilèges ». C'est bien volontairement qu'ils s'excluent de l'exercice des droits politiques. Et Sieyès ose conclure, au comble de l'audace et de la provocation : « *Il est donc certain que les seuls membres non privilégiés sont susceptibles d'être électeurs et députés à l'Assemblée nationale... Le Tiers suffit à tout ce qu'on peut espérer d'une Assemblée nationale* »*.

Nul avant lui n'avait osé ce langage. Sieyès sait le scandale qu'il prépare, les ennemis qu'il se crée. Il sait qu'il va trop loin, mais il veut aller trop loin : « Lorsque le philosophe perce une route, écrit-il, venu au terme de son libelle, il n'a affaire qu'aux *erreurs* ; s'il veut avancer, il doit les abattre sans ménagement. L'administrateur vient ensuite ; il rencontre les *intérêts*, plus difficiles à aborder, j'en conviens ; ici il faut un talent nouveau, une science plus rare, différents des seules méditations de l'homme de cabinet. » Quand Sieyès sera projeté dans l'action, il cherchera ce talent nouveau, cette science plus rare. Il voudra, sans toujours y parvenir, que le philosophe cède la place à l'administrateur...

Qu'est-ce que le Tiers Etat ? est un texte écrit avec une vigueur, une flamme, en même temps une précision, presque une sécheresse, rares au temps de Sieyès. Il est nourri de formules destinées à frapper l'opinion, d'expressions lapidaires, brutales, prêtes à rester en mémoire. Le libelle est d'abord « une œuvre de circonstance, directement écrite pour influer sur la conjoncture politique »[22]. Au lendemain des Assemblées provinciales, à la veille des Etats Généraux, Sieyès prétend clamer des « évidences » : que les ordres privilégiés ne sont pas dans la Nation, que la délibération par ordre est impossible, que même la délibération par tête ne suffit pas, que le Tiers Etat doit délibérer *seul*, qu'il doit se constituer en Assemblée nationale, et exprimer la souveraineté de la Nation. Sieyès entend « frapper l'ennemi, l'épouvanter même » en proclamant que la noblesse n'est plus rien, qu'elle est hors la Nation.

---

* « Dès la brochure de Sieyès, écrit Michel Winock, la dualité de la Révolution est en filigrane. Pour l'heure la revendication libérale l'emporte ; mais déjà l'hymne au " Peuple Un " laisse entendre ses premières notes... »[21].

Tocqueville[23] a beau jeu d'observer, avec la lucidité de l'historien, les outrances, les erreurs du texte de Sieyès, la systématisation des arguments, la « fureur » dans les expressions comme dans les sentiments, « l'intrépidité d'orgueil philosophique », l'ignorance ou le mépris de l'histoire. Ce que Sieyès est « jusqu'à la rage », remarque Tocqueville, c'est l'ennemi de la noblesse et Tocqueville aperçoit, dénonce le prêtre qui sommeille à peine sous le philosophe : « sa raideur, son orgueil, son goût de la métaphysique, son naturel despotique »... jusqu'à cette manière curieuse de ménager le clergé. Mais Sieyès a prévenu ses lecteurs. Il poursuit un objectif. Il mène un combat. En prologue à son ouvrage il a écrit : « Tant que le *philosophe* n'excède point les limites de la vérité, ne l'accusez pas d'aller trop loin. Sa fonction est de marquer le but ; il faut donc qu'il y soit arrivé... Si restant en chemin il osait y élever son enseigne, elle pourrait être trompeuse. Au contraire, le devoir de l'*administrateur* est de *combiner* et de *graduer* sa marche en avant suivant la nature des difficultés... Si le philosophe n'est au but, il ne sait où il est. Si l'administrateur ne voit le but, il ne sait où il va. » L'abbé a bien « marqué son but ». Il a placé la noblesse hors la loi, posé en principe la souveraineté du Tiers incarnant la Nation, il l'a incité à se constituer en Assemblée nationale. « En trois formules admirables, constate Jean Tulard, il avait su résumer les aspirations du Tiers Etat »[24]. Il offrait au Tiers la force de quelques principes. Et aussi l'esquisse d'une stratégie.

Et c'est bien ainsi que fut reçu le pamphlet dans l'opinion publique. La Cour s'émut. Les protestations fusèrent de toutes parts. Séguier, avocat général auprès du Parlement de Paris, proposa de faire brûler le livre en place de Grève*. Si Sieyès ne put être poursuivi c'est que l'ouvrage répondait, ou feignait de répondre, à l'invitation que le Roi avait lancée à « tous les savants et personnes instruites » du royaume ; et l'invitation s'était accompagnée de la libération des libraires et colporteurs arrêtés pour avoir vendu des écrits hostiles aux décisions royales. A la veille des Etats Généraux, la publication de *Qu'est-ce que le Tiers Etat ?* eut un effet considérable. Elle paraît avoir secoué l'opinion éclairée comme ne le fit aucun autre des très nombreux pamphlets parus pendant ces mois d'agitation. Les quatre éditions du *Tiers* furent un triomphe. Et la décision du 27 décembre 1788, arrachée par Necker au Roi, décidant le doublement des représentants du Tiers aux Etats Généraux afin qu'ils fussent égaux en nombre aux représentants des ordres privilégiés, semblait une première victoire du Tiers, annonçant les autres. L'œuvre de Sieyès, observe François Furet, est à la fois un discours de l'exclusion et un discours de l'origine, — ce qui lui donna son retentissement. La

---

* Chamfort aurait réussi à décourager Séguier — membre comme lui de l'Académie — en faisant inscrire la brochure de Sieyès sur la liste des œuvres d'utilité publique en concours pour un prix de l'Académie.

noblesse selon Sieyès est étrangère à la Nation : par son origine, par son principe, par son objet. Elle est une *tumeur* sur la Nation. « Sieyès théorise le caractère étranger de la noblesse par rapport à la volonté nationale, ostracisant l'ordre tout entier, le constituant en ennemi de la chose publique, en même temps qu'il annonce l'aube de la science sociale et du bonheur des hommes »[25]. C'en est fini de la nuit, de la barbarie, de la féodalité, la lumière se lève sur un nouveau monde politique...

Mais l'ouvrage va bien au-delà des événements qui l'ont suscité ou qu'il a influencés*. Il contient déjà les principes essentiels de la pensée de Sieyès, marquant la césure entre les instruments de l'Ancien Régime et les concepts politiques modernes. L'abolition des ordres, l'unité nationale, la souveraineté de la Nation, la limitation de cette souveraineté par la seule liberté individuelle, la distinction du pouvoir constituant et des pouvoirs constitués, la théorie de la représentation, ce sont les concepts qu'invente ou qu'éclaire Sieyès, en tout cas qu'il assemble. Ils nous sont devenus aujourd'hui si familiers que nous percevons mal leur originalité au moment où Sieyès les énonce. De même cette haine violente de l'inégalité, cette passion, plus nouvelle, pour la liberté, qui vont se mêler, se confondre, s'échauffer, dans les premiers mois de la Révolution, elles frémissent à toutes les pages. Si l'on observe aussi le culte têtu de la raison, autorisant l'intolérance, l'implacable revendication de l'intelligence, la soif d'abstraction, la propension à substituer des dogmes aux dogmes, on aperçoit en ce libelle la plupart des vertus — et déjà des excès — qui feront l'esprit révolutionnaire**. Sans doute Sieyès ne dit-il pas un mot du Roi. Et il n'évoque le clergé qu'en prenant ses précautions. Cela tient aux circonstances. Sans doute aussi la pensée de Sieyès se développera-t-elle, et, sur plusieurs points, elle se modifiera. C'est plus tard que Sieyès théorisera la distinction des citoyens actifs et des citoyens passifs, qu'il affirmera le lien irréductible unissant la liberté et la propriété, fondement légitime du pouvoir, au risque de devenir, pour une part de l'historiographie révolutionnaire, l'homme de la bourgeoisie***. Il faut lire *Qu'est-ce que le Tiers Etat ?* entre les lignes, et

---

* Colette Clavreul a dressé l'inventaire des brochures contemporaines publiées en réponse à la brochure de Sieyès[26]. Plus tard son titre provocant — et parfois son contenu — inspirera d'autres écrits : on peut citer notamment *Qu'est-ce qu'un industriel ?* de Saint-Simon, *Qu'est-ce que la propriété ?* de Proudhon, *Was ist das Proletariat ?* du communiste allemand Hermann Kriege. « L'ouvrage de Proudhon *Qu'est-ce que la propriété ?*, écrira Marx dans *La sainte famille*, a, pour l'économie moderne, la même importance que l'ouvrage de Sieyès *Qu'est-ce que le Tiers Etat ?* pour la politique moderne »[27].

** La passion de l'abstraction, le mépris des faits, caractérisèrent l'esprit révolutionnaire, dira Taine[28]. L'amour de « l'emphase, de la rhétorique à grand orchestre, des pièces d'éloquence déclamatoire et sentimentale » fera le reste. Taine décrira Sieyès « le plus absolu, le plus dogmatique des théoriciens... »

*** Ce sera la thèse, notamment de Georges Lefebvre[29], qui verra en Sieyès « l'incarnation de la bourgeoisie ». Elle sera partiellement reprise par Robert Zapperi,

à la lumière de ce qui suit, pour y trouver déjà présent ce Sieyès instrument de la bourgeoisie, qui sera un jour mythiquement opposé à Robespierre... Dans le moment, Sieyès prophétise, organise, avec une étonnante audace, la destruction de la société des ordres.

qui écrira en préambule à sa présentation des *Ecrits politiques de Sieyès* : « L'idéologue de la bourgeoisie le plus subtil, et le plus cohérent que la Révolution puisse revendiquer, mérite une attention qui ne lui a pas été consentie jusqu'ici » [30].

XI

SEUL, EN SOCIÉTÉ

L'abbé Sieyès a conquis, en quelques semaines, une autorité et un rayonnement qui le placent au premier rang des hommes des Lumières, dont l'activité croît tandis que s'approchent les Etats Généraux. Porté par sa réputation il se jette résolument dans la vie mondaine et publique. Dès février 1789, il participe aux premières réunions du « Club de Valois ». Le duc d'Orléans, cousin du Roi, soutien affiché des idées libérales, a fondé cette société et la protège. Le Club regroupe des nobles, des prêtres, des représentants de la haute bourgeoisie : Sieyès y rencontre La Fayette, Talleyrand, Chamfort, Condorcet, les frères Lameth *. On y fait plus de politique que les fondateurs du Club ne l'ont annoncé. L'abbé devient aussi membre de la « Société des Trente », qui se réunit au Marais, chez Adrien Duport **, jeune conseiller au

---

* Charles-Malo de Lameth, né en 1757, qui prit part à la guerre d'Indépendance américaine, sera député de la noblesse aux Etats Généraux. Son frère cadet Alexandre, né en 1760, qui combattit aussi pour l'indépendance américaine et fut aussi député de la noblesse, sera un défenseur vigoureux des droits du Tiers Etat. Il jouera un rôle important sous la Constituante ; puis il se rapprochera de la Cour. Théodore de Lameth, qui prit part également à la guerre d'Indépendance, sera député sous la Législative. Seul des trois frères à être franchement hostile à la Révolution, il sera l'un des sept députés qui s'opposeront à la déclaration de guerre à l'Autriche. Tous trois émigreront, fonderont une maison de commerce à Hambourg, puis reviendront en France, sous le Consulat, après que Napoléon les eut fait rayer de la liste des émigrés. Alexandre et Charles-Malo reprendront une carrière politique sous l'Empire, puis après la Restauration. Seul Théodore se tiendra à l'écart sous Napoléon puis sous la Restauration. Le quatrième frère, Augustin — l'aîné des quatre — fut maréchal de camp et siégea sous l'Empire au Corps législatif.
** La *Notice* de Sieyès décrira ainsi Duport : « Homme spirituel, intrigant, subtil, révolutionnaire ignorant, brouillon, mais actif et très osé ; prenant ses visions pour des vues, et, en général, considérant les hommes comme un joueur regarde les pièces du jeu d'échecs »[1]. Du Port (ou Duport) sera député de la noblesse aux Etats Généraux. Il formera avec Barnave et Alexandre de Lameth le « triumvirat » dont l'ambition sera, sous la Constituante, de diriger la politique nouvelle. De santé fragile, il fuira la France en août 1792 pour vivre en Angleterre, reviendra après le 9 Thermidor, s'exilera à nouveau après le 18 Fructidor, et mourra à peu près oublié, en Suisse, en juillet 1798.

Parlement de Paris. La Société s'est donné pour but de préparer les élections aux Etats Généraux. Sieyès y retrouve des parlementaires, comme Duport lui-même, et Le Peletier de Saint-Fargeau, des aristocrates libéraux, comme le duc d'Aiguillon, le duc de La Rochefoucauld, le comte de Mirabeau, le vicomte de Noailles, beau-frère de Duport, des philosophes tel Condorcet, des économistes comme Dupont de Nemours, des banquiers comme Clavière. La Fayette, Alexandre de Lameth y viennent aussi. On y voit Talleyrand, devenu évêque d'Autun en novembre 1788. « Trop d'avocats » dans ce Club, explique Sieyès dans sa *Notice*, « trop d'avocats plaidant toujours et puis plaidant encore pour la double représentation du Tiers qui avait déjà été accordée »... Sieyès prétendra à tort n'avoir jamais appartenu à la Société des Trente dont sa *Notice* parle en termes méprisants [1]. Il semble qu'en réalité il vînt souvent à ce Club, cercle d'idées, foyer d'influence politique, qui se réunissait trois fois par semaine, de cinq à dix heures du soir, pour débattre des questions mises à son ordre du jour, et qui aida sans doute à la diffusion de ses libelles [2]. En revanche, il est vrai que Sieyès, comme Mirabeau, quittera vite une société dont les travaux lui paraîtront devenus inutiles [3]. Sieyès se défendra de même dans sa *Notice* d'avoir participé aux travaux du « Club des Enragés » * qui s'assemblait alors au Palais-Royal, et qui, consent Sieyès, rendit des services réels « en répandant avec une généreuse profusion, dans toutes les provinces, des pamphlets alors utiles » dont, bien sûr, ceux de Sieyès. En revanche, il est sûr qu'il participa au comité directeur des « Amis des Noirs », fondé dès février 1788 par Brissot, venu de Chartres, auquel Sieyès était déjà lié. Condorcet avait rédigé le règlement, et la déclaration de principe, de cette société dont le but proclamé était de faire campagne pour l'abolition de l'esclavage mais dont l'activité philosophique débordait largement le projet. Le 30 avril 1789 les députés bretons aux Etats Généraux fonderont à Versailles, au café Amaury, la « Société des Amis de la Constitution » — dite Club Breton — ouverte à tous les députés patriotes, et qui deviendra plus tard le fameux Club des Jacobins **. On ne peut déterminer avec certitude quand, dans le cours de l'année 1789, Sieyès adhérera à cette société où il retrouvera quelques-uns de ceux qu'il avait connus en Bretagne, notamment Le Chapelier *** qui fut l'un des

---

* Le Club des Enragés dont parle Sieyès dans sa *Notice*, paraît difficile à identifier [4]. Il s'agit sans doute du « Club chez le sieur Massé », célèbre restaurateur du Palais-Royal, où se réunissaient essentiellement des magistrats et des militaires. Le vocable d' « Enragés » désignera à partir de l'été 1793 les extrémistes qui voudront faire rendre gorge aux riches (voir *infra*, pp. 385 et ss.).

** Voir *infra*, p. 158.

*** Avocat à Rennes, Le Chapelier sera député du Tiers Etat aux Etats Généraux. Célèbre pour avoir donné son nom à la loi du 14 juin 1791 qui interdira toute coalition entre citoyens d'une même profession, il sera guillotiné le 22 avril 1794. Sieyès paraît l'avoir connu aux Etats de Bretagne.

fondateurs du Club dont le rôle devait dominer l'histoire de la Révolution. Mais il est probable que l'abbé Sieyès fut l'un de ses premiers membres.

Sieyès entra-t-il dans la Franc-Maçonnerie ? Les nobles, même de haut rang[5], les évêques, les prêtres, y étaient fort nombreux. En 1789 on ne comptait pas moins de vingt-sept prêtres et trente-huit nobles « vénérables » de Loges[6]. Il n'était pas rare à l'époque que les Loges aient des aumôniers, qu'elles fassent célébrer des messes, qu'elles se rendent en corps constitués à l'église. Les Loges maçonniques, avant la Révolution, sont en réalité des cercles, généralement respectueux des principes monarchiques et des autorités établies, où se retrouvent nobles, chanoines, curés, magistrats, avocats, fonctionnaires, médecins, négociants. On y parle, on y mange, on y boit ensemble, on y vient pour s'instruire et se distraire. Sieyès appartint peut-être à la « Loge des Neuf Sœurs », dite « Loge des Philosophes »*. L'abbé Barruel prétend qu'il fut, avec La Rochefoucauld et Condorcet, membre influent de la Loge de la rue du Coq-Héron, l'un des initiateurs aussi du « Club de la Propagande »[8] qui existait dès 1786 et qui entendait devenir « le moteur du genre humain ». Mais les ennemis de Sieyès le verront partout. Rien d'étonnant cependant à ce que Sieyès participât à ces sociétés de pensée dont Augustin Cochin a tenté de démontrer qu'elles préparèrent et organisèrent la Révolution[9]. Nul philosophe, à la veille de la Révolution, ne s'en tenait à l'écart.

Mais le brillant abbé, maintenant célèbre, dont la conversation révèle « l'esprit le plus fin et le plus gracieux »[10], fréquente aussi les salons. On le voit chez la marquise de Condorcet et chez Madame Helvétius. Il est reçu chez Madame Necker, il participe chez le ministre de Louis XVI aux réunions littéraires du mardi — d'où la politique n'était pas absente — et aux réceptions du vendredi où Madame Necker réunissait les principaux savants, philosophes, hommes de lettres de Paris. Quoique Sieyès ait prétendu — contre l'évidence — n'avoir jamais connu Necker personnellement, les contemporains attestent qu'on le vit souvent aux dîners politiques qu'organisait le ministre philosophe[11]**. Sieyès a-t-il aussi fréquenté le salon de Madame de Genlis, gouvernante des enfants

---

* L'appartenance de Sieyès à la « Loge des Neuf Sœurs » souvent affirmée n'est pas certainement établie[7].

** La pensée de Necker peut être opposée à celle de Sieyès, notamment dans les puissants développements que Necker consacrera dans sa *Révolution française* à stigmatiser l'esprit d'abstraction, la théorie de la souveraineté, la revendication d'égalité. Mais on pourrait aussi observer ce qui les a rapprochés : la volonté de transformer la société des ordres, puis de borner la Révolution. C'est surtout sur les moyens de l'action que leurs esprits divergeaient. Rien de commun, si même ils avaient tous les deux été marqués par les Lumières, entre les méthodes du banquier protestant, et celles de l'abbé philosophe. A certains égards, Necker, moins dogmatique, plus lucide, voit mieux que Sieyès le développement des sociétés à venir. Il semble qu'il ait mieux pressenti que Sieyès les futurs clivages des classes sociales.

d'Orléans ? Brissot assure dans ses *Mémoires* que Sieyès participait aux réceptions qu'elle donnait à Bellechasse [12]. Sieyès y aurait notamment rencontré Mirabeau, Clermont-Tonnerre, et Choderlos de Laclos, l'homme de confiance du duc d'Orléans *. Pourtant Madame de Genlis dit, dans ses *Mémoires,* n'avoir pas connu Sieyès à cette époque [13]. Sieyès n'a rien fait pour dissiper cette incertitude, qui se rattache au problème, resté mystérieux, des véritables relations de l'abbé et du duc d'Orléans.

Car le foyer des idées nouvelles, le lieu de rencontre des esprits éclairés, c'est alors la maison du duc d'Orléans. Le futur Philippe Egalité, acquis aux idées nouvelles, a pris parti contre le Roi dans le conflit qui a opposé le monarque aux Parlements. Il s'est dressé contre son cousin et il fut, quelques mois, exilé. L'opposition qu'il anime et souvent qu'il rémunère, est bruyante et brillante. L'abbé Sieyès entre-t-il à l'époque dans l'entourage du prince, comme l'admet Bastid [14] ? Y retrouve-t-il Mirabeau, Sillery, Choderlos de Laclos, participe-t-il à leurs conciliabules politiques ? Sieyès s'en défendra vigoureusement dans la *Notice.* Mais elle sera publiée en 1795, et à ce moment Philippe Egalité, traître à la Révolution, aura été guillotiné. Pourtant un incident laisse soupçonner des liens. L'abbé est certainement intervenu dans la rédaction d'un texte alors commandé par le duc d'Orléans à l'auteur des *Liaisons dangereuses* attaché à sa maison : les *Instructions données par S.A. Monseigneur le duc d'Orléans à ses représentants aux baillages, suivies de délibérations à prendre dans les assemblées* **. Le texte que Laclos avait reçu mission de rédiger devait servir de modèle pour la rédaction des « Cahiers » préparant les Etats Généraux, dans l'apanage du duc d'Orléans, et s'il se pouvait, dans la France entière. Or Laclos avait rédigé un projet trop philosophique, trop théorique, qui déplut fort au duc d'Orléans. C'est alors que le duc d'Orléans aurait pris contact avec l'abbé Sieyès. Il lui aurait présenté le texte de Laclos. Sieyès, comme le duc, l'aurait jugé mauvais, il l'aurait remanié, sinon entièrement refait. Ainsi serait née une brochure qui fut diffusée dans toutes les communes dont le duc d'Orléans était le seigneur, et bien au-delà, et qui exerça une certaine influence sur la préparation des Etats Généraux. Telle est du moins l'histoire de la brochure que fournirent plusieurs contemporains, dont Talleyrand dans ses *Mémoires* [15]. « Mon opinion, ajoute Talleyrand, est que, depuis ce moment, il n'y a plus eu de rapports entre Monsieur le Duc d'Orléans et l'abbé Sieyès. » Cette relation épisodique eût donc été la seule. Mais comme ces *Instructions* firent beaucoup de bruit et qu'on

---

* On prêtait alors à Sieyès, assure Brissot, une liaison. Sieyès aurait rassuré Mme de Laseinié, qui le plaisantait à ce sujet, disant qu' « il ignorait même la couleur des beaux yeux dont on le prétendait charmé ».

** Le texte fut publié, sans nom d'auteur, en février 1789, et il connut très rapidement plusieurs éditions.

les attribua à Sieyès, on aurait par la suite supposé, à différentes époques de la Révolution, qu'il existait alors des liens secrets entre l'abbé et la famille d'Orléans, et que ces liens s'étaient prolongés. L'imputation dut suffisamment nuire à Sieyès pour qu'il s'acharne à contester dans sa *Notice* cette version « mensongère » des événements. Il en fournit une autre. Il se serait vu demander, explique-t-il, par des représentants du duc, un *projet d'instructions* pour envoyer dans les nombreux bailliages de son apanage. Sieyès « se serait mis à rire » et aurait répondu qu' « il ne se croyait pas destiné à travailler pour des princes ». Il aurait seulement permis, pour servir la « cause commune » que l'on prît copie d'un *plan de délibérations* qu'il avait déjà rédigé, et déjà communiqué à beaucoup de monde. Ce *plan de délibérations* aurait été joint ensuite, sans que Sieyès en eût été avisé, aux *instructions* en dix-sept articles du duc d'Orléans. Ainsi Sieyès aurait-il découvert, par la publication de la brochure, les *instructions* qui n'étaient pas de lui mais sans doute de Laclos. Il revendique, en revanche, la paternité du *plan de délibérations* : « Qu'on lise les délibérations et l'on verra si elles ont l'air d'avoir été rédigées pour un prince... » [16]. Et il est vrai que la rédaction des *instructions* et du *plan de délibérations* qui le suit ne semble pas de la même main. On devrait donc à cette aventure une œuvre collective qu'eussent pu signer ensemble Laclos et Sieyès.

Le débat serait sans importance si Sieyès n'avait été, tout au long de la Révolution, puis par une longue tradition historique, soupçonné d'avoir été l'instrument du duc d'Orléans, comme plus tard, il le sera d'avoir travaillé pour le duc de Brunswick et d'avoir voulu installer en France une nouvelle monarchie. Duquesnoy écrit, dans son *Journal*, que Choderlos de Laclos servait fréquemment de trait d'union entre le prince et l'abbé [17]. L'accusation, souvent reprise, se retrouvera chez les nombreux contemporains de Sieyès qui s'acharneront à le calomnier, notamment chez Bertrand de Moleville *, chez Barruel, chez Barras. Sieyès protestera, dans sa *Notice*, contre le mensonge de « bavards sans réflexion » et assurera qu'il n'y eut jamais la moindre intelligence entre le prince et lui [19]. Il est en réalité très improbable qu'ils aient pu s'ignorer, et leurs influences, à l'un et à l'autre, furent trop fortes dans les mois qui précédèrent la Révolution, pour qu'elles n'aient jamais cherché aucune connivence. En revanche, rien ne permet d'assurer, contrairement à ce que colportèrent les ennemis de Sieyès, qu'il se fût jamais mis au service des projets, ou des intérêts du prince. Les rapports de Sieyès et de la

---

* « Le duc d'Orléans, commente Bertrand de Moleville, uniquement occupé des moyens d'acquérir une grande popularité... affichait le plus grand dévouement pour la cause du Tiers Etat, et la plus tendre sollicitude pour le soulagement du peuple. » Sieyès aurait, selon Bertrand de Moleville, participé au complot destiné à élever le duc d'Orléans à la place de lieutenant général du royaume [18].

maison d'Orléans restent encore, malgré toutes les recherches[20], l'un des secrets qu'enferme la vie politique de l'abbé *.

Ainsi va M. le grand vicaire de Chartres, assidu dans les sociétés et les salons plus qu'au chapitre, fréquentant fiévreusement ceux qui soutiennent ses idées, préparent les Etats Généraux, et peuvent servir sa carrière. Pourtant il ne croit pas à l'illusion des actions concertées. Il se tient à l'écart des initiatives et des projets qui tendent alors à imaginer un parti d'opposition. Et il se donne de belles raisons pour rester à distance de ceux qui s'assemblent et s'agitent. « Lorsque la raison publique nous donne évidemment la majorité... pourquoi vouloir se borner à un parti d'opposition ? »[21]. La vérité est que la solitude est sa nature. Il ne peut, et ne veut agir que seul. Ceux qui l'entourent peuvent lui être utiles, mais il n'est pas avec eux.

---

* On peut remarquer qu'élu député aux Etats Généraux en mai 1789 (voir *infra*, p. 101), Sieyès se fera adresser son courrier à la Chancellerie du duc d'Orléans, située rue des Bons-Enfants.

XII

COUPER LE CÂBLE DU VAISSEAU

Les « lettres royales » de janvier 1789, préparées par Necker et par Barentin, le garde des Sceaux, fixaient les grandes lignes du règlement des élections. Pour les ordres privilégiés, le suffrage était, en principe, universel et direct. Seul le clergé régulier se voyait privé du droit électoral individuel, les chapitres devant élire un député par dizaine de chanoines, les communautés d'hommes et de femmes un député pour chaque communauté *. Pour le Tiers Etat, le suffrage était presque universel : tous les hommes, nés Français ou naturalisés, âgés d'au moins vingt-cinq ans, étaient électeurs, pourvu qu'ils fussent domiciliés et inscrits au rôle des impositions **. Le suffrage était à trois degrés dans les villes, et à deux degrés dans les campagnes, soumis à des modalités, variables selon les pays, et compliquées, qui donneront lieu à de nombreuses contestations.

Sieyès n'a jamais dit, mais l'on s'en doute, pourquoi il voulut siéger aux Etats Généraux. Toute sa vie il aimera persuader, et se persuader, qu'il reçut fonctions et honneurs sans les avoir sollicités. Electeur au bailliage de Montfort-l'Amaury, dans le diocèse de Chartres, il eût souhaité être l'élu du clergé, mais il fut écarté de la candidature par le clergé local qui ne devait apprécier ni le grand vicaire ni ses écrits provocants. La protectrice de Sieyès, la comtesse de Laseinié, écrivait à Brissot le 20 mars 1789 :

> « L'abbé Sieyès ne sera point élu à Montfort ; vous savez tout le regret que j'ai eu de l'y voir aller avec l'abbé Lecoigneux, petit intrigant dépravé et

---

* Ainsi la majorité, dans l'ordre du Clergé, devait appartenir aux curés qui disposaient chacun d'une voix. Ce qui sera lourd de conséquences.
** A Paris, on imposa comme condition à l'électorat, soit la possession d'un office, d'une maîtrise ou d'un grade universitaire, soit le paiement d'une capitation de 6 livres, somme assez forte : il n'y eut que 50 000 électeurs pour 600 000 habitants [1]. Ailleurs il n'y eut pas de cens électoral. « En établissant en principe un suffrage presque universel pour les hommes de vingt-cinq ans, la royauté ne faisait que suivre une ancienne tradition... » [2].

qui abuse de sa robe pour tromper les pauvres curés. L'abbé Sieyès s'est retiré de ce cloaque qui n'est pas fait pour lui. Il doit être de retour aujourd'hui à Paris : je l'ai bien exhorté à ne pas revenir à Montfort. Les Montmorency l'ont desservi de tout leur pouvoir, et lui ont persuadé le contraire. Ils portent l'abbé Lecoigneux à raison de la haine que celui-ci montre contre M. Necker »[3]...

Le grand vicaire serait ainsi éliminé pour être le candidat du haut clergé... « Pour la première fois de sa carrière, commente Paul Bastid, Sieyès est traité comme une manière d'aristocrate »[4].

Les jours qui suivent, Mme de Laseinié confie à Brissot son inquiétude. Sieyès aurait l'étrange projet de se faire élire à Paris comme représentant du Tiers Etat. Elle écrit le 25 mars :

« Je reçois une lettre aujourd'hui qui me dit que toute l'ambition de l'abbé Sieyès est d'être un de ses représentants [du Tiers Etat...]. Je ne puis le croire. Ce serait trahir d'avance la cause qu'il voudrait défendre. Je désire qu'il soit nommé à Montfort mais pour son ordre. M. l'Evêque de Chartres vient de prendre les mesures les plus sages pour le faire élire et, en éclairant ses curés sur les pièges qui leur sont tendus par leurs véritables ennemis, il leur parle comme un père et un ami. »

Mgr de Lubersac et Mme de Laseinié purent dépenser leur zèle en faveur de leur protégé, rien n'y fit. Ni Sieyès ni Lecoigneux ne furent élus. C'est l'abbé d'Espagnac, ancien condisciple de Sieyès, qui l'emporta.

C'est à Paris que Sieyès — à raison de sa célébrité — avait peut-être quelque chance *. Pour désigner les représentants du Tiers Etat, les électeurs parisiens ne s'assemblèrent qu'avec retard. Le Roi ne les y avait autorisés que le 21 avril, trop tard pour que les élus de Paris puissent participer aux premières séances des Etats Généraux. Alors que la noblesse et le clergé se pressèrent de désigner leurs représentants, le Tiers Etat procéda longuement, gravement, avec méthode. L'assemblée des électeurs commença, fidèle en cela aux exhortations de la célèbre brochure de Sieyès, par décider, le 11 mai, qu'elle écarterait toute candidature noble ou ecclésiastique, afin que les députés du Tiers ne fussent choisis que parmi les électeurs du Tiers. Bailly, élu secrétaire de l'assemblée électorale, mentionna au procès-verbal la décision prise à l'encontre des nobles. Mais il oublia — par inexpérience, dira-t-il plus tard — de préciser qu'elle frappait les deux ordres privilégiés. Le 12 mai, les élections commencèrent. Le nom de Bailly sortit le premier. Le 18 mai, lorsqu'il fallut élire le vingtième et dernier député du Tiers Etat, le

---

* Son nom figurait notamment — avec ceux de Condorcet, de Brissot, de Guillotin, de Bernardin de Saint-Pierre, de Target, de Chamfort — sur une « liste des amis du peuple » largement diffusée par Brissot pour servir aux élections[5].

nom de Sieyès fut soudain prononcé. Aussitôt un grand tumulte s'éleva, deux camps se formèrent, et les adversaires de Sieyès firent valoir qu'en dépit de sa célébrité il n'était pas éligible puisque membre du clergé. Mais le 19 mai, au troisième tour de scrutin, l'abbé Sieyès fut élu *. Les protestations furent annexées au procès-verbal, et on alla chercher l'abbé Sieyès, heureusement tout proche. Il vint, se déclara « d'autant plus sensible à l'honneur qui lui était déféré qu'il avait moins le droit de s'y attendre »[6]. Il rappela qu'il tenait du Tiers par la naissance, que sans doute la carrière qu'il avait suivie semblait l'en séparer, « mais que, revêtu de la confiance d'une classe de citoyens à laquelle il appartenait toujours, il ferait ses efforts pour y répondre par son zèle et son dévouement »[7]. « Sieyès ne s'y attendait pas, affirme la *Notice*, et le désirait encore moins »[8]. Le 22 mai, les adversaires de Sieyès reviennent à la charge, prétendant remettre en cause l'élection d'un inéligible. Ce jour-là, la discussion fut longue et, semble-t-il, violente. La majorité obtint que l'élection de Sieyès fût maintenue, mais consentit que l'on rétablirait, au procès-verbal du 11 mai, la mention que les ecclésiastiques n'étaient pas éligibles. Le problème sera tranché le 14 juin à Versailles, par l'Assemblée des députés du Tiers Etat. Huit protestataires demanderont l'invalidation de l'élection de Sieyès, « attendu sa qualité d'ecclésiastique ». Le Tiers Etat refusera d'invalider l'élection de son célèbre défenseur.

Sieyès avait posé, dans sa célèbre brochure, cette première exigence : « que les représentants du Tiers Etat ne soient choisis que parmi les citoyens qui appartiennent véritablement au Tiers ». L'exception qu'il consentait — malgré lui bien sûr — en sa propre faveur, resta très rare : il n'y eut que trois ecclésiastiques, dans toute la France, désignés en dehors de leur ordre **. Et sans doute Sieyès avait-il de bonnes raisons de s'inclure dans les « écrivains patriotes des deux premiers ordres » dont il avait, dans sa brochure, tant loué les mérites et qui devaient recevoir les signes de gratitude du Tiers. Elisant Sieyès, le Tiers Etat acquittait une dette, affirmera Bailly. En même temps il l'enchaînait définitivement à sa cause. En était-il besoin ? Sieyès est fermement déterminé, et très pressé d'agir. Le mardi 19 mai, il rejoint l'Assemblée à Versailles, avec quinze jours de retard. Le dimanche 24 mai, dans le salon d'Hercule, il est présenté à Louis XVI avec les autres retardataires, en habit de cérémonie. « Le public, la France entière, écrira-t-il

---

* Les voix se répartirent ainsi : Premier tour : Votants 252, Sieyès 109, Brousse des Faucherets 12. Deuxième tour : Votants 286, Sieyès 104, Brousse des Faucherets 41. Troisième tour : Votants 247, Sieyès 127 — élu —, Brousse des Faucherets 103.

** La moitié à peu près des 600 représentants — environ — du Tiers Etat aux Etats Généraux était constituée d'avocats, de notaires et d'hommes de loi. 11 députés du Tiers étaient nobles, dont Mirabeau ; 3, dont Sieyès, appartenaient au clergé.

orgueilleusement dans sa *Notice*[9], attendaient avec impatience le premier effort des représentants du peuple. » Voici que vient Sieyès. Il vient pour « couper le câble du vaisseau que la mauvaise foi retenait encore au rivage »[10].

DEUXIÈME PARTIE

ILS VEULENT ÊTRE LIBRES ET ILS NE SAVENT PAS ÊTRE JUSTES

I

UNE ASSEMBLÉE NATIONALE

Les Etats Généraux s'ouvrirent à Versailles le 5 mai 1789. Ils n'avaient pas été réunis depuis cent soixante-quinze ans. La veille eut lieu la « procession des Etats », dans les rues tendues de tapisseries et au milieu d'un peuple immense. Le cortège se rendit de l'église Notre-Dame, où le Roi, la reine, la Cour, les députés présents, avaient entendu le *Veni Creator*, jusqu'à l'église Saint-Louis. La pluie avait soudain cessé de tomber, le soleil était apparu, comme pour accroître l'éclat de la cérémonie[1]. Venaient d'abord les députés du Tiers ★ vêtus de noir, portant le costume des hommes de loi, puis les nobles, vêtus pour la plupart de manteaux rehaussés d'or, le cou orné de cravates de dentelles, les plumes blanches flottant sur les chapeaux, puis le Clergé — le bas clergé en soutane noire, les évêques en soutane violette, les cardinaux en chape. Venaient après, la Cour, les princes, les princesses, la reine, enfin le Roi lui-même ★★. Louis XVI fut très acclamé. A l'église Saint-Louis, l'évêque de Nancy célébra la messe. Il fit un long discours sur la religion, force des Etats, il disserta sur les malheurs causés par la fiscalité, enfin il marqua symboliquement la différence entre les ordres : « Sire, recevez les hommages du Clergé, les respects de la Noblesse, et les très humbles supplications du Tiers Etat. »

La séance d'ouverture se déroula dans la grande salle de l'hôtel des Menus-Plaisirs. Après que tous les députés se furent installés suivant l'ordre établi en 1614 — ceux du Tiers répondant à l'appel par bailliages —, Louis XVI fit son entrée vers midi suivi de la reine, des princes,

---

★ « Le Tiers, écrit Michelet, dans sa masse obscure, portait déjà la Convention. Mais qui aurait su la voir ? Deux choses étaient remarquées, l'absence de Sieyès, la présence de Mirabeau. » « Rien qu'à voir la diversité des costumes, ajoute Michelet, on trouvait réalisé le mot dur de Sieyès : " Trois ordres ? Non. Trois nations. " »

★★ Mme de Staël observe le spectacle d'une fenêtre. « Je n'oublierai jamais ce moment, dit-elle. Tout ce qu'il y avait d'habitants dans la ville de Versailles, et beaucoup de curieux venus de Paris contemplèrent le long défilé »[2].

et d'un brillant cortège. Le trône avait été placé sous un dais entre deux colonnes, la reine assise à gauche du Roi, sur un fauteuil, un peu plus bas. Quand le Roi se couvrit, suivant l'usage, le Clergé et la Noblesse l'imitèrent. Mais contre l'ancienne coutume les députés du Tiers Etat se couvrirent à leur tour, comme si le chapeau leur paraissait un attribut de la liberté[3]. Louis XVI prit la parole. Il fit un discours traditionnel, volontairement banal, recommandant l'amour et la concorde entre ses sujets :

> « Tout ce qu'on peut attendre, conclut-il, du plus tendre intérêt au bonheur public, tout ce qu'on peut demander à un souverain, le premier ami de ses peuples, vous pouvez, vous devez l'espérer de mes sentiments. Puisse, Messieurs, un heureux accord régner dans cette assemblée, et cette époque devenir à jamais mémorable pour le bonheur et la prospérité du royaume. »

Le Roi fut salué d'applaudissements enthousiastes. Puis vint le garde des Sceaux Barentin qui, d'une voix si basse qu'elle était presque inaudible, rappela l'œuvre immense du Roi, traça le programme des Etats Généraux — mieux répartir l'impôt, réformer la législation criminelle — et termina en exhortant les Etats à « rejeter avec indignation ces innovations dangereuses que les ennemis du bien public voudraient confondre avec les changements heureux et nécessaires qui doivent amener la régénération, le premier vœu de Sa Majesté. »

Le Tiers Etat pouvait-il attendre de Necker des paroles plus réconfortantes ? Celui-ci prit alors la parole et entama un discours si long qu'il dut en faire lire une bonne part par un suppléant. Pendant trois heures la situation financière fut exposée. Necker n'avoua qu'un déficit de 56 millions, alors que celui-ci était vraisemblablement double ou triple. Il suggéra un emprunt de 80 millions. Mais il fit sentir aux députés que la cause de la convocation des Etats était non pas dans le déficit, facile à combler, mais dans la bonté du Roi résolu à faire le bonheur du peuple. Sur le problème brûlant, présent dans tous les esprits — les trois ordres devaient-ils ou non délibérer ensemble et voter par tête —, Necker invita prudemment les députés à réfléchir sur les avantages et les dangers des diverses solutions possibles. Il indiqua cependant que l'abandon des privilèges fiscaux ne pourrait être consenti par les ordres privilégiés qu'en délibération séparée : « Une possession qui remonte aux temps les plus reculés de la monarchie est un titre qui devient encore plus digne de respect au moment où ceux qui en jouissent sont disposés à y renoncer. Après cet abandon les représentants des privilégiés pourraient peut-être s'unir aux représentants du peuple pour faire en commun le bien de l'Etat. » Tous devraient y réfléchir. « Enfin, Messieurs, vous découvrirez sans peine toute la pureté des motifs qui engagent Sa Majesté à vous avertir de procéder avec sagesse à ces différents examens... »[4]. Il fallait éviter toute précipitation : « Ne soyez pas envieux du temps. » Sans doute Necker avait-il réussi à inquiéter les députés de la Noblesse sans rassurer ceux du Tiers *. Mais les ambiguïtés de son discours traduisaient sa propre incertitude. Necker redoutait tout à la fois l'indécision du Roi et le mécontentement de la Cour. Quant au Roi, il flottait, irrésolu, entre son ministère dirigé par Necker, et sa Cour conduite par la reine et quelques princes de sa famille[6].

Le 6 mai, le Clergé et la Noblesse se rendirent dans leurs chambres respectives, c'est-à-dire dans les petites salles de l'hôtel des Menus-Plaisirs, pour procéder à la vérification des pouvoirs de leurs élus. En revanche, les députés du Tiers Etat — qui commencent à se désigner du nom de « députés des Communes » en souvenir des communes du Moyen Age, ou par allusion à la Chambre des Communes d'Angleterre — se maintiennent dans la grande salle des Menus. Ils sont résolus à attendre, pendant quelques jours, que les ordres privilégiés se joignent à eux. Sur les exhortations du comte de Mirabeau — député du Tiers Etat d'Aix-en-Provence — ils évitent cependant de se constituer en une chambre à part. Ils décident donc de ne pas procéder à la vérification de leurs pouvoirs, de ne pas élire de bureau, de ne pas même voter de règlement, de ne faire qu'attendre. Ils fondent leur force sur leur immobilité[7]. Le 11 mai, la Noblesse se déclare constituée. Le 13 mai, l'assemblée du Clergé — dominée en nombre par le bas clergé — décide, avec les représentants des deux autres ordres, de désigner des commissaires « à l'effet de conférer et de se concerter. » Les conférences se multiplient les jours suivants. La Noblesse maintient sa position : « Pour cette tenue des Etats Généraux les pouvoirs seront vérifiés séparément. Pour d'autres Etats Généraux on avisera. » ** Mais le Tiers Etat est décidé à obtenir immédiatement le vote par tête. Et les esprits s'échauffent de jour en jour dans la grande salle des Menus où se sont installés les députés du Tiers, attirant une grande affluence de visiteurs. Et, jour après jour, le comte de Mirabeau s'acharne à maintenir la fermeté des représentants des communes, que guette la lassitude ou l'énervement.

Ce n'est que le 27 mai — en raison du retard des élections du Tiers à Paris —, que l'abbé Sieyès entre en scène ***. Il voit le danger qu'il y a à laisser se prolonger l'attente. Il sait, d'expérience, le parti que l'on peut tirer des divisions du Clergé. Aussitôt il rédige une proposition, que

---

* Necker raconte dans son livre *De la Révolution française*, publié en 1797, que le texte de son discours, soumis à Louis XVI, avait été approuvé par le Roi, seulement corrigé de quelques petites remarques[5].

** « La raideur des députés de la Noblesse fut réellement incompréhensible » écrira Necker qui ne paraît pas avoir fait grand-chose durant ces quelques jours pour tenter de vaincre cette « raideur »[8].

*** Il est venu à Versailles, semble-t-il, accompagné de son domestique, qui lui rend mille services dont celui de porter à Paris des messages urgents[9].

reprend et fortifie l'avocat Target — autre élu du Tiers Etat de Paris —, invitant : « Messieurs du Clergé, au nom du Dieu de paix et d'intérêt national, à se réunir au Tiers dans la salle de l'assemblée générale pour arriver aux moyens d'opérer la concorde, si nécessaire en ce moment au salut de la chose publique. » Unanimes, les députés du Tiers adoptent la motion de l'illustre abbé Sieyès dont l'arrivée les a réconfortés. La motion est portée à la chambre du Clergé où elle fait forte impression. Les évêques doivent retenir les curés qui déjà veulent se rendre à la salle des Etats. Mgr de Lubersac * s'entremet, sans succès, pour faire plier le haut clergé. Mais le lendemain, le Clergé fait connaître au Tiers Etat qu'il a reçu une lettre du Roi ordonnant la poursuite des conférences destinées à trouver un compromis. Le Roi propose les services de son garde des Sceaux afin d'être informé, et de pouvoir « contribuer directement à une harmonie si désirable, si instante. » Ces conférences ne sont-elles pas devenues inutiles dès lors que la Noblesse a pris une position irréductible ? A l'appel pressant de Mirabeau, le Tiers décide pourtant de poursuivre les négociations. Les conférences recommencent le 30 mai, chez le garde des Sceaux Barentin ; elles s'épuisent en discussions stériles dans les dix jours qui suivent **. Le temps passe, la nervosité croît. Chaque jour, les tribunes de la grande salle des Menus-Plaisirs sont envahies par un public de plus en plus agité. Les représentants des communes sont pressés d'en finir, et semblent prêts à l'audace. Ils ont jour après jour appris à se connaître. Ce long mois de mai les a soudés et révélés à eux-mêmes [12]. Un esprit collectif semble né. Et durant ce long préambule, des autorités se sont affirmées, tels Mirabeau, Sieyès, Bailly, Target, Barnave, Mounier, Rabaut Saint-Etienne, Le Chapelier. Le Tiers Etat prend conscience de sa force.

Le 9 juin, il faut clore les conférences et constater l'échec définitif des méthodes de conciliation. Necker, qui s'entremet timidement, ne propose plus que l'arbitrage royal. Nul n'aperçoit aucune issue. Mais le 10 juin, les événements se précipitent. Par un étrange destin ce sont un aristocrate et un prêtre qui vont conduire le Tiers Etat à se dresser contre les ordres privilégiés. Dans la grande salle des Menus, le comte de Mirabeau, dont le talent et l'ascendant se sont imposés pendant ces jours d'attente, monte au bureau. Il annonce que l'abbé Sieyès a une motion de la plus grande importance à défendre. Mirabeau fait savoir qu'il approuve cette motion, car il est temps de sortir d'une trop longue inaction. L'abbé Sieyès, ainsi introduit par le grand orateur, vient alors au bureau. Il explique que depuis l'ouverture des Etats Généraux les

* Paul Bastid n'exclut pas que Lubersac ait eu, avec Sieyès, des connivences secrètes dans les manœuvres conduisant au ralliement du clergé [10].

** Les papiers de Sieyès laissent supposer que Sieyès a négocié dans les « commissions conciliatoires », avec quelques-uns des membres de la minorité de la noblesse — tel Clermont-Tonnerre — sans parvenir à un résultat [11].

Communes ont eu à l'égard du Clergé et de la Noblesse tous les
ménagements. Au contraire, ces deux ordres ne les ont payés que
d'hypocrisie et de subterfuges. Le moment est venu d'agir. Il faut
maintenant « sommer » les membres des deux ordres privilégiés de
rejoindre le Tiers dans la salle des Etats pour procéder à une vérification
commune des pouvoirs. Aucun délai ne sera imparti aux privilégiés. A
tout moment Messieurs du Clergé et de la Noblesse pourront se joindre
au Tiers. « C'est, commente Bastid, ce que Sieyès appelait " couper le
câble ". Le tempérament du légiste autoritaire se révélait dans le texte.
Sommation, défaut, aucun terme de la langue procédurière n'y manquait » [13].

La motion de Sieyès enflamma les députés du Tiers. En même temps
elle en effraya beaucoup par sa violence. Pouvait-on vraiment « sommer » les ordres privilégiés ? Au premier scrutin la motion ne recueillit
que 247 voix sur 554 votants. Le texte fut remanié, atténué, Sieyès
consentit des retouches. Le lendemain 11 juin, sa proposition fut
adoptée. Le mot trop brutal de « sommation » avait disparu : « En
conséquence et dans la nécessité où sont *les représentants de la Nation* de
se mettre en activité sans autre délai, les députés des communes vous
prient de nouveau, Messieurs... de venir dans la salle des Etats pour
arrêter, concourir et vous soumettre comme eux à la vérification
commune des pouvoirs. » Ainsi Sieyès avait soudain transformé les
députés aux Etats Généraux... en « représentants de la Nation » ! Et
l'appel nominal des députés des trois ordres, ainsi proclamés représentants de la Nation, commença dès le 12 au soir. Ceux du Tiers se
présentèrent seuls. L'appel continua le 13. Ce jour-là, trois curés du
Poitou se joignirent au Tiers, accueillis dans l'enthousiasme. Le
mouvement du clergé s'amplifia lentement les jours suivants. Le 16 juin,
dix-neuf ecclésiastiques étaient déjà présents dans l'assemblée, parmi
lesquels l'abbé Grégoire. La réunion des ordres semblait en marche.

Mais voici que le lundi matin 15 juin l'abbé Sieyès demande à nouveau
la parole. La vérification des pouvoirs, déclare-t-il, est presque achevée.
Il faut maintenant « constituer » l'assemblée. « Il est constant, par le
résultat de la vérification des pouvoirs, que cette assemblée est déjà
composée des représentants envoyés directement par les quatre-vingt-
seize centièmes au moins de la Nation. Une telle masse de députations ne
saurait être inactive par l'absence de députés de quelques bailliages ou de
quelques classes de citoyens... » Il n'appartient qu'aux « représentants
vérifiés » de concourir à la volonté nationale. Or les représentants
vérifiés sont dans cette salle, et nulle part ailleurs. L'assemblée doit donc
commencer ses travaux, les commencer sans retard, et sans obstacle.
Comment l'assemblée doit-elle s'appeler ? « L'Assemblée des Représentants connus et vérifiés de la Nation française », propose l'abbé Sieyès.
C'est le nom, dit-il, qui paraît le plus exact en l'état actuel des choses.

« Les Représentants de la Nation française » ? Sieyès rassemble soudain, dans cette formule, les principes fondamentaux qu'il a posés dans sa fameuse brochure. Il proclame, comme il l'avait annoncé, la souveraineté du Tiers Etat, maintenant représentant de la Nation [14]. Et il récuse par avance toute espèce de veto du Roi. Ce qu'il a écrit, et qui semblait si audacieux, il le met tranquillement en action.

Sieyès a lu son discours, comme il le fera toujours. Il parla, rapporte dans le récit de son voyage en France l'observateur anglais Arthur Young qui assista à la séance, « sans grâce et sans éloquence, mais avec beaucoup de logique » et il fit grande impression [15]. La puissance des idées, la force du raisonnement, surtout l'extraordinaire détermination de l'auteur du *Tiers Etat* faisaient oublier la médiocrité de sa parole : il semblait impossible de ne pas le suivre... [16]. Le débat s'ouvrit aussitôt sur la proposition de Sieyès, et ce fut l'un des plus remarquables débats, dira Mirabeau, par la gravité de son objet, par l'étendue des discussions, et le nombre des personnes qui y prirent part [17]. Il se prolongera le 16 et le 17 juin *. Plusieurs députés semblent vouloir atténuer — au moins dans les mots — les audaces de Sieyès. Mounier suggère une solution plus prudente : l'assemblée se constituerait en « Assemblée légitime des représentants de la majeure partie de la Nation », Barère propose d'appeler les députés du Tiers les « Représentants de la très majeure partie des Français dans l'Assemblée nationale ». Mirabeau est inquiet de la « vigueur tranchante » des formules de Sieyès. Il recommande la dénomination qu'il dit plus claire — en réalité plus prudente ** — d' « Assemblée des représentants du peuple français ». Il objecte à Sieyès : « Le titre de " représentants connus et vérifiés " est-il bien intelligible ? Frappera-t-il vos commettants ? » Une vive discussion s'engage sur le mot « peuple », employé par Mirabeau, les uns redoutant qu'il blesse les ordres privilégiés, d'autres, comme Target et Thouret, objectant que « le mot embrasse trop ou trop peu ». Mirabeau répond, improvisant superbement l'éloge d'un mot ambigu qui possède tant de sens différents qu'il se prête à tout, modeste aujourd'hui, mais capable de s'étendre... Mirabeau, qui veut éviter de creuser le fossé avec le Roi, invoque contre la proposition du « citoyen philosophe », peut-être conforme à la rigueur des principes, l'opportunité, la convenance... Il donne à son ami Sieyès une courtoise leçon de politique : « Le métaphysicien, voyageant sur une mappemonde, franchit tout sans peine, ne s'embarrasse ni des montagnes, ni des déserts, ni des fleuves,

---

* Maximilien de Robespierre y intervint pour soutenir la motion de Sieyès.

** Michelet saisit l'occasion de dénoncer Mirabeau « aristocrate de goût et de mœurs, royaliste de cœur », qui faiblissait en l'espèce pour ménager son roi [18]. Mais Jaurès défend Mirabeau : rêvant que la Révolution se fît avec le Roi, Mirabeau pouvait-il accepter les formules agressives de Sieyès qui risquaient de compliquer le rapprochement du Roi et de la représentation du peuple [19] ?

ni des abîmes ; mais quand on veut réaliser le voyage, quand on veut arriver au but, il faut se rappeler qu'on marche sur la terre, et qu'on n'est plus dans le monde idéal. » Mais le 16 juin plusieurs orateurs se prononcent contre Mirabeau. Il faut en finir. Le 17 juin le député Legrand, du Berry, sans doute poussé par Sieyès, propose le titre, plus simple, d' « Assemblée nationale ». « Le Tiers seul, avait écrit Sieyès, ne peut pas former les Etats Généraux. Eh ! Tant mieux : il composera une Assemblée nationale... » [20]. Sieyès se souvient de ce qu'il a annoncé... il se saisit aussitôt de la suggestion — peut-être la sienne — et il réclame pour l'Assemblée le titre d' « Assemblée nationale ». Mais il va plus loin. Il dénie maintenant aux chambres séparées le droit de légiférer ou de s'opposer aux délibérations de l'Assemblée nationale. Il dénie même au Roi le droit d'intervenir. « Il ne peut exister entre le Trône et cette assemblée aucun veto, aucun acte négatif. » « La représentation nationale, explique-t-il, étant une et indivisible, n'a le droit d'exercer ses fonctions séparément de la présente assemblée. » Sieyès achève son discours, renouvelant aux privilégiés l'invitation de se réunir à l'Assemblée nationale, pour concourir « aux grands travaux qui doivent procurer la régénération de la France ».

La grande majorité des députés semblent emportés par la calme résolution de Sieyès. Il leur communique son audace. Mirabeau, dont les interventions ont été violemment interrompues, comprend qu'il ne peut arrêter ce mouvement, il cesse de se battre. Par 491 voix contre 89 la motion de Sieyès est adoptée, l'Assemblée nationale proclamée. Les députés enthousiastes décident aussitôt de se lier par un serment solennel afin que nul ne fléchisse. La main droite levée, le président Bailly prononce ces mots : « Vous jurez et promettez de remplir avec fidélité les fonctions dont vous êtes chargés. » Debout, la main levée, les 600 députés répondent ensemble : « Nous le jurons et le promettons. »

Et, comme pour ne pas risquer de fléchir, la nouvelle Assemblée nationale fait aussitôt acte de souveraineté. Elle s'attribue le vote de l'impôt. Elle autorise provisoirement la levée des impôts déjà existants, « illégalement établis et perçus » mais « jusqu'au jour seulement de la première séparation de l'Assemblée... passé lequel jour l'Assemblée nationale entend et décrète que toute levée d'impôts et de contributions de toute nature, qui n'aurait pas été nommément, formellement et librement accordée par l'Assemblée, cessera entièrement dans toutes les provinces du royaume, quelle que soit la forme de leur administration ». Enfin elle proclame, pour empêcher le Roi de recourir à la banqueroute, qu'elle place « dès à présent tous les créanciers de l'Etat sous la garde de l'honneur et de la loyauté de la Nation française ». Voilà que l'Assemblée nationale décide, décrète. Elle parle en maître [21]. En vérité, les décisions prises dans cette journée du 17 juin ont fait la Révolution. Car ce qui est proclamé ce jour-là c'est une nouvelle souveraineté qui absorbe et détruit la souveraineté royale *. Ce 17 juin au soir les représentants de la Nation peuvent aller se divertir à l'Opéra-Comique[23]. Ils ont enterré la monarchie absolue, baptisé la Nation souveraine **.

« Quelle pitié », aurait dit Mirabeau qui semble avoir désapprouvé tant d'imprudence et ne prit pas part au vote, « ils s'imaginent donc que tout est fini, mais je ne serai pas surpris si la guerre civile était le fruit de leur beau décret... »[25]. On fit circuler la liste des députés — dont Target et Malouet — qui avaient rejeté la motion de Sieyès. « Ce fut un jour funeste », dira plus tard Mounier, « où commencèrent les attentats à la liberté des suffrages »[26]. Mais ces prophéties, ou ces inquiétudes, ne se révéleront qu'après coup. Dans le moment l'Assemblée est emportée par l'enthousiasme. Le lendemain de cette séance fameuse, quand Sieyès entre dans la salle, tous les députés se lèvent pour l'applaudir. Il était venu pour « couper le câble », et il l'avait coupé. En quelques jours, la souveraineté nationale et le système représentatif avaient été fondés. Et c'est bien Sieyès qui avait ordonné ce prodigieux bouleversement de l'Histoire.

* Carré de Malberg a montré comment la souveraineté de la nation — dont Sieyès fut le principal théoricien — fut la réponse de la Révolution à la conception théocratique de la toute-puissance monarchique. Pour Carré de Malberg le principe de la souveraineté nationale est « spécial au droit public français » et il tient aux circonstances historiques où il fut proclamé[22].

** Durant les Etats Généraux, pendant toute la Révolution, les spectacles seront innombrables, opéras et pièces de théâtre. A l'ouverture des Etats Généraux on jouait notamment à Paris l'*Orphée* et l'*Iphigénie* de Gluck, et la *Serva Padrona* de Paisiello ; à Versailles *Sargines* joué par la troupe de Mlle de Montansier sur la musique de Dalayrac, et la pièce *Gaston et Bayard* montée, à la demande de la reine, par les Comédiens de Paris. La Cour, la société cultivée raffolaient des comédies et des opéras italiens[24].

II

NOUS SOMMES AUJOURD'HUI
CE QUE NOUS ÉTIONS HIER

Dans la chambre du Clergé, l'effet fut immédiat. Dès le 19 juin elle se prononçait pour la réunion au Tiers Etat. Les curés, quelques prélats novateurs, avaient réussi à emporter une courte majorité. La Noblesse en revanche, malgré les efforts de quelques-uns, animés par le duc d'Orléans, restait intraitable. Une motion proposant la réunion au Tiers Etat ne recueillait que 80 suffrages sur près de 300.

La Cour se trouvait alors à Marly où elle s'était retirée depuis le décès du fils aîné de Louis XVI, Louis-Joseph, âgé de huit ans, mort à Meudon le 4 juin. Il semble que le chagrin du Roi ait aidé à le soustraire à l'influence de Necker, tandis que la reine, les princes, les privilégiés l'assaillaient de leurs démarches, le suppliaient de protéger les ordres, de défendre la religion. On fait le siège du Roi pour qu'il ordonne la dissolution des Etats Généraux. Louis XVI paraît hésiter. Sa douleur accroît ses incertitudes. Soudain il annonce qu'il tiendra, le lundi 22 juin, dans la grande salle des Menus — celle précisément qu'occupait l'Assemblée nationale — une séance royale, qu'il reportera ensuite au 23 juin. Quand les députés du Tiers se présentent, le 20 juin au matin, la porte est close. La salle est fermée, leur dit-on, en raison des préparatifs qu'exige la séance royale.

Outragés, indignés, les députés du Tiers cherchent le moyen de se réunir quand même. Sur la suggestion du député Guillotin, ils décident d'occuper le « Jeu de Paume », salle toute proche, suffisamment grande, éclairée par de hautes fenêtres, mais sans fauteuils ni chaises. Elle n'est meublée que de quelques bancs et d'une table. Le peuple afflue dans la galerie du haut et dans les rues voisines[1]. Sieyès, appuyé par de nombreux députés, soutient que l'Assemblée devrait se transporter à Paris, à pied. Mais le président Bailly déconseille un parti si violent, il redoute que l'Assemblée ne se sépare irrémédiablement du Roi, ou qu'une troupe à cheval ne vienne interrompre la marche des députés.

Mounier* prend alors la parole. Il propose que les députés prêtent serment de rester unis jusqu'au vote d'une Constitution[2]. L'Assemblée est enthousiaste. Le texte d'une motion est rédigé par Mounier, puis corrigé par Target**, et sans doute par Sieyès***. Elle est lue par le président Bailly et votée par acclamation :

> « L'Assemblée nationale, considérant qu'appelée à fixer la Constitution du royaume, opérer la régénération de l'ordre public et maintenir les vrais principes de la monarchie, rien ne peut empêcher qu'elle continue ses délibérations, dans quelque lieu qu'elle soit forcée de s'établir, et qu'enfin partout où ses membres sont réunis, là est l'Assemblée nationale ; arrête que tous les membres de cette Assemblée prêteront à l'instant serment solennel de ne jamais se séparer et de se rassembler partout où les circonstances l'exigeront, jusqu'à ce que la Constitution du royaume soit établie et affermie sur des fondements solides ; et que, ledit serment étant prêté, tous les membres, et chacun d'eux en particulier, confirmeront par leur signature cette résolution inébranlable. »

Aussitôt, le président Bailly jure, le premier****. Il « prononça le serment si distinctement que toute la foule du peuple qui se pressait au-dehors put entendre et applaudir dans l'ivresse et l'enthousiasme »[5]. Les cris de « Vive le Roi ! » s'élèvent de l'Assemblée et du peuple présent dans les tribunes. « C'était, proclame Michelet, le cri de la vieille France dans les vives émotions, et il se mêla encore au serment de la résistance... » Tour à tour les députés prêtent serment, à l'exception de M. Martin d'Auch, député du bailliage de Castelnaudary, qui refuse, et signe sur le registre avec la mention « opposant ». Ainsi la volonté révolutionnaire recevait-elle le sceau de la foi jurée[6].

Dans la journée du 22 juin, 150 députés du Clergé conduits par Mgr de Lubersac viennent se joindre au Tiers. Le 23 juin vers onze heures, se tient dans la salle des Menus la séance royale, tant attendue ou redoutée, au milieu d'un impressionnant appareil de gardes françaises et de gardes suisses. Le Roi entre dans la salle tandis que les députés se lèvent. Il est suivi de la reine, des princes, des ministres. Le fauteuil de

---

* Avocat au Parlement de Grenoble, député du Dauphiné, Mounier sera à la Constituante le théoricien d'une monarchie à l'anglaise. Il donnera sa démission de député en octobre 1789, se réfugiera en Savoie en 1790. Il vivra en exil jusqu'en 1801. Revenu en France, il deviendra préfet d'Ille-et-Vilaine.

** Avocat réputé, il avait été le défenseur du cardinal de Rohan dans l'Affaire du collier. Député du Tiers Etat de Paris, Target jouera un rôle important dans l'élaboration de la Constitution de 1791. Il refusera — arguant de son âge — de défendre Louis XVI devant la Convention, et deviendra en 1797 membre du tribunal de Cassation.

*** Certains attribuent à Sieyès la première rédaction de la motion[3], mais elle semble bien l'œuvre de Mounier[4].

**** Bailly — l'homme du serment du Jeu de Paume — sera maire de Paris en juillet 1789. Les Jacobins le tiendront pour responsable des massacres du Champ-de-Mars en juillet 1791 (*infra*, p. 200), car c'est lui qui proclamera la « loi martiale ». En dépit de sa légitimité révolutionnaire, il sera condamné à mort et guillotiné en novembre 1793.

Necker reste vide, et son absence fait sensation*. Assis sur le trône, portant le manteau royal, la tête coiffée d'un chapeau à panache blanc, Louis XVI lit une longue déclaration, « le testament du despotisme » selon Michelet[8]. Il parle, dans un morne silence, et sur un ton d'autorité. Pourtant il fait quelques concessions. Reprenant partie des conseils que lui a prodigués Necker, il accepte le consentement des impôts et des emprunts par les Etats Généraux, il se dit attaché à la liberté individuelle, à la liberté de la presse, à la décentralisation administrative. Il forme le vœu que les privilégiés acceptent l'égalité fiscale, marquant par là qu'il n'entend pas la leur imposer. Mais sur ce qui est devenu l'essentiel, la réunion des trois ordres, il dit sèchement son refus. Puis lecture est donnée par le garde des Sceaux des intentions de Sa Majesté. Les délibérations prises le 17 juin par les députés du Tiers Etat sont déclarées illégales et nulles. La volonté expresse du Roi est que l'ancienne distinction des trois ordres soit conservée en son entier. Le Roi ordonne donc que les députés se retirent et se rendent, dès le lendemain, chacun dans la chambre affectée à son ordre. Enfin le Roi reprend la parole et clôt la séance par un discours cassant :

> « ... Si, par une fatalité loin de ma pensée, vous m'abandonniez dans une si belle entreprise, seul je ferais le bien de mes peuples ; seul je me considérerais comme leur véritable représentant ; et, connaissant vos Cahiers, connaissant l'accord parfait qui existe entre le vœu le plus général de la Nation, et mes intentions bienfaisantes, j'aurais toute la confiance que doit inspirer une si rare harmonie... Réfléchissez, Messieurs, qu'aucun de vos projets, aucune de vos dispositions ne peut avoir force de loi sans mon approbation spéciale »[9].

Quand le Roi se fut retiré, suivi de son entourage, des députés de la Noblesse, d'une partie de ceux du Clergé, les députés du Tiers restent immobiles et silencieux.

C'est le comte de Mirabeau qui, le premier, rompt le silence. Déçu par le discours du Roi, il semble fort en colère :

> « Messieurs, dit-il, j'avoue que ce que vous venez d'entendre pourrait être le salut de la patrie si les présents du despotisme n'étaient pas toujours dangereux. Quelle est cette insultante dictature ? L'appareil des armes, la violation du temple national, pour vous commander d'être heureux ? Qui vous fait ce commandement ? Votre mandataire. Qui vous donne des lois impérieuses ? Votre mandataire, lui qui doit les recevoir de vous, de nous, messieurs, qui sommes revêtus d'un sacerdoce politique et inviolable ; de nous enfin, de qui seuls vingt-cinq millions d'hommes attendent un

---

* Necker expliquera que « les dispositions sages » qu'il avait persuadé le Roi d'adopter furent modifiées au dernier moment sous l'influence de l'entourage du Roi. C'est pour marquer sa désapprobation que Necker « déterminé à quitter le ministère » se serait abstenu d'assister à la séance royale[7].

bonheur certain, parce qu'il doit être consenti, donné et reçu par tous. Mais la liberté de vos délibérations est enchaînée ; une force militaire environne l'Assemblée ! Où sont les ennemis de la Nation ? Catilina est-il à nos portes ? Je demande qu'en vous couvrant de votre dignité, de votre puissance législative, vous vous renfermiez dans la religion de votre serment ; il ne nous permet de nous séparer qu'après avoir fait la constitution. »

Voyant que les députés, exhortés par Mirabeau, refusent de se retirer, le marquis de Brézé, grand maître des cérémonies, s'approche alors du président Bailly : « Messieurs, dit-il, vous avez entendu les intentions du Roi. » C'est Mirabeau qui lui répond, par l'apostrophe célèbre : « Je vous déclare que si l'on vous a chargé de nous faire sortir d'ici, vous devez demander des ordres pour employer la force. Allez dire à votre maître que nous sommes ici par la puissance du peuple et qu'on ne nous en arrachera que par la puissance des baïonnettes... » « *Votre* Maître » : ainsi le Roi de France n'est-il plus celui de l'Assemblée *. Les députés se groupent autour de Mirabeau, comme pour marquer leur solidarité, ils reprennent ses mots : « Tel est le vœu de l'Assemblée », s'écrient-ils. Mais seul le président Bailly est en droit de parler au nom de l'Assemblée. Il dit au grand maître des cérémonies qu'il ne saurait disperser l'Assemblée sans qu'elle en ait délibéré. « Est-ce là votre réponse et puis-je en faire part au Roi ? » « Oui, Monsieur. » Et Bailly se retourne vers ses collègues : « Je crois que la Nation assemblée ne peut pas recevoir d'ordre. »

Que devait, que pouvait faire l'Assemblée ? Tour à tour Barnave, Buzot, Garat, l'abbé Grégoire interviennent. Ils refusent de se soumettre à un lit de justice. Ils se déclarent prêts à mourir pour la patrie, et d'abord à réaffirmer les décisions prises, malgré l'ordre du Roi. On parle de rédiger une nouvelle motion... et Sieyès prend la parole. Il est calme, impassible. Il approuve ce qu'ont dit ses collègues, mais il ajoute que l'Assemblée ne saurait se préoccuper de la séance royale. Cette séance n'est rien. « Messieurs, dit-il, nous sommes aujourd'hui ce que nous étions hier. Délibérons ! » **.

Et l'Assemblée soudain rassurée, délibère. A l'unanimité elle déclare persister dans tous ses précédents arrêtés. Puis, sur la proposition de Mirabeau, elle proclame inviolable la personne de chaque député. Le Roi, prévenu, paraît hésiter. On annonce, puis on dément, la démission de Necker. Le 24 juin, la majorité du Clergé vient se joindre à l'Assemblée nationale et, sous les applaudissements de tous, l'archevê-

* « C'est toute une frontière tracée, dira Victor Hugo, entre le trône et le peuple. C'est la Révolution qui laisse échapper son cri. Personne ne l'eût osé avant Mirabeau. »
** Les Archives nationales conservent le texte au crayon du discours de Sieyès. Fortoul l'a annoté de la mention suivante : « Vrai discours au crayon. Sieyès l'a refait après coup à la plume dans un grand cahier » [10].

que de Vienne prend la présidence de l'Assemblée, conjointement avec Bailly, installé à ses côtés. Le 25, la résistance nobiliaire commence à se désagréger : 47 députés, dont le duc d'Orléans, le duc de La Rochefoucauld, Adrien Duport, Alexandre de Lameth gagnent l'Assemblée nationale et Bailly accueille avec joie : « un prince illustre, une partie imposante et respectable de la noblesse française ». Le ralliement se poursuit les jours suivants. Il semble devenu irrésistible. Alors, le 27 juin, Louis XVI capitule. Cédant aux événements, aux pressions aussi d'une partie de son entourage, de Necker notamment, il invite « son fidèle clergé et sa fidèle noblesse » à se joindre au Tiers Etat. La joie dans Versailles et Paris fut, raconte Michelet, « immense et folle ». « Le peuple fit des feux de joie. On cria " Vive le Roi ! Vive la Reine ! " » Il fallut que Marie-Antoinette vînt au balcon du palais. La foule lui demanda qu'elle montrât le dauphin... Elle y consentit et reparut avec son enfant »[11].

Le Tiers Etat avait gagné la partie. Et Louis XVI, vaincu par ses hésitations, ses brusques revirements, autant que par la résolution du Tiers Etat, avait gravement blessé le prestige de la monarchie. Il restait pour l'Assemblée à organiser, par la loi, la révolution faite. Le 6 juillet, sur le rapport de Mounier, l'Assemblée désignait un Comité de Constitution composé de trente membres. « Nos commettants, proclamait le rapport de Mounier, nous ont défendu d'accorder des subsides avant l'établissement de la Constitution. Nous obéirons donc à la Nation en nous occupant incessamment de cet important ouvrage. » L'Assemblée est devenue Constituante, et elle se met aussitôt au travail.

Etrangement, Sieyès, le grand vainqueur des dernières journées, ne figure pas dans ce Comité. A-t-il été victime des intrigues de Mounier, plus modéré, partisan d'un régime à l'anglaise, Mounier que Sieyès tenait pour « le représentant des avocats » qui le détestaient, croyait-il[12] ? Ou l'abbé a-t-il choisi de se tenir à l'écart, ce qui, à ce moment, s'expliquerait mal ? En revanche, le 2 juillet il a été élu au bureau de l'Assemblée. Il s'y est installé avec les « têtes » que l'Assemblée s'est données au fil des événements : Grégoire, Mounier, Lally-Tollendal, Le Chapelier, Clermont-Tonnerre. Le duc d'Orléans a été symboliquement désigné comme président, mais il a refusé le redoutable honneur qui lui était consenti. Et l'archevêque de Vienne a été élu à sa place.

Durant ces quelques semaines qui ont fait la Révolution, l'abbé Sieyès et le comte de Mirabeau ont dominé l'Assemblée. Et les initiatives décisives semblent devoir plus encore à Sieyès qu'à Mirabeau. Le prêtre et l'aristocrate ont été, au cours des événements, proches, souvent solidaires, unis par une sympathie ancienne et, sans doute, par l'estime intellectuelle. Mais leurs relations souffrent encore d'un certain mystère. Si Sieyès n'a pas parlé de Mirabeau, en revanche Mirabeau a souvent dit son admiration pour Sieyès *. Il l'appelait « le maître », ou « mon maître, car vous l'êtes malgré vous », il lui écrivait [13] : « Vous que je m'honorerai toute ma vie d'appeler mon maître. » Il imagina des titres pompeux pour célébrer « le héros de ces journées glorieuses » [14]. Comme il aimait à donner des surnoms empruntés à l'histoire, il désigna fréquemment Sieyès du nom de *Mahomet* [15] pour célébrer sa vertu prophétique, ou pour en sourire. Les lettres de Mirabeau à Sieyès, conservées par les Archives nationales, disent l'admiration, le respect, mais elles expriment aussi une connivence, presque une amitié, qui autorisent la liberté de ton, et même les confidences. « Croyez que mon amour pour la liberté et mon tendre dévouement pour vous seront les dernières passions de mon âme. *Vale et me ama* » [16]. A lire Mirabeau, on dirait que les deux fondateurs de la Révolution cachent, derrière les formules, une affectueuse complicité. Et sans doute Mirabeau admire-t-il sincèrement la puissance de l'esprit, et la force de détermination de Sieyès. Il sait aussi l'influence de l'abbé, il entend la ménager, il connaît les hommes, et ce que l'on gagne à flatter leur orgueil. En revanche, on voit — notamment dans le grand débat du 17 juin 1789 — que la « raideur philosophique » de l'abbé, son entêtement métaphysique ont inquiété le très politique Mirabeau. L'un et l'autre ont jeté sur la société d'Ancien Régime un même regard. La destruction de la société des ordres, la souveraineté de la Nation furent leurs objectifs. L'un et l'autre ont souhaité le maintien d'une monarchie insérée dans la Nation. L'un et l'autre ont sans doute voulu arrêter la Révolution, mais à des moments différents et par d'autres moyens. Plus lucide, ou plus désabusé, Mirabeau a estimé, plus tôt que Sieyès, qu'elle allait trop vite et trop loin. Dès le 17 juin, quand il défend le veto royal, il veut contenir un mouvement dont il craint les effets irrésistibles. Ce qui les a séparés, dès 1789, ce fut d'abord que Mirabeau ne pouvait partager cette haine fanatique de la noblesse qui inspirait et conduisait Sieyès. C'est surtout que la rigueur doctrinaire de Sieyès, la passion des théories qui animait l'abbé étaient étrangères à cet aristocrate sceptique. Ce qui les éloignera ensuite c'est que Sieyès refusera toujours de faire confiance aux Bourbons, ce que Mirabeau, devenant ministre secret de Louis XVI, pour satisfaire son vieux rêve — réconcilier la Révolution et le Roi —, mais aussi pour payer ses dettes, et tenir un rôle à sa mesure, accordera complaisamment. La raideur de l'un, les intrigues de l'autre écarteront peu à peu les deux pionniers de la Révolution, qui en furent peut-être, par une étrange rencontre, les esprits les plus forts [17]. Sans doute Mirabeau trouvera-t-il à l'abbé un dogmatisme de plus en plus dange-reux, tandis que Sieyès condamnera les intrigues et les vénalités où se

---

* « C'est avec ses idées et ma parole, aurait-il dit, que nous changerons la France... »

perdra l'action de ce grand politique. Il reste que leur alliance avait en quelques jours fait la Révolution *.

Dans l'Assemblée, Sieyès est maintenant admiré, honoré pour ce qu'il a dit, ce qu'il a fait. Mais y a-t-il pour autant des amis ou des soutiens? Lubersac, son ancien protecteur, Champion de Cicé, l'archevêque de Bordeaux, Talleyrand dont il admire l'habileté, Le Chapelier dont il apprécie le sérieux, ne sont proches de lui que par moments. Et Sieyès s'est fait, à force d'intransigeance, parfois de mépris, de nombreux ennemis. Une large part de la Noblesse le hait. Les hommes de loi, qu'il critique ouvertement, le traitent volontiers de métaphysicien. Mounier et Thouret, ses grands rivaux, intriguent contre lui. L'abbé ne fait pas grand-chose pour se concilier ses adversaires, mais l'hostilité le rend maussade, et elle l'incite à la distance. Maître de lui dans les circonstances importantes, dès qu'il faut témoigner de l'audace et du sang-froid, il se montre, dans la vie quotidienne de l'Assemblée, maladroit, vite porté à la mauvaise humeur. Il ne sait pas plaire, et d'ailleurs il ne le tente pas. Il est conscient d'être un très médiocre orateur. Il lit ses discours, comme la plupart des députés **. Mais il lit mal, d'une voix très faible, sans geste, sans intonation, seulement marquée par l'accent provençal[20]. Sa parole est sèche, didactique, souvent obscure. Elle a parfois les inconvénients d'un long sermon. A de rares moments, notamment dans les journées de juin, Sieyès a suppléé l'éloquence par la force de sa logique et de sa conviction. Dans ces moments il a réussi à agir sur la raison, sur l'esprit. Mais ceci n'est vrai qu'en de grandes occasions. Le plus souvent Sieyès ne captive pas son auditoire. Il le sait, il en souffre, il s'en prend à ceux qui l'écoutent, il méprise ceux qui ne savent pas l'entendre. Dans la période qui a suivi la constitution de l'Assemblée nationale, et parce qu'il symbolisait, comme l'a écrit Paul Bastid, le « principe même de la Révolution », il a disposé d'un prestige qui obligeait l'Assemblée à l'écouter. Mais il sera de moins en moins entendu au fur et à mesure que ce symbole s'éloignera, que s'imposeront de nouveaux mythes. Même s'il est approuvé et célébré, Sieyès est seul. On le respecte, on l'admire, mais il ne crée aucun mouvement derrière lui. Il n'aime pas la foule, il supporte mal d'être acclamé, cependant il déteste ses collègues sitôt qu'ils le traitent sans assez d'égards ou qu'ils le mettent en échec. Il est convaincu de sa supériorité, il souffre de la plus

* « Sieyès, écrit François Furet, est le penseur de la Révolution, Mirabeau en est l'artiste »[18].

** Même les députés qui osaient improviser leurs reparties ou leurs interruptions rédigeaient et lisaient leurs discours. Souvent ils s'astreignaient en petits comités — et plus tard pour certains au Club des Jacobins — à des répétitions préalables avant d'aller à l'Assemblée lire leurs textes. Ainsi faisait le plus souvent Mirabeau lui-même. « Ce n'est qu'avec effort, écrit Mme de Staël, qu'il improvisait à la tribune. » Très peu nombreux étaient ceux, comme Maury, comme Barnave, qui osaient improviser d'emblée sur un grand sujet[19].

infime offense, il le laisse voir et entendre, mais aucun hommage ne lui suffit. Dès le 24 juin, assure son biographe Bigeon, on le vit déclarer que « se reconnaissant peu d'aptitude à parler en public », il s'abstiendrait dorénavant de prendre la parole[21]. Le propos, s'il a été tenu, n'était sans doute que d'humeur. « Sa manière de discuter, ajoute Bigeon, sèche, métaphysique, obscure, fatigante, pâlissait à côté de l'éloquence passionnée de Mirabeau, de Cazales, de Barnave, de l'abbé Maury. Ainsi ne prit-il la parole que très rarement, se contentant de faire présenter ses idées par ses amis ou ses collègues. » Le biographe de Sieyès bouscule ici l'événement. Car Sieyès sera encore, et longtemps, très présent sur la scène politique et il interviendra souvent à l'Assemblée. Mais il est vrai que souvent aussi il prendra ses distances, se taisant, ou s'écartant, au risque de décevoir ses admirateurs. Sieyès est et restera un homme seul, et un homme libre. Il fréquente le Club Breton, où furent peut-être débattues, avant d'être évoquées à l'Assemblée, les motions du 15 juin et du 23 juin[22]. Mais il ne s'y plaît guère, et Dumont qui le rencontre sortant d'une réunion du Club l'entend dire : « Je ne retournerai plus avec ces hommes-là... c'est une politique de caverne »[23]. Et bien sûr il dîne en ville. Le grand voyageur Arthur Young raconte avoir eu la chance de dîner avec lui, chez le duc de Liancourt en compagnie d'un grand nombre de députés de la Noblesse et des communes, dont le duc d'Orléans, et Rabaut Saint-Etienne[24] :

> « L'abbé Sieyès a une physionomie remarquable, l'œil extrêmement vif, pénétrant les idées des autres, mais si totalement réservé qu'il ne laisse pas connaître les siennes. Il y a autant de caractère dans son air et dans ses manières qu'il y a de vide dans la physionomie de M. Rabaut Saint-Etienne. »

Oui, l'abbé Sieyès a du caractère, et très mauvais caractère. Dans le moment, quand vient l'été 1789, il n'a pas lieu d'être mécontent. Il serait comblé par sa gloire, s'il pouvait être comblé.

III

À LA BASTILLE!

Du 23 juin au 11 juillet[1], le Roi et l'Assemblée respectèrent une trêve : trêve apparente car Louis XVI concentrait des troupes autour de Versailles et surtout autour de Paris. Le maréchal de Broglie, investi du commandement général au château de Versailles, avait reçu mission de surveiller la ville. Pendant ces journées, une partie des représentants de la Noblesse continuent de s'assembler chez le duc de Luxembourg, et l'on proclame « illégaux et nuls » les décrets pris par l'Assemblée nationale[2]. Des bruits alarmants circulent, l'Assemblée serait prochainement dissoute, les députés du Tiers arrêtés. L'effervescence croît à Paris, entretenue par les rumeurs, aussi par la crise économique, par l'élévation du prix du pain, et l'accroissement du chômage. L'Assemblée s'inquiète. Elle vote, le 8 juillet, à l'appel de Mirabeau, une motion que viennent successivement soutenir à la tribune Sieyès et Le Chapelier, priant le Roi d'éloigner ses troupes, et elle adopte une adresse à Louis XVI, rédigée par Mirabeau, proclamant que « la France ne souffrira pas qu'on abuse le meilleur des rois et qu'on l'écarte, par des voies sinistres, du noble plan qu'il a lui-même tracé ». Le Roi, tour à tour rassurant et menaçant, fait savoir à l'Assemblée, le 10 juillet, que les troupes, qu'il continue d'amasser, ne sont destinées qu'à maintenir l'ordre, à protéger la liberté de délibération des Etats Généraux, mais la fin de sa réponse, que paraît avoir désapprouvée Necker, laisse peser une menace :

> « Si pourtant, la présence nécessaire des troupes dans les environs de Paris causait encore de l'ombrage, je me porterais, sur la demande de l'Assemblée, à transférer les Etats Généraux à Noyon ou à Soissons, et alors, je me rendrais à Compiègne, pour maintenir la communication qui doit avoir lieu entre l'Assemblée et moi. »

Le 11 juillet les « électeurs » du Tiers Etat de Paris *, inquiets du mouvement de troupes dans la ville, demandent à l'Assemblée de permettre la constitution d'une « garde bourgeoise » destinée à rendre inutile le déploiement des forces militaires. Dans plusieurs des régiments mobilisés, des manifestations de solidarité avec le Tiers Etat sont signalées. Des soldats, des officiers même commettent des actes d'indiscipline. Le maréchal de Broglie qui a fait venir le régiment commandé par son fils le prince de Broglie, réputé favorable aux intérêts du Tiers Etat, le met très sévèrement en garde : « Monsieur, j'ai répondu de votre régiment et de votre personne au Roi. Aussi votre tête m'en répond »[3].

Et voici que ce 11 juillet Louis XVI opère une nouvelle fois un brutal revirement. Cédant au parti de l'intransigeance, il congédie Necker. Celui-ci reçoit pendant son dîner l'ordre de quitter le royaume immédiatement, et avec la plus grande discrétion **. Necker achève tranquillement son repas, et monte ensuite en voiture, avec Mme Necker, pour gagner Bruxelles. Le nouveau ministère prend des allures de combat. Il est dirigé par le baron de Breteuil, aristocrate résolu, il compte le maréchal de Broglie à la Guerre, et le duc de La Vauguyon aux Affaires étrangères. Le parti « dur » des aristocrates est bien au pouvoir, et les décisions du Roi ressemblent à une déclaration de guerre civile[5]. Le 12 juillet, la nouvelle du coup de force se répand à Paris. Et tandis que la Bourse s'effondre, toute la ville s'alarme, les uns voyant la Cour victorieuse, les autres redoutant la banqueroute menaçante. « Pendant ce peu de jours, écrit Edgar Quinet[6], les Français se donnent la joie d'aimer, de regretter, d'idolâtrer Necker devenu le symbole de la liberté. » Paris s'éveille, ce 12 juillet, pour ne plus se rendormir. On sonne le tocsin. Des bandes de manifestants portent en triomphe les bustes de Necker et du duc d'Orléans. Des citoyens en armes se répandent dans les rues. Dans l'après-midi, la foule s'amuse et s'énerve. Au Palais-Royal, des orateurs montés sur des tables — dont le jeune avocat Camille Desmoulins — haranguent les assistants. Les incidents se multiplient. En plusieurs endroits des cavaliers sont attaqués par le peuple. Ailleurs des soldats le rejoignent. On brûle des barrières, on pille quelques maisons. « Il semble que chacun ne reçoit plus d'ordre que de sa passion »[7]. La nuit du 12 au 13 se passe dans le tumulte et les alarmes.

---

* L'assemblée des « électeurs » du Tiers Etat était composée de 407 personnes « élues par tous les Parisiens âgés de 21 ans et payant six livres de capitation », soit environ 50 000 inscrits. L'assemblée des électeurs, qui eût dû se dissoudre après l'élection des députés du Tiers Etat, continuait de se réunir et de s'agiter.

** « Ce fut le 11 juillet, écrit Necker, que le Roi m'écrivit de quitter le ministère et la Cour et la France. On lui avait donné, je crois, des conseils plus violents, mais il y résista avec fermeté... J'étais à trente lieues de Paris que personne à Versailles n'était instruit de mon départ ; et sans courrier, sans passeports, sans me faire connaître, je fus d'un seul trait de Versailles à Bruxelles »[4].

Les rumeurs portent des menaces. Partout on pressent des complots. L'effervescence croît à chaque heure.

Le 13 juillet, tandis que la foule cherche des armes, des munitions, des vivres, que les Parisiens se portent aux barrières, brisent les octrois, libèrent l'entrée des denrées à Paris, que l'on fait sonner le tocsin dans les églises, l'émotion monte à l'Assemblée nationale. Inquiète des nouvelles de Paris, l'Assemblée décide d'envoyer une nouvelle délégation au Roi, « saluant de ses regrets les ministres éloignés », déclarant « les ministres actuels et les conseils de Sa Majesté, quelque état, quelque rang qu'ils puissent avoir, personnellement responsables des malheurs présents et de tous ceux qui peuvent suivre ». La menace est claire sous l'apparent respect. Ce même jour, les « électeurs » du Tiers Etat nomment un comité permanent destiné à veiller à la sûreté publique, et décident la création d'une « milice bourgeoise » de citoyens volontaires pour maintenir l'ordre, et empêcher l'anarchie. La « Garde nationale » est née. A l'Hôtel de Ville les citoyens affluent par milliers, remplissant les escaliers, les cours, les salles. Tous réclament des armes. Le prévôt des marchands, M. de Flesselles, en promet, il annonce l'arrivée prochaine de 12 000 fusils venant de Charleville, puis de 30 000 autres, il tente d'apaiser la foule : « Mes amis... je suis votre père... vous serez contents... »

Le 14 juillet, dès deux heures du matin, la foule cherche des armes. Elle se porte d'abord à l'Hôtel des Invalides où elle désarme les sentinelles, et fait main basse sur 32 000 fusils. Le bruit court que des régiments postés à Saint-Denis sont en marche, et que les canons de la Bastille sont braqués sur la rue Saint-Antoine... On dit que la Bastille enfermerait des quantités considérables d'armes et de poudre. Dès neuf heures du matin, le mot d'ordre traverse Paris : « A la Bastille ! A la Bastille ! » La sombre forteresse, prison d'Etat à peu près vide, est aussi le symbole de l'absolutisme et de l'arbitraire royal. Le marquis de Launay, le gouverneur de la Bastille, qui ne dispose que d'une petite garnison — quatre-vingt-deux invalides et trente-deux soldats suisses obtenus en renfort — et qui n'a guère de vivres, essaie de parlementer. Vers treize heures, la foule réussit à briser les chaînes du premier pont-levis, à abaisser le pont et à envahir la cour. Le pont-levis principal est maintenant menacé, la garnison fait feu, spontanément ou sur l'ordre de Launay. Le peuple croit avoir été pris dans un piège, on crie à la trahison, les manifestants se déchaînent et la bataille fait rage. A dix-sept heures, Launay offre la capitulation, mais il est déjà trop tard, les assaillants ont à venger des dizaines de morts *, ils se ruent à l'intérieur

* Les assiégeants, artisans, maîtres, compagnons du faubourg Saint-Antoine, clercs de la basoche, gardes françaises, comptaient près d'une centaine de morts.

de la forteresse conquise. Dans l'ivresse de la victoire, ils massacrent trois officiers et trois soldats. Le gouverneur de Launay, traîné jusqu'à l'Hôtel de Ville, frappé, insulté, lardé de coups d'épée, est achevé place de Grève. Le prévôt des marchands, Flesselles, accusé d'avoir voulu tromper le peuple sur l'existence des dépôts d'armes, est lui aussi abattu. Leurs têtes à tous deux, fixées à des piques, sont portées au Palais-Royal pour être montrées au peuple, comme les symboles de son triomphe. Quelques jours encore, et l'un des membres du ministère, Joseph Foulon, nommé contrôleur des Finances en remplacement de Necker, et que l'on soupçonnait d'avoir dirigé l'intendance de l'armée rassemblée autour de Paris, sera aperçu par des patriotes à Viry-Châtillon : âgé de soixante-quinze ans, il sera amené de force à Paris, pieds nus, maltraité puis pendu à un réverbère place de Grève, enfin décapité. Son gendre, Bertier de Sauvigny, intendant de Paris, accusé d'entretenir la misère du peuple, sera à son tour assassiné sur le perron de l'Hôtel de Ville... Ce sont les premières mises à mort.

Un mois plus tôt, l'Assemblée nationale avait vaincu les privilégiés. Ce 14 juillet, Paris a vaincu le Roi. Le lendemain, tandis que l'Assemblée délibérait dans l'agitation, on annonça soudain la venue de Louis XVI. Il entra, sans cérémonial, accompagné seulement de ses frères, il annonça qu'il avait ordonné aux troupes de s'éloigner, il pria l'Assemblée de l'aider à maintenir l'ordre. L'Assemblée sembla soudain apaisée, comme rassurée d'avoir retrouvé l'assentiment royal. On décida d'envoyer à Paris une délégation de 88 députés pour manifester à la ville la reconnaissance de la Nation. Les messagers traversèrent Paris dans l'enthousiasme. Puis ils furent reçus à l'Hôtel de Ville, et les électeurs firent asseoir au bureau La Fayette, Bailly, Sieyès, Clermont-Tonnerre et l'archevêque de Paris. Michelet décrira l'attendrissement général : « L'Assemblée nationale et le peuple de Paris, le serment du Jeu de Paume, la prise de la Bastille et la victoire venaient s'embrasser ! »[8]. Bailly, l'homme qui avait reçu le serment du Jeu de Paume, fut solennellement proclamé maire de Paris, l'archevêque promit un *Te Deum* à Notre-Dame, dès le lendemain, pour célébrer la prise de la Bastille*. Et La Fayette, le glorieux ami de Washington, le « libérateur » de l'Amérique, fut nommé par acclamation commandant général de la milice parisienne !

Le 16 juillet, Louis XVI capitulait. Il rappelait Necker, et les ministres qu'il avait congédiés cinq jours plus tôt. Il écrivait à celui qu'il avait fait exiler :

---

* « C'était, écrit lyriquement Quinet, la prison réservée aux écrivains, la geôle de l'intelligence. Le premier mouvement de Paris avait été de renverser cette geôle, d'affranchir la pensée. Avènement de l'esprit, sécurité, dignité humaine, voilà ce que signifia cette première journée »[9].

« Je vous avais écrit, Monsieur, que dans un temps calme je vous donnerais des preuves de mes sentiments ; mais cependant le désir que les Etats Généraux et la ville de Paris témoignent, m'engage à hâter le moment de votre retour. Je vous invite donc à revenir le plus tôt possible reprendre auprès de moi votre place. Vous m'avez parlé en me quittant de votre attachement ; la preuve que je demande, est la plus grande que vous puissiez me donner dans cette circonstance. »

Et Necker consentait à reprendre sa place, non sans assurer le Roi qu'il eût préféré la retraite :

« Sire,
« Je touchais au port que tant d'agitations me faisaient désirer, lorsque j'ai reçu la lettre dont Votre Majesté m'a honoré. Je vais retourner auprès d'elle pour recevoir ses ordres, et juger de plus près si en effet mon zèle infatigable et mon dévouement sans réserve peuvent encore servir Votre Majesté. Je crois qu'elle me désire, puisqu'elle daigne m'en assurer, et que sa bonne foi m'est connue. Mais je la supplie aussi de croire, sur ma parole, que tout ce qui séduit la plupart des hommes élevés aux grandes places n'a plus de charmes pour moi, et que sans un sentiment de vertu digne de l'estime du Roi, c'est dans la retraite seule que j'aurais nourri l'amour et l'intérêt dont je ne cesserai d'être pénétré pour la gloire et le bonheur de Sa Majesté. »

L'Assemblée nationale joignit ses sollicitations à celle du Roi :

« L'Assemblée nationale, Monsieur, vous presse de vous rendre au désir de Sa Majesté... Vous ne préférerez pas votre tranquillité à la tranquillité publique... Tous les moments sont précieux. La Nation, son Roi et ses représentants vous attendent. »

Et Necker prit la route de Bâle vers Versailles. Ainsi il revenait, pour la seconde fois, en triomphateur, prêt à être acclamé par le peuple, redouté par la Cour, subi par le Roi. Son entrée à Paris fut un grand jour de fête.

Le 17 juillet, au début de l'après-midi, Louis XVI se rend dans la capitale, protégé par la garde nationale. Il sait à quels dangers il s'expose. Sa voiture avance au pas parmi les citoyens en armes. L'accueil est d'abord froid, les cris de « Vive le Roi » sont rares. A l'Hôtel de Ville, le Roi est reçu par les vainqueurs du 14 Juillet. Bailly, le nouveau maire, lui présente la cocarde, aux couleurs rouge et bleu de la ville. Aimablement le Roi prend la cocarde et la met à son chapeau. La Fayette y ajoutera le blanc de l'ancienne France. Ainsi naîtra le drapeau tricolore. Puis le Roi monte l'escalier de l'Hôtel de Ville sous une voûte d'épées, au milieu d'une foule immense, il prend place sur le trône, il écoute les harangues, il répond : « Messieurs, je suis très satisfait... J'approuve l'établissement de la garde bourgeoise... Vous pouvez toujours compter sur mon amour... » Il apparaît à la fenêtre, la cocarde au chapeau. Cette fois-ci, la

foule hurle : « Vive le Roi ! ». L'enthousiasme semble revenu. C'est la
garde nationale qui reconduit Louis XVI à Versailles. Il est acclamé tout
au long du chemin. Mais c'est sa capitulation que la foule acclame,
autant que sa présence.

Une nouvelle puissance est donc née, celle du peuple de Paris,
anonyme, redoutable. Elle n'est qu'apparemment apaisée. Les artisans,
les compagnons, les bourgeois qui ont fait le 14 Juillet ont pris
conscience de leur force. Ils croient avoir sauvé les conquêtes du Tiers
Etat contre le grand complot aristocrate qui entoure et menace le Roi. Ils
demeureront hantés par les soupçons et les peurs [10]. Dans la nuit du 16
au 17 juillet, le comte d'Artois, les princes de Condé et de Conti, le duc
d'Enghien, le maréchal de Broglie, le baron de Breteuil, les Polignac,
abandonnant le Roi sont partis précipitamment pour gagner les frontières. Beaucoup iront, de l'autre côté du Rhin, discréditer la monarchie,
sous prétexte de la servir. Dans les nuits suivantes, de nombreux nobles
attachés à la Cour, plusieurs évêques en feront autant. L'émigration est
commencée. Le Roi lui-même n'a-t-il pas songé à s'enfuir ? Sans doute
regrettera-t-il plus tard cette occasion perdue...

Le rôle de Sieyès, pendant ces quelques jours qui mirent à genoux la
monarchie, est difficile à déterminer. On l'a vu parmi les députés de
l'Assemblée qui se sont rendus à Paris le 15 juillet, mais élu de Paris il
devait en être. Il fut à l'Hôtel de Ville, parmi les pionniers de la
Révolution, aux côtés de La Fayette, de Bailly, de Clermont-Tonnerre.
Si le premier acte de la Révolution avait été l'œuvre de l'Assemblée, le
second avait été celle du peuple de Paris. Cela pouvait-il vraiment le
satisfaire ? Un témoin raconte avoir trouvé Sieyès « assez content » des
journées du 14 et du 15, « encore qu'il ne parût point les approuver » [11].
Talleyrand lui attribuera l'idée de la garde nationale créée durant ces
fameuses journées, mais on ne voit pas à quoi se rattache cet éloge *. La
Fayette, qui n'aima jamais Sieyès, l'a soupçonné d'avoir voulu se servir
des événements et d'avoir négocié, durant ces journées décisives, avec le
duc d'Orléans, dans l'espoir de porter ce prince à la lieutenance du
royaume [13]. Sieyès aurait, selon La Fayette, plusieurs fois rencontré
Laclos qui continuait de servir les missions délicates du Duc. Il est
probable que Sieyès fut satisfait de voir humilier la monarchie absolue et
s'enfuir une partie de la grande noblesse. La capitulation de Louis XVI
n'achevait-elle pas de détruire la société des ordres ? Elle confirmait à sa
manière la souveraineté nationale. « Ainsi fut prouvée, dira-t-il dans sa
Notice [14], de nouveau mais avec une évidence et une force sans réplique,

---

* Peut-être en a-t-il suggéré le nom. Les notes manuscrites de Sieyès attestent qu'il
travailla, dans les mois qui suivirent, sur un plan d'organisation de la garde nationale, et
sur un « projet de décret pour constituer une force d'exécution intérieure au service de la
loi » [12]. Mais on ne peut apprécier le rôle de Sieyès dans la constitution de la milice
bourgeoise.

la volonté certaine de la Nation sur la nature et l'étendue des pouvoirs qu'elle avait conférés à ses députés. » Sieyès tente après coup de légitimer le coup de force du 14 Juillet, et d'en restituer le profit à l'Assemblée. Mais il était trop attaché à la représentation nationale, pour ne pas s'inquiéter d'événements qui avaient donné la puissance à la foule de Paris et non plus aux représentants du peuple. Plus lucide que la plupart des autres acteurs de la Révolution, il voit, comme Mirabeau, que la Révolution légale — celle qu'il a voulue et faite — risque d'être emportée dans des mouvements que personne ne maîtrisera plus. Les têtes de Launay et de Flesselles, promenées au bout des piques comme des trophées, ne l'ont sans doute pas ému, mais elles l'ont sûrement inquiété. Comme la plupart des révolutionnaires, Sieyès s'accommodera de la violence, parfois même il s'en servira, pourvu qu'elle soit décidée, maîtrisée, par les représentants du peuple. La violence de la foule ne cessera de lui faire horreur. Edgar Quinet rapporte cette protestation de Saint-Just, que les atrocités du 14 Juillet auraient alors ému et indigné : « La faiblesse enfanta la cruauté : je ne sache pas qu'on ait vu jamais, sinon chez les esclaves, le peuple porter la tête des plus odieux personnages au bout des lames, boire leur sang, leur arracher le cœur et le manger... Je l'ai vu dans Paris ! »[15]. Un jour viendra où les mises à mort paraîtront à Saint-Just des exigences de la vertu ! « Le changement violent qui se faisait dans les choses, commente Quinet, se faisait aussi dans les hommes... aucun n'avait le pressentiment de l'homme qu'il portait en lui. » Ce 14 Juillet inaugure la série des massacres qui marqueront tant de journées révolutionnaires...[16]. Mais Sieyès est assez lucide, et assez pessimiste, pour s'inquiéter de ce terrible héritage.

IV

LE GRAND PROMULGATEUR DE LA LOI DE L'AVENIR

Pendant ces jours tant agités, l'Assemblée n'a cessé de siéger *. Elle tenait séance le matin, et parfois le soir. La séance du soir ne deviendra quotidienne qu'en février 1790. Pour être admis aux séances le public n'était astreint à aucune formalité [1] : « C'est sous les yeux de la Nation, avait déclaré Barnave **, que nous devons agir, c'est en face de la Nation que nous devons opérer. » Le public était seulement invité à ne pas quitter les tribunes. Cela ne l'empêchait pas d'intervenir dans les débats pour trépigner, huer, applaudir. Les agitateurs se donnaient volontiers rendez-vous dans les cafés du voisinage pour y décider des sifflets et des applaudissements.

Mille cent dix-huit membres — 250 représentants de la Noblesse, 291 du Clergé, 577 du Tiers Etat — composaient l'Assemblée. Très assidus au travail — il fallait en principe une autorisation de congé pour s'absenter — dans les premiers mois de la Constituante, les députés le seront de moins en moins au fil des jours. Dans la dernière semaine de la Constituante, l'Assemblée n'attirera plus que 150 à 200 fidèles ***. Pour procéder au vote l'appel nominal fut d'abord le seul usité, mais il avait l'inconvénient de durer plusieurs heures. Afin d'éviter ces pertes de temps, le président Bailly obtint qu'on opinerait par « assis et levé » dans les délibérations ordinaires, et que l'appel nominal ne serait utilisé que pour les délibérations les plus importantes [2].

* Le 23 juin, l'Assemblée était revenue s'installer à la salle des Menus. Le 14 octobre, elle rejoindra le Roi à Paris, s'installera quelques jours à l'archevêché, puis se fixera à la salle du Manège (v. *infra*, p. 158).

** Avocat à Grenoble, Barnave avait été élu par le Tiers Etat du Dauphiné aux Etats Généraux. Bon orateur il était l'un des rares capables de parler sans notes à l'Assemblée. Chargé avec Pétion de ramener la famille royale au lendemain de Varennes (*infra*, p. 200), Barnave sera sensible, trop sensible, semble-t-il, au charme de la reine. Il sera arrêté le 15 août 1792 et, après quinze mois de prison, guillotiné en novembre 1793.

*** En cas de démission le député devait être remplacé par son suppléant, élu en même temps que lui ; il y eut 120 démissions en 28 mois de session.

Dès le 19 juin, sur la proposition de Target, l'Assemblée nationale avait commencé à mettre en place les premiers « comités » destinés à préparer les projets de décrets. Le nombre des comités et leur spécialisation allèrent croissant avec le temps. Chaque comité, composé d'un nombre variable de représentants, organisait lui-même son fonctionnement. Il n'était pas rare qu'un député siégeât dans plusieurs comités. Mirabeau, Alexandre de Lameth, Treilhard, le duc de La Rochefoucauld, travaillèrent dans six comités *. Sieyès ne fut élu que dans deux comités : le comité du règlement et le comité de Constitution. Peut-être refusa-t-il de travailler ailleurs. Il est vrai que le comité de Constitution remplissait la tâche essentielle.

On sait que le premier comité de Constitution, créé le 6 juillet, quoique lourdement composé de trente membres, ne comprenait pas Sieyès. Ce premier comité déposa son rapport dès le 9 juillet. Il affirmait d'abord la nécessité de maintenir la puissance du Roi, nécessaire pour assurer le bonheur de la Nation. « Nous n'oublierons pas, disait-il, que les Français ne sont point un peuple nouveau sorti récemment du fond des forêts pour former une association »[3]. Le rapport disait ensuite qu'une Déclaration des droits devrait constituer le préambule de la Constitution, afin que chaque article de la Constitution fût l'application d'un principe général. Le 14 juillet, l'Assemblée débattit, mais en raison des circonstances ne décida rien ou presque. Elle se contenta de dire que la Constitution serait précédée d'une Déclaration des droits de l'homme, auréolée de l'expérience américaine, et pour le reste, elle renvoya la difficulté. Sur la proposition de Pétion, peut-être influencé par Sieyès, l'Assemblée décida de désigner un nouveau comité de huit personnes « instruites du droit public, dégagées de préjugés et d'intérêts personnels ». Sieyès, Mounier, Talleyrand, Clermont-Tonnerre, Lally-Tollendal, Champion de Cicé, Le Chapelier et Bergame furent tour à tour désignés. L'abbé rentrait ainsi en scène et avec lui plusieurs députés connus pour être favorables à ses idées.

Le nouveau comité se mit aussitôt au travail. Il apparut vite que deux tendances divergeaient. Mounier avait construit un projet de Déclaration des droits — qui reprenait pour l'essentiel un texte communiqué par La Fayette, très inspiré du modèle américain. Sieyès estimait au contraire — et plusieurs membres du comité rejoignaient son opinion — qu'il n'y avait pas lieu de rédiger une déclaration du type américain. Il fallait à la France un projet plus audacieux, qui fixât des droits universels, mais qui définît aussi les principes de la meilleure constitution politique, et fondât le règne de la loi sur les décombres de l'ancienne société. La France n'était pas l'Amérique, et la Déclaration des droits, inséparable de la

---

* Robespierre ne figura dans aucun comité.

Constitution, devait légitimer et assurer la souveraineté totale que venait de conquérir son peuple *. Les 20 et 21 juillet, Sieyès vint lire au comité un « préliminaire de la Constitution », intitulé *Reconnaissance et exposition raisonnée des droits de l'homme et du citoyen*, suivi de 32 articles constituant une véritable Déclaration des droits de l'homme et du citoyen, qu'il avait rédigée avec soin **. Ce texte que Sieyès publiera ensuite ***, « à l'invitation du comité », dira-t-il en prologue à la brochure, comporte un long exposé des motifs, rédigé en termes philosophiques, où l'abbé rappelle et renforce les principes qu'il avait déjà rendus publics dans sa fameuse brochure sur le Tiers Etat. La Nation détient le pouvoir constituant, qu'elle exerce par ses représentants. Tous les hommes sont égaux et ont, à un égal degré, tous les droits qui découlent de la nature humaine. L'objet de l'union sociale est le bonheur des « associés » et l'homme marche constamment à ce but. La liberté individuelle est antérieure à l'état social et l'état social ne peut donc qu'en étendre et en assurer l'usage. La Constitution « embrasse la formation et l'organisation intérieure des différents pouvoirs publics, leur correspondance nécessaire, leur indépendance réciproque ». Le pouvoir constituant peut tout mais les pouvoirs constitués ne peuvent rien sans la Constitution. Les droits « naturels et civils » antérieurs aux droits politiques « sont ceux pour le maintien et le développement desquels la société est formée » ; les « droits politiques sont ceux pour lesquels la société se forme ».

Abordant l'étude des droits politiques, Sieyès pose la distinction des citoyens actifs et des citoyens passifs, qui alimentera contre lui l'accusation, si souvent reprise, d'apôtre d'une monarchie censitaire et bourgeoise. Si tous les habitants d'un pays disposent, selon Sieyès, des droits naturels et civils, en tant que citoyens dits « passifs », c'est-à-dire s'ils ont droit à la protection de leur personne, de leur propriété, de leur liberté, ils n'ont pas tous droit à prendre une part ACTIVE dans la formation des pouvoirs publics, ils ne sont pas tous des citoyens « actifs ». « Les femmes, affirme Sieyès, du moins dans l'état actuel, les enfants, les étrangers, ceux, encore, qui ne contribueront en rien à soutenir l'établissement public, ne doivent point influer activement sur la chose publique. Tous peuvent jouir des avantages de la société, mais ceux-là seuls qui contribuent à l'établissement public sont comme les

---

* Marcel Gauchet a remarquablement éclairé le rapport des préoccupations et aussi des forces qui ont conduit à l'adoption de la Déclaration des droits de l'homme[4].

** Les Archives nationales gardent un important cahier de Sieyès où celui-ci a jeté, sous le titre *Delineamens politiques et notes de circonstances*, de nombreuses réflexions et beaucoup des idées qu'il a développées à la Constituante en 1789 et 1790[5].

*** *Préliminaire de la Constitution. Reconnaissance et exposition raisonnée des droits de l'homme et du citoyen*, par M. l'abbé Sieyès. A Versailles, juillet 1789. Il y eut trois éditions successives légèrement différentes dans leur texte[6]. La Déclaration des droits y passe à 37 puis à 42 articles.

vrais actionnaires de la grande entreprise sociale. Eux seuls sont les véritables citoyens actifs, les véritables membres de l'association... » En vérité ce n'est pas la première fois que Sieyès exprime cette distinction. On la trouve dans plusieurs textes antérieurs, pour la plupart inédits *. Mais il la formule, pour la première fois avec clarté, il la pose comme le fondement de la nouvelle organisation politique. Et il laisse pour le moment dans l'ombre le critère de séparation, se bornant à exclure des citoyens actifs les femmes, les enfants, les étrangers.

La Déclaration qui suit — en 32 articles — tente de mettre en œuvre les principes proclamés. Elle y ajoute sur plusieurs points. Sans doute la rédaction de la plupart des articles manque-t-elle de ces formules fortes et lapidaires où Sieyès avait précédemment excellé, soit que Sieyès fût moins habile à ce nouvel exercice, soit, plus vraisemblablement, qu'il n'ait qu'à regret rédigé le texte d'une déclaration séparée des droits, dont l'exemple venu d'Amérique lui semblait ne pas s'imposer. L'*exposition raisonnée* qui fixait les principes fondamentaux de la Nation française lui paraissait sans doute plus importante que l'énumération des « droits éternels » seulement présentée par Sieyès « afin qu'ils soient connus de tous ceux à qui ils appartiennent ».

Il semble que la lecture du texte de Sieyès, nourri d'abstractions, n'ait pas réussi à convaincre le comité. Le 27 juillet, l'archevêque de Bordeaux, Champion de Cicé, présentant à l'Assemblée les premiers travaux du comité de Constitution, se montrait très prudent. Il expliquait les différences que présentaient les deux déclarations proposées au comité, celle de Mounier plus pratique, celle de Sieyès plus compliquée. Puis, abordant les premiers chapitres de la Constitution, l'archevêque exposait également les conflits qui s'étaient manifestés au sein du comité, notamment sur l'étendue des prérogatives royales, et sur

---

* Cf. notamment le fragment — antérieur à la Révolution — intitulé *Classes industrieuses :* « Il faudrait un mot qui caractérisât le but général de ce superflu d'hommes qui présenteront leurs travaux de toutes les espèces pour avoir leur part dans la reproduction. Je l'appellerai la classe secondaire, parce que ses travaux ne viennent qu'en second de la nutrition, qu'ils sont supportés par la reproduction, et surtout parce que cette classe a pour but général de *seconder* toute la société, puisqu'elle ne travaille qu'à embellir et augmenter la somme des jouissances. » Cf. surtout le fragment intitulé *La Nation :* « On a beau rêver au bien général de l'espèce humaine, elle sera toujours divisée en deux parties essentiellement distinguées par la différence d'éducation et de travail. Si dans un petit espace vous voulez retenir l'égalité, vous condamnez la Nation à une simplicité d'industrie et de bonheur qui ne subsisterait qu'avec la dégradation des facultés imaginatives et volitives. Il faudrait faire reculer l'espèce humaine. Cela n'est pas possible. Il faut en revenir à la distinction des gens honnêtes et des instruments de labeur. Ce ne sont plus des hommes égaux qui se sont réunis, ce sont des *chefs* de production. L'union est fondée sur la perfection du moral, ce moral n'appartient qu'à une portion de la peuplade, le reste n'est admis dans la société que comme auxiliaire »[7]. Cette division des citoyens n'est pour Sieyès qu'une application à la citoyenneté de la division du travail, principe fondamental, pour Sieyès, de toute l'organisation de la société (cf. *infra*, pp. 148-159).

le point de savoir s'il y aurait une ou deux chambres législatives. Il rappelait que pour s'opposer aux deux chambres, l'abbé Sieyès, de même que Talleyrand et Le Chapelier, restait intraitable.

Le débat sur la Déclaration des droits de l'homme fut quelque temps repoussé en raison de ces divergences, en raison aussi des troubles sociaux qui, à la fin de juillet et en août, gagnèrent la France entière, et parce que l'Assemblée dut faire face à de plus pressantes urgences. La discussion ne reprendra qu'au milieu du mois d'août. Entre-temps Sieyès aura subi un échec qu'il n'oubliera pas. Candidat à la présidence de l'Assemblée nationale, il fut battu le 1er août par Thouret*, élu au troisième tour de scrutin, par 406 voix contre 402 à Sieyès. L'élection de Thouret — tenue à tort ou à raison pour un succès des privilégiés — fut si mal accueillie par le public que Thouret crut prudent de renoncer à sa présidence. Et c'est Le Chapelier, ami de Sieyès, qui fut élu à sa place le 3 août. Mais ce n'était qu'une médiocre compensation, et Sieyès resta très affecté. Il vit dans son échec l'effet d'un complot des nobles et des modérés qui le détestaient. Il y vit aussi, de la part de l'Assemblée, un signe d'ingratitude qui l'incitait à s'éloigner d'un monde aussi médiocre.

Le débat sur la Déclaration des droits perdit-il à ses yeux de son importance? Entre-temps, les projets de déclaration s'étaient multipliés. On comptait maintenant une vingtaine de textes. Sieyès avait, sans aucune conviction, remanié le sien. Le 13 août, un nouveau comité de cinq membres fut désigné, et l'on décida d'en exclure tous les inventeurs des projets discutés, ce qui permettait sans doute d'éliminer Sieyès. Le 18 août, Mirabeau présentait, au nom du comité, un rapport confus qui rendait hommage au projet de Sieyès, mais un hommage nuancé, qui suggérait aimablement de l'écarter. « Si un peuple vieilli au milieu d'institutions anti-sociales pouvait s'accommoder des principes philosophiques dans toute leur pureté, je n'aurais pas hésité d'adopter la Déclaration des droits de M. l'abbé Sieyès... » et Mirabeau proposait de renvoyer à nouveau la rédaction définitive. Cette fois-ci l'Assemblée protesta. Elle voulait en finir. Le 19 août, pour sortir de l'impasse et décider enfin lequel des projets présentés servirait de base à sa discussion, elle vota, par assis et levé, sur chacun des projets de Déclaration. Celui de Sieyès n'arriva que le second. Sans doute, écrit Adrien Duquesnoy dans son *Journal*, le projet de l'abbé Sieyès était-il « trop métaphysique, fort au-dessus de la portée d'un très grand nombre de lecteurs »**.

---

* Avocat au Parlement de Normandie, député du Tiers de Rouen, Thouret joua un grand rôle dans les premiers mois de la Constituante, notamment avec Sieyès dans la division de la France en départements, puis dans l'élaboration de la nouvelle organisation judiciaire. Suspect sous la Terreur, il fut arrêté en l'an II et guillotiné en même temps que Malesherbes.

** Le projet adopté par 605 voix — alors que celui de Sieyès en obtenait 245, et celui de La Fayette 45 — était très proche du projet défendu par Mounier. Mais il résultait d'une transaction entre plusieurs projets et était présenté par « le 6e bureau » sans nom d'auteur[8].

Sieyès semble ne pas être intervenu dans la discussion des articles de la Déclaration des droits qui durera jusqu'au 26 août. Au contraire, son rival l'avocat Mounier y joua un rôle important. Talleyrand, Lally-Tollendal, Alexandre de Lameth soutinrent des amendements improvisés[9], et le débat modifia substantiellement le projet initial, celui du 6e bureau qui avait été pris en référence. Marcel Gauchet a raison d'observer que, si le texte de la Déclaration, définitivement voté dans la séance du 27 août, doit peu à la rédaction de Sieyès, il doit beaucoup à ses idées, et que l'influence de Sieyès ne cessa de peser sur la discussion, alors même que l'abbé se taisait. « La clé du dispositif, remarque Gauchet, est dans l'article 4, proposé par Lameth, mais qui vient de Sieyès : " La liberté consiste à pouvoir faire tout ce qui ne nuit pas à autrui. Ainsi l'exercice des droits naturels de chaque homme n'a de bornes que celles qui assurent aux autres membres de la société la jouissance de ces mêmes droits. Les bornes ne peuvent être déterminées que par la loi. " » Cette formule énigmatique rassemble les principes posés par Sieyès : les droits naturels sont antérieurs à la société, ils n'ont de bornes que les droits des autres. La souveraineté de la loi est fermement rappelée : c'est la loi seule qui définit ces bornes. Sans doute l'article 5 — autre emprunt à Sieyès — assure-t-il que « la loi n'a le droit de défendre que les actions nuisibles à la société ». Mais « nul ne sait qui sera juge de la loi »[10] et elle reste le seul maître. Sieyès peut être satisfait : la souveraineté de la représentation nationale est bien posée comme le pilier de la Déclaration. Ce texte universel est aussi, surtout peut-être, un texte de circonstance qui assied le nouveau pouvoir.

A beaucoup d'égards le texte de Sieyès, même imparfaitement rédigé, voyait plus loin que le texte adopté. Sieyès y proclamait la liberté du travail*. Il marquait sa méfiance à l'égard du pouvoir militaire qui « n'est créé, n'existe, ne doit agir que dans l'ordre des relations politiques extérieures »**. Il affirmait que « tout citoyen a droit aux avantages communs qui peuvent naître de la société » (art. XXIV) et aussi que « tout citoyen qui est dans l'impuissance de pourvoir à ses besoins a droit aux secours de ses concitoyens » (art. XXV)***. Il proclamait — et ceci indiquait déjà une évolution de la pensée de Sieyès — que si un peuple a toujours le droit de revoir et de réformer sa Constitution, il est bon « de déterminer des époques fixes où cette

---

* Art. VI : « Tout citoyen est pareillement libre d'employer ses bras, son industrie et ses capitaux ainsi qu'il le juge bon et utile à lui-même. Nul genre de travail ne lui est interdit. »
** Art. XIII du projet de Sieyès.
*** La Déclaration adoptée par l'Assemblée constituante fut un texte inachevé que les circonstances empêchèrent de compléter. Elle eût peut-être, dans sa version complète, comporté, comme le souhaitait Sieyès, l'affirmation du droit à l'assistance qui se retrouvait dans la plupart des projets en compétition.

révision aura lieu, quelle qu'en soit la nécessité » (art. XXXII). Sans doute certaines dispositions du texte de Sieyès parurent-elles trop avancées, d'autres au contraire insuffisamment révolutionnaires *.

Tel est l'abbé Sieyès, compliqué, déconcertant, trop légaliste pour des temps agités, trop novateur pour des juristes à courte vue. La société dont il esquisse les principes peut dérouter ses contemporains : elle est à la fois trop traditionnelle et trop moderne. Le grand promulgateur de la loi de l'avenir, comme il s'est qualifié lui-même, parle mal à son temps. Sieyès ne peut supporter aucune blessure d'amour-propre. Le débat sur les droits de l'Homme peut se poursuivre autour de ses idées, ses principes peuvent inspirer la Déclaration, il est offensé, découragé, il se tait. Cette discussion est devenue insignifiante puisqu'on a écarté son projet.

---

* Ainsi l'art. XIX du projet de Sieyès : « Tout citoyen appelé ou saisi au nom de la loi doit obéir à l'instant. Il se rend coupable par la résistance. » Sieyès théorisait l'ordre légal. Mais il proclamait (art. XXI) que « tout ordre arbitraire ou illégal est nul », et plus audacieusement que « les citoyens contre qui de pareils ordres ont été surpris, ont le droit de repousser la violence par la violence » (art. XXII).

V

UN PRÊTRE ?

Paris n'est pas la seule ville du royaume à s'agiter en cet été 1789. En juillet, les troubles se multiplient à Dijon, à Rouen, à Nantes, à Bordeaux, à Lyon, à Bourges, à Montauban, et dans les villes qui entourent Paris[1]. Les causes ne sont pas partout les mêmes. Ici c'est une émeute de subsistance qui naît de la disette. Là c'est une revendication populaire qui se politise contre les octrois ou les impôts. Ailleurs ce sont les bourgeois de la ville qui se mobilisent, comme s'ils avaient une revanche à prendre sur la centralisation monarchique. Le renvoi de Necker, devenu d'autant plus populaire qu'il a été chassé, les récents événements de Paris ont appelé à l'agitation. Et toute l'évolution des idées du XVIIIᵉ siècle, la longue maturation des Lumières dans les villes de province ont préparé les secousses de l'été 1789. Ce qui caractérise cette « révolution municipale », c'est l'effacement général des autorités légales : « Partout ou presque, observe Michel Vovelle, c'est sans résistance que les intendants se retirent, et l'on doit noter le poids de la défection quasi générale de l'armée »[2]. De nouveaux pouvoirs s'improvisent, des « comités permanents » de bourgeois dépossèdent, en tout ou seulement en partie, les municipalités en place, et mettent sur pied, comme à Paris, les moyens d'un ordre nouveau, des milices bourgeoises, des gardes nationales. Il semble qu'en quelques semaines l'autorité royale se soit évanouie, que la centralisation monarchique ait disparu. La vie municipale retrouve vigueur, mais dans l'incohérence. Et ce mouvement est vite violent. A Troyes, le maire est massacré. A Rouen, à Chartres, des révoltes de la faim sont durement réprimées par la garde bourgeoise qui tue plusieurs mutins ; d'autres sont pendus. La bourgeoisie locale, qui cherche à se substituer aux autorités impuissantes, réprime durement les désordres et les pillages. Elle entend défendre la propriété. Elle tente de préserver les villes de l'anarchie que risque d'entraîner la désagrégation soudaine des pouvoirs en place[3].

Mais voici que monte, dans le même temps, ce que l'on a parfois

appelé[4] une « troisième révolution » succédant à celle de l'Assemblée et
à celle des cités, « une révolution qui parle un autre langage », la
révolution des campagnes. En vérité, le printemps l'avait préparée. La
disette, le chômage croissant avaient accru le monde des misérables, et
l'insécurité des campagnes. Des bandes circulaient, menaçant les
paysans, phénomène ordinaire mais que la crise aggravait. Et le système
féodal, demeuré en place, dressait les paysans exaspérés contre les
seigneurs. La peur des brigands, l'obsession du complot aristocratique
préparaient la « révolte agraire »*. Celle-ci éclate dans la seconde
semaine de juillet. Dans certaines régions, comme en Normandie, en
Franche-Comté, en Alsace, dans la vallée de la Saône, il s'agit d'une
véritable guerre sociale : des paysans armés attaquent les demeures
nobles ou les abbayes, ils brûlent les archives et les titres qui incarnent
les droits seigneuriaux. Parfois ils mettent le feu aux châteaux. Ailleurs,
l'agitation est plus irrationnelle, mais non moins violente. On pille, on
saccage, on détruit. L'annonce des événements de Paris déchaîne les
imaginations. Le récit des secousses réveille toutes les vieilles paniques
villageoises. C'est l'époque de la moisson, la crainte des brigands
dévastateurs est traditionnelle. L'imagination paysanne commence à voir
partout les mercenaires de l'aristocratie. On pressent la venue des
troupes étrangères. On annonce l'arrivée de bandes de brigands qui
s'avancent, détruisant les blés, brûlant les villages. Les paysans s'arment
de faux, de fourches, de fusils de chasse, le tocsin répand l'alarme, de
village en village, la panique s'amplifie, nourrie des vieilles légendes, des
fausses nouvelles, de la misère et de la peur. La « grande peur » qu'a si
bien éclairée Georges Lefebvre, se propage, par les routes, par les
courriers, par la rumeur, véritable « phénomène de dépression nerveuse
et de contagion touchant à la folie »[5]. Aucune machination politique n'aurait sans doute été capable de soulever ainsi le peuple des campagnes**.

* Si les « laboureurs », propriétaires ou fermiers, exploitant une superficie de terres
suffisante — peut-être une vingtaine d'hectares — arrivaient à vivre de leur exploitation,
et parfois à en vendre les produits, en revanche la misère guettait les propriétaires
parcellaires, fermiers, métayers, exploitant de faibles superficies, menacés par les
variations des saisons et des mouvements des prix. La pire situation était celle des salariés
paysans, salariés occasionnels, saisonniers ou permanents, journaliers vivant ou cherchant à vivre de salaires minimes, quêtant des occupations d'appoint, souvent contraints
à la mendicité, au vagabondage, parfois tentés par le brigandage. La misère des salariés
agricoles rendait incertaine, à la veille de la Révolution, la frontière entre le travail, la
mendicité, l'errance, le banditisme. Si l'on considère que la paysannerie représentait en
1789 les deux tiers de la population globale — environ 18 millions de personnes — et que
le salariat agricole ne représentait pas loin des trois cinquièmes de la population
paysanne, on mesure la gravité du problème social que recouvrait la « révolte agraire ».
** Il semble qu'il y ait eu six paniques originelles, en Franche-Comté, en Champagne,
dans le Beauvaisis, dans le Maine, dans la région de Nantes, dans celle de Ruffec (cf. not.
Albert Soboul, *La Révolution française*, p. 158). La plus grande partie de la France fut
atteinte entre le 15 juillet et le 10 août, à l'exception de la Bretagne, de la Lorraine, de
l'Alsace et du Hainaut.

En trois semaines, dans presque toute la France, la « grande peur »[6] a secoué les campagnes, laissant les châteaux pillés, les archives détruites, les paysans debout, armés de fusils, de faux et de bâtons. Ce mouvement ne peut qu'effrayer les députés. C'est qu'il ne menace pas seulement les nobles. La frontière est imprécise entre la propriété féodale et la propriété bourgeoise. Les bourgeois acquéreurs de seigneuries sont frappés eux aussi. A travers les droits seigneuriaux c'est la propriété elle-même, du moins la propriété immobilière, qui semble menacée. Bon gré mal gré, l'Assemblée est contrainte d'attribuer la révolte des campagnes aux entreprises des ennemis de la Nation. Le complot aristocratique et étranger devient, dès cette époque, l'explication ordinaire des épreuves de la Révolution, et très longtemps il jouera ce rôle. Le 10 août, l'Assemblée décrétera que « les ennemis de la Nation, ayant perdu l'espoir d'empêcher, par la violence du despotisme, la régénération publique et l'établissement de la liberté, paraissent avoir conçu le projet criminel de revenir au même but, par la voie du désordre et l'anarchie... ». Mais que faire pour apaiser les campagnes et défendre la propriété ? Rétablir l'ordre par la force ? L'Assemblée ne le peut, et elle ne le veut. Mieux vaut reconnaître le fait accompli, donner aux paysans ce qu'ils réclament, précipiter l'abolition des privilèges seigneuriaux, et tenter d'éteindre l'incendie. Dès le 4 août 1789, l'Assemblée va commencer, sous la pression dramatique de la grande peur, à tirer quelques leçons de l'*Essai sur les privilèges*.

A l'ouverture de la séance du 4 août au soir, Target soumettait à l'Assemblée nationale, au nom du comité de Constitution, une motion très prudente, et qui ne préjugeait pas l'avenir :

> « L'Assemblée nationale, considérant que les troubles et les violences qui affligent différentes provinces répandant l'alarme dans les esprits et portant l'atteinte la plus funeste aux droits sacrés de la propriété et de la sûreté des personnes... déclare que toutes les redevances et prestations accoutumées doivent être payées comme par le passé jusqu'à ce qu'il en ait été autrement ordonné par l'Assemblée. »

Mais les événements l'avaient précédé. Dès le 3 août au soir, une centaine de députés se sont réunis au « Club Breton » qui comptait les principaux membres patriotes de l'Assemblée. Le duc d'Aiguillon, l'un des plus riches seigneurs de France, est venu. Les députés présents décident de mettre fin aux atermoiements de l'Assemblée nationale en proposant les concessions inévitables pour ramener l'ordre dans les campagnes. C'est le duc d'Aiguillon qui reçoit mission de donner le signal, c'est lui qui devra proposer à l'Assemblée le rachat des droits seigneuriaux. On prévoit que l'alliance du Tiers Etat, du bas clergé et de la noblesse libérale assurera le vote. Mais le vicomte de Noailles, qui n'était pas au Club, a vent de la proposition. Il décide d'en prendre l'initiative. C'est lui qui, le premier, à l'Assemblée, demande la parole le 4 août, pour faire entendre la « plainte populaire », celle qu'avaient souvent exprimée les cahiers des Etats Généraux* :

> « Les communautés ont fait des demandes. Ce n'est pas une Constitution qu'elles ont demandée... Qu'ont-elles donc demandé ? Que les droits d'aides fussent supprimés ; qu'il n'y eût plus de subdélégués ; que les droits seigneuriaux fussent allégés ou échangés. Ces communautés voient, depuis plus de trois mois, leurs représentants s'occuper de ce que nous appelons et de ce qui est en effet la chose publique ; mais la chose publique leur paraît être surtout la chose qu'elles désirent, et qu'elles souhaitent ardemment obtenir. »

Et il propose l'abolition des corvées seigneuriales, des servitudes personnelles, et le rachat des droits féodaux. Après lui le duc d'Aiguillon** vient légitimer la violence paysanne :

> « Ce ne sont point seulement des brigands qui, à main armée, veulent s'enrichir au sein des calamités ; dans plusieurs provinces le peuple tout entier forme une espèce de ligue pour détruire les châteaux, pour ravager les terres, et surtout pour s'emparer des chartriers, où les titres des propriétés féodales sont en dépôt. Il cherche à secouer enfin un joug qui depuis tant de siècles pèse sur sa tête ; et il faut l'avouer, messieurs, cette insurrection, quoique coupable, car toute agression violente l'est, peut trouver son excuse dans les vexations dont il est la victime. Les propriétaires des fiefs, des terres seigneuriales, ne sont que bien rarement coupables des excès dont se plaignent leurs vassaux ; mais leurs gens d'affaires sont souvent sans pitié, et le malheureux cultivateur, soumis au reste barbare des lois féodales qui subsistent encore en France, gémit de la contrainte dont il est la victime. Ces droits, on ne peut se le dissimuler, sont une propriété, et toute propriété est sacrée ; mais ils sont onéreux au peuple, et tout le monde convient de la gêne continuelle qu'ils lui imposent. »

Et, dans une motion sans doute élaborée au Club dès la veille, le duc d'Aiguillon propose à son tour non seulement l'abolition pure et simple des corvées et des servitudes personnelles, contraires aux « principes nouveaux » mais le rachat de certains droits féodaux « au denier 30 », c'est-à-dire à un taux d'intérêt modeste de 3,3 pour cent. Les deux discours de ces seigneurs amis du peuple sont accueillis par une ovation générale. « C'était, proclame Michelet, le 4 août à huit heures du soir, heure solennelle où la féodalité, au bout d'un règne de mille ans,

---

* Les revendications avaient été nombreuses et ardentes, dans les cahiers des Etats Généraux contre les droits féodaux, souvent présentés comme honteux, injustes, barbares, vexatoires, entretenant la misère paysanne[7].

** « Un autre noble, écrit Jean Jaurès, un des plus grands capitalistes du XVIIIᵉ siècle, représentant d'une de ces familles d'aristocrates qui, depuis Law, avaient spéculé, accaparé, monopolisé... »[8].

abdique, abjure, se maudit »[9]. En vérité, le projet n'est pas si téméraire. Il ne s'agit que de convertir le droit féodal en argent, et les bénéficiaires des droits pouvaient espérer une évaluation favorable du patrimoine exproprié. Mais la disparition des droits féodaux, même rachetés, avait une valeur symbolique immense. C'était toute la société d'Ancien Régime qui semblait disparaître. L'abandon du principe qui fondait les droits féodaux opérait « toute une magie du renouveau »[10]. Après Noailles et d'Aiguillon, c'est un député de Bretagne, M. Leguen de Kerengal, élu du Tiers, représentant de la sénéchaussée de Lesneven, qui vient faire le long tableau des abus odieux subis par le peuple paysan *. Il rend hommage aux « vertus patriotiques des deux respectables préopinants » qui, quoique « seigneurs distingués », ont eu les premiers le courage « de publier des vérités jusqu'ici ensevelies dans les ténèbres de la féodalité ». Et voici que les nobles libéraux, les curés, plusieurs évêques dont Lubersac, les représentants des villes, se succèdent à la tribune. Tous déclarent renoncer à leurs privilèges, à leurs franchises, à leurs immunités. L'un abandonne le droit de chasse, l'autre le droit de colombier, le duc de Mortemart proclame que la noblesse n'a qu'un seul vœu, celui de « ne pas retarder le grand décret que vous voulez donner », le duc du Châtelet demande que la dîme soit remplacée par une taxe en argent et tout le Clergé se lève pour l'applaudir. La fièvre monte tandis que passe la nuit et que disparaissent les derniers vestiges de la féodalité. A trois heures du matin, le marquis de Lally-Tollendal propose de terminer cette merveilleuse séance par une action de grâce à Louis XVI. « Que l'union du Roi et du peuple couronne l'union de tous les ordres, de toutes les provinces, de tous les citoyens. » L'Assemblée unanime crie : « Vive le Roi! », elle salue dans un enthousiasme indescriptible la restauration de l'unité et de la fraternité nationales. Et le grand décret, que l'Assemblée votera le 11 août, commencera par ces mots solennels : « L'Assemblée nationale détruit entièrement le régime féodal » **. Il s'achèvera par ceux-ci : « L'Assemblée nationale proclame

---

* « Il serait douloureux, écrit Jaurès, que l'âpre voix paysanne n'ait pas retenti en cette minute historique, dans la grande Assemblée bourgeoise, devant ces seigneurs qui venaient étaler je ne sais quel sacrifice équivoque, où il entrait sans doute, même à leur insu, autant de calcul que de générosité »[11].

** En fait cette formule — « imprudence énorme », dira Taine — dissimulait une distinction compliquée : « L'assemblée distingue dans les droits féodaux. — D'une part, elle abolit sans indemnité tous ceux que le seigneur percevait à titre de souverain local, ancien propriétaire des personnes, détenteur des pouvoirs publics, tous ceux que le censitaire payait à titre de serf, mainmortable, ancien vassal ou sujet. D'autre part, elle maintient et déclare rachetables à tel ou tel taux tous ceux que le seigneur perçoit à titre de propriétaire foncier et de bailleur simple, tous ceux que le censitaire paye à titre de contractant libre, d'ancien acheteur, locataire, fermier ou concessionnaire de fonds. — Par cette division, elle croit avoir respecté la propriété légitime en renversant la propriété illégitime, et, dans la créance féodale, séparé l'ivraie du grain »[12].

L'abolition des droits féodaux — vestiges de la propriété « éminente » du noble sur la terre — symbolisait la destruction de la société des ordres. « Aussi bien, écrit Taine,

solennellement le roi Louis XVI restaurateur de la liberté française... »

Mais à l'aube, et dans les jours qui suivent, revenue la lucidité, retombé l'enthousiasme, cette fraternité d'un moment a le temps de se briser. Chacun retrouve, peu à peu, le soin de ses intérêts ou le sens de ses convictions. C'est alors que l'abbé Sieyès sort de son silence pour défier, au nom de ses principes, « ceux qui, dira-t-il, prirent le nom de révolutionnaires pour égarer la Révolution »[14].

Sieyès n'avait pas assisté à la grande séance du 4 août, non plus d'ailleurs que Mirabeau. Les débats sur les divers décrets qui devaient mettre en œuvre les vœux de la mémorable nuit avaient commencé dès le 5 août. Le 6 août, Sieyès était intervenu. Il avait modestement défendu, dans le débat sur le droit de chasse, un projet qui traduisait clairement sa conception absolutiste du droit de propriété. « Tout propriétaire aura le droit de tuer les pigeons sur ses terres. » L'intervention de l'abbé n'avait pas convaincu l'Assemblée, où de nombreux députés souhaitaient préserver les colombiers dont le droit n'était pas toujours un privilège nobiliaire *. Un texte plus ambigu de Rabaut Saint-Etienne, ménageant le plaisir des chasseurs, lui avait été préféré[15]. Voici que le 10 août vient la discussion sur le rachat des « dîmes ecclésiastiques » prévu au catalogue des propositions arrêtées le 4 août. Cette dîme rapportait au Clergé à la veille de la Révolution près de 120 millions de livres — presque autant que ses propriétés foncières **. Elle était due, en nature dans le principe, par toutes les terres du royaume, et perçue, dans chaque paroisse, par le curé. Avant que Sieyès n'intervienne, plusieurs juristes, dont Duport, entraînés par Mirabeau, s'étaient dressés contre tout rachat de la dîme par l'Etat. Ils alléguaient que la dîme n'était pas un véritable « droit foncier » qui pouvait être racheté. Ce n'était rien qu'un impôt perçu au profit du clergé : il devait donc être supprimé sans

quels que soient les grands noms liberté, égalité, fraternité, dont la Révolution se décore, elle est par essence *une translation de la propriété*. En cela consiste son support intime, sa force permanente, son moteur premier et son sens historique »[13].

* L'arrêté suivant fut adopté à une large majorité : « Le droit exclusif de fuies et de colombiers sera aboli ; les pigeons seront renfermés aux époques fixées par les communautés, et durant ce temps ils seront regardés comme gibier. Tout le monde aura le droit de les tuer. »

** En principe la dîme — impôt du dixième — était universelle et pesait sur les propriétés de tous, des nobles, des roturiers, des clercs, du Roi lui-même. En fait les dîmes étaient très diverses : dîmes personnelles perçues sur les salaires, dîmes prélevées sur les élevages, dîmes de charnage, dîmes « grosses » pour les principales productions, dîmes « novales » pour les terres nouvellement cultivées. Le taux variait selon les régions, et s'établissait en moyenne au treizième. Normalement perçue par les curés, pour assurer leur vie et leurs charités, la dîme était souvent usurpée par ceux qu'on appelait les gros « décimateurs » et qui ne laissaient aux curés que la « portion congrue ». Les curés réduits à la « portion congrue » menaient souvent une vie difficile. Plus difficile était encore la vie de certains vicaires qui ne pouvaient espérer une cure, vivaient souvent d'une congrue réduite à 300 livres, ou moins, et constituaient ce que l'on a pu appeler un véritable prolétariat ecclésiastique[16].

rachat. L'Eglise allait-elle être la grande victime, sinon la seule, de la destruction du système féodal ?

C'est alors que Sieyès, rompant un long silence, vient à la tribune. Il prévient qu'il parle au nom du droit et de la justice, et il entame un long discours qui déconcerte l'Assemblée. Car ce qu'il dit n'est pas ce qu'on attend de lui. « Je connais, commence-t-il, aussi bien qu'un autre tous les inconvénients de la dîme, et j'aurais pu à cet égard enchérir sur tout ce qui a été dit. Oui la dîme a les inconvénients d'un impôt. Mais elle n'en est pas un. » Comment s'est-elle établie ?

> « Elle a été d'abord un don libre et volontaire de la part de quelques propriétaires. Peu à peu l'ascendant des idées religieuses l'a étendue presque partout ; elle a fini par être une véritable cession, surtout par ceux qui transmettaient leurs biens ; les héritiers ou les donataires les acqué-raient à cette condition, et ils n'entraient dans le commerce que chargés de cette redevance. Ainsi il faut regarder la dîme comme une charge ou une redevance imposée à la terre, non par la Nation, comme on le prétend, sans aucune espèce de preuves, mais par le propriétaire lui-même, libre assurément de donner son bien à telles conditions qu'il lui plaisait. »

Sieyès pressent ce que plusieurs pensent et n'osent dire, qu'il n'est qu'un prêtre, qu'il soutient les intérêts du Clergé, sinon les siens. « Je ne sais, messieurs, si quelques personnes trouveront que les observations que j'ai à vous présenter seraient mieux placées dans toute autre bouche que la mienne ; une plus haute considération me frappe : c'est que tout membre de l'Assemblée lui doit son opinion quand elle est juste, et qu'il la croit utile. Je dirai donc mon avis. » Et il poursuit impassiblement★.

La suppression de la dîme ? Ce ne serait qu'une spoliation. A qui profiterait-elle ? Non aux fermiers que l'Assemblée veut protéger, mais aux grands propriétaires. « Je cherche ce qu'on fait pour le peuple dans cette grande opération, et je ne le trouve pas. Mais j'y vois parfaitement l'avantage des riches... Toute diminution d'impôt ou de charge foncière retourne au propriétaire. » Les propriétaires ont acquis la terre à charge de payer la dîme, à raison de la dîme ils ont payé moins cher, la suppression de la dîme ne ferait donc que les enrichir injustement. « Si la dîme ecclésiastique est supprimée sans indemnité, ainsi qu'on vous le propose, que s'ensuit-il ? Que la dîme restera entre les mains de celui qui la devait, au lieu d'aller à celui à qui elle est due. Prenez garde, messieurs, que l'avarice ne se masque sous l'apparence du zèle... Ne s'agit-il que de frapper le Clergé ? Pas au prix d'une injustice. Ne faisons pas dire à la France, à l'Europe, que le bien même nous le faisons mal. »

★ Ce jour-là, « Sieyès fit un discours auquel je ne vois rien à répondre », constate Tocqueville[17].

Et Sieyès prononce cette phrase terrible que, semble-t-il, il improvisa :
« Ils veulent être libres et ils ne savent pas être justes ! »*.

L'Assemblée resta stupéfaite. L'oracle de la Révolution l'avait traitée,
comme jamais nul député, avant lui, n'avait osé le faire. Et ce qu'il avait
dit, glaçant l'enthousiasme, était le contraire de ce que l'Assemblée
rêvait d'entendre. Sieyès ne pouvait rien arrêter. Il le savait. Un
irrésistible élan portait à la suppression de la dîme, sans rachat. Passée la
surprise de son discours, des curés, des évêques, l'archevêque de Paris
lui-même, le cardinal de La Rochefoucauld, viennent à la tribune offrir à
la Nation le sacrifice de la dîme, comme le 4 août la Noblesse avait
sacrifié les droits féodaux. Une large partie de la Noblesse s'y dit
favorable, elle espère bien que les sacrifices imposés au Clergé restrein-
dront ceux que supporteront les nobles. Et l'Assemblée, vite convaincue
par tant de générosité, décide de supprimer sans indemnités les dîmes
ecclésiastiques « sauf à aviser aux moyens de subvenir d'une autre
manière à la dépense du culte divin, à l'entretien des ministres des autels,
au soulagement des pauvres... »**. Sieyès était battu. Peu s'en fallut qu'il
ne fût hué et sifflé [19]. « Mon cher abbé, lui dit gentiment Mirabeau qui
avait désapprouvé son intervention, vous avez déchaîné le taureau et
vous vous plaignez qu'il frappe de la corne. » Les justes paroles de
Sieyès, constatera sa *Notice*, « étaient tombées dans l'oreille de la
passion. La haine, l'esprit de faction, les recueillirent avidement ».
Sieyès n'avait parlé, diront les uns, que pour défendre les intérêts du
Clergé dont il était resté solidaire. D'autres l'accuseront de s'être abaissé
à défendre ses propres bénéfices. En cette occasion comme en toutes, il
n'aurait pensé qu'à protéger son patrimoine. La calomnie ne cessera pas
de s'alimenter de ce fameux discours.

Dans l'immédiat, il est probable que le crédit politique de Sieyès fût
gravement atteint. « Jusqu'alors, observe Bastid, la pensée de Sieyès
avait coïncidé avec le développement de la Révolution » [20]. Et voici que
se marquait, sinon encore une séparation, comme le pense Bastid, entre
l'Assemblée et lui, du moins une distance. Et cette distance, Sieyès
l'avait placée au cœur même de l'idéologie nouvelle, défendant, ou
paraissant défendre l'Eglise catholique.

Sieyès s'entêtera. Il défendra, dans une vigoureuse brochure publiée
deux jours après le débat sur la dîme***, l'ensemble des propriétés du

---

* Sieyès fit paraître en brochure, dès le 12 août, son discours, mettant en épigraphe
cette phrase déjà fameuse [18].
** Sieyès avait lui-même proposé que la dîme fût rachetée, sans spoliation, et que le
prix du rachat soit affecté à l'entretien du service ecclésiastique, service public.
*** *Observations sommaires sur les biens ecclésiastiques*, du 10 août 1789. Ce texte publié à
la suite du discours sur la dîme, le 12 août, semble avoir été écrit postérieurement et
Sieyès y exprime en termes généraux des thèses qu'il regrettait de n'avoir pu formuler
dans son discours du 10 août [21]. On y lit : « Tant que le corps du Clergé ne sera point
supprimé, il est seul propriétaire de ses biens : or, vous ne pouvez ravir la propriété ni

Clergé. Il était trop lucide pour ne pas voir que l'on marchait vers leur confiscation, afin de combler le déficit de l'Etat et surtout de créer un clergé salarié, donc dépendant. Sieyès sera à nouveau défait dans ce combat, en vérité perdu dès le 11 août, et qui s'achèvera le 2 novembre, quand l'Assemblée décrétera que tous les biens ecclésiastiques seront placés à la disposition de la Nation. Quand sera votée, le 12 juillet 1790, la constitution civile du Clergé*, signifiant la rupture décisive de la Révolution et de l'Eglise catholique, créant le grand clivage entre Révolution et contre-révolution, Sieyès se taira. Il votera en silence la constitution civile. Il sait qu'il est désormais soupçonné de défendre systématiquement le Clergé : « Je ne réponds, avait-il écrit en tête de ses *Observations sommaires sur les biens ecclésiastiques*, ni à la haine ni à l'envie, ni aux plaisanteries de mauvais ton qui tombent sur le Clergé comme sur une victime dévouée. Il est encore des hommes justes, même parmi ceux qui peuvent si aisément abuser de leur force. C'est à eux que je m'adresse. » Sieyès sait qu'il a perdu ce combat. Et sans doute pressent-il le prix que la Révolution paiera sa rupture, puis sa guerre, avec l'Eglise catholique.

Le discrédit de Sieyès — ainsi coupable d'avoir soutenu le rachat des dîmes — durera bien plus que lui. De nombreux historiens en prendront le relais. « Sieyès était prêtre, rappellera Michelet**, il défendit le clergé »[23]. « Il est difficile de croire, écrira Georges Lefebvre, qu'en combattant la suppression de la dîme sans indemnité il n'ait pas songé aux revenus des bénéfices dont il était titulaire »[24]. Quelques-uns ont cherché une explication moins personnelle du comportement de Sieyès : il n'aurait été en cette circonstance, comme en toute, que le défenseur des droits inviolables de la propriété. « Il avait vu, écrit Jaurès, l'engrenage d'expropriation où entrait l'Assemblée, voilà pourquoi il résistait dès l'origine »[25]. C'est l'interprétation que donne Roberto Zapperi du discours sur la dîme[26]. La cohérence doctrinale de l'abbé y serait évidente : aucune considération d'utilité générale ne pouvait autoriser la violation de la propriété, droit absolu, fondement de l'ordre

---

des corps, ni des individus. Vous avez beau faire déclarer à l'Assemblée nationale, que les biens *dits* ecclésiastiques appartiennent à la Nation : je ne sais ce que c'est que de déclarer un fait qui n'est pas vrai... Les gens à préjugés m'ont blâmé d'attaquer les privilégiés : aujourd'hui ils me blâment de défendre la propriété. Ainsi, tout homme qui se tient avec fermeté sur la ligne des principes, est sûr de déplaire à ceux qui s'en écartent, soit d'un côté, soit de l'autre. Je ne doute pas le moins du monde que ceux qui poursuivent avec tant d'acharnement le Clergé du XVIIIe siècle, n'eussent été les premiers à flatter superstitieusement celui du XIIe : le même principe les guide ; ils servent le préjugé régnant. »
* Sieyès projeta, après son échec sur la dîme et dans le cours de l'année 1790, la rédaction d'un ouvrage intitulé *Qu'est-ce que le clergé ?* Il assembla ses notes (A.N. 284 AP 4, dossier 9) mais renonça à son projet.
** Il s'est indigné « en jurisconsulte et en prêtre », affirmera de même Lamartine[22]

social. Ainsi Sieyès aurait déserté le combat contre les privilèges, soit pour servir les intérêts de l'Eglise, soit pour protéger la propriété, droit fondamental de l'homme, ou dans l'un et l'autre dessein.

Faut-il donc refuser à Sieyès le crédit de l'explication qu'il a lui-même donnée, à savoir qu'il refusait l'iniquité d'une spoliation dont il prévoyait les sinistres effets ? « Je me contenterai de répéter avec les gens sages, a-t-il dit, qu'il est bien aisé aux Français de commettre les plus grandes injustices, dès qu'ils se mettent à sentir au lieu de penser et à décider les questions avant de les avoir apprises. » On ne peut non plus mépriser le courage que révèle le discours sur la dîme, défiant l'enthousiasme ambiant*. Sieyès était trop lucide pour ne pas peser les risques qu'il assumait, quand il parlait soudain à contre-courant du mouvement qu'il incarnait. Le discours sur la dîme révèle, une nouvelle fois, sa fermeté et son audace. Parce qu'il désapprouve un acte irrationnel, contraire aux finalités de *sa* Révolution, Sieyès accepte d'entacher sa légitimité révolutionnaire. Ni son temps ni l'histoire — en tout cas une certaine histoire — de la Révolution, ne le lui pardonneront.

---

* « Il défendit les prêtres, écrira Benjamin Constant, avec un courage qu'il ne montra plus depuis. » Mais Constant corrigera ou feindra de corriger : c'est que Sieyès était prêtre « par caractère autant que par état »[27].

VI

MES AMIS, J'IRAI À PARIS...

Le débat sur le projet du comité de Constitution présenté par Mounier, commença le 28 août. Il n'y avait pas, entre les théoriciens qui s'affrontèrent, de vraie divergence sur les principes fondamentaux qui avaient fait la Révolution, ceux dont Sieyès avait dégagé la théorie, et qui avaient été mis en œuvre le 17 juin. La souveraineté appartient à la « Nation », entité substituée à la monarchie, qui ne se confond ni avec le peuple ni avec l'Etat ; cette souveraineté nationale ne peut être accaparée par personne, et elle s'exprime par la représentation nationale qui en découle directement [1]. Mais il n'y avait personne non plus pour contester que la France fût, et dût demeurer une monarchie. « Il est impossible de penser, proclamait Rabaut Saint-Etienne le 1er septembre, que personne dans l'Assemblée ait conçu le ridicule projet de convertir le royaume en république. Personne n'ignore que le gouvernement républicain est à peine convenable à un petit Etat, et l'expérience nous a appris que toute république finit par être soumise à l'aristocratisme ou au despotisme... » Sieyès ne pensait pas autre chose : « Ayons un prince, a-t-il plusieurs fois répété dans ses notes manuscrites, pour nous sauver du péril d'avoir un maître... » [2]. Le premier rapport présenté par Mounier dès le 19 juillet avait rappelé que la France avait un roi depuis quatorze siècles et que le sceptre n'avait « pas été créé par la force mais par la volonté de la nation. » « Le gouvernement français est monarchique, proclamait l'article 1er du projet du comité de Constitution ; il est essentiellement dirigé par la loi, il n'y a point d'autorité supérieure à la loi... » Ainsi le débat qui s'engageait portait, non pas sur le principe monarchique, mais sur l'organisation de la nouvelle monarchie, et plus précisément sur ces deux problèmes : fallait-il instituer, à l'exemple anglais, deux chambres, une Assemblée et une Chambre Haute, et fallait-il que le Roi disposât d'un droit de veto pour interdire l'exécution des lois ?

Le problème du veto du Roi semblait le plus urgent. Car, si la Déclaration des droits de l'homme pouvait, peut-être, se passer de la sanction royale, en tant qu' « acte constitutionnel », les « arrêtés » qui avaient suivi la nuit du 4 août étaient des lois ordinaires. Il fallait donc décider si le Roi devait, ou non, leur donner sa sanction, et s'il pouvait les interdire. Or Louis XVI semblait disposé à résister, et à empêcher l'application des textes qui prétendaient détruire la société des ordres. Dès le 5 août il avait écrit à l'archevêque d'Arles : « Je ne consentirai jamais à dépouiller mon clergé, ma noblesse... Je ne donnerai pas ma sanction à des décrets qui les dépouilleraient, c'est alors que le peuple français pourrait m'accuser d'injustice et de faiblesse... »[3]. Dans l'Assemblée, où beaucoup pensaient que la Révolution allait trop loin, ou trop vite, un fort parti se dessinait en faveur du veto « absolu » du monarque *. Ce parti comptait non seulement les partisans de l'Ancien Régime, mais aussi de nombreux modérés, tels Mounier, Lally-Tollendal, Clermont-Tonnerre, Mirabeau lui-même, ceux que l'on appellera les « monarchiens » et qui voyaient dans le veto royal, comme d'ailleurs dans l'organisation d'une seconde chambre, les moyens raisonnables d'arrêter la Révolution. Ils avaient l'appui de Necker.

Le rapport, lu par Lally-Tollendal, au nom du comité de Constitution, se prononçait en faveur du veto absolu : « Si la sanction n'existe pas, si le Roi n'a pas de veto illimité... alors il n'y a pas de moyen de sauver la prérogative royale ; il n'y a pas d'obstacle insurmontable aux entreprises de la puissance législative sur la puissance exécutrice, à l'invasion, à la confusion des pouvoirs, par conséquent au renversement de la Constitution et à l'oppression du peuple. » Mirabeau avait déjà fait connaître sa position : « Je crois le veto du Roi tellement nécessaire que j'aimerais mieux vivre à Constantinople qu'en France s'il ne l'avait pas. » Le 1er septembre, il intervient dans un long discours, pour soutenir vigoureusement le projet du comité. Il explique les raisons du veto royal, d'un veto sans restriction, seulement limité, de fait, par la sagesse du Roi et la puissance du peuple :

> « N'armons donc pas le Roi contre le pouvoir législatif, en lui faisant entrevoir un instant quelconque où l'on se passerait de sa volonté, et où par conséquent il n'en serait que l'exécuteur aveugle et forcé. Sachons voir que la Nation trouvera plus de sûreté et de tranquillité dans des lois expressément consenties par son chef, que dans des résolutions où il n'aurait aucune part, et qui contrasteraient avec la puissance dont il faudrait, en tout état de cause, le revêtir. Sachons que, dès que nous avons placé la couronne dans une famille désignée, que nous en avons fait le patrimoine de ses aînés, il est imprudent de les alarmer en les assujettis-

---

* Le veto « absolu » émis par le Roi devait priver définitivement la loi d'efficacité, et même d'existence, tandis que le veto « suspensif » devait en retarder la promulgation et l'exécution. Au plan théorique la différence semblait immense. Le veto absolu ne conservait-il pas une part irréductible de souveraineté monarchique, concurrente de la souveraineté nationale ?

sant à un pouvoir législatif dont la force reste entre leurs mains, et où cependant leur opinion serait méprisée : ce mépris revient enfin à la personne, et le dépositaire de toutes les forces de l'empire français ne peut pas être méprisé sans les plus grands dangers. »

Le Roi de France, ajoute Mirabeau, est « le représentant perpétuel du peuple ». Les députés en sont les représentants élus « à certaines époques ». Ainsi le Roi appuyé sur son peuple et armé du veto pourra empêcher la constitution d'une nouvelle aristocratie, aussi néfaste que la précédente, toute-puissante, opposée au Roi et au peuple... *.

Dans les jours qui suivent l'intervention de Mirabeau, la discussion s'enlise. Pétion, l'abbé Grégoire, l'abbé Maury, le comte d'Antraigues, Mounier, chacun propose sa solution. Et tous les problèmes semblent mêlés : le veto royal, l'institution d'une ou de deux chambres, la permanence du corps législatif, la responsabilité des ministres. Quand Sieyès prend à son tour la parole **, le 7 septembre, Paris a recommencé de s'agiter. Les élections municipales se sont déroulées le 25 juillet et le 1er août : 60 districts ont élu les 180 représentants de la « Commune » de Paris, pour la plupart des bourgeois parisiens tels Lavoisier, Jussieu, Brissot, des patriotes comme Condorcet. Beaucoup de talents rêvent de se faire connaître, les journaux prolifèrent, l'ancien médecin Marat a fondé *L'Ami du Peuple* pour soutenir les miséreux, au Palais-Royal Camille Desmoulins ne cesse de prendre la parole et d'agiter ses auditoires, appelant à la vigilance contre la Cour...

A l'Assemblée les tribunes sont pleines pour écouter l'abbé Sieyès ***. Il semble que de fortes pressions aient été exercées sur lui pour qu'il rejoigne le camp des modérés et sans doute Mirabeau a-t-il tenté de le persuader. Mais Sieyès est intraitable. Il entend rappeler les principes qui fondent le droit public nouveau : seule la Nation est souveraine. La Nation n'a ni ordres, ni classes, ni groupes. La souveraineté ne se divise ni ne se transmet. Le Roi n'est pas, n'est plus souverain, il n'est qu'un organe de la Nation, un organe de la Nation comme les autres.

---

* « Nous saisissons bien aujourd'hui, assure Aulard, la politique de Mirabeau : le roi s'appuyant sur le peuple contre la nouvelle classe privilégiée, la bourgeoisie, comme il s'était jadis appuyé sur le peuple contre l'ancienne classe privilégiée, la noblesse »[4].

** Son intervention a été publiée sous le titre *Dire de l'abbé Sieyès sur la question du veto royal à la séance du 7 septembre 1789*[5].

*** Cf. l'analyse du débat par Colette Clavreul, « L'influence de la théorie d'Emmanuel Sieyès sur les origines de la représentation en droit public », thèse de doctorat, Paris I, 1982, t. II, p. 499. Bastid estime que Mirabeau, dans ce débat, n'est pas comme Sieyès un doctrinaire. « C'est un homme d'Etat que l'opportunité inspire » et qui veut affirmer le pouvoir du roi. Mais Mirabeau n'est peut-être pas si éloigné de Sieyès qu'il peut sembler dans ce débat. Car s'il souhaite faire accepter le veto royal en matière législative, il le repousse, semble-t-il, en matière constitutionnelle. Mirabeau semble admettre, comme Sieyès, la distinction du pouvoir constituant, qui appartient à la Nation seule, et des pouvoirs constitués parmi lesquels le Roi, pour Mirabeau, doit occuper la place majeure.

« Je définis la loi, la volonté des gouvernés ; donc les gouvernants ne doivent avoir aucune part à sa formation... On peut considérer le Roi comme citoyen, comme Roi, et comme chef du pouvoir exécutif ; comme citoyen, il ne peut y influer que comme un autre citoyen, par sa volonté individuelle ; comme Roi, il peut présider à toutes les assemblées graduelles et prononcer la loi faite par la Nation ou ses représentants ; comme chef du pouvoir exécutif, il n'est que mandataire, et ses fonctions se bornent à faire exécuter la loi qui lui est confiée. »

Sieyès saisit l'occasion de rappeler les principes qui fondent pour lui la nouvelle organisation sociale de la société : et le discours qu'il lit à la tribune restera sans doute, dans l'histoire française, le premier exposé systématique des règles d'un gouvernement représentatif :

« Il faut convenir que le système de représentation, et les droits que vous voulez y attacher dans tous ses degrés, doivent être déterminés avant de rien statuer sur la *division* du Corps législatif et sur l'*appel au peuple* de vos décisions. »

Sieyès explique d'abord quel est le fondement du système représentatif : c'est la division du travail qui est, qui sera sans cesse davantage, la loi des sociétés modernes :

« Les peuples européens modernes ressemblent bien peu aux peuples anciens. Il ne s'agit parmi nous que de commerce, d'agriculture, de fabriques, etc., le désir de richesses semble ne faire de tous les Etats d'Europe que de vastes ateliers... Ainsi les systèmes politiques, aujourd'hui, sont exclusivement fondés sur le travail... »

Comment, dans ces sociétés nouvelles, les citoyens peuvent-ils exercer la souveraineté nationale ? Ils ne le peuvent plus par la démocratie directe : « Il est évident que cinq à six millions de citoyens actifs répartis sur plus de 25 000 lieues carrées ne peuvent point s'assembler. » Le « concours immédat » qui caractérisait les démocraties directes est désormais impossible et il serait absurde. Il n'y a d'autre voie ouverte aux nations modernes que le « concours médiat », c'est-à-dire le gouvernement représentatif. Et la division du travail y conduit inéluctablement ·

« Sans aliéner leurs droits [les citoyens] en commettent l'exercice. C'est pour l'utilité commune qu'ils se nomment des représentants, bien plus capables qu'eux-mêmes de connaître l'intérêt général, et d'interpréter à cet égard leur propre volonté. »

« Le choix, assure Sieyès, n'est pas douteux parmi nous. » La France qui est, et doit être un seul TOUT, ne peut aspirer, parce qu'elle est une Nation moderne, « qu'à une législature par représentation ». D'où

Sieyès déduit cette conséquence pour lui inéluctable : « Le peuple ou la Nation ne peut avoir qu'une voix, celle de la législation nationale... le peuple ne peut parler, ne peut agir que par ses représentants. »

Posés les principes, la question du veto royal semble à Sieyès résolu. Le Roi peut être le premier citoyen, il peut présider, mais « nulle part son suffrage ne peut en valoir plus ». On peut en faire « le dépositaire de toutes les branches du pouvoir exécutif », mais rien dans son autorité, « quelque étendue, quelque immense qu'elle soit » ne peut entrer comme partie intégrante dans la formation de la loi. « Ce serait oublier que les volontés individuelles peuvent seules entrer comme éléments dans la volonté générale »[6].

Ainsi Sieyès conteste, au plan théorique, la possibilité d'un veto quelconque du Roi, d'un veto absolu comme d'un veto suspensif. Le veto serait dans son principe un acte arbitraire contredisant la souveraineté de la Nation :

> « Le droit d'empêcher n'est pas, suivant moi, différent du droit de faire... Persistera-t-on à dire qu'empêcher n'est point faire ? Je ne sais ; mais, dans cette Assemblée même, ce n'est pas autre chose que fait la majorité, à qui pourtant vous ne refusez pas le droit de *faire*. Lorsqu'une motion est soutenue seulement par la minorité, la majorité exprime le vœu national en la refusant ; elle exerce son pouvoir législatif sans limites *. En cela, il est permis de le demander : que fait-elle de plus qu'un acte dont on veut attribuer l'exercice au pouvoir exécutif ? Je dis que le droit d'empêcher que l'on veut accorder au pouvoir exécutif, est bien plus puissant encore ; car enfin, la majorité du corps législatif n'arrête que la minorité, au lieu que le ministère arrêterait la majorité elle-même, c'est-à-dire le vœu national, que rien ne doit arrêter. Je suis tellement frappé de cette différence, que le *veto* suspensif ou absolu, peu importe, ne me paraît plus qu'un ordre arbitraire ; je ne puis le voir que comme une lettre de cachet lancée contre la volonté nationale, contre la Nation entière. »

Puis, passant du droit de veto à la question de l'organisation législative, Sieyès répète ce qu'il a dit autrefois dans sa fameuse brochure : « L'Assemblée doit être une et nul ne peut scinder la représentation nationale. » Il explique pourquoi il écarte l'exemple tant invoqué des Etats-Unis d'Amérique. « La France ne doit point être un assemblage de petites nations qui se gouverneraient séparément en démocraties ; elle n'est point une collection d'Etats ; elle est un tout unique, composé de parties intégrantes. » Que serait cette seconde assemblée, que l'on propose, selon l'exemple anglais ? « Il réveillerait le germe destructeur de l'aristocratie qui doit pour jamais être anéanti. »

Mais Sieyès est inquiet. Paris s'est agité, les 30 et 31 août, au Palais-

---

* Selon Zapperi, Sieyès considère « cette identité entre la volonté générale et celle de la majorité comme un donné irréversible... ». D'où Zapperi déduit que la minorité n'a aucune place dans la conception idéologique de Sieyès[7].

Royal, stigmatisant le Roi et la Reine, que l'on appelle déjà M. et Mme Veto, et leurs partisans. Il s'en est fallu de peu qu'une marche fût organisée de Paris à Versailles, pour faire pression sur l'Assemblée. D'autre part, Sieyès voit monter de partout le danger de municipalités qui s'établissent, ici et là, et s'organisent anarchiquement, menaçant l'unité nationale. « J'aurai du moins acquitté ce que je crois de mon devoir, en prévenant sur le danger qui menace la France, si on laisse les municipalités s'organiser en républiques complètes et indépendantes. » Achevant son discours il demande que soit désigné un comité de trois personnes « pour présenter le plus tôt possible à l'Assemblée un *plan de municipalités et de provinces,* tel qu'on puisse espérer ne pas voir le royaume se déchirer en une multitude de petits Etats sous forme républicaine, et qu'au contraire la France puisse former *un seul tout* soumis uniformément, dans toutes ses parties, à une législation et à une administration communes ».

Ainsi le refus du veto, la chambre unique, l'organisation administrative se rejoignent pour Sieyès : il s'agit d'assurer l'unité et la souveraineté de la Nation, que menace l'arbitraire royal comme la multiplicité des pouvoirs locaux. Sieyès est écouté. Est-il entendu ? Son crédit a été fortement entamé par son discours sur la dîme. L'étrange abbé, qui semble barrer tantôt dans un sens tantôt dans l'autre, surprend, intéresse, mais il ne force pas la conviction*. Le jeune député d'Arras, Maximilien de Robespierre intervient vigoureusement pour appuyer l'illustre Sieyès : « Celui qui dit qu'un homme a le droit de s'opposer à la loi dit que la volonté d'un homme est au-dessus de la volonté de tous, il dit que la Nation n'est rien et qu'un seul homme est tout »[9]. Mais l'Assemblée n'entend pas ce discours qui lui semble excessif.

Le 9 septembre, les députés adoptent le principe de la permanence de l'Assemblée, qu'avait soutenu Sieyès, et le 10 septembre, désavouant le comité de Constitution, ils se prononcent en faveur de la chambre unique**. Sieyès va-t-il l'emporter ? Le 11 septembre, l'Assemblée se décide, sur le veto, pour une solution de compromis, suggérée par Barnave. Le principe du veto est adopté à une grande majorité, mais, par 673 voix contre 235, l'Assemblée décide que le veto du roi sera seulement « suspensif » de l'exécution des lois***. Pour Mounier, partisan convaincu des deux chambres et du veto absolu, c'était l'échec : Mounier, suivi par Lally-Tollendal et Clermont-Tonnerre, en tirera les

---

* « L'abbé Sieyès, assure Lamartine, qui voulait reconquérir une faveur publique à moitié perdue par sa défense de la dîme ecclésiastique, soutint les doctrines républicaines dans un discours aride et froid qui portait tout entier sur un sophisme... »[8].

** Le projet de Mounier sur les deux chambres fut écarté à une écrasante majorité (849 voix contre 89).

*** Les effets du veto royal cesseront « lorsque les deux législatures qui suivront celle qui aura présenté le décret auront successivement représenté le même décret dans les mêmes termes ». Chaque législature devait durer deux ans.

conséquences en se retirant, dès le 12 septembre, du comité de Constitution. Pour Sieyès ce n'est pas un succès. Sans doute le veto suspensif ne changeait-il rien, dans le principe, à la nature de la Constitution. Il n'y avait d'autre souveraineté que celle de la Nation, et le Roi n'exerçait qu'un pouvoir second, limité, qu'il tenait de la Nation. Mais Sieyès s'était battu contre tout veto, fût-il suspensif, et une nouvelle fois l'Assemblée ne l'avait pas entendu. Avait-il au moins reconquis, par l'intransigeance de sa position sur le veto, une part de l'autorité qu'il avait perdue dans le débat sur la dîme ? Fut-il satisfait de se retrouver du côté des intransigeants contre les modérés ? Pour les patriotes parisiens — qui n'avaient cessé de s'agiter, de manifester pendant tout le débat, répétant que le projet de veto absolu était soutenu par un complot d'aristocrates —, l'adoption de ce veto, même suspensif, ce compromis trop habile, était bien une défaite.

Il restait à obtenir du Roi sa sanction aux arrêtés du 4 août. Or Louis XVI persistait dans son silence : il n'approuvait ni ne désapprouvait. On tente de parlementer. Barnave fait avertir Necker, par l'intermédiaire de sa fille, la baronne de Staël, que le Roi serait bien avisé de ne pas user de son veto suspensif « relativement aux arrêtés de l'Assemblée actuelle mais seulement sur les lois proposées par l'Assemblée suivante » [10]. Le Roi se tait. Mirabeau et Barnave soutiennent à la tribune de l'Assemblée que les textes issus de la nuit du 4 août sont en réalité des « actes constitutionnels » et qu'ils peuvent, à ce titre, se passer de la sanction royale. Ainsi pourrait-on, si le Roi s'y prêtait, éluder la difficulté. Mais le vote de la Constitution — qui sera achevée le 2 octobre — étendra l'ampleur du débat. Le Roi pourrait-il refuser son consentement à la Constitution ?

Selon sa pratique Louis XVI commence par hésiter. Il se livre à une étude minutieuse des décrets, et tergiverse pour gagner du temps. Mais le 14 septembre, il appelle à Versailles le régiment de Flandre, caserné à Douai. Il rassure l'Assemblée en prétextant que l'ordre risque d'être menacé par les émeutes à Paris. Puis le 18 septembre, alors que le régiment est en marche, il fait soudain connaître à l'Assemblée qu'il ne refuse pas globalement sa sanction aux arrêtés du 4 août : « L'abolition des droits seigneuriaux qui dégradent l'homme est juste », dit-il. Mais il formule de nombreuses réserves sur l'abolition des redevances personnelles « qui sans porter aucun sceau d'humiliation sont utiles pour les propriétaires de terres ». « Ne serait-ce pas aller bien loin que de les abolir sans indemnité ? » Quant aux redevances converties en prestations pécuniaires, « véritables propriétés qui depuis des siècles se sont vendues et achetées de bonne foi », il invite l'Assemblée à réfléchir pour décider « si l'extinction du cens et des droits de lods et ventes convient véritablement au bien de l'Etat ». Ainsi le Roi n'accepte pas les arrêtés, mais il ne dit pas non plus qu'il les refuse. Le 19 septembre, l'Assemblée mécontente charge son président « d'aller sur-le-champ par-devers le Roi pour le supplier d'ordonner incessamment la promulgation » des arrêtés dont « les imaginations étaient déjà en jouissance ». Le Roi continue de biaiser. Il imagine d'ordonner la publication des arrêtés — qui devront donc être imprimés — mais non encore leur promulgation, qui seule les rendrait exécutoires. La distinction est trop habile, elle ne permet guère que de gagner du temps. Pendant ce temps les esprits s'échauffent. On soupçonne un vaste complot aristocratique, on parle beaucoup de la fuite éventuelle du Roi. La crise économique amplifie la crise politique. Le prix du pain n'a pas baissé, le chômage s'étend, aggravé par le départ en masse des étrangers et des aristocrates — on a délivré deux cent mille passeports entre le 14 juillet et le 10 septembre 1789. L'artisanat de luxe, notamment l'artisanat parisien, est paralysé, et les domestiques congédiés grossissent l'armée des misérables [11]. Les garçons tailleurs et les garçons perruquiers se sont attroupés le 18 août, les garçons bouchers le 27 septembre. *L'Ami du Peuple,* le journal de Marat, que s'arrachent les patriotes, vocifère, il promet de bientôt secouer « les chaînes de l'esclavage ». « Ce parti (les monarchiens) n'a en vue que de ménager un parti formidable, le clergé, les tribunaux, les négociants, les financiers, la foule des prédateurs qu'il achète à sa cause avec les deniers de l'Etat... Défions-nous, on nous leurre, on nous endort ! » Le jeune Camille Desmoulins diffuse des textes véhéments, en juillet, sa *France libre,* en septembre son *Discours de la lanterne aux Parisiens,* où il prétend dévoiler les trames des aristocrates. Elysée Loustallot, ancien avocat à Bordeaux, rédacteur de l'hebdomadaire *Les Révolutions de Paris,* dénombre et dénonce chaque semaine, à l'usage des patriotes, leurs intraitables ennemis, seigneurs, ecclésiastiques, « ducs, comtes, barons et agents de change ». Tous échauffent les esprits. L'annonce, le 23 septembre, de l'arrivée à Versailles du régiment de Flandre, crée l'affolement. « Il faut un second accès de révolution, écrit Loustallot, tout s'y prépare... » Manque l'étincelle... elle viendra d'une imprudence.

Le jeudi 1er octobre, les officiers des gardes du corps du Roi ont invité ceux du régiment de Flandre pour un banquet, dans la salle de l'Opéra, à Versailles. Le Roi, la reine, tenant le dauphin dans ses bras, font une apparition dans leur loge. Ils sont follement acclamés. Puis ils viennent faire le tour de la longue table des officiers, accueillis aux cris répétés de « Vive le Roi ! » « Vive la Reine ! » Un officier s'écrie : « A bas les cocardes de couleur. Que chacun prenne la noire, c'est la bonne. » La cocarde noire était la cocarde autrichienne. Voulait-on plaire à la reine ? L'excitation monte, le vin fait son effet. Dans l'enthousiasme et l'ivresse on foule aux pieds la cocarde tricolore.

Paris apprendra — le 3 octobre, par la presse — les circonstances du banquet des gardes du corps. C'est la tempête. « Tous les citoyens, écrit *L'Ami du Peuple,* doivent s'assembler en armes... » Les districts siègent en permanence. Le district des « Cordeliers », présidé par l'avocat Danton, prend à l'unanimité une résolution qui prétend rendre obligatoire le port de la cocarde tricolore, et proclamer traître à la patrie celui qui refuserait de la porter. Le dimanche 4 octobre, la foule se presse au Palais-Royal. Beaucoup de femmes sont venues, de la bourgeoisie commerçante et aussi du peuple. Elles s'en prennent à la reine, à l'Autrichienne, la cause de tous les maux. Elles exigent du pain, elles parlent d'aller en demander à Louis XVI et de ramener le Roi à Paris. Les cris de « mort aux calotins ! », « mort aux aristocrates ! » et même de « mort à la Reine ! » retentissent au Palais-Royal, sur la place de Grève, et se répandent dans tout Paris. Le 5 octobre, un rassemblement se forme à l'Hôtel de Ville, où dominent les femmes venues du faubourg Saint-Antoine et des Halles. On crie : « A Versailles ! Du pain ! » et un premier cortège, comprenant plusieurs milliers de femmes, se met en marche vers Versailles. Les districts s'assemblent, le tocsin sonne. La Fayette essaie vainement de retenir la garde nationale, il est menacé, débordé, et contraint de céder doit se mettre à la tête de quinze mille gardes nationaux. Un second cortège part ainsi pour Versailles, suivi par une foule de Parisiens en armes, gens du peuple et bourgeois mêlés. « Une populace immense », écrira Necker, marchait sur Versailles [12].

Pendant ce temps, à Versailles, l'Assemblée constituante délibère, sans désemparer. Le Roi qui avait reçu la Déclaration des droits et les premiers articles de la Constitution, avait adressé à l'Assemblée une réponse ambiguë. On ne pouvait juger une Constitution que dans son ensemble, et la condition de toute Constitution était pour lui que « le pouvoir exécutif ait son entier effet entre les mains du monarque ». Quant à la Déclaration des droits, elle contenait, selon lui, de « très bonnes maximes », mais elle ne pouvait être appréciée sans les lois auxquelles elle servirait de base. Mécontente, pressée d'aboutir, l'Assemblée décide, sur l'insistance de Mirabeau et malgré l'intervention de l'abbé Maury★, de demander au Roi d'accepter sans délai la Constitution et la Déclaration. On apprend que la foule parisienne approche de Versailles. Mounier, qui préside l'Assemblée, refuse de lever la séance. Mirabeau le presse. « Monsieur le président, quarante mille hommes armés arrivent de Paris. Levez la séance. Trouvez-vous mal... Dites que vous allez chez le Roi. » — « Eh bien, tant mieux, répond Mounier, ils

---

★ L'abbé Maury, né à Valréas dans le Vaucluse en 1746, avait bien connu Sieyès au séminaire de Saint-Sulpice. Brillant prédicateur, bon écrivain, il avait reçu un fauteuil à l'Académie française en 1785. Représentant du Clergé il se fera, à la Constituante, le défenseur acharné et talentueux des prérogatives du Roi. Il émigrera à la fin de la Constituante, deviendra évêque de Montefiascone, puis cardinal. Rallié à l'Empereur, il sera anobli, il prendra le parti de Napoléon contre Pie VII et sera chargé de l'administration du diocèse de Paris. Mais, en dépit de ses efforts pour séduire Louis XVIII, il finira tristement sa vie, d'abord en prison, puis cloîtré chez les Lazaristes. Il mourra en 1817.

n'ont qu'à nous tuer tous. Les affaires de la République en iront mieux. » Mounier s'entête à poursuivre le débat. L'Assemblée n'est-elle pas le meilleur rempart contre le peuple ?

Dehors il pleut. Vers quatre heures et demie, le cortège des femmes arrive à Versailles. Elles sont trempées par la pluie et parviennent à l'Assemblée sans avoir rencontré un soldat. Elles sont reçues par les députés, qui les écoutent. « La bougresse, disent-elles, nous le paiera cher. Nous l'emmènerons à Paris morte ou vive... Il nous faut le pain à six liards la livre, la viande à huit sous... » On décide que le président Mounier emmènera une délégation de quelques femmes chez le Roi pour exiger l'acceptation pure et simple de la Constitution, et le ravitaillement de Paris. Louis XVI, précipitamment rentré de la chasse, reçoit les femmes, il leur offre courtoisement à boire, il bavarde avec elles, il en embrasse une ou deux, il leur promet de ravitailler Paris et il leur fait remettre, en attendant, le pain disponible à Versailles. Enfin il leur propose des voitures pour les ramener... Cela suffit-il ? Louis XVI apprend l'arrivée de la garde nationale et du second cortège. Alors il comprend que la résistance est devenue inutile. Il cède ou feint de céder. Vers huit heures du soir, il remet à Mounier, les yeux mouillés de larmes, le papier qui signe sa soumission. « J'accepte purement et simplement les articles de la Constitution et la Déclaration des droits de l'homme que l'Assemblée nationale m'a présentés. » A onze heures du soir, La Fayette, arrivé trempé à Versailles, avec ses gardes qui le poussaient en avant, tombant de sommeil, se présente chez Louis XVI. « Sire, vous voyez devant vous le plus malheureux des hommes, de devoir y paraître dans ces circonstances, et de cette manière. » Le Roi le rassure de paroles aimables : « Vous ne devez pas douter, M. de La Fayette, du plaisir que j'ai toujours à vous voir, ainsi que nos bons Parisiens... », et La Fayette en accord avec les officiers du Roi installe la garde nationale aux portes du château de Versailles, les gardes du Roi ne conservant que les postes intérieurs. L'atmosphère semble à la réconciliation. Vers trois heures du matin, sur l'avis rassurant de La Fayette qui lui conseille le repos, le président Mounier finit par lever l'interminable séance de l'Assemblée. Les députés se séparent, la journée a été rude, chacun est épuisé. Le Roi dort déjà. Il a remis ses problèmes au lendemain. La Fayette est allé se coucher à l'hôtel de Noailles. Tout le monde se repose.

Tout le monde... sauf le peuple venu de Paris, qui campe sur la place d'Armes, devant la grande grille du château. Dans la nuit on allume des feux, on chante, on danse, on boit à la santé des patriotes, on réclame du pain. On ne s'endort pas. Au petit matin, vers six heures, éclate le drame. Un groupe tente de pénétrer dans le château, il se heurte à la grille royale, un autre groupe réussit à pénétrer par la grille de la chapelle restée ouverte. Une escarmouche confuse s'engage entre les manifestants et les gardes du corps. Déjà il y a des victimes, et la tête d'un jeune garde du Roi, tué dans ce premier affrontement, est fixée au bout d'une pique et promenée en triomphe. La foule s'excite, elle envahit le grand escalier qui conduit aux appartements de la reine, elle parvient au grand salon occupé par les gardes du corps. Marie-Antoinette, réveillée en sursaut, à demi vêtue, s'enfuit par son cabinet de toilette, elle se réfugie, effrayée, dans les appartements du Roi. Aux cris de : « Sauvez la reine ! » les gardes du corps protègent l'appartement et la reine. Plusieurs d'entre eux sont massacrés. La Fayette — que l'on a tiré du lit — arrive précipitamment, il trouve le palais déjà envahi par les gardes nationaux, il les harangue, il leur confie solennellement la famille royale, il les exhorte à se réconcilier avec les gardes du corps. On paraît l'écouter. Quelques gardes du corps se montrent aux fenêtres du château, ils élèvent en l'air leurs chapeaux décorés de la cocarde tricolore. Dehors la foule crie : « Vive la Nation ! » et même « Vive le Roi ! » Louis XVI, la reine, qui tient dans ses bras le dauphin, se montrent à leur tour au balcon doré de la cour de marbre. Le Roi semble bouleversé. Il ne trouve rien à dire, et c'est La Fayette qui harangue la foule. Celle-ci réclame Marie-Antoinette, qui revient. On crie : « A Paris, à Paris ! » Un homme feint de mettre la reine en joue. Le Roi reparaît à son tour, il a retrouvé un calme apparent. « Mes amis, dit-il, j'irai à Paris avec ma femme et mes enfants. C'est à l'amour de mes bons et fidèles sujets que je confie ce que j'ai de plus précieux. » La Fayette, toujours disposé aux gestes symboliques, embrasse sur le balcon plusieurs gardes du corps. La foule semble enthousiaste : « Vive les gardes du corps ! Vive la Nation !... Vive le Roi ! » Mais elle reste sur place. Elle attend.

Le Roi a réuni les ministres de toute urgence. Le Conseil constate que la résistance est inutile, et le départ pour Paris est décidé. A treize heures, le canon annonce le départ. Le cortège se met en marche : en tête les gardes nationaux, puis des chariots de blé et de farine, puis des femmes, couvertes de cocardes tricolores, armées de piques et de fourches, puis les gardes du Roi, coiffés du bonnet des gardes nationaux, et ensuite les carrosses de la famille royale, enfin les voitures de cent députés de l'Assemblée nationale, car celle-ci avait décidé de suivre le Roi à Paris *. Enfin venaient la foule et le gros des gardes nationaux. Que pensait Louis XVI ? Songeait-il qu'il eût mieux fait de s'enfuir [15] ? « Son âme, écrit Necker que l'événement a humilié, était déchirée en pensant au sort de plusieurs de ses gardes fidèles qui venaient de périr sous un fer assassin ; et ses regards purent distinguer au milieu de la foule des monstres à visage humain, qui portaient en trophée les épouvantables

---

* « Je ne sais, écrira Tocqueville, si dans toute la Révolution il y eut un événement plus funeste que celui du 6 octobre... » [13]. L'Assemblée fut « violée », elle subit un « asservissement honteux aux poissardes ». « Quelle assemblée a jamais pu conduire une révolution après avoir été soumise à de pareilles scènes ? » [14].

signes de leur férocité sanguinaire. Quelle route ! Quelle inauguration de l'avenir ! » [16]. On marchait sous la pluie, à l'allure d'un enterrement. « Nous ramenons, chantait le peuple, le boulanger, la boulangère et le petit mitron. » Aucun tumulte, constate *Le Mercure de France*, aucun excès. Le peuple se sentait vainqueur. Mais il semblait stupéfait de sa victoire.

A la nuit tombée, le Roi — après avoir été solennellement reçu à l'Hôtel de Ville — se couchait en son palais des Tuileries déserté depuis que Louis XV, tout jeune Roi, l'avait abandonné, en 1722, pour s'installer à Versailles. Louis XVI était comme prisonnier dans sa capitale. « Les hommes ont pris la Bastille, commentera Michelet, et les femmes ont pris le Roi » [17]. Le peuple de Paris fatigué s'endormait, fier et inquiet de posséder son Roi.

Mais la journée du 6 octobre sera lourde de conséquences. Près d'une centaine de députés, dans les jours qui suivront, tel Mounier, tel Lally-Tollendal, prendront leur passeport et émigreront. La Fayette, mortifié du rôle qu'il a joué, épouvanté des violences qu'il a vues, se rapprochera du Roi. Mirabeau est renforcé dans sa conviction que, hors la monarchie, il n'y a que le désordre. « De Versailles il revint royaliste à Paris », assure Michelet, mais il l'était déjà. L'Assemblée impuissante s'est humiliée, affaiblie, tandis que ce roi malmené, prisonnier, pourrait bien avoir retrouvé, dans l'épreuve, des appuis sinon des forces. Le 13 octobre, Morris dîne chez les Necker, avec Madame de Staël et l'amant de celle-ci, le comte de Narbonne. On y parle avec anxiété des affaires publiques. M. de Mirabeau a vu le Roi le jour même, il désire, dit-on, faire partie du ministère. M. de Talleyrand intrigue pour être ministre des Finances. Quant au maître de maison, il est inquiet, fatigué [18]. La France est décidément impossible à conduire...

VII

L'HOMME DE LA BOURGEOISIE?

Considérant les terribles secousses de cet été 1789, Furet et Richet observent qu'il n'y a pas eu une Révolution, ni même des révolutions successives. « Il y a eu le télescopage de trois révolutions autonomes et simultanées qui bousculent le calendrier du réformisme éclairé : celle de l'Assemblée, celle de Paris et des villes, celle des campagnes. La première seule est celle de la claire conscience politique et de la société de demain. Les deux autres mêlent le passé et l'avenir, les nostalgies et les futurismes. Mobilisées par la conjoncture plus que par la philosophie, elles empruntent autant au vieux millénarisme des pauvres qu'aux idées du siècle... »[1]. L'abbé Sieyès est bien l'homme de la première révolution, celle de l'Assemblée, celle de la « claire conscience politique ». Il a le projet de construire une société idéale, où l'autorité politique réside dans l'ensemble de la Nation, où la souveraineté est exercée par les représentants élus, et par eux seuls*. L'impatience et la violence populaires ne peuvent être pour lui la voie de la Révolution. La revendication du peuple urbain, autant que son insurrection, lui inspire la méfiance. Elles ébranlent la société organisée et troublent l'économie. Pour les hommes comme Sieyès, tant attachés à la loi, et qui croient que le progrès ne vient que des esprits éclairés, les mouvements d'un peuple illettré sont difficiles à admettre. Mais Sieyès reste aussi un homme politique, plus sensible aux exigences de l'événement, aux opportunités, que son esprit philosophique ne le laisserait supposer. Et il n'est d'aucun camp ni d'aucun clan. Il n'est pas du côté des « monarchiens », tels Mounier, Malouet, Lally-Tollendal, que les journées

---

* « Dès juillet, constate Georges Lefebvre qui explique la Révolution en conflit de classes, la révolution bourgeoise, juridique et pacifique, réalisée par les hommes de loi au moyen de procédés empruntés au Parlement, paraissait victorieuse... »[2]. La Déclaration des droits avait été « l'œuvre d'une *classe triomphante*, sûre de son avenir, certaine que l'ordre qu'elle concevait, conforme aux lois de la nature ou à la volonté rationnelle de la divinité, assurerait à jamais le bien de l'humanité »[3].

d'octobre ont affolés, fait fuir ou rejetés vers l'opposition, sinon rapprochés du Roi. Il n'est pas non plus du côté des patriotes exaspérés, dont le Club des Jacobins — l'ancien Club Breton — devient peu à peu l'église *. Certes, il est membre du Club, et il participe à de nombreuses réunions. Il y retrouve Mirabeau qui reste son ami, quoique les intrigues du grand tribun les sépareront peu à peu, Brissot qu'il a bien connu à Chartres, Condorcet dont l'influence à la municipalité de Paris ne cesse de croître et qui devient peu à peu son ami et son confident[4]. Il y rencontre La Fayette, qu'il juge intrigant et borné. Il déteste franchement les trois frères Lameth — Théodore, Charles, Alexandre — qui cherchent à satisfaire, au Club, à l'Assemblée, partout, leur appétit de pouvoir, la « faction laméthique » comme écrira Sieyès dans sa *Notice*, « troupe de polissons méchants, toujours en action, criant, intriguant, s'agitant au hasard et sans mesure » **. Sieyès ne redoute pas moins Duport, noble de robe, symbole de cette minorité de la noblesse, faussement ralliée selon lui, et qu'il exècre. Il n'aime pas non plus Barnave, bruyant, brillant, prêt à n'importe quoi pourvu qu'on l'entende. Il fuit Maximilien de Robespierre, avocat d'Arras, sans véritable influence à l'Assemblée mais qui depuis quelque temps s'applique, avec patience et talent, à prendre en main le Club. En vérité, Sieyès ne se plaît pas chez les Jacobins. Il en craint la « politique de caverne », les intrigues, les complots. Il supporte mal la pratique des votes préalables — préparant ceux de l'Assemblée — qui, pour lui, affecte et caricature le système représentatif. Surtout il se sent, parmi les Jacobins, seul, mal aimé, impuissant face à ceux qui, comme Robespierre, organisent les moyens de leur pouvoir. En vérité, l'abbé n'est à son aise nulle part. Il souffre de sa solitude, mais il l'entretient. Il est toujours assuré d'avoir raison, mais il ne se donne aucune peine pour faire partager ses raisons. Entouré d'un respect qui ne le satisfait jamais, de haines qu'il s'exagère volontiers, il poursuit son chemin solitaire, d'autant plus hautain qu'il est plus mal entendu.

Venue à Paris, l'Assemblée nationale s'est installée au *Manège* *** situé le long du jardin des Tuileries. Les Assemblées successives y siégeront jusqu'en mai 1793. La salle, rectangulaire, dix fois plus longue que large, sans ornements, sans tentures, avec une acoustique détestable, était inapte à son emploi. Cinq à six cents personnes se pressaient chaque matin pour envahir les tribunes. La cohue du public achèvera de rendre

* La « Société des Amis de la Constitution » ou « Club Breton » avait suivi l'Assemblée à Paris au lendemain du 6 octobre. Elle s'était installée dans la bibliothèque du couvent des Jacobins de la rue Saint-Honoré, auquel elle devra son nom.
** Les Lameth rendront à Sieyès son animosité. Alexandre et Théodore de Lameth, dans leurs *Mémoires*, le poursuivront de leurs calomnies.
*** C'était un ancien manège construit au début du XVIIIe siècle. La salle a été démolie en 1802 pour aménager les rues de Castiglione et de Rivoli.

inaudibles les longs discours presque toujours écrits, et le plus souvent lus[5]. La difficulté de se faire entendre, le discrédit dont souffrait Sieyès depuis le discours sur la dîme, la violence des événements semblent avoir éloigné l'abbé de la tribune. Se résoudra-t-il cependant à prendre la parole dans le grand débat qui se déroulera à la fin du mois d'octobre sur le droit électoral ?

Déjà, dans son projet des 20 et 21 juillet, Sieyès avait posé la fameuse distinction des citoyens actifs et des citoyens passifs. Tous les hommes sans distinction peuvent jouir des avantages de la société, mais ceux-là seuls qui contribuent à l'établissement public sont comme « les vrais actionnaires de la grande entreprise sociale ». Eux seuls sont les véritables citoyens, dits actifs, les véritables membres de l'association. Eux seuls disposent du droit de vote. Dans son discours du 7 septembre sur le veto royal, il avait tenu à rappeler les principes qui fondaient pour lui l'organisation des sociétés nouvelles, dominées par la séparation des travaux, très différentes des « démocraties » antiques. L'immense majorité des citoyens, avait-il dit, ne peut s'occuper directement des lois, car elle est absorbée par son travail. Les « citoyens actifs » — cinq à six millions, avait alors déclaré Sieyès — doivent donc désigner des représentants, des représentants auxquels ils n'imposent pas leur volonté « car s'ils déclarent leur volonté ce ne serait plus un Etat représentatif », et ces représentants font la loi.

Il restait à définir les citoyens actifs. En juillet, Sieyès avait exclu les femmes, les enfants, les étrangers, de la citoyenneté active, mais il n'en avait pas dit davantage. Le 2 octobre Sieyès publie, pour préparer le débat, ses *Observations sur le rapport du comité de Constitution concernant la nouvelle organisation de la France*★. Il précise son idée et son projet. Il voudrait, pour que l'on puisse acquérir les droits politiques, et devenir citoyen actif, que l'on payât un « tribut civique » libre et volontaire, c'est-à-dire une taxe. Dans un autre écrit, publié dès le mois de juillet, — *Quelques idées de Constitution applicables à la ville de Paris*★★ — Sieyès proposait de fixer — pour Paris — la contribution volontaire à trois livres pour être citoyen actif c'est-à-dire électeur, et à douze livres pour être éligible. « Ces deux tributs, avait-il écrit, porteront le nom de tribut des électeurs et tribut des éligibles, ou plutôt de grand et petit tribut. » Pour Sieyès, ceux qui ne voudraient pas payer ce tribut volontaire, modeste, à signification éducative et morale, prouveraient qu'ils ne souhaitent pas

---

★ Sieyès qui se sait mauvais orateur recourt fréquemment, comme plusieurs de ses collègues, à la publication des textes qu'il veut répandre. Les *Observations par un député à l'Assemblée nationale, du 2 octobre 1789* ont été publiées par Roberto Zapperi, dans *Les Ecrits politiques de Sieyès*.

★★ *Quelques idées de Constitution applicables à la ville de Paris*, par M. l'abbé Sieyès, juillet 1789, Versailles, Baudouin, imprimeur de l'Assemblée nationale[6].

être des électeurs. Le progrès de la société pourra engendrer d'autres exigences :

> « On ne peut pas être aussi difficile aujourd'hui sur les qualités nécessaires pour être citoyen actif qu'on pourra le devenir lorsqu'une éducation nationale et de nouveaux intérêts auront amélioré l'espèce humaine en France... Dans l'avenir, pour être inscrit parmi les citoyens actifs, il faudra se montrer capable de devenir membre de la grande association ; il faudra faire preuve qu'on n'est point étranger aux convenances sociales ; qu'on n'est point inhabile à tout travail puisque le travail est le vrai fondement de la société. Il faudra enfin être domicilié et payer le tribut volontaire annuel, au moins pour la seconde fois. »

Ainsi, la pensée de Sieyès n'était-elle pas, à l'époque, d'organiser un régime ploutocratique et bourgeois assurant la prépondérance des propriétaires — ce qui lui sera reproché —, elle était de mesurer l'aptitude électorale moins à la fortune qu'à un élément *volontaire*, à un signe de civisme, à l'intérêt pris aux affaires publiques, démontré par le paiement spontané d'un tribut*.

Sieyès continue d'exclure les femmes de toute citoyenneté active. Sans doute paraît-il regretter qu'elles soient écartées de toute activité civique :

> « On voit des femmes appelées à porter la couronne, et par une contradiction bizarre, on ne permettrait nulle part de les compter parmi les citoyens actifs... comme s'il était impossible à une femme d'être jamais d'aucune utilité à la chose publique. »

Mais cette contradiction ne lui inspire aucune autre réflexion. Il admet sans peine un « préjugé » qui oblige ainsi à « retrancher au moins la moitié de la population totale ». Il exclut aussi, outre les jeunes jusqu'à vingt et un ans, les vagabonds, les mendiants, enfin ceux qu'une « dépendance servile » tient attachés aux « volontés arbitraires d'un maître ». Sieyès entend les exclure au moins « momentanément ». C'est que, chez les domestiques, leur « sensibilité », l'affection très « aimable » qu'ils portent à leur maître risqueraient de les priver d'une suffisante indépendance [8]. Et de même qu'il l'avait fait dans ses *Idées de constitution applicables à la ville de Paris*, Sieyès laisse prévoir que le développement de l'instruction, le progrès des lumières, la division du travail permettront un jour de renforcer les exigences posées, afin que le citoyen soit un homme « éclairé » et utile à l'organisation sociale.

Le système suggéré par Sieyès soumis au comité de Constitution fut jugé trop compliqué, et surtout trop ouvert. Le comité proposa à l'Assemblée de s'orienter dans une direction franchement censitaire,

---

* Pour Zapperi, l'exigence d'un tribut volontaire, apparemment modeste, ne doit faire illusion. Sieyès entendait « lier l'exercice des droits politiques à un critère indéniablement censitaire ». Il se résoudra d'ailleurs aisément à l'exigence de paiement d'une contribution directe... Sieyès « revenait clairement au droit de propriété, fondement premier de l'association politique » [7].

plus conforme à l'esprit dominant. A regret mais sans résistance, Sieyès se rangea à l'opinion majoritaire, qui prétendait soumettre la citoyenneté à la condition du paiement d'une contribution directe.

> « Le temps n'est pas encore venu », déplore-t-il dans ses *Observations sur le rapport du comité de Constitution concernant la nouvelle organisation de la France,* « d'établir généralement le tribut volontaire et civique..., il est difficile pourtant de ne pas sentir que ce don libre peut offrir de grands secours dans une bonne Constitution, comment il peut lui être finalement utile, en la défendant, en quelque sorte, d'une influence dangereuse, là où n'est pas encore une éducation nationale. »

Cependant le projet de Sieyès, suggérant que le citoyen signifie son attachement à la chose publique, ne fut pas tout à fait écarté. Sur la proposition de Mirabeau, le comité de Constitution demanda que les jeunes gens, âgés de vingt et un ans, ne soient inscrits au « tableau des citoyens » qu'à la condition d'avoir prêté *serment de fidélité* aux lois de l'Etat et au Roi. « Nul ne pourra être ni électeur ni éligible, dans les assemblées primaires, qu'il n'ait été inscrit sur ce tableau. » Ainsi les droits politiques résulteraient bien d'un acte volontaire, et même du plus accompli de ces actes, la foi jurée. Il faudra en outre, pour être électeur, être domicilié depuis un an dans le canton, et ne pas vivre en état de domesticité. Et Thouret, se référant, expressément, dans son rapport, à la distinction de Sieyès entre citoyens actifs et citoyens passifs, proposa, pour qu'un citoyen fût électeur, le paiement d'une contribution égale à au moins trois journées de travail *, et pour qu'il fût éligible le paiement d'une contribution égale à dix journées de travail.

Le débat à l'Assemblée s'ouvrit le 20 octobre. Il fut long, passionné. L'abbé Grégoire ** s'opposa vigoureusement à l'exigence d'une contribution : « L'argent, dit-il, est un ressort en matière d'administration ; mais les vertus doivent reprendre leur place dans la société. La condition d'une contribution... est un excellent moyen que propose le comité de Constitution pour nous replacer sous l'aristocratie des riches. Il est temps d'honorer l'indigent. Il a des devoirs à remplir, comme citoyen, quoique sans fortune ; il suffit qu'il ait un cœur français » [10]. Duport aussi s'éleva contre la condition d'un cens. Elle était contraire, dit-il, à la

---

* Soit deux à trois livres, sensiblement ce que proposait Sieyès.
** Curé à Embermenil, il n'avait cessé de défendre les pauvres, les opprimés, les minorités. Elu député par les curés lorrains, il poursuivit ses combats à la Constituante. Membre du Club Breton, lié à Pétion, à Robespierre, il intervient en faveur des juifs d'Alsace, il se bat contre l'esclavage, et deviendra en janvier 1790 président de la Société des Amis des Noirs. Dans le débat sur la dîme, il est intervenu aux côtés de Sieyès. Nommé évêque constitutionnel du Loir-et-Cher, député à la Convention, il refusera, en dépit de toutes les pressions, de renoncer à la prêtrise. Membre du Corps législatif sous le Consulat, sénateur en 1801, il s'opposera fermement au régime de Napoléon... qui réussira quand même à le faire comte en 1808. Il sera exclu de l'Institut en 1816, refusera tout ralliement, et mourra en 1831, achevant une longue vie de conviction et de courage. « Grégoire, dira Michelet, s'était fait deux divinités : le Christ et la démocratie » [9].

Déclaration des droits. Maximilien de Robespierre intervint à son tour, alléguant de même que la Déclaration des droits ne permettait pas d'imposer aux citoyens de payer une contribution pour exercer les droits politiques. Sans droits politiques, déclara-t-il, il n'y a pas de libertés individuelles. Dupont de Nemours proposa de corriger le texte pour asseoir franchement l'électorat sur la propriété. La propriété était la base fondamentale de la société, et pour être électeur il ne fallait qu'être propriétaire. Tous attendent l'illustre Sieyès... et Sieyès se tait obstinément. Mais a-t-il besoin d'intervenir ? L'opinion majoritaire, aussi le souvenir pesant des premières journées d'émeute conduisent certainement l'Assemblée à adopter sa distinction des citoyens actifs et des citoyens passifs. Sieyès sait que l'on va à l'exigence d'une contribution modeste, et ce système, peu différent du sien, ne le heurte pas. Son silence semble dire son approbation. Le 29 octobre l'Assemblée adopte les propositions de Thouret, à peine modifiées. Il faudra pour être électeur, être français, avoir vingt-cinq ans, être domicilié depuis au moins un an dans le canton, payer une contribution directe de la valeur locale de trois journées de travail, enfin n'être pas en état de domesticité. D'après les statistiques que fournira le recensement demandé en juillet, proclamé par décret du 28 mai 1791, la France comptait ainsi 4 300 000 « citoyens actifs » sur environ 27 millions d'habitants. Ce chiffre est important si on le rapproche des 200 000 électeurs que comptera la France de Louis-Philippe[11]. Tous les paysans, les petits fermiers, dans les villes la masse des artisans et des compagnons, devenaient électeurs. Les « exclus » représentaient environ le tiers du corps électoral majeur et masculin. Mais la situation réelle était aggravée par un système électoral à plusieurs degrés. Un cens de dix journées de travail * était exigé de l'électeur aux « assemblées secondaires » qui devaient élire les députés, et la contribution du « marc d'argent » **, soit une cinquantaine de livres, était requise pour être élu député. Ainsi la Constituante inventait-elle deux classes de citoyens, celle des « électeurs », largement ouverte, celle des « éligibles », réservée à l'aristocratie ou à la bourgeoisie. « Pour faire sentir toute l'absurdité de ces décrets, protesta aussitôt Camille Desmoulins, il suffit de dire que Jean-Jacques Rousseau, Corneille, Mably, n'auraient pas été éligibles. » « Le peuple est vaincu », soupira Robespierre. Mais l'Assemblée, avant de se séparer, modifiera ce système trop démocratique, trop dangereux...

Ayant posé la distinction des citoyens actifs et des citoyens passifs, les constituants organiseront le régime représentatif dans toute sa rigueur, selon les principes formulés par Sieyès, notamment dans son grand

---

* Soit sept à dix livres.
** Condorcet rédigea un vigoureux mémoire contre le « marc d'argent » qu'il cherchera — vainement — à faire présenter à l'Assemblée[12].

discours du 7 septembre 1789. Un député, avait-il dit, « l'est de la Nation entière : tous les citoyens sont ses commettants » * et puisque la Nation souveraine ne peut déléguer sa souveraineté, le représentant exerce cette souveraineté en pleine indépendance, échappant à tout mandat impératif. Ce sont les principes que consacrera la Constitution de 1791 et qui deviendront la base de l'édifice du droit français [13]. De même, avait dit Sieyès : « Le peuple ne peut avoir qu'une voix, celle de la législature nationale... le peuple ne peut parler, ne peut agir que par ses représentants ». La Constitution de 1791 ne fera nulle place aux mécanismes de la démocratie directe dont avait rêvé Rousseau, ces « chimères » que condamnait Sieyès, parce qu'elles lui semblaient convenir à des peuples anciens, à des temps révolus, et aussi parce qu'elles portaient atteinte à l'intégrité du système représentatif.

Parce que Sieyès avait été le premier à formuler, en termes clairs, la distinction des droits naturels et des droits politiques, puis celle des citoyens actifs et des citoyens passifs, il entrera dans l'histoire comme le théoricien du suffrage censitaire, l'apôtre et l'instrument de la république bourgeoise sinon de la « dictature bourgeoise ». Il fut, assure Georges Lefebvre, « l'incarnation de la bourgeoisie et c'est en ceci que réside sa grandeur historique » [14]. Le système défendu par Sieyès n'avait, pour Lefebvre, d'autre objectif que de confondre la classe bourgeoise et la classe politique **. Pour Sieyès « l'électeur et l'élu remplissent une fonction qui, comme toute autre implique une capacité, et la bourgeoisie prit soin de supposer celle-ci dans l'aisance, car le mérite s'il n'est uni à la fortune se mue aisément en ferment révolutionnaire ». « Il est à peine besoin de rappeler, ajoute Lefebvre, que la théorie de Sieyès est déjà celle de Royer-Collard et de Guizot. » Roberto Zapperi a partiellement repris cette thèse. Sieyès n'aurait voulu qu'assurer le gouvernement des

---

* Les députés du peuple, avait au contraire affirmé Rousseau, ne peuvent être ses représentants, ils ne sont que ses commissaires, c'est-à-dire des mandataires subordonnés à la volonté populaire. L'exclusion du régime représentatif est l'un des traits saillants de la doctrine du « Contrat social ».

** Quelle est, en 1789, cette « classe bourgeoise » dont Sieyès aurait été l'incarnation ? S'agit-il de la bourgeoisie riche constituée des fabricants, des gros négociants, des fermiers généraux, officiers de finance, banquiers qui avaient tiré profit de l'essor des affaires dans la seconde moitié du XVIIIe siècle ? S'agit-il d'une autre bourgeoisie, celle des détenteurs d'offices qui ne conféraient pas la noblesse, des hommes de loi, des membres des professions libérales qui jouèrent un tel rôle dans la Révolution ? S'agit-il de la petite bourgeoisie constituée par les artisans et les commerçants aisés, souvent très proches, par leur statut social, des compagnons qu'ils employaient, logent et nourrissent... En vérité coexistent dans le Tiers Etat les catégories sociales les plus variées, qui n'ont parfois en commun que leur roture. Mais sans doute Georges Lefebvre veut-il voir en Sieyès l'instrument des riches contre les pauvres, c'est-à-dire, dans une perspective qui brasse le temps, l'instrument des bourgeois capitalistes contre les prolétaires (cf. l'étude de François Furet dans *Le Catéchisme révolutionnaire* : « Un personnage métaphysique : la " Révolution bourgeoise " » (*Penser la Révolution française*) [15].

propriétaires. « Le principe de la participation populaire, base de tout régime démocratique, se perdait ainsi dans le dédale inextricable d'un tortueux système de gouvernement qui réservait le pouvoir aux classes possédantes et privait la grande masse des travailleurs de toute représentation de ses intérêts. » Quant au peuple « il ne lui reste qu'à obéir... »[16]. Ainsi l'homme de la bourgeoisie n'aurait réfléchi, et agi, que pour asseoir le règne des notables.

Paul Bastid a tenté de défendre Sieyès contre ces reproches. Il assure que ce n'est là qu'un malentendu né de phrases mal comprises, d'idées mal interprétées[17]. Sieyès, assure Bastid, « ne proposait pas un droit antipopulaire, mais un régime électoral d'éducation civique ». En vérité, la pensée de Sieyès semble avoir évolué avec le temps. Elle suggérait, dans ses premiers écrits, et dans ses brochures antérieures à la Révolution, une citoyenneté plus restrictive que celle qu'il imagine en octobre 1789 dans ses *Observations sur le rapport du comité de Constitution concernant la nouvelle organisation de la France.* Puis les insurrections populaires le rendront plus méfiant, plus exigeant, et l'on verra plus tard se refermer sa conception de la citoyenneté. Mais sur le principe, Sieyès est resté immuable. Pour lui le cens et la « contribution volontaire » ne sont guère différents. L'un et l'autre marquent une adhésion à la société politique. La liberté pour Sieyès se conquiert par la propriété et par le travail. Et c'est par le patrimoine — même très modeste — que forment la propriété et le travail, que se crée l'attachement au corps social. L'éducation devra, dans l'avenir, jouer un grand rôle, mais elle rejoindra le patrimoine : l'éducation et la propriété seront les caractéristiques d'une société moderne et éclairée. Sans doute est-il vrai que Sieyès, les yeux fixés sur les méfaits des ordres privilégiés, ne réfléchit guère sur la répartition des richesses au sein du Tiers Etat, et qu'il admet, sans peine, que la division du travail impose la division des hommes en deux peuples, « les producteurs et les instruments humains de la production, les gens intelligents et les ouvriers qui n'ont que la force passive ; les citoyens éduqués et les auxiliaires à qui on ne laisse ni le temps ni les moyens de recevoir l'éducation... », en bref la classe dirigeante, et ce qu'il appelle « la classe secondaire » parce que « cette classe a pour but général de seconder la société »[18]. Zapperi a raison d'observer que la Révolution de Sieyès est une mutation politique et qu'elle n'a pas pour projet de bouleverser l'ordre social existant[19]. Sieyès croit que l'instruction et la propriété donneront à chacun, un jour, la capacité et la volonté d'exercer les droits politiques... mais cette majorité civique, elle est renvoyée à une échéance lointaine, que Sieyès ne prévoit ni dans le temps, ni dans les moyens. Fondant la société nouvelle sur la propriété, le travail et l'éducation, Sieyès peut sembler rétrospectivement le champion d'un projet conservateur, légitimant et protégeant un ordre bourgeois. Mais peut-on utilement apprécier la pensée et l'action de

Sieyès à l'aide d'instruments forgés au XIXe siècle et au XXe siècle, avec les ressources d'une réflexion nourrie du concept et des expériences de la lutte des classes ? ★ Dans la société des ordres où avait vécu Sieyès, le grand bouleversement de l'ordre social n'était-il pas précisément dans la destruction des structures qui fondaient l'Ancien Régime, l'abolition des privilèges nobiliaires, l'avènement du Tiers Etat ?

Au surplus, nous risquons aujourd'hui, tenant le suffrage universel pour le pilier de toute démocratie, de dénaturer la distinction posée par Sieyès et admise en son temps, presque instinctivement, par la grande majorité des constituants. Le citoyen « passif » de Sieyès — celui qui n'est pas admis à la fonction d'électeur — n'en est pas moins un citoyen protégé par le droit, par les lois, et qui dispose de l'ensemble des prérogatives reconnues à tous les citoyens par la Constitution, par la Déclaration des droits et par les lois. De même, ainsi que l'observe Carré de Malberg[21], tous les citoyens, sans exception, disposent d'une admissibilité égale à l'électorat, sous les conditions imposées par la Constitution : ils sont bien partie composante de la Nation, du Souverain. En revanche — et dans le grand débat sur l'établissement du régime censitaire, Thouret, Barnave n'ont fait que répéter ce qu'avait dit Sieyès —, la qualité d'électeur est perçue comme une fonction publique « à laquelle personne n'a droit, et que la société dispense ainsi que lui prescrit son intérêt »[22]. Il y a bien deux classes de citoyens, ceux qui exercent la « civitas », c'est-à-dire tous les droits attachés à la citoyenneté, et ceux qui disposent en outre de la « fonction électorale ». Sans doute aperçoit-on l'utilité de cette distinction pour asseoir la souveraineté nationale sur la propriété, sur la fortune, ou sur l'éducation. Mais il est imprudent de faire de l'étendue de la citoyenneté active, comme le suggère Lefebvre, le critère du « bouleversement social ». Le suffrage prétendument universel de 1793 exclura les femmes de la fonction électorale... et elles resteront exclues jusqu'en 1945. Carré de Malberg remarque justement que les lois électorales n'ont jamais cessé de subordonner l'aptitude au droit électoral ou l'exercice du suffrage, à des conditions d'âge, de domicile, ni d'exclure les personnes condamnées à certaines peines. « Le résultat de toutes ces restrictions est de réduire la composition du corps électoral... et elles sont inconciliables avec la théorie qui voit dans l'électorat un droit inhérent à la qualité du citoyen »[23]. La capacité électorale universelle peut être une perspective,

---

★ Zapperi admet l'objection, concédant que « l'on ne peut pas faire grief à Sieyès d'avoir ignoré la lutte de classes dans un contexte historique où elle était absente »[20]. Zapperi consent que le Tiers Etat de Sieyès ne peut être perçu comme une classe et que l'on devra à Marx, artisan de l'idéologie du matérialisme historique, d'avoir fait de la Révolution française une révolution bourgeoise. Mais Zapperi précise : « C'est en refusant le capitalisme que (Sieyès) a manqué de pénétration. » L'abbé n'aurait regardé que la société d'Ancien Régime, et rien vu venir...

un but à atteindre : elle n'est sans doute pas le critère distinctif et nécessaire de la démocratie moderne *. Elle l'était moins encore en 1789.

Il est ainsi hasardeux de faire de Sieyès, en considérant la distinction des citoyens actifs et des citoyens passifs, l'instrument d'une « dictature de la bourgeoisie » qui n'a guère de sens en son temps, si elle est devenue plus tard une notion utile pour expliquer et justifier la fracture de 1793. De mai à octobre 1789, l'organisation sociale de l'Ancien Régime a été détruite. Et la distinction des droits naturels et des droits politiques, des citoyens qui votent et de ceux qui ne votent pas, éclairée, interprétée grâce aux lumières que nous fournissent les XIXe et XXe siècles, ne peut dissimuler l'immensité des bouleversements sociaux accomplis. C'est bien d'une nouvelle société que cette révolution dite « bourgeoise » avait accouché.

* Ainsi plusieurs Nations ont-elles dépassé l'idée — que d'autres tiennent pour évidente — que la nationalité doit être une condition de l'électorat.

VIII

L'ADUNATION FRANÇAISE

Depuis longtemps Sieyès a réfléchi sur ce que pourrait être la nouvelle organisation du royaume. Il a médité sur les ouvrages des physiocrates qui ont consacré de nombreux chapitres à l'administration locale la plus propice au développement. Il a connu les projets de Turgot établissant toute une hiérarchie de municipalités. Il a vraisemblablement lu, en 1789, l'*Essai sur la constitution et les fonctions des Assemblées provinciales* de Condorcet, proposant une hiérarchie à trois degrés, département, commune, section de commune : Condorcet y proposait, à chaque degré, l'existence d'un corps délibérant et d'un comité exécutif élu en son sein. Le temps passé aux Etats de Bretagne, puis à l'Assemblée provinciale de l'Orléanais, avait fourni à Sieyès un champ d'expérience. On trouve, dans ses papiers personnels[1] de nombreuses notes où il tâtonne à la recherche d'une division et d'une organisation idéales du royaume. On le voit fortement influencé par Locke. Sieyès aime construire des plans, dessiner des graphiques, dresser des listes. La réflexion sur l'administration nouvelle du royaume ouvre un large champ à son goût, presque à sa manie.

Sieyès est obsédé par l'unité nationale. Il n'a cessé de le répéter dans ses écrits, dans ses discours, dans ses notes. La France, à la différence des Etats-Unis, est et ne peut être qu' « un seul tout » soumis dans toutes ses parties à une législation et à une administration communes. Il sait que l'ancienne monarchie avait largement achevé le travail d'unification, qu'à la fin du XVIIIᵉ siècle la division de la France en 32 provinces n'a plus guère de portée, que partout le contrôleur général et l'intendant assurent la puissance de l'administration centrale, enfin que les anciens pouvoirs n'ont guère gardé que « leurs noms antiques et leurs honneurs »*. Il

---

* Sur le travail d'unification accompli par la Monarchie, on se référera notamment aux écrits de Tocqueville. « A la fin du XVIIIᵉ siècle, écrit-il dans *L'Ancien Régime et la Révolution* (p. 59), la France était encore divisée en trente-deux provinces. Treize parlements y interprétaient les lois d'une manière différente et souveraine. La

n'ignore pas que la France entière n'a à vrai dire « qu'une seule âme », en dépit de ses provinces, de ses parlements, de la diversité de ses lois civiles. Par ailleurs, les révoltes municipales, l'apparition, ici et là, de pouvoirs anarchiques, durant les journées agitées de juillet, août et septembre 1789, ont confirmé Sieyès dans sa préoccupation fondamentale, qui est d'assurer, contre tout et contre tous, l'unité et la force de la Nation. Il ne tolère aucune autre souveraineté que celle de la Nation — sa position sur le veto royal déniait même celle du Roi —, aucun autre gouvernement que celui de ses représentants. Sur ces principes, celui qui se vantera orgueilleusement d'avoir le premier crié : « Vive la Nation ! », restera intraitable [2].

Mais Sieyès ne confond pas l'unité de la nation et la centralisation administrative. Il n'entend pas poursuivre le patient travail de l'ancienne monarchie, mais au contraire le retourner. L'existence d'une nouvelle division de la France lui paraît nécessaire, d'abord pour balayer les vestiges de l'organisation de l'Ancien Régime, mais aussi pour donner aux Français les moyens de l'éducation, de la représentation, de la citoyenneté, car aucun projet de Sieyès ne sera jamais séparé de l'idée que la citoyenneté est une adhésion, un effort, un apprentissage.

« Je sens depuis longtemps », écrira-t-il le 2 octobre 1789 dans ses *Observations par un député à l'Assemblée nationale sur le rapport du comité de Constitution concernant la nouvelle organisation de la France* [3], « la nécessité de soumettre la superficie de la France à une nouvelle division. Si nous laissons passer cette occasion, elle ne reviendra plus, et les provinces garderont éternellement leur esprit de corps, leurs privilèges, leurs prétentions, leurs jalousies. La France ne parviendra jamais à cette *adunation* politique * si nécessaire pour ne faire *qu'un* grand peuple régi par les mêmes lois et dans les mêmes formes d'administration. Sans une nouvelle division plus égale et mieux entendue, comment pourra-t-on déterminer cette juste proportion d'influence que toutes les parties du royaume ont droit de réclamer ? De plus, quelle division parmi les quatre ou cinq qui existent déjà faudrait-il adopter ? Les gouvernements, les diocèses, les bailliages, les généralités, etc., présentent tous des étendues et des limites différentes. Aucune de ces divisions n'a le droit d'exiger

constitution politique de ces provinces variait considérablement. Les unes avaient conservé une sorte de représentation nationale, les autres en avaient toujours été privées. Dans celles-ci on suivait le droit féodal ; dans celles-là on obéissait à la législation romaine. Toutes ces différences étaient superficielles et pour ainsi dire extérieures. La France entière n'avait déjà à vrai dire qu'une seule âme. Les mêmes idées avaient cours d'un bout du royaume à l'autre. Les mêmes usages y étaient en vigueur, les mêmes opinions professées ; l'esprit humain, partout frappé de la même manière, s'y dirigeait partout du même côté. En un mot les Français avec leurs provinces, leurs parlements, la diversité de leurs lois civiques, la bizarre variété de leurs coutumes formaient cependant, sans contredit, le peuple de l'Europe le mieux lié dans toutes ses parties, et le plus propre à se remuer au besoin comme un seul homme. »

* Le mot *adunation* est imaginé par Sieyès pour exprimer la tension vers l'unité (*supra*, pp. 82-83).

qu'on lui donne la préférence. Enfin, l'établissement d'une bonne représentation est un ouvrage assez nouveau et assez important en même temps, pour qu'on lui donne une base territoriale particulière plus égale et plus convenable à l'esprit de la nouvelle constitution »...

Le débat sur la nouvelle division du royaume s'ouvre à l'Assemblée, le 29 septembre, sur le rapport de Thouret. « Le comité, expose Thouret, a pensé qu'il devenait indispensable de partager la France en nouvellles divisions du territoire, égales entre elles autant qu'il serait possible. » Et Thouret explique le plan des nouvelles divisions : « En suivant ce plan, la France serait partagée en 80 grandes parties qui porteraient le nom de " départements ". »

Il est probable que Sieyès avait fortement inspiré le rapport de Thouret dont il appréciait les idées et le talent. Il avait de même travaillé sur ce sujet avec Condorcet, dont les réflexions, et la situation au sein de la municipalité de Paris, pouvaient beaucoup servir. Le nom même de « département » était, disait-on, emprunté à Sieyès*. Toujours l'abbé aimera laisser dire que des orateurs viennent à la tribune pour défendre ses idées, et c'est vrai que souvent il poussera en avant ses amis. Sans doute aussi son échec, qui l'avait durablement meurtri, dans l'affaire de la dîme, l'incitait-il à la réserve. Quelques mois plus tard, Adrien Duquesnoy écrira dans son *Journal* : « J'ai ouï les membres de l'Assemblée me demander : qu'est donc devenu l'abbé Sieyès ? — Non, messieurs, il agit ; ne savez-vous pas que c'est lui qui fait la division du royaume, que ce que vous entendez dire à M. Thouret est son ouvrage ? L'abbé Sieyès... est au moment actuel l'agent, le moteur, de tout ce qui se fait d'important »[4].

La discussion sur le projet de Thouret — ou de Thouret et Sieyès — commence le 3 novembre 1789. Thouret reprend à la tribune — se référant expressément à l'illustre abbé — les idées qu'avait développées Sieyès un mois plus tôt dans sa brochure *Observations par un député à l'Assemblée nationale ... concernant la nouvelle organisation de la France.* Ainsi Sieyès pouvait-il être dans le débat sans y être, ce qu'il ne détestait pas.

Dans son projet Sieyès se défend longuement, ou défend les Constituants qui reprendront ses idées, d'inventer une division purement idéale du territoire, en carrés d'égale superficie. Il répond aux reproches de « géométrisme », d'arbitraire, qui lui seront faits**. Cette précaution

---

* Alors qu'il apparaît dans de nombreux écrits antérieurs, et dès 1764 chez d'Argenson.
** Les Archives nationales conservent le texte de deux rapports intitulés par Sieyès *Plan proposé au comité de Constitution pour la division de la France, 1789,* et *Bases Constitution 720 grandes communes* (A.N. 284 AP 4, dossier 4) qui semblent avoir préparé la brochure. Fortoul a mentionné de sa main : « Deux rapports du plus haut prix et qu'il faut publier. Monuments de notre histoire. »

prise, il se livre à son imagination et il propose la division de la France en 81 départements, selon un plan très révélateur de sa mentalité et de sa culture :

> « Voici comment je me figure qu'une nouvelle division de la superficie du royaume peut être exécutée. Je commencerais par me procurer la grande carte des triangles de Cassini★ ; c'est celle, sans contredit, où les positions sont les plus exactes. Je la partagerais d'abord géométriquement d'après les proportions adoptées par le comité de Constitution. En prenant Paris pour centre, je formerais un carré parfait de neuf lieues de rayon, ou de dix-huit lieues sur dix-huit, ce qui ferait trois cent vingt-quatre lieues de superficie ; c'est là un département territorial. Sur chaque côté de ce premier carré, j'en formerais un autre de la même étendue, et ainsi de suite jusqu'aux frontières les plus reculées. Il est visible qu'en approchant des frontières, je n'aurai plus mon carré parfait ; mais je marquerai toujours, autant que possible, des espaces comprenant à peu près trois cent vingt-quatre lieues de superficie. La configuration en sera très irrégulière ; mais c'est la nécessité qui le veut ainsi. Il est plus que vraisemblable qu'il y aura de cette sorte quatre-vingts départements, puisque quatre-vingts divisions de trois cent vingt-quatre lieues de superficie épuisent à peu près les vingt-six mille lieues que l'on suppose à la totalité du territoire français. J'y joindrais un département pour l'île de Corse, ce qui fait quatre-vingt-un. Quant à nos îles d'Amérique et autres possessions lointaines, c'est une question de savoir si, pour leur intérêt et celui de la France elle-même, il ne vaudrait pas mieux qu'elles eussent une représentation dans leur sein ; et seulement une députation *fédérale* auprès de la métropole. »

Mais l'abbé suggère aussitôt d' « adoucir » sa géométrie, purement idéale, en tenant compte des cartes géographiques de la France. Il faut éviter, par exemple, qu'une ligne séparant deux départements ne coupe une maison, un clocher. « Alors tous mes carrés prenant des formes irrégulières, ce que l'un perd, l'autre le gagne. » Les carrés se modifient, sans trop s'éloigner de la dimension idéale. « Après quoi, écrit Sieyès, j'ai une première conférence avec quelques membres de toutes les provinces ; je leur montre mon travail, et je demande leur avis, d'après lequel je corrige ce qui est à corriger. »

Ainsi construits les départements, Sieyès entreprend un second travail :

> « Je commence ensuite un second travail plus détaillé. Je partage tous mes départements en neuf *communes de trente-six lieues carrées*, ou six sur six, du moins autant qu'il est possible. Cette nouvelle division est encore purement géométrique ; aussi ne me sert-elle que comme guide, pour m'avertir de ne pas trop m'éloigner. Elle facilite mon travail, et voilà tout.

★ César François Cassini de Thury (1714-1784), directeur de l'Observatoire de Paris, commença une *Carte topographique de la France* qui fut terminée par son fils Jacques Dominique. Celui-ci, également directeur de l'Observatoire, en fut chassé par la Révolution qui transforma l'établissement.

Je consulte donc de nouveau les cartes de l'Académie, je consulte les députés des lieux, et je marque les frontières des communes...
» Alors j'ai à colorier distinctement dans les sept cent vingt, ou sept cent vingt-neuf communes, toutes les villes qui peuvent s'y trouver, avec la prétention de devenir chef-lieu de département ou de commune. Les députés eux-mêmes peuvent s'assembler par généralité et faire ce choix ; après quoi il ne reste qu'à faire mettre la carte au net. »

Il reste à Sieyès à tracer la carte des plus petites subdivisions, celles qu'il voudrait, comme le comité, appeler des « cantons » :

« Ils ne pourront être sans inconvénient de plus de quatre lieues carrées... Il est bon que les membres de la même assemblée primaire soient à portée de se voir, de se connaître, de former des relations ensemble, sans trop se déplacer. »

Et l'abbé reprend alors toute sa construction, partant du canton, remontant au département, pour en démontrer l'unité. Dans chaque canton, les citoyens actifs formeront une « assemblée primaire ». Le nombre des assemblées primaires variera entre 6 480 et 8 530. En excluant les femmes « dans l'état présent des mœurs », les mendiants, les vagabonds, les non-domiciliés, en exigeant la condition du paiement d'une contribution égale à « trois journées de travail » selon le vœu du comité de Constitution, on peut arriver à un chiffre moyen de 600 électeurs par assemblée primaire de canton : au moins dans un premier temps, car on doit espérer que les progrès de l'éducation et de la richesse accroîtront leur nombre. Les fonctions des assemblées primaires seront d'abord de dresser la liste des citoyens actifs du canton, ensuite de « faire le tableau de ses éligibles pour la représentation », c'est-à-dire de ceux de ses membres qui seront jugés capables de siéger aux diverses assemblées. Enfin l'assemblée primaire devra procéder à l'élection de ses représentants à l'assemblée de la commune à raison d'un membre pour deux cents : le résultat global en sera, assure l'abbé, « que 22 000 députés représentant les assemblées primaires, siégeront dans les 729 communes » que le projet comportera normalement.

Ainsi seront composées les assemblées dites « communales ». Chacune devra comporter au moins 27 membres. L'abbé observe au passage les difficultés que l'on rencontrerait à appliquer son système à Paris, et il promet d'y revenir. Après avoir écarté la complication, selon lui inutile, « d'un degré intermédiaire entre l'assemblée communale et l'Assemblée nationale », il explique que les assemblées communales d'un même département pourront, selon plusieurs modalités possibles qu'il expose, former les « assemblées de département ». Celles-ci éliront à leur tour les députés à l'Assemblée nationale, c'est-à-dire les 729 députés nationaux. De combien de représentants l'assemblée de chaque département devra-t-elle être composée ? De 81 représentants, comme l'a proposé le comité de Constitution ? Sieyès préférerait le double, soit 162, ou peut-être même le triple. Mais un changement de ce nombre ne change rien au projet. L'abbé renvoie à de nouvelles observations le reste des difficultés, et achève son méticuleux travail en rappelant la fonction, mais aussi les limites de l'organisation nouvelle :

> « Je me réserve de prouver quand il en sera temps, que les assemblées communales, provinciales * et nationale, doivent compter dans le nombre de leurs fonctions le tableau des *éligibles pour l'administration* dans toute l'étendue de leur effort. Une autre fonction des assemblées communales et provinciales est de nommer les deux *directoires* collatéraux pour l'impôt et la milice ; de les surveiller et de recevoir les comptes. Mais il n'entrera jamais dans l'esprit d'un homme sensé, que l'une ou l'autre de ces assemblées puisse se rendre permanente pour diriger, c'est-à-dire entraver la véritable législature. Les assemblées intermédiaires entre le corps législatif et les comices doivent, au moment qu'elles ont fini leurs opérations, se séparer, se disperser jusqu'à l'année suivante. Les affaires seront suivies par les directoires, qui, comparables à ce qu'on appelle aujourd'hui les commissions intermédiaires des assemblées provinciales, auront toutes les parties de l'agence, et ne se mêleront cependant point d'exercer eux-mêmes aucune des fonctions législatives. »

Ainsi Sieyès entendait-il lier et ordonner les différentes parties au tout, afin de réaliser, selon une géométrie et une arithmétique rigoureuses, l' « adunation » politique dont il rêve. Que Sieyès, façonné par les Lumières, ait ainsi voulu inventer les divisions de la France à partir de la raison pure, sans égard aux traditions qu'il rejette, à ce qu'il restait des divisions anciennes, ne peut surprendre. C'est l'ordinaire de son esprit philosophique nourri de mathématiques, de logique, d'économie, de tout hormis de l'histoire. « Je laisse, avait-il orgueilleusement écrit, les nations formées au hasard. Je suppose que la raison tardive va présider à l'établissement d'une société humaine... » **. Mais le projet de l'abbé n'est pas qu'un projet « raisonnable », ou raisonnant, inventant une société idéale. Il est d'abord un projet politique. Sieyès veut assurer définitivement, en imposant des divisions nouvelles nées de la logique et de la géométrie, le démantèlement de l'Ancien Régime. Il entend aussi construire une rigoureuse égalité des citoyennetés, du moins dans la catégorie des citoyens actifs, la seule sur laquelle il réfléchit. Et, au-delà, il veut sans doute jeter les fondements d'une décentralisation nouvelle, contraire à l'incessant mouvement de l'Ancien Régime, et qui donnerait aux cantons, aux communes, aux départements, compétences et responsabilités ***

---

* Sieyès dit « provinciales », par habitude ou précaution, mais il veut dire « départementales ».

** *Supra*, p. 34.

*** Zapperi estime que Sieyès s'est inspiré — sans le bien comprendre et en le déformant — du découpage esquissé par Rousseau dans ses *Considérations sur le gouvernement de Pologne et sur sa reformation souhaitée*[5]. Le morcellement de la France proposé par Sieyès n'aurait, pour Zapperi, eu d'autre objet « que d'assurer une liaison

Dès le 29 octobre, on avait annoncé que la carte des nouvelles divisions serait soumise aux membres de l'Assemblée nationale, puis envoyée aux provinces, pour être ensuite corrigée. Le projet du Comité posait en principe que la France serait divisée en 81 départements (Paris formant un départemen⁺ spécial), chaque département en 9 communes, chaque commune en 9 cantons. Il ne s'éloignait que peu des propositions de Sieyès. Mirabeau s'éleva vivement contre l'idéalisme du projet. Il demanda que l'on prenne en considération non l'égalité de superficie des futurs départements, mais leur égalité d'importance, traduite notamment par leur population. Il suggéra 120 départements. Barnave critiqua le projet du comité, et à travers celui-ci les idées de Sieyès. Il objecta que l'on avait trop cherché à corriger par le génie ce que les usages avaient consacré [7]. Il proposa de renoncer aux communes, et de diviser chaque département en 3 ou 4 districts.

Le débat à l'Assemblée fut compliqué, souvent confus. Le 11 novembre, l'Assemblée décidait qu'il y aurait entre 72 et 85 départements *. Le 12, elle confirmait la division des départements en communes, mais elle modifiait leur nom, sur la proposition de Malouet, et les désignait du nom de « districts ». Corrigeant l'excès de rigueur du projet de Sieyès, elle décidait que le nombre des districts pourrait varier selon les départements, et qu'il serait fixé après consultation des députés de la province, en tenant compte des besoins locaux.

Le décret établissant les 83 départements français ne sera voté que le 15 janvier 1790, le décret délimitant leurs frontières sera adopté le 26 février. Le découpage de la France nouvelle s'éloignait sensiblement des vues théoriques de Sieyès. C'est que l'établissement de la « carte » des départements avait été le résultat de laborieuses négociations. Parfois on avait retenu les limites des anciennes provinces, parfois on avait tenu compte des rivalités entre les villes, des ambitions locales, des projets d'établissement de tribunaux. On était loin du découpage géométrique qu'avait espéré Sieyès, et ce découpage disparate fait de compromis, trop influencé par l'opportunité, pas assez par la logique et la raison, fit souffrir l'abbé.

---

efficace entre le centre et la périphérie, dans le sens de la plus étroite dépendance de celle-ci par rapport à celui-là ». Sieyès n'aurait pensé qu'à fractionner les pouvoirs locaux pour mieux les affaiblir, et à instaurer une hiérarchie administrative rigoureusement centralisée [6]. Il aurait ainsi préparé la centralisation napoléonienne. Ne manquaient que les préfets... Mais cette théorie — rétrospectivement appuyée sur l'histoire — oblige, semble-t-il, à une lecture partielle, et partiale, de Sieyès. Celui-ci paraît avoir cru réellement que ses grandes Communes animeraient le développement civique, économique, social, sur tout le territoire, et notamment dans les campagnes. Mais le projet de Sieyès fut dénaturé.

* Rabaut Saint-Etienne fit savoir à l'Assemblée qu'aidée des cartes et des ingénieurs du ministère de la Guerre et d'un « géographe capable », l'Assemblée avait déjà pu tracer les frontières de 40 départements...

Sur la « commune » ou « municipalité », structure de base de la nouvelle société, la discussion fut difficile, parfois passionnée. Les intérêts, les ambitions, les traditions, s'en mêlèrent. Le 12 novembre l'Assemblée décida, pour satisfaire tous les intérêts, qu'il y aurait une municipalité dans chaque ville, dans chaque bourg, dans chaque paroisse ou communauté de campagne. Ainsi volait en éclats le projet de Sieyès, celui de grandes communautés, destiné à former l'esprit public dans les campagnes et à permettre l'entreprise de grands travaux [8]. Ce sont 44 000 communes que la décision de l'Assemblée porte en germe, 44 000 communes dont les seuls citoyens actifs devront élire la « municipalité » et, tous les deux ans, le maire, chef du corps municipal, « procureur de la commune » chargé de la gestion des biens. De même les districts seront confiés à un « conseil général » délibérant, et à un directoire élu pour quatre ans, constituant l'exécutif local. La même organisation se retrouvera au département : un conseil général, un directoire, un procureur général syndic. Mais tous ces corps administratifs élus, munis des droits de police et de réquisition, ne seront chargés que d'appliquer la législation. La loi du 22 décembre 1789 les placera sous la dépendance directe du Roi*.

Ainsi naquirent ces 44 000 municipalités, qui pèseront d'un poids lourd sur les événements ultérieurs. « Germe d'anarchie spontanée », dira Taine. D'autres, comme Jaurès, y verront au contraire la consécration du « seul gouvernement spontané susceptible de suppléer aux défaillances du pouvoir exécutif », un véritable progrès de la démocratie. Sieyès, dont le projet avait été largement dénaturé, en portera la responsabilité parce qu'il restera, pour l'histoire, l'auteur de la nouvelle organisation. Il devra en assumer pour les uns le mérite, pour les autres le discrédit. En octobre 1791, répondant à Clermont-Tonnerre qui le rendra responsable d'une administration éclatée menaçant la souveraineté nationale, Sieyès dira : « Mon système, monsieur, a toujours été aux antipodes de celui que vous me prêtez si gratuitement... Le décret qui établit les 44 000 municipalités a été fait, s'il m'en souvient, à l'Archevêché, au commencement de novembre... Il me fit éprouver un tel mélange de douleur et d'indignation que depuis ce moment je ne crois pas avoir passé un seul jour sans les manifester... Peut-être est-ce à ces opiniâtres doléances de ma part, et quelques fois aux sarcasmes que je me suis permis... que je dois principalement attribuer la jolie réputation d'humeur que je me suis faite dans l'Assemblée » [9]. Et il est vrai que Sieyès avait voulu canaliser le mouvement anarchique des municipalités — dont il était le témoin anxieux — par l'organisation de ses « cantons », vastes municipalités capables d'ordonner la poussière des intérêts et de

---

* Il n'y aura, dit l'art. IX de la loi du 22 décembre 1789, aucun intermédiaire entre les administrateurs de département et le pouvoir exécutif suprême.

promouvoir le progrès des campagnes. Il avait échoué. La Révolution
n'avait eu ni la volonté, ni le courage, de s'opposer au foisonnement des
pouvoirs et des carrières qui commençaient de s'improviser sur les ruines
de l'ancienne monarchie. Elle en paiera le prix.

IX

VOUS AVEZ DAIGNÉ PENSER À MOI

Dans les mois qui suivent, Sieyès n'intervient plus guère à l'Assemblée. Il semble s'éloigner. A-t-il mal supporté ses échecs, que ses succès ne peuvent jamais compenser tant son orgueil les dramatise ? Est-ce l'effet de sa lassitude naturelle, de sa « mélancolie sauvage » prêtes à toujours l'arracher à l'action ? N'est-ce pas surtout qu'il se sent débordé par des événements, et des mentalités où il ne se retrouve plus ?

Sieyès est cependant présent, en janvier 1790, dans le débat sur la liberté de la presse, que rendait urgent le débordement des écrits. *L'Ami du Peuple* de Marat ne cessait de s'acharner sur les personnes et les idées, accumulant injures et menaces. Des caricatures, des libelles se répandaient à profusion à Paris et en province, calomniant et ridiculisant les personnalités en vue, dont bien sûr Sieyès lui-même. Proclamée en août 1789, la liberté d'opinion n'avait pas été réglementée. La Déclaration des droits de l'homme s'était montrée aussi libérale que vague. Le principe de la liberté avait été adopté dans les termes généraux proposés par La Rochefoucauld : « La libre communication des pensées et des opinions est un des droits les plus précieux de l'homme ; tout citoyen peut donc parler, écrire, imprimer librement, sauf à répondre de l'abus de cette liberté dans les cas déterminés par la loi. » Mais où commençait l'abus de la liberté ? Voici que l'Assemblée, agacée depuis quelques mois par les écrits des démagogues et des agitateurs, estime avoir maintenant besoin de réprimer les abus dont elle souffre. Le 12 janvier, elle demande au comité de Constitution de préparer une loi restrictive. Sieyès est déjà prêt. Et c'est un « projet de loi contre les délits qui peuvent se commettre par la voie de l'impression et par la publication des écrits et des gravures » que Sieyès vient soutenir à l'Assemblée le 20 janvier 1790 au nom du comité *. Qui, mieux que Sieyès, sait l'importance de la liberté

---

* Sieyès s'est peut-être aidé de Condorcet pour rédiger son rapport [1]. Adrien Duquesnoy qui assista aux débats, dit que Sieyès parla dans le tumulte et fut souvent interrompu. « Ce qui mérite, ajoute-t-il, l'attention d'un philosophe, c'est qu'on se soit occupé à restreindre la liberté de la presse dans une assemblée où l'on a de la liberté une idée trop exagérée » [2].

d'expression, dont il a si bien profité, dans le développement des causes qui ont conduit à la Révolution, et assuré son succès ? *. Sieyès magnifie la liberté de la presse, il en pressent le rôle dans les siècles à venir :

> « Voyez les effets de la presse : cette cause se change en une source féconde de prospérité nationale ; elle devient la sentinelle et la véritable sauvegarde de la liberté publique ; c'est bien la faute des gouvernements, s'ils n'ont pas su, s'ils n'ont pas voulu en tirer tout le fruit qu'elle leur promettait. Voulez-vous réformer les abus ? Elle vous préparera les voies, balaiera, pour ainsi dire, cette foule d'obstacles que l'ignorance, l'intérêt personnel, la mauvaise foi s'efforcent d'élever sur votre route. Au flambeau de l'opinion publique, tous les ennemis de la Nation et de l'égalité, qui doivent l'être aussi des Lumières, se hâtent de retirer leurs honteux desseins. Avez-vous besoin d'une bonne institution ? Laissez la presse vous servir de précurseur, laissez les écrits des citoyens éclairés disposer les esprits à sentir le besoin du bien que vous voulez leur faire, et, qu'on y fasse attention, c'est ainsi qu'on prépare les bonnes lois ; c'est ainsi qu'elles produisent tout leur effet, et que l'on épargne aux hommes, qui hélas ! n'en jouissent jamais trop tôt, le long apprentissage des siècles. » L'imprimerie a changé le sort de l'Europe, *elle changera la face du monde ;* je la considère comme une nouvelle faculté ajoutée aux plus belles facultés de l'homme ; par elle la liberté cesse d'être resserrée dans de petites agrégations républicaines, elle se répand sur les royaumes, sur les empires ; l'imprimerie est pour l'immensité de l'espace ce qu'était la voix de l'orateur sur la place publique d'Athènes et de Rome ; par elle la pensée de l'homme de génie se porte à la fois dans tous les lieux, elle frappe, pour ainsi dire, l'oreille de l'espèce humaine entière. »[3].

Mais cette liberté — qui « changera la face du monde » — se détruira elle-même, si l'on tolère les abus qui la dénaturent. Sieyès a donc travaillé à une réglementation détaillée. Son projet prévoit, en son titre Ier, toute une série de délits commis par l'écrit : excitation au refus d'exécuter la loi, excitation à la violence, excitation à la reddition ou à l'émeute, incitation au crime, dénonciation calomnieuse, atteinte à l'honneur, injure, contrefaçon. Dans son titre II il définit les personnes auxquelles le délit de presse est imputable, et dans son titre III il pose le principe, appelé à un bel avenir, de la compétence du jury criminel pour les connaître :

> « Ce n'est pas en vertu d'une loi que les citoyens pensent, parlent, écrivent et publient leur pensée. C'est en vertu de leurs droits naturels, droits que les hommes ont apportés dans l'association... mais en même

* Sieyès avait écrit, dans son projet de Déclaration des Droits : « Personne n'est responsable de sa pensée ni de ses sentiments, tout homme a le droit de parler ou de se taire ; nulle manière de publier ses pensées et ses sentiments ne doit être interdite à personne ; et en particulier chacun est libre d'écrire, d'imprimer ou de faire imprimer ce que bon lui semble, toujours à la seule condition de ne pas donner atteinte aux droits d'autrui » (Art. V).

temps, si l'on veut que la loi protège en effet la liberté du citoyen, il faut qu'elle sache réprimer les atteintes qui peuvent lui être portées. La loi doit marquer, dans les actions naturellement libres de chaque individu, le point au-delà duquel elles deviendraient nuisibles aux droits d'autrui : là, elle doit placer des signaux, poser des bornes, défendre de les passer, et punir le téméraire qui oserait désobéir. »

Loi de liberté ? Loi de répression ? Sieyès intervient-il parce qu'il est très sensible à la calomnie, et très calomnié ? Ou parce qu'il a une vision, plus lucide que ses contemporains, du rôle de la presse dans les sociétés nouvelles, de sa puissance sur l'opinion publique, de sa force politique ? Il se sépare résolument des adorateurs d'une liberté de la presse sans mesure et sans loi. Son projet, étonnamment moderne, s'applique à protéger la liberté de la presse par une répression mesurée de ses excès Mais en janvier 1790, le vent dominant qui souffle à l'Assemblée pousse à une liberté sans limites, parce que fraîchement conquise. Personne n'intervient pour contredire Sieyès. L'Assemblée admire son travail, décrète l'impression du rapport et du projet, mais elle décide, pour éviter un débat redoutable, de réfléchir et de surseoir Elle votera dans les mois qui suivront quelques dispositions fragmentaires contre les auteurs et colporteurs d'écrits incitant à l'insurrection. Il faudra attendre l'année 1796 pour qu'une assemblée adopte une véritable loi sur la presse, où se retrouveront plusieurs des propositions de Sieyès.

Il reste que, dans ce débat touchant à une liberté fondamentale, Sieyès a semblé l'ennemi d'une liberté sans entrave, vite enclin à la répression. Et de nouveau le fondateur de la Révolution est soupçonné de devenir un contre-révolutionnaire. *L'Ami du Peuple* du 22 janvier imprime qu' « il ne faudra pas perdre un instant de vue l'abbé Sieyès ». Le Club des Cordeliers * fondera bientôt une « Société des Amis de la liberté indéfinie de la presse », et l'abbé y sera violemment attaqué. Des libelles sont publiés, fustigeant le traître Sieyès qui foule aux pieds la liberté. « O Sieyès ! Quelle honte ! écrit Camille Desmoulins, je le prenais pour un Romain. Aujourd'hui je vois bien que ce n'est qu'un chanoine de Chartres »[4]. Les journaux de droite ne ménagent pas davantage Sieyès. C'est que, dans le moment, la liberté de la presse pourrait leur profiter, comme leur profite l'anarchie, et il ne faut pas que la Révolution s'organise ni se défende. Sieyès se voit critiqué à droite comme à gauche

---

* Le Club des Cordeliers — qui prit lui aussi le nom du couvent où il s'installa, sera fondé en avril 1790. Au départ animé par Danton et Marat, il se situera sur la « gauche » du Club des Jacobins, et participera, sinon organisera les journées insurrectionnelles de 1792 et 1793. Camille Desmoulins y sera un orateur écouté. Le « prêtre » Sieyès sera constamment dénoncé par le Club.

Il se croit entouré d'ennemis et d'ingrats. Voici pour lui de nouvelles raisons de s'enfermer dans sa solitude.

On le verra encore intervenir dans le débat sur l'organisation judiciaire. Comme tous ses contemporains, Sieyès avait beaucoup réfléchi sur la Justice. C'est qu'elle avait été, sous l'Ancien Régime, le lieu de beaucoup d'abus et de privilèges insupportables. Les cahiers de doléances soumis aux Etats Généraux avaient été nourris des critiques sur l'organisation judiciaire, dénonçant les jugements arbitraires, iniques, les dénis de justice, la justice trop chère, trop lente, protégeant les grands, écrasant les petits. Sans doute Sieyès avait-il davantage travaillé sur la justice pénale — il avait été un lecteur admiratif de Beccaria — que sur la justice civile. Dès septembre 1789 il avait, à la demande du comité de Constitution, commencé de rédiger un projet d'organisation judiciaire qu'il avait communiqué en mars 1790. Le texte — en 176 articles — était fondé sur quelques principes que Sieyès tenait pour conformes à l'organisation nouvelle du pouvoir. La justice serait rendue au nom du Roi, elle comporterait deux degrés de juridiction, l'un au district, l'autre au département, tous les juges seraient élus, enfin les jurys de citoyens concourraient à rendre la justice tant en matière civile qu'en matière criminelle*. Les membres des jurys devaient être tirés d'une liste spéciale d'éligibles, dits « conseillers de Justice », formée par le corps électoral du département. Sur cette liste tous les citoyens connus sous le nom de « gens de loi » devaient obligatoirement figurer, mais elle pouvait être complétée par d'autres citoyens « recommandables par leurs lumières et leur sagesse » : plus tard on cherchera dans ce projet l'un des signes d'une volonté systématique de Sieyès, soucieux d'établir, dans tous les domaines, la suprématie des notables. Enfin au sommet de son édifice, Sieyès installait, à Paris, une Cour nationale composée des « grands juges de France », soit 83 juges, chaque juge étant élu par un département. Cette Cour nationale devait être divisée en 4 Hautes Chambres : un « grand Conseil de police » de 6 membres, qui maintiendrait l'unité de principes et de surveillances dans toute la police du royaume** ; un « grand Conseil de révision » de 36 juges qui casserait les arrêts de département pour vice de forme, pour variation de jurisprudence dans la juridiction, ou pour divergences de jurisprudence de diverses juridictions*** ; un « Tribunal politique » de 36 juges, qui jugerait en appel les délits commis par les mandataires ou agents de tout

* Pour Sieyès, le jury civil et le jury criminel devaient statuer en droit comme en fait, du moins à titre provisoire, « et jusqu'à ce que la France soit purgée de ses différentes coutumes ».
** Les 6 membres du grand Conseil de police constituaient en outre le Ministère public devant les autres chambres.
*** Le grand Conseil de révision, après avoir cassé un arrêt d'un tribunal de département devait renvoyer l'affaire devant le tribunal d'un département voisin.

rang de la puissance publique ; enfin un « Tribunal des crimes d'Etat », composé seulement de 5 grands juges et assisté d'un grand jury composé des membres de l'Assemblée nationale. La Cour nationale, toutes chambres réunies, devrait être compétente pour connaître des infractions autres que les crimes d'Etat, qui auraient été commis par les ministres et les grands mandataires du pouvoir exécutif. Avec la précision dont il était coutumier, Sieyès chiffrait à 9 088 000 livres le coût global de sa nouvelle organisation judiciaire !

Le débat s'ouvrit à l'Assemblée le 24 mars 1790. Dans une Assemblée dominée par des avocats et hantée par les abus de l'Ancien Régime, il devait provoquer un intérêt passionné. Plusieurs des principes proposés par Sieyès furent retenus, mais ils étaient déjà dans la plupart des esprits : nul désaccord sur l'unité du système judiciaire, la condamnation des juridictions d'exception, l'affirmation de l'indépendance de la Justice, la substitution de l'élection des juges à la vénalité des offices, le double degré de juridiction.

La question du jury ne fut examinée que le 5 avril. Thouret, qui présentait le rapport du comité, soutint l'institution du jury en matière criminelle, comme sauvegarde de la liberté individuelle. Mais il proposa, en matière civile, de l'ajourner, en raison de la prudence que commandaient la situation politique, l'état des mœurs et des habitudes. Dans les jours qui suivirent, Roederer, Buzot, Rabaut Saint-Etienne, Le Chapelier vinrent soutenir le projet de Sieyès. Le Chapelier souhaita seulement que l'on précisât qui seraient ces « jurés » avant de décider de leurs attributions. Alors, de tous côtés, on sollicite que Sieyès vienne à la tribune. Il s'y résout, il prend la parole sous les applaudissements, et ce jour-là, il est écouté dans le plus grand respect. Sieyès tente de réfuter les arguments de Thouret. Il observe que son jury civil répondra à l'exigence de compétence puisqu'il sera composé en majorité de spécialistes du droit. Il ne voit pas de raison de distinguer entre le jury civil et le jury criminel : « S'il est vrai que nous soyons unis pour la liberté, nous devons l'être pour le jury civil comme pour le jury criminel ; si au contraire nous ne sommes pas dignes de la liberté, convenons-en, l'un et l'autre jury sont également prématurés... » Roederer intervient à l'appui de celui qui deviendra, le temps passant, son ami. Clermont-Tonnerre * à son tour, après avoir rendu un vibrant hommage à Sieyès et à ses idées — « il est des hommes qui sont le patrimoine de leur siècle et de leur pays » —, demande la priorité pour le plan de Sieyès, le seul qui soit, dit-il, cohérent et achevé. Il semble que Sieyès soit sur le point de l'emporter... mais la discussion est ajournée.

---

　　* Colonel du régiment de Royal-Navarre, ami des encyclopédistes, député de la Noblesse élu à Paris, Stanislas de Clermont-Tonnerre fut l'un des fermes soutiens d'une monarchie constitutionnelle de type anglais. Il fut lié avec Sieyès. Il sera assassiné le 10 août 1792.

Quand elle reprend, le 28 avril, le rapport de forces a changé. Thouret qui, entre-temps, a rassemblé ses amis, s'applique à démontrer, tout en professant un très grand respect, que le plan de Sieyès est faussement libéral. Il tend, en effet, dit Thouret, à concentrer toute la justice dans la classe des gens de loi, à « instituer tous les avocats d'un même tribunal successivement juges les uns des autres ». Le plan de Sieyès semble aussi utopique que compliqué. Par surcroît, observe Thouret, les jurés de Sieyès sont des juges. Ils doivent connaître du droit et du fait. Or cette confusion des compétences, qui les séparerait tout à fait des jurés britanniques, n'est pas protectrice de la liberté ni de la sûreté individuelles... Habilement Thouret ne s'attache qu'au procès criminel. Seule, proclame-t-il, la séparation du jugement sur le fait, et du jugement sur la peine, peut garantir la liberté, et il invoque bien sûr le mode anglais. Ainsi Thouret essaie-t-il de retourner contre Sieyès les principes de la Révolution présentant le projet de l'illustre abbé comme un travail corporatiste, au service des hommes de loi. Et Thouret s'efforce d'effrayer l'Assemblée en chiffrant le coût réel, énorme selon lui, de la réforme proposée par Sieyès. Plusieurs avocats interviennent ensuite, mettant en avant leur expérience de praticiens. Sieyès reçoit de rares appuis dont celui de Robespierre, qui défend fermement l'institution du jury civil :

« Tous les opinants adoptent l'établissement des jurés au criminel. Eh ! quelle différence peut-on trouver entre les deux parties distinctes de notre procédure ? Dans l'une il s'agit de l'honneur et de la vie ; dans l'autre de l'honneur et de la fortune. Si l'ordre judiciaire au criminel sans jurés est insuffisant pour garantir ma vie et mon honneur, il l'est également au civil, et je réclame les jurés pour mon honneur et pour ma fortune. On dit que cette institution au civil est impossible : des hommes qui veulent être libres et qui en ont senti le besoin sont capables de surmonter toutes les difficultés ; et s'il est une preuve de la possibilité d'exécuter l'institution qu'on attaque, je la trouve dans cette observation que beaucoup d'hommes instruits ont parlé dans cette affaire sans présenter une objection soutenable ! Peut-on prouver qu'il est impossible de faire ce que l'on fait ailleurs, qu'il est impossible de trouver des juges assez éclairés pour juger des faits ? Mais partout, malgré la complication de nos lois, malgré tous nos commentaires, les faits sont toujours des faits ; toute question de fait sur une vente se réduira toujours à ce point : la vente a-t-elle été faite ? (Murmures.) J'éprouve en ce moment même que l'on confond encore le fait et le droit. Quelle est la nature de la vente ? Voilà ce qui appartient à la loi et aux juges. N'avez-vous pas vendu ? Cette question appartient aux jurés... Quoi ! vous voulez donc que le bon sens, que la raison soient exclusivement affectés aux hommes qui portent une certaine robe ? On a dit que notre situation politique ne permet pas l'établissement des jurés : quelle est donc notre situation politique ? Les Français, timides esclaves du despotisme, sont changés par la Révolution en un peuple libre qui ne connaît pas d'obstacles quand il s'agit d'assurer la liberté ; nous sommes au moment où toutes les vérités peuvent paraître, où toutes seront accueillies par le patriotisme. »

Puis Sieyès reprend la parole, tente une dernière fois de convaincre l'Assemblée. Mais la priorité est finalement refusée à son projet. « Le grand homme, dira son ami Œlsner[5], était vaincu par ces légistes à petites conceptions, perdus dans les détails et qui jamais n'ont pu ni embrasser ni produire une grande idée. » Beaucoup des principes qu'avait soutenus l'abbé se retrouveront cependant dans la grande loi sur l'organisation judiciaire qui sera votée les 16-24 août 1790. Mais Sieyès s'estime vaincu. Il se tait obstinément dans la suite du débat.

Pourtant sa position à l'Assemblée reste forte. Mais il semble que ce soient maintenant les modérés qui l'appuient. En février 1790, il a été question de porter Sieyès à la présidence de l'Assemblée. Au Club des Jacobins, qui selon son usage se prononçait, au préalable, sur l'élection des présidents, pour faire ensuite pression sur le vote à l'Assemblée, Talleyrand a fait plus de voix que Sieyès. Ainsi Sieyès est présenté, contre Talleyrand, comme le candidat des modérés *. Et le lendemain, à l'Assemblée, l'évêque l'emporte sans mal sur l'abbé **. Sieyès battu croit payer ainsi les positions qu'il a prises sur les biens du clergé et sur la presse. A nouveau, le 4 juin, les Jacobins délibèrent sur l'élection d'un nouveau président ***. A nouveau Sieyès est battu au vote préparatoire, écrasé par Le Peletier de Saint-Fargeau ****, Président à mortier qui n'est pas membre du Club mais qui appartient à l'entourage de Duport. Sieyès ne se fait pas d'illusions. Il est victime des intrigues de la « faction laméthique », de Barnave, de Duport : tous le détestent et le redoutent. Mais étrangement le 6 juin, lorsque vote l'Assemblée, la tendance se retourne. Au troisième tour c'est Sieyès qui est élu, de justesse, battant Le Peletier de Saint-Fargeau. Il est salué en termes très flatteurs par Briois de Baumetz son obscur prédécesseur : « La France, dit celui-ci aux députés, se rappellera toujours M. l'abbé Sieyès vous ouvrant la carrière que vous parcourez si glorieusement... » Sieyès monte au fauteuil présidentiel. Il n'a pas du tout le projet d'être aimable. Son

---

* Le bruit paraît avoir couru que Sieyès fut même en la circonstance soutenu — contre Talleyrand — par les nobles. Etrange situation. Duquesnoy dans son *Journal* y cherche deux raisons : les nobles supposaient que Sieyès présiderait mal, ou encore Sieyès aurait pu mériter leur appui en raison de sa position dans les délibérations sur le clergé. Peut-être aussi poussaient-ils l'abbé Sieyès pour, au dernier moment, choisir une autre personne...[6].

** Talleyrand est élu par 373 voix contre 125 à Sieyès et 105 suffrages dispersés.

*** La présidence ne durait que quinze jours. Certaines personnalités présidèrent plusieurs fois l'Assemblée. Thouret la présida quatre fois. L'Assemblée eut 60 présidents. Ceux-ci n'avaient ni le temps ni le goût d'apprendre leur rôle. Seul, assure Etienne Dumont — mais il est partial —, Mirabeau fut un véritable président[7].

**** Le Peletier de Saint-Fargeau sera député de l'Yonne à la Convention. Il votera la mort du Roi et pour l'avoir votée il sera assassiné le 20 janvier 1793.

discours est fait plus de reproches que de remerciements. Il signale, discrètement mais fermement, le caractère tardif de sa désignation. Il est, dit-il, le dernier des membres du comité de Constitution à présider l'Assemblée :

> « C'est par une suite de cette espèce de loi que vous vous êtes imposée et dans laquelle vous avez voulu n'admettre aucune exception, que vous avez daigné penser à moi... Ne voyez dans ce langage ni un puéril amour-propre ni une vaine ambition de gloire, mais bien l'expression forte et spontanée d'une âme livrée tout entière, et dans tous les temps, à l'amour de la liberté, de l'égalité, tourmentée de toute espèce de servitude et d'injustice, dont les premières pensées ont été pour une Constitution libre, dont les dernières pensées seront encore pour elle... »

Sieyès entend montrer qu'il n'est pas dupe : ce n'est pas un honneur qui lui est fait, c'est une obligation morale que l'Assemblée remplit. Il ne cache pas à l'Assemblée « l'affliction profonde » qu'il ressent à voir que « cette Constitution, si heureusement commencée, ou s'arrête dans sa marche avec tant de raisons de se hâter, ou quelquefois même me semble reculer ». Puis il invoque sa santé, la faiblesse de sa voix. Il prie donc l'Assemblée de lui désigner un remplaçant. Plusieurs députés, dont son ami Le Chapelier, insistent pour qu'il défère au vœu de l'Assemblée. Toujours il aimera être ainsi prié, supplié, être appelé, s'en aller, ou rester à regret. Il finit par consentir, il sera donc président pour quinze jours, selon la règle, jusqu'au 21 juin, jour où Le Peletier de Saint-Fargeau, son concurrent, sera élu pour lui succéder.

La présidence de l'abbé Sieyès sera sans incident et il se fera d'ailleurs remplacer douze fois en quinze jours par l'un de ses prédécesseurs[8], notamment lors du débat sur la Constitution civile du clergé. Mais il aura au moins le plaisir d'accueillir, le 12 juin, son ami Condorcet venu lui présenter une adresse de l'Académie des sciences. Pour Condorcet il préparera un discours de réception : « Nous savons reconnaître et nous aimons le lien de confraternité qui, pour le bonheur de l'espèce humaine, doit toujours unir les législateurs aux philosophes et aux savants », et il invitera Condorcet, au nom de l'Assemblée, à s'asseoir en séance. Hélas, il voyait si peu de philosophes parmi les législateurs qui l'entouraient. ... Il répondra aussi à une adresse des « gens de maison » venus porter leur offrande (3 000 livres), et promettant de faire valoir leurs efforts pour s'élever au-dessus de leur condition inférieure. « L'Assemblée nationale, déclarera le président Sieyès, reçoit avec intérêt, avec attendrissement votre offrande patriotique... et vos civiques regrets sur la suspension momentanée de vos droits politiques... Ne voyez dans les décrets de l'Assemblée nationale qu'une sage précaution qui doit vous être avanta-geuse puisqu'elle tourne à l'utilité publique... L'Assemblée vous permet d'assister à la séance... » Le 20 juin le président de l'Assemblée nationale adressera une lettre émouvante à « Monsieur Washington, président des Etats-Unis de l'Amérique septentrionale » pour dire l'émotion de la Nation française à la suite du décès de Benjamin Franklin... [9].

Sieyès est apparemment célébré. Mais il sait la force des animosités qu'il suscite, il entend les calomnies qui circulent sur son compte, il en souffre. Il voit la gauche s'écarter de lui, et il lui en veut. Sans rompre tout à fait, il s'est peu à peu éloigné du Club des Jacobins qui, plusieurs fois, lui a manifesté sa méfiance et même son hostilité. Il veut créer une autre société, où l'on retournerait aux vrais principes, ceux des premiers jours de la Révolution, où l'on se retrouverait entre gens intelligents et raisonnables. Et le 12 avril 1790, Condorcet, La Fayette, Mirabeau, approuvés par Sieyès, fondent avec quelques amis la « Société de 1789 » — le Club de 89 —, qui est autant une académie qu'un club politique et où viendront de nombreux dissidents du Club des Jacobins [10]. Le Club s'installe d'abord rue de Richelieu, puis au Palais-Royal, dans un bel appartement dont on murmure tantôt qu'il est prêté par le duc d'Orléans, tantôt qu'il est payé par le ministère. Il apparaît en tout cas à beaucoup comme un lieu de contre-révolution. La cotisation assez élevée — trois livres par an — fait jaser. Un club pour riches ? Le Club a pour but d'éditer un journal, de publier des articles, d'organiser des débats. En fait, il semble qu'il soit le lieu de banquets agréables — à vingt livres par tête, dit-on —, de concerts, de fêtes élégantes, vite dénoncés. Le Club 89 restera sans véritable action politique. Il réussira pourtant à rassembler, dans les premiers temps, des noms illustres : on y verra, outre ses fondateurs, Talleyrand, Bailly, Roederer, Le Chapelier, La Rochefoucauld, Dupont de Nemours, Cabanis, Lavoisier, Suard, André et Marie-Joseph Chénier... C'est une assemblée brillante où l'on se retrouve entre initiateurs des temps nouveaux, intellectuels, philosophes. Condorcet rêve d'y réunir l'élite intellectuelle des patriotes. Chez les Jacobins, on soupçonne cette société savante de vouloir réconcilier définitivement le Roi et la Révolution, en soumettant la Révolution au Roi*.

Le 12 mai 1790, la « Société de 1789 » célèbre une grande fête au Palais-Royal. Elle organise un dîner de cent vingt-quatre couverts. Sieyès propose de boire à la nouvelle Constitution, à la ville de Paris, à la garde nationale, aux Etats-Unis d'Amérique, à la Nation, à la loi, au Roi. M. Bailly, maire de Paris, M. de La Fayette, commandant de la garde,

---

* « Ce club conciliateur, écrira Michelet, qui croyait marier la Révolution et la monarchie n'eût abouti, s'il eût réussi, qu'à détruire la Révolution... si elle ne redevenait agressive, elle était perdue » [11].

sont venus et sont fort applaudis[12]. Le 17 juin on donne un nouveau dîner pour célébrer l'anniversaire de la constitution de l'Assemblée. Sieyès, alors président de l'Assemblée, en est le héros. La fête est somptueuse. « Le nerf de ce club opulent, assurera Michelet, est un bon restaurateur »[13]. On compte cent quatre-vingt-dix sociétaires présents[14], l'orchestre est excellent, les vins exquis et servis à profusion. Les fondateurs de la Révolution paraissent aux fenêtres, Sieyès en tête. Ils sont acclamés par la foule. On porte des toasts à la constitution du Tiers Etat en Assemblée nationale, à celui qui en a conçu l'idée, à la grande fête du 14 Juillet qui commence à se préparer*.

Le Moniteur décrit Sieyès « entouré avec tant de gloire par les souvenirs et les mots de constitution et de liberté ». Cette fête est sa fête... Mais Sieyès est trop lucide pour en être vraiment satisfait. Il connaît les intrigues des frères Lameth qui le poursuivent de leur haine. Il sait que La Fayette et ses amis font semblant de le rechercher, de le louer, de le caresser[15], mais qu'ils veulent se débarrasser de lui, et il n'ignore pas que La Fayette s'est rapproché du Roi. Il connaît, il suit de près, de trop près peut-être, les négociations que Mirabeau conduit avec la Cour. Il voit qu'en réalité son autorité n'est qu'apparence. On le respecte, on l'entoure davantage à cause des symboles qu'il porte que de l'influence qu'il exerce. Comme il est susceptible, persécuté même, il aperçoit partout des intrigues qui le visent, des projets scélérats qui tendent à l'exclure. Il participe naturellement à la mentalité générale, si sensible au mythe du complot. Des complots, il en voit partout, qui se nouent autour de lui. Mais on juge mal Sieyès si on ne voit en lui qu'un philosophe égaré dans l'action et malheureux de s'y perdre. Il est, il veut être un politique. Son orgueil et la puissance de son esprit ne cessent de l'emporter puis de le retenir, de le pousser à l'action, puis de l'en écarter. Tel il est, entêté à devenir président de l'Assemblée, puis suppliant qu'on le remplace, et se désintéressant de sa fonction, impatient de faire et de ne pas faire. Il ne cesse de regarder du côté des Jacobins. Il voit quel instrument de pouvoir constitue le Club, et comme il ne peut ou ne veut s'en emparer, il se met à le haïr. Il a fondé la « Société de 1789 » pour combattre l'influence du Club, mais déjà il se désintéresse de sa Société, il l'abandonne, déjà il pense à se rapprocher des Jacobins, à y revenir, à y intriguer. Toujours il veut être entouré d'admirateurs zélés ou d'amis fidèles, mais toujours il pense seul, il agit seul, au risque de les décevoir et de les éloigner. Quand on le célèbre au Palais-Royal, qu'il

---

* La Société éditera le *Journal de la Société de 1789* dont Condorcet assumera la responsabilité. Celui-ci y publiera plusieurs études sur l'administration des finances, l'admission des femmes au droit de cité, les tribunaux d'appel, etc. Dupont de Nemours, André Chénier, La Rochefoucauld donneront également des articles, non Sieyès. Le journal disparaîtra, faute d'argent, en septembre 1790.

porte lui-même, triomphalement, des toasts à l'inventeur de la Révolution, il ne se fait nulle illusion. En ce mois de juin 1790, l'illustre
président de l'Assemblée nationale se sent fragile et menacé. Il l'est.
Moins qu'il ne le croit. Mais plus que sa gloire apparente n'inclinerait à
le laisser penser.

X

SIRE, DE GRÂCE, LEVEZ HAUT LA MAIN!

Partout, en Bretagne, en Franche-Comté, dans le Midi, dans l'Ouest, en Alsace, dans la France entière, les municipalités, les gardes bourgeoises avaient commencé dès juillet 1789 à se rapprocher, à s'unir, à se fédérer pour « être libres ensemble », pour abjurer les privilèges locaux, pour signifier, par des fêtes, par des baptêmes civiques, par des serments prêtés aux Droits de l'homme, à la Nation, au Roi « père des Français » la liberté et la fraternité conquises. Dans le premier semestre de 1790, le mouvement des fédérations intercommunales, interprovinciales, paraissait irrésistible. Pour sceller les initiatives et célébrer l'anniversaire de la prise de la Bastille, fut organisée, à Paris, le 14 juillet 1790, la grande fête de la Fédération qui devait célébrer et symboliser la puissance du mouvement. Dans chaque village avaient été désignés des gardes nationaux qui, réunis aux districts, avaient choisi leurs délégués à la fête. Ceux-ci s'étaient mis en marche pour Paris.

Ce beau jour, tant attendu, tant préparé, il pleuvait. « Le ciel est aristocrate », disait-on. Le Champ-de-Mars, couvert de gradins, avait été transformé en une immense tribune. 160 000 personnes étaient assises, plus de 100 000 debout. Dès sept heures du matin s'était constitué le long cortège formé sur les boulevards : les électeurs de Paris, les représentants de la commune, le bataillon des enfants, le bataillon des vieillards, les 50 000 hommes de la garde nationale, ceux de province, ceux de Paris, les membres de l'Assemblée, tous s'avancèrent à pas lents, parmi les drapeaux. Après eux venaient les délégations des armées de terre et de mer. Le cortège n'arrive au Champ-de-Mars que vers trois heures, attendu par la foule. Devant l'Ecole militaire, une vaste tente sert d'abri au Roi, à la reine, à la Cour. Au milieu du Champ-de-Mars s'élève l'autel de la Patrie. M. de Talleyrand, l'évêque d'Autun, en habits épiscopaux, va y célébrer la messe, entouré de 200 prêtres qui portent des ceintures tricolores et de 400 enfants de chœur vêtus de blanc. Et voici que M. de La Fayette, monté sur son cheval blanc, s'avance au pied du trône. Il a été nommé ce jour-là commandant général de toutes les gardes nationales du royaume. Il met pied à terre, 1 200 musiciens jouent, que l'on entend à peine, « quarante pièces de canons font trembler la terre », il pleut toujours. M. de La Fayette monte à l'autel et jure au nom de tous fidélité à la Nation, à la loi, au Roi, il jure de maintenir la Constitution, il exalte les liens indissolubles de la fraternité : « O Roi, O peuple ! s'exclamera Michelet, attendez... Le ciel écoute, le soleil tout exprès perce le nuage... Prenez garde à vos serments ! Ah ! De quel cœur il jure, ce peuple ! Ah, comme il est crédule encore... Sire, de grâce, levez haut la main, que tout le monde la voie ! » [1]. Le Roi se lève, il renonce au discours que Mirabeau a secrètement préparé pour lui, il répète à haute voix la formule du serment, il jure d'employer tout son pouvoir à maintenir la Constitution, il salue son peuple, il a l'air heureux, les cris jaillissent de la foule : « Vive le Roi ! » La reine prend le dauphin dans ses bras, elle l'élève vers le peuple, on crie : « Vive la reine ! », « Vive le dauphin ! », l'émotion secoue ce peuple qui célèbre l'union de la monarchie et de la liberté ! Un nouveau culte serait-il né, avec ses dogmes, sa liturgie, son autel, ses chants ? [2].

Fête de l'unité nationale et de la fraternité ? Fête de la patrie, unifiée, régénérée par la liberté et l'égalité conquises ? Fête de l'utopie ? L'abbé Sieyès, qu'aucun mouvement du cœur n'entraîne, a des raisons d'être inquiet. Inquiet pour la France : ce 14 juillet 1790 n'est qu'une journée de rêve, d'illusion, une halte dans un mouvement qui lui fait peur. Inquiet aussi pour lui : il se voit, bon gré, mal gré, entouré d'intrigues qu'il ne maîtrise pas. L'intrigue convient sans doute à son tempérament, elle est, pour lui, un moyen d'action parmi d'autres, au service de ce qu'il croit bon pour la Nation, mais il redoute, il déteste les intrigues vaines qui satisfont des carrières ou des intérêts. Sieyès n'a cessé, depuis les premiers jours de la Révolution, d'être proche de Mirabeau. Ni le débat sur la dîme, ni le débat sur le veto royal — où ils s'opposèrent — ne les ont séparés. Sieyès n'ignore pas que Mirabeau a commencé, dès octobre 1789, à se rapprocher de la famille royale, que son ami est devenu le ministre secret du Roi, qu'il a obtenu le paiement de ses dettes, et sans doute qu'il reçoit un salaire. Sieyès, dont le nom n'a cessé d'être utilisé par Mirabeau, a réussi à garder ses distances. Mais, depuis mai 1790, le zèle de Mirabeau s'est accru pour tenter d'entraîner Sieyès à servir les intérêts du Roi. Mirabeau sait que Sieyès est comme lui préoccupé des excès de la Révolution, et il voudrait en profiter. Le 21 mai, dans le grand débat où Mirabeau a tenté de faire attribuer au Roi le droit de guerre et de paix, il a adjuré Sieyès, obstinément silencieux, d'intervenir à ses côtés :

« ... Je ne cacherai pas même mon profond regret que l'homme qui a posé les bases de la Constitution et qui a le plus contribué à votre grand ouvrage, que l'homme qui a révélé au monde les véritables principes du gouvernement représentatif, se condamnant lui-même à un silence que je déplore, que je trouve coupable, à quelque point que ses immenses services aient été méconnus, que l'abbé Sieyès... je lui demande pardon, je le nomme... ne vienne pas poser lui-même dans sa Constitution un des plus grands ressorts de l'ordre social. J'en ai d'autant plus de douleur, qu'écrasé d'un travail trop au-dessus de mes forces intellectuelles, sans cesse ravi au recueillement et à la méditation, qui sont les premières puissances de l'homme, je n'avais pas porté mon esprit sur cette question, accoutumé que j'étais à me reposer sur ce grand penseur de l'achèvement de son ouvrage. Je l'ai pressé, conjuré, supplié au nom de l'amitié dont il m'honore, au nom de l'amour de la patrie, ce sentiment bien autrement énergique et sacré, de nous doter de ses idées, de ne pas laisser cette lacune dans la Constitution : il m'a refusé ; je vous le dénonce. Je vous conjure à mon tour d'obtenir son avis, qui ne doit pas être un secret ; d'arracher enfin au découragement un homme dont je regarde le silence et l'inaction comme une calamité publique. »

Sieyès est resté muet. Que signifie ce discours ? Témoignage spontané d'admiration ? Habile précaution pour étouffer Sieyès sous l'éloge, et l'empêcher de s'opposer à un projet dont Mirabeau sait bien que Sieyès le désapprouve ? Secrète invitation à reprendre du service... aux côtés de Mirabeau ? Dans les semaines qui suivent, Mirabeau presse à plusieurs reprises Sieyès de nouer alliance avec lui. « Il devient bien important que je vous parle, que mon audace se réunisse à votre courage, et ma verve à votre admirable logique »[3]. Le 11 juin 1790, Mirabeau adresse à Sieyès son *Discours sur le droit de paix et de guerre*, avec une lettre nourrie d'admiration mais aussi de reproches respectueux[4] :

« Voici, mon cher maître, mon *Droit de la guerre* qui vous sera un éternel monument (si toutefois vous ne le brûlez pas) de mes sentiments et de mes reproches.
» Voici ma motion d'aujourd'hui, dont le succès vous aura fait plaisir. Notre nation de singes à la voix de perroquets, et qui sera telle tant que vous ne l'aurez pas refaite par un système d'éducation publique tel qu'il n'en existe point encore, prostituera cette nouvelle formule de respect... autrement les législatures à venir porteront aussi votre deuil. Puisse cette époque être dans un demi-siècle ! *Vale et me ama.* »

Le jeu de Sieyès est difficile. Il ne veut pas suivre Mirabeau dans ses intrigues autour du Roi, il reste l'adversaire intraitable de la Cour, dont Mirabeau est devenu peu à peu l'instrument, mais il entend rester en bons termes avec son influent ami. Il semble qu'en 1790 Mirabeau, Sieyès, Roederer aient fréquemment dîné ensemble[5]. Pourtant Mirabeau ne cache guère qu'il veut prendre la place de Necker auprès du Roi, et Sieyès n'ignore rien des services que son ami rend au Roi, et que le Roi lui rend. Se retrouvèrent-ils après la fête de la Fédération qui parut un temps consolider Louis XVI, ébauchèrent-ils des projets communs ?

Rien ne l'assure. Ce qui les rapproche, c'est qu'ils ont des ennemis communs : La Fayette, dont les intrigues auprès du Roi gênent celles de Mirabeau, le « triumvirat » — Lameth, Barnave, Duport — qui cherche lui aussi à se placer auprès de Louis XVI et souhaite se débarrasser tout à la fois de La Fayette et de Mirabeau. La Fayette prétendra qu'il fut un jour appelé chez Condorcet, qu'il y trouva Sieyès et Mirabeau, que tous trois lui représentèrent « plus en complices qu'en amis » l'urgente nécessité de faire abroger le décret de novembre 1789, manifestement pris pour barrer la route à Mirabeau, qui interdisait aux membres de l'Assemblée d'être nommés ministres. Mais faut-il croire La Fayette ? Et de toute manière, Condorcet comme Sieyès étaient hostiles à ce texte injuste et maladroit[6]. La vérité est que dans les mois qui suivent la fête de la Fédération, tandis que la monarchie constitutionnelle peut sembler installée, les intrigues se multiplient et se combattent. Plusieurs des anciens patriotes des premiers mois de la Constituante paraissent aussi incertains sur les principes que déterminés par l'ambition. Quand Mirabeau prend possession, en novembre 1790, de la présidence du Club des Jacobins, il se met d'accord avec le « triumvirat » qu'il combat âprement, mais cet accord a pour objet de contrecarrer l'influence croissante de La Fayette. Puis il se brouillera à nouveau avec Lameth quelques semaines plus tard, dans un débat sur l'émigration. Mirabeau vénère ou feint de vénérer Sieyès, mais quelques jours avant sa mort, en mars 1791, il écrira à son grand ami La Marck, avec lequel il prépare la fuite du Roi, pour lui dire que Sieyès est suspect, qu'il « agiote » l'opinion, et qu'il faut le paralyser parce qu'il songe à détruire l'hérédité du trône, c'est-à-dire à détruire la monarchie[7]. « Hélas, soupire Mirabeau, les partisans de l'abbé sont nombreux. »

Il faudra la mort de Mirabeau, le 2 avril 1791, pour que tous se réconcilient, un jour, dans le souvenir et dans les pleurs[8]. Les funérailles nationales seront décrétées. L'Assemblée unanime honorera la mémoire du fondateur de la Révolution après avoir décidé, au nom de la patrie reconnaissante, que « le nouvel édifice de Sainte-Geneviève sera destiné à recevoir les cendres des grands hommes à dater de l'époque de la liberté française ». Ainsi le Panthéon accueillera-t-il pour premier grand homme, Honoré Gabriel Riquetti Mirabeau « jugé digne de cet honneur ». Alors tous oublieront, le temps des larmes, ressentiments et intrigues, marchant derrière la dépouille de celui que, dans la rue, les pamphlets désignent déjà comme un traître. Tous suivront, au milieu d'une foule silencieuse, l'immense et somptueux cortège qui le 4 avril conduira au Panthéon la dépouille du tribun, tous, la garde nationale, le bataillon du district, les magistrats, le clergé, les députés, les Jacobins, les ministres, les militaires, le défilé des citoyens. On verra, dans le cortège suivi par cent mille personnes, La Fayette marchant en tête tordu par la peine, Sieyès douloureux, appuyé sur le bras de son mortel ennemi Alexandre de Lameth *. Mirabeau mort n'aura plus, le temps du deuil, que des adorateurs... **.

Etrangement, c'est Jean Jaurès qui, dans son *Histoire socialiste de la Révolution française*, fera de l'homme politique que fut Mirabeau le plus vibrant éloge, Mirabeau, « le seul homme de la Révolution qui suscite dans l'esprit une hypothèse capable de balancer un moment de la réalité ». Mirabeau, proclamera Jaurès, avait rêvé une synthèse de la démocratie et de la royauté, l'union du peuple et du Roi... et s'il avait réussi son entreprise, la France eût fait l'économie de l'immense effort militaire, du césarisme, de la dictature napoléonienne. Elle eût fait aussi l'économie de l'oligarchie bourgeoise. « Une monarchie traditionnelle, moderne, parlementaire, démocratique, aurait ordonné et stimulé de haut les mouvements d'un grand peuple libre... »[10]. Ainsi Jaurès, imaginant le rêve de Mirabeau, réconcilie le peuple et le Roi dans la condamnation de la République bourgeoise...

Mais, à la fin de l'année 1790, cet abbé Sieyès — qui ne sait pas encore qu'il sera, pour l'Histoire, l'incarnation de la bourgeoisie — voit que Mirabeau négocie avec une Cour qu'il exècre, que son ami est devenu le ministre occulte d'un Roi qui, jamais, n'acceptera la Révolution. Non, les deux fondateurs de la Révolution n'ont plus rien à faire en commun. Sieyès exagérera à peine quand il écrira dans sa *Notice* que la vanité, l'ambition, la jalousie agiteront et perdront successivement tous les « meneurs ». « Les auteurs des deux premiers mois de la Révolution, déplorera-t-il, restèrent indépendants, en petit nombre, et avec peu de crédit »[11]. « Les auteurs des premiers mois de la Révolution » ? Sieyès n'en voit-il pas qu'un seul, celui qui ne s'est jamais trompé et que l'on n'entend guère ?

---

* « Tous les partis regrettaient alors Mirabeau, écrit Mme de Staël. Le lendemain de sa mort, personne dans l'Assemblée constituante ne regardoit sans tristesse la place où Mirabeau avoit coutume de s'asseoir. Le grand chêne étoit tombé, le reste ne se distinguoit plus.

» Je me reproche d'exprimer ainsi des regrets pour un caractère peu digne d'estime ; mais tant d'esprit est si rare, et il est malheureusement si probable qu'on ne verra rien de pareil dans le cours de sa vie, qu'on ne peut s'empêcher de soupirer, lorsque la mort ferme ses portes d'airain sur un homme naguère si éloquent, si animé, enfin si fortement en possession de la vie »[9].

** Le 21 septembre 1793 les cendres de Mirabeau seront retirées du Panthéon et jetées à la fosse commune...

XI

LE DÉCRET DE TOLÉRANCE

L'inquiétude de Sieyès, dans cette seconde année de l'Assemblée qu'il a fondée, tient aux désordres qui s'installent et à la politique conduite contre l'Eglise. Rien n'autorise à penser que Sieyès croit en Dieu, mais rien ne permet d'assurer le contraire, car Sieyès n'aborde jamais directement le problème de la Foi*. Quoi qu'en diront ses détracteurs, qui le présenteront toujours comme un instrument du clergé, Sieyès ne s'est jamais tenu pour un prêtre, et il ne l'est pas resté malgré lui comme on l'en a si souvent accusé. Il a exprimé, dans plusieurs écrits, sa détestation des religions qui enchaînent les esprits, portent au fanatisme, et prétendent imposer aux hommes une morale qui n'est pas fondée sur la raison et un bonheur qui ne viendra qu'au ciel. En revanche, il est profondément tolérant, ou du moins, car sa violence le porte vite à l'intolérance, il croit à la tolérance comme à l'une des vertus fondamentales de l'ordre nouveau, une exigence de la liberté. « Il est, écrit Bastid, le libéral intégral, constatant comme un fait le besoin religieux et s'efforçant d'y satisfaire par l'organisation impartiale d'un service public qui ne heurte pas les principes de la société civile. Mais c'est tout. S'il ne participe pas aux querelles religieuses, à plus forte raison ne donnera-t-il jamais dans aucun mouvement de persécution... »[2]. Et il redoute, dès 1789, que la Révolution ne s'engage et ne s'épuise dans un conflit avec l'Eglise catholique, dont il aperçoit, à long terme, les redoutables effets. Pour lui, comme pour la plupart des hommes de 1789, il n'y a pas de divorce entre la religion traditionnelle et la Nation nouvelle. La liberté de conscience, héritage de la tradition des Lumières, a porté l'Assemblée à reconnaître aux protestants, puis aux juifs, les mêmes droits qu'aux catholiques. Sieyès l'a voulu, il s'en est réjoui. Il a voté le décret du

---

* Les textes de Sieyès qui traitent de la religion et du clergé, ne parlent ni de Dieu, ni de la Foi, qui semblent l'un des domaines secrets de l'abbé. Il faut excepter quelques notes, sortant de la jeunesse de Sieyès, où il réfléchit sur la Révélation, sur Dieu, sur « la fibre religieuse de l'homme », mais aucune conviction personnelle n'y transparaît[1].

24 septembre 1789 reconnaissant la qualité de citoyens aux protestants, il a voté la motion de Duport, favorable à l'égalité des droits des juifs, que l'Assemblée a partiellement repoussée en décembre par 408 voix contre 403 *, il votera le décret de septembre 1791 qui consacrera la citoyenneté de tous les juifs de France. Il ne veut faire nulle différence entre les religions. Mais voici que la Révolution s'engage dans une voie nouvelle, comme si la lutte était inévitable entre la religion traditionnelle et ce que Michelet a pu appeler la « religion nouvelle », comme si l'une ne pouvait plus désormais se maintenir que sur les ruines de l'autre.

Sieyès a vérifié son isolement lors du débat sur la dîme ecclésiastique, et il a durement ressenti son échec. Il l'a vérifié une seconde fois dans le débat sur les biens du Clergé qui a abouti, le 2 novembre 1789, au vote du décret ** disposant que « tous les biens ecclésiastiques sont à la disposition de la Nation, à la charge de pourvoir d'une manière convenable aux frais du culte, à l'entretien de ses ministres et au soulagement des pauvres » ***. Sans doute la confiscation des biens ecclésiastiques — devenus biens nationaux — pouvait-elle, dans le moment, servir à éteindre la dette publique. Elle pouvait aussi, à long terme, favoriser, comme l'Assemblée semblait le croire, « l'accroissement heureux, surtout parmi les habitants des campagnes, du nombre des propriétaires. » Mais Sieyès n'en est pas moins heurté, et deux fois heurté. Il l'est parce que la guerre lui semble se préparer avec l'Eglise catholique, guerre qu'il croit inutile et dangereuse. Il l'est surtout parce que la propriété privée est confisquée sans indemnité, ce qui pour Sieyès est insupportable. Pourtant il n'intervient pas dans ce débat. Par prudence ? On ne le voit pas, en ce temps-là, prendre de précautions. Mais ce qu'il entend dire, il l'a dit dans son discours sur la dîme, il l'a répété en publiant son discours et ses *Observations sommaires sur les biens ecclésiastiques* ****, il sait que nul n'ignore ce qu'il pense et qu'on ne l'écoute pas. Il a dit, répété, que les Français veulent être libres et qu'ils ne savent pas être justes. Pour cette audace, il a été calomnié, méprisé, exclu. Il se taira désormais.

* Après trois jours d'une discussion passionnée, l'Assemblée avait accordé la citoyenneté aux juifs séfarades — quelques milliers — installés dans le sud-ouest de la France et la région d'Avignon depuis le XVIe siècle. Mais elle l'avait refusé aux ashkénazes qui vivaient dans l'est de la France — en Alsace et Lorraine —, parlaient yiddish, et étaient près de trente mille. La plupart des élus de l'Est avaient rejoint les conservateurs de l'Assemblée pour refuser la citoyenneté aux juifs de l'Est, tenus pour insuffisamment assimilés. Sieyès fut alors parmi les minoritaires. Le décret du 27 septembre 1791 — on ne sait si Sieyès joua un rôle actif dans son adoption — émancipera enfin tous les juifs de France.
** Adopté par 568 voix contre 346.
*** Au début de l'année 1790, l'Assemblée accordera au culte catholique un budget d'entretien qui signifiera, en fait, pour beaucoup de curés, une amélioration de leur condition.
**** *Supra*, p. 142.

En février 1790, l'Assemblée interdit les vœux religieux et décide la suppression des ordres religieux contemplatifs : « ... les religieux auront la liberté de sortir du cloître en faisant leur déclaration devant la municipalité du lieu, ils recevront une pension convenable ». Sieyès voit que la politique nouvelle est irrésistible. Il mesure avec inquiétude les forces que l'Assemblée est en train de lever contre la Révolution. Il se tait encore.

Il se tait de même dans le grand débat sur le projet que présente, en avril 1790, le Comité ecclésiastique de l'Assemblée et qui aboutit, le 12 juillet, au vote de la constitution civile du clergé. Estimant qu'elle est en droit de réformer l'Eglise — « l'Eglise est dans l'Etat et non l'Etat dans l'Eglise » —, l'Assemblée constituante décide de ramener le nombre des diocèses de 130 à 83 pour le faire coïncider avec celui des départements, ordonne que désormais curés et évêques seront élus par les citoyens actifs, parmi les ecclésiastiques ayant exercé leur ministère pendant cinq ans pour les curés, pendant quinze ans pour les évêques, enfin que l'investiture spirituelle des prêtres ne dépendra plus du pape : elle sera donnée au curé par l'évêque, à l'évêque par un métropolitain ou par un autre évêque. Ainsi l'Assemblée entend-elle donner naissance à une Eglise renouvelée, nationale, salariée par la Nation. Evêques, curés, vicaires, recevront une pension décente et un logement convenable.

Sieyès peut rester muet, son silence obstiné ne peut masquer son opinion. La constitution civile du Clergé comme la confiscation des biens de l'Eglise lui semblent des atteintes aux droits fondamentaux de l'homme *. Il estime que la Révolution fait injustement contre l'Eglise ce qu'elle n'ose faire contre les hommes. « S'il est possible encore, avait-il dit dans son discours sur la dîme, de réveiller l'amour de la justice qui devrait n'avoir pas besoin d'être réveillé, je vous demanderais non pas s'il vous est commode, s'il vous est utile de vous emparer de la dîme, mais si c'est une injustice. » Il a parlé à des sourds. L'Assemblée respecte Sieyès mais n'entend pas son opinion.

Sans doute la constitution civile du clergé n'était-elle inacceptable pour l'Eglise dans les circonstances où elle intervenait **. La masse du clergé — au moins du bas clergé — pouvait s'en satisfaire. Elle pouvait notamment en espérer une amélioration de ses conditions de vie [4]. Si la constitution civile fut bien le point de départ de la guerre entre la Révolution et l'Eglise, on ne le voyait pas encore, en ce printemps 1790. Ce sont les effets progressifs de ce bouleversement qui alimenteront peu à peu un conflit inexpiable. Sur les conseils de plusieurs évêques,

---

* « La liberté, la propriété et la sécurité des citoyens doivent reposer sur une garantie sociale supérieure à toutes les atteintes », avait-il écrit dans sa Déclaration des droits (art. IX).

** Les rois de France avaient habitué l'Eglise à la prépondérance du pouvoir politique [3].

députés à la Constituante — dont Champion de Cicé —, Louis XVI consentit, après avoir beaucoup hésité, à ne pas s'opposer au décret. Mais l'Eglise et, derrière elle, l'opinion catholique ne pouvaient accepter ce nouveau statut que si le pape Pie VI l'approuvait, d'une manière ou d'une autre. L'Assemblée avait vu la difficulté, mais elle avait refusé de s'en saisir. Elle était souveraine, et ceci n'était pas son affaire. Elle abandonnait à Louis XVI le soin de négocier, s'il le voulait, avec le pape. Or Pie VI, né dans l'aristocratie, fermé à toute idée nouvelle, n'avait pas caché son hostilité aux premières mesures de l'Assemblée, et à la Révolution elle-même. Conseillé par l'ambassadeur de France au Vatican, le cardinal de Bernis — lui-même très opposé à la Révolution —, mécontenté par les événements d'Avignon * qui atteignaient son pouvoir temporel, Pie VI avait déjà stigmatisé, en consistoire secret, la Déclaration des droits de l'homme. Il ne condamnera publiquement la constitution civile du clergé « qui renverse les dogmes les plus sacrés et la discipline la plus solennelle » qu'en mars 1791. Mais entre-temps il fera connaître, par des voies diverses, son hostilité implacable. Les incidents se multiplient dans les derniers mois de l'année 1790 en Alsace, à Montauban, à Nîmes, dans tout le Languedoc. Prêtres et fidèles protestent contre les aliénations des biens ecclésiastiques, ou se refusent au paiement de l'impôt. L'Assemblée est engagée dans l'épreuve de force. Elle veut ramener les ecclésiastiques au respect de la Nation et de la loi. Un décret du 27 novembre 1790 donne deux mois aux prêtres « exerçant une fonction publique » pour prêter serment à la Nation, à la loi, au Roi, et surtout serment « de maintenir de tout leur pouvoir la constitution décrétée par l'Assemblée nationale et acceptée par le Roi », ce qui impliquait le serment à la constitution civile du clergé. Le 30 novembre, Louis XVI, la mort dans l'âme, accepte ce nouveau décret. « J'aimerais mieux, dit-il, être roi de Metz que roi de France sous ces conditions. Mais patience, cela finira bientôt... »

Portée en avant par un mouvement qui semble devenu irréversible, l'Assemblée décide en janvier 1791 que « les ecclésiastiques fonctionnaires », membres de l'Assemblée, prêteront serment les premiers. Mirabeau essaie d'apaiser les esprits, d'inviter au serment, l'abbé Grégoire intervient pour rassurer les prêtres présents : « L'Assemblée ne juge pas les consciences, elle n'exige pas même un assentiment intérieur » ; mais rien n'y fait. Sieyès qui n'est pas fonctionnaire se tient pour dispensé du serment. Il reste muet et immobile. Mais on murmure déjà qu'il devrait s'y soumettre, user ainsi de son influence pour encourager ses confrères hésitants. Car un tiers seulement des membres ecclésiasti-

---

* Les bourgeois d'Avignon — possession de la Papauté depuis le xIVe siècle — s'étaient rendus les maîtres de la ville et avaient voté, en juin 1790, le rattachement d'Avignon à la France.

ques de l'Assemblée accepte de prêter serment. Dans le pays, la résistance au serment est très vive. « Ce fut au cours des dimanches matin de l'hiver glacial de 1791 que, dans toute la France, les prêtres des paroisses eurent à prononcer, face à leurs fidèles, un serment solennel d'allégeance à la Nation, à la loi, au Roi, à la nouvelle Constitution » [5]. Sept évêques seulement acceptent de jurer. La moitié du bas clergé refuse le serment*. Dans le Nord et le Pas-de-Calais on comptera 80 pour cent d' « insermentés », prêtres refusant le serment, 80 pour cent en Bretagne et en Vendée, 92 pour cent dans le Bas-Rhin**. Le serment de 1791 fut peut-être le grand tournant de la Révolution française. C'est précisément ce que redoutait Sieyès. Il observe le début d'un schisme [8] : bientôt deux Eglises vont coexister, presque égales en nombre, enseignant les mêmes dogmes. Il comprend que dans la stratégie contre-révolutionnaire, une formidable masse de manœuvres entre en ligne que la Révolution risque de ne pouvoir maîtriser.

S'il a choisi de s'enfermer dans le silence, Sieyès a cependant ouvert une brèche dans son mutisme, publiant selon sa vieille méthode, le 12 février 1790, le texte d'un *Projet d'un décret provisoire sur le clergé****, où il a pris soin de rappeler fermement la position qu'il avait prise contre la suppression sans rachat de la dîme. Le projet dressait un « plan de l'état futur du Clergé de France ». Mais le texte compliqué, confus, ne touchait prudemment qu'à l'organisation administrative du clergé. Il ne disait mot de l'allégeance spirituelle. La disposition la plus originale prévoyait l'abolition du vœu de célibat ****, considéré par Sieyès comme « antisocial ». Mais le plan de Sieyès n'avait recueilli ni adhésion ni même, semble-t-il, attention. Il eut au moins l'avantage de dispenser définitivement Sieyès d'intervenir dans les débats cruciaux de juillet et de novembre 1790. Au mois de mars 1791, quand aura lieu l'élection de l'évêque de Paris, le nom de Sieyès sera mis en avant, par Mirabeau semble-t-il : « Vous voulez choisir Sieyès, se serait indigné Danton. Est-ce comme dévot ? Il ne croit pas en Dieu. Est-ce comme patriote ? Il a défendu la dîme. » Sieyès fut-il un instant tenté ? En tout cas il se retirera vite de la compétition et adressera aux électeurs une lettre de refus *****. Il

---

* Le nombre des « jureurs » du printemps et de l'été 1791 s'établit, pour le clergé paroissial total, à 26 542 sur 50 876 membres du clergé, soit 52 p. cent [6].

** A Rennes, 17 p. cent du clergé prête serment, à Saint-Malo 10 p. cent, à Saint-Brieuc 15 p. cent, à Vannes 8 p. cent, à Strasbourg 9 p. cent, à Arras 7 p. cent, à Bayonne 9 p. cent. En revanche on estime le pourcentage d'assermentés à 60 p. cent à Amiens, 53 p. cent à Apt, 84 p. cent à Bourges, 88 p. cent à Gap, 77 p. cent à Laon, 85 p. cent à Lyon [7].

*** *Projet d'un décret provisoire sur le clergé*, par M. l'abbé Sieyès, du 12 février 1790. Paris, Imprimerie nationale, 1790.

**** « Nul individu ne pourra à l'avenir faire le vœu antisocial de rester célibataire pendant toute sa vie. »

***** Gobel sera élu avec 500 voix. Quoique non candidat Sieyès obtiendra 28 voix, et Grégoire 14.

s'en expliquera dans sa *Notice,* dira avoir été poussé par ses amis et ses ennemis. « Ses opinions lui faisaient un devoir de ne pas accepter »[9]. Sieyès aimera toujours s'attarder sur ce qui lui fut offert et qu'il a refusé.

Sieyès retrouvera cependant en 1791, dans la question religieuse, un rôle qui éclaire ses idées, et aussi son courage. Paris, dans les premiers mois de 1791, est en pleine guerre religieuse. Le pape a condamné la Constitution civile, on pourchasse le clergé réfractaire, on pille des couvents de femmes, des religieuses sont fouettées, maltraitées... Pour tenter d'apaiser l'excitation populaire, le directoire de Paris — organisme qui administre la ville et dont Sieyès est alors membre — croit prudent de prendre, le 11 avril, un arrêté disposant que les prêtres insermentés ne pourront officier dans une église paroissiale et nationale, mais qu'en revanche ils pourront librement célébrer la messe dans des édifices particuliers. L'arrêté pose une condition : que la principale issue extérieure porte une plaque indicatrice, les chapelles particulières déjà existantes étant dispensées de l'inscription. Ainsi le directoire de Paris semblait-il tolérer, et même reconnaître, un culte catholique distinct du culte officiel[10]. L'affaire est portée devant l'Assemblée, qui s'émeut. Sieyès est aussitôt soupçonné, non sans raison, d'être le principal auteur de cet arrêté apaisant. Il est très violemment mis en cause. Le 18 avril, Treilhard puis Lanjuinais attaquent vigoureusement l'arrêté. Le prêtre Sieyès ne l'a-t-il pas inspiré ? Rédigé ? Alors Sieyès vient à la tribune. Il défend l'arrêté, son arrêté, article par article. Non, le directoire de Paris n'a pas, comme on l'en accuse, créé de fonctionnaires nouveaux. Il n'a fait, explique Sieyès, qu'organiser la police des cultes. Par sa décision il a évité des conflits redoutables, car on ne peut ignorer les réfractaires, les réfractaires existent, et l'Assemblée ne peut être aveugle. « Par le moyen des mesures que nous avons prises, nous pourrons dire aux réfractaires : pourquoi vous cachez-vous ? Voulez-vous faire croire que vous êtes persécutés ? Vous ne l'êtes pas ! » « Vous ne l'êtes pas »... Ainsi Sieyès saisit-il l'occasion d'affirmer la liberté religieuse comme une évidence, et en ces circonstances son discours a presque l'allure d'un défi. L'Assemblée l'écoute en silence, elle semble partagée, hésitante... Selon son usage elle renvoie le problème au comité de Constitution.

La question est à nouveau soumise à l'Assemblée, le 7 mai, sur un rapport de Talleyrand, très nuancé, prudemment enveloppé dans des ambiguïtés juridiques. Talleyrand propose que l'arrêté du directoire soit approuvé pour Paris, mais qu'il ne puisse être transformé en loi générale. Mais Sieyès n'entend pas s'accommoder de ce compromis. Il revient à la charge : « La tournure ingénieuse et flatteuse que M. le rapporteur a employée pour honorer le directoire du département, digne en même temps de louange et de blâme, ne m'a point séduit. » Ce que Sieyès demande maintenant, c'est une approbation sans réserve. Il invoque la liberté religieuse, la menace des troubles sociaux qui, à Paris et ailleurs, s'aggravent de jour en jour. Il veut que l'on insère dans le projet du comité de Constitution une disposition constatant l'accord de l'arrêté avec la Déclaration des droits de l'homme. Il semble aussi convaincu qu'intraitable. L'Assemblée, certainement inquiète de l'agitation que créent les réfractaires, impressionnée par la force de l'abbé Sieyès, cède... et accepte d'étendre à tout le royaume le texte du directoire. Elle vote le décret dit « de tolérance », et décide l'affichage du discours de Sieyès. Ainsi l'Assemblée consentait-elle la liberté du culte réfractaire, et Sieyès avait été le promoteur de cet apaisement. Dans l'immédiat, le décret de tolérance consacrait la coexistence de deux Eglises catholiques. A terme, il préparait de nouveaux affrontements.

Une culture révolutionnaire, anticatholique, mais empruntant à la tradition catholique la rigueur dogmatique, l'intolérance, la tentation du fanatisme, sépare désormais la Révolution et la contre-révolution ★. Sieyès a tout fait pour éviter ce partage ★★. Son fragile succès sur le décret de tolérance ne peut cacher qu'il est isolé à l'Assemblée, et débordé. Il avait écrit, dans son *Projet d'un décret provisoire sur le clergé* : « Quitterez-vous le rôle de législateur, pour vous montrer quoi, des antiprêtres ? Ne pouvez-vous oublier un instant cette animosité contre le clergé dont je ne conteste pas l'existence puisqu'au milieu de nous tous j'ai le triste privilège d'en être seul la victime ? » L'abbé Sieyès avait rêvé que sa Révolution fût celle de la tolérance, de la liberté des cultes, de l'indifférence à l'égard des religions. N'était-ce plus que l'utopie d'un prêtre trop laïc, dans des temps restés trop religieux ?

★ « La crise nationale, observe François Furet, ouverte par la constitution civile continue à dominer tout le XIXᵉ siècle et une grande partie du XXᵉ siècle » [11].

★★ « La Révolution, constatera Edgar Quinet, en avait fait trop ou trop peu. Trop pour ne pas susciter des ressentiments inexpiables, et la levée contre elle de forces qu'elle ne mesurait pas. Trop peu parce qu'elle avait cru le catholicisme flexible, progressif et la Nation française plus portée aux nouveautés qu'elle ne l'est réellement... La Révolution avait voulu, par la constitution civile, non pas abolir le catholicisme, mais seulement le corriger : elle lui laissait la force d'une résistance inexpiable. » « La France, assure Quinet, avait — comme au XVIᵉ siècle — manqué sa réforme » [12]. Abolir le catholicisme ? Sieyès, plus sensible aux réalités qu'on ne l'a dit, peut-être respectueux de son passé, crut au contraire que la Révolution se perdrait à lever contre elle non seulement l'Eglise catholique, mais aussi le sentiment religieux.

XII

C'EST UN ROMAN QUE JE VAIS FAIRE

Louis XVI n'avait pu accepter, si même il s'y était, par moments, essayé, la destruction de la société des ordres — c'est-à-dire de l'Ancien Régime — et les coups portés à l'Eglise catholique, car il ne la séparait pas de sa foi. Dès octobre 1789, il avait secrètement désavoué, dans une lettre au roi d'Espagne, les actes qu'il était contraint d'accomplir. « J'ai choisi Votre Majesté comme chef de la seconde branche pour déposer entre vos mains la protestation solennelle que j'élève contre tous les actes contraires à l'autorité royale qui m'ont été arrachés par la force depuis le 15 juillet de cette année. Je prie Votre Majesté de tenir secrète cette protestation jusqu'à l'occasion où sa publication pourra devenir nécessaire... »[1]. L'idée de quitter la France, pour revenir sur le trône, aidé par l'Europe des rois, s'est sans doute imposée au monarque dès octobre 1790. Mais le projet de fuite, plusieurs fois échafaudé, avait été plusieurs fois repoussé. La décision du Roi est-elle venue de ce que, le 18 avril 1791, quand il voulut quitter les Tuileries comme chaque année pour se rendre à Saint-Cloud, la foule et la garde nationale l'obligèrent à rebrousser chemin ? Comprit-il alors qu'il était prisonnier ? Se crut-il maltraité ? Mais avait-il d'autre issue ?

Le 20 juin 1791 vers minuit, Louis XVI déguisé en valet de chambre et la famille royale, entassés dans une lourde berline, quittaient secrètement les Tuileries par une porte mal gardée... Le complot avait été mal monté, le voyage fut trop lent, le Roi fatigué se dégourdit plusieurs fois les jambes. Sans doute reconnu à Châlons, à quatre heures de l'après-midi, puis à Sainte-Menehould par le maître de poste Drouet, il est arrêté à Varennes dans la nuit du 21 au 22. Et le 25 juin, Paris assiste au retour de son Roi prisonnier, entre deux haies de soldats, les fusils renversés.

Le jour même, l'Assemblée constituante, pour couper court aux mouvements populaires qui menacent, décide de suspendre provisoirement le Roi et de constituer une commission d'enquête sur les

circonstances de l' « enlèvement » du Roi. Car la thèse de l'enlèvement
— si peu crédible qu'elle soit — était la seule qui permît dans le moment
le maintien de l'ordre constitutionnel. Barnave* le dit, dès le 21 juin,
aux Jacobins, répondant à Danton qui réclamait en ces termes la
déchéance du Roi : « L'individu royal ne peut plus être roi dès qu'il est
imbécile » — « L'Assemblée nationale, voilà notre guide, répliqua
Barnave, la Constitution, voilà notre cri de ralliement ! » Il le répétera le
15 juillet à l'Assemblée, la mettant en garde contre le danger qu'il y
aurait à recommencer la Révolution :

> « Allons-nous terminer la Révolution ? Allons-nous recommencer ? Vous
> avez rendu tous les hommes égaux devant la loi ; vous avez consacré la
> liberté civile et politique, vous avez pris pour l'Etat tout ce qui avait été
> enlevé à la souveraineté du peuple. Un pas de plus serait funeste et
> redoutable ; un pas de plus dans la ligne de l'égalité, et c'est la destruction
> de la propriété. »

Il fallait que le Roi fût innocent. Ce 15 juillet, l'Assemblée protégeant
l'ordre et la propriété constata qu'il l'était, au vu des conclusions de
l'enquête ordonnée. Il n'y avait d'autres coupables que le marquis de
Bouillé, organisateur du complot, qui avait pris la fuite et revendiqué par
lettre la responsabilité de l'enlèvement, et quelques comparses, gardes
du corps. Cherchant un compromis, l'Assemblée maintint la suspension
du Roi — quoiqu'il fût innocent selon elle — jusqu'à la révision de la
Constitution. Et elle décidera d'y travailler aussitôt**.

Mais les clubs, les sociétés fraternelles, les journaux, ne partageaient
pas cette fausse tranquillité. Aux Jacobins, Danton avait dressé de
violents réquisitoires contre La Fayette dont la négligence, ou la
complicité — il avait la responsabilité de la garde du palais royal — avait
permis la fuite du Roi : « Ou vous avez livré votre patrie, ou vous êtes
stupide... » Marat, dans L'Ami du peuple, avait réclamé des châtiments
terribles contre les traîtres, dont La Fayette, et aussi contre les
« endormeurs jacobins »[2]. Les pétitions et les manifestations se succé-
daient. Le 17 juillet, le Club des Cordeliers invita les manifestants à se
réunir au Champ-de-Mars pour signer devant « l'autel de la patrie » une
pétition demandant la déchéance du Roi. La foule était grosse de quatre
à cinq mille personnes, artisans, compagnons, ouvriers, quand Bailly,
maire de Paris, cédant à l'inquiétude de l'Assemblée et à la peur, décréta
la loi martiale et ordonna à la garde nationale de disperser le rassemble-

---

* Envoyé par l'Assemblée, avec Pétion comme commissaires auprès du Roi, dès la
nouvelle de son arrestation, Barnave fut séduit, bouleversé par la reine qu'il rêva de
convertir à la Révolution. Dès ce jour, il prêta à la famille royale ses conseils et son appui
(supra, p. 128).
** Il se trouva cependant 293 députés pour refuser de reconnaître comme valide, au
regard de la Constitution, la suspension d'un Roi inviolable.

ment. Les coups de feu partirent, soit que La Fayette en ait donné l'ordre, soit que les gardes nationaux aient tiré sans en avoir reçu le commandement. Il y eut plus de cinquante morts dans la foule, des manifestants furent poursuivis [3]. La fusillade du Champ-de-Mars devait prendre dans l'histoire de la Révolution une importance symbolique. Pour la première fois la garde nationale avait tiré sur le peuple. « Le parti républicain, écriront Lavisse et Sagnac, avait été frappé par la bourgeoisie » [4]. Soboul [5] assurera que la fusillade avait traduit les intentions de la bourgeoisie : il fallait que la nation demeurât celle des propriétaires. Une partie de l'historiographie révolutionnaire verra dans cette journée la rupture sanglante d'une révolution bourgeoise et d'une révolution prolétaire *.

Et il est vrai que ces trois journées où la monarchie vacille eurent des conséquences politiques importantes. Dès le 16 juillet, les modérés, parmi les Jacobins, quittaient le Club de la rue Saint-Honoré pour fonder un nouveau club, installé au couvent des Feuillants dans la même rue : un grand nombre des députés à la Constituante les suivaient peu à peu **. Ainsi se scindaient les patriotes, entre, d'une part, les constitutionnels modérés, monarchistes et, d'autre part, les démocrates restés aux Jacobins, dont l'incorruptible Robespierre, qui n'osent encore se dire républicains, mais qui sont de moins en moins monarchistes.

Le parti républicain naquit ce jour-là. Dès les derniers jours de juin, Condorcet, qui jusqu'alors n'avait jamais osé affirmer sa conviction si même il portait depuis longtemps dans son cœur l'idéal républicain, fonde, avec Thomas Paine ***, en séjour à Paris, et Achille du Chastellet la « Société républicaine » [7]. Le 1er juillet au matin est collée, sur les murs de Paris, une affiche dont le texte rédigé par Thomas Paine, traduit par Condorcet, est « audacieusement républicain » : « L'absence d'un

---

* « Coup d'Etat de la bourgeoisie contre le peuple », écrit Aulard qui ajoute à la lumière de l'histoire qui suivra : « La guerre des classes commence... » Les poursuites qui s'ensuivent — Desmoulins dut se cacher et Danton passer quelques jours en Angleterre — sont qualifiées par Aulard de « petite terreur » ou de « terreur bourgeoise » [6]. Petite terreur en vérité que clôturera l'amnistie générale votée par la Constituante dès le 14 septembre, mais qui peut servir à expliquer la « grande Terreur ».

** Ce nouveau club comprend 365 membres dès le 18 juillet, dont des députés illustres, tels Barnave, les Lameth, Duport, La Fayette, Le Chapelier, Treilhard, Talleyrand, La Rochefoucauld, Dupont de Nemours, Sieyès. Il comptera près de 800 membres. Mais le Club des Feuillants — dont les réunions seront sans cesse interrompues par les extrémistes parisiens — entrera vite en décadence. Il disparaîtra en août 1792.

*** Né en Angleterre, Thomas Paine fut l'un des champions de la lutte pour l'indépendance des colonies anglaises d'Amérique. Revenu en Angleterre, il dut s'exiler en France en 1786 pour échapper aux poursuites. Il milita aux côtés de Condorcet puis des Girondins pour la démocratie nouvelle, fut proclamé citoyen français et élu à la Convention. Il refusera de voter la mort de Louis XVI, sera exclu de l'Assemblée puis arrêté sous la Terreur. Libéré après Thermidor, il mènera une vie discrète et retournera aux Etats-Unis en 1802. Il y mourra en 1809.

roi vaut mieux que sa présence. Il a abdiqué, il a déserté son poste... Qu'est-ce, dans un gouvernement, qu'un office qui ne demande ni expérience ni habileté, un office qu'on peut abandonner au hasard de la naissance, qui peut être rempli par un idiot, un fou, un méchant comme par un sage ? » Le 8 juillet, Condorcet lit, au « Cercle social », dans le cirque du Palais-Royal, un discours intitulé *De la République, ou un Roi est-il nécessaire à l'établissement de la liberté ?* qui réfute les mérites de la monarchie : « C'est parce que nous ne pouvons être un peuple-roi que nous resterons un peuple libre... » Sans moyens oratoires, écouté dans un grand silence par plusieurs centaines de personnes, souvent applaudi, il dresse, écrivent Elisabeth Badinter et Robert Badinter, « l'acte de décès de la monarchie française »[8]... Dans les jours qui suivent, la petite société réunie autour de Condorcet décide de faire paraître un nouveau journal, *Le Républicain*. Le premier numéro comporte un « avis aux Français » qui veut éclairer les esprits sur le républicanisme : le Roi a abdiqué, il est indigne de sa fonction, « il est par conséquent libre de nous comme nous sommes libres de lui... » Ce n'est pas le Roi qui est condamné, c'est la royauté...

Et Sieyès ? Dans ces jours décisifs il n'intervient guère. C'est que les circonstances ne lui sont pas favorables. Le 19 juin — veille de la fuite du Roi —, il a été violemment pris à parti aux Jacobins. Il aurait eu le projet scélérat de vouloir rétablir la noblesse et instituer deux chambres... De quoi s'agit-il ? De rien ou presque. Un texte circule, rédigé par Condorcet qui ne cesse d'écrire et de solliciter ses amis, destiné à tous les « amis de la patrie », véritable « profession de foi patriotique », que devraient signer tous les patriotes, dont Sieyès, La Fayette et bien d'autres. Sur ce texte Sieyès a ajouté de sa main l'idée d'une division de l'Assemblée unique en plusieurs sections, projet qu'il reprendra. Mais Sieyès est assez détesté aux Jacobins pour que le document diffusé serve de raison ou de prétexte à un brutal réquisitoire... Le 20 juin les accusations contre Sieyès redoublent. Danton stigmatise le prêtre qui a défendu la dîme, Buzot et Pétion dénoncent les inlassables manœuvres de l'abbé... Sieyès est furieux, écœuré, il décide dans le moment de ne plus remettre les pieds chez les Jacobins.

L'accuse-t-on, ces mêmes jours, de devenir républicain ? Dans *Le Moniteur* du 6 juillet il s'en défend vivement : « J'en connais plusieurs que j'honore et que j'aime de tout mon cœur. Mais je leur donnerai mes raisons ; et j'espère prouver non pas que la monarchie est préférable dans telle ou telle position, mais que dans toutes les hypothèses on y est plus libre que dans la République. » Veut-il polémiquer avec son ami Condorcet, s'éloigner de lui, ou secouer les Jacobins ? C'est Thomas Paine qui répond à Sieyès, dans *Le Moniteur* du 8 juillet. Sieyès lui réplique à son tour, évoquant les mérites d'un monarque élu, et

Condorcet, le 18 juillet, réfute dans *Le Républicain* la thèse de Sieyès, expliquant les avantages d'un exécutif composé de sept membres élus...

Etrange controverse, dans ces journées tragiques, qui oppose des amis. Selon Lakanal, qui en aurait reçu la confidence de Condorcet, la polémique aurait été montée entre les protagonistes, pour servir, par l'apparence d'un débat, l'idée républicaine... La même version a été fournie par Achille du Chastellet, dans une lettre écrite le 11 juillet 1791 * à Etienne Dumont : « ... Lorsque l'abbé Sieyès se sera expliqué, il se trouvera à peu près aussi républicain que nous... le fait est que le pauvre diable est fou de frayeur d'être assassiné, et qu'il a voulu se mettre à l'abri par une équivoque... » Elisabeth Badinter et Robert Badinter, qui admettent cette version des faits, observent justement que la supercherie — si supercherie il y eut — était politiquement fort maladroite. Elle n'aurait conduit qu'à faire proclamer par l'oracle constitutionnel la supériorité de la monarchie sur la République[9]. Mais l'anecdote, rapportée par Lakanal, est bien difficile à admettre. Sieyès n'était pas homme à s'insérer dans un tel subterfuge. Il l'était d'autant moins que les attaques subies chez les Jacobins, à cause de Condorcet, l'incitaient à la prudence. Et il serait singulier qu'un politique aussi lucide — et qui ne faisait rien sans réfléchir, — ait accepté de se livrer à une profession de foi monarchiste pour servir... la République. Au surplus, le ton de la confidence d'Achille du Chastellet laisse percer une inquiétante hostilité. Que l'on ait voulu se servir de Sieyès n'est pas impossible, mais il paraît douteux qu'il ait consenti à jouer la comédie avec Condorcet et ses amis **. Ce qui est sûr, en revanche, c'est que Sieyès était et qu'il est resté monarchiste, en ce mois de juillet 1791. Il l'est, parce que la République — qu'il confond avec la démocratie directe — lui semble une forme dépassée du gouvernement des sociétés, inadaptée aux nations modernes. Il l'est, comme la quasi-totalité des députés patriotes ***. Sans doute ne défend-il que très mollement l'hérédité. Et il est depuis longtemps convaincu que la monarchie en place est discréditée, qu'elle est incapable d'assumer les conquêtes de la Révolution. A quel roi rêve-t-il donc ? Au duc d'Orléans ? A un autre prince ? A un roi élu ?

Sieyès semble vouloir se tenir à l'écart. Il est membre du comité de révision de la Constitution qui se met aussitôt au travail, mais il

---

* Ce 11 juillet 1791, le corps de Voltaire était transporté au Panthéon, en grande pompe. Un long cortège d'hommes et de femmes suivait le char qui portait les cendres du grand philosophe : unanime, fragile célébration de la Raison.

** L'abbé Morellet rapporte également cette « comédie » qu'auraient montée Sieyès, Thomas Paine et Condorcet, mais dans un texte qui atteste une hostilité systématique[10].

*** Robespierre lui-même déclare le 13 juillet aux Jacobins : « Qu'est-ce que la Constitution française ? C'est une république avec un monarque. Elle n'est ni monarchie, ni république. Elle est l'une et l'autre. »

n'intervient guère *. Il est absent du débat. Pourquoi réviser la Constitution ? Adrien Duport l'avait clairement dit, dès le 17 mai, exprimant le sentiment dominant : « La Révolution est finie. Il faut la fixer, la préserver en en combattant les excès. Il faut restreindre l'égalité, réduire la liberté et fixer l'opinion. Le gouvernement doit être fort, solide et stable. » Barnave ne dit pas autre chose après Varennes : la liberté et l'égalité ont été conquises, « un pas de plus serait funeste et redoutable ». La fuite du Roi, l'agitation populaire n'avaient fait que renforcer la détermination de la majorité des députés. Il fallait « finir » la Révolution, si l'on ne voulait pas qu'elle partît à l'aventure.

La réforme constitutionnelle, vite adoptée, traduit l'inquiétude de l'Assemblée devant la montée de l'esprit républicain. Elle accroît, malgré la vigoureuse opposition de Robespierre, de Pétion, de Grégoire, les exigences posées pour être électeur. Il faudra être propriétaire ou usufruitier d'un bien représentant un revenu de 200 journées de travail dans les villes, de 150 journées de travail dans les campagnes, ou locataire d'une habitation représentant un revenu de 150 journées de travail dans les villes, de 100 journées de travail dans les campagnes. On est loin de la modeste contribution souhaitée par Sieyès... Une précaution supplémentaire est prise : la garde nationale sera désormais réservée aux seuls citoyens actifs. « Face à la bourgeoisie en armes, écrira Soboul, le peuple était désarmé. » Sieyès n'approuve ni ne désapprouve.

La *Notice* assure que depuis le 21 juin — après les violentes attaques dont il a été la victime au Club des Jacobins — Sieyès s'est enfermé dans son « silence philosophique ». A quoi lui sert de parler ? « Si je prononce : deux et deux font quatre, les coquins font accroire au public que j'ai dit : deux et deux font trois. Quand on en est là, quel espoir d'utilité ? Il ne reste qu'à se taire. » Il est désormais, dit-il, « complètement étranger à toute action politique » [11]. Il fait pourtant partie de la délégation des 60 députés qui, le 13 septembre, portent au Roi la nouvelle Constitution que celui-ci accepte et s'engage à défendre. Le 14 septembre, Louis XVI vient à l'Assemblée. Il jure fidélité à la Constitution et à la Nation sous les applaudissements de tous. L'amnistie générale est proclamée, vidant les prisons. Le dimanche 18 septembre, des fêtes splendides réjouissent Paris. Le peuple acclame la reine qui se rend à l'Opéra. « C'est la fin de la Révolution », a proclamé le président Thouret accueillant le Roi à l'Assemblée. Qui le croit ?

Le 30 septembre 1791, l'Assemblée tient sa dernière séance. Louis XVI vient renouveler son serment devant les députés qui l'accueillent découverts et debout. On crie : « Vive le Roi ! Vive la Nation ! » Le 5 mai 1789 Louis XVI avait ouvert les Etats Généraux... Que de

---

* En revanche, Roederer, proche de Sieyès, prend une part importante aux travaux du comité, puis de l'Assemblée, sur la réforme constitutionnelle.

bouleversements accomplis ! En vingt-huit mois l'Assemblée nationale avait proclamé les droits naturels de l'homme, détruit les privilèges, établi la monarchie constitutionnelle, réorganisé l'administration de l'Etat, réformé la Justice, décrété l'égalité devant l'impôt, supprimé les entraves à la liberté du travail et à la circulation des produits. Elle avait cru établir une Eglise nationale. Elle avait, défiant l'Europe, proclamé le droit des peuples à disposer d'eux-mêmes *. Quelle assemblée accomplit jamais pareille œuvre ? Il semblait que rien ne lui fût impossible. Necker, méditant sur l'audace des « premiers législateurs de la France », leur voit « un goût de jeunes gens pour les choses nouvelles, un désir glorieux d'originalité, une répugnance vaniteuse et pusillanime pour toute espèce d'imitation, enfin une confiance crédule aux figures tracées par la théorie et un mépris inconsidéré pour les réalités gravées par l'expérience... »[12], ce qui pourrait être un portrait caricatural de Sieyès, le plus glorieux des constitutionnels. Sans doute cette Assemblée n'avait-elle pas tout inventé : elle avait achevé l'œuvre de la monarchie, bousculant violemment pour le détruire un système politique et social qui menaçait de s'effondrer. « Elle avait été, observe Michelet[13], l'organe d'une révolution ajournée très longtemps, elle trouva les réformes mûres, les voies aplanies. Un monde d'équité qui brûlait d'éclore lui fut remis dans les mains par le grand XVIIIe siècle ; restait de lui donner forme... » Elle devait faire que la « loi de l'humanité fût enfin écrite et devînt la loi du monde ». Et Michelet célèbre ainsi l'œuvre de cette Assemblée qui, pour lui, a changé le monde, inventé le credo du nouvel âge, fondé la religion du Droit et de la Justice[14] :

> ... « Elle ne fut pas indigne de ce rôle... Elle écrivit la sagesse de son époque, parfois elle la dépassa. Les légistes illustres qui rédigeaient pour elle furent, dans leur force logique, conduits à étendre par une déduction légitime la pensée philosophique du XVIIIe siècle ; ils ne furent pas seulement ses secrétaires et ses scribes mais ses continuateurs. Oui, quand le genre humain dressera à ce siècle unique le monument qu'il lui doit, quand au sommet de la pyramide siégeront ensemble Voltaire et Rousseau, Montesquieu, Diderot, Buffon, sur la pente et jusqu'au bas siégeront aussi les grands esprits de la Constituante, et à côté d'eux les grandes forces de la Convention. Législateurs, organisateurs, administrateurs, ils ont, malgré toutes leurs fautes, laissé d'immortels exemples. Vienne ici la terre entière, qu'elle admire et qu'elle tremble, qu'elle s'instruise par leurs erreurs, par leur gloire et par leurs vertus. »

Et qui, sinon Sieyès, pouvait s'attribuer le mérite d'avoir « laissé d'immortels exemples », d'avoir mis en marche le mouvement, fixé les

---

* En juin 1790, Avignon s'était soulevé contre le pape, réclamant le rattachement à la France (*supra*, p. 195). En septembre 1791, la Constituante, au nom des idées nouvelles, avait proclamé l'annexion d'Avignon et du comtat Venaissin.

principes ? « On me dira que c'est un *roman* que je vais faire, avait-il écrit dès 1772. Je répondrai tant pis !... La saine politique n'est pas la science de *ce qui est* mais de *ce qui doit être*. » En quelques semaines Sieyès a été le promoteur et l'agent d'une extraordinaire substitution de ce qui « devait être » à ce qui « était ». Et si la société des ordres, les privilèges nobiliaires, l'Ancien Régime, sont abattus, son orgueil peut être satisfait, c'est bien son œuvre. Mais Sieyès aperçoit aussi, quand l'Assemblée se sépare, la terrible résistance du passé, et la force du mouvement qui entraîne la Révolution vers un avenir qui ne lui convient plus. Les réalités anciennes, les idées nouvelles menacent, les unes et les autres, *sa* révolution, le menacent lui-même. A peine l'Assemblée nationale eut-elle clos ses séances, raconte la *Notice,* que Sieyès se démit de sa place au département. Il quitta sa maison de la rue Saint-Honoré pour se retirer à la campagne, à une petite lieue de Paris. Le pionnier de la Révolution légale allait, sa révolution terminée, s'enfermer à Auteuil.

TROISIÈME PARTIE

J'AI VÉCU

I

ALLONS ENFANTS DE LA PATRIE...

« Les héros sont fatigués » [1] * : La Fayette s'est retiré dans ses terres, Robespierre est retourné à Arras, Sieyès s'est enfermé à Auteuil **. La Constituante, sur la proposition du vertueux Robespierre, avait décidé que ses membres ne seraient pas rééligibles... Fatigués ou non, les fondateurs de la première révolution ne sont donc plus là quand l'Assemblée législative se réunit, le 1er octobre 1791. On les cherche. Leurs places semblent vides. Une bonne partie des nouveaux députés — ils sont 749 — n'a pas encore trente ans. « Plus de cheveux blancs, décrit Michelet, une France nouvelle siège ici en cheveux noirs » [4]. On compte une immense majorité de bourgeois, moins d'une vingtaine d'aristocrates. Les personnalités sont peu nombreuses. Brissot a été élu à Paris, de même que Condorcet : celui-ci paraît avoir été désigné moins parce qu'il est devenu républicain que pour ses titres de savant éminent. D'autres deviendront plus tard célèbres, tels Vergniaud, avocat, élu député de la Gironde, Lazare Carnot, officier du génie élu à Arras. Les hommes de loi dominent au point qu'on ne compte pas plus de sept départements à n'en avoir élu aucun [5]. Arrivés à Paris, 136 députés s'inscrivent au Club des Jacobins, 264 aux Feuillants. Mais la majorité, près de 350, refuse de choisir. On les appelle alors les « Impartiaux » ***. Jusqu'à son terme, l'Assem-

* « Tous nos députés même les meilleurs, déclarait Mme Roland en mai 1791, sont las et usés. Il est temps qu'ils cèdent la place » [2].

** La campagne d'Auteuil était le lieu favori de rencontre de nombreux hommes de lettres, philosophes, futurs idéologues, qui se retrouvaient notamment dans la maison de Mme Helvétius, veuve du philosophe. Condorcet, Volney, Garat, Tracy, Morellet, Cabanis, bien d'autres, fréquentaient le salon de Mme Helvétius qui consacra la fin de sa vie — jusqu'en 1800 — à animer une société de pensée où se réunissaient toutes les « têtes pensantes » de l'époque [3]. Sieyès en fut, mais on ne peut savoir où se trouvait sa résidence, à Auteuil, le temps de la Législative.

*** « Phalange immobile pour le bien », écrit E. A. Hua, avocat de Paris, député à la Législative, « et qui ne se remue que par la peur ; c'est elle qui donnera la majorité, et elle la donnera constamment non au côté droit qu'elle estime, mais au côté gauche qu'elle craint » [6].

blée législative sera soumise à cette force incertaine et mouvante[7].

Un signe en est donné dès le premier jour. Un grand débat s'ouvre aussitôt sur les rites qui devront entourer la séance du 7 octobre où l'Assemblée recevra solennellement le Roi. Dans la précédente assemblée, le fauteuil du Roi avait été placé plus haut que celui du président. Un député s'indigne que le président de la Constituante ait été contraint « de se fatiguer par une inclination profonde devant le Roi » et de parler « presque à genoux ». Le député Guadet * proteste que si le Roi s'accoutume « à régler le mouvement de nos corps, il croira bientôt pouvoir régler aussi le mouvement de nos âmes. » Et Couthon ** — l'un des chefs de la gauche — réussit à faire adopter par l'Assemblée un décret stipulant qu'au moment où le Roi entrera dans la salle « tous les membres se tiendront debout et découverts », et qu'il y aura au bureau deux fauteuils semblables, l'un pour le président de l'Assemblée, l'autre pour le Roi. Mais le surlendemain l'Assemblée rapporte son décret comme si elle en avait honte. Elle ne pouvait consentir à dégrader le Roi, à le traiter comme s'il était le président d'une République ***. Et Louis XVI est reçu le 7 octobre selon le cérémonial traditionnel, celui qu'avait observé la Constituante. « Sire, lui dit le président de l'Assemblée, nous avons besoin d'être aimés de vous. » Les cris de « Vive le Roi » étouffent les cris de « Vive la Nation »[9]. Ainsi la Législative révélait, dès son premier débat, les contradictions qui ne cesseront de l'agiter.

Pourtant, en ce dernier trimestre de l'année 1791, il pourrait sembler que la Révolution va enfin se reposer. L'accord paraît unanime pour appliquer la Constitution. Ni dans l'Assemblée, ni en dehors d'elle, on ne s'affirme ouvertement hostile à la monarchie. Condorcet, que l'on sait républicain, interrogé en décembre 1791 sur ses sentiments politiques, répond que « le vœu général des Français était de maintenir la Constitution telle qu'elle est » ****. Les Jacobins eux-mêmes se disent monarchistes, réclamant une application rigoureuse de la Constitution, à laquelle Robespierre ne cesse de proclamer son attachement.

Mais il eût fallu, pour qu'il y eût une chance d'arrêter le cours de la Révolution, que Louis XVI fût capable de l'accepter et de la conduire. Or, dès avant la fuite à Varennes, Louis XVI avait prouvé qu'une bonne

---

* Né à Saint-Emilion, avocat à Bordeaux, grand orateur, il sera l'un des chefs du parti girondin. Mis hors la loi le 31 mars 1793, il s'enfuira. Arrêté, il périra guillotiné le 17 juin 1794, avec son père, sa tante et son frère.

** Avocat, à demi paralysé, élu du Puy-de-Dôme, lié les premiers temps aux Roland comme à Robespierre, il deviendra peu à peu le meilleur soutien de ce dernier, sa « seconde âme », dira Michelet. Il sera guillotiné avec lui.

*** « La révocation du 4 octobre aura peut-être, pour les patriotes, l'effet de la révocation de l'Edit de Nantes », écrit le journal La Révolution de Paris, seule publication qui, à l'époque, s'affirme républicaine. Car Le Républicain de Condorcet a déjà disparu[8].

**** Condorcet, comme Brissot, comme tous les députés, a prêté dès le 4 octobre serment de fidélité à la Constitution.

partie des nouvelles institutions lui était insupportable : moins, semble-t-il, l'organisation de ses prérogatives diminuées, que l'abolition totale des privilèges et surtout la Constitution civile du clergé qui heurtait sa conscience, et au-delà, la conception qu'il se faisait du monde. A la fin de l'année 1791, l'Assemblée nouvelle s'inquiète de l'agitation qu'entretient le clergé « réfractaire », semblant entraîner une partie des catholiques dans la contre-révolution, notamment dans l'ouest de la France[10]. Elle s'émeut de l'action, en territoire étranger, des nobles émigrés dont le nombre s'accroît sans cesse, qui concentrent des troupes, aux ordres du prince de Condé, sur le territoire de l'électeur de Trèves, et multiplient les manifestes annonçant l'invasion de la France et le châtiment des révolutionnaires. Le 9 novembre, l'Assemblée décide que tous les émigrés « suspects de conjuration » disposeront d'un délai expirant le 1er janvier 1792 pour rentrer en France ; passé cette date ils seront passibles de la peine de mort et de la confiscation de leurs biens. Puis le 29 novembre, elle décrète que les ecclésiastiques qui ont refusé d'accepter la Constitution civile seront obligés de prêter, dans la huitaine, « serment de fidélité » à la Nation, à la loi et au Roi, sous peine d'être privés de leur pension, tenus pour suspects et éventuellement punis d'une peine de deux ans de détention *. Usant de son droit, le Roi oppose le veto royal aux deux décrets **, et pour justifier son veto au décret sur les immigrés il publie, le 16 novembre, une proclamation qu'il croit habile, expliquant les motifs de son veto, mais appelant solennellement tous les émigrés à rentrer en France. Les deux vetos, si constitutionnels qu'ils fussent ***, symbolisaient les deux conflits, apparemment irréduc-

---

* « Nous avons débuté, écrit Hua, député modéré, par deux discussions majeures, l'une sur les émigrés, l'autre sur les prêtres appelés dissidents parce qu'ils avaient refusé de se soumettre à la Constitution civile du clergé. Les deux fatales discussions étaient de nature à mettre le feu partout. La saine politique voulait qu'on ne parlât ni d'émigrés ni de prêtres, mais les Jacobins saisirent avec empressement ce brandon de discorde... »[11].

** Louis XVI écrivait le 3 décembre 1791 au roi de Prusse dans les termes suivants : « A monsieur mon Frère le roi de Prusse ; Monsieur mon Frère, j'ai appris par M. du Moutier l'intérêt que Votre Majesté avait témoigné non seulement pour ma personne, mais encore pour le bien de mon royaume. Les dispositions de Votre Majesté à m'en donner des témoignages dans tous les cas où cet intérêt pourrait estre utile pour le bien de mon peuple, a excité vivement ma sensibilité. Je le réclame avec confiance dans ce moment-cy, où, malgré l'acceptation que j'ai faitte [sic] de la nouvelle Constitution, les factieux montrent ouvertement le projet de détruire entièrement les restes de la Monarchie. Je viens de m'adresser à l'Empereur, à l'Impératrice de Russie, aux Rois d'Espagne et de Suède et je leur présente l'idée d'un Congrès des principales puissances de l'Europe, appuié [sic] d'une force armée, comme la meilleure manière pour attester ici les factieux, donner les moyens de rétablir un ordre de choses plus désirable et empêcher que le mal qui nous travaille puisse gagner les autres Etats de l'Europe. »... La lettre avait été semble-t-il inspirée par Marie-Antoinette et Fersen qui en avaient tracé le canevas.

*** La proclamation de Louis XVI expliquant son veto l'était moins et Condorcet protesta contre cet appel au peuple que la Constitution ne prévoyait pas[12].

tibles, qui opposaient le Roi au nouveau régime, le conflit sur les émigrés et le conflit sur l'Eglise catholique.

Mais les passions se porteront d'abord ailleurs, du côté de la politique extérieure. Les affrontements se préparent entre la France nouvelle et les monarchies qui l'entourent, et l'action des émigrés cherche à les précipiter. L'entourage du Roi désire-t-il la guerre ? Il la veut sans doute dans l'espoir qu'une guerre — au moins une guerre limitée — ramènera l'Ancien Régime, en tout cas affaiblira la Révolution. Louis XVI accueille avec satisfaction un décret de l'Assemblée du 19 novembre, qui exige des Electeurs de Trèves et de Mayence qu'ils dispersent les émigrés rassemblés sur leurs terres, et il fait savoir à l'Electeur de Trèves que si celui-ci n'a pas chassé les émigrés avant le 15 janvier 1792, le roi de France ne verra plus en lui qu'« un ennemi de la France ». Le 14 décembre, Louis XVI se rend solennellement à l'Assemblée. Il plaît aux députés en prononçant un discours menaçant pour ceux qui osent défier la France. « Au lieu d'une guerre civile, écrit-il le même jour à son ami le baron de Breteuil, qui semble, en exil, son agent préféré, ce sera une guerre politique et les choses en seront bien meilleures. L'état physique et moral de la France fait qu'il lui est impossible de soutenir une demi-campagne... »

Mais il n'y a pas que Louis XVI pour souhaiter la guerre. Au gouvernement — composé depuis le départ de Necker * de personnalités médiocres — se développe un véritable parti de la guerre. Si de Lessart, le ministre des Affaires étrangères, Duport-Dutertre, le garde des Sceaux, invitent le Roi à la prudence, si Bertrand de Moleville, ministre de la Marine, intrigue ouvertement contre la guerre mais incite secrètement les officiers à déserter l'armée française, en revanche le comte de Narbonne, nouveau ministre de la Guerre, amant de Mme de Staël, très assidu au salon de Sophie de Condorcet, s'affirme un partisan résolu d'une « petite guerre sans lendemain ». Il cherche à gauche, à droite, partout, des appuis. La guerre est aussi, pour d'autres motifs, l'idée de La Fayette, des frères Lameth. Ils croient qu'un conflit court et limité stabilisera la Révolution. Et peut-être donnera-t-elle la réalité du pouvoir aux généraux, tel La Fayette qui vient de prendre le commandement d'une armée, capables d'arrêter et de contrôler la Révolution...

Mais la gauche de l'Assemblée — par un raisonnement inverse — se convainc que la guerre est nécessaire pour vaincre la résistance du Roi et

---

* Necker, impuissant et, semble-t-il, épuisé, avait donné sa démission le 4 septembre 1790. Il laissait, assure Mme de Staël, deux millions de sa fortune — soit la moitié de celle-ci — « en dépôt au Trésor royal ». Necker fut arrêté à Arcis-sur-Aube, puis libéré sur l'ordre de l'Assemblée. Il se rend alors à Bâle : « Il fit ce cruel voyage par le même chemin, à travers les mêmes provinces où treize mois auparavant il avait été porté en triomphe... Il s'en allait, écrit sa fille tant affectionnée, le cœur brisé, ayant perdu le fruit d'une longue carrière ; et la nation française ne devait jamais retrouver un ministre qui l'aimât d'un sentiment pareil » [13].

pour assurer le triomphe de la Révolution. Jean-Pierre Brissot, élu député de Paris à la Législative, apparaît en cette fin de l'année 1791 comme « l'homme de la guerre ». Il attire, il entraîne les brillants orateurs, dont plusieurs sont députés de la Gironde *, Vergniaud, Guadet, tous nourris des chefs-d'œuvre classiques, admirateurs de Démosthène et de Cicéron, ardents, fougueux, rêvant d'abattre tous les despotes, de terrasser l'Europe des rois. Aux Jacobins, Brissot réussit à mettre en échec Robespierre qui se retrouve presque seul à lutter contre l'entraînement général. « Commencez, oppose Robespierre, par ramener vos regards sur votre position intérieure ; remettez l'ordre chez vous avant de porter la liberté ailleurs » [14]. Mais on ne l'entend pas. Il faut, clame Brissot, obliger le Roi à se déclarer, il faut détruire Coblence, il faut appeler les peuples d'Europe à se soulever, à disposer d'eux-mêmes, il faut une guerre révolutionnaire, une croisade de la liberté... « Un peuple qui reconquiert sa liberté après dix siècles d'esclavage a besoin de la guerre, proclame-t-il aux Jacobins le 16 décembre 1791 ; il faut la guerre pour la consolider. » Et le 14 janvier 1792, Guadet s'écriera à la tribune de l'Assemblée : « Marquons d'avance une place aux traîtres... et que cette place soit l'échafaud » [15]. Ainsi, pour des raisons contraires, chacun va vers la guerre, vers sa guerre. Et cette guerre ne peut être que victorieuse. « Sous la liberté, assure Brissot, tout est soldat : hommes, femmes, enfants, prêtres, magistrats **. » Il n'est jusqu'au très pacifique Condorcet qui ne cède au mouvement général :

> « La Nation française ne cessera pas de voir un peuple ami dans les habitants des pays occupés... Ses soldats se conduiront sur une terre étrangère comme ils se conduiraient sur celle de leur patrie s'ils étaient forcés d'y combattre. Les maux involontaires que ses troupes auraient fait éprouver aux citoyens seront réparés... Elle présentera au monde le spectacle nouveau d'une Nation vraiment libre..., respectant partout, en tout temps, à l'égard de tous les hommes, les droits qui sont les mêmes pour tous... Voilà quelle est la guerre que les Français déclareront à leurs ennemis. »

Ainsi, alimenté d'inspirations diverses, l'enthousiasme belliqueux s'accroît de jour en jour. Il ne lui manque qu'une occasion d'exploser. Elle surgit quand, le 9 mars, le Roi eut décidé de renvoyer Narbonne, son ministre de la Guerre, qui avait osé lui remettre un mémoire critiquant l'inertie du Roi et l'action de son entourage. Le 10 mars 1792, de Lessart ***, ministre des Affaires étrangères, est soudain décrété

---

* Ceux que l'on appellera les « Girondins » seront, pour la plupart, étrangers à la Gironde : Brissot venu de Chartres, Condorcet de Paris, Roland du Beaujolais.
** « Les grandes trahisons ne seront funestes qu'aux traîtres, proclame Brissot le 30 décembre. Nous avons besoin de grandes trahisons. »
*** Contrôleur des Finances, ami de Necker, de Lessart sera mis en accusation par les Girondins, et massacré à Versailles le 9 septembre 1792.

d'accusation par l'Assemblée en raison de la timidité suspecte des négociations qu'il mène avec l'Autriche*. Le ministre est, paraît-il, un mou, un partisan de la paix. Il est arrêté, emmené à Orléans. L'Assemblée semble défier le Roi.

> « De cette fenêtre, s'écrie Vergniaud à l'Assemblée, on aperçoit le palais où des conseils perfides égarent le Roi... La terreur et l'épouvante sont souvent sorties de ce palais : qu'elles y entrent aujourd'hui au nom de la loi ; que tous ceux qui l'habitent sachent que le Roi seul est inviolable, que la loi y atteindra sans distinction tous les coupables, et qu'il n'y a pas une tête qui, convaincue d'être criminelle, puisse échapper à son glaive ! »

Cette véhémence inquiète-t-elle Louis XVI ? Ou satisfait-elle ses secrets desseins ? Il décide, le 15 mars 1792, d'appeler les « Brissotins » à constituer un nouveau ministère. Et, comme la loi lui interdit de choisir ses ministres parmi les députés, il désigne Roland, l'ami de Brissot... comme ministre de l'Intérieur. Clavière est nommé aux Finances, Dumouriez, « aventurier de génie »[16]**, intrigant né, passé des commandements militaires à la diplomatie secrète, devient ministre des Affaires étrangères. Cet aristocrate brillant, cultivé, joueur, étonnamment séduisant, ennemi de tous les désordres, partisan d'un pouvoir fort, croit lui aussi aux vertus de la guerre. Il est pour l'instant du côté des Brissotins, mais il entend surtout conduire sa carrière. C'est lui la forte personnalité de ce ministère. Il voit que dans toute la France l'ardeur guerrière se répand. Et la crise économique qui sévit, en ces premiers mois de l'année 1792, y porte aussi. L'assignat se cède à 50 pour cent de sa valeur nominale ; les paysans refusent de livrer leur grain contre de la « monnaie de singe » ; dans de nombreuses villes des manifestations contraignent les commerçants à abaisser leurs prix et des boutiques sont pillées[17]. La guerre peut apporter ses remèdes à la crise. Elle a, en tout cas, dans le moment, la commodité d'une fuite en avant. Ceux que l'on commence à appeler les « sans-culottes »***, parce qu'ils

---

* Dès le 25 janvier, l'Assemblée, cherchant un conflit avec l'Autriche, avait « invité le Roi à demander à l'Empereur si, comme chef de la maison d'Autriche, il entend vivre en paix et bonne intelligence avec la Nation française... » L'Empereur était sommé de répondre avant le 1er mars. « S'il ne donne point à la Nation avant le 1er mars pleine et entière satisfaction sur tous les points, son silence ainsi que toute réponse évasive ou dilatoire seront regardés comme une déclaration de guerre. » Brissot et Vergniaud avaient poussé l'Assemblée à prendre ce décret provocant, que Robespierre avait vivement combattu aux Jacobins.

** Dumouriez recevra le commandement de l'armée du Nord, et remportera, le 20 septembre 1792, la fameuse victoire de Valmy (infra, p. 232). Battu par les Autrichiens en mars 1793, il négociera avec eux, et passera à l'ennemi. Il errera alors en Europe, recevra en 1800 une pension de l'Angleterre, donnera quelques conseils à Wellington durant la guerre d'Espagne, puis mourra, oublié, en Angleterre en 1823. Sieyès paraît avoir eu, pour ses qualités intellectuelles, une vive admiration et avoir peut-être intrigué avec lui.

*** « Les sans-culottes, écrit Alfred Cobban, comme les bourgeois, ne sont pas une classe sociale. Ils se définissent en termes politiques et non pas sociaux. » Mais l'imagerie

méprisent les culottes à bas de soie que portent les riches, manifestent, réclament contre les privilégiés, mais aussi contre les émigrés, les réfractaires, les princes étrangers. Ouvriers, compagnons, artisans, boutiquiers, petits bourgeois, fonctionnaires, hommes de loi, ne constituent pas une classe sociale. Ils ont en commun la haine des privilégiés, les souffrances de la vie, et le rêve révolutionnaire. Dans le moment la guerre porte ce rêve. Partout en France s'organisent des fêtes patriotiques qui exaltent la guerre révolutionnaire, croisade des peuples contre les rois, de la liberté contre l'oppression.

Le 20 avril 1792, Louis XVI se rend à l'Assemblée. Il propose solennellement de déclarer la guerre au « Roi de Bohême et de Hongrie », c'est-à-dire à François II, nouvel empereur d'Autriche, qui vient de succéder à son père Léopold. « La France, admirera Michelet, avait le sentiment de sa virginité puissante * ; elle marchait la tête haute, le cœur pur, sans intérêt personnel ; elle se savait adorable, et dans la réalité, adorée des nations. Elle jugeait parfaitement que l'amour des peuples lui assurait pour toujours l'invariable haine des rois... »[19].

Sept députés seulement osèrent voter contre la déclaration de guerre, presque tous furent emportés par un enthousiasme irrésistible. « C'est en détestant la guerre, expliquera plus tard Condorcet qui monta à la tribune pour la légitimer, que j'ai voté pour la déclarer »[20]. Ce jour du 20 avril 1792, où Louis XVI se coule opportunément dans le rêve révolutionnaire, ouvre la longue guerre qui opposera la Révolution à l'Europe — elle durera vingt-trois ans, en dépit de courtes interruptions — et il scelle sans doute le destin de la Révolution et de la France. Et cette date symbolise aussi l'avènement d'une mentalité française qui se prolongera bien au-delà de la Révolution. Pour plus d'un siècle, le nationalisme français s'identifiera avec l'héritage de la guerre révolutionnaire. Le « mourir pour la patrie » portera désormais, dans une mystérieuse ambiguïté, à la fois la volonté de vie et de conquête d'une nation, et le rêve d'une libération universelle. En ces premiers mois de l'année 1792, le patriotisme français découvre les principes qui le soutiendront tout au long du XIXe siècle et encore au XXe. Ce sont les tyrans qui obligent à la guerre, toute guerre française est une guerre pour la paix, pour la liberté, toute guerre française est une guerre juste **.

révolutionnaire les décrira fréquemment comme constituant un mouvement prolétaire dressé contre l'ordre bourgeois[18].

* Sur la représentation, chez Michelet, de la France, femme, vierge, et la rédemption par le rythme sanguin, cf. le beau livre de Roland Barthes, *Michelet* (Le Seuil, 1975, not. pp. 129 et ss). En revanche, pour Michelet, « l'Histoire que nous mettons très sottement au féminin est un rude et sauvage mâle ».

** Mona Ozouf a bien éclairé ce « patriotisme français » fabriqué par la Révolution et transmis par l'école, dans son ouvrage *L'école de la France, Essais sur la Révolution, l'utopie et l'enseignement,* Gallimard, 1984, pp. 185 et ss.[21].

Sieyès rejoint-il l'entraînement général ? Il n'a pas vécu si retiré qu'il le prétendra, durant cet hiver qui a précédé la déclaration de guerre. Il n'a pas été un « reclus » comme il le dira dans sa *Notice*, soucieux de parfaire son image solitaire et dédaigneuse. En réalité il vient souvent à Paris. On le voit chez Mme de Staël, qui lui marque une vive admiration[22] : « Les écrits et les opinions de l'abbé formeront une nouvelle ère en politique, comme ceux de Newton en physique », a-t-elle confié quelques mois plus tôt à Gouverneur Morris lors d'un charmant dîner où dissertait Sieyès[23]. Chez Mme de Staël il rencontre Narbonne et plusieurs ministres de Louis XVI. On le voit rue Guénégaud, chez Mme Roland, on le voit place Vendôme chez Mme Dodu, autre égérie de la Gironde, qui invite les députés patriotes trois fois par semaine, pour discuter de l'ordre du jour de l'Assemblée. Il fréquente assidûment le salon de Mme Rousseau, femme riche et cultivée, qu'il a connue au temps de l'Assemblée provinciale de l'Orléanais *. Il ne se cache pas de fréquenter Brissot, le chef des futurs Girondins, qu'il a bien connu à Chartres chez Mme de Laseinié sa protectrice, et aussi à la Société des Amis des Noirs **. Il voit souvent Condorcet, son ami, qui exerce durant ces mois une influence croissante, et on le rencontre dans le salon de la charmante Sophie de Condorcet où se retrouvent les Girondins les plus influents. Bien sûr, Sieyès assure dans sa *Notice* qu'il n'a alors que de « simples rapports de société » avec huit ou dix députés. Mais faut-il le croire ? Sieyès aime trop la vie politique pour s'en arracher tout à fait, et il ne croit certes pas que son rôle est terminé. A-t-il continué, directement ou par des intermédiaires, à négocier avec le duc d'Orléans, comme on l'en accusera ? Fortoul assure, sans apporter aucun élément à l'appui de cette allégation[24], que Sieyès était alors en relation avec le fils du duc d'Orléans, le jeune duc de Chartres qui deviendra le roi Louis-Philippe. Sieyès a-t-il de même noué des intrigues avec Dumouriez, devenu ministre des Affaires étrangères ? Il avait connu Dumouriez par Mira-beau et il ne cachait pas qu'il admirait ses talents. S'en serait-il alors rapproché ? « Il n'est pas invraisemblable, écrit Paul Bastid[25], qu'en 1792 il ait songé à Dumouriez... comme plus tard il songera à Joubert, à Hoche, à Moreau, à d'autres, comme, finalement, il songera à Bona-parte. » Ecrivant cela, Bastid va plus vite que le temps. Lamartine avancera que Sieyès se serait alors servi de Vergniaud, le grand orateur girondin, pour essayer de reprendre, grâce à ce brillant interprète, son

---

* Mme Rousseau confia plus tard à Lamartine l'immense admiration qu'elle avait vouée à Sieyès. Mais on ne peut connaître la vérité de sa relation avec l'abbé, dont elle fut en tout cas une grande amie.

** Fondée par Brissot avant la Révolution la Société des Amis des Noirs s'était donné pour tâche de réaliser l'égalité des races et la suppression graduelle de l'esclavage. Sieyès en était membre. Elle avait exercé une influence durant les premiers mois de l'Assemblée constituante dont les décisions, concernant la population des colonies, devaient être hésitantes et contradictoires.

ascendant sur les opinions et les affaires. D'autres diront qu'il cherchait à mettre dans son jeu Danton — l'ami de Dumouriez — qui louvoyait déjà entre les Jacobins, les Girondins, et aussi, sans doute, les Orléanistes[26]. Ce ne sont là que des hypothèses, que rien n'appuie. Elles trouvent peut-être une justification dans les relations qu'avait conservées, un peu partout, le fondateur de la première révolution, les entretiens, les conciliabules qu'il ne cessait de conduire, et aussi sans doute dans sa réputation, celle d'un homme de secret et d'influence. Toujours on lui prêtera plus d'intrigues qu'il n'en entretint vraiment. Bastid assure que, durant cet hiver 1791 et ce printemps 1792 dominés par l'attente fiévreuse de la guerre, Sieyès se serait placé délibérément du côté des apôtres de la guerre, qu'il y aurait vu, comme son ami Brissot, un moyen de démasquer le Roi, d'exciter l'esprit public, et aussi de relever l'assignat. « Il est probable, assure Bastid, qu'il voulait l'union de toutes les forces vives de la Révolution, l'alliance, devant l'Europe, de la bourgeoisie et du peuple contre les anciens privilégiés »[27]. Que Sieyès, comme Brissot, comme Roland, ait pensé à conforter *sa* révolution par la guerre, à assurer, par la guerre, le soutien du peuple à la révolution déjà faite pour la détourner d'en vouloir une autre, on peut l'imaginer. Mais il faut interpréter son silence. Car on ne sait à peu près rien de la vie, de la pensée de Sieyès durant ces quelques mois qui vont tant engager l'avenir. Sa vie publique reste entourée d'ombres. Sa vie privée est inconnue, peut-être inexistante. Il va dans les salons, il dîne en ville, il parle beaucoup, il fait la navette entre Auteuil et Paris, mais on ne lui connaît ni ami privilégié, ni maîtresse, ni même relation étroite. Il vit dans le secret. Cela aussi singularise Sieyès, quand la plupart des autres vivent, parlent, aiment, agissent dans l'orgueil et le plaisir, en plein jour.

II

LE ROI AU BONNET ROUGE

Tant voulue, non préparée, cette guerre commença mal. L'émigration des officiers avait été massive. Plus de 6 000 sur 12 000 avaient quitté la France *. L'armée avait dû, pour les remplacer, faire appel aux sous-officiers, et à des jeunes bourgeois qui avaient servi dans la garde nationale. L'encadrement en avait été très affecté. Souvent peu expérimenté, il était miné par la méfiance qui opposait les anciens et les nouveaux. Le moral des troupes s'en était ressenti. Les mutineries s'étaient multipliées tout au long de l'année 1791 et encore en 1792. Par surcroît, l'armée était numériquement faible. Elle comptait 120 000 hommes environ, auxquels s'ajoutaient les bataillons de volontaires recrutés dans la garde nationale au lendemain de la fuite du Roi. On avait espéré 100 000 volontaires, il n'y en avait pas eu 35 000. Ne restait que l'avantage de l'armement, du canon de Gribeauval, du fusil de 1777 réputés en Europe mais ils manquaient en quantité [1].

Surtout les efforts conduits par Dumouriez, ministre des Affaires étrangères, pour tenter de détacher la Prusse de l'Autriche, avaient échoué. En réalité, Frédéric Guillaume, d'ailleurs lié à l'empereur d'Autriche ** par un traité d'alliance, souhaitait la guerre. Dès la déclaration de guerre française, le roi de Prusse donna à ses troupes l'ordre de marcher. Elles marchèrent. Vainement Dumouriez avait tenté de négocier avec l'Angleterre ***. Pitt, décidé pour le moment à rester neutre, refusait tout traité avec la France. Ainsi la France se trouvait

* Les officiers étaient obligés à prêter serment, à porter un ruban tricolore à la boutonnière. Ils étaient par surcroît mal payés, en assignats qui ne cessaient de perdre de leur valeur et que les fournisseurs refusaient souvent.

** L'empereur Léopold II, frère de Marie-Antoinette, était mort le 1er mars 1792. Son fils François II sera un adversaire convaincu de la Révolution.

*** De Lessart y avait envoyé Talleyrand en janvier 1792 comme ambassadeur, mais Talleyrand n'avait pas réussi à s'assurer le soutien britannique.

seule, contre l'Autriche, la Prusse, l'Allemagne coalisées, sans le secours espéré de l'Angleterre, des Etats-Unis, des rares nations libérales.

L'armée française prit l'offensive aux Pays-Bas autrichiens ; on espérait que les populations soumises à l'Autriche se soulèveraient. Mais, dès avril, l'armée conduite par le général Théobald Dillon qui, de Lille, s'avançait sur Tournai, était contrainte de faire demi-tour à la vue des Autrichiens, tandis que l'armée du général Biron, qui marchait sur Mons, se repliait précipitamment sur Valenciennes. Les soldats français se crurent trahis par leurs chefs. Ils désertèrent par milliers. Le général Dillon fut massacré par ses soldats. La frontière du Nord était ouverte. Sur les Ardennes, l'armée de La Fayette n'avait pas bougé. Le 6 mai, La Fayette écrivait au ministre de la Guerre : « Je ne puis concevoir comment on a déclaré la guerre sans être prêt sur rien. » Mais que faisait-il pour la gagner ? Le 18 mai, les trois généraux d'armée, réunis à Valenciennes, déclaraient l'offensive impossible et conseillaient au Roi de suspendre les hostilités [2].

Comment ne pas crier à la trahison, ne pas dénoncer une guerre si mal conduite ? Aux Jacobins, Robespierre prend aussitôt son avantage. Cette défaite, dit-il, est la conséquence fatale d'une guerre qu'ont voulue les Girondins et que mènent traîtreusement le Roi et des généraux félons. Robespierre excuse les soldats patriotes qui ont massacré leur général. Tous les chefs militaires, proclame-t-il, regrettent l'ancien ordre des choses et les faveurs de la Cour. Tandis que lui, Robespierre, « il ne se repose que sur le peuple, sur le peuple seul ».

Inquiète, l'Assemblée crut démontrer sa force en frappant la contre-révolution. Elle pensait ainsi soutenir le moral du peuple, et apaiser les Jacobins trop remuants. Surtout elle exploitait le mythe, désormais si précieux, d'un monstrueux complot des rois, des émigrés, des prêtres réfractaires. Ce complot seul pouvait expliquer les défaites de l'armée française. Le 27 mai, elle vote un décret ordonnant la « déportation des prêtres réfractaires », c'est-à-dire leur expulsion du territoire français pourvu qu'elle fût demandée par 20 citoyens actifs et approuvée par les directeurs de districts et de départements. Le 29 mai, elle décide le licenciement des 6 000 hommes de la garde constitutionnelle du Roi soupçonnée d'être peuplée d'aristocrates *. Enfin, le 8 juin, elle ordonne la levée de 20 000 « fédérés » chargés de maintenir l'ordre dans la capitale. Les deux derniers décrets ne semblaient-ils pas un véritable défi au Roi et à la Cour ? Louis XVI accepta la dissolution de sa garde, c'est-à-dire le décret le plus provocant, mais il mit son veto aux deux autres. Roland, ministre de l'Intérieur, protesta alors d'une lettre insolente, sans

---

* « On répandait, raconte Hua toujours solidaire des modérés, la terreur de cette troupe d'élite, elle avait fait des serments impies, juré l'extermination des patriotes... » [3]. La garde avait pour commandant en chef le duc de Brissac.

doute rédigée par sa femme, sommant Louis XVI de retirer ses vetos*. Le Roi saisit l'occasion et, le 12 juin, il congédia soudain ses ministres, ne conservant que Dumouriez qui d'abord accepta le ministère de la Guerre, puis crut prudent, trois jours plus tard, de démissionner et de s'en aller diriger l'armée du Nord. Et le Roi appela des modérés, des Feuillants à peu près inconnus, pour constituer le nouveau ministère**. Tel était Louis XVI, procédant par mouvements contraires, alternant les élans vers la Révolution et les brusques retours en arrière. Mais le conflit était maintenant ouvert. Il ne manquait qu'une occasion pour qu'il devînt violent.

Celle-ci ne se fit pas attendre. Dès le 13 juin, l'Assemblée avait décrété — pour donner leçon au Roi — que les ministres congédiés avaient emporté les « regrets de la nation ». Le 17, elle créait une commission constituée de 7 Feuillants et de 5 Jacobins, dite « Commission des Douze », véritable anticipation d'un Comité de Salut public, qui recevait mission de « veiller aux dangers de la patrie », et de superviser les activités des ministres. Mais le grand jour vint le 20 juin. Et ce jour n'appartint pas à l'Assemblée.

Ce 20 juin Paris célèbre l'anniversaire du serment du Jeu de Paume... et aussi de la fuite du Roi. Les Girondins ont prévu un tranquille banquet du souvenir. Mais ceux que l'on appellera les « meneurs des faubourgs », parmi lesquels Santerre, riche brasseur du faubourg Saint-Antoine***, entendent fêter ce jour à leur manière. Deux colonnes de manifestants partent, dès cinq heures du matin, l'une de la Bastille, l'autre de la Salpêtrière; elles portent en triomphe les tables des Droits de l'Homme installées entre plusieurs pièces de canon. Le maire de Paris, Pétion, et les chefs de la municipalité, après avoir hésité, laissent l'insurrection grandir. Bientôt ils la légaliseront en ordonnant de « rassembler sous les drapeaux les citoyens de tous uniformes et de toutes armes, lesquels marcheront, ainsi réunis sous le commandement des officiers de bataillon ». La foule s'accroît d'heure en heure. C'est, écrira le journal républicain *La Révolution de Paris*, « tout le peuple de la première ville du monde plein du sentiment de la liberté » : des gardes nationaux en uniforme, ou sans uniforme, des bourgeois, des commerçants, des artisans, des forts de la halle, des femmes, des enfants, des vieillards, des invalides, un peuple immense et confondu. On marche en

---

* « La patrie, écrivait Roland dans sa lettre de remontrance au Roi, n'est point un mot que l'imagination se soit complu d'embellir, c'est un être auquel on a fait des sacrifices, à qui l'on s'attache chaque jour davantage pour les sollicitudes qu'il cause, qu'on a créé par de grands efforts, qui s'élève au milieu des inquiétudes, et qu'on aime autant par ce qu'il compte que par ce que l'on espère... »

** Chambonas était nommé aux Affaires étrangères, Lagard à la Guerre, Terrier de Monciel à l'Intérieur. Duranton restait à la Justice, Lacoste à la Marine.

*** En août 1792 Santerre deviendra commandant de la Garde Nationale. En janvier 1793 il sera chargé d'accompagner Louis XVI à l'échafaud.

brandissant des bouquets de fleurs, des épis de blés, des pancartes nombreuses sur lesquelles on lit « Avis à Louis XVI : le peuple las de souffrir veut la liberté tout entière ou la mort », et encore : « Libres et sans culottes, nous en conservons au moins les lambeaux... », et encore : « A bas M. Veto, à bas Mme Veto ». La foule fait recevoir ses pétitionnaires par l'Assemblée★, puis, enhardie, elle se porte aux Tuileries. Elle pénètre dans le palais du Roi. Les gardes nationaux chargés de défendre le château restent inactifs. Elle monte alors dans les appartements royaux, parvient à la porte de l'Œil-de-Bœuf qui commande la salle où se tient Louis XVI entouré de sa sœur, de trois de ses ministres, du maréchal de Mouchy et de quelques grenadiers de la garde nationale. Pour que la porte ne soit pas forcée à la hache, le Roi consent qu'elle soit ouverte. Il crie : « Vive la nation ! » tandis que les manifestants envahissent la pièce et qu'il est contraint de monter sur une banquette, dans l'embrasure d'une croisée. La foule entoure, presse le souverain. Le boucher Legendre l'apostrophe : « Monsieur, vous êtes un perfide, vous nous avez toujours trompés, vous nous trompez encore, mais prenez garde à vous... » « Je suis votre Roi, répond Louis XVI, je ferai ce que la Constitution m'ordonne de faire. » Un homme tend, à l'extrémité d'une perche, un bonnet rouge. Louis XVI le prend, il le met sur sa tête. Un autre s'approche du Roi, une bouteille à la main : « Sire, vous devez avoir soif. » « Oui, mon ami », répond le Roi qui boit à la bouteille. « Peuple de Paris, je bois à ta santé... » Le défilé du peuple commence, devant le Roi, la famille royale. Il durera plusieurs heures.

Vers vingt heures, le maire de Paris se décide à intervenir. Le Roi peut retrouver ses appartements, les Tuileries sont évacuées. Journée plus burlesque que dramatique ? Le bilan paraît, pour tous, celui d'une défaite. Le Roi a été humilié, mais il n'a pas cédé. Il a dû coiffer le bonnet rouge mais il a maintenu ses vetos. « Le peuple s'écoula fort triste des Tuileries. Ils disaient tous : " Nous n'avons rien obtenu... il faudra revenir... " »[5].

En Europe, l'image du roi prisonnier, insulté, forcé à coiffer le bonnet rouge, forcé à boire, aidera à nourrir la haine de la Révolution. A l'Assemblée, l'échec de la journée populaire semble avoir donné de l'audace aux députés. Pétion, maire de Paris, est suspendu de ses fonctions. La journée est désavouée par les Girondins, et même par ceux des Jacobins qui n'y ont pas officiellement pris part[6]. Le 27 juin, La Fayette, quittant son armée, vient à l'Assemblée, il la somme de pour-

---

★ « La députation est admise, écrit le très inquiet député Hua, l'orateur populaire nous débite, en énergumène, un tissu de phrases menaçantes, mêlées pour la forme de quelques phrases respectueuses. C'était des plaintes sur le renvoi des ministres, une dérision du veto, une déclaration contre la Cour, les émigrés, les prêtres... »[4]. Le cortège fut admis à défiler dans l'Assemblée, entre les bancs, et la procession dura plusieurs heures.

suivre les auteurs de l' « attentat » du 20 juin, de « détruire une secte qui envahit la souveraineté nationale. » Il projette un coup d'Etat, échoue. Sa véhémence et ses intrigues restent sans effet. Il repart le 30 juin pour rejoindre son armée. Au Palais-Royal son image est brûlée en effigie...

C'est le 2 juillet que Paris apprend que l'armée du Nord bat en retraite, qu'elle se replie sur Lille et sur Valenciennes. Et, pour tenter de tourner le veto royal, l'Assemblée convoque les « fédérés » des départements afin qu'ils viennent célébrer à Paris l'anniversaire du 14 Juillet. Que peuvent les Girondins sinon épouser le vent, et s'en prendre au Roi ? Vergniaud monte à la tribune de l'Assemblée législative, il y dénonce violemment les trahisons de Louis XVI : « Ô Roi qui sans doute avez cru avec le tyran Lysandre que la vérité ne valait pas mieux que le mensonge et qu'il fallait amuser les enfants avec des osselets... vous n'êtes plus rien pour cette Constitution que vous avez indignement violée, pour ce peuple que vous avez si facilement trahi », et il se fait acclamer. Mais l'Assemblée, toujours oscillante, regrette-t-elle aussitôt d'avoir applaudi à des propos trop audacieux ? Le 11 juillet, sur l'invitation de l'évêque constitutionnel Lamourette, député du Rhône-et-Loire, qui prêche la réconciliation générale, elle décide soudain, dans un enthousiasme unanime, de vouer à l'exécration publique tout projet d'altérer la Constitution soit par l'établissement de deux Chambres, soit par l'instauration de la République, soit de toute autre manière. Un instant tous les députés semblent confondus dans l'ivresse de la fraternité. On va chercher Louis XVI. Il accourt, il participe à l'attendrissement général « Le Roi et la Nation ne font qu'un », proclame-t-il. Il s'en retourne chez lui sous les acclamations de l'Assemblée...

Mais ni le « baiser Lamourette », ni cette fraternité un instant célébrée autour du roi constitutionnel ne pouvaient effacer le souvenir de la journée du 20 juin. « Le trône était encore debout mais le peuple s'y était assis, il en avait pris la mesure... »[7]. Ce 20 juin 1792 sera, comme le 17 juillet 1791, une journée à laquelle l'histoire conférera une portée symbolique. C'est, assure Aulard, l' « entrée en scène du prolétariat », d'un prolétariat « calme, fort, joyeux, capable de s'organiser... »[8]. Des « prolétaires », ces sans-culottes qui firent le 20 juin ? Non plus que ceux qui firent, un an plus tôt, le 17 juillet. La foule, qui a envahi les Tuileries et forcé le Roi à boire, mêlait les boutiquiers, les artisans, les compagnons, les ouvriers. Tous avaient en commun de souffrir de la crise économique, de l'effrayante inflation, des troubles de subsistance. Il est vrai cependant que la bourgeoisie au pouvoir n'avait pu, n'avait su maîtriser cette journée révolutionnaire qui s'était faite sans elle, contre sa volonté. L'Assemblée avait subi l'insurrection. Ce 20 juin, le peuple de Paris avait pris conscience de sa force. Il s'en souviendra.

Sieyès est à Auteuil en ce printemps de 1792. Il s'y trouve encore au début de juillet. Puis dans ces jours décisifs — les derniers de la monarchie — il se rend, dira-t-il, « dans une campagne éloignée de plus de soixante lieues de Paris »[9], chez son ami Clément de Ris, à Beauvais-sur-Cher, semble-t-il. En juillet et août il disparaît. Par inquiétude ? Par détachement ? Par dégoût ? Le « silence philosophique » de Sieyès se renforce quand les événements se dramatisent. Or les mauvaises nouvelles s'amassent. Les armées du Nord battent en retraite, les faubourgs de Courtrai sont incendiés, les Belges, traités par les Français en peuple conquis, sont hostiles et, surtout, l'armée prussienne du duc de Brunswick entre en ligne en juillet. Inquiète de l'anarchie croissante qui s'étend dans les villes, tiraillée entre les partis, n'osant s'emparer du pouvoir exécutif que le Roi n'exerce pas, ou guère, l'Assemblée retrouve, le 11 juillet, son ardeur et son unanimité, pour proclamer « la patrie en danger » et appeler la Nation aux armes. « Des troupes nombreuses s'avancent vers nos frontières, tous ceux qui ont horreur de la liberté s'arment contre notre Constitution. Citoyens, la patrie est en danger... » Mais ce n'est pas qu'un cri. Des mesures sont décidées les jours suivants pour mettre la Nation en guerre. Les armes seront partout réquisition-nées. Les corps administratifs, les municipalités devront désormais siéger en permanence. Toute la garde nationale est appelée sous les armes, et des bataillons de nouveaux volontaires devront être levés. Chaque homme portera la cocarde tricolore. Cette fois la France sera mise en mouvement jusque dans les campagnes. Commentant la proclamation de la « patrie en danger », l'historien Alphonse Aulard participe rétrospectivement de l'enthousiasme patriotique[10] :

> « En juillet 1789, au moment de la Grande Peur, la nation s'était levée, avec un frisson, et elle avait fait la révolution municipale. Depuis, elle s'était rassise, et se croyait sûre de sa conquête. Cette fois, attaquée, elle se lève de nouveau, mais avec une confiance virile, une sorte d'allégresse. Où est ce paysan qui, trois ans plus tôt, se cachait aux forêts et aux cavernes, comme un esclave ? Cette fois, c'est un homme libre qui se lève, qui se sent soldat, et qui ne s'assiéra qu'après avoir vaincu l'Europe. »

Un homme libre se lève... il ne s'assiéra qu'après avoir vaincu l'Europe ! Voici que se construit le monument du patriotisme français[11].

III

UNE ÈRE NOUVELLE

Pendant que l'Assemblée tente de ranimer l'enthousiasme des patriotes, les « fédérés » — c'est-à-dire ceux des gardes nationaux qu'avaient délégués les municipalités parmi les patriotes les plus fervents — montent vers Paris pour participer à la troisième fête de la Fédération prévue pour le 14 juillet 1792, en réplique aux vetos du Roi. Ils viennent de toutes les régions. Beaucoup semblent apporter de leur province une conviction plus violente encore que celle des Parisiens. La Commune de Marseille s'est déjà prononcée contre le maintien sur le trône de Louis Auguste Capet, et les 500 Marseillais qui montent vers Paris, chantant, à chaque étape, l'hymne des Marseillais qu'a composé Rouget de Lisle — non pour eux mais pour l'armée du Rhin — ne viennent certes pas pour crier « Vive le Roi ». Sans doute, les milliers de fédérés qui se rejoindront peu à peu dans la capitale ne sont-ils pas tous hostiles à la monarchie, comme le paraissent les Marseillais, et beaucoup ne viennent que dans le vague dessein de parer aux dangers de la patrie, ou de faire la fête. A Paris, Robespierre a fait voter, le 11 juillet, par le Club des Jacobins, une adresse aux fédérés, qui les rappelle au respect de la Constitution, mais en termes qui traduisent déjà une évolution de l'Incorruptible :

> « Salut aux défenseurs de la liberté, salut aux généreux Marseillais qui ont donné le signal de la sainte Fédération. Votre mission est de sauver l'Etat. Assurons enfin le maintien de la Constitution, non pas de cette Constitution qui prodigue à la Cour la substance du peuple, qui remet entre les mains du Roi des trésors immenses et un énorme pouvoir, mais principalement et avant tout de celle qui garantit la souveraineté et les droits de la Nation. »

Que veut dire Robespierre paraissant distinguer entre la bonne et la mauvaise Constitution ? Il semble que, jusque-là défenseur intraitable de la légalité, il bascule durant ces journées. Sans doute le mouvement lui paraît-il devenu irrésistible, qui conduit à la déchéance du Roi. Et de même qu'il s'est appliqué à conquérir patiemment le Club des Jacobins, de même il organise, il récupère le mouvement des fédérés qui, jour après jour, arrivent à la capitale. Le 17, puis à nouveau le 23 juillet, les fédérés qui se sont donné un « Comité central » accueilli dans les locaux des Jacobins demandent à l'Assemblée d'ordonner la suspension du Roi. Et le 29 juillet, Robespierre reprend, dans un grand discours, les mots d'ordre des fédérés. Il réclame la déchéance du Roi, l'élection d'une Convention nationale élue au suffrage universel. L'Assemblée s'émeut, hésite. Elle ne fait rien.

Mais durant ces derniers jours de juillet, Paris a pris connaissance du manifeste du duc de Brunswick, général en chef de l'armée prussienne. La proclamation est l'œuvre maladroite d'un émigré, le marquis de Limon *. Rien dans son texte ne traduit l'intelligence, l'esprit éclairé du prince philosophe, et sans doute Brunswick s'est-il borné à la signer. Dans ce manifeste, sottement imaginé pour terroriser le peuple français et secourir la monarchie, les puissances coalisées déclaraient :

> « 1° — Entraînées dans la guerre présente par des circonstances irrésistibles, les deux Cours alliées ne se proposent d'autre but que le bonheur de la France, sans prétendre s'enrichir par des conquêtes.
> » 2° — Elles n'entendent point s'immiscer dans le gouvernement intérieur de la France, mais elles veulent uniquement délivrer le Roi, la Reine et la famille royale de leur captivité...
> » 3° — La ville de Paris et tous ses habitants sans distinction sont tenus de se soumettre sur-le-champ et sans délai au Roi, de mettre ce prince en pleine et entière liberté...
> » Déclarant en outre leurs dites Majestés, sur leur foi et parole d'Empereur et de Roi, que si le château des Tuileries est forcé ou insulté, s'il est fait la moindre violence, le moindre outrage à Leurs Majestés le Roi, la Reine et la famille royale, s'il n'est pas pourvu immédiatement à leur sûreté, à leur conservation et à leur liberté, elles en tireront une vengeance exemplaire et à jamais mémorable, en livrant la ville de Paris à une exécution militaire et à une subversion totale » [2].

Pouvait-on mieux faire pour provoquer un peuple et enflammer les patriotes ? « La proclamation nous fait grand bien, commente Condorcet. Encore une déclaration pareille et nous sommes sauvés. » Louis XVI en mesure aussitôt l'effet désastreux. Le 3 août, il croit prudent d'adresser à l'Assemblée un message rassurant, promettant qu'il prendra de concert avec elle toutes les mesures « profitables à la liberté et à la gloire de la Nation ». Mais qui l'écoute encore ? Qui le croit ? Ce même jour, Pétion présente le vœu de 47 sections de la Commune qui réclament à l'Assemblée la déchéance du Roi et la convocation d'une Convention nationale. Chacun pressent, les jours suivants, que l'on va vers un

---

* Elle aurait été secrètement commandée par Louis XVI au journaliste genevois Mallet du Pan. Mallet du Pan à son tour l'aurait demandée au marquis de Limon [1].

soulèvement populaire. L'Assemblée tente de gagner du temps, elle s'accroche à la Constitution. Les Girondins sont divisés : Condorcet réclame la déchéance immédiate tandis que Vergniaud propose d'attendre, et d'obliger le Roi à se soumettre aux volontés de l'Assemblée. Le 9 août, jour annoncé pour le grand mouvement des sections, l'Assemblée lève sa séance, comme à l'ordinaire, vers sept heures du soir, évitant prudemment de se déclarer en permanence.

Dans la nuit du 9 au 10 août, le tocsin sonne. A l'Hôtel de Ville arrivent d'heure en heure les commissaires envoyés par les sections. A sept heures du matin ils sont assez nombreux pour former une commune insurrectionnelle. Ils chassent la municipalité légale *. Deux colonnes se mettent en marche venant, l'une du faubourg Saint-Antoine, l'autre de la rive gauche, fortes notamment des fédérés marseillais. Vers dix heures, le Roi, qui se sait menacé, se précipite à l'Assemblée, qui a repris séance, avec la reine et le dauphin, il se place à la gauche de Vergniaud qui préside : « Je suis venu ici pour éviter un grand crime et je me croirai toujours en sûreté au milieu des représentants de la Nation. » « L'Assemblée nationale, lui répond Vergniaud, défendra avec zèle toutes les autorités constituées, elle respecte trop le peuple pour craindre qu'il puisse se porter à des violences répréhensibles, elle ne craint d'ailleurs aucun danger. Au surplus, elle saura, s'il le faut, mourir à son poste... » Comme la Constitution interdit que l'Assemblée délibère en présence du Roi, on conduit Louis XVI et la famille royale dans la « loge du logographe », étroit réduit, où se tenaient les sténographes, situé derrière le fauteuil du président. Dans les heures qui suivent, l'Assemblée apprend qu'à la suite du départ du Roi le château des Tuileries a été envahi, que les gardes suisses qui protégeaient la famille royale ont été massacrés dans de violents combats, que le peuple est en train de piller le château **. Alors elle capitule. Tant que l'issue du combat avait été douteuse, elle avait traité Louis XVI en roi. Quand l'insurrection fut victorieuse, elle décida de la satisfaire [3].

Vers treize heures, sur le rapport de Vergniaud, l'Assemblée — ceux du moins de ses membres qui sont demeurés en place — décrète « vu les maux de la patrie... et considérant que ces maux dérivent principalement des défiances qu'a inspirées la conduite du chef exécutif, que le peuple français est invité à former une Convention nationale et que le chef du pouvoir exécutif est provisoirement suspendu de ses fonctions... » ***.

* Mandat, commandant de la garde nationale, qui parut vouloir s'opposer au mouvement fut abattu d'un coup de feu vers 9 heures et remplacé par Santerre.
** 600 Suisses sur 900 furent tués dans l'action, ou massacrés ensuite. Du côté du peuple, il y eut près de 100 morts, plusieurs centaines de blessés. Les victimes étaient des commerçants, des artisans, des ouvriers, et parmi les fédérés, des petits bourgeois venus de province.
*** La suspension n'était pas la déchéance. Et plus tard les Girondins se verront reprocher d'avoir voulu accomplir un « acte conservatoire de la monarchie ».

Ainsi la monarchie — vieille de mille ans — était abattue[4]. Un second décret rendu quelques instants plus tard décide que le Roi et sa famille « resteront en otages ». Réglant l'exercice du pouvoir législatif, l'Assemblée ordonne que les décrets votés auront force de loi sans la sanction royale. Et, s'emparant du pouvoir exécutif, elle désigne les six ministres qui formeront le « Conseil exécutif provisoire ». Danton est élu en premier lieu, et nommé ministre de la Justice[*]. Condorcet expliquera ainsi son vote : « Il fallait dans le ministère un homme qui eût la confiance de ce même peuple dont les agitations venaient de renverser le trône. » Il fallait, par précaution, désigner l'un des chefs de l'insurrection[**].

Enfin, à l'unanimité, l'Assemblée décide d'instituer le suffrage universel. Elle proclame électeurs à la « Convention », la prochaine Assemblée nationale, tous les Français mâles âgés de vingt et un ans, ayant depuis un an un domicile, et vivant du produit de leur travail, à l'exclusion des Français « en état de domesticité ». Elle maintient seulement, contre l'opinion de la gauche la plus dure, le système du scrutin à deux degrés qu'avait imaginé la Constituante. Les citoyens désigneront les assemblées primaires qui, à leur tour, éliront les députés à la Convention. L'Assemblée législative se hâte, anxieuse, fatiguée, pressée de céder la place. Le 11 août, elle a fini sa tâche. La monarchie a vécu, et le Roi n'est plus qu'un prisonnier.

Mais, à Paris, ce n'est pas l'exécutif désigné par l'Assemblée qui gouverne désormais. Ce sont les vainqueurs de l'insurrection, c'est-à-dire les commissaires nommés par les sections, qui se sont emparés du pouvoir municipal et siègent désormais à l'Hôtel de Ville, constitués en « Commune » révolutionnaire. Robespierre, Billaud-Varenne, Fabre d'Eglantine, Chaumette, Pache y ont été nommés au lendemain de la victoire. Les Jacobins, représentants de la petite-bourgeoisie parisienne, dominent désormais cette assemblée insurrectionnelle avec laquelle le Comité exécutif — comme l'Assemblée — sera obligé de composer. La Commune dicte aussitôt ses volontés. Elle suspend les passeports, elle saisit les journaux, elle fait apposer les scellés chez les suspects, elle procède à des arrestations, elle décide qu'aucun prêtre ne portera le costume religieux, elle fait évacuer les couvents « repaires d'aristocratie », elle proclame que l'argenterie et tous les objets de bronze

* Par 222 voix sur 285 votants. Mais la grande majorité des députés de droite étaient absents.
** Lebrun fut désigné comme ministre des Affaires étrangères. Sur la recommandation de Condorcet l'académicien Monge fut choisi comme ministre de la Marine. Ce conseil fut complété sans scrutin par trois ex-ministres « patriotes » autrefois renvoyés par Louis XVI : Roland, nommé ministre de l'Intérieur, Servan, nommé ministre de la Guerre, et Clavière, mis aux Finances, tous trois désignés par acclamation. Il fut décidé que chaque ministre remplirait à tour de rôle, semaine après semaine, les fonctions de président du Conseil.

« crucifix, lutrins, anges, diables, séraphins, chérubins » seront fondus et convertis en canons. Le 13 août, elle exige que Louis XVI lui soit livré. L'Assemblée se soumet. L'ancien roi et la famille royale sont transportés au Temple, sous les injures de la foule. Ce sont désormais des accusés qui attendent d'être jugés.

Le roi suspendu, le roi prisonnier, le suffrage universel proclamé, l'insurrection triomphante, la guerre engagée contre l'Europe, le patriotisme révolutionnaire érigé en religion, les sans-culottes devenus une force autonome, qui tient la capitale : en moins d'un an la « seconde » révolution a transformé la France autant que la première. Révolution populaire de l'égalité, a-t-on dit parfois, succédant à la révolution bourgeoise de la liberté[5]. L'événement a donné cruellement raison à ceux qui, comme Sieyès, n'ont jamais cru que les Bourbons pussent servir un projet de monarchie constitutionnelle. Louis XVI était trop attaché au statut romain de la religion catholique, trop imprégné de l'esprit des privilèges et de la tradition de l'absolutisme pour admettre l'immense mutation de 1789. Et sans doute avait-il été bien au-delà de ce qu'il pouvait supporter. Eût-il fallu changer le Roi ? La monarchie constitutionnelle eût-elle prospéré sous d'autres monarques ? « Faute d'avoir osé en 1789 changer de dynastie comme le firent les Anglais en 1688, écrivent Furet et Richet, les bourgeois libéraux se condamnèrent au suicide... »[6]. Cette faiblesse de la révolution bourgeoise, Sieyès n'a cessé d'en être conscient. En août 1792, il voit le prix déjà payé : la Commune triomphante à Paris, substituant son pouvoir à celui de l'Assemblée, l'effacement des représentants du peuple, les progrès incessants de l'arbitraire. Il voit que le mouvement devient irrésistible qui éloigne la Révolution en marche des principes qu'il avait posés...

Intrigue-t-il pour installer sur le trône vacant le duc d'Orléans qui, contraint d'abandonner son nom, se fera donner par la Commune de Paris celui de Philippe « Egalité »[7] ? Est-il de ceux qui songent à appeler au trône un prince étranger, par exemple le duc d'York, second fils du roi d'Angleterre, ou encore le duc de Brunswick, l'ami des philosophes, mais dont le nom est devenu exécrable depuis son fameux manifeste[8] ? Partout, dans ces journées où la Nation n'a plus, pour la guider, qu'un roi captif et une assemblée vacillante, le bruit court que des conspirateurs cherchent à livrer la France à des princes étrangers. Même Condorcet — le premier des républicains — est accusé d'intriguer en faveur du duc de Brunswick, et contraint de s'en justifier dans *La Chronique de Paris* du 5 septembre[9]. Mais rien ne montre Sieyès mêlé à un quelconque complot si même la recherche d'un autre souverain ne peut lui paraître odieuse *. Il était bien trop lucide pour imaginer que,

---

* Si Sieyès a, plusieurs fois, affirmé la supériorité de la monarchie sur tout autre régime — la république liée à la démocratie directe lui semblant une forme dépassée de gouvernement — il a toujours marqué ce qu'était, pour lui, le rôle du roi : « Le Roi,

dans l'exaspération du moment, on pût offrir à la France un nouveau roi. Son biographe Neton assure que l'abbé aurait alors conseillé à ses amis girondins, à Condorcet, à Vergniaud, de prendre les décisions les plus énergiques, de suspendre la Constitution, de rétablir l'ordre avec brutalité. Il est bien vrai que Sieyès a horreur des désordres, des mouvements de foule qui tiennent en échec la volonté nationale incarnée par les représentants du peuple, et toujours, quand il sera au pouvoir, il réclamera des lois pour réprimer les insurrections. Mais, en cet été 1792, Sieyès est plus éloigné des Girondins — si même il a parmi eux des amis — que ne le suggère Neton. Il les croit hommes d'inspiration plus que de caractère, capables de violentes résolutions tant qu'elles sont portées par le verbe, mais hésitants, ballottés dès qu'il faut choisir, agir. Il ne leur fait guère confiance. Pour lui mieux vaut attendre...

L'Assemblée législative avait fini son temps. Les assemblées primaires, mettant en œuvre le suffrage universel, s'étaient réunies dès le 2 août, et les assemblées électorales qui devaient élire les députés, à partir du 2 septembre *. Le 6 septembre, Sieyès est élu dans la Gironde par 529 suffrages sur 653 votants [11]. Condorcet y est élu aussitôt après lui. Le 8 septembre, l'abbé est à nouveau élu dans la Sarthe, encore après : Condorcet. Des applaudissements vigoureux saluent, dit le procès verbal, l'élection de « l'immortel auteur de la Déclaration des Droits de l'Homme » **. Le même jour, il est élu, une troisième fois ***, par l'assemblée de l'Orne. Sieyès — qui bien sûr ne s'attendait pas à ces honneurs — fut très surpris, racontera sa *Notice* [13]. Il songeait justement, à ce moment, à se choisir pour l'hiver « une retraite plus reculée encore que celle où il se trouvait momentanément ». « Mais quelles circonstances ! Comment refuser ? Comment aurait-on interprété son refus ? » Ce n'est donc que par devoir qu'il acceptera cette nouvelle mission... Contraint d'opter il choisira d'être député de la Sarthe, sans doute flatté des compliments qui avaient entouré son élection, probablement soucieux de ne pas subir, dans la Gironde, la tutelle de ses amis. Et il se mit en route. L'abbé Grégoire, qui rejoignait aussi la nouvelle assemblée, retrouva l'abbé Sieyès à la poste d'Etampes. Les deux célèbres consti-

premier citoyen... est inutile aux affaires. Il n'est là que pour décourager l'ambition des démagogues les plus hardis » [10].

* Pour marquer le caractère universel de la Révolution, la Législative avait accordé, le 26 août, le titre de citoyen français « à tous les philosophes étrangers qui avaient soutenu avec courage la cause de la liberté et qui avaient bien mérité de l'humanité » : à George Washington, à Thomas Paine, au savant anglais Priestley, au Prussien Anacharsis Cloots, aux poètes allemands Klopstock et Schiller...

** Sieyès recevra un nombre important de lettres de félicitations, notamment de Dupont de Nemours, Kellermann, Merlin de Douai, Roederer... [12].

*** Condorcet fut cinq fois élu, Brissot trois fois, Thomas Paine quatre fois. Carra, qui avait proposé d'enterrer vifs ceux des futurs députés qui prétendraient rétablir la monarchie, fut huit fois élu.

tuants discutèrent, inquiets des lendemains. Grégoire trouva Sieyès très préoccupé. L'avenir paraissait sombre...

Car en août, en septembre, tandis que commencent les élections au suffrage universel qui vont désigner la nouvelle assemblée, les événements se précipitent, la France est envahie par les armées austro-prussiennes. Le 19 août, elles ont occupé le département de la Moselle. Le 20 août, elles ont investi Longwy qui est prise le 26 août. Le 2 septembre, Verdun tombera à son tour. Les troupes ennemies marchent maintenant sur Paris.

Le mythe d'un vaste complot — auquel la journée du 10 août n'a pas mis fin — continue de surexciter le peuple. Il est bien vrai que la contre-révolution est à l'ouvrage. On dénonce en Vendée un soulèvement nobiliaire vite réprimé. La Fayette tente vainement de faire marcher ses troupes vers Paris, puis s'enfuit en Autriche. Partout les prêtres réfractaires cherchent à dresser les catholiques contre la Révolution. Mais la peur, les rumeurs, l'exaltation patriotique font plus que les vraies menaces. Les patriotes ne cessent de découvrir des complots. Et l'Assemblée législative, fidèle à ses habitudes, cède à la peur autant qu'à l'opportunité*. Avant de se séparer, elle prend une série de décrets terribles : elle ouvre ce que l'on a appelé la « première Terreur », qui préfigure et prépare celle de 1793. Dès le 11 août, l'Assemblée a autorisé les municipalités à effectuer des enquêtes policières, et les départements à décerner des mandats d'arrêt ; les perquisitions, les visites domiciliaires se multiplient, et plus de cinq cents personnes sont mises en détention à Paris dans la quinzaine qui suit [15]. Un décret du 26 août aggrave les peines qu'encourent les prêtres réfractaires : huit jours leur sont laissés pour quitter le territoire, et passé ce délai ils pourront être déportés en Guyane. Les monastères qui subsistent encore sont fermés, les ordres enseignants et hospitaliers supprimés. Le 28 août, sur la demande de Danton, des commissaires sont envoyés dans les départements, dotés des pleins pouvoirs, pour galvaniser la défense de la patrie...

Mais le peuple déborde l'Assemblée qui tente de suivre le peuple. La trahison est partout. Partout on réclame le châtiment des coupables. Mille complots sont imaginés, dénoncés, parmi lesquels ceux des détenus qui attendent, dans les prisons, l'arrivée des Autrichiens et des Prussiens pour massacrer les patriotes. La Commune impose à l'Assemblée la création d'un tribunal d'exception : les juges y seront élus par les sections, et Robespierre démissionne pour ne pas se compromettre dans d'inutiles cruautés. Le 2 septembre, Paris apprend que Verdun est

---

* Beaucoup de députés, raconte Hua, se cachaient. D'autres ne venaient aux séances qu'armés [14]. Il semble que l'idée ait été lancée aux Jacobins d'arrêter les députés modérés, pour disposer d'une « meilleure » Convention. Danton aurait fait écarter ce projet.

investi. Danton, l'homme de la patrie en danger, qui, depuis un mois veut dicter sa loi à l'Assemblée, prononce un discours qui restera fameux :

> « Tout s'émeut, tout s'ébranle, tout brûle de combattre... Le tocsin qui va sonner n'est point un signal d'alarme, c'est le pas de charge sur les ennemis de la patrie. Pour les vaincre, Messieurs, il nous faut de l'audace, encore de l'audace, toujours de l'audace, et la France est sauvée. »

Et l'Assemblée entraînée déclare « traîtres à la patrie et dignes de la peine de mort ceux qui refuseront de servir personnellement ou de remettre leurs armes... »

Deux heures après le discours de Danton, le canon, le tocsin, les tambours appellent les Parisiens à venir s'enrôler au Champ-de-Mars où la Commune les convoque. Le massacre — préparé depuis quarante-huit heures — commence. Les premières victimes sont des prêtres réfractaires que trois voitures conduisaient à la prison de l'Abbaye. Ils sont mis à mort par leurs gardiens. Puis le peuple se porte au couvent des Carmes, rue de Vaugirard, où étaient enfermés de nombreux prêtres insermentés. Ils sont une centaine à être massacrés. On abat plus de 120 prêtres au séminaire de Saint-Firmin. Le 3 septembre, on massacre aussi à Bicêtre, hôpital pour vagabonds et aliénés ; on y tue des enfants ; le 4, on égorge des filles publiques à la Salpêtrière★. Pendant quatre jours, des simulacres de tribunaux, improvisés par la Commune, vont juger les prisonniers que l'on sort de toutes les prisons parisiennes, de la Force, de la Conciergerie, du Châtelet, et, sans procédure, les condamner à mort. Le peuple des boutiquiers, des artisans, des gardes nationaux, des fédérés, le peuple du 10 août tue ensuite ces malheureux dans un délire de violence collective. Les victimes — entre 1 100 et 1 500 — seront pour un quart des prêtres réfractaires, des aristocrates, des suspects★★, pour la plupart des détenus de droit commun, des vagabonds, des prostituées. Sans doute des brigands, des ivrognes, se mêlèrent-ils au peuple des massacreurs. Danton, ministre de la Justice, ne fit rien pour arrêter la tuerie★★★ : « Je me fous bien des prisonniers, aurait-il déclaré d'après

---

★ « 3 septembre, écrit Morris dans son *Journal*, le massacre continue toute la journée. On me dit qu'il y a environ 800 hommes occupés à cette besogne... 4 septembre, les massacres continuent toujours. »

★★ Mme de Lamballe, déclarée « la principale conseillère de l'Autrichienne », fut tuée, dépecée, des morceaux de son corps portés en triomphe, « hideux trophées que suivait une foule immense »[16].

★★★ La Commune couvrit les massacres quand elle ne les encouragea pas. « Laisser faire, laisser tuer, c'était, écrit Michelet, la pensée de la Commune »[16]. Il ne se trouva personne à l'Assemblée pour dénoncer le carnage. « Tant de bouches éloquentes se turent. La pitié ne trouva pas une parole. C'est seulement le 16, dix jours après, que Vergniaud se hasarde à parler... » (Edgar Quinet, *La Révolution*, Belin, Paris, 1987, p. 319). En revanche, une partie de l'historiographie révolutionnaire s'appliquera à comprendre, en tout cas à expliquer, les massacres de Septembre. « C'est, écrit Soboul

Mme Roland, qu'ils deviennent ce qu'ils pourront »[17]. Il faudra, pour qu'elle cesse, la lassitude du sang, et la réaction de plusieurs sections parisiennes qui finiront par condamner les atrocités commises. Alors les responsables politiques se ressaisiront. Ils s'accuseront mutuellement. Les Girondins reprocheront aux Montagnards d'avoir organisé les massacres pour asseoir leur dictature, et Vergniaud s'en prendra violemment à la Commune qui sera cassée le 19 septembre. Ainsi commenceront les grands règlements de compte...

Ces quatre jours de septembre eurent des suites immenses. La Révolution souillée, dira Lavisse[18], ne pouvait plus reculer. Les Girondins avaient pris peur : ces massacres en préparaient d'autres. Les méfiances séparant Paris et la province s'étaient aggravées. La crainte et la suspicion se nourriront désormais des pires images. Restait l'héroïsme du désespoir. Dénonçant la tyrannie de la Commune, Vergniaud avait exalté une fois encore la patrie et la mort : « Périsse ma mémoire pour le salut de la France. » Tous les députés debout avaient repris ensemble : « Périssons s'il le faut...et périsse notre mémoire. »

Et soudain survient le miracle. Le 20 septembre, Dumouriez devenu général en chef de l'armée du Nord réussit à exploiter habilement une mauvaise manœuvre de l'armée prussienne et, faisant sa jonction avec Kellermann qui commandait l'armée de Metz, il arrête l'ennemi à Valmy. « Combat d'opérette », a-t-on dit, réduit à quelques tirs d'artillerie, qui avaient fait 300 morts du côté français, 184 du côté prussien. Mais le soir de Valmy, le duc de Brunswick a donné à ses troupes l'ordre de la retraite. Kellermann a galvanisé les soldats français, levant au bout de son épée son chapeau, au panache tricolore, et criant : « Vive la Nation ! » Valmy, c'était d'abord une victoire morale. L'armée des sans-culottes avait donc vaincu la première armée d'Europe[19]. La France de la Révolution avait défié, et défait les puissantes monarchies du continent *.

La ferveur patriotique, l'exaltation de la liberté venaient soudain de triompher des forces du mal. Le mot de Goethe, présent à Valmy, symbolisera la force de l'événement : « D'ici et de ce jour date une ère nouvelle dans l'histoire du monde. »

Le même jour, l'Assemblée législative cédait la place à la Convention. Le lendemain l'abbé Sieyès arrivait à Paris.

(*La Révolution française*, Paris, Gallimard, 1984, p. 257), en fonction de l'époque et du milieu où ils se sont déroulés qu'il faut apprécier les événements de septembre. La crise révolutionnaire, en s'approfondissant, avait précisé et durci en même temps les traits nouveaux de la nation. Les massacres de Septembre et la première Terreur présentent un aspect national et un aspect social que l'on ne saurait dissocier. »

* « Au-delà du champ de bataille de Valmy, écrit Lavisse, les Français entrevoyaient à l'horizon les peuples s'embrassant, le genre humain régénéré par la liberté et la fraternité, le Paradis réalisé sur la Terre »[20]. Les massacres de Septembre n'avaient pas quinze jours.

Recherche d'une langue philosophique, universelle, mélodieuse, harmonique, et instrumentale

Ce texte a été rédigé par le jeune abbé Sieyès – récemment ordonné – après sa sortie du séminaire de Saint-Firmin, avant son départ pour Tréguier, probablement entre 1773 et 1776. La langue et la musique sont alors parmi ses préoccupations essentielles. L'écriture, rapide, presque violente, deviendra, avec le temps, à peu près illisible...

Sous la Convention, puis sous le Directoire, Sieyès sera souvent caricaturé : en tenue de prêtre, le visage dissimulé, songeant à quelque complot.

Sieyès est élu, le 16 mai 1799, membre du Directoire. Il revêt le grand costume prévu par la Constitution. Le voici bien décidé à prendre le pouvoir...

Les 16-18 juin 1799, s'appuyant sur la majorité des Assemblées, Sieyès organise avec Barras l'élimination des deux Directeurs qui le gênent. Mais le « coup d'Etat de Prairial » s'est fait sous la protection de l'armée. C'est elle qui maintenant arbitre le destin de la République...

LES REPRÉSENTANS

DU PEUPLE,

MEMBRES DE LA COMMISSION DU CONSEIL
DES CINQ-CENTS, Soussignés.

Aux Administrateurs, aux Commissaires des Consuls de la République française, et aux Citoyens du Gard.

CITOYENS,

LEs immortelles journées des 18 et 19 Brumaire ont sauvé la République d'une prochaine et inévitable dissolution.

L'exercice des droits du Peuple français va enfin être organisé d'une manière stable et digne de lui par les Commissions des deux Conseils.

Les premiers Hommes de l'Europe sont à la tête du Gouvernement provisoire.

BONAPARTE, SIEYES; et leur digne Collègue ROGER-DUCOS ont l'initiative des moyens de bonheur et de félicité publique.

Le Corps législatif, tous les Membres de la grande Nation, en seront ensuite les Juges.

Loin de nous l'idée que cette mémorable journée soit souillée de souvenirs amers, ou de désirs de vengeance.

Habitans du Gard, nous sommes aux beaux jours de 1789, et nous avons acquis dix ans d'expérience.

Signés, J. P. CHAZAL. CHABAUD.

Imprimée par ordre de l'Administration Centrale du Département du Gard.

BRESSON, *Président.*

DUCHESNE, *Secrétaire en chef.*

A NISMES, de l'Imprimerie de J. A. Texier, Imprimeur du Département du Gard, dans le ci-devant Grand-Couvent.

Au lendemain de Brumaire, tous les murs se couvrent d'affiches. Bonaparte et Sieyès ont sauvé la République, la Révolution est terminée, « nous sommes aux beaux jours de 1789 et nous avons acquis dix ans d'expérience »...

Bonaparte, Sieyès, Roger Ducos, les trois membres de la Commission consulaire désignée le 19 Brumaire, sont les maîtres de la France. Bonaparte apporte la paix, Sieyès le respect des lois, Roger Ducos rassure les rentiers. Mais déjà Bonaparte – au milieu et en retrait – marque sa supériorité, et sa résolution...

Portrait de Sieyès par Bréa. L'abbé Sieyès n'a pas encore cinquante ans... Son visage est toujours aussi peu reconnaissable.

Célèbre portrait de Sieyès peint par David à Bruxelles en 1817. Le comte Sieyès, en exil, a près de 70 ans. David le rajeunit pour évoquer des temps passés et l'enveloppe d'une intelligente majesté.

IV

LES CRAPAUDS DU MARAIS

Lorsqu'il entre dans l'Assemblée nouvelle, l'abbé Sieyès se croit transporté dans un monde inconnu. Il est étranger à tout ce qu'il rencontre. L'histoire de la Révolution, de la vraie Révolution, la sienne, semble oubliée, ou altérée, comme si elle s'était passée « dans la grande Tartarie »[1]. Sieyès peut « sans délire se croire transporté par une puissance magique au bout du monde, dans un pays inconnu ». Tout a changé, les costumes, les mœurs, le langage, « partout les formes sales, les mœurs abjectes, le langage corrompu, les appétits brutaux sévissent et sont tenus pour des signes de patriotisme ». Malheur à celui qui prête l'oreille aux conversations, aux discours : il doit supporter l'« infâme prostitution » qui se fait des « termes les plus chers au cœur du vrai Français ». Liberté, Egalité, Peuple, ces mots autrefois révérés, ont perdu leur signification naturelle. L'égalité ? C'est l'« égalité de misère ». La liberté ? C'est la liberté « des coquins contre celle des bons citoyens ». Désormais, pour être révolutionnaire, il faut « voir d'un œil sec » les innombrables germes de malheurs qui fermentent sur toutes les parties de la République, car, disent ces monstres, « rien n'est révolutionnaire comme le malheur »[2]. Toujours vêtu correctement, quoique de manière austère, attentif à l'exactitude et à l'élégance de son expression écrite et orale, très courtois, peu familier, « homme pur, homme à principes, ami sincère de sa patrie », l'abbé Sieyès, arrivant à la Convention est « non seulement étranger, il est ennemi »[3]. Que vient-il y faire ?

Telle est du moins l'image que Sieyès voudra donner de la Convention, et de lui, quand, un an plus tard, il inspirera ou rédigera sa *Notice* ★. Toujours il cherchera à se décrire ainsi, singulier, égaré, seul homme à principes, présent malgré lui dans un monde qui n'est pas à sa mesure. En réalité, Sieyès dut être moins horrifié qu'il ne se plaît à le dire quand il entra dans cette assemblée de « monstres ».

★ *Infra*, pp. 338 et ss.

Avant de se séparer, l'Assemblée législative avait décidé que les futurs députés disposeraient de la salle de spectacles des Tuileries. Mais en raison de la durée des travaux, la Convention restera au Manège jusqu'en mai 1793. Elle prendra alors possession de sa nouvelle salle qui, construite en forme d'amphithéâtre, devait être mieux adaptée que le Manège aux travaux d'une assemblée. Mais la salle des Tuileries aura d'autres inconvénients, elle sera trop longue pour sa largeur : « la voix s'y perdait, l'air s'y viciait » *.

La nouvelle Assemblée est, comme la précédente, dominée par les avocats et les magistrats. Mais elle compte aussi des savants et des littérateurs — Condorcet, Daunou, Lanjuinais, Boissy d'Anglas — quelques artistes, comme le peintre David, des médecins, tels Marat et Levasseur. Elle comprend 42 ecclésiastiques, dont 16 évêques constitutionnels. Vingt-neuf députés appartiennent à l'ancienne Noblesse, mais ils ont dû abandonner leur particule ou troquer leur nom contre un nom plébéien. L'Assemblée devait comprendre, en effectif total, 782 membres. En réalité, à la plupart des séances, moins de la moitié seront présents. Dans des circonstances exceptionnelles leur nombre montera jusqu'à 500. Deux cents députés environ sont « Brissotins » ou « Rolandistes », on dira bientôt « Girondins » **. Mais ils ne veulent pas former un « parti » et ils n'entendent voir dans leurs réunions que des « conférences amicales »[6]. Ils ont pour chefs de file Brissot que Sieyès connaît depuis Chartres et avec qui il entretient de bonnes relations, Buzot qu'il a souvent rencontré chez Mme Roland, Vergniaud dont l'éloquence l'agace mais qui lui témoigne une suffisante déférence. Condorcet, très proche des Girondins, est aussi lié à Sieyès. De ce côté de l'Assemblée, Sieyès n'est donc pas dépaysé, si même il aperçoit trop de juristes, trop d'avocats, s'il redoute cette passion de l'éloquence qui sévit chez les Girondins *** — mais elle tient à peu près toute l'Assemblée — s'il craint surtout leurs emportements et leur versatilité. Ces Girondins se retrouvent volontiers dans le salon de leur égérie, Madame Roland. Ils ont pour principaux journaux *Le Patriote français* de Brissot, *Les Annales patriotiques et littéraires* de Carra ****.

---

* « J'atteste, dira le député Chasles le 15 mai 1793, que cette salle tuera la Montagne, tuera la République, tuera la Convention »[4].

** Aulard en recense seulement 165, mais les partis n'étaient pas suffisamment organisés pour qu'un compte exact fût possible et de nombreux députés de la Plaine votèrent peu à peu avec les Girondins au point de se confondre avec eux[5].

*** « La rhétorique joua dans les affaires un rôle qu'elle n'avait jamais joué dans le monde. Une déclamation valait une bataille. Dans un pays dont l'éloquence est l'âme, les mots devaient avoir un empire immense... » (Edgar Quinet, *La Révolution*, op. cit., p. 348).

**** Carra, aventurier, autodidacte, l'un des rédacteurs de l'Encyclopédie, s'était jeté « à corps perdu » dans la Révolution. Remarqué pour sa violence, il sera envoyé en Vendée pour surveiller la levée de 300 000 hommes. Il sera guillotiné le 31 octobre 1793[7].

A l'autre extrémité de l'Assemblée, qu'est-ce que la « Montagne » ★ ?
Robespierre l'a définie, à la fin de 1792 : « On appelle ainsi, depuis les
premiers temps de la Révolution, une partie de la salle où se plaçait, dans
l'Assemblée constituante, un petit nombre de députés qui défendaient la
cause du peuple jusqu'au bout, avec le plus de constance et de
fidélité... » [9]. En réalité, cette appellation n'a pas été employée sous la
Constituante, et rarement sous la Législative. Elle ne deviendra usuelle
que peu à peu, sous la Convention, quand la lutte contre les Girondins
soudera entre eux les députés qui leur seront hostiles. La Montagne
n'aura jamais d'organisation, de chef, de programme. Elle aura cependant un cadre, le Club des Jacobins, dont les Girondins seront peu à peu
exclus ★★, ou dont ils se retireront d'eux-mêmes, au point que les mots
Jacobins et Montagnards deviendront à peu près synonymes. La
Montagne aura d'autre part un caractère dominant, celui d'affirmer la
prépondérance de Paris, siège et élément de l'unité nationale, tandis que
la plupart des Girondins, qui seront bientôt traités de « fédéralistes »,
redouteront l'influence de Paris, et rêveront de la réduire. Ce qui
assemblera les trois champions de la Montagne, Marat, Danton,
Robespierre, au-delà de leurs divergences d'idées et d'ambitions, c'est
qu'ils tiendront la dictature de la capitale pour l'instrument nécessaire de
la Révolution.

Jean-Paul Marat ★★★ — le très populaire rédacteur de *L'Ami du
Peuple*, qui n'avait cessé de réclamer un dictateur et d'appeler aux
massacres — a été élu député de Paris ★★★★. Sieyès ne le connaît pas.
Mais il sait que Marat le tient pour un prêtre, un traître parmi tant

---

★ Soboul présente la séparation de la Gironde et de la Montagne en conflit de classes.
La Gironde aurait selon lui représenté « la bourgeoisie possédante, commerçante et
industrielle qui entendait défendre la propriété et la liberté économique contre les
limitations que réclamaient les sans-culottes », tandis que la Montagne aurait regroupé
« la bourgeoisie moyenne et la classe populaire artisane, boutiquiers, consommateurs,
qui souffraient de la guerre et de ses conséquences, la cherté de la vie, le chômage,
l'insuffisance des salaires ». « Réalistes parce que plus près du peuple et de ses nécessités,
ils s'embarrassaient moins de théories et savaient faire passer l'intérêt public avant
l'intérêt privé. Dans l'intérêt du peuple, seul soutien loyal de la Révolution, ils étaient
prêts à recourir à des limitations de la propriété privée et de la liberté individuelle » [8].
★★ C'est ainsi que Brissot sera rayé le 10 octobre 1792.
★★★ Il était né en Suisse le 24 mai 1743, dans la principauté de Neuchâtel. Docteur en
médecine, il avait écrit un *Traité sur les principes de l'homme,* dont Voltaire avait fait une
critique très sévère. Convaincu d'être un génie méconnu et persécuté, il trouva, dans la
Révolution, l'occasion de répandre sa fureur et de mettre en œuvre sa haine de
l'humanité.
★★★★ Michelet le décrit ainsi : « Echappé de sa cave, sans rapport avec la lumière, ce
personnage étrange, au visage cuivré, ne semblait pas de ce monde-ci... Le nez au vent,
retroussé, vaniteux, aspirant tous les souffles de la popularité, les lèvres fades et comme
vomissantes, prêtes en effet à vomir au hasard l'injure et les fausses nouvelles, il
dégoûtait, indignait, faisait rire. Mais sur cet ensemble bizarre on croyait lire
" Septembre " et on ne riait plus » [10].

d'autres traîtres, et entend bien s'en débarrasser. Avec Maximilien Robespierre la relation de Sieyès n'a jamais été bonne. Contre toute vraisemblance Sieyès prétendra ne lui avoir jamais adressé la parole[11]. Sous la Constituante *, l'avocat d'Arras s'est à plusieurs reprises opposé à Sieyès, notamment en défendant, contre l'opinion de l'abbé, le suffrage universel. En revanche Robespierre l'avait fermement soutenu dans le débat sur le veto royal. Jusqu'à la fin de 1793, ils semblent avoir été davantage opposés par les tempéraments que par les convictions. Ils se méfient l'un de l'autre, et le savent.

Des trois oracles de la Montagne, c'est peut-être Danton qui est le moins antipathique à Sieyès. L'abbé apprécie son patriotisme ardent, sa clairvoyance, la générosité aussi de ce « buveur de sang » qui ignore la haine et la rancune. A certains égards, Danton, « mi-homme mi-taureau », selon Michelet, lui rappelle Mirabeau. Mais l'austère abbé redoute les fréquentations de Danton, il déplore sa vénalité probable, sa paresse, sa fragilité d'homme de plaisir. Et Danton, qui est sans manières, ne témoigne aucun égard au fondateur de la Révolution. Non, Sieyès n'a guère d'amis chez les Montagnards, et de ce côté de l'Assemblée, la brutalité, la corruption du langage, la violence sont souvent revendiquées, constate la *Notice*, comme des vertus, ce qui, selon l'abbé, suffit à l'éloigner.

Sieyès fera partie du Centre, de ce que l'on appellera, souvent avec mépris, la Plaine, le Marais ou encore le « ventre ». Il y retrouvera des anciens Constituants — tels Barère, l'abbé Grégoire, Lanjuinais, Rabaut Saint-Etienne, Reubell, Treilhard. Beaucoup ont joué un rôle important dans la première Assemblée **. Les historiens qui se sont partagés entre l'exaltation des Jacobins et celle des Girondins, parfois, prolongeant leur grand affrontement, ont été généralement sans indulgence pour ces « crapauds du Marais », ces opportunistes, dont Sieyès est volontiers présenté comme l'un des pires exemples[13]. En réalité cette masse flottante constituait, par le nombre, — trois ou quatre cents députés — et par la mentalité, la Convention elle-même. Leur modération naturelle, les effrayants souvenirs de Septembre les faisaient incliner à droite. Mais leur attachement aux conquêtes de la Révolution, la peur aussi, et l'opportunité pouvaient les conduire à gauche. Opportunistes, ces députés de la Plaine le seront, en ce sens qu'ils voteront tantôt avec les

* Dodu, analysant le rôle de Robespierre à la Constituante, observe qu'il ne fut pas si obscur que beaucoup l'ont prétendu. Tout au contraire il intervint de très nombreuses fois. Mais il apparaissait déjà — ce qui pouvait déplaire à la Constituante — « qu'il parlait davantage pour les habitants du faubourg Saint-Antoine que pour l'Assemblée »[12]. Sa force de persuasion le faisait écouter, mais il n'avait pas encore d'autorité.

** De nombreux membres de l'Assemblée constituante, exclus par la loi de la Législative, avaient été élus à la Convention. Sieyès, moins isolé qu'il ne le dit, retrouvait 96 anciens collègues.

Girondins, tantôt avec les Montagnards, selon les enjeux et les événements. Sieyès, comme Barère, comme Cambon, comme Grégoire, se sentira proche des Girondins sitôt qu'il faudra protéger la liberté contre les excès de ceux qui appellent une dictature, et qu'il s'agira de défendre la propriété. A l'inverse, il se rapprochera des Montagnards chaque fois qu'il faudra réprimer les entreprises de la contre-révolution. Au surplus, comme l'observent Furet et Richet, les Girondins feront beaucoup, par maladresse, pour écarter d'eux ces « légitimistes » de la Révolution. « Affirmant son hégémonie, monopolisant les places dans les assemblées parlementaires, la Gironde va meurtrir bien des amours-propres et éloigner d'elle des hommes comme Sieyès, sympathiques à ses idées mais répugnant à accepter la tutelle d'avocats de vingt-cinq ans »[14]. Le « centrisme » des anciens constituants comme Sieyès, n'est pas, au moins durant les premiers mois de la Convention, une attitude d'indécision ou d'opportunité. Il constitue un « état d'esprit positif », une revendication de fidélité à des principes tant secoués par les événements. Sieyès et ses proches ne se sentent représentés ni par les Girondins ni par les Montagnards. La distance qui les sépare des uns et des autres marque non seulement un conflit d'idées mais aussi, dans la Révolution, un conflit de générations.

Et sans doute risquons-nous, les yeux fixés sur le procès des Girondins puis sur Thermidor, d'exagérer la séparation symbolique des Girondins et des Montagnards. Dans ce dernier trimestre de l'année 1792, les clivages n'apparaissent pas nettement. C'est l'affrontement des ambitions et des méfiances qui l'accusera peu à peu. Exaltant les Girondins, Edgar Quinet[15] s'acharne à séparer, par leurs projets politiques, les bons et les méchants : « Le fond des Girondins, écrit-il, était de ne plus vouloir de maître à aucun prix. » Au contraire les Jacobins « eussent consenti à se refaire un maître pourvu qu'il s'appelât dictateur ». Ainsi se pliaient-ils à l'ancienne tradition et se cherchaient-ils un chef. « Ils se servaient du système politique de l'ancienne France pour la détruire, s'exposant par là à la refaire. » Les Jacobins, vus par Quinet, se sont faits les instruments d'une centralisation outrancière, reproduite de l'Ancien Régime. Ils ont organisé — pour la manipuler — cette prédominance absolue de Paris sur les provinces « qui avait tant servi à la Couronne », ils ont voulu reproduire l'organisation et le tempérament de l'ancienne France, « à savoir une tête énorme et des membres débiles ». Tandis qu'au contraire les Girondins, amoureux de la liberté, auraient rêvé d'émanciper les provinces, de réduire la domination de la capitale. C'étaient eux les vrais amis de la liberté, d'une liberté sans monarque, sans administration qui asservît, sans capitale qui imposât sa loi et ses modèles...

Le clivage ainsi tracé par Edgar Quinet, distinguant les vrais des faux révolutionnaires, trouvera sans doute sa justification dans les événements qui suivront la défaite des Girondins et l'installation du gouvernement de la Terreur. Mais jusque-là, quels sont les frontières et les dissentiments ? Ils sont partout et nulle part. Ils se nourrissent des circonstances, des soupçons, beaucoup plus que de vrais partages. Le débat sur la Constitution en donnera un témoignage parmi d'autres. Le projet de Constitution girondine de Condorcet, compliqué mais très démocratique, sera écarté par les Montagnards, condamné comme hostile au peuple... Après quoi les Montagnards imposeront un projet peu différent et plutôt moins démocratique *. Les Montagnards ne cesseront d'accuser les Girondins d'être royalistes ; pourtant Condorcet était déjà républicain quand Robespierre s'affirmait encore monarchiste, et c'est Buzot, Girondin influent, qui fera prendre, le 4 décembre 1792, le décret punissant de mort toute proposition tendant à rétablir la royauté. Nulle trace, constate Aulard [16], entre août 1792 et juin 1793, d'une parole, d'un écrit, d'un acte girondin qui tende, même indirectement, au rétablissement de la monarchie. En revanche, Marat pourra, sans manquer à l'esprit jacobin ni trahir la Révolution, réclamer un dictateur, et demander « cinq cents têtes criminelles pour en épargner cinq cent mille innocentes », ce qui lui paraîtra d'évidence « un trait de sagesse et d'humanité ». Faudrait-il en déduire que les Girondins étaient cléments, indulgents, et les Montagnards violents, sanguinaires ? C'est cependant le Girondin Isnard qui avait développé à la Législative, en novembre 1791, la thèse selon laquelle il fallait mettre à mort les ennemis de la liberté : « En fait de liberté politique, pardonner le crime c'est presque le partager ; il faut couper la partie gangrenée pour sauver le reste du corps. » Et c'est Barbaroux qui, en septembre 1792, esquisse le premier la future loi des suspects : « Je demande que tout individu qui désespérera du salut de la République soit puni de mort. » C'est encore le Girondin Pétion qui assurera, le 12 avril 1793, que les partis vaincus doivent périr : « Je voudrais... que chacun se soumît à mettre là sa tête pour que celle des coupables tombât... » Quand Condorcet proposera, pendant le procès de Louis XVI, l'abolition de la peine de mort, cette mesure ne devra concerner que les « délits privés » ; elle devra être maintenue — dans le moment — pour les délits contre l'Etat « parce qu'ici les questions sont différentes ». Et Robespierre n'avait-il pas déjà, deux fois, demandé l'abolition de la peine capitale, en octobre 1789, puis en mai 1791, parce qu'elle était un « outrage à la délicatesse publique », un « moyen d'émousser le sentiment moral d'un peuple » ? En vérité, la mort est pour tous, ou presque [17], Girondins et Montagnards confondus, tantôt le juste le destin des ennemis de la liberté, tantôt une « étape vers l'héroïsation » [18], le sublime passage à la postérité. La mort est expiation, rachat, réconciliation avec Dieu et aussi initiation, héroïque accomplisse-

---

* *Infra*, pp. 280 et ss.

ment de la vie★. Peut-être les Girondins, plus romantiques, concéderont-ils à la mort plus d'éloquence, les Montagnards, plus pragmatiques, la mettront-ils mieux en action.

Mais ce qui sépare les uns des autres, outre les ambitions, les peurs, les ressentiments, c'est Paris, Paris qui assiéra la force des Montagnards, et que les Girondins redouteront toujours davantage. Non que les Girondins n'aiment pas la capitale. Madame Roland en avait exalté les mérites : « C'est encore Paris, disait-elle en 1790, qui seul serait capable d'un vigoureux élan »[20], et c'est dans son salon, très parisien, que se nourrissent les ferveurs et les haines girondines. Mais il est vrai que les Girondins ont peur de Marat, peur de Robespierre, peur du Club des Jacobins, peur de la Commune, peur de la toute-puissance parisienne. Ramener Paris à son « 83e » d'influence★★ — comme le proposera, le 25 septembre, le Girondin Lasource à la tribune de la Convention —, ce serait le moyen de réduire cette redoutable dictature de la capitale. Mais ce n'est pas un projet politique de décentralisation lié à la liberté qui inspirera les Girondins, c'est bien plutôt l'opportunité. Leurs ennemis tiennent Paris, et Paris les menace.

Ce qui distingue peut-être aussi, par moments, Girondins et Montagnards, c'est le style, le mode de vie. La plupart des Girondins — mais Robespierre leur ressemble en cela — affichent leur répulsion pour la saleté, le parler vulgaire et injurieux★★★ que dénonçait Sieyès ; et sans doute l'influence de Madame Roland joue-t-elle son rôle, incitant ses amis à la délicatesse des usages : « Elle leur vantait, assure Aulard, un peuple idéal, et les séparait du peuple réel... » Aussi démocrates que les Montagnards par les idées, les Girondins l'auraient été moins peut-être par les manières...[22]. « Ils auront, écrivent Furet et Richet, entouré la Révolution d'une auréole de charme, de jeunesse, d'enthousiasme... »[23]. Et c'est vrai que beaucoup — les députés venus du département de la Gironde notamment — auront eu en commun le charme, la ferveur, le courage, l'amour de la liberté vécu comme celui d'une belle maîtresse, la soif de l'universel, la passion de l'éloquence, la jeunesse, les talents

★ Girondins et Montagnards mêlent dans leur imaginaire la conception chrétienne et la tradition romaine de la mort. Adrien Duport a remarquablement décrit la fonction de la mort, de la peine de mort, sous l'Ancien Régime dans son *Discours sur la peine de mort*, du 31 mai 1791[19].

★★ Il y avait 83 départements.

★★★ Les injures, les violences, les coups échangés n'étaient pas rares à la Convention. « Comment, dit un jour Danton à La Revellière, tu te crois capable de lutter avec moi... Je te ferai tourner sur le pouce ; et si tu persistes, je te jetterai en bas de la tribune. » « Ne me dis rien ou je te couperai en deux », rétorquait un député à celui qui l'avait interrompu. De nombreux députés arrivaient armés aux séances, avec canne, épée, ou pistolet dissimulé sous l'habit pour parer aux éventualités. Le 9 Thermidor, Tallien menacera Robespierre de son poignard... mais les violences n'étaient très généralement que verbales, et les fougueux Girondins y excellaient, semble-t-il, aussi bien que les Montagnards[21].

aussi : ce pour quoi Lamartine en fera des romantiques. Mais au-delà de ces différences, ou de ces nuances, Girondins et Jacobins ne se distinguent ni par l'origine sociale — tous ou presque sont des bourgeois — ni par les idées, le plus souvent très vagues, souvent confondues avec les mots, ni par les vertus ni par les vices. C'est la guerre qu'ils se feront qui accusera leurs distances, ce sont la peur, la suspicion, les complots, les discours, qui entretiendront des haines inexpiables. On le voit dès le premier jour, quand la Convention s'ouvre sur le souvenir des massacres de Septembre, « dans cette vapeur de sang »[24]. Les Girondins désignent aussitôt les coupables : ce ne peuvent être que les Montagnards. Désormais, les Girondins ne seront plus occupés que des Montagnards, les Montagnards des Girondins. Que peut Sieyès, l'homme pur, l'homme à principes, comme il aime à se présenter, « étranger à tout ce qu'il rencontre » et à ces rivalités mortelles ? Ce n'est pas que cette lutte sans merci l'épouvante. Il est assez habile pour naviguer, il a montré qu'il était capable de courage, même de témérité. Mais cette lutte pour le pouvoir n'est pas la sienne. Il est d'un autre temps, d'une autre révolution. « Les membres survivants de l'Assemblée constituante, racontera l'abbé Grégoire, se considèrent comme une famille ; leurs liens se resserrent à mesure qu'ils voient la mort moissonner au milieu d'eux... »[25]. Sieyès s'assied au centre, décidé à se tenir à distance, à demeurer à l'écart de deux partis où il ne se reconnaît pas. Il veut être le symbole de 1789. Mais 1789 est déjà si loin !

V

LA MORT « SANS PHRASE » ?

Il n'y a que 371 présents sur 749 quand la Convention se réunit pour la première fois, le 20 septembre 1792. Elle élit Pétion président, Condorcet, Brissot, Vergniaud, Rabaut Saint-Etienne, secrétaires. Le soir elle nomme Condorcet vice-président. Cette Assemblée serait-elle girondine ? Le lendemain, beaucoup de nouveaux élus — dont Sieyès — l'ont rejointe pour participer à la grande séance qui doit accomplir les gestes symboliques. Va-t-on abolir la royauté ? Il semble qu'il n'y ait plus, à la Convention, un seul monarchiste déclaré. Mais le mot de République est difficile à prononcer... L'Assemblée paraît disposée à remettre la question à plus tard quand Collot d'Herbois prend l'initiative : « Il est une délibération que vous ne pouvez remettre à demain, que vous ne pouvez remettre à ce soir, que vous ne pouvez différer un seul instant sans être infidèles au vœu de la nation : c'est l'abolition de la royauté. » Les députés semblent hésiter. La royauté ne devrait-elle pas être abolie par le peuple lui-même ? Mais l'abbé Grégoire improvise un violent discours contre les rois, contre la monarchie, source de tous les maux. « Les rois sont en morale ce que les monstres sont en physique. » Ducos propose que l'abolition de la monarchie soit immédiatement proclamée, sans aucun commentaire, Billaud-Varenne approuve, l'enthousiasme monte, et la Convention nationale unanime décrète que « la royauté est abolie en France ». « Il est impossible, rapportera *Le Journal de Perlet*, de dépeindre à nos lecteurs l'impression que ce décret a faite sur tous ceux qui l'ont vu rendre. Applaudissements, bravos, chapeaux en l'air, serments d'en maintenir l'exécution contre tous les tyrans réunis, cris de " Vive la liberté et l'égalité ", voilà une faible esquisse de ce que nous avons vu... »[1].

Restait à proclamer la République. La Convention procéda par étapes. Le lendemain elle décidait de dater dorénavant les actes publics « de l'an Ier de la République française ». S'enhardissant, elle déclarait, le 25 septembre, sur la motion de Danton, que « la République française est une et indivisible » *. Cette fois, la république était fondée, quoique la proclamation n'en fût qu'indirecte, presque hésitante, car le mot faisait encore peur à beaucoup **. Le 29 septembre, la Convention décide l'établissement d'un comité de Constitution qu'elle composera le 11 octobre. Dominé par les Girondins, le comité comprendra Brissot — que remplacera Barbaroux, — Gensonné, Pétion, Vergniaud, Barère, Danton, Thomas Paine, Condorcet, et bien sûr l'illustre Sieyès. Mais c'est Condorcet — alors au faîte de son prestige — que le comité se donnera aussitôt pour rapporteur. Un ami de Sieyès, c'est vrai. Mais ce n'était pas Sieyès. Les temps avaient décidément changé.

Que devait-on faire du roi déchu ? Le mettre à mort ? Le juger ? Son procès ou sa mort pouvait-il être l'acte symbolique dont l'Assemblée avait besoin, lui permettant de se montrer unanime ? En réalité le procès qui s'ouvrira le 21 décembre 1792 révélera vite la force des affrontements qui divisent la Convention.

Enfermé à la prison du Temple depuis le 10 août avec sa sœur Madame Elisabeth, sa femme, sa fille Madame Royale âgée de quinze ans, son fils le dauphin âgé de huit ans, sans cesse plus isolé des siens, Louis XVI ne se fait guère d'illusions. Il s'est préparé à la mort. La découverte, aux Tuileries, des papiers secrets cachés dans la fameuse armoire de fer ont révélé, ou confirmé, les rapports étroits du Roi et de la contre-révolution, ses relations avec les souverains étrangers, les agents qu'il avait entretenus à l'extérieur, les corruptions dont il s'était rendu coupable. Elle a sans doute aidé à rendre le procès inévitable et sa conclusion fatale.

Louis XVI pouvait-il être jugé ? Dans le long rapport qu'il présenta à la Convention, le 7 novembre 1792, Mailhe, député de la Haute-Garonne, s'appliqua à réfuter l'argument que des juristes pouvaient tirer, pour s'opposer au procès, du texte de la Constitution de 1791 qui proclamait « la personne du Roi inviolable et sacrée ». L'inviolabilité du Roi empêchait-elle donc qu'il fût jugé pour des crimes commis sur le trône constitutionnel ? Mailhe oppose que la Nation souveraine ne peut être liée par l'inviolabilité royale et, reprenant les théories autrefois soutenues par Sieyès — notamment dans son discours de septembre 1789 sur le veto royal —, il assure que la Nation ne tient sa souveraineté que d'elle-même, qu'« elle ne peut pas l'aliéner un seul instant », que l'inviolabilité constitutionnelle n'est rien devant la Nation, que la

* La Convention répondait ainsi à la proposition girondine présentée par Lasource, tendant à réduire Paris « à son quatre-vingt-troisième d'influence » (supra, p. 239). Proclamant l'unité de la République, la Convention condamnait le « fédéralisme » qui sera reproché aux Girondins...

** Dès l'ouverture de la Convention, Danton avait fait décréter — par précaution — qu'« il ne peut y avoir de Constitution que celle qui est acceptée par le peuple », et que « la personne et la propriété sont sous la sauvegarde de la Nation ». Ainsi pensait-il contenir les débordements possibles de la nouvelle assemblée...

Convention incarne la Nation, et qu'il faudrait qu'un monarque fût un dieu pour être inviolable devant la Nation. Au nom du comité de Législation, Mailhe propose donc, sous les acclamations, que le Roi soit jugé, et qu'il le soit par la Convention. Dans le débat qui suit, seuls Saint-Just et Robespierre, isolés même parmi leurs amis, s'opposent au procès. Ils s'y opposent pour des motifs qui n'empruntent rien au Droit, qui tiennent à la raison révolutionnaire. Louis XVI est criminel, expose Saint-Just le 13 novembre, par le seul fait qu'il est roi. « Pour moi je ne vois point de milieu ; cet homme doit régner ou mourir. » Il suffit que Louis XVI ait régné pour qu'il meure. « ... On ne peut point régner innocemment. » Pourquoi le juger ? soutient Robespierre. Le juger, c'est juger la Révolution. Louis XVI doit être exécuté, non jugé. « Si Louis XVI est innocent nous sommes tous des rebelles », dira Jeanbon, le 30 novembre, résumant la thèse montagnarde. Ce que redira Robespierre dans un grand discours qu'il prononcera à l'Assemblée le 3 décembre :

> « Louis ne peut être jugé. Il est déjà jugé. Il est condamné ou la République n'est point absoute. Proposer de faire le procès de Louis XVI c'est rétrograder vers le despotisme royal et constitutionnel. C'est une idée contre-révolutionnaire. »

S'emparant de l'histoire, Robespierre interroge : « Dans quelle république la nécessité de punir le tyran fut-elle litigieuse ? »

> ... « Je vous propose, conclut-il, de statuer dès ce moment sur le sort de Louis. Quant à sa femme vous la renverrez aux tribunaux, ainsi que toutes les personnes prévenues des mêmes attentats. Son fils sera gardé au Temple jusqu'à ce que la paix et la liberté publique soient affermies. Pour lui je demande que la Convention le déclare dès ce moment traître à la Nation française, criminel envers l'humanité ; je demande qu'il donne un grand exemple au monde dans le lieu même où sont morts le 10 août les généreux martyrs de la liberté ; je demande que cet événement mémorable soit consacré par un monument destiné à nourrir dans le cœur des peuples le sentiment de leurs droits et l'horreur des tyrans, et dans l'âme des tyrans la terreur salutaire de la justice du peuple ! »

Mais ce 3 décembre, l'intervention de Pétion — dont l'autorité est forte à l'Assemblée — met Robespierre en échec : la Convention nationale déclare que Louis XVI sera jugé par elle. Pétion espérait-il soustraire Louis XVI au châtiment suprême, comme l'en accuseront plus tard les Jacobins, souhaitait-il préparer en secret le bannissement du Roi ? En réalité les Girondins, s'ils veulent, comme la plupart, la mort du Roi, entendent rester les maîtres du procès * et surtout ne rien concéder

---

* Condorcet reste isolé, parmi ses amis girondins, quand il propose que Louis XVI soit jugé par un tribunal dont les jurés et les juges seraient nommés par les corps électoraux des départements. « Vous devez au genre humain le premier exemple du jugement impartial d'un roi »[2].

aux Montagnards. Et pour les nombreux juristes qui siègent sur leurs bancs, l'exécution sans jugement est difficilement concevable. Etrangement, l'abbé Sieyès vote « contre » la proposition girondine de Pétion : il se place du côté, très minoritaire, des Montagnards refusant le procès. Ce choix de Sieyès reste une énigme. A-t-il voulu, comme Robespierre, la mort du Roi sans jugement ? *. A-t-il au contraire pensé, en juriste scrupuleux, que le Roi était inviolable, dès lors que la Nation souveraine avait affirmé son inviolabilité, que si elle avait eu tort de proclamer cette inviolabilité elle ne pouvait juridiquement s'en défaire ? A-t-il voté par sentiment — par haine de Robespierre, suggérera Lamartine — pour sauver la tête du Roi, dans l'espoir qu'il ne serait pas exécuté mais gardé en otage ? Ou simplement a-t-il entendu signifier aux Girondins qu'il n'était pas leur allié ? Il semble, avance Bastid [3] reprenant la thèse qui sera soutenue par Œlsner, l'ami très cher de Sieyès, que celui-ci ait seulement voulu épargner à l'Assemblée la responsabilité de la condamnation. L'épargner à l'Assemblée ou, dans un premier mouvement, se l'épargner à soi-même...

Après que l'Assemblée eut entendu la lecture des documents essentiels découverts dans l'armoire de fer **, puis d'un long rapport de Lindet sur la conduite du roi depuis le commencement de la Révolution, enfin de l'« acte énonciatif des crimes de Louis » présenté par Barbaroux, Louis XVI fut amené le 11 décembre devant la Convention. Un silence de mort l'accueillit car, sur la proposition de Legendre, l'Assemblée avait décidé qu'aucun de ses membres ne prendrait la parole durant l'interrogatoire. Il fallait, avait dit Legendre, « que le silence des tombeaux effraie le coupable ».

L'ancien Roi est debout — à la barre — entre deux officiers municipaux. « Louis, déclare le président Barère, la Nation française vous accuse... Louis, le peuple français vous accuse d'avoir commis une multitude de crimes pour établir votre tyrannie en détruisant sa liberté. » Pendant plusieurs heures Louis répond aux cinquante questions du président, puis il est reconduit au Temple et, après un violent débat, la

---

* Les Archives nationales (284 AP4, dossier 7) conservent une note manuscrite de Sieyès, sans doute écrite après la fuite du Roi, où il exprime une violente hostilité à Louis XVI. Ce semble être un projet de motion : « Les Français soussignés, membres du souverain... considérant qu'il serait aussi contraire à la majorité de la Nation outragée que contraire à ses intérêts, de confier désormais les rênes de l'Empire, à un homme parjure, traître, et fugitif, demandent formellement et spécialement que l'Assemblée nationale ait à recevoir au nom de la Nation l'abdication faite le 21 juin dernier par Louis XVI de la couronne qui lui avait été déléguée, et à pourvoir à son remplacement par les moyens constitutionnels. » Ce texte, qui demeura sans suite, aide à éclairer les sentiments de Sieyès à l'égard de Louis XVI.

** Le 5 décembre, l'Assemblée découvrant ou vérifiant les liens de Mirabeau avec la Cour, et sa vénalité, constatant que la mémoire de l'illustre révolutionnaire se trouvait gravement compromise, décréta que les bustes ou effigies de Mirabeau, placés dans la salle de l'Assemblée, seraient désormais voilés...

Convention lui accorde le droit d'être défendu. Le 26 décembre, Louis revient à la barre assisté de ses trois conseils, le grand avocat Tronchet*, son ancien ministre Malesherbes, qui a courageusement proposé ses services**, et le jeune avocat de Sèze que tous deux ont chargé de la plaidoirie. Mais que peut-on attendre de cette audience ? De Sèze — qui n'a disposé que de quatre jours pour se préparer — se réfugie dans la procédure. Il lit une longue plaidoirie invoquant l'inviolabilité royale inscrite dans la Constitution de 1791, il fait l'apologie des débuts du règne et réfute, trop vite, les faits reprochés à Louis XVI. Contre l'évidence il nie les rapports du Roi avec l'étranger. Il prend courageusement à partie l'Assemblée : « Citoyens, je vous parlerai ici avec la franchise d'un homme libre : je cherche parmi vous des juges et je n'y vois que des accusateurs. » Et il achève par une péroraison que, semble-t-il, les trois avocats ont préparée ensemble :

> « Louis était monté sur le trône à vingt ans, et à vingt ans il donna sur le trône l'exemple des mœurs ; il n'y porta aucune faiblesse coupable ni aucune passion corruptrice ; il y fut économe, juste, sévère ; il s'y montra toujours l'ami constant du peuple. Le peuple désirait la destruction d'un impôt désastreux qui pesait sur lui : il le détruisit ; le peuple demandait l'abolition de la servitude : il commença par l'abolir lui-même dans ses domaines ; le peuple sollicitait des réformes dans la législation criminelle pour l'adoucissement du sort des accusés : il fit ces réformes ; le peuple voulait que des milliers de Français, que la rigueur de nos usages avait privés jusqu'alors des droits qui appartiennent aux citoyens, acquissent ces droits ou les recouvrassent : il les en fit jouir par ses lois ; *le peuple voulut la liberté ; il la lui donna !* Il vint même au-devant de lui par ses sacrifices ; et cependant c'est au nom de ce même peuple qu'on demande aujourd'hui... Citoyens, je n'achève pas... Je m'arrête devant l'Histoire : songez qu'elle jugera votre jugement, et que le sien sera celui des siècles ! »

A plusieurs reprises la plaidoirie de De Sèze avait suscité des murmures, vite réprimés ...Ainsi quand il osa dire : « Le peuple voulut la

---

* Louis XVI avait désigné Tronchet à défaut de Target, illustre avocat qui avait été ,e défenseur du cardinal de Rohan dans l'Affaire du collier de la reine et qui fut représentant du Tiers de Paris aux Etats Généraux (*supra*, p. 114). Target déclina la proposition invoquant son âge — il avait presque 60 ans — et ses infirmités. Il redoutait, expliqua-t-il, de « trahir à la fois la confiance de son roi et l'attente publique ». Tronchet qui accepta de défendre Louis XVI avait 66 ans ; Malesherbes qui en sollicita l'honneur, était âgé de 71 ans.

** Dès le 11 décembre, Malesherbes, qui avait fait partie du gouvernement Turgot, avait sollicité le dangereux honneur de défendre le Roi : « J'ai été appelé deux fois au Conseil de celui qui fut mon maître dans le temps que cette fonction était ambitionnée par tout le monde ; je lui dois le même service lorsque c'est une fonction que bien des gens trouvent dangereuse. » Malesherbes sera guillotiné le 22 avril 1794, à l'âge de 73 ans, avec sa fille et ses petits-enfants.

liberté : il la lui donna ». Après son défenseur, Louis prononce encore quelques mots, il dit que son cœur est déchiré, qu'il n'a fait qu'aimer son peuple : « Je vous déclare que ma conscience ne me reproche rien. » Il déçoit. Mais pouvait-il faire autrement ? Chacun sait que le vrai débat est ailleurs, il est dans la procédure qui conduit à la condamnation du Roi et à sa mise à mort.

Le conflit, qui se prolonge plusieurs jours, après la fin des plaidoiries, oppose Girondins et Montagnards. Lanjuinais, le premier, appelle à ne pas juger le Roi. On ne peut être, dit-il, accusateur et juge. Il met en garde l'Assemblée, elle agit contre toutes les lois, « le temps des hommes féroces est passé », assure-t-il, mais son discours est accueilli par des vociférations. Les jours qui suivent, Saint-Just vient à la barre. Il répète, avec talent, ce qu'a dit Robespierre : « La République est morte si le tyran reste impuni », ce que Robespierre viendra redire le 28 décembre :

> « La vertu fut toujours en minorité sur la terre. Sans cela la terre serait-elle peuplée de tyrans et d'esclaves ? Hampden et Sidney étaient de la minorité, car ils expirèrent sur un échafaud : les Critias, les Anitus, les César, les Clodius étaient de la majorité ; mais Socrate était de la minorité, car il avala la ciguë ; Caton était de la minorité, car il déchira ses entrailles. Je connais ici beaucoup d'hommes qui serviront s'il le faut la liberté à la manière de Sidney et de Hampden ; et n'y en eût-il que cinquante... Cette seule pensée doit faire frémir tous ces lâches intrigants qui veulent égarer la majorité ! En attendant cette époque je demande au moins la priorité pour le tyran... Peuple malheureux, on se sert de tes vertus mêmes pour te perdre... »

Mais Buzot, puis Vergniaud dans un admirable discours prononcé le 31 décembre, Brissot, Pétion soutiennent tour à tour que le jugement de la Convention, quel qu'il soit, devra être soumis à la ratification du peuple car seul le peuple, qui a donné l'inviolabilité au Roi, peut la lui retirer. Dans un violent débat qui dure plusieurs jours, les Montagnards accusent les Girondins de vouloir, sous un prétexte de droit, sauver le Roi, tandis que les Girondins accusent les Montagnards d'édifier leur dictature sur le mépris du droit. C'est un homme de la Plaine, Barère, qui, le 4 janvier 1793, dans un subtil discours, apparemment modéré, réussit à mettre en échec la proposition girondine d'appel au peuple. Elle est, dit-il, un défi au système représentatif. Elle est contraire aux principes qui fondent la Constitution, enfin elle est irresponsable, car l'appel au peuple risque de déchaîner en France la guerre civile. « Il est impraticable dans une nation nombreuse ». Barère est plus qu'une voix, « c'est un écho »[4], l'écho de la Plaine, c'est-à-dire de la majorité de la Convention, qui refuse de s'associer à la manœuvre girondine.

Le 15 janvier, commence l'appel nominal sur la première question :

Louis est-il coupable ? C'est presque à l'unanimité*, le 15 janvier, que Louis XVI est déclaré coupable de conspiration contre la sûreté générale de l'Etat. Puis l'Assemblée passe au vote nominal sur la seconde question : le jugement de la Convention sera-t-il renvoyé à la sanction du peuple ? L'appel au peuple est rejeté par 424 voix contre 287** : c'était le premier grand échec des Girondins. Et Sieyès, comme Barère, comme la majorité de la Plaine, avait voté contre l'appel au peuple, contre les Girondins.

Le scrutin décisif — celui sur la peine applicable — a lieu le 16 janvier. Danton réussit à faire écarter l'exigence d'une majorité des deux tiers que soutenait Lanjuinais : « Je m'étonne, quand c'est à la simple majorité qu'on a établi la République, qu'on a aboli la royauté, qu'on a prononcé sur le sort de la nation entière, que l'on veuille prononcer sur le sort d'un individu, d'un conspirateur, avec des formes plus sévères et plus solennelles. » Et l'Assemblée décide de rendre son décret à la majorité absolue. L'appel nominal commence vers sept heures du soir. Il durera vingt-quatre heures. Chaque député monte à la tribune à l'appel de son nom, et dit son vote. Les uns le motivent en quelques mots, les autres dans un discours longuement préparé***. Le premier qui se prononce, Mailhe****, vote la mort mais réclame un sursis. Plusieurs Girondins demandent à leur tour que soit retardé le moment de l'exécution du Roi. Robespierre, Danton, Desmoulins, tous les Montagnards, votent bien sûr la mort, et Marat précise « la mort dans vingt-quatre heures ». Sieyès vient à son tour, le neuvième des représentants de la Sarthe. Dans un grand silence il dit « la mort », et retourne à sa place.

De ce moment, Sieyès sera, pour l'histoire, l'homme qui a dit « la mort, sans phrase », un régicide dont les mots avaient trahi l'effrayante cruauté. Etrange légende que rien n'étaye ! Le procès verbal de la séance ne porte pas trace d'un quelconque commentaire de Sieyès. Les mots « sans phrase » seront plus tard ajoutés*****, sans doute imaginés par

* Sur 718 députés présents, 691 se prononceront pour la culpabilité, 27 déclareront ne pouvoir se prononcer.
** Sur 170 députés girondins, une quarantaine vota contre l'appel au peuple.
*** Ainsi sont les votes motivés, pour la mort : de Robespierre, qui rappelle son hostilité de principe à la peine de mort, de Philippe Egalité, cousin du Roi, de Carnot ; celui de Daunou pour la détention, celui de Lanjuinais pour la réclusion. Condorcet vota pour « la peine la plus grave qui ne soit pas celle de la mort », car, dit-il, « cette peine est contre mes principes ; je ne la voterai jamais ».
**** La Garonne (Haute-) avait été tirée la première. Après quoi fut suivi l'ordre alphabétique des départements.
***** On a pu croire qu'une confusion avait été commise, à cause de la ressemblance des noms, avec Dizès député des Landes. Mais celui-ci aussi vota la mort, sans ajouter de commentaire. Bastid pense que Sieyès — qui désapprouva sans doute les longs commentaires accompagnant certains votes — peut avoir tenu le propos devant ses collègues, en dehors de l'appel nominal [5].

ceux qui, redoutant Sieyès, chercheront à aggraver son vote et à le rendre plus odieux. Mais il devra supporter cette calomnie qui deviendra, pour beaucoup, une vérité à force d'être répétée.

Quand le dépouillement fut terminé, le président Vergniaud annonça avec, paraît-il, un accent de douleur, que la peine de mort avait été votée. Sur 721 votants, 387 s'étaient prononcés pour la mort, 334 pour la détention, les fers, ou la mort sous condition. Des rectifications de vote rendirent un contre-appel nécessaire, et il apparut le lendemain que 361 députés s'étaient prononcés pour la mort, sans l'assortir ni du sursis ni d'aucune condition, soit l'exacte majorité absolue. Profitant de ce scrutin incertain, Buzot et Brissot obtinrent, non sans peine, que le sursis à l'exécution, demandé par plusieurs députés lors de leur vote, fût mis aux voix. Mais le sursis fut repoussé le 19 janvier par 380 voix contre 310. C'est au cours de ce scrutin que Condorcet proposa soudain à l'Assemblée d'abolir la peine de mort, mais de se réserver la faculté d'examiner s'il fallait la conserver pour les délits contre l'Etat. Barère intervint, invita la Convention à « détruire la peine de mort excepté pour les rois » et argumenta contre le sursis. Condorcet s'abstint finalement dans le vote, se bornant à déclarer : « Je n'ai pas de voix... » Cette fois-ci encore Sieyès mêla sa voix à celle des Montagnards.

Le 20 janvier, dans l'après-midi, Garat, ministre de la Justice, et Lebrun allèrent signifier au Roi le verdict de mort *. Louis XVI présenta trois requêtes : qu'on lui accordât un délai de trois jours pour se préparer à paraître devant Dieu, qu'on l'autorisât à revoir sa famille sans témoins, enfin qu'on lui permît de faire venir un prêtre insermenté : « M. Edgeworth ou Fermon, numéro 483, rue du Bac. » La Convention rejeta la première demande. Elle accepta les deux autres.

Le 21 janvier, Louis XVI fut réveillé vers cinq heures. Il assista à la messe, il réclama en vain le droit de se couper lui-même les cheveux. A huit heures trente, Santerre, commandant en chef de la garde nationale, vint le chercher. De la rue du Temple à la place de la Révolution, le trajet dura une heure et demie. Une haie silencieuse d'hommes armés maintenait la foule tout au long du cortège. A dix heures dix, place de la Révolution, Louis XVI regarda un long moment l'échafaud, acheva sa prière. « Il a été trois minutes à descendre de voiture », dit le rapport d'exécution dressé par Jacques Roux, prêtre nommé par la Commune à cet effet. Louis XVI se déshabilla, il se laissa lier les mains. Il monta l'escalier, appuyé sur son confesseur. Il voulut parler au peuple, on entendit quelques mots, vite couverts par le roulement des tambours. « Français, je meurs innocent. Je pardonne à tous mes ennemis, je

---

* Vers dix-sept heures, le député montagnard Le Peletier de Saint-Fargeau, qui avait voté la mort du Roi, était assassiné au Palais-Royal par un ancien garde du corps. Les Montagnards accuseront le ministre de l'Intérieur, le Girondin Roland, de porter la responsabilité du meurtre.

souhaite que ma mort soit utile au peuple... » Le commandant Santerre ordonna à l'exécuteur de faire son devoir. A dix heures vingt, la tête tomba. Le bourreau la montra au peuple. On cria : « Vive la République! Vive la Nation! Des farandoles s'organisèrent autour de l'échafaud... tandis que le cadavre de Louis était transporté sur-le-champ dans l'église de la Madeleine.

« Le dernier homme du peuple, constate Quinet, peut apprendre de ce Roi à bien mourir »[6]. Louis XVI avait été maladroit, velléitaire, incapable de vraiment défendre l'Ancien Régime, ni d'accepter le nouveau, jamais il n'avait manqué de courage. Qu'avaient fait les révolutionnaires en le mettant à mort? « Ils s'étaient donné la joie de punir leurs anciens maîtres dans la personne d'un seul. Comme toujours le châtiment tomba sur le plus débonnaire »[7]. Le Roi mort, tout deviendrait facile. L'Europe serait épouvantée, la guerre abrégée, la victoire décisive, l'abondance assurée... Mais la mort du Roi avait une autre portée. Elle rendait impossible le rétablissement de la monarchie, elle signifiait aux souverains d'Europe, à tous les nostalgiques de la monarchie abattue, qu'à l'avenir il n'y aurait jamais aucun compromis *. Les conventionnels avaient pu proclamer que la mort de Louis Capet servait à démontrer l'innocence de la Révolution. En réalité le régicide les marquait, il scellait, au-delà des divisions, la solidarité révolutionnaire, il les obligeait à marcher en avant, liés par le sang versé comme par le meilleur des serments prêtés. Au prix de la mort de Louis XVI, la rupture était enfin consommée avec l'ancienne France, les privilèges anciens étaient définitivement abolis, les acquéreurs de biens nationaux rassurés. La mort du Roi semblait interdire à la Révolution tout retour en arrière[8], comme la guerre européenne l'obligeait à se jeter en avant. La Révolution était condamnée à vaincre, à vaincre ou à périr...

Sieyès, s'opposant à l'appel au peuple, au sursis, votant la mort, avait, par ses votes, pris rang parmi les régicides et, pour la postérité, parmi les plus impitoyables. En vérité il n'avait jamais porté aucun intérêt à Louis XVI et, la monarchie abolie, la mort du Roi lui paraissait inévitable. Malesherbes, quand il fut devenu l'avocat du Roi, crut bon de dépêcher — au cours du procès — un émissaire à Sieyès, qu'il avait autrefois connu à l'Assemblée provinciale de l'Orléanais, pour tenter de le fléchir. Le revirement de Sieyès eût-il pu jouer un rôle? Mais l'abbé avait accueilli le messager de Malesherbes par ces seuls mots : « Je vous entends... Il est mort, mort, ne parlons plus de cela. » Il n'était pas dans le tempérament de Sieyès, explique Bastid[9], de s'acharner contre le destin. Sans hésitation, sinon sans phrase, Sieyès accepte cette mort qu'impose l'événement. Comme la plupart des Conventionnels, admirateurs de l'Antiquité, insensibles à la mort ou fascinés par elle, déjà

---

* « Nous jetons à l'Europe, avait dit Danton, pour gant de bataille, la tête d'un roi. »

accoutumés aux massacres, craignant tous pour leur propre vie, l'immolation du Roi ne l'émeut guère, et l'atrocité de l'exécution le laisse indifférent. Ou s'il s'émeut, ce n'est qu'un bref mouvement du cœur, vite corrigé, comme celui qu'avait exprimé Robespierre : « J'ai senti chanceler dans mon cœur la vertu républicaine en présence du coupable humilié devant la puissance souveraine. » Sieyès agit, choisit, en politique. Il ne partage pas les scrupules, ou les calculs, de ses amis girondins. Il croit, comme les Montagnards, que la Révolution ne peut rien consentir à la contre-révolution, et surtout pas la vie d'un roi. La mort de Louis XVI n'était certes pas prévue sur le chemin qu'avait tracé Sieyès. Est-ce sa faute si la Révolution en est venue là ? Au moment où la Convention juge le Roi, Sieyès ne voit pas d'autre choix raisonnable, prudent aussi, que de devenir régicide.

VI

RENDRE IMPOSSIBLE LA DICTATURE D'UN GÉNÉRAL...

Les travaux de la Convention ne devaient pas tarder à montrer à Sieyès, si besoin était, les limites de son influence. Dès le 1er Janvier 1793, la Convention décrétait la création d'un « Comité de Défense générale » composé de représentants des sept comités qu'avait constitués l'Assemblée *. Le Comité de Défense avait mission de « s'occuper sans interruption, avec les ministres, des mesures qu'exigent la campagne prochaine et l'état des affaires ». Les victoires, puis les conquêtes françaises qui avaient suivi Valmy, l'adoption, le 19 novembre 1792, du grand décret par lequel la Convention nationale déclarait au nom de la Nation française qu'elle accorderait « fraternité et secours à tous les peuples qui voudront recouvrer leur liberté », l'institution, en décembre, de l'administration révolutionnaire dans les pays conquis, telle la Belgique, la revendication véhémente des frontières naturelles, enfin l'exécution de Louis XVI, tous ces défis jetés aux rois préparaient d'évidence la formation, contre la France, d'une coalition des monarchies d'Europe. Des mesures rigoureuses s'imposaient pour faire face à une situation qui menaçait de devenir dramatique. Il fallait notamment coordonner l'action de l'Assemblée et des ministres, vieux problème jamais résolu, et qui ne cessait d'engendrer l'impuissance. Nommé au titre du Comité de Constitution, Sieyès se retrouve membre du Comité de Défense générale, composé en majorité de Girondins.

Le plus urgent était la réorganisation du ministère de la Guerre. Or Pache **, ami de Roland, nommé ministre de la Guerre en octobre, était

---

* La Convention avait créé des « comités permanents » et des « commissions temporaires » ayant un objet spécial. Les députés ne pouvaient faire simultanément partie de plusieurs comités, sauf lorsqu'un comité était composé de représentants des autres comités. Ainsi en fut-il de l'important Comité de Défense générale composé de représentants des Comités de la Guerre, des Finances, des Colonies, de la Constitution et du Commerce, à raison de trois membres de chacun des comités. Ce Comité deviendra le Comité de Salut public le 6 avril 1793.

** Les Montagnards le feront — quand il sera évincé du ministère — nommer maire de Paris (*infra,* p. 278). Il travaillera efficacement à l'élimination des Girondins, et en

critiqué par tous les généraux. Girondin, il s'était rapproché de la Montagne, et Marat le défendait ouvertement. Pache avait pour principal collaborateur son ami le chimiste Hassenfratz, autrefois employé au laboratoire de Lavoisier, véritable exalté, qui avait transformé le ministère de la Guerre en un club à sa dévotion. Le conflit ouvert de Pache et Hassenfratz avec Dumouriez, le vainqueur de Valmy, ne cessait de poser problème. Dès le 9 janvier — pendant le procès du Roi — le Comité de Défense générale désignait trois commissaires avec mission de travailler à une réforme, très urgente, du ministère de la Guerre. C'est Sieyès, connu pour être proche de Dumouriez, qui fut chargé du rapport. Dès le 13 janvier 1793 il présentait son projet au Comité et, le 25 janvier, en raison de l'urgence, le débat commençait à l'Assemblée.

Il semble que l'illustre Sieyès « enveloppé dans le manteau du sage »[1] ait aussitôt surpris — et désorienté — l'Assemblée. C'est que, fidèle à lui-même, Sieyès, dont c'est la première intervention publique à la Convention, a préparé un grand discours philosophique, qui semble mal s'adapter à la matière. Il déclare qu'il faut remonter aux principes, « à la nature des choses ». Il allègue la nécessité d'« une analyse philosophique... de cette grande et terrible partie du service public qui porte nom de département de la Guerre. » Que faut-il donc, déclare-t-il, pour le service de la Guerre ? Il faut « des *éléments,* une *combinaison,* une *direction* ». Sieyès disserte longuement sur les fondements d'une organisation gouvernée par la raison. Puis il en vient à l'urgent problème de l'approvisionnement des armées. Pour chercher remède à la pénurie et aux trafics dont souffrait l'approvisionnement, Sieyès suggère la création d'un « économat national », acheteur unique et seul chargé des fournitures. Composé de quinze commissaires, l'économat national devra être divisé en cinq sections, correspondant à cinq fonctions, placées sous l'autorité du Conseil exécutif, et soumis aux ordres immédiats du ministre. Pour ce qui concerne le ministère de la Guerre, Sieyès, toujours avide de classements et de catégories, pose la distinction, fondamentale, de l'« administration » et de la « direction ». Cette grande distinction l'oblige à placer, sous l'autorité d'un seul ministre, membre du Conseil exécutif, un « directeur » et un « administrateur », agissant individuellement et séparément *. Quant aux généraux commandant les armées, ils ne devront avoir strictement en charge que l'action militaire, sauf à sortir exceptionnellement des limites de leurs procurations, en cas d'extrême péril. Le ministère de la Guerre devra donc être représenté aux armées

récompense Robespierre lui évitera la guillotine. Il se retirera dans son pays natal, dans les Ardennes, où il mourra en 1823.

* Un mécanisme analogue sera inventé par Sieyès, dans son projet de Constitution de l'an VIII, installant deux consuls au-dessous du Grand Electeur (*infra,* p. 470).

par des adjoints détachés, au titre de l'administration, de la direction et de l'économat. Et Sieyès achève son méticuleux rapport * par l'expression, presque angoissée, de l'horreur que le pouvoir militaire devrait toujours inspirer à des hommes libres et républicains... Ces mots, prononcés par Sieyès, prendront quelques années plus tard une étrange résonance :

> « Nous rendra-t-on justice au moins, en remarquant que, chargés de lui rendre faciles les moyens de pourvoir dans tous les cas aux besoins de son armée, nous l'avons fait sans ajouter à son autorité, mais au contraire en lui donnant un frein ? Des hommes libres, des républicains, pouvaient-ils ne pas essayer de rendre à jamais impossible la dictature, même d'un général d'armée, même dans la supposition la plus favorable à cette odieuse et dangereuse cumulation de tous les pouvoirs ? »

Quand Sieyès a fini d'exposer son plan, les députés restent stupéfaits. Le projet paraît immense, très compliqué, souvent incompréhensible. La Convention s'empresse d'ajourner la discussion au 28 janvier. Mais ce jour-là, les opposants se succèdent à la tribune. Le premier orateur, Monestier, attaque le rapport de Sieyès « dont toutefois, dit-il, on ne prononce le nom qu'avec vénération ». A son tour Saint-Just prend vivement à partie Sieyès : il l'accuse de ne pas vouloir placer le ministère sous la dépendance de l'Assemblée, et de « tendre à la monarchie », vieux reproche souvent repris contre l'abbé. Vient Fabre d'Eglantine qui critique le projet de l'économat national, et propose un contre-projet. Puis c'est Buzot qui affecte un grand respect pour Sieyès, mais s'applique à mettre son texte en morceaux. Il n'est personne pour soutenir le projet de l'oracle qui mesure son isolement. On se retrouve le 30 janvier. Les critiques reprennent, plus véhémentes encore. Cette fois, c'est Barbaroux et Salles — celui-ci vieil ennemi de Sieyès — qui montent à l'assaut. Salles, que l'on sait appuyé par Robespierre, accuse l' « économat » imaginé par Sieyès de cacher une « monstrueuse institution » destinée à ruiner les Finances et à enrichir les fripons. Robespierre, dont l'influence grandit de jour en jour, intervient, et réclame l'impression du discours de Salles. Les Girondins, de leur côté, ne paraissent pas mécontents de faire essuyer un échec à Sieyès, qui les a abandonnés, dans ses votes, lors du procès de Louis XVI. Du projet de Sieyès ils ne retiennent qu'une chose, la destitution possible du ministre auquel ils ne pardonnent pas d'être passé du côté des Montagnards. Le 4

---

* En vérité la réforme du ministère de la Guerre n'a pas intéressé Sieyès, et sans doute n'a-t-il accepté ce rapport que pour rentrer en scène, ou rendre service à Dumouriez. Ses notes manuscrites attestent son scepticisme sur la qualité de son propre travail : « Je fus forcé de m'en occuper [de la réforme du ministère de la Guerre], mais j'en étais incapable. Je jetais à tout hasard quelques idées d'ensemble, mais sans rien prétendre, et sachant bien que j'étais hors des techniques de la chose... »[2].

février, les Girondins l'emportent : Pache est remplacé par Beurnonville, ami des Girondins, que l'Assemblée choisit ce jour-là pour lui succéder. Il ne restera rien d'autre du travail de Sieyès, qu'un changement de ministre. Sieyès dira avoir d'abord affronté « un silence d'inquisition » pour avoir été ensuite calomnié « jusqu'au ridicule »[3]. Il ne pardonnera pas aux Girondins cette blessure d'amour-propre.

Dans les semaines qui suivront, ce sera le Comité de Défense générale[4] qui suscitera à son tour de violentes critiques. Il était trop nombreux, dira-t-on — composé de 21 membres —, il délibérait en public, il travaillait mal, il s'avérait incapable de remplir sa tâche, c'est-à-dire d'assurer l'unité des actions gouvernementales, et des affaires militaires et diplomatiques. L'opinion le tiendra pour responsable des échecs militaires qui s'accumuleront. Le 25 mars, la Convention décidera d'en modifier les méthodes de travail et la composition : le Comité deviendra une sorte de « grand ministère » où les Girondins resteront majoritaires, mais où feront leur entrée Danton, Robespierre, Camille Desmoulins. Sieyès y restera en nom, mais il y sera privé de toute autorité. Et le 6 avril 1793, le nouveau Comité, aussi impuissant que le précédent, sera à nouveau reformé. La Convention instituera, dans des circonstances que la guerre aura rendues dramatiques*, le fameux « Comité de Salut public », composé de 9 membres, délibérant en secret, chargé de « surveiller et d'accélérer l'action de l'administration », c'est-à-dire du Conseil exécutif des ministres, de suspendre, s'il le fallait, les arrêtés de ce Conseil, enfin de prendre, dans les circonstances urgentes, les « mesures de défense générale extérieure et intérieure ».

Quand il faudra voter ce 6 avril pour désigner les premiers membres du Comité de Salut public, Sieyès fera savoir qu'il n'est pas candidat[5]. Il préfère, expliquera-t-il, travailler au « Comité d'Instruction publique » où il trouve à s'occuper « autant que ses forces peuvent le permettre »... Sieyès alléguera souvent la défaillance de ses forces physiques, son état de santé — réellement fragile — pour prendre distance. La prudence lui conseille-t-elle donc de s'effacer, en ce début d'avril ? Se sent-il gêné à raison de ses liens avec Dumouriez dont la trahison vient d'être connue, et que la Convention a mis hors la loi quelques jours plus tôt ? Préfère-t-il ne pas courir le risque d'être battu car il a compris, dans le débat sur le ministère de la Guerre, sa solitude, la méfiance même qui semble l'entourer ? A-t-il décidé de s'écarter de tout pouvoir, parce qu'il est blessé, et inquiet ? La Convention prendra acte de son refus. Elle n'y attachera guère d'importance et désignera le Comité qui constituera désormais le nouveau pouvoir exécutif de la France**. Tous les élus

---

* *Infra*, p. 265.
** Sont élus : Barère par 360 voix, Delmas par 347 voix, Bréard par 325 voix, Cambon par 278 voix, Danton par 233 voix, Jean de Bry par 227 voix, Guyton-Morveau

seront des régicides, des adversaires des Girondins, Montagnards modérés, ou centristes proches des Montagnards. Danton en sera. Nul ne se fait d'illusion : c'est un ministère Danton qui se met en place. Non, ce n'est plus le temps de l'abbé Sieyès...

par 202 voix, Treilhard par 160 voix, Delacroix par 151 voix. Jean de Bry refusa et Robert Lindet fut élu à sa place. Le Comité n'était élu que pour un mois. Mais il sera réélu, chaque mois, jusqu'au 10 juillet 1793, jour où Danton sera renversé.

VII

PRÊCHER À DES SOURDS

Sieyès va d'échec en échec, dans cette « grande Tartarie », où « l'homme pur, l'homme à principes »[1] n'avait décidément rien à faire. Son second revers lui sera plus douloureux encore puisqu'il interviendra dans son domaine réservé, la science des Constitutions. Le 11 juillet 1792, le Comité de Constitution, largement dominé par les Girondins, avait désigné Condorcet comme rapporteur. Sans doute Condorcet avait-il le mérite d'avoir été le premier à oser se déclarer républicain, ce qui lui conférait un grand prestige. Sieyès était l'ami de Condorcet, chacun savait qu'ils avaient travaillé ensemble, échangé leurs idées. Ainsi l'oracle ne pouvait être froissé. S'il l'était, il ne pouvait le paraître.

On ne sait à peu près rien des travaux du Comité de Constitution. On sait seulement qu'on y consulta de nombreux spécialistes, dont l'Anglais David Williams, que Thomas Paine et Barère y jouèrent un rôle important * et qu'on y débattit longuement du problème, déjà ancien, de savoir si on établirait deux chambres ou une chambre unique, ou encore une chambre divisée en deux sections. Sieyès intervint-il au Comité pour s'opposer au projet de deux chambres qui lui avait toujours paru contraire à l'unité de la souveraineté nationale, et capable de reconstruire une aristocratie ? Il dit n'avoir, en la circonstance, voulu exercer aucune influence, et son opinion était trop connue pour qu'il eût besoin de la défendre. Mais le Comité, Condorcet lui-même, taisant ses propres préférences, se rallia, semble-t-il sans peine, à l'idée d'une chambre unique.

Le 15 février 1793, Condorcet donna lecture à la Convention de son discours préliminaire sur le projet que l'histoire a qualifié de « Constitution girondine ». « La faiblesse de son organe » ne lui permit pas d'aller au bout de cette lecture, et Barère dut l'achever[4]. C'est Gensonné qui

---

* Barère dit avoir rédigé la partie relative au pouvoir judiciaire[2]. Mais il n'est pas douteux que Condorcet fût le principal rédacteur du projet auquel il donnera son nom[3].

lut, les 15 et 16 février, le plan de Constitution de Condorcet précédé d'une Déclaration des droits de l'homme en trente-trois articles. La Convention ordonna que le projet, signé de tous les membres du Comité, sauf de Danton qui refusa *, fût imprimé afin d'être répandu dans toute la France. Survint un incident que Sieyès dénoncera plus tard, dans son fameux *Discours du 2 thermidor, an III* **, et il y verra un signe parmi tant d'autres des intrigues toujours nouées contre lui. Le 20 février, le député Amar monte à la tribune pour stigmatiser, dit-il, un scandaleux « délit » : l'imprimeur avait osé annexer au rapport, à titre de variante, un projet de Constitution rédigé par... le député Sieyès. Barère lui répond pour s'expliquer au nom du Comité : « On a annexé, dit-il, au rapport, en appendice, les projets qui n'ont pas retenu la majorité des voix. » Mais l'Assemblée est mécontente. Elle a l'impression d'avoir été manipulée. Elle soupçonne quelque sombre manœuvre de l'intrigant abbé. Elle décide alors que ne sera adressé aux départements que le seul rapport de Condorcet, lu à la tribune, sans les annexes. Ainsi le projet de Sieyès était condamné à disparaître. « Les amis du peuple de ce temps-là, dira-t-il dans le *Discours de l'an III*, firent arrêter mon travail, à l'impression, après la première feuille. » Cet affront, Sieyès ne l'oubliera pas de sitôt.

Sieyès ne pouvait approuver le projet de Constitution[6] qu'avait imaginé Condorcet : d'abord parce qu'il n'était pas le sien, mais aussi pour des raisons qui tenaient à ses théories. L'idée de représentation, fondement pour Sieyès, de toute Constitution, n'était plus l'idée centrale du projet de Condorcet qui cédait aux tentations, redoutables selon Sieyès, de la démocratie directe. Le « Corps législatif » proposé par Condorcet devait être élu au suffrage universel sans exclusion des domestiques, ni même des étrangers ***, selon un système de double scrutin — scrutin de présentation, scrutin définitif — assez compliqué. L'Assemblée devait être renouvelée tous les ans. Rien, dans tout cela, ne pouvait satisfaire Sieyès. Surtout le projet organisait les modalités d'un référendum populaire appelé « censure du peuple sur les actes de la représentation nationale » **** qui heurtait de front les théories de

* Rien n'indique que Danton ait désapprouvé le projet de Condorcet. Aulard estime qu'il refusa de signer par scrupule, parce qu'il n'avait pas assisté aux réunions du Comité[5].

** *Infra,* p. 363.

*** Les étrangers devaient, pour être électeurs, avoir résidé en France durant un an. Le projet de Condorcet, pourtant réputé féministe, ne prévoyait pas le vote des femmes.

**** Lorsqu'un citoyen voudra provoquer la réforme d'une loi, le vote d'une loi, ou même une mesure de politique générale, il pourra, s'il réunit cinquante signatures, provoquer la réunion de son assemblée primaire. Si celle-ci adhère, les autres assemblées primaires de la même commune seront convoquées. Si ces assemblées primaires adhèrent en majorité, les assemblées primaires du département seront à leur tour convoquées. Et si une majorité se prononce pour la proposition elle sera renvoyée au Corps législatif. Mais si un autre département adhère à la proposition, le Corps législatif sera tenu de

l'abbé. La représentation devenait pour Condorcet comme un mal, subi par le peuple, dont sa Constitution tentait d'atténuer les inconvénients. Quant à l'exécutif, il devait revenir à un « Conseil exécutif » composé de 7 ministres nommés par le peuple, selon un système de double scrutin, chacun des ministres devant présider le Conseil à tour de rôle. Ce Conseil serait responsable devant le Corps législatif, mais il serait élu pour deux ans quand le Corps législatif ne l'était que pour un an : ceci permettra aux Montagnards d'accuser Condorcet d'avoir assuré la prépondérance de l'exécutif sur le législatif. On ne pouvait imaginer système plus démocratique, et moins cohérent.

Enfin la Déclaration des droits de l'Homme de Condorcet, en 33 articles, alors que celle de 1789 n'en comptait que 17, renforçait, en formules souvent compliquées, les exigences de liberté. Elle affirmait que « tout homme est libre dans l'exercice de son culte ». Elle proclamait que « la liberté de la presse et de tout autre moyen de publier ses idées ne peut être interdite, suspendue ni limitée ». Elle déclarait que « toute hérédité dans les fonctions » était « absurde et tyrannique ». La Déclaration prétendait placer la souveraineté dans « le peuple entier » et non plus dans la Nation. On promettait au peuple les moyens légaux de résister à l'oppression. On disait que « les secours publics sont une dette sacrée de la société », que « l'instruction est le besoin de tous » et que « la société la doit également à tous ses membres. » Il n'était pas touché au droit de propriété — et cela pouvait rassurer Sieyès. La République enfin promettait d'annexer les territoires dont les habitants exprimeraient le vœu d'être réunis à la France. Cette promesse ne pouvait que renforcer encore l'hostilité de l'Europe...

Dans ce texte le « génie prolixe » de Condorcet s'était donné libre cours[7]. Et sans doute le projet était-il critiquable, en raison de ses complications, de ses abstractions, de l'anarchie des pouvoirs qu'il risquait d'organiser. Mais on ne pouvait contester que Condorcet, emporté par ses théories, n'avait eu d'autre guide que le respect, sinon le culte, de la volonté populaire. Quand les Montagnards corrigeront ce projet, quelques mois plus tard, ils n'y ajouteront rien qui le modifie substantiellement, et même ils en atténueront les audaces.

Pourtant, quand Condorcet commence à lire son projet, le vendredi 15 février 1793, de sa voix faible, monotone, il est très froidement accueilli. C'est que la nouvelle Constitution compte alors bien moins que la guerre entre Girondins et Montagnards. Tout est désormais prétexte à porter des coups. Les Montagnards et leurs amis entendent ne rien accepter des Girondins, soupçonnés par principe de ne travailler qu'à fortifier leur pouvoir. Dans la soirée, au Club des Jacobins, les

convoquer toutes les assemblées primaires de la République. Ainsi cinquante citoyens pouvaient-ils initier toute réforme, et deux départements imposer le référendum à toute la France. Ce système ne pouvait qu'horrifier Sieyès.

Montagnards se déchaîneront contre le projet de Condorcet. Couthon déclarera que la Déclaration des droits est « d'une abstraction affectée », Thuriot dénoncera le système de « république fédérative » que, dira-t-il, les Girondins préparent perfidement. Qu'était donc le texte de Condorcet ? Rien qu'une série d'astuces girondines pour organiser l'anarchie, pour affaiblir l'Assemblée, pour assurer la suprématie des populations rurales sur Paris.

A l'Assemblée, la Plaine, dans un premier temps, rejoint les Montagnards. On décide d'ajourner la discussion et, pour noyer le projet de Condorcet, les députés sont autorisés à faire imprimer, aux frais de l'Etat, tous les projets de Constitution qu'ils pourraient imaginer. Le 4 avril, la Convention ira plus loin. La guerre, la trahison de Dumouriez auront encore approfondi le fossé séparant les Girondins et les Montagnards. Tout ce qui est girondin est devenu forcément suspect, coupable. Le projet de Condorcet est d'inspiration girondine et, à ce seul titre, il mérite d'être écarté. L'Assemblée désignera alors un nouveau Comité de Constitution de six membres pour étudier tous les projets reçus et Condorcet n'en sera plus. Mais ce jour-là, personne ne pensera à Sieyès[8].

Celui-ci n'interviendra à aucun moment dans les débats sur la Constitution qui commenceront le 15 avril et se prolongeront, dans une indifférence croissante, trois jours par semaine. L'Assemblée s'appliquera à les faire traîner : les dangers de la patrie, les revers militaires, les troubles intérieurs donneront raison, ou prétexte, à s'écarter d'une discussion constitutionnelle qui semblera devenue théorique, illusoire. Qui s'y intéresse vraiment sinon quelques spécialistes ? L'abbé Sieyès se tait obstinément. Il a toutes les raisons de se taire : la prudence, l'amour-propre blessé, la détestation de projets qu'il juge mauvais dans le principe, et redoutables dans l'application. L'échec de Condorcet a sans doute contribué à écarter Sieyès des Girondins, à éloigner aussi Sieyès de Condorcet. « Condorcet, estime Sainte-Beuve, se noyait, quand il tenait la plume, dans les exposés théoriques et les déductions analytiques qui portaient souvent sur des utopies arides. Il n'était, auprès de Sieyès, qu'un vulgarisateur abstrait »[9]. En vérité, Sieyès saura, comme Condorcet, s'adonner à des « utopies arides », et il encourra comme son ami le grief d'abstraction. Mais le projet girondin avait défiguré l'idée représentative, il avait fait à la démocratie directe une place que Sieyès tenait pour folle, il avait organisé un suffrage universel sans frein, il avait installé l'incohérence et la rivalité du législatif et de l'exécutif, il était pour Sieyès mauvais en tout. Par surcroît, il n'était pas le sien. Dans les travaux du Comité, puis dans ceux de la Commission des Six, tout au long du débat, on avait négligé la compétence et l'expérience du grand harmoniste social. « J'avais entrepris, dira Sieyès, il y a plus de deux ans, de démontrer que c'est au système représentatif de nous conduire au plus haut point de liberté et de prospérité dont il soit possible de jouir. » En ce printemps 1793, il ne reste rien de ses enseignements. Maintenant Sieyès ne se fait plus aucune illusion. Il sait qu'il prêche pour des sourds. Il se taira désormais. Il attendra des temps meilleurs.

VIII

CE TERRIBLE PRINTEMPS

Pour les Girondins, la guerre c'était la Révolution en marche. Elle retardait, les renvoyant à un avenir vague, les graves problèmes que le gouvernement rencontrait à l'intérieur. Déclarant, le 16 novembre 1792 *, l'Escaut ouvert à la navigation, envoyant une flotte française à Anvers, la France avait frappé la Hollande, alliée de l'Angleterre, et menacé la sécurité de celle-ci. Accueillant dans ses rangs Thomas Paine — poursuivi dans son pays pour son ouvrage sur les Droits de l'homme ** —, la Convention savait qu'elle défiait l'Angleterre. Décrétant, le 19 novembre, que la France s'arrogeait le droit d'intervenir partout où les peuples « voudront recouvrer la liberté », elle provoquait l'Europe. L'exécution de Louis XVI avait eu pour fonction — parmi d'autres — de terroriser les rois en guerre. La réunion en novembre de la Savoie à la France par un vote unanime de la Convention, l'annexion du comté de Nice en janvier, le grand discours de Danton, proclamant que les limites de la France ne pouvaient être marquées que par la nature ***, réclamant l'annexion de la Belgique, signifiaient que la grande croisade libératrice de la République servait aussi un rêve d'expansion. Oui, les enfants de la patrie étaient partis en guerre, avides de jours de gloire...

Depuis décembre 1792, William Pitt préparait ouvertement le conflit. L'exécution de Louis XVI avait précipité la rupture. Au lendemain de la mise à mort du roi de France, la Cour avait pris ostensiblement le deuil et, le 24 janvier, les relations avaient été rompues entre la France et l'Angleterre. Le 1er février 1793, la Convention, prenant fièrement les

---

* Ce même jour, Chaumette avait proclamé à l'Hôtel de Ville que « toute l'Europe jusqu'à Moscou sera bientôt francisée, municipalisée, jacobinisée... »[1].

** Il avait publié, en 1791, *The Rights of man*, pour répondre au fameux livre de Burke *Reflections on the Revolution of France* qui avait connu, en 1790, un immense succès et était devenu le bréviaire de la contre-révolution. Paine avait été poursuivi par la justice anglaise.

*** « Je dis que c'est en vain qu'on veut faire craindre de donner trop d'étendue à la République. Ses limites sont marquées par la nature. »

devants, déclarait la guerre à l'Angleterre et au stathouder de Hollande. Le 7 mars, elle votait par acclamation la guerre au roi d'Espagne. « Un ennemi de plus pour la France, s'écriait Barère, n'est qu'un triomphe de plus pour la liberté. » Le deuxième partage de la Pologne — signé entre la Prusse et la Russie le 23 janvier, deux jours après l'exécution de Louis XVI — avait laissé à la Prusse les mains libres contre la France, et permettait à la Russie de se rapprocher de l'Angleterre : le 25 mars, elles signeront un traité d'alliance contre la République. La France affrontait ainsi toutes les grandes nations d'Europe. Aucun des révolutionnaires qui, comme Robespierre, avaient autrefois dénoncé les périls que ce vertige de la guerre ferait courir à la France révolutionnaire, n'osait plus résister à l'entraînement des esprits. Pouvait-on encore être hostile à la guerre sans être hostile à la Révolution ?

La victoire qu'à Jemmapes les armées françaises avaient remportée sur les Autrichiens le 6 novembre 1792, l'occupation progressive de la Belgique avaient éclairé l'hiver. Mais, avec le printemps 1793, était venu le temps de la lucidité... et des défaites. Les armées françaises étaient gravement affaiblies. Mal nourries, mal vêtues, victimes de la spéculation des fournisseurs, amputées par les désertions massives, profondément divisées entre les *blancs* et les *bleus*, — c'est-à-dire entre les régiments traditionnels et les bataillons de volontaires qui élisaient leurs officiers —, livrées aux intrigues des généraux, notamment du plus brillant d'entre eux, Dumouriez, ces armées sans unité, sans chef véritable, sans stratégie globale, ne pouvaient plus guère compter que sur l'enthousiasme... et sur la chance. Au lendemain de Jemmapes, Dumouriez, seulement pressé d'envahir la Hollande pour servir ses desseins personnels*, avait laissé les Autrichiens se retrancher sur la Moselle, les Prussiens revenir sur la rive droite du Rhin. En mars 1793, le recul des armées françaises était général, toute la Belgique était évacuée à la fin du mois, et la rive gauche du Rhin l'était au début d'avril. La Révolution peut « mobiliser la Nation », envoyer Danton aux armées, décider en février la levée de 300 000 hommes, donner des ordres à Dumouriez pour défendre coûte que coûte la Belgique... Dumouriez n'écoute rien. Il se laisse écraser le 18 mars par les Autrichiens à Neerwinden puis il négocie avec l'ennemi. Les commissaires de la Convention viennent le destituer ? Il les livre aux Autrichiens. Il tente au début d'avril d'entraîner son armée sur Paris, il n'y parvient pas, il finit par se réfugier chez les Autrichiens, entraînant avec lui quelques généraux et le fils de Philippe Egalité. Quelques jours

---

* Il comptait, semble-t-il, fonder un Etat indépendant constitué de la Belgique et de la Hollande, puis marcher sur Paris et rétablir la monarchie au profit du duc de Chartres, fils de Philippe Egalité, lieutenant général dans son armée.

encore et le roi de Prusse passera le Rhin. C'en est fini des conquêtes de l'automne 1792. Il n'en reste que Mayence assiégée.

Pendant ce tragique mois de mars, les troubles se multiplient dans l'ouest de la France, la Vendée se soulève dans les trois départements des Deux-Sèvres, du Maine-et-Loire, de la Loire-Inférieure. La levée de 300 000 hommes décrétée par la Convention en est l'occasion. Mais l'attachement des paysans au culte catholique, la force de résistance d'un clergé pauvre, fervent, très proche des paysans [2], aussi la misère, la haine des villes et des administrations aident à expliquer un soulèvement dont on ne doit cependant négliger la part irrationnelle [3]. Les rassemblements armés se forment, encadrés par des gardes-chasse, des fermiers, des régisseurs. Peu à peu les rejoindront des prêtres réfractaires qui sortiront de leur cachette, et des nobles, comme Charette, comme La Rochejaquelein, capables de conduire de véritables opérations militaires. La guerre de Vendée prendra vite un caractère inexpiable et sauvage. On massacrera, sans pitié, les curés constitutionnels, les gardes nationaux, les « municipaux », les bourgeois : plus de 500 victimes seront dénombrées en un mois. Les troupes républicaines du général Macé seront écrasées le 19 mars à Pont-Charrault. La « grande armée catholique et royale » se lèvera, portée par l'amour de Dieu, l'attachement aux traditions, animée par la misère, aidée, bien sûr, de l'extérieur. Le voiturier Cathelineau en deviendra le chef, symbolisant la révolte paysanne. Les bandes armées qui connaissent bien le bocage — si propice à la guérilla — se déploieront en avril, en mai, elles tiendront en échec toutes les offensives révolutionnaires. Le 5 mai, les républicains, vaincus, capituleront dans Thouars. Alors il semblera que la Vendée soit perdue...

Mais la Révolution doit aussi faire face à l'agitation qui se propage dans les villes. Les causes en sont multiples : l'effondrement de l'assignat, qui se négocie à moins de 40 pour cent de sa valeur nominale, la raréfaction des denrées alimentaires — les paysans retardent leurs ventes dans l'attente de la hausse —, la désorganisation de la main-d'œuvre, amputée par les départs aux armées, payée à des prix de plus en plus inégaux selon les lieux... Et le malheur encourage à ces manifestations populaires dont les villes ont pris l'habitude. A Paris, les sans-culottes multiplient leurs actions, entretenant un climat d'émeutes permanentes. Les « journées » se succèdent, où le peuple tient la rue. Il réclame pêle-mêle la réquisition, la taxation, le cours obligatoire de l'assignat, les prélèvements sur les riches, la confiscation des biens des suspects. Ici et là, à Lyon, à Marseille, à Paris, surgissent des meneurs qui se disent les porte-parole des pauvres : tel à Paris l'abbé Jacques Roux *, ancien professeur de séminaire et vicaire à Saint-Nicolas-des-

---

* C'est lui qui fut chargé d'accompagner Louis XVI à l'échafaud. Il semble qu'il en ait tiré du crédit. Il sera porté à un extrémisme sans cesse plus intransigeant, dirigé contre les riches et « l'aristocratie marchande plus terrible que l'aristocratie nobiliaire et

Champs, qui est devenu membre de la Commune. Quand, le 25 février, la rareté du pain, le prix du savon provoquent à Paris une émeute, que les boutiques des épiciers sont pillées par des femmes, Jacques Roux prend la défense des émeutières : « Les épiciers n'ont fait que restituer au peuple ce qu'ils lui faisaient payer depuis longtemps. » Il s'agit de faire rendre gorge aux riches, aux accapateurs, aux aristocrates. « Il faut très impérieusement faire vivre le pauvre, écrit à Barère Jeanbon Saint-André, si vous voulez qu'il vous aide à achever la Révolution. » Sans doute ne peut-on voir, dans ces revendications et ces violences l'ébauche d'un mouvement prolétaire, ni chez ceux qui les soutiennent un projet de révolution sociale. Car ces émeutes de subsistance, que commande le plus souvent la faim, ne sont guère différentes de celles qui les ont précédées, et l'Ancien Régime les a bien connues. On ne trouve alors que quelques agitateurs vite qualifiés de « démagogues » pour soutenir, comme le fait Rabaut Saint-Etienne [5], que « l'égalité politique est affaiblie par l'inégalité des fortunes », qu'il faudrait « faire le partage le plus égal des fortunes » par la bonne volonté de tous, s'il se peut, et sinon « par la force et par les lois » *. Ces voix rares sont sans écho et l'infatigable Barère, qui défend impitoyablement la propriété et la Révolution confondues, prend la précaution de faire décréter, le 18 mars, par la Convention unanime, la peine de mort contre « quiconque proposera une loi agraire, ou toute autre, subversive des propriétés territoriales, commerciales et industrielles » **. Un moment, en avril 1793, dans le débat sur la Constitution, Robespierre osera suggérer, pour mieux combattre le projet girondin de Déclaration des droits, une théorie du droit de propriété moins absolutiste que celle de ses adversaires. « Le droit de propriété, dira-t-il, est borné comme tous les autres par l'obligation de respecter les droits d'autrui, il ne peut préjudicier ni à la sûreté, ni à la liberté, ni à l'existence, ni à la propriété de nos semblables. Tout trafic qui viole ce principe est essentiellement illicite et immoral. » Mais quand, quelques mois plus tard, les Montagnards viendront au pouvoir, ils se garderont bien de reprendre un projet si équivoque, seulement ébauché, dans l'occasion, pour rassembler le

---

sacerdotale » [4]. Robespierre le fera arrêter le 5 septembre 1793 et il se suicidera à l'audience du Tribunal révolutionnaire.

* *Chronique de Paris*, des 19 et 21 janvier 1793. Roederer répond à Rabaut Saint-Etienne dans *Le Journal de Paris* du 23 janvier : « Dans ce peu de mots, mon cher ex-collègue, je vois la liberté et la propriété violées. »

** « Oui, je crois que vous avez trouvé un grand moyen de tranquillité publique, qui fera cesser à l'instant les alarmes des citoyens, qui augmentera la richesse nationale et doublera vos ressources contre vos ennemis ; car vous n'existerez, la République ne sera basée que sur les biens nationaux ; or comment les vendrez-vous si vous ne rassurez les propriétaires ? Comment associerez-vous les riches au sort de votre République si vous ne les engagez à porter leurs capitaux sur cette terre nationale ? Je propose donc la peine de mort contre quiconque proposera la loi agraire » [6].

peuple contre les Girondins. Les Girondins peuvent rêver, derrière Condorcet, d'une démocratie parfaite, les Montagnards peuvent s'appuyer sur la foule parisienne, on peut déclamer contre les banquiers, les agioteurs, les accapareurs, les riches, la révolution sociale n'est pas à l'ordre du jour. Surtout, la propriété n'est pas mise en cause. C'est qu'elle reste pour tous, ou presque, inséparable de sa sœur jumelle la liberté.

Terrible printemps de 1793 ! Les armées de la République sont en retraite, l'insurrection vendéenne est victorieuse, l'agitation populaire installe le désordre dans les villes, partout la Révolution est menacée. « La chose publique est prête à périr, écrit Jeanbon Saint-André à Barère le 26 mars 1793... L'expérience prouve maintenant que la Révolution n'est point faite, et il faut bien dire ouvertement à la Convention nationale : vous êtes une Assemblée révolutionnaire... Nous sommes liés de la manière la plus intime au sort de la Révolution... et nous devons conduire au port le vaisseau de l'Etat ou périr avec lui... »[7]. Oui, la Révolution doit se défendre, elle doit vaincre ou périr. Et beaucoup des députés du centre — dont Sieyès est l'exemple — qui détestent cependant Robespierre et Marat, sont prêts à se détacher des Girondins pour défendre la Révolution car ils la croient menacée. Le grand discours que Barère, le plus influent des députés du Marais, prononce à la Convention le 18 mars est un véritale manifeste de l'évolution de la Plaine : « On ne gouverne pas, proclame Barère, en des temps d'exception selon des méthodes normales ; la bourgeoisie ne peut s'isoler du peuple : elle doit demeurer l'élément dirigeant de la Révolution »[8]. Pour ce faire, la bourgeoisie doit prendre l'initiative des mesures révolutionnaires. Elle doit accepter — pour sauver la Révolution, sa Révolution — les moyens révolutionnaires du salut public !

Et une bonne partie de la Plaine rejoint les Montagnards pour voter les mesures qui vont châtier les suspects, et apaiser les sans-culottes. « Soyons terribles, proclame Danton légitimant la répression, pour éviter au peuple de l'être. » Le 10 mars, la Convention crée le Tribunal révolutionnaire * qui jugera désormais les suspects. Fouquier-Tinville sera l'accusateur public. Le 21 mars, sont institués les « Comités révolutionnaires de surveillance » qui devront, dans chaque commune, traquer les étrangers, les suspects, et devenir les pourvoyeurs du Tribunal révolutionnaire. Le 28 mars, les mesures contre les émigrés sont codifiées, aggravées : les émigrés sont désormais bannis, ils seront passibles de mort s'ils reviennent, et tous leurs biens sont confisqués. Ces décrets terribles, Sieyès, Barère, la plupart des députés du centre les votent, avec Danton et Robespierre.

---

* Il s'appelle alors le « Tribunal criminel extraordinaire », et ne prendra qu'en octobre 1793 le nom de « Tribunal révolutionnaire ».

Sans doute Danton fit-il un effort, un temps, par l'éloquence et par l'intrigue, pour empêcher l'épreuve de force entre Montagnards et Girondins. Mais la lutte entre les deux camps, qui se nourrit de chaque circonstance, est désormais inexpiable. Les échecs de Dumouriez — qui passe pour proche des Girondins —, puis la nouvelle de sa trahison provoquent l'assaut des Montagnards. Dès le 1er avril Danton, que ses liens avec Dumouriez ont pu rendre suspect, prend résolument le parti de la Montagne, il attaque sans ménagement les Girondins : « Il n'est plus, dit-il, de trêve entre la Montagne, entre les patriotes qui ont voulu la mort du tyran, et les lâches qui, en voulant le sauver, nous ont calomniés dans toute la France. » Le 3 avril, dans le grand débat au terme duquel la Convention met hors la loi Dumouriez★ et fait arrêter Philippe Egalité, Robespierre exige la mise en accusation de tous les complices de Dumouriez et il cite nommément Brissot. Nombreux sont alors ceux, comme Sieyès, qui se sentent, ou qui se croient visés. Le 5 avril, Marat, triomphalement élu président des Jacobins, exige la destitution des députés qui avaient cherché, en janvier, à sauver le roi en votant l'appel au peuple. Les Girondins menacés contre-attaquent. En vérité, ils ont, peu à peu, perdu tous les bastions du pouvoir. Le Conseil exécutif échappe à leur influence, de même que les comités importants. Le ministère de la Guerre est peuplé de sans-culottes. Surtout la Commune est entre les mains de leurs ennemis, et ils ne peuvent plus compter que sur l'Assemblée. Le 13 avril, ils réussissent à arracher à la Convention, après un appel nominal qui dure neuf heures, la mise en accusation de Marat. Mais plus de la moitié des Conventionnels n'ont pas pris part au vote. Sieyès est sur la longue liste des députés « en mission, en congé ou absents ». La manœuvre tourne au désastre. Le 24 avril, Marat comparaîtra en triomphateur devant le Tribunal révolutionnaire : « Citoyens, ce n'est pas un coupable qui paraît devant vous, c'est l'apôtre et le martyr de la liberté. » Il sera acquitté, applaudi, et ramené à la Convention par la foule, rendu plus puissant, plus redoutable qu'avant. Mais dès le 15 avril, les sections de Paris, conduites par Pache, l'ennemi de Sieyès qui a succédé à Pétion à la mairie de Paris, sont venues demander à la Convention que 22 députés girondins soient destitués de leurs fonctions. Danton, pour tenter d'éviter l'affrontement final, ne peut plus rien que faire de beaux discours. La trahison de Dumouriez a exaspéré le peuple de Paris contre les Girondins. La Commune qu'animent Hébert et Chaumette, ennemis acharnés des Girondins, accentue, chaque jour, sa pression. En province, on dénonce la dictature qu'elle exerce sur Paris. A Paris, on

---

★ La « mise hors la loi » autorisait la mise à mort sans jugement.

prétend que des coups d'Etat se préparent pour abattre la Montagne★.

Le 10 mai, l'Assemblée déménage. Elle quitte le Manège et va s'installer dans l'ancien théâtre des Tuileries enfin prêt pour la recevoir. C'est dans ce cadre nouveau que les Girondins entament leurs grandes manœuvres : il s'agit de briser la Commune, de constituer dans les départements une force armée et, s'il le faut, de protéger l'Assemblée en la transportant à Bourges. Le 18 mai, Guadet, au nom des Girondins, monte à l'assaut. Il dénonce un complot fomenté contre l'Assemblée, vitupère les autorités de Paris, « autorités anarchiques, avides à la fois d'argent et de domination », et il propose de « casser » immédiatement la Commune. La Plaine hésite à prendre parti, et la Convention se borne à élire, sur la proposition de Barère, une commission de douze membres, tous girondins, afin de « prendre les mesures nécessaires pour la tranquillité publique ». Dès le 24 mai, la Commission des Douze ordonne plusieurs arrestations dont celle d'Hébert, substitut du procureur de la Commune et populaire rédacteur du journal d'extrême gauche Le Père Duchesne, sous le motif qu'un numéro du journal serait jugé suspect. Mais le 27 mai, après un débat d'une folle violence, l'Assemblée ordonne la mise en liberté des détenus. Puis, le lendemain, les Girondins arrachent à la Convention un décret rapportant ses décisions de la veille. Ainsi l'Assemblée flotte maintenant au gré des ressentiments et des peurs.

Seule la force peut conclure cette guerre sans merci qu'enveniment les mauvaises nouvelles venues des armées et surtout de Vendée. Robespierre, qui a mesuré ses moyens, veut en finir. Dès le 26 mai, dans un grand discours aux Jacobins, succédant à Marat il a appelé le peuple à l'insurrection :

> « Quand le peuple est opprimé, quand il ne lui reste plus que lui-même, celui-là serait un lâche qui ne lui dirait pas de se lever. C'est quand toutes les lois sont violées, c'est quand le despotisme est à son comble, c'est quand on foule aux pieds la bonne foi et la grandeur que le peuple doit s'insurger. Ce moment est arrivé. »

Comme la plupart des journées révolutionnaires, les journées qui suivront seront l'œuvre de meneurs obscurs. Elles seront récupérées plutôt qu'organisées par la Commune et par les Montagnards[9]. Dans la nuit du 29 mai, un Comité « révolutionnaire » de neuf membres — employés, artisans, boutiquiers — se constitue à l'évêché pour préparer l'épreuve de force. La Commune laisse faire, le Comité de Salut public reste immobile. Dans la nuit du 30 au 31, les barrières sont fermées, le tocsin sonne. Au matin, le Comité révolutionnaire entraîne la majorité

★ Effectivement, à Lyon, le 29 mai, les modérés s'empareront du pouvoir communal détenu par les Jacobins, au prix d'une émeute sanglante.

des sections, et il se donne une apparence de légalité en s'adjoignant une délégation de onze membres représentant le département et les sections. La Commune nomme Hanriot commandant général de la force armée de Paris. En quelques heures l'insurrection est maîtresse de la capitale, la Convention est encerclée, menacée, on lui présente la liste des mesures exigées par le peuple de Paris : un décret d'accusation contre les vingt-deux députés girondins « appelants » *, la suppression de la Commission des Douze, la création d'une armée révolutionnaire de sans-culottes, le pain à trois sous la livre, l'arrestation de Lebrun et Clavière, le désarmement, l'arrestation et la condamnation de tous les suspects, le droit de vote réservé provisoirement aux sans-culottes, la création d'ateliers-asiles pour les vieillards et les infirmes, la mise en application de l'emprunt forcé d'un milliard sur les riches... « Je demande, s'indigne Vergniaud, que nous jurions de mourir tous à nos postes. » — « Le canon a tonné, réplique Danton... Si Paris, par une convocation trop solennelle n'a voulu qu'avertir tous les citoyens de vous demander une justice éclatante, Paris a encore bien mérité de la Patrie... » La Convention se résout à voter la suppression de la Commission des Douze, mais pour le reste elle tergiverse. Elle refuse d'ordonner l'arrestation des députés girondins et des ministres Clavière et Lebrun, décidant cependant que le Comité de Salut public rechercherait les coupables dénoncés par les pétitionnaires. Elle s'oppose à la création d'une armée de sans-culottes, mais elle concède que la force armée de Paris restera en état de réquisition permanente et que les sans-culottes recevront quarante sous par jour tant qu'ils seront sous les armes... Puis elle lève précipitamment la séance pour mieux fraterniser avec la foule. On illumine le Palais-Royal, la soirée semble se terminer dans l'allégresse... mais chacun pressent que ce jour en prépare d'autres. « Concluez donc », s'était écrié Vergniaud, interrompant Robespierre. Et Robespierre avait riposté : « Oui, je vais conclure, et contre vous. »

Le second acte se joua le dimanche 2 juin. Avant l'aube, le Comité révolutionnaire décida que le commandant Hanriot ferait environner la Convention dès le matin, « d'une force armée respectable, de manière que les chefs de la faction puissent être arrêtés dans le jour, dans le cas où la Convention refuserait de faire droit à la demande des citoyens de Paris ». Par précaution les journaux furent interdits, une quarantaine de suspects arrêtés, dont Mme Roland incarcérée à la place de son mari qui réussit à prendre la fuite. A onze heures, plusieurs milliers d'hommes avaient investi les Tuileries, les canons étaient braqués sur les portes de la Convention, une haie compacte de gardes nationaux tenait l'Assemblée prisonnière et la foule à distance.

* Les députés qui avaient voté l' « appel au peuple » lors du procès de Louis XVI (*supra*, p. 247).

Les élus qui sont en séance, dans cette assemblée captive, ne sont pas nombreux. Les principaux Girondins sont absents. Marquet, le président du Comité révolutionnaire, vient lire sa sommation : « Les contre-révolutionnaires lèvent la tête. Qu'ils tremblent ! La foule gronde et va les pulvériser... Le peuple est las. Sauvez-le, ou il va se sauver lui-même. » Quelques heures les députés présents tentent de gagner du temps, cherchant des compromis, comme le 31 mai. Plusieurs députés réussissent à s'enfuir. Boissy d'Anglas, qui tente de sortir, est repoussé dans la salle, les habits déchirés. Danton s'indigne : « Le peuple français vient d'être outragé dans la personne d'un de ses représentants, il lui faut une réparation éclatante. » Barère proteste que « ce n'est pas à des esclaves de faire des lois ». Hérault de Séchelles, qui vient de prendre la présidence, somme le Comité révolutionnaire de laisser sortir les députés, il se lève, se met en marche, et, derrière lui, les Conventionnels s'avancent en procession. Ils font le tour du palais, partout ils trouvent les issues gardées. Hanriot refuse de quitter la place. Les députés resteront prisonniers tant qu'ils n'auront pas livré les ennemis du peuple.

Alors l'Assemblée capitule. Marat harangue les députés abattus, épuisés, il les oblige à rentrer en séance : « Je vous somme au nom du peuple de retourner à votre poste que vous avez lâchement déserté » [10]. Couthon, l'exécutant de Robespierre, soutient, avec des accents pathétiques, la motion des Montagnards qui met en accusation les principaux Girondins : « Vous avez marché sur le peuple, partout vous l'avez trouvé bon, généreux, incapable d'attenter à la sûreté de ses mandataires, mais indigné contre les conspirateurs qui veulent l'asservir. » On hésite encore plus d'une heure à désigner les victimes. On finit par y adjoindre dix membres de la Commission des Douze. Et l'Assemblée — ou les 120 députés qu'il en reste — vaincue, humiliée, vote, dans le plus grand désordre, par acclamation, le décret qui met en accusation 29 députés girondins *, dont Vergniaud, Guadet, Brissot, Pétion, Barbaroux, Buzot, Rabaut Saint-Etienne, Lanjuinais, Louvet et, en outre, les deux ministres Lebrun et Clavière **. Par un reste de clémence, les « accusés » sont placés en état d'arrestation à leur domicile « sous la sauvegarde du peuple français et de la Convention nationale, ainsi que de la loyauté des citoyens de Paris ».

C'était la fin du règne des Girondins. « Avec la Gironde disparaissait de la scène le romantisme révolutionnaire » [11], avec les Girondins c'en était fini du lyrisme, des déferlements de l'éloquence. Venait le temps de

---

* Des 29 députés décrétés d'accusation, 12, dont Brissot et Buzot, étaient déjà en fuite. Les 17 autres resteront aux arrêts à leur domicile ; 8, dont Guadet, Barbaroux, Lanjuinais, s'évaderont.

** Une protestation, dite des 75 députés, signée le 6 juin, protestera contre les conditions dans lesquelles « on est parvenu à arracher le décret à la Convention ou plutôt à la sixième partie des membres qui la composaient ». Elle ne sera pas signée par Sieyès.

la dictature et de la mort. « Vous voulez savoir, s'était écrié le 31 mai Robespierre, ce qui a fait sonner le tocsin ? Je vais vous le dire : ce sont les trahisons de nos généraux. » Trahisons, complots, seront les fondements du gouvernement de Robespierre, la Terreur sa réplique à un complot toujours renouvelé... La réalité est que Robespierre s'est saisi des circonstances et qu'il s'est emparé du pouvoir. Le 2 juin, observe Lavisse, est un véritable coup d'Etat, ce qui le sépare des grandes journées révolutionnaires des années précédentes. Il n'a d'autre effet que de substituer violemment un personnel gouvernemental à un autre [12]. Ce jour où les Girondins furent éliminés est le « prototype » de tous les coups d'Etat ultérieurs, jusqu'au 18 Brumaire. La force armée s'est tournée contre l'Assemblée, et la représentation nationale s'est soumise... En cela le 2 juin n'est pas seulement une défaite de la Gironde, il est surtout une défaite de la Révolution elle-même *.

Sieyès s'est tu tout au long de ces journées décisives. Et comme il n'y eut pas d'appel nominal, nul ne sait ce qu'il voulut. Barère stigmatisera plus tard son inaction, sinon sa lâcheté. Plusieurs des proches de Sieyès avaient été dénoncés, accusés, et l'abbé ne pouvait se faire aucune illusion sur leur sort. Le 8 juillet, la Convention décrétera d'accusation son ami Condorcet qui devra prendre la fuite... Sieyès se taira encore. « A la vérité, se demande Bastid, qu'aurait pu faire Sieyès [14] ? Toute l'Assemblée ne semblait-elle pas résignée, soumise ? Il n'a pas voulu affronter des forces qui lui semblaient invincibles ». Mais ce 2 juin 1793, la représentation nationale, seule légitimité que Sieyès eût jamais admise, a été bafouée, le Parlement a été prisonnier et asservi. « L'insurrection morale » comme a dit Robespierre, a balayé le droit...

C'est l'effondrement des principes de Sieyès, la fin de la Révolution qu'il a voulue. Et Robespierre tient maintenant le pouvoir. Que reste-t-il à Sieyès, sinon à se cacher ?

---

* Soboul — reprenant la thèse de Lefebvre — croit voir dans les journées du 31 mai et du 2 juin l'accession au pouvoir des sans-culottes, et « l'élimination de la haute bourgeoisie » [13]. S'opposant à Jaurès qui a nié le « caractère de classe » de ces journées, Soboul, comme Lefebvre, y aperçoit une révolution prolétarienne.

IX

LES FÊTES DE SIEYÈS

Pourtant Sieyès s'est encore donné une tâche à remplir. Il a quitté le Comité de Salut public parce qu'il voulait, disait-il, se consacrer au Comité d'Instruction publique. Semi-retraite : le Comité était composé d'hommes modérés, cultivés, qui ne pouvaient guère exercer d'influence sur l'Assemblée, mais qui avaient l'avantage — dans ces jours difficiles — de travailler en se tenant à l'écart. Une bibliothèque avait été établie pour servir les travaux du Comité*, et Sieyès pouvait s'y enfermer à loisir. Jusqu'à la chute des Girondins, Condorcet avait dominé le Comité, et celui-ci avait consacré son temps à l'examen des projets de Condorcet, notamment sur l'organisation des écoles primaires[2]. A partir du mois de juin, la tendance politique du Comité bascule vers la Montagne[3]. Le centriste Sieyès en a été élu président le 23 mai.

Ce n'est pas la première fois que Sieyès se consacre à l'instruction publique. L'éducation du peuple a toujours été son souci, ses notes personnelles comportent de nombreux plans d'éducation, et c'est de l'éducation autant que de la propriété qu'il attend le progrès civique d'une nation. Déjà, sous la Constituante, Talleyrand avait préparé un volumineux rapport sur l'instruction publique, auquel il avait travaillé avec Sieyès. Talleyrand avait alors conçu un projet prudent qui convenait à la perspective d'une société bourgeoise conduite par une élite intellectuelle : il affirmait la gratuité de l'enseignement primaire, mais ne disait rien des autres degrés de l'enseignement. Le projet de Talleyrand n'avait pas même été discuté sous la Constituante. Puis la Législative l'avait formellement écarté le 25 novembre 1791, ne le jugeant pas assez démocratique. Celui qu'avait imaginé Condorcet pour la Convention était beaucoup plus ambitieux : Condorcet y proposait un plan à cinq degrés d'instruction. Il réclamait la gratuité de l'enseignement à tous les

---

* Thibaudeau dira un peu plus tard y avoir passé tout le temps que lui laissaient les séances à la Convention[1].

degrés. Il suggérait en outre que les « élèves de la patrie » distingués pour leurs mérites, reçoivent des pensions temporaires. Le projet de Condorcet avait été examiné par le Comité, avant que Sieyès n'en fût élu président. Il avait été jugé trop compliqué, trop coûteux, dangereux par surcroît car Condorcet avait couronné son édifice éducatif par l'institution d'une « Société nationale des sciences et des arts » dont on pouvait redouter l'excès d'influence. Maintenant, la tourmente qui avait emporté les Girondins avait définitivement débarrassé le Comité du projet de Condorcet. Sieyès, nouveau président, pouvait s'appuyer utilement sur Daunou*, ex-oratorien, prêtre jureur que l'abbé n'aimait guère, et Lakanal, ancien frère de la Doctrine chrétienne. Ainsi ces trois clercs imaginèrent ensemble un nouveau projet d'enseignement dont Sieyès paraît avoir été le principal inspirateur [4].

Le projet élaboré avec Daunou et Lakanal est beaucoup plus modeste que celui de Condorcet. Les trois sages ont décidé d'abandonner les degrés supérieurs de l'enseignement pour limiter leur réflexion au premier degré de l'enseignement, c'est-à-dire aux « écoles primaires » qui prendront le nom d' « Ecoles nationales ». Il y aura une école par millier d'habitants, école gratuite, divisée en deux sections, les garçons confiés à un instituteur, les filles à une institutrice. Sieyès ne prétend pas enfermer les connaissances, ni les méthodes, dans un moule. La véritable instruction devra s'occuper de l'homme tout entier, développer ses facultés intellectuelles par l'enseignement des lettres et des sciences, mais aussi ses talents industriels et manuels, ses aptitudes physiques, son éducation morale. Instituteurs et institutrices seront « examinés » puis élus par des bureaux d'inspection désignés par les administrations de district. Une « Commission ministérielle et centrale » tranchera les conflits éventuels entre bureaux d'inspection et administration de district. Elle fixera les devoirs des instituteurs, et elle les surveillera.

Le projet de Sieyès spécifiait qu'il ne portait aucune atteinte aux droits des citoyens d'ouvrir des écoles libres et de les diriger comme bon leur semblerait. L'enseignement primaire ne devrait constituer le monopole de personne. Quant aux autres degrés de l'enseignement — dont le projet de Condorcet affirmait la gratuité —, le projet de Sieyès n'en soufflait mot. Voulait-il, comme on l'en accusera, les abandonner aux congrégations religieuses ? Le texte suggère une autre explication : la Convention ne pouvait, dans les difficultés qu'elle traversait, que s'attacher à un projet limité, et qui ne soit pas exagérément coûteux. Pour le reste, on verrait plus tard.

Ce que Sieyès prétend, en revanche, organiser aussitôt, ce sont les « fêtes » qui devront « s'emparer des idées et des mœurs publiques pour

---

* Daunou sera l'un des principaux rédacteurs de la Constitution de l'an III (*infra*, p. 359).

les mettre en accord avec une Constitution républicaine »[5]. Sieyès prévoit 40 fêtes par an, 15 de canton, 10 de district, 10 de département, et 5 fêtes nationales*. Les fêtes obligeront à une éducation des deux sexes. Les hommes s'exerceront à la gymnastique, aux évolutions militaires, à la musique, à la danse ; les femmes seulement à la musique et à la danse. Chaque fête donnera lieu à des distributions de palmes et de prix. Dans le canton, notamment, sera constitué pour les décerner un « Tribunal de vieillards ». Car le projet est de multiplier les occasions de réjouissance et de réflexion, et aussi de développer l'éducation civique, de rendre les hommes plus sociables, plus fraternels. Objectera-t-on à l'abbé qu'il y a trop de fêtes ? « Ne craignons jamais que les jours de repos soient trop nombreux », assure Sieyès, et il propose prudemment de conserver en outre les fêtes religieuses. L'éducation aux fêtes doit élever l'homme au-dessus des besognes serviles, étendre sa dignité. Elle provoquera l'émulation, la concurrence, le progrès dans les arts et dans les connaissances...

Le Comité d'Instruction publique avait accepté l'essentiel du projet dont son président était l'inspirateur. Il avait cependant réduit le nombre des fêtes : il suggérait de supprimer dans les cantons la fête des « animaux compagnons de l'homme », celle du « perfectionnement du langage », celle de « l'invention de l'écriture », celle de « la navigation et de la pêche », d'éliminer dans les districts la fête du « culte des ancêtres », et, dans les départements, la fête de « l'imprimerie » et celle « de la paix et de la guerre ». Sieyès consentit ces sacrifices à regret, mais il réussit à force d'insistance à sauver la fête des « animaux compagnons de l'homme », fondée, disait-il, sur « un principe sensible et moral... que des législateurs ne peuvent pas dédaigner. » Que serait, assurait Sieyès, la société française sans le chien, sans le cheval et sans le bœuf ?[6].

* Les *Fêtes de canton* célébreront : l'ouverture des travaux de la campagne ; leur clôture ; les animaux compagnons de l'homme ; la jeunesse ; le mariage ; la maternité ; les vieillards ; le perfectionnement du langage ; l'invention de l'écriture ; l'origine du commerce et des arts ; la navigation et la pêche ; les droits de l'homme ; la première union politique avec l'institution des assemblées et la souveraineté du peuple ; les élections populaires pour le gouvernement de la République. Enfin, il y aura une fête particulière à chaque canton.
Les *Fêtes de district* magnifieront : le retour de la verdure ; le retour des fruits ; les moissons ; les vendanges ou toute autre récolte locale ; le culte des ancêtres ; l'égalité ; la liberté ; la justice ; la bienfaisance. Une fête sera, de plus, propre à chaque district.
Les *Fêtes de département* célébreront : le printemps ; l'été ; l'automne ; l'hiver (au moment des équinoxes et des solstices) ; la poésie, avec les lettres, sciences et arts ; l'imprimerie ; la paix et la guerre (puisqu'on ne fait celle-ci que pour avoir celle-là) ; le 17 juin (destruction des Ordres et reconnaissance de l'unité du peuple) ; le 4 août (abolition des privilèges particuliers). Chaque département aura aussi sa fête spéciale.
Les *Fêtes nationales* magnifieront la nature visible au 1er mai ; la fraternité du genre humain au Jour de l'An ; la Révolution française au 14 Juillet ; l'abolition de la royauté et l'établissement de la République au 10 août ; la fête du peuple français un et indivisible, au jour où il sera proclamé que la Constitution est acceptée.

La Convention se saisit du projet le 25 juin. Il fut lu par Lakanal. Dans cette Assemblée « aux mœurs abjectes et au langage corrompu » que décrira Sieyès, la lecture fut interrompue par des cris et des invectives. On entendit des aboiements, des miaulements, des beuglements. « Qu'est-ce que la fête des animaux ? » interrompit un député. « C'est la vôtre », répondit sèchement Lakanal. La discussion commença le 1er juillet. Mais, dès le 30 juin, le chimiste Hassenfratz, dont Sieyès s'était attiré la haine *, avait dénoncé aux Jacobins le travail de Sieyès. « Lakanal n'est pas l'auteur, dit-il... Le père de ce projet est le prêtre Sieyès dont vous connaissez la perfidie. J'ai observé ce Tartuffe comme Aspasie observait la vipère pour se préserver de son venin. » Puis Hassenfratz avait dressé un violent réquisitoire contre le projet. La « Commission centrale » prévue par Sieyès, chargée d'établir une méthode uniforme d'enseignement, n'était qu'une corporation dirigée contre la République. Les fêtes avaient une place excessive, ridicule. « Que veut-on faire des Français ? Des pantins, des chanteurs et des danseurs. » Plusieurs fêtes, comme celle des animaux, étaient évidemment d'inspiration païenne. Le projet traduisait l'influence des congrégations...

Les Jacobins ayant fait un succès à Hassenfratz, le Comité fut contraint de retoucher son projet. Il consentit à abandonner une dizaine de fêtes, dont celle des animaux compagnons de l'homme. Et le projet de Sieyès revint en discussion le 15 juillet... mais ce jour-là il ne se trouva personne pour le défendre. Sieyès fut accusé de « paganiser » la nation française, de ne pas souffler mot — pour des raisons suspectes — du second degré d'enseignement. Son projet était trop rudimentaire, comme celui de Condorcet avait été trop compliqué. Il traduisait une mentalité contre-révolutionnaire et fédéraliste. Il était aussi dangereux qu'inapplicable. Sieyès ne se fit pas d'illusion, ce n'était pas à son projet qu'on s'en prenait, c'était à lui[7]. Robespierre intervint personnellement pour achever l'exécution. Il obtint de l'Assemblée que six commissaires soient nommés, et chargés de présenter, sous huit jours, un nouveau décret sur l'éducation et l'instruction publiques. Ainsi avait été vaincu Sieyès, enterré le grand projet d'enseignement primaire dont avait rêvé l'abbé.

Sieyès connaîtra plus tard une vaine revanche. Le culte révolutionnaire que construira l'Incorruptible empruntera beaucoup aux fêtes de Sieyès. Robespierre en reprendra le nombre : quarante fêtes. Les quatre fêtes de commémoration nationale qu'édictera la Convention le 7 mai

---

* *Supra*, pp. 252 et ss. Hassenfratz est l'un de ceux qui, le 31 mai, avaient réclamé l'arrestation des Girondins « appelants ». Rescapé de la tourmente révolutionnaire, il se consacrera plus tard à l'enseignement de la physique et de la chimie à l'Ecole polytechnique.

1794 (18 floréal an II) seront, pour les deux premières — le 14 juillet et le 10 août — celles qu'avait proposées Sieyès. En revanche, les fêtes du 17 juin et du 4 août, suggérées par Sieyès, seront remplacées par celles des 21 janvier et 31 mai « plus actuelles »[8]. La fête de « l'Etre suprême » rappellera beaucoup celle de « la nature visible » que Sieyès avait voulu fixer au 1er mai. La fête de « la fraternité et du bonheur » se substituera à la fête de « la fraternité du genre humain ». La fête en l'honneur « des âges de la vie » remplacera les fêtes de la jeunesse, du mariage, de la maternité, des vieillards. Ainsi la nouvelle religion révolutionnaire ira-t-elle puiser dans les inventions de Sieyès...

Mais, en ce mois de juillet 1793, Robespierre n'entend pas faire au « Tartuffe » qu'a dénoncé Hassenfratz la moindre concession. Des travaux de Sieyès il ne reste apparemment rien. Sieyès n'est pas seulement défait. Il est humilié. Quelques jours encore et il sera exclu du Comité d'Instruction publique[9].

> « Ce n'est là, déplorera la *Notice*, qu'une légère partie des iniquités semées sur sa route. L'injure personnelle n'était pas ce qui le touchait. Elle ne pouvait ni ne devait l'émouvoir. Mais sous le rapport d'intérêt public il lui était permis sans doute de s'affliger de son impuissance contre la durée éternelle d'un système, ennemi furieux de tout projet, de toute vue d'organisation. »

Surtout Sieyès a vérifié l'inquiétante évidence : Robespierre entend que Sieyès disparaisse de la scène.

X

LA TERREUR À L'ORDRE DU JOUR

L'arrestation des Girondins avait laissé les nouveaux maîtres du pouvoir aux prises avec des réalités qui devenaient, chaque jour, plus tragiques. La levée en masse de 300 000 hommes, décidée en février *, n'était pas un remède : le principal problème restait dans le désordre des commandements, où chacun faisait désormais ce qu'il voulait. Le ministre de la Guerre, Bouchotte, était incapable d'autorité. Sur tous les fronts les armées françaises reculaient. Au Nord, les Autrichiens et les Hollandais poussaient l'offensive : Condé-sur-Escaut était pris le 10 juillet, Valenciennes le 28 juillet. Dunkerque était assiégé. Sur les autres fronts, la situation n'était pas meilleure. Les Prussiens faisaient le siège de Landau, les Autrichiens occupaient la Basse-Alsace, les troupes du roi de Sardaigne envahissaient la Savoie. Cluses était pris le 20 août. Fin août, les troupes anglaises entreront dans Toulon... Les Espagnols aussi passent la frontière. La République n'est plus maintenant qu'un vaste camp retranché [1].

La situation n'est pas meilleure à l'intérieur. En Vendée, les armées royalistes tiennent en échec les bataillons républicains, constitués d'éléments disparates de volontaires, de soldats prélevés dans les armées du Nord et du Rhin. Le 9 juin, la grande « armée catholique et royale » a fait son entrée dans Saumur. Le 5 juillet, les Vendéens ont repris aux républicains Châtillon-sur-Sèvre **, capitale politique de l'insurrection. Ils écrasent l'armée républicaine. Ils marchent dans les jours qui suivent, de victoire en victoire. Vont-ils s'ouvrir la route de Paris ?

Le 1er août, sur le rapport de Barère, la Convention décidera de détruire la Vendée. « Les forêts seront abattues, les repaires des bandits seront détruits, les récoltes seront coupées pour être portées sur les

---

* Elle portait les effectifs — avec une levée spéciale de 30 000 soldats en juin pour la cavalerie — à 650 000 hommes, beaucoup plus que ce dont disposaient, aux frontières, les ennemis de la Révolution.

** Aujourd'hui *Mauléon*.

arrières de l'armée, et les bestiaux seront saisis. Les femmes, les enfants, les vieillards seront conduits dans l'intérieur. » Mais il n'y a pas que la Vendée, ainsi condamnée à mort, pour se lever contre la Révolution. Dès avant l'arrestation des Girondins a commencé ce que les Montagnards appellent l' « insurrection fédéraliste », qu'ils imputent aux Girondins et la journée du 2 juin a répandu le mouvement comme un incendie. Buzot, réfugié dans l'Eure, a réussi à lever 4 000 hommes en quelques jours. Le Calvados suivra l'Eure dans l'insurrection. En Bretagne aussi les soulèvements se propagent et menacent de se fédérer. Bordeaux chasse les représentants de la Convention et lève des troupes. Avignon, Nîmes, Toulon se soulèvent. A Lyon, la bourgeoisie s'empare du pouvoir et traque la minorité montagnarde : le Jacobin Chalier est arrêté, jugé, guillotiné le 17 juin *. A partir de juillet, ce soulèvement « fédéraliste » s'épuisera. Sans doute n'y avait-il guère de place pour un tel mouvement, entre la Révolution à laquelle la plupart de ces insurgés voulaient demeurer fidèles, et la contre-révolution qui triomphait en Vendée. Les fédéralistes n'avaient ni chefs ni projets. Et les Montagnards réprimeront sans peine les derniers sursauts de l'influence girondine **. Mais l'insurrection des provinces aura donné des raisons supplémentaires à l'installation du gouvernement de la Terreur.

En cet été 1793, Danton, le chantre de l'union révolutionnaire, semble fatigué par tant de luttes et de complots. Il est très amoureux de Louise Gely ; elle a juste seize ans, elle est pieuse, le 1er juin il l'a épousée devant un prêtre réfractaire. Est-il soucieux aussi de ménager l'avenir ? Le 10 juillet, il ne se fait pas réélire au Comité de Salut public ***. Il se retire du pouvoir. Le nouveau Comité, élu par la Convention, d'abord composé de 9 membres, puis de 12, comprend pour la plupart des Montagnards, dont Saint-Just, Couthon, Jeanbon Saint-André, Prieur de la Marne. Barère, symbole du ralliement de la Plaine, y est élu le premier. Robespierre y fera son entrée, comme à regret, le 27 juillet, remplaçant le centriste Gasparin. Le 14 août, seront élus Carnot et Prieur de la Côte-d'Or, puis le 6 septembre, Billaud-Varenne et Collot d'Herbois qui se diront des sans-culottes. Jour après jour le Comité deviendra ainsi un véritable « ministère Robespierre », comme le

---

* Chalier avait conquis l'hôtel de ville en février et avait organisé, en quelques jours, une dictature sanglante. Les Montagnards feront de lui — comme de Marat — un martyr de la Révolution.

** « On aurait tort, écrivent Furet et Richet, d'en conclure que la révolte a été une simple parenthèse dans l'histoire de la Révolution. A long terme, elle annonce le divorce de l'Ouest et du Midi d'avec le courant révolutionnaire qui se manifestera avec éclat sous le Directoire et en 1814... »[2].

*** « Le Comité de Salut public formé en avril, assure Soboul, s'était révélé incapable. Il n'avait su ni repousser l'invasion étrangère, ni prévenir l'insurrection fédéraliste, ni résoudre le problème de l'assignat et la crise de subsistance. A la remorque des événements plutôt que les dominant, il a laissé pourrir la situation »[3].

précédent avait été un « ministère Danton ». Saint-Just, qui n'a que vingt-quatre ans, brûlant de ferveur et de fidélité, l'avocat Couthon, à demi-paralysé, la « seconde âme de Robespierre » qu'habite la passion dévorante de la Révolution, seront — pour le meilleur et pour le pire — les exécutants tout dévoués de l'Incorruptible.

Le 13 juillet, Charlotte Corday poignarde Marat dans sa baignoire « pour sauver le monde et rétablir la paix » *. Cet assassinat prouve aux Montagnards, s'ils en avaient besoin, que la contre-révolution travaille à les anéantir. Et le culte de Marat, qui n'avait cessé d'appeler à la mort, incite à toutes les extrémités. Marat reçoit de la mort une pureté mythologique [4] : il ne faut plus que l'imiter et le venger. Le martyr de « l'ami du peuple » légitime la fureur des extrémistes. Hébert, qui anime le groupe des Cordeliers, et dont l'influence ne cesse de croître grâce au journal Le Père Duchesne, se proclame fièrement le successeur de Marat : « S'il faut une seconde victime à l'aristocratie, elle est toute prête, c'est moi. » Plusieurs Cordeliers sont maintenant très proches du pouvoir : Vincent, secrétaire général du ministère de la Guerre, peuple le ministère de sans-culottes ; Ronsin, parti se battre en Vendée, s'est proclamé général, et il prendra en septembre la tête de l'armée révolutionnaire chargée de reconquérir Lyon ; Pache, le nouveau maire de Paris, veille sur les insurrections. Les extrémistes entendent utiliser le mécontentement populaire... pourquoi ne songeraient-ils pas à remplacer un jour les Montagnards — trop modérés — comme ceux-ci avaient remplacé les Girondins ? Derrière l'ancien prêtre Jacques Roux, les « Enragés », portés par la haine des riches, encouragés à tous les excès par la misère, la cherté du pain, la raréfaction de la viande, des œufs, de l'huile, du savon, débordent les Hébertistes eux-mêmes. Enragés, Cordeliers, sans-culottes rivalisent de revendications et de proclamations où la misère et la haine se rejoignent. Il faut bien sûr taxer les marchandises, mais il faut aussi punir de mort les accapareurs, les agioteurs, les usuriers. Il faut exclure les nobles de tous les emplois. Il faut arrêter tous les suspects. Il faut détruire les villes rebelles. On voit partout des complots, partout des ennemis du peuple, partout la mort est requise, seule capable de donner au peuple le pain et la liberté. On appelle à la lutte contre les riches les prêtres, les nobles, les étrangers, les derniers Girondins...

Au début de septembre, l'insurrection éclate à Paris qui vient d'apprendre que Toulon a été livré aux Anglais. Des rassemblements d'ouvriers et d'employés se forment, dès le 4 septembre au matin, sur les boulevards. Les manifestants envahissent la place de Grève, on crie : « Du pain ! A mort ! ». Chaumette, le procureur de la Commune, prend la tête du mouvement sous prétexte de le canaliser : « C'est ici, proclame-t-il, la guerre ouverte des riches contre les pauvres ; ils veulent

---

* Charlotte Corday sera guillotinée quatre jours plus tard.

nous écraser : eh bien, il faut les prévenir, il faut les écraser nous-mêmes. » Le 5 septembre, les sections armées conduites par Pache et Chaumette entourent la Convention. La journée renouvelle celle du 2 juin. On exige la création d'une armée révolutionnaire, l'arrestation des suspects, l'épuration des comités, la taxation généralisée. « Législateurs, réclame Hébert, placez la Terreur à l'ordre du jour. » Et Barère, au terme d'une dramatique séance, réplique au nom du Comité de Salut public : « Plaçons la Terreur à l'ordre du jour. C'est ainsi que disparaîtront en un instant et les royalistes et les modérés, et la tourbe contre-révolutionnaire... Les royalistes veulent du sang, eh bien ! ils auront celui des conspirateurs, des Brissot, des Marie-Antoinette ! » L'Assemblée a-t-elle d'autre choix que de se soumettre ?

Mais Robespierre est résolu à garder la situation en main. Il sait, depuis le début de l'été, qu'il ne peut la tenir qu'au prix d'importantes concessions aux extrémistes qui tentent de le déborder. Dans les premiers jours d'août, il a cru sage d'offrir des victimes : l'Assemblée a décidé d'envoyer la reine Marie-Antoinette au Tribunal révolutionnaire, d'arrêter tous les étrangers non domiciliés en France avant le 14 juillet 1789, de confisquer les biens des Girondins hors-la-loi. Le 23 août, la Convention vote la « levée en masse » qu'appuie Robespierre : tous les Français, hommes, femmes, enfants, sont placés en état de réquisition permanente :

> « Les jeunes gens iront au combat ; les hommes mariés forgeront les armes et transporteront les subsistances ; les femmes feront des tentes, des habits, et serviront dans les hôpitaux ; les enfants mettront le vieux linge en charpie ; les vieillards se feront porter sur les places publiques pour exciter le courage des généraux, prêcher la haine des rois et l'unité de la République » *.

Ainsi la Convention satisfait-elle une vieille revendication des sans-culottes. Menacés par le nombre des soldats et par la ferveur patriotique, les tyrans allaient enfin trembler ! Oui, la Terreur est placée à l'ordre du jour, et les mesures se succèdent, si nombreuses que beaucoup ne seront pas ou seront mal appliquées. Le 9 septembre, « l'armée révolutionnaire » est décrétée, elle reçoit pour mission d'assurer le ravitaillement de la capitale et de châtier les traîtres. Le 11 septembre, l'Assemblée vote la loi instituant le « maximum » des grains et des fourrages et, le 17, elle adopte la terrible « loi des suspects », qui décide l'arrestation immédiate de tous les suspects, offrant à ce mot la définition la plus large, la plus vague :

---

* Texte de la proposition adoptée par le Comité de Salut public sur la proposition de Barère. Dans un premier temps la levée concernait tous les jeunes gens de 18 à 25 ans non mariés.

« Sont réputés gens suspects : 1° ceux qui, soit par leur conduite, soit par leurs relations, soit par leurs propos ou par leurs écrits, se sont montrés partisans de la tyrannie, du fédéralisme, et ennemis de la liberté ; 2° et 3° ceux qui n'auraient pas justifié de l'acquit de leurs devoirs civiques, ou obtenu leurs certificats de civisme ; 4° les fonctionnaires suspendus ou destitués ; 5° ceux des ci-devant nobles, ensemble les maris, femmes, pères, mères, fils ou filles, frères ou sœurs et agents d'émigrés, qui n'ont pas constamment manifesté leur attachement à la Révolution ; 6° tous les émigrés, à dater du 1er juillet 1789 ; et enfin, devant les tribunaux civils ou militaires, les prévenus de délits à l'égard desquels il serait déclaré n'y avoir pas lieu à accusation, ou qui seraient acquittés des accusations portées contre eux... Les comités de surveillance établis d'après le décret du 21 mars... sont chargés de dresser, chacun dans son arrondissement, la liste des gens suspects, de décerner contre eux les mandats d'arrêt et de faire apposer les scellés sur leurs papiers. »

Le 20 septembre, il est décidé que les comités révolutionnaires viseront les « certificats de civisme » prévus par la loi du 17 septembre. Le 29, le « maximum général » des prix et des salaires est institué : les denrées de première nécessité seront taxées au prix moyen de l'année 1790 augmenté d'un tiers, les salaires au taux de 1790 augmentés de moitié. Tous les contrevenants seront considérés comme des suspects. Quant au Tribunal criminel extraordinaire, créé dès le mois de mars pour connaître « de toute entreprise contre-révolutionnaire, de tous attentats contre la liberté, l'égalité, l'unité, l'individualité de la République », il bénéficie d'une augmentation d'effectifs, afin d'aller plus vite en besogne. Le nombre des juges chargés de l'instruction est porté de 10 à 16. Débordé, l'accusateur public Fouquier-Tinville se voit accorder cinq substituts. Le tribunal siégera sans désemparer. Il deviendra, en octobre, le « Tribunal révolutionnaire », chargé de terroriser tous les ennemis de la Révolution...

A des temps d'exception, il fallait un pouvoir d'exception. Hérault de Séchelles * a lu, le 10 juin, à la Convention, un nouveau projet de Constitution, Constitution « montagnarde » qu'il a rédigée, sinon bâclée, en six jours. Le projet reprenait largement celui de Condorcet, il le simplifiait, il limitait la faculté de référendum, il confiait la désignation de l'exécutif — composé de 24 membres — à l'Assemblée, alors que le projet de Condorcet la donnait au peuple. La nouvelle Déclaration des droits était plus audacieuse que celle de Condorcet. Elle proclamait le droit à la « résistance à l'oppression, conséquence des autres droits de

* Avocat au Barreau de Paris, riche, beau, spirituel, auteur de plusieurs écrits, Hérault de Séchelles, après avoir été Feuillant et Girondin, était devenu Montagnard, et avait reçu mission de préparer le projet de Constitution succédant à celui de Condorcet. Robespierre semble avoir toujours détesté cet homme léger, séduisant, aimé des femmes. Hérault de Séchelles sera guillotiné le 5 avril 1794, dans la fournée qui comprendra Danton et Camille Desmoulins.

l'homme » * Elle affirmait (art. 21) que « la société doit la subsistance aux citoyens malheureux, soit en leur procurant du travail, soit en assurant des moyens d'exister à ceux qui sont hors d'état de travailler » ** ; elle assurait (art. 1er) que « le but de la société est le bonheur commun... ». Mais on n'y retrouvait pas les limitations du droit de propriété que, quelques mois plus tôt, Robespierre avait soutenues contre les Girondins... Ainsi le projet pouvait-il rassurer l'opinion bourgeoise.

Mais pouvait-il y avoir un débat, dans une Assemblée amputée de son opposition, apeurée, soumise ? Sieyès se garde bien d'intervenir. Le projet montagnard lui déplaît parce qu'il consacre le suffrage universel ***, parce qu'il permet au peuple de tenir en échec les lois, par un veto exercé en assemblées primaires ****, mais il ne le heurte pas davantage que le projet girondin, moins peut-être, car il limite le recours au référendum. Pourquoi Sieyès parlerait-il ? Nul n'écoute plus ses théories constitutionnelles. Condorcet, épargné le 2 juin, se tait aussi dans le débat. Mais il publiera, dans les jours qui suivent, un véritable réquisitoire contre les maîtres du pouvoir : « Ils appellent le peuple les hommes corrompus ou égarés qu'ils rassemblent en groupes qu'ils entassent dans les tribunes... mais le peuple souverain... est pour eux un juge terrible qu'ils haïssent parce qu'ils le craignent » [5]. Par cet acte de courage désespéré, Condorcet signera son arrêt de mort...

Soumise au référendum — ou au plébiscite — des assemblées primaires, la Constitution montagnarde est adoptée en juillet par 1 800 000 voix contre 11 500. On compte, comme dans tous les grands suffrages de l'époque [6], une grande majorité d'abstentions : près de 4 500 000. Le 10 août, à la Bastille, dans une grande fête mise en scène par David, commémorative du 10 août 1792, la nouvelle Constitution est proclamée au son du *Chant du Départ,* tandis qu'en province *Te Deum* et bénédictions célèbrent la nouvelle Constitution. Sur l'emplacement de la Bastille une statue colossale de la Nature alimente de ses deux mamelles qu'elle presse de ses mains, deux sources d'eau pure, dont Hérault de Séchelles, alors président de la Convention, boit la coupe. Il la passe ensuite aux fédérés des départements, pour communier dans l'égalité et

---

* Art. 35 : « Quand le gouvernement viole les droits du peuple, l'insurrection est pour chaque portion du peuple le plus sacré des droits et le plus indispensable des devoirs... »
** La déclaration girondine se bornait à dire que « les secours publics sont une dette sacrée ».
*** Il proclamait notamment, dans la Déclaration des droits (art. 18) : « la loi ne connaît point de domesticité ; il ne peut exister qu'un engagement de soins et de reconnaissance entre l'homme qui travaille et celui qui l'exploite »...
**** Pour mettre une loi en échec, il suffisait, dans le projet girondin, de la majorité dans un ou deux départements. Dans la Constitution montagnarde, il fallait que le dixième au moins des assemblées primaires, dans plus de la moitié des départements, se prononce contre la loi.

la fraternité. Puis le président Hérault de Séchelles prononce un pompeux discours : « Jamais un vote plus unanime n'a organisé une République plus grande et plus populaire... Jurons de défendre la Constitution jusqu'à la mort. La République est éternelle... » Paris mange, boit, et danse jusqu'à l'aube[7].

Défendre la Constitution jusqu'à la mort ? Mais les rois coalisés marchent sur Paris, la guerre civile ravage la France, les extrémistes menacent le pouvoir. Peut-on, dans ces circonstances dramatiques, disperser la Convention, faire des élections, briser l'unité du gouvernement en pleine crise de défense nationale ? Dès le 11 août, Robespierre avait dressé, au Club des Jacobins, un tableau tragique de la situation de la République : « Non, les circonstances interdisent que la Convention se sépare ! » Le 28 août, l'intarissable Barère, parlant au nom du Comité de Salut public, a dit tout haut ce que chacun pense tout bas : « La simple exécution des lois constitutionnelles, faites pour le temps de paix, serait impuissante au milieu des conspirations qui nous environnent. » Les journées de Septembre ont encore éclairé l'évidence : il est décidément impossible d'appliquer la Constitution. Le 10 octobre, Saint-Just — inspiré par Robespierre — propose à la Convention ce qu'elle attendait, que la Constitution restât dans l'arche sainte :

> « Les lois sont révolutionnaires, ceux qui les exécutent ne le sont pas... Dans les circonstances où se trouve la République, la Constitution ne peut être établie... Elle deviendrait la garantie des attentats contre la liberté, parce qu'elle manquerait de la violence nécessaire pour les réprimer... Il est impossible que les lois révolutionnaires soient exécutées si le gouvernement lui-même n'est constitué révolutionnairement. »

Ce 10 octobre 1793, l'Assemblée décrète que « le gouvernement provisoire de la France est révolutionnaire jusqu'à la paix ». La Constitution de 1793 est ajournée, indéfiniment. La dictature du gouvernement révolutionnaire, celle de Robespierre, a désormais mission de sauver la France et la Révolution confondues.

XI

CES DEUX GRANDS PRÊTRES...

Les relations de Sieyès et de Robespierre ne sont pas faciles à éclairer. Le mystère qui enveloppe les deux hommes y est pour beaucoup, mais l'histoire n'a fait qu'envenimer leur antagonisme. Au lendemain de Thermidor, Sieyès devra se défendre d'avoir été l'un des « faiseurs » de Robespierre. Ses votes à la Convention souvent alignés sur ceux des Montagnards, son silence le 2 juin et les jours suivants, avaient nourri des accusations de complicité. L'histoire elle-même reprochera sévèrement à Sieyès de ne pas s'être dressé contre l'Incorruptible. Michelet ne lui pardonnera pas d'avoir lâché les Girondins et servi, au moins par son silence, le gouvernement de la Terreur. Quinet dénoncera Sieyès, symbole de la « démission morale » d'un Marais voué au culte de la force : « Se taire, s'enfouir au pied de la Montagne, devenir un instrument invisible entre les mains des vainqueurs, un vote aveugle, ce fut leur suprême ambition... »[1]. A l'inverse, une part de l'historiographie révolutionnaire a systématiquement opposé Sieyès à Robespierre, comme les symboles de deux courants de la Révolution, sinon de deux révolutions successives, Sieyès représentant la Révolution légale, celle de la Constituante, Robespierre incarnant la Révolution populaire, vaincue le 9 Thermidor, Sieyès le théoricien d'un système représentatif qui n'aurait été que l'instrument de la bourgeoisie, Robespierre l'apôtre et le héros d'un gouvernement du peuple. Et si Sieyès ne fut, comme le croit Lefebvre, que l'instrument de la dictature de la bourgeoisie, c'est bien pour abattre cette dictature que Robespierre a été contraint d'installer la sienne, qui symbolisait et annonçait celle du peuple. Ainsi l'historiographie de la Révolution a parfois besoin d'accabler Sieyès pour mieux exalter Robespierre. Elle en fait volontiers les champions d'un affrontement de classes sociales. En revanche, chez ceux qui poursuivent la Révolution de leur vindicte, les yeux fixés sur la Terreur, l'abbé Sieyès n'est pas forcément haïssable. N'aurait-il pas été le théoricien d'un

gouvernement des notables, l'intraitable défenseur de la propriété ?
Responsable de 1789, Sieyès pourrait être innocent de 1793...

Il est sûr que Robespierre et Sieyès ne s'aimaient pas. Ils s'étaient
opposés dès la Constituante, notamment sur le suffrage universel, et
Robespierre n'a jamais rien fait pour ménager l'orgueil de l'illustre
défenseur du Tiers Etat. C'est à la proposition de Robespierre, votée par
l'Assemblée constituante, que Sieyès dut d'être inéligible à l'Assemblée
législative, d'être un an absent de la Révolution : il est probable que
Sieyès en conçut du ressentiment, même s'il s'est plu à vanter les plaisirs
d'une retraite qui s'accordait à son humeur mélancolique. Dès les débuts
de la Convention, l'hostilité qui les oppose se manifeste. Elle ira
croissant, sans cesse nourrie de soupçons, de calomnies, autant que de
vrais dissentiments. Toujours persécuté, Sieyès voit partout la main de
Robespierre. Dès qu'un député s'oppose à lui, il le tient pour l'instrument de l'avocat d'Arras, et il a souvent raison. Robespierre n'a pas tort
non plus de redouter les travaux souterrains de celui qu'il appelait la
« taupe » : « L'abbé Sieyès, aurait-il dit, selon Barère, ne paraît pas ;
mais il ne cesse d'agir dans les souterrains des assemblées ; il dirige et
brouille tout ; il soulève la terre et disparaît ; il crée les factions, les met
en mouvement, les pousse les unes contre les autres et se tient à l'écart
pour en profiter ensuite si les circonstances lui conviennent »[2]. Le
portrait d'un opportuniste qui manipule les hommes et se sert des
événements plutôt qu'il ne les crée ? Avec d'autres mots, ce pourrait être
celui de Robespierre.

On voit tout ce qui les sépare, dès l'origine. Et d'abord Robespierre est
de dix ans plus jeune, ce qui, dans la tourmente révolutionnaire, n'est
pas indifférent. L'un vient de Fréjus, l'autre d'Arras, ce qui peut
incliner les tempéraments. Maximilien vient d'une famille de notaires et
d'avocats, à prétention nobiliaire, une famille austère, laborieuse ; le
père, avocat au Conseil d'Artois, vivait dans la plus sombre, la plus triste
des rues d'Arras, mais « dans une maison fort décente d'honorables
bourgeois »[3]. Cette bourgeoisie de robe qui peupla les assemblées
révolutionnaires n'était pas très différente de celle d'où venait Sieyès,
plus ancienne cependant, plus fière de son état, car la robe ajoute en
dignité, plus figée aussi. Mais l'Artois n'est pas la Provence.

Sieyès fut un enfant aimé, entouré de ses parents qui firent pour lui
beaucoup de sacrifices. Robespierre, au contraire, connut très tôt la
souffrance et la solitude : sa mère morte quand il avait six ans, son père
brisé par le chagrin, inconsolable, désormais incapable de plaider,
disparu, mort quatre ans plus tard, en terre étrangère[4]. A dix ans, le
jeune Maximilien vit dans la pauvreté et la tristesse, il est contraint de se
faire chef de famille, presque tuteur de son frère Augustin*, et de ses

---

* Augustin avait cinq ans de moins que son frère. Il lui sera toujours très fidèle, vivant
dans son ombre. Le conventionnel Baudot dira de lui que c'était une « cruche qui

deux sœurs, Charlotte et Henriette[5]. « Il devint ce qu'il est resté, étonnamment sérieux, son visage pouvait sourire, une sorte de faux sourire… mais son cœur ne rit plus jamais »*. Sieyès aussi fut un enfant triste, mais par disposition naturelle à la mélancolie, étonnamment sérieux lui aussi, mais par le chemin choisi de la connaissance et de la réflexion. Chez Robespierre, la solitude, le courage sont les apprentissages d'une vie qui fut, dès l'enfance, douloureuse**. Quelle autre solution que d'être, les dents serrées, le plus résolu, le meilleur élève du collège d'Arras, puis à Paris un boursier qui ne fait que travailler dans les grands murs sombres de Louis-le-Grand, un boursier tenu de réussir, un étudiant en droit appliqué, qui passe des concours, mérite des prix, s'applique à conquérir l'estime générale ? Au contraire, pour Sieyès le temps des études est celui des lectures passionnées, des rencontres, de la nonchalance aussi. Bien sûr, ils ont été tous les deux formés par les Lumières, mais de tout autre manière. Robespierre a lu les philosophes, Mably, Rousseau surtout, auquel il vouera un culte sans mesure et dont les idées lui serviront d'unique référence : « Homme divin, tu m'as appris à me connaître bien jeune, tu m'as fait apprécier la dignité de ma nature et réfléchir aux grands problèmes de l'ordre social… » La culture de Sieyès est plus vaste, et surtout plus diverse. Elle intègre les arts, les sciences, l'économie surtout, auxquels Robespierre ne portera jamais aucun intérêt. Sieyès cherche toujours à étendre ses connaissances dans tous les domaines. Robespierre les réduit à ce qui lui est utile, ou à ce qui l'exalte. Sieyès couvre des pages entières de notes qu'il déchire ou néglige. Robespierre ne rédige jamais que le nécessaire, il n'a ni le temps ni le goût des spéculations perdues. La solitude de Robespierre, sans doute apprise dans sa triste jeunesse, est sa manière d'être, et sa force. Celle de Sieyès est un plaisir vaguement douloureux, un luxe, une exigence aussi de la vie intellectuelle. L'abbé aime la ville, fréquente les beaux esprits, ne dédaigne pas les salons ; on cherche sa conversation, on apprécie sa culture et son ironie. Robespierre, au contraire, est un provincial monté à Paris, le temps des études, et obligé de repartir. A Arras, il est membre de l'académie des Rosati qui, pour prix de poésie, décerne des roses. Il concourt, il emporte des accessits. C'est un bon élève, appliqué sinon besogneux, pressé de réussir, qu'aucun effort ne rebute et qui ne songe pas à se distraire.

Dans la Révolution, leur divergence tient d'abord à ce qu'ils n'interviennent pas au même moment. Robespierre ne pèse guère durant

---

résonnait quand son frère frappait dessus ». Paresseux, indolent, il surpassera son frère en élégance physique. Il aimera les femmes et en sera aimé.

* Michelet, *Histoire de la Révolution française*, t. I, p. 383. Michelet exagère peut-être la tristesse du destin de Robespierre enfant. Sa sœur, Charlotte Robespierre, le décrit au contraire « gâté par les femmes qui l'entouraient ».

** Sa sœur Henriette mourra à l'âge de 19 ans.

la Constituante, si même il y prononce des dizaines de discours, tandis que Sieyès occupe le premier rôle, détruit la distinction des ordres, fonde la souveraineté nationale, théorise la représentation nationale. La tâche de Sieyès semble achevée quand Robespierre entre véritablement en scène. A ce moment, la coalition européenne et les forces de la contre-révolution menacent sans doute la Révolution, mais à beaucoup d'égards le travail accompli par Sieyès est irréversible. Le Roi, s'il était ramené sur le trône, ne pourrait plus être celui d'avant le Jeu de Paume, ni la société celle d'avant la nuit du 4 août. Ils se succèdent dans l'histoire de la Révolution, l'un et l'autre aidés et gênés par la proximité d'un grand tribun, Mirabeau puis Danton, séparés par une parenthèse d'incerti-tudes, d'ambiguïtés. Robespierre prend la Révolution là où Sieyès voudrait l'arrêter. L'erreur de Sieyès est sans doute de ne pas voir que le mouvement qu'il a mis en marche est irrésistible : on ne l'arrête pas parce que la raison l'ordonne. Celle de Robespierre sera de se jeter en avant sans savoir où il va, au risque de sacrifier l'héritage révolutionnaire dans son aventure. Sieyès, qui n'a de regards que pour ce qu'il a fait, ne voit pas, ou ne veut pas voir, que l'abolition des privilèges du sang et du rang incite à la mise en question des privilèges de la fortune, que la proclamation des droits civils pour tous risque de conduire à la proclamation des droits civiques pour tous, que la sublimation de la propriété pousse au partage de la propriété, qu'il n'y a pas loin de la souveraineté de la Nation à la souveraineté du peuple, de la souveraineté du peuple à la dictature du peuple. Qu'est-ce que le 2 juin 1793 ? Un coup de force, comme le fut en son temps le 17 juin 1789. Qu'est-ce que la proclamation du « gouvernement révolutionnaire jusqu'à la paix » d'octobre 1793 ? Un acte violent accompli contre le droit, pour le service du peuple, comme le fut, sous l'impulsion de Sieyès, la proclamation de l'Assemblée nationale pour le service du Tiers Etat. Il faut abattre les privilèges, assurer le gouvernement de la Nation, proclamait Sieyès en 1789... Il faut, pour vaincre la contre-révolution, assurer le gouverne-ment du peuple, affirme Robespierre en 1793. Leurs discours, à quatre ans d'intervalle, — mais ces quatre ans ont changé la société où ils parlent — portent plus d'idées communes qu'il ne semble : et d'abord la souveraineté, que rien ne doit arrêter, de la Nation, ou du peuple, représentés ou incarnés. L'un et l'autre lient irréductiblement la conscience révolutionnaire au mythe d'un complot aristocratique jamais achevé, jamais vaincu. L'un et l'autre croient que ce complot doit être brisé par la force impitoyable, et s'il le faut par la Terreur *. Et l'un et l'autre ont compris — et exploité — la force du discours, fondement et

---

* « Oui, nous sommes des modérés, déclarait Robespierre à la Convention le 3 avril 1793. On a cherché à couronner la révolution par la terreur, j'aurais voulu la couronner par l'amour... »

symbole de la Révolution, la puissance de la parole et de l'écrit, remplissant les vides de la souveraineté, incarnant et multipliant les mythes. Pourtant le prophète de 1789 et celui de 1793 seront, pour la postérité, les symboles de deux légitimités différentes de la Révolution : Sieyès, fondateur de la légitimité représentative, ennemi résolu de toute démocratie directe, Robespierre réussissant à réconcilier mythiquement le principe représentatif et la démocratie directe, installant, ainsi que l'observe François Furet, son pouvoir « tout en haut d'une pyramide d'équivalences dont sa parole garantit jour après jour le maintien » *, l'un rêvant que le peuple fût représenté, l'autre qu'il fût figuré.

Bien sûr, Robespierre aime le peuple. Il en contemple une image édifiante et mythique. « Il a, assure Aulard, donné aux hommes politiques l'exemple de parler du peuple amicalement, honorablement... Il croit le peuple majeur, raisonnable, vertueux... Il proclame que le peuple n'a jamais tort »[7]. Mais cette exaltation sincère du peuple ne suffit pas à remplacer un projet. Robespierre n'imagine guère une société nouvelle sur les décombres qu'il entasse, et il n'a ni le temps, ni la capacité, de réfléchir à ce que sera un jour le gouvernement d'un peuple raisonnable et majeur. A peine s'est-il intéressé au débat sur la Constitution, et il a mis aux oubliettes le projet d'éducation. En fait, il n'a pas de dessein à long terme. Il agit selon le cours des événements, et par de brusques illuminations. Il est un homme à principes, dit-on, et c'est vrai si on observe la rectitude de sa vie privée, son désintéressement, l'ascèse de sa vie. Mais, en politique, il est d'abord un manœuvrier de grand talent. Il saisit les événements **ou il s'y plie**, il manipule les hommes, il profite des circonstances, de toutes les circonstances, de ses erreurs même qu'il exploite habilement, il prend les idées, il les jette quand il n'en a plus besoin — ainsi la conception socialiste de la propriété soudain défendue contre les Girondins parce qu'elle lui était, un court moment, commode —, il suit les mouvements populaires et il les récupère, laissant croire qu'il les a dirigés.

Il est plus avocat qu'il ne croit, et s'il déteste le lyrisme girondin, il aime la parole, il croit à sa force, il sait le poids des mots, il s'en sert, il en change, il en joue, il plaide avec une égale conviction des dossiers successifs et qui se contredisent, et pour donner une unité à son extrême diversité, et même à ses revirements, il construit un culte, ce à quoi son esprit religieux excelle, un culte qui donne à tout ce qu'il dit et fait un fondement théorique, une inspiration, un avenir : le culte de la vertu, le culte de la vérité, de la vérité et de la vertu confondues. Le peuple a raison, Robespierre lui-même a raison, parce qu'ils sont vertueux, et

* Le peuple est dans l'Assemblée, le peuple est dans les sections, le peuple est chez les Jacobins, et Robespierre est toujours le peuple, dans l'Assemblée, dans les sections, aux Jacobins[6].

vrais, l'un et l'autre. Les ennemis du peuple et de la Révolution sont impurs et ils ont tort. Dans le *Rapport sur les principes de morale politique qui doivent guider la Convention* qu'il présentera à l'Assemblée le 5 février 1794 (17 pluviôse an II), Robespierre définira ainsi le but de la Révolution :

> « Nous voulons substituer dans notre pays la morale à l'égoïsme, la probité à l'honneur, les principes aux usages, les devoirs aux bienséances, l'empire de la raison à la tyrannie de la mode, le mépris du vice au mépris du malheur, la fierté à l'insolence, la grandeur d'âme à la vanité, l'amour de la gloire à l'amour de l'argent, les bonnes gens à la bonne compagnie, le mérite à l'intrigue, le génie au bel esprit, la vérité à l'éclat, le charme du bonheur aux ennuis de la volupté, la grandeur de l'homme à la petitesse des grands, un peuple magnanime, puissant, heureux, à un peuple aimable, frivole et misérable, c'est-à-dire toutes les vertus et tous les miracles de la République à tous les vices et à tous les ridicules de la monarchie.
> ... » L'âme de la politique est la vertu... Tout ce qui tend à exciter l'amour de la patrie, à purifier les mœurs, à élever les âmes, à diriger les passions du cœur humain vers l'intérêt public, doit être adopté ou établi par vous ; tout ce qui tend à les concentrer dans l'abjection du moi personnel, à réveiller l'engouement pour les petites choses et le mépris des grandes, doit être rejeté ou réprimé par vous. Dans le système de la Révolution française ce qui est immoral est impolitique, ce qui est corrupteur est contre-révolutionnaire. »

C'est une religion dont Robespierre pose ainsi les dogmes et cette religion qu'il sert, et dont il se sert, n'est pas calcul, ou n'est pas que calcul. Robespierre a, comme les prophètes, la faculté immédiate de croire tout ce qu'il dit et d'être ce qu'il veut. Comme il se confond avec le peuple, il se confond avec la vertu. On ne parle plus d'institutions, de monnaie, d'économie, de denrées, de répartition. Si le peuple est pauvre, il est riche de sa vertu. S'il est persécuté, son martyre l'élève. La mort même exalte et récompense. Sans doute l'opportunisme de Robespierre ne s'est-il pas toujours auréolé d'une telle mystique. On a vu Robespierre très différent à la Constituante et encore sous la Législative. Il fut alors un politique prudent, hostile aux excès : « Il n'a participé, observe François Furet, à aucune des intrigues destinées à briser la représentation nationale, ni après Varennes, ni le 20 juin, ni le 10 août 1792 »[8]. C'est peu à peu que cette exaltation, à la fois très sincère et très utile, lui est venue. Elle conduisait sans doute la Révolution à sa ruine, et Robespierre à sa mort. Mais qu'importe : le douloureux Maximilien a porté jusqu'à la guillotine une vision tragique, désespérée de la vie, qui intégrait la souffrance et le sang. Ce qui est étonnant en lui, c'est précisément cette alliance innée d'une extraordinaire habileté politique, d'une capacité de manœuvres rarement atteinte, et d'une aptitude fabuleuse à inventer des mythes, à exalter des images. Lui qui fut, dans les premiers temps de la Révolution, l'un des rares à comprendre qu'elle ne trouverait sa force et sa durée que dans l'alliance de la bourgeoisie et du peuple, il est obligé, le temps passant, pour nourrir à tout prix la ferveur révolutionnaire, d'inventer de nouveaux aristocrates, les privilégiés de l'argent, de dénoncer les bourgeois transformés en ennemis. « D'où vient le mal ? Des bourgeois », dit-il à la veille du 2 juin 1793, lui qui n'avait cessé de servir le projet d'une révolution bourgeoise. Mais ce n'est pas pour autant un combat de classes qu'il imagine. C'est la vertu qu'il exalte. Il dénonce, comme Saint-Just, le luxe, l'opulence, l'aisance même, la société de l'échange, l'intérêt égoïste, moteurs du vice. Le « bourgeois » qu'il combat est un bourgeois idéal, mal absolu, inapte à la pauvreté, à la vertu. Ainsi ce merveilleux tacticien, si lucide et compétent dans l'action immédiate, ramène la Révolution à une utopie qui lui ressemble : un monde de dépouillement et d'ascèse — « Je veux être pauvre, a-t-il écrit, pour n'être pas malheureux » * —, une sorte d'idylle pastorale et rustique, inspirée de Rousseau, retour à la pureté originelle d'avant la civilisation, d'avant le vice, d'avant l'argent. Et pour le moment, en attendant l'aurore promise, le triomphe de la vertu et de l'amour, que faut-il ? La guerre impitoyable, la mort qui punit et qui rachète, la dictature sauvage de la vertu donc de la vérité. La société révolutionnaire viendra plus tard, à force de sacrifices et de douleurs, comme une récompense, après le rachat, après la victoire. C'est sur le long chemin de la vertu, du dépouillement, au prix de l'expiation, du sacrifice, du sang versé, qu'apparaîtra un jour le paradis révolutionnaire. L'utopie robespierriste emprunte beaucoup au christianisme. Et le socialisme lui prendra beaucoup. En un certain sens Robespierre fait leur transition.

On voit combien Sieyès est loin de Robespierre, si loin qu'il semble ne pouvoir le comprendre. Sieyès ne croit pas du tout que la vertu soit un guide, et moins encore que la pauvreté, le dépouillement se confondent avec la vertu. Il pense au contraire que la fortune, la propriété privée, l'éducation sont les aliments de la liberté et de l'intelligence. « peuple souverain » auquel pense Sieyès est fait d'hommes aisés, instruits, libres, et non de malheureux, dépouillés, fiers de l'être. « La probité ne doit pas être une finesse de l'esprit, enseignait Saint-Just, mais une qualité de cœur ». Elle est, pour Sieyès, une conquête de l'esprit libre, non un don du cœur auquel le pessimiste Sieyès ne saurait croire. Si Sieyès est frugal — comme l'exige Robespierre —, s'il a le « mépris du vice », s'il rejette les « ennuis de la volupté », s'il se tient à

---

* La vie de Robespierre explique — pour une part — cette exaltation de la pauvreté. Il n'est pas douteux que Robespierre et ses frères et sœurs se trouvèrent au lendemain de la mort de leur père dans un état de pauvreté confinant à la misère : « Nous sommes dans un dénuement absolu, lui écrivait Augustin en 1789 ou 1790 ; souviens-toi de notre malheureux ménage... »[9].

distance des plaisirs, ce n'est pas par ascèse, par vertu révolutionnaire, c'est par indifférence, ou par préjugé. De même n'entretient-il nulle vision tragique de la vie. Simplement il la voit d'un regard sombre. La mise à mort n'est pas pour lui une fête, un accomplissement, un sacrifice exalté comme Robespierre voulait qu'elle fût[10]. Sieyès en a peur, et s'il l'accepte ou la conseille, c'est par nécessité, par intérêt. Il est froid, non cruel, indifférent, non tragique.

En politique Sieyès sait intriguer comme Robespierre, et manipuler les hommes. Il l'a fait sous la Constituante, il le fera sous le Directoire. Mais il est loin d'avoir le génie tacticien de Robespierre, cette capacité à saisir le moment opportun, à agir aussitôt, à distinguer immédiatement le possible de l'impossible, à suivre l'opinion sans se laisser déborder. L'habileté ne vient à Sieyès que par intermittence. Et de même lui manquent parfois la fermeté, la violence du caractère. « Qu'était-ce donc que Robespierre ? demande Quinet. Un caractère. C'est ce qui fit sa domination dans un pays où le caractère est ce qui manque le plus à chaque parti. Sa voie était obscure, étroite. Il n'y apporta guère que de fausses lueurs. Mais il marcha résolument. Tous le suivirent et il régna »[11]. Chez Sieyès, le déplaisir de l'action, la tentation de la retraite, une certaine nonchalance aussi, fragilisent le caractère. Il est capable d'être résolu, intraitable, mais capable aussi d'hésiter et de se retirer, par dégoût, par mauvaise humeur, ou sans raison, comme par caprice. En revanche, il n'avance jamais sans savoir où il va. Il n'agit que pour faire. Il est téméraire durant la Constituante, mais il connaît exactement son objectif, il le poursuit implacablement. On le retrouvera de même au 18 Brumaire. On ne voit pas trace chez Sieyès d'une fuite en avant qui lui eût fait horreur. Que les événements, ensuite, lui échappent, qu'il n'ait pas mesuré les effets irrésistibles de ce qu'il accomplit, qu'il ait ouvert la voie à Robespierre, qu'il ait livré la Révolution à Napoléon, sans doute, mais il n'est jamais devenu le serviteur d'une utopie. « Pour être révolutionnaire en 1793, dira-t-il dans sa *Notice*, il fallait voir d'un œil sec les innombrables germes de malheurs qui fermentaient sur toutes les parties de la République »[12]. Il hait le « faux peuple » qu'invente ou que manipule Robespierre, ce faux peuple « le plus mortel ennemi qu'ait jamais eu le peuple français. » Il déteste cette vertu confondue avec la République et qui absout tous les crimes, cette pureté sanglante dont prétend se nourrir la flamme révolutionnaire. Cela n'empêche pas Sieyès de voter tranquillement la mort de Louis XVI, et de s'opposer au sursis. Faut-il s'étonner ? Ce serait mal regarder Sieyès. Pour lui, ce qui est mort est mort, l'exécution de Louis XVI n'est qu'une péripétie dès lors qu'est abattue la monarchie des Bourbons. La pitié n'est pas dans son caractère. A la différence de Robespierre, il ne parle ni de pureté, ni d'amour, ni de vertu. Il n'excommunie pas comme Robespierre « l'abjection du moi personnel ». Il ne dit pas que « dans la Révolution française ce qui est immoral est impolitique ». C'est bien l'inverse : ce qui est impolitique devient pour lui immoral... et Louis XVI doit donc mourir. En revanche, la Révolution est finie, et Robespierre est un criminel qui s'en empare et l'emporte dans la nuit.

Ainsi le symbole de la révolution dite bourgeoise et le prophète de la révolution du « peuple » n'ont plus rien à se dire en cette année 1793, où la révolution de l'un est un souvenir, et la révolution de l'autre une aventure. Sieyès peut craindre pour sa vie. Même sa légitimité révolutionnaire semble méprisée par les amis de Robespierre, et Bailly, qui reçut le serment du Jeu de Paume, sera guillotiné. Mais Robespierre aussi doit rester vigilant. Sieyès a pu voter avec les Montagnards, il a pu se taire par prudence quand furent arrêtés les Girondins, chacun sait qu'il est l'adversaire résolu de la démocratie directe que prétend incarner Robespierre confondu avec le peuple, chacun pressent qu'il voudrait clore la révolution de la vertu. Même silencieux, même absent, Sieyès est du côté des ennemis de Robespierre. Ils se détestent. Ils se méfient.

En réalité, ils ne voient pas, ils ne peuvent pas voir tout ce qu'ils ont en commun. Ils partagent le mépris de l'histoire. L'un et l'autre, ils prétendent soumettre ce qui est à ce qu'ils veulent, ils se moquent des traditions et des mentalités, ils ont décidé d'inventer une société nouvelle. De même ils ont en commun la raideur de l'esprit religieux. Sieyès a été formé à Saint-Sulpice, Robespierre doit beaucoup aux Jésuites de Louis-le-Grand et surtout aux prêtres qui l'ont soutenu, poussé en avant, l'abbé de Saint-Waast qui lui a obtenu une bourse, un chanoine de Notre-Dame qui l'a entouré de sa bienfaisante protection. Si Sieyès est d'une certaine manière resté prêtre, comme l'a dit Tocqueville, par son orgueil, par son goût pour la métaphysique, par son naturel despotique, Robespierre est « né prêtre » *. Il ne parle pas, il prêche, sa langue est « sacerdotale »[14], ses discours ressemblent à des sermons, ne cessant d'exalter la loi morale, la vertu rédemptrice, et la menace du châtiment. Ni l'un ni l'autre, ils ne souffrirent d'être contredits. Le débat répugne à leur tempérament comme à leur culture. Toute contestation les rend furieux, malheureux, presque malades. Ils sont aussi secrets l'un que l'autre. Tous deux ont voulu enfermer leur vie privée dans le mystère ; peut-être n'en eurent-ils pas ; peut-être l'ont-ils parfaitement cachée. Ils ont la même haine des privilèges et surtout des privilégiés. Celle de Sieyès a été nourrie des vexations subies à Tréguier, à Chartres, à Orléans, des incapacités que, dans le Clergé, son état de roturier l'obligeait à subir ; celle de Robespierre a été faite des humiliations imposées par la pauvreté, par le statut d'un boursier

---

* C'est même pour cela, assure Michelet, qu'il fut aimé des femmes, s'il ne les aima pas. « Ses banalités morales qui tenaient fort du sermon leur allaient parfaitement ; elles se croyaient à l'église »[13].

surveillé et protégé. Simplement leurs vies ne leur ont pas appris à regarder les mêmes privilèges. Ce que Sieyès a été « jusqu'à la rage », ce fut l'ennemi de la noblesse[15]. Robespierre le fut de la richesse, du luxe, de l'argent, de tout ce qui n'était pas à son image, vertu, ascèse, pauvreté. Ils ont en commun aussi l'orgueil, l'extrême susceptibilité, l'aptitude à la méfiance et au ressentiment, la capacité de rancune, l'enfermement dans le mystère, une solitude invincible que sans doute ni les femmes, ni les amis, personne, jamais, ne peuplera. Et on aperçoit chez eux, derrière le mythe des mots ou des idées, l'indifférence à la violence et au crime. Sans doute Robespierre a-t-il, en tacticien appliqué, nourri la guillotine, et Sieyès, devenu, après la chute de Robespierre, l'apôtre de la tolérance, a-t-il condamné la folie sanguinaire de l'Incorruptible. Il reste que Sieyès n'a jamais refusé son suffrage aux mesures les plus inhumaines quand elles lui ont semblé nécessaires, et régicide il le fut, sinon sans phrase, du moins sans regret. Au fond, ils sont l'un et l'autre, le prêtre et l'avocat, quoique enfants des Lumières, quoique apôtres de la raison, des esprits passionnés sinon fanatiques, toujours prêts à confisquer la liberté au nom de la liberté, amoureux d'une fraternité idéale qu'aiderait à construire la haine. Le XVIIIe siècle a pu les éclairer, il n'a pas détruit chez eux la vieille mentalité catholique qui les porte à clamer les vérités révélées, à excommunier les infidèles. Ils adorent la raison, mais pourvu qu'elle soit un culte plutôt qu'une discipline. Et ils sont aussi, quoi qu'ils pensent, les enfants naturels de l'absolutisme monarchique, qui leur a fourni beaucoup de son héritage intellectuel et mental. Les systèmes qu'ils imaginent sont toujours exclusifs, définitifs. La représentation que sublime Sieyès doit tout conduire, tout ordonner. Toute entorse au principe est insupportable à l'abbé. Le gouvernement révolutionnaire devra être absolu, impitoyable : Robespierre prétendra incarner le peuple beaucoup plus qu'autrefois ne l'incarnait le Roi. L'équilibre des pouvoirs, la rivalité des pouvoirs les inquiètent autant l'un que l'autre. Sans doute ont-ils en commun de mépriser Montesquieu. Et la souveraineté du Tiers Etat défini par Sieyès dans sa fameuse brochure, le pouvoir du peuple exprimé par le dictateur Robespierre font à long terme le même travail. Ils poursuivent, ils consolident, en la déplaçant, la concentration monarchique des pouvoirs. Bien sûr cette férocité dogmatique, ce fanatisme de la raison, cette intolérance de l'erreur, ne sont pas propres à Sieyès et à Robespierre. Ils caractérisent en réalité tout leur temps, symbolisant une étrange combinaison de la tradition catholique, monarchique, et du prodigieux mouvement des idées qui avait agité la bourgeoisie française. Et, deux siècles plus tard, la mentalité française en reste encore tout imprégnée. Mais ce qui sépare les deux grands prêtres de la Révolution, ce qui alimente leur haine mutuelle, c'est autant, plus peut-être, ce qu'ils ont en commun, que ce qui les oppose.

XII

LE SANG ET LA VERTU

Le 5 septembre 1793 la Convention avait mis « la Terreur à l'ordre du jour », le 10 octobre elle avait décrété le « gouvernement révolutionnaire jusqu'à la paix ». Ces textes symboliques n'avaient pas fondé la dictature de salut public. Les décrets de mars — celui du 10 mars créant le Tribunal criminel extraordinaire pour juger les suspects, celui du 21 mars créant les « comités de surveillance » pour les repérer* —, la réorganisation, en juillet, du Comité de Salut public devenu le centre de l'action gouvernementale, les décrets de juin à septembre organisant l'armée révolutionnaire, réorganisant le Tribunal révolutionnaire, proclamant la chasse aux suspects, tous ces actes avaient déjà concentré les pouvoirs, organisé la Terreur. Le gouvernement révolutionnaire n'a pas été une création de Robespierre, il a été l'aboutissement d'un mouvement progressif, entamé dès 1792, et devenu irrésistible un an plus tard. Et ce mouvement se réclamait d'une très ancienne logique, celle du salut public, qu'avaient autrefois défendue les légistes de l'Ancien Régime [1] : la nécessité peut exceptionnellement contraindre à renoncer aux lois, et il ne saurait y avoir de plus forte nécessité que la défense de la patrie. Cette logique, on la retrouvera comme une constante de la mentalité française** ; le droit doit céder la place quand des circonstances graves y obligent. Mais la théorie du salut public qui, sous l'Ancien Régime, avait servi l'autorité absolue du Roi vient légitimer, sous la Révolution, le projet d'une dictature exercée au nom du peuple, du peuple souverain substitué au Roi. En réalité, c'est dès l'été 1789 que la revendication d'une dictature, protectrice des petits contre les grands, capable de vaincre le « complot aristocratique » et de châtier les coupables, s'est fait entendre. Elle avait été une des obsessions de Marat, sans cesse reprise dans *L'Ami du Peuple,* et on l'a trouvée, consciente ou inconsciente, chez un grand nombre de révolutionnaires, et non pas seulement chez les

---

* *Supra,* p. 265.
** Elle est aujourd'hui exprimée par l'art. 16 de la Constitution de 1958...

Jacobins ou les Montagnards. Au fond, elle exprime, selon l'expression de François Furet, une sorte de « rousseauisme dégradé » qui marque toute la Révolution française[2]. La souveraineté du peuple doit s'exprimer à travers un corps unique et indivisible. Ce peut être une assemblée de représentants. Ce peut être un groupe *. Et pourquoi pas un homme ? Cette conception du gouvernement révolutionnaire, ou de la dictature d'un homme exprimant la souveraineté et la volonté du peuple — infaillible puisqu'il incarne le peuple — connaîtra un grand avenir.

C'est la grande loi du 4 décembre 1793, véritable Constitution provisoire de la France, qui organise la dictature centralisée. « Le centre unique de l'impulsion du gouvernement est la Convention nationale »[5]. Elle désigne en son sein deux comités. L'un, le Comité de Salut public, composé de 12 membres, constitue le véritable gouvernement **. Le Comité interprète les décrets de l'Assemblée, il en fixe les modalités d'application. Il a sous son autorité tous les fonctionnaires. Il dirige l'action diplomatique et militaire, il conduit la guerre, il assure l'ordre public et l'approvisionnement de la population. En province, il s'appuie, pour gouverner, sur ses représentants en mission, et sur les « agents nationaux » nommés par la Convention et représentant le pouvoir central. L'autre, le Comité de Sûreté générale, a mission de surveiller « tout ce qui est relatif à la personne et à la sûreté générale et intérieure ». Ce deuxième organe de l'Etat, composé de 12 membres élus chaque mois par la Convention, exerce toutes les fonctions de sécurité, de surveillance, de police. C'est lui, en particulier, qui doit assurer l'application de la loi des suspects et, par ses représentants en mission, diriger la répression.

Ainsi la nouvelle organisation abolissait les anciennes autorités locales suspectées d'avoir entretenu le « fédéralisme » girondin ***. Elle concentrait tous les pouvoirs ****, renouant avec la tradition de l'ancienne monarchie qu'avaient un temps interrompue les réformes de la Constituante. Elle obligeait évidemment, pour assurer efficacement la dictature du gouvernement révolutionnaire, à multiplier les emplois administratifs. Alors qu'on ne recensait que 670 emplois dans les ministères en 1791, il y en aura 3 000 au début de 1794, et 5 000 à la fin

* Le Club des Jacobins prétendit incarner la souveraineté populaire[3]. Il fut en cela, pour une part de l'historiographie révolutionnaire, l'anticipation du parti des prolétaires[4].
** Ses membres sont alors, par ordre d'élection, Jeanbon, Barère, Couthon, Hérault, Saint-Just, Robert Lindet, Prieur de la Marne, Robespierre, Prieur de la Côte-d'Or, Carnot, Billaud-Varenne, Collot d'Herbois. Le plus âgé, Lindet, a 47 ans, le plus jeune, Saint-Just, 26 ans. Tous appartiennent à la bourgeoisie.
*** Notamment les procureurs généraux syndics des départements étaient supprimés.
**** Dans le domaine économique, le Comité de Salut public a installé toute une organisation nouvelle, coiffée par la « Commission des subsistances », organisme chargé de réglementer les productions, les transports et la consommation.

de l'année[6]. Il fallait aussi assurer l'exécution des décisions prises. Les représentants en mission devaient y veiller. En outre le décret du 4 décembre ordonnait la création d'un *Bulletin des lois,* envoyé par la poste à toutes les autorités et aux fonctionnaires. La loi était exécutoire vingt-quatre heures après l'arrivée du *Bulletin,* et des peines très sévères — confiscation des biens, cinq ans de fers — devaient frapper ceux qui négligeaient de publier ou d'appliquer la loi.

On a légitimement observé[7] que c'est au moment où la Révolution semble le plus éloignée de son but primitif — fonder la société nouvelle sur l'universalité de la loi — qu'elle est apparemment le plus fidèle à une conception simplifiée de la souveraineté, proclamant la souveraineté absolue d'une assemblée unique issue du suffrage universel*. Mais le pouvoir du peuple n'est pas en réalité à l'Assemblée, il est entre les mains d'une poignée d'hommes que conduit Robespierre et qui tiennent l'Assemblée. Une formidable concentration de la souveraineté — qui va de l'Assemblée au Comité de Salut public, du Comité de Salut public à Robespierre — fonde la dictature, en attendant le triomphe de la Révolution qui viendra un jour : « Le but du gouvernement constitutionnel, dira Robespierre dans le fameux rapport qu'il présentera à la Convention le 25 décembre 1793 (5 nivôse an II), est de conserver la République, celui du gouvernement révolutionnaire est de la fonder. » Et ce gouvernement, pour accomplir sa mission, prend les deux appuis qui lui sont naturels, et qui sont inséparables : la Terreur et la Vertu.

Marat avait bien posé le fondement idéologique de la Terreur, liée, comme le gouvernement révolutionnaire, à des circonstances exceptionnelles et tragiques : « C'est par la violence que doit s'établir la liberté, et le moment est venu d'organiser momentanément le despotisme de la liberté pour écraser le despotisme du Roi. » La Terreur remplit les fonctions les plus diverses. Elle exprime le despotisme de la liberté. Promettant d'anéantir tous les ennemis de la Révolution, elle est inséparable de l'idée du complot aristocratique, fondement de l'idéologie révolutionnaire[8]. Elle est non moins inséparable de la guerre. « Elle est, écrit Mona Ozouf, l'instrument qui retrempe les énergies, cimente le sentiment patriotique. C'est grâce à l'autorité de la guillotine qu'on marche aux frontières, qu'on anéantit les conspirateurs... »**. Mais la Terreur remplit aussi une fonction rédemptrice. Par le sang versé, la République se fortifie et se purifie. L'échafaud est dressé comme un autel. « Que nous apprennent les hommes de tous les partis dans la

---

* Ainsi sont apparemment réconciliées 1789 et 1793.
** La Terreur est-elle réplique au malheur national ou anticipation ? Cause ou effet ? Elle est sans doute, comme l'observe Mona Ozouf, l'un et l'autre[9]. Albert Soboul souligne que la Terreur fut dans une dépendance si étroite de la défense nationale qu'elle en subit tous les contrecoups[10].

Révolution ? A mourir »[11]. La mort accomplit le sacrifice révolutionnaire. Elle exalte, elle évangélise.

Créé dès mars 1793, réorganisé en septembre, le Tribunal révolutionnaire est divisé en quatre sections dont deux fonctionnent simultanément. Il comprend 16 juges chargés de l'instruction, 60 jurés. Le Comité
de Salut public et le Comité de Sûreté générale proposent la liste des
jurés à la Convention, qui les désigne. L'accusateur, Fouquier-Tinville,
est assisté de plusieurs substituts. Les « comités de surveillance » mis en
place durant l'année 1793 ont pour fonction de fournir le Tribunal en
accusés. Les délibérations sont secrètes mais les jurés opinent à haute
voix.

C'est en octobre 1793 que l'action du Tribunal révolutionnaire prend
son importance. La reine Marie-Antoinette, incarcérée depuis quatorze
mois, comparaît le 14 octobre. Son procès mêle des accusations sérieuses
et des imputations imaginées pour la déshonorer, telle celle d'avoir
émasculé le dauphin. Marie-Antoinette est conduite à l'échafaud le 16,
dans la charrette du bourreau Sanson, « les mains liées derrière le dos,
vêtue d'un simple déshabillé de toile blanche et coiffée d'un bonnet
rond ». A midi, le bourreau présente sa tête au peuple, et les cris de joie
saluent l'exhibition. Le 6 novembre, son cousin Philippe Egalité est
guillotiné. Le 7 novembre, ce sera le tour de Manon Roland, l'égérie des
Girondins, qui ira à la guillotine, grave et souriante, le 8 décembre celui
de la Du Barry, coupable d'avoir été aimée d'un roi. Les révolutionnaires
ne seront pas non plus épargnés. Bailly, qui avait reçu le serment du Jeu
de Paume, sera conduit au supplice le 11 novembre, Barnave le sera le 29
du même mois. Les généraux viendront aussi payer leurs dettes :
Houchard, le vainqueur d'Hondschoote, pleurera quand il s'entendra
traiter de lâche, et renoncera à se défendre. Il sera guillotiné le 15
novembre. Biron le sera aussi, le 30 décembre.

Mais la principale besogne de la Justice révolutionnaire était d'exterminer les Girondins. « Le procès des Vingt et un »* commence le
24 octobre, tandis que Danton, fatigué, va se reposer à Arcis-sur-Aube.
Comme les Girondins se défendent avec âpreté — Vergniaud surtout, et
Brissot — et que le procès menace de s'éterniser, les Jacobins s'impatientent. Chaumette s'indigne : « Le Tribunal révolutionnaire est devenu un
tribunal ordinaire, déclare-t-il le 28 octobre ; il juge les conspirateurs
comme il jugerait un voleur de portefeuilles... » Et pour presser le
mouvement, la Convention unanime décide qu'après trois jours de débat
le président du Tribunal pourra demander au jury si sa conviction est
suffisamment éclairée, et mettre fin au procès. Ce qui fut fait. Ainsi en
finit-on avec les Girondins. Le 30 octobre, dans la nuit, tous sont

---

* *Supra*, p. 268. L'un des Girondins, Gorsas, mis hors la loi, avait été arrêté à Paris et
envoyé à l'échafaud le 7 octobre sur simple constatation de son identité.

condamnés à mort. Valazé se tue d'un coup de poignard*. Le lendemain, les autres sont conduits au supplice. Ensemble ils chantent *La Marseillaise* au pied de l'échafaud.

Ceux qui ont réussi à s'échapper vont aussi à la mort. Roland se donne la mort, dans sa cachette, à Rouen, quand il apprend l'exécution de sa femme. Condorcet, après avoir erré aux environs de Paris, sera arrêté le 27 mars, et trouvé mort, le surlendemain, dans sa cellule**. On retrouvera en juin, près de Saint-Emilion, les cadavres de Buzot, de Pétion. Mais tant de victimes ne suffisent pas à apaiser la soif d'Hébert et de ses amis. *Le Père Duchesne* du 6 novembre réclame que le Tribunal « batte le fer pendant qu'il est chaud ». Il faut qu'il « fasse promptement passer sous le rasoir national » les autres traîtres. « On conduit le peuple par la raison, avait proclamé Robespierre, et les ennemis du peuple par la mort... » Saint-Just avait dit en écho : « Ce qui constitue la République, c'est la destruction totale de ce qui lui est opposé. »

Mais la Terreur n'est pas tant, pour Robespierre, la satisfaction d'une mystique de l'extermination qu'un moyen de gouvernement. Il entend la régulariser, la contrôler. Il veut éviter les massacres désorganisés. Car dans les milieux extrémistes, le désir d'une grande Saint-Barthélemy qui anéantirait tous les suspects est souvent exprimé, et ce n'est pas une chimère. Robespierre veut se servir de la Terreur pour consolider sa dictature, ce qui l'oblige à frapper sur tous les fronts, non pour permettre l'anarchie. Il sait le péril que font courir à son gouvernement les extrémistes, Jacobins enragés, Hébertistes, héritiers des obsessions sanguinaires de Marat, qui exigent un régime toujours plus sanglant, et menacent de passer à l'action. Ce danger n'est pas moindre que celui des modérés — des « indulgents » — suspects de complaisance à l'égard de la contre-révolution. L'Incorruptible devra-t-il frapper des deux côtés ?

Le 12 octobre, Fabre d'Eglantine, politiquement proche de Danton, dénonce aux Comités de Salut public et de Sûreté générale l'existence d'une vaste conspiration, inspirée par l'étranger, et destinée à renverser le gouvernement. Un mois plus tard, deux députés, Chabot et Basire, viennent trouver Robespierre pour révéler l'existence d'un scandale financier et politique — le scandale de la Compagnie des Indes — où seraient compromis des royalistes, mais aussi des banquiers, des hommes d'affaires, des étrangers comme le Prussien Anacharsis Cloots devenu député à la Convention***, et des Hébertistes qui seraient chargés

---

* « Eh quoi tu trembles », lui dit Brissot, le voyant frissonner. « Non, je meurs », répond Valazé expirant. Valazé avait, durant le procès de Louis XVI, voté l'appel au peuple et le sursis.

** Condorcet s'est-il suicidé ou est-il mort d'épuisement physique et nerveux ? Elisabeth Badinter et Robert Badinter ne concluent pas [12].

*** Jean-Baptiste Cloots, dit Anacharsis Cloots, aristocrate né près de Clèves, très riche, s'était enthousiasmé pour l'universelle Révolution. Il avait été élu à la Convention par le

d'exploiter politiquement le scandale. Les dénoncés dénoncent à leur tour. Le 17 novembre, le Comité de Salut public fait arrêter plusieurs députés « pourris », dont Chabot, ex-capucin, suspect pour avoir récemment épousé la jeune Léopoldine Frey, richement dotée par son frère, banquier autrichien et juif! La plupart sont des amis de Danton et sans doute Robespierre n'est-il pas fâché de les tenir en prison... Mais ce n'est pas, pour l'instant, de ce côté qu'il entend engager le combat.

Que veut Danton revenu à la politique? Pense-t-il qu'il est temps de mettre fin au gouvernement révolutionnaire? Les excès de la Terreur l'inquiètent-ils vraiment? Espère-t-il détacher Robespierre des extrémistes du Comité de Salut public, tels Collot d'Herbois et Billaud-Varenne, qui réclament toujours plus de terreur? Voici qu'en décembre il se met à prêcher la clémence : « Je demande qu'on épargne le sang des hommes ». Et il est soutenu par Camille Desmoulins qui lance le 5 décembre (15 frimaire) un nouveau journal, Le Vieux Cordelier. Desmoulins s'attaque violemment aux extrémistes qu'il qualifie d'agents anglais, il réclame l'élargissement de 200 000 suspects et demande l'institution d'un « comité de clémence ». Les extrémistes s'inquiètent, se mobilisent. Collot d'Herbois, revenu de Lyon le 21 décembre, fait, à l'Assemblée puis aux Jacobins, l'apologie de la Terreur. Et Billaud-Varenne réussit à faire révoquer par la Convention un « comité de justice » créé quelques jours plus tôt sous la pression des « indulgents ». Il semble qu'un temps Robespierre ait voulu ne donner raison ni aux uns ni aux autres, tâcher de maintenir un difficile équilibre. Répondant à Camille Desmoulins le 25 décembre, il justifie le gouvernement révolutionnaire et dénonce les deux périls qui menacent la Révolution : « le modérantisme qui est à la modération ce que l'impuissance est à la chasteté, et l'excès qui ressemble à l'énergie comme l'hydropisie à la santé ». Mais entre ces deux périls, au début de l'année 1794, l'Incorruptible a de plus en plus de peine à naviguer... « L'heure est venue pour les amputations »[13]...

C'est au Club des Cordeliers conduit par Vincent et Hébert, que commence, en février 1794, une attaque en règle contre le gouvernement de Robespierre. Quand Fabre d'Eglantine — et plusieurs proches de Danton — ont été arrêtés le 12 janvier, Billaud-Varenne s'est étonné : « Malheur à celui qui a siégé à côté de Fabre d'Eglantine et qui est encore sa dupe. » Veut-il désigner Robespierre? En février et mars, les Hébertistes accentuent leur pression. Carrier, l'organisateur des noyades de Nantes, réclame une « sainte insurrection ». Hébert appelle le peuple à se lever pour anéantir la « faction des indulgents ». Au Club des Cordeliers on voile la table de la Déclaration des droits « jusqu'au jour où

département de l'Oise, et s'était fait l'apologiste de la guerre révolutionnaire et des massacres de Septembre.

le peuple aurait recouvré ses droits par l'anéantissement de la faction »,
on exige l'envoi des Dantonistes à la guillotine. Il n'est plus temps de
biaiser. Robespierre se décide à frapper.

Dans la nuit du 13 au 14 mars 1794 (23-24 ventôse an II), les dirigeants
Cordeliers — dont Hébert, Vincent, Ronsin — sont arrêtés. Ils passent
aussitôt en jugement. On mêle à leur procès, pour mieux les accabler, le
député Anacharsis Cloots, un banquier hollandais, un général suspect de
royalisme, et quelques agents étrangers. Tous sont accusés devant le
Tribunal révolutionnaire d'avoir conspiré pour donner un tyran à
l'Etat★. Ils vont à l'échafaud le 24 mars. Dans le moment, seul
Chaumette est épargné : il sera guillotiné le mois suivant, sous prétexte
d'une « conspiration des prisons » inventée par la police, dans une
fournée qui comprendra les veuves d'Hébert et de Desmoulins, l'évêque
Gobel, les généraux Beysse et Dillon.

Les « indulgents » n'ont pas pour autant gagné la partie. C'est
maintenant à leur tour d'être sacrifiés par Robespierre, pour rétablir les
équilibres compliqués de son gouvernement. Robespierre résista-t-il un
temps pour épargner Danton, et surtout Camille Desmoulins auquel il
portait, semble-t-il, de l'affection ? Mais la pression des intransigeants,
de Billaud-Varenne, de Collot d'Herbois, emporte ses hésitations. Dans
la nuit du 29 au 30 mars (9 au 10 germinal), tous les membres des deux
Comités de gouvernement — sauf quatre★★ — et en outre les quatre
membres du Comité de Législation — Berlier, Cambacérès, Merlin de
Douai et Treilhard — signent l'ordre d'arrestation des quatre députés
suspects : Danton, Philippeaux, Camille Desmoulins et Delacroix. A
l'Assemblée, le boucher Legendre a l'audace d'intervenir en faveur de
Danton : « L'ennemi était aux portes de Paris : Danton vint et ses idées
sauvèrent la patrie », mais Robespierre lui répond sévèrement : « Legendre croit sans doute qu'à ce nom est attaché un privilège. Non ! Nous
n'en voulons point, de privilèges ! Nous ne voulons pas d'idole ! »[15]. A la
hâte, Saint-Just rédige un rapport *Sur la conjuration ourdie depuis plusieurs
années par les factions criminelles pour absorber la Révolution française dans
un changement de dynastie* : ce terrible réquisitoire accuse Danton et
Desmoulins d'avoir pris part à une vaste conjuration « pour absorber la
Révolution française » qu'avaient tour à tour conduite Mirabeau,
Lameth, La Fayette, Brissot, d'Orléans, Dumouriez, Hébert...

> « Les jours du crime sont passés ; malheur à ceux qui soutiendraient sa
> cause ! La politique est démasquée. Que tout ce qui fut criminel périsse !
> On ne fait point de république avec des ménagements, mais avec la
> rigueur farouche, la rigueur inflexible envers tous ceux qui ont trahi. Que

★ Ce tyran devait être... Pache, sous le nom de Grand Juge[14].
★★ Seul Lindet refusa de signer. « Je ne suis pas ici pour guillotiner la France mais
pour la nourrir. » Trois autres étaient en mission.

les complices se dénoncent en se rangeant du parti des forfaits. Ce que nous avons dit ne sera jamais perdu sur la terre. On peut arracher à la vie les hommes qui, comme nous, ont tout osé pour la vérité ; on ne peut point leur arracher les cœurs, ni le tombeau hospitalier sous lequel ils se dérobent à l'esclavage et à la honte d'avoir laissé triompher les méchants. »

Le décret d'accusation est aussitôt voté à l'unanimité, proclamé sous les applaudissements. Et selon le système déjà utilisé, on mêle aux accusés, dans le procès qui s'ouvre dès le 2 avril 1794 (13 germinal an II), des prévaricateurs présumés, tels Chabot et ses beaux-frères les banquiers Frey, un général, un Espagnol, un Danois, et quelques autres, tel Hérault de Séchelles. Mais Danton et ses co-accusés sont décidés à se battre. Au président Dumas qui l'interroge selon l'usage sur son identité, son âge, son domicile, Danton répond fièrement : « Je suis Danton, assez connu dans la Révolution. J'ai trente-cinq ans. Ma demeure sera bientôt le néant, et mon nom vivra dans le panthéon de l'histoire. » La défense de Danton devient si vigoureuse qu'il faut faire voter, en toute hâte, à la demande du très zélé Saint-Just, un décret permettant d'exclure les accusés des débats *. « Infâme Robespierre ! », se serait écrié Danton, « l'échafaud te réclame ! Tu me suis, Robespierre ! » [16]. Le 6 avril (16 germinal) les quatre députés sont condamnés et guillotinés. Danton monte le dernier à l'échafaud. « O ma bien-aimée, ma femme, je ne te verrai donc plus. » Puis se ressaisissant : « Tu montreras ma tête au peuple, dit-il au bourreau, elle en vaut la peine. » A la même heure, la Convention, sur la motion de Couthon, décrète que chacun des députés sera désormais tenu « de rendre compte de sa conduite politique et de sa fortune. » Elle rappelle que « la justice, la probité, toutes les vertus » sont à l'ordre du jour, et que « tout individu qui usurperait la souveraineté serait à l'instant mis à mort par les hommes libres ». C'était bien cela, le gouvernement de la Vertu et de la Terreur...

Il restait à renforcer les moyens du gouvernement. Quelques jours plus tard, le 15 avril 1794, Saint-Just présente son rapport sur « la police générale de la République ». Il y dresse le portrait idéal du parfait révolutionnaire :

> « Un homme révolutionnaire est inflexible, mais il est sensé, il est frugal, il est simple, sans afficher le luxe de la fausse modestie ; il est l'irréconciliable ennemi de tout mensonge, de toute indulgence, de toute affectation ; comme son but est de voir triompher la Révolution, il ne la censure jamais, mais il condamne ses ennemis sans l'envelopper avec eux ; il ne l'outrage point, mais il l'éclaire, et, jaloux de sa pureté, il s'observe quand il en parle par respect pour elle ; il prétend moins être l'égal de l'autorité, qui est la loi, que l'égal des hommes, et surtout des

---

* Le décret stipulait que tout prévenu qui résisterait ou insulterait à la Justice nationale serait mis hors des débats, sur-le-champ.

malheureux. Un homme révolutionnaire est plein d'honneur ; il est policé sans fadeur, mais par franchise, et parce qu'il est en paix avec son propre cœur ; il croit que la grossièreté est une marque de tromperie et de remords, et qu'elle déguise la fausseté sous l'emportement. Les aristocrates parlent et agissent avec tyrannie : l'homme révolutionnaire est intraitable aux méchants, mais il est sensible ; il est si jaloux de la gloire de sa patrie et de la liberté, qu'il ne fait rien inconsidérément ; il court dans les combats, il poursuit les coupables, et défend l'innocence devant les tribunaux ; il dit la vérité afin qu'elle instruise, et non pas afin qu'elle outrage ; il sait que pour que la Révolution s'affermisse il faut être aussi bon qu'on était méchant autrefois ; sa probité n'est pas une finesse de l'esprit, mais une qualité du cœur et une chose bien entendue. Marat était doux dans son ménage ; il n'épouvantait que les traîtres : J.-J. Rousseau était révolutionnaire, et n'était pas insolent sans doute. J'en conclus qu'un homme révolutionnaire est un héros de bon sens et de probité. »

Et Saint-Just fait adopter les vingt-six mesures d'un décret qui renforce encore la dictature. Quelques jours encore et, le 20 avril, Billaud-Varenne soutiendra au nom du Comité de Salut public un rapport « sur la théorie du gouvernement démocratique », et la nécessité d'inspirer l'amour des vertus civiles :

« Saisissez l'homme dès la naissance pour le conduire à la vertu par l'admiration des grandes choses et l'enthousiasme qu'elles inspirent ; que chaque action héroïque ait son trophée ; que chaque sentiment généreux soit célébré dans des fêtes publiques et fréquentes. Ce sont ces tableaux animés et touchants qui laissent des impressions profondes, qui élèvent l'âme, qui agrandissent le génie, qui électrisent tour à tour le civisme et la sensibilité : le civisme, principe sublime de l'abnégation de soi-même ; la sensibilité, source inépuisable de tous les penchants affectueux et sociables. Ce sont des rapprochements réitérés qui conduisent insensiblement les hommes à se faire un besoin de se rechercher, de se mêler ensemble ; qui les accoutument à placer leur plaisir le plus vif dans leur réunion, et leur joie dans une participation générale aux mêmes transports, aux mêmes jouissances. Que la patrie, mère commune, serre indistinctement dans ses bras tous ses enfants : sans les préférences injustes et marquées de nos parents, les membres d'une même famille s'estimeraient et se chériraient à l'envi.

» Que ces soins s'étendent jusqu'aux derniers instants de l'existence, et songez qu'il ne serait point inutile pour l'opinion que la patrie présidât elle-même à la pompe funèbre de tous les citoyens. La mort est un rappel à l'égalité, qu'un peuple libre doit consacrer par un acte public qui lui retrace sans cesse cet avertissement nécessaire : une pompe funèbre est un hommage consolant qui efface jusqu'à l'empreinte hideuse du trépas ; c'est le dernier adieu de la nature. L'homme pervers est le seul que la réprobation publique précipitera dans le tombeau avec le mépris ou l'indignation qui doivent poursuivre le crime au-delà même du néant.

» Citoyens, c'est ainsi qu'au sein de l'erreur, des préjugés, de l'ignorance, l'Antiquité a produit de si grands hommes ; c'est ainsi qu'on monte les consciences et l'opinion au ton des âmes libres ; c'est ainsi que le gouvernement trouve toute facilité d'opérer le bien par l'ascendant de la moralité ; en un mot c'est ainsi que chaque jour on attache plus fortement le peuple à la liberté, et qu'on intéresse de plus en plus ses défenseurs à hâter son triomphe, ne fût-ce que pour venir plus promptement jouir des fruits de la victoire, de la constance et de la raison ! »

Le rapport de Billaud-Varenne ne critiquerait-il pas Robespierre ? « Tout peuple jaloux de sa liberté, proclame Billaud-Varenne, doit se tenir en garde contre les vertus mêmes des hommes qui occupent des postes éminents. » Et le 26, au Comité de Salut public, un violent affrontement met aux prises Saint-Just et Carnot. Saint-Just menace Carnot de la guillotine, Carnot traite Sainte-Just de « dictateur ridicule ». De nouveau Robespierre observe ses ennemis, sur sa droite, sur sa gauche. Faudra-t-il de nouvelles épurations ?

Mais qui serait capable de résister à l'Incorruptible ? L' « armée révolutionnaire » de Paris a été supprimée, les Cordeliers ont été épurés, un décret du 9 septembre a mis fin à la permanence des sections, les Hébertistes ont été anéantis. Ni la Convention, ni Paris ne sont plus en état d'opposer la moindre résistance aux deux Comités qui gouvernent, c'est-à-dire à Robespierre. Le 4 juin, Robespierre sera élu président de la Convention par un vote unanime. Et le 10 juin 1794 (22 prairial an II), le fidèle Couthon vient rapporter, au nom du Comité de Salut public, un projet terrible « perfectionnant » le Tribunal révolutionnaire. « La clémence est atroce, proclame Couthon, l'indulgence parricide. » Le texte élargit à l'infini la définition des « ennemis du peuple » passibles de la peine de mort. Les ennemis du peuple — que le Tribunal révolutionnaire doit châtier — « sont ceux qui cherchent à anéantir la liberté publique soit par la force soit par la ruse », et le texte énumère tous ceux — en vérité innombrables — qui sont « réputés » ennemis du peuple *.

---

* « Art. 6 - Sont réputés ennemis du peuple :
Ceux qui auront provoqué le rétablissement de la royauté, ou cherché à avilir ou à dissoudre la Convention nationale et le gouvernement révolutionnaire et républicain, dont elle est le centre.
Ceux qui auront trahi la République dans le commandement des places et des armées, ou dans toute autre fonction militaire, entretenu des intelligences avec les ennemis de la République, travaillé à faire manquer les approvisionnements ou le service des armées.
Ceux qui auront cherché à empêcher les approvisionnements de Paris, ou à causer la disette dans la République.
Ceux qui auront secondé les projets des ennemis de la France, soit en favorisant la retraite et l'impunité des conspirateurs et de l'aristocratie, soit en persécutant et calomniant le patriotisme, soit en corrompant les mandataires du peuple, soit en abusant des principes de la Révolution, des lois ou des mesures du gouvernement par des applications fausses et perfides.
Ceux qui auront trompé le peuple ou les représentants du peuple pour les induire à des démarches contraires aux intérêts de la liberté.
Ceux qui auront cherché à inspirer le découragement pour favoriser les entreprises des tyrans ligués contre la République.
Ceux qui auront répandu de fausses nouvelles pour diviser ou pour troubler le peuple.
Ceux qui auront cherché à égarer l'opinion et à empêcher l'instruction du peuple, à dépraver les mœurs et à corrompre la conscience publique, à altérer l'énergie et la pureté

Pour « simplifier » la procédure du Tribunal révolutionnaire, le projet de Couthon supprime l'instruction préalable (art. 12). Il décide que, pour faciliter la Terreur, l'acte d'accusation sera désormais fondé sur de simples dénonciations (art. 9). Il enlève à l'accusé l'assistance d'un avocat (art. 16) *. Enfin il supprime l'audition des témoins dès lors qu'il existe des preuves matérielles ou morales (art. 13) **.

Une Assemblée même terrorisée pouvait-elle voter un tel texte ? Voici que, pour la première fois depuis des mois, quelques membres de l'Assemblée osent s'étonner, s'insurger. Il se trouve plusieurs députés pour demander l'ajournement. Robespierre qui préside vient à la tribune appuyer son fidèle Couthon. Il exige un vote immédiat et unanime. « Nous braverons les insinuations perfides par lesquelles on voudrait tancer de sévérité outrée les mesures que prescrit l'intérêt public. Cette sévérité n'est redoutable que pour les conspirateurs, que pour les ennemis de la liberté. Quiconque est embrasé de l'amour de la patrie accueillera avec transport les moyens d'atteindre et de frapper son ennemi. » Maintenant, la liberté, le peuple, Robespierre se confondent avec la Terreur. « Il n'y a que les morts qui ne reviennent pas », avait prophétisé Barère, et Collot d'Herbois avait répondu en écho : « Plus le corps social transpire plus il devient sain » [17].

Il faut aller de plus en plus vite en besogne. Commence, en ce mois de juin 1794, ce que l'on a appelé la « Grande Terreur ». Le nombre des détenus — qui était de 4 800 en janvier — monte à 7 000 en juillet, et près de 1 300 « suspects » iront à la guillotine du 10 juin au 27 juillet ***, hommes et femmes de tous les âges, monarchistes, prêtres insermentés, fraudeurs du maximum, fabricants de faux assignats, officiers, anciens

---

des principes révolutionnaires et républicains, ou à en arrêter les progrès, soit par des écrits contre-révolutionnaires ou insidieux, soit par toute autre machination.

Les fournisseurs de mauvaise foi, qui compromettent le salut de la République, et les dilapidateurs de la fortune publique, autres que ceux compris dans les dispositions de la loi du 7 frimaire.

Ceux qui, étant chargés de fonctions publiques, en abusent pour servir les ennemis de la Révolution, pour vexer les patriotes, pour opprimer le peuple... »

* « Art. 16 - La loi donne pour défenseurs aux patriotes calomniés des jurés patriotes ; elle n'en accorde point aux conspirateurs. »

** « Art. 13 - S'il existe des preuves soit matérielles, soit morales, indépendamment de la preuve testimoniale, il ne sera point entendu de témoins, à moins que cette formalité ne paraisse nécessaire soit pour découvrir des complices, soit pour d'autres considérations majeures d'intérêt public. » Le décret stipulait que tout prévenu qui résisterait ou insulterait la Justice nationale serait mis hors des débats sur-le-champ.

*** D'avril 1793 à juin 1794, le Tribunal révolutionnaire avait prononcé 1 250 condamnations à mort. Le bilan des victimes de la Terreur judiciaire à l'échelon national a été établi par l'historien américain Donald Greer. Le maximum de condamnations à mort se situe en France, dans les deux mois de décembre 1793 et janvier 1794, à près de 7 000 exécutions. Puis la courbe tragique redescend de février à mai 1794, mais elle remonte en juin et juillet jusqu'au 9 Thermidor. Donald Greer évalue à 16 600 le nombre des condamnés à mort guillotinés pendant la Terreur, dont 2 625 à Paris [18].

Constituants, Feuillants, Girondins, révolutionnaires des partis vaincus *. Pour désengorger les prisons on y supposa des complots, on conduisit à la guillotine 37 prisonniers de Bicêtre le 16 juin, 146 du Luxembourg du 7 au 10 juillet, 46 des Carmes le 23 juillet, 71 de Saint-Lazare, dont André Chénier, du 24 au 26 juillet : effrayants massacres d'innocents et de suspects indifféremment mêlés.

Mais il n'y a pas qu'à Paris que sévit la mystique de la Terreur. A Nantes, le représentant en mission, Carrier, enivré de sa puissance, a fait jeter dans la Loire, dans l'hiver 1793, par centaines, les prisonniers non encore exécutés : les « noyades de Nantes » ont sans doute fait plus de 5 000 victimes **. La Convention a décrété, le 12 octobre, que la ville de Lyon, punie pour s'être révoltée, serait détruite et que sur les ruines de la ville ancienne serait construite la « Ville Affranchie » ***. Collot d'Herbois et Fouché, venus en novembre pour remplacer Couthon, ont veillé personnellement à la destruction des grandes demeures des quais de la Saône, et des commissions révolutionnaires instituées à cet effet ont fait fusiller ou guillotiner plus de 2 000 personnes. A Marseille, plusieurs centaines de personnes ont été exécutées [20]. A partir de janvier 1794, est entré en action le plan conçu par Barère pour « détruire la Vendée ». Divisées en une douzaine de colonnes, les troupes républicaines — chacune suivant un itinéraire différent — ont brûlé les maisons, exterminé la population, hommes, femmes, enfants. Au mois de mai, les « colonnes infernales » ont ravagé la Vendée, faisant sans doute une centaine de milliers de morts ****, détruisant plus de 20 pour cent des habitations.

Sans doute, les centres de « terrorisme » ne furent-ils pas nombreux. Et dans la majorité des départements les représentants en mission n'ont pas cédé à la furie qui anima Barère, Carrier, Fouché, Collot d'Herbois. Mais la Terreur, même limitée dans le temps et dans l'espace, a produit des effets dont notre mémoire collective est encore chargée. A court terme, elle a précipité le gouvernement de Robespierre dans un mouvement insensé qui devait le perdre, elle a suscité en France un immense dégoût qui dépassait de beaucoup les forces de la contre-

* Dès avril et mai, Madame Elisabeth, Le Chapelier, Thouret, Lavoisier étaient partis au hasard des fournées, dans les charrettes qui conduisaient à la mort les « ennemis » de la Révolution.

** Les évaluations varient avec les historiens, et souvent avec le jugement qu'ils portent sur la Terreur. Le chiffre parfois cité de 15 000 ou 20 000 victimes est certainement exagéré [19].

*** « Le nom de Lyon, avait proclamé Barère, ne doit plus exister. Vous l'appellerez Ville Affranchie, et sur les ruines de cette infâme cité il sera élevé un monument qui attestera le crime, et la punition des ennemis de la liberté. Ce seul mot dira tout : Lyon fit la guerre à la liberté, Lyon n'est plus. »

**** Cf. François Furet, *La Terreur*, dans *Dictionnaire critique de la Révolution française*. Donald Greer ne prend pas en compte ce chiffre dans ses statistiques de la Terreur, citées plus haut, établies à partir des exécutions capitales.

révolution et même les frontières d'une bourgeoisie effrayée. A long terme, comme l'observe François Furet, « le souvenir de la Terreur a empoisonné toute la vie politique française du XIXᵉ siècle ; il a surinvesti de passions supplémentaires la grande querelle entre l'Ancien Régime et la Révolution »[21]. Et la Terreur est restée une ligne de partage que deux siècles ont à peine atténuée. Il existe une histoire de la Terreur qui tente de l'absoudre, ou même de la célébrer, comme le produit nécessaire de la situation tragique où se trouvait la Révolution en 1793 : la Terreur aurait été la seule réponse possible de la Révolution au gigantesque complot de ses ennemis de l'intérieur et de l'extérieur... Elle est alors disculpée, parfois légitimée, comme une exigence douloureuse du salut public, l'instrument nécessaire de la victoire du peuple *. Mais il faut observer que la Terreur a battu son plein, non dans les circonstances tragiques qu'avait connues la République, en particulier pendant l'été 1793, mais plus tard, spécialement à partir de mai 1794, quand la Vendée fut soumise, la République à nouveau victorieuse **, et qu'on ne peut donc, comme le remarque Edgar Quinet[23], faire à la Terreur un crédit qu'elle ne mérite pas, la regarder comme une exigence du salut de la patrie. Il reste alors à la sublimer autrement : non plus comme une exigence du combat pour la patrie et la République, mais comme une tragique entreprise de régénération révolutionnaire, sanctificatrice, purificatrice. Dans cette analyse quasi religieuse de la Terreur, elle se confond avec la Révolution elle-même[24]. Comme la Révolution, elle est innocente. Elle a pour mission de racheter, de transformer l'homme méchant en homme vertueux. « Le sang qu'elle verse a une puissance rédemptrice... par la Terreur, la Révolution, cette histoire inédite, toute neuve, fera un homme nouveau »[25].

A l'inverse, la Terreur n'a pas cessé d'alimenter l'argumentaire des ennemis de la Révolution. La guillotine est devenue pour eux l'emblème de la Révolution, et la République leur semble irrémédiablement souillée du sang qu'elle a versé. La Révolution est proclamée inséparable de la Terreur qui l'a exprimée, incarnée. 1794 jette l'opprobre sur 1789, qui d'ailleurs contenait déjà la Terreur dans le germe de ses mots et de ses comportements. Ainsi Robespierre, le dictateur ensanglanté, légitime-t-il, par ses crimes, la haine de la Révolution. Du même coup, il innocente l'Ancien Régime, la société des ordres, les privilèges, les injustices. Et la Révolution n'est pas seulement accusée d'avoir été inutile. Elle l'est surtout d'avoir été monstrueuse ***.

* C'est l'interprétation de la Terreur que suggèrent souvent les manuels scolaires classiques utilisés par l'enseignement laïc[22].

** *Infra*, p. 322.

*** « Par la Terreur, écrit Necker, la Convention s'est montrée royaliste et royaliste à outrance, en faisant haïr le système républicain, par son despotisme, par sa tyrannie, et par toutes les persécutions propres à inspirer une sorte d'effroi à la seule pensée de son autorité ; et plus elle répétait que son gouvernement était républicain, plus on devait en vouloir un dont le nom était différent... »[26].

Sieyès a vu venir la Terreur *. Il n'a rien fait pour l'empêcher. Il n'eût rien pu faire, et il n'entendait certes pas prendre le risque d'un combat perdu d'avance. Il ne vient à l'Assemblée que de plus en plus rarement. Il vote chaque fois qu'il faut voter pour ne pas susciter la fureur de Robespierre. Il se tait, bien sûr, dans le court débat qui précède le vote de l'affreux décret proposé par Couthon, et il vote comme tous les autres. Il attend prudemment que les événements emportent la Terreur et le gouvernement révolutionnaire, désormais confondus. Mais il ne fait rien pour précipiter la chute du dictateur qui lui semble inévitable. Cette chute, la verra-t-il ? Plusieurs de ses amis, de ses riveaux de l'ancienne révolution, Bailly, Thouret, Le Chapelier, sont allés à la mort... La vie de Sieyès ne tient qu'à la volonté ou à l'humeur de Robespierre. Enfermé chez lui **, il lit les poètes latins. Il écrit des textes qu'il n'achève pas, et qui expriment son désarroi. « Il faut instruire ? Malheur à qui instruit ! Les hommes veulent, souffrent qu'on leur plaise, ils ne souffrent pas qu'on les instruise... » [27]. Mais qui songerait à instruire qui que ce soit dans la folie de ce temps ? Pour l'instant Sieyès ne cherche qu'à se faire oublier. « Que faire dans une telle nuit ? Attendre le jour » [28].

---

* Dans son discours du 2 thermidor an III (*infra*, p. 363), Sieyès tentera d'expliquer la Terreur. Elle était, dira-t-il, le produit d'une conception de la souveraineté du peuple qui, substituant la souveraineté du roi, s'affirmait absolue et ne se connaissait ni limite ni obstacle. En vérité, Sieyès avait lui-même, en 1789, soutenu cette thèse absolutiste de la souveraineté nationale. Ce sont les événements — et notamment la dictature de Robespierre confondant en lui le gouvernement, l'Assemblée, le peuple — qui ont peu à peu modifié son jugement. La volonté du peuple — longtemps usurpée par celle du roi — avait ressuscité l'absolutisme : le peuple de Robespierre disposait du pouvoir de tout faire, il avait droit à une juridiction sans limites. La Terreur était, au fond, comme avait été l'arbitraire royal, l'excès tragique d'une souveraineté imitée de l'Ancien Régime...

** A partir de 1790 et sans doute jusqu'à la fin de la Convention, peut-être même jusqu'à son départ pour Berlin, Sieyès habita, 273 rue Saint-Honoré — non loin des Tuileries —, une maison sur laquelle on ne possède guère de précisions.

XIII

LE PLUS MÉCHANT DES HOMMES

Robespierre inspirant, organisant la Terreur, Sieyès contraint de se taire, ne vivant plus que pour survivre ? Et si ce n'était qu'un faux-semblant ? Si le projet d'exterminer les opposants de gauche et de droite, d'envoyer à l'échafaud tous les extrémistes, tous les gêneurs, pour assurer un gouvernement fort, capable de sauver la Révolution... avait été celui de Sieyès, de Sieyès savamment dissimulé ? Si Robespierre n'avait fait qu'exécuter avec soin la monstrueuse entreprise qu'avaient conçue et organisée ensemble — l'un ouvertement, l'autre en secret — les deux grands terroristes, apparemment brouillés ?

L'hypothèse a été avancée : Sieyès aurait été l'inspirateur de la Terreur, et il l'aurait dirigée, en connivence avec Robespierre. Dans son ouvrage *Les deux Révolutions françaises*[1], Guglielmo Ferrero semble la prendre fort au sérieux : « Celui qui aurait conçu cette épuration et l'aurait fait exécuter par Robespierre serait l'abbé Sieyès... »[2]. L'allégation prend appui sur des documents découverts à la fin du XIXe siècle et connus sous le nom de *Dropmore Papers*[3].

Il s'agit d'une série de bulletins secrets, s'échelonnant entre le 2 septembre 1793 et le 22 juin 1794, envoyés de Paris par un informateur français au ministre anglais à Gênes, Francis Drake. Ces bulletins, transmis au ministre des Affaires étrangères de Grande-Bretagne, Lord Greenville, ont été publiés à Londres en 1894[4]. Ce sont, pour l'essentiel, des notes secrètes sur les délibérations du Comité de Salut public prises durant la Terreur, fort différentes des procès-verbaux qui ne rendaient compte que des décisions. Et ces notes prétendent éclaircir, d'une lumière nouvelle, le véritable rôle de Sieyès.

Ainsi, le 15e bulletin, adressé le 15 mars 1794, porte la mention suivante :

> « Le 9 au soir, Robespierre et l'Abbé Sieyès se retirèrent à Choisy avec une partie des chefs de leurs partisans... »

De même le 17ᵉ bulletin, daté du 21 mars 1794, explique comment fut décidée l'arrestation des Hébertistes, et le rôle joué par Sieyès :

« On a découvert avec certitude qu'il y avoit eu une nouvelle assemblée à Choisy le 12 Mars, à laquelle s'étoient trouvés Robespièrre, l'Abbé Sieyès, Couthon... et le Maire Pache, qui est celui qui a découvert les projets d'Hébert après avoir été de son parti, ou feint d'en être. Le 13... on rassembla tout de suite le Comité de Salut Public... Il est constant que Robespièrre épouvanté vouloit, ainsi que Couthon, abandonner la partie et se sauver dans l'Amérique Septentrionale. L'Abbé Sieyès seul s'est opposé à ce projet, et tout ce qui a été fait pour écraser la faction d'Hébert est son ouvrage. Lui seul parla pendant plus de deux heures au Comité du 13 Mars matin. Le précis de tout son discours fut de prouver au Comité que les Anglais par leurs intelligences à Paris avoient donné naissance à cette nouvelle faction ; ... que le Comité devoit se rappeler que la réponse catégorique de Mr Pitt avoit continuellement été que le principal obstacle à la paix, et la reconnoissance d'un gouvernement quelconque en France, seroit toujours l'existence des factions et leur foiblesse respective ; que s'il y avoit une autorité quelconque en France qui présentât des bases stables, et un pouvoir assuré, l'Angleterre traiteroit aussitôt avec ce pouvoir. »

Le 18ᵉ bulletin, du 28 mars, commente l'exécution des Hébertistes :

« Le 24, ont été guillotinés tous les chefs du parti Hébert. Le 22 et le 23, il y avoit eu quelque espèce de négociation avec le Comité de Salut Public pour leur conserver la vie en les confinant dans une prison, mais leur espérance n'a pas été longue. Elle étoit née de la fermentation qu'on avoit remarquée dans le peuple qui disoit assez hautement que cette conjuration étoit une invention de Robespièrre. Celui-ci étant inquiet, se prêtait à la proposition d'Hébert de reconnoitre la vérité des imputations qui lui étoient faites, si on vouloit ensuite lui accorder un sursis, et ensuite le faire évader ; mais dans la journée du 23, Robespièrre a fait répandre parmi le peuple huit cent mille livres en assignats, qui ont produit tout l'effet qu'on en désiroit ; dès lors, il n'a plus été question de proposition d'Hébert. »

Le bulletin se poursuit par deux développements, l'un consacré à Robespierre, l'autre à Sieyès :

« On doit se bien persuader que Robespièrre n'est pas un homme de courage, ni même un homme d'un grand talent. Le mérite qu'il a eu pour parvenir où il est, c'est tandis que ses complices dans la première Assemblée Constituante et dans l'Assemblée Législative, vouloient garder les ménagemens qu'ils ont en effet gardés pour amener le peuple par degré au point où il est, lui s'est constamment refusé à ces ménagemens, et, dès la première année de la révolution, il a professé purement et simplement le démocratisme comme il le fait à présent. Cet homme avec de pareilles manières ne seroit jamais parvenu à faire la révolution dans laquelle peu à peu ses complices ont entraîné le peuple ; mais il devoit en arriver ce qui arrive aujourd'hui, c'est que, la révolution faite, il devoit en acquérir la plus grande popularité ; la conserver n'est pas dans sa puissance ni dans son caractère ; il en jouit avec trop d'insolence pour cela ; et sans l'abbé Sieyès, qui luy est très attaché, il y a déjà longtemps qu'il auroit perdu toute son influence.

» L'Abbé Sieyès, le plus méchant des hommes qui aye jamais existé, est sûrement l'homme le plus fécond en ressources et le plus féroce qui existe peut-être en France. Il ne veut point très décidement s'emparer person-nellement du pouvoir, mais il veut gouverner ceux que par ses conseils il conduit à l'autorité suprême. Il a trouvé cela dans Robespièrre, et très certainement il ne le trouvera pas dans St-Just. L'Abbé Sieyès est très persuadé, et il ne s'en cache en aucune manière depuis trois ans, que le règne des rois est fini en Europe ; qu'il existera un siècle d'anarchie dans tous les Etats, après quoi, dit-il, on verra des institutions nouvelles. D'après ce qu'on en cite, il n'entendra jamais de bonne foy aucune proposition d'accommodements avec aucun souverain ; cependant il a déclaré plusieurs fois au Comité que, s'il étoit besoin d'une cessation de guerre, il ne s'opposeroit point à une trève, parce qu'il la croyoit bien plus funeste pour les rois que dangereuse pour la République. »

Le 19e bulletin, envoyé le 2 avril, expose le rôle de Sieyès dans la mise en accusation de Danton :

« Le 27 au soir, le Comité de Salut Public, où assistèrent, outre les sept membres qui le composent, l'Abbé Sieyès et Hanriot Commandant de la Garde Nationale, résolut sur la motion de l'Abbé Sieyès d'englober dans les conspirateurs le fameux *Danton*, jusqu'à ce jour le collègue de Robespièrre. L'Abbé Sieyès lut un mémoire de Foulquier Tainville [Fouquier-Tinville], accusateur public près le tribunal révolutionnaire. Dans ce mémoire Foulquier déclaroit que, par la suite des interrogatoires secrets faits à Hébert, il avoit déclaré dans l'espoir d'obtenir sa grâce, que Danton avoit été expressément désigné par Mr Pitt, pour l'homme qu'il falloit mettre à la tête de la besogne, pour que les puissances crussent pouvoir traiter avec sûreté. Les dépositions d'Hébert à cet égard, telles qu'on les rapportait dans ce mémoire, sont en effet concluantes, mais on les croit fabriquées par l'Abbé Sieyès, Robespièrre et Foulquier. »

Ainsi Sieyès aurait été l'instigateur des deux coups de force successifs frappant Hébert et ses amis, puis Danton et les siens, et Robespierre — qui vivait dans la peur — n'aurait été que l'instrument du plus méchant, du plus féroce des hommes. Ferrero se laisse aisément persuader. C'est, pense-t-il, que Sieyès était « sec, dur et orgueilleux, mais courageux et capable de prendre une décision »[5]. Les idées que lui prête le bulletin, observe Ferrero, sont d'une remarquable profondeur. « De même le rôle qu'il aurait joué paraîtrait vraisemblable. Ce que nous savons de Sieyès le confirmerait ». Ne serait-ce pas pour faire oublier ces horreurs que Sieyès se montrera si discret, quand il faudra — en l'an III — donner à la France une nouvelle Constitution ?[6]. Et l'on pourrait ajouter, pour tenter d'appuyer un moment l'hypothèse : n'est-ce pas pour cette raison qu'il éprouvera le besoin de publier, dans les premiers mois de 1795, sa fameuse *Notice*, se défendant d'avoir été parmi les « faiseurs » de Robespierre, prétendant même, contre toute évidence, ne lui avoir jamais adressé la parole ?

On sait l'origine de ces documents secrets. Ils émanent du comte d'Antraigues, étonnant aventurier qui, après s'être vigoureusement élevé contre la noblesse héréditaire et l'avoir représentée aux Etats Généraux, avait émigré et était passé au service de l'Espagne, puis de la Russie, de l'Angleterre, et du comte de Provence*. Officiellement attaché, à partir de juin 1793, à la légation espagnole à Venise, il entretenait une immense correspondance, recevant des informations**, les interprétant, les transmettant. De nombreux amis, relations, lieutenants de police, agents de réseaux concurrents, le renseignaient ; et d'Antraigues revendait, pour mieux vivre, des notes qu'il rédigeait avec soin[8].

Depuis longtemps les papiers de Lord Greenville, découverts au château de Dropmore et publiés en 1894 par l'Historical Manuscripts Commission, ont attiré l'attention des historiens. Aulard, lorsqu'ils parurent, déclara qu' « ils étaient indignes de l'attention d'un historien ». Mathiez conclut — après une très minutieuse étude — qu'ils étaient sans valeur historique[9]. Dans les *Annales historiques de la Révolution*[10], R. de Grandsaignes a cependant jugé crédible, le sérieux du comte d'Antraigues, « homme en vue qui avait une réputation à préserver et qui n'aurait pu écrire n'importe quoi ». En réalité, ainsi que le reconnaît d'ailleurs Grandsaignes, les principaux informateurs de d'Antraigues — l'avocat Lemaître, l'abbé Brottier, l'ancien lieutenant de police Sourdat*** — entretenaient de nombreux préjugés. « L'exactitude de l'information n'était pas leur souci ; ils prenaient les nouvelles qu'on leur donnait et les transmettaient sans trop les recouper, sans en faire la critique... »[12]. C'étaient, constate Jacques Godechot, dans son étude qui fait le point du problème, « des agents médiocres, des personnages fort obscurs et qui faisaient le métier de vendre des renseignements »****. Ils parlaient les uns aux autres, ils lisaient

---

* Il sera nommé conseiller d'Etat par le tsar Alexandre en 1803, passera en Angleterre, livrant les articles secrets du traité de Tilsitt, et finira assassiné en 1812 par son domestique italien. Cf. not. L. Pingaud, *Un agent secret, le comte d'Antraigues*, Paris, 1893, et Tulard, Fayard et Fierro, *Histoire et dictionnaire de la Révolution française 1789-1799*, p. 528. Le comte d'Antraigues avait publié en 1788 un *Mémoire sur les Etats Généraux* qui avait connu, avant les libelles de Sieyès, un important retentissement.

** Selon Grandsaignes, d'Antraigues aurait utilisé parmi ses nombreux informateurs, sous la Terreur, Hérault de Séchelles et peut-être Lazare Carnot[7].

*** V. l'étude très complète de Jacques Godechot sur les réseaux de renseignements dans son ouvrage sur *La contre-Révolution 1789-1804* »[11].

**** Lemaître sera arrêté dans un café à Paris le 12 octobre 1795, ses papiers saisis et publiés par ordre du Directoire (dont de nombreuses lettres du comte d'Antraigues). Il sera condamné à mort et exécuté. L'abbé Brottier également arrêté, jugé, mais acquitté, sera déporté en Guyane au lendemain du coup d'Etat du 18 fructidor. Il y mourra en juillet 1798.

attentivement les journaux, et ils rédigeaient sans rigueur ni esprit critique, la synthèse de ce qu'ils avaient appris. « D'Antraigues reprenait leurs lettres, les recomposait, et écrivait ses fameux bulletins qui étaient diffusés dans toute l'Europe, en ajoutant de son cru aux renseignements qui lui parvenaient de Paris »[13]. En outre le comte d'Antraigues lui-même ne peut passer pour un informateur objectif. Il poursuit un but, ou plusieurs buts. Il veut démontrer aux Anglais qu'en France aucun accord, aucun complot n'est possible avec ceux qui voudraient restaurer une monarchie constitutionnelle, qu'il n'y a en réalité qu'une seule issue, le retour du comte de Provence, la restauration intégrale de l'ancienne monarchie. Comme l'observe Jacques Godechot, il transforme les renseignements reçus. Et il s'en prend avec une particulière violence à ceux — tel Sieyès — qui risqueraient de passer pour des interlocuteurs valables dans la recherche négociée d'une solution réconciliant la monarchie et la Révolution.

Certes, tout n'est pas nécessairement inexact dans les bulletins de Dropmore, et il peut s'y trouver des informations sérieuses. Mais, ainsi que le constatait Marcel Reinhard[14], les bulletins doivent être confrontés avec d'autres documents, et il ne peut être question de croire, sur les seules assertions du comte d'Antraigues, que Robespierre épouvanté voulait se sauver en Amérique du Nord, que Sieyès et lui se retiraient à Choisy pour organiser la Terreur, et que Robespierre, sans courage ni talent, subissait la loi du féroce abbé. Telle est aussi la conclusion de Jacques Godechot[15] : les notes du comte d'Antraigues ne peuvent, à elles seules, renverser l'histoire.

Et si l'on s'en tient au rôle prêté à Sieyès, l'invraisemblance en est frappante. Sieyès et Robespierre se seraient — le 9 mars 1794 — enfermés à Choisy « avec une partie des chefs de leurs partisans », le 12 mars ils s'y seraient retrouvés avec Couthon, avec Pache et d'autres, sans qu'il en restât le moindre témoignage, le plus infime indice ! Sieyès aurait régulièrement participé aux réunions du Comité de Salut public — dont il n'était pas membre — sans que nul en gardât, en transmît le souvenir. Rien ne semble vrai, des accusations portées, mais rien non plus n'est vraisemblable : ce pourquoi, sans doute, ceux qui ont travaillé sur Sieyès — Bastid notamment — les ont généralement négligées. Sans qu'aucun témoin ne puisse le confondre, Sieyès aurait dissimulé son rôle politique de septembre 1793 à juin 1794 ? Il ne se serait pas appliqué à vivre, mais à gouverner en secret ? Robespierre, Saint-Just, Couthon, et encore les terroristes des derniers mois, qui seront cependant si bavards, Tallien, Barère, Billaud-Varenne, Collot d'Herbois, tous auraient caché qu'ils avaient eu pour instigateur, et pour maître, cet abbé qu'ils haïssaient ?

Cette légende d'un Sieyès initiant la Terreur ne retiendrait sans doute pas l'attention si elle ne traduisait, à sa manière, la violence et la continuité des craintes qu'a inspirées Sieyès. Dans les premiers mois de 1794, quand Sieyès n'est plus rien qu'une ombre, il est encore assez redoutable, il garde un crédit suffisant pour qu'il semble nécessaire à d'Antraigues de persuader la diplomatie anglaise que le féroce abbé « ne cache en aucune manière que le règne des rois est fini en Europe », qu' « il n'entendra jamais de bonne foi aucune proposition d'accommodements avec aucun souverain », que Robespierre est un instrument entre ses mains... Il semble que le comte de Provence — dont d'Antraigues est l'agent — craigne Sieyès, ses intrigues, le projet qu'il pourrait avoir de servir un autre candidat au trône. Et l'acharnement que révèlent les *Dropmore Papers*, pour discréditer sûrement Sieyès — le chef des terroristes, l'ennemi juré des rois —, traduit sans doute une véritable inquiétude. L'effrayant abbé ne risque-t-il pas de réapparaître si disparaît Robespierre ? Ne faut-il pas empêcher à tout prix qu'il s'empare de l'héritage ? *.

A long terme, les *Dropmore Papers* peuvent servir à alimenter l'antipathie que l'abbé Sieyès n'a cessé d'inspirer. Car il ne suffit pas qu'il ait été le promoteur de l'abolition des privilèges, qu'il ait proclamé la souveraineté du Tiers Etat. Il faut aussi qu'il ait voté « la mort sans phrase ». Il faudrait enfin qu'il ait animé, dirigé la Terreur... « Quels hommes ! », dira-t-il dans sa *Notice*[17], dénonçant ses calomniateurs. « Toujours déboutés, ils essaient toujours de se réintégrer dans leurs calomnies les plus viles. Aujourd'hui comme autrefois, ils cherchent à insinuer que Sieyès *est derrière le rideau*. Derrière le rideau ! Le plus épais de tous est celui que vous avez mis devant vos yeux, malheureux. » Tel il est, tel il sera jusqu'au bout. Pour ses ennemis, capable de tous les crimes, et à ses propres yeux sublimement innocent.

---

* L'accusation fut sans doute portée contre Sieyès dès après Thermidor et dans les années qui suivirent. On y trouve une allusion probable dans l' *Exposé historique des écrits de Sieyès* sans doute rédigé en 1795, publié en l'an VIII (seulement tiré au nombre de 25 exemplaires), écrit anonyme apologétique dû sans doute à la plume d'Œlsner. « Une admiration plus offensante que les injures, y lit-on (p. 80), a voulu faire de Sieyès l'auteur et le conseil secret du gouvernement révolutionnaire. Ne concédant rien au génie d'un grand peuple, mis en mouvement par un intérêt national, l'étranger n'a pu s'expliquer les succès militaires des Français qu'en prêtant un grand sens au système de la Terreur, par l'intervention d'un homme de génie »[16].

XIV

LE PEUPLE FRANÇAIS
PROCLAME L'EXISTENCE DE DIEU

Il ne suffisait pas de terroriser les ennemis de la Révolution, il fallait aussi célébrer, solenniser le culte de la patrie et de la vérité confondues. Déjà la Révolution avait donné ses principaux symboles au cérémonial patriotique, organisé ses rites : le Panthéon pour les dépouilles mortelles, les fêtes commémoratives, les cortèges, l'arbre de la Liberté, la cocarde tricolore, la table de la Constitution, la colonne des Droits de l'homme, le bonnet de la Liberté... Puisque l'Eglise catholique ne voulait pas participer à la religion nouvelle, on pouvait au moins imiter son rituel, s'en servir pour adorer Dieu sans elle. « Le culte révolutionnaire se fit en quelque sorte l'héritier de l'Eglise défaillante... »[1]. On parlait de l' « autel de la Patrie », de la « Sainte Montagne ». On fêtait la « Sainte Egalité », la « Sainte Liberté »[2]. On célébrait des cultes. Celui de Marat, assassiné le 13 juillet 1793, fut exemplaire. Marat fut vénéré, prié, comme un martyr, comme un saint. David régla les obsèques de l' « ami du peuple » auxquelles, le 16 juillet, assista une foule immense Le cadavre, à découvert sur un lit, fut porté par dix hommes nus jusqu'à la ceinture. Le cœur du héros, enfermé dans une urne, fut solennellement placé avec le corps dans une chapelle du couvent des Cordeliers, où il fit l'objet d'un culte quotidien. Les femmes venaient pleurer et prier. On comparait Marat au fils de Marie. « Comme Jésus, Marat aima ardemment le peuple, et n'aima que lui »[3]. En septembre, le cœur du saint fut présenté à la Convention, avant que la dépouille ne soit — un an plus tard — transférée au Panthéon.

Mais il restait à poursuivre la destruction de l'ancienne religion, irréductiblement liée à l'Ancien Régime. Car il était clair, à la fin de 1793, que le clergé constitutionnel, après le clergé réfractaire, avait déserté le camp de la Révolution[4], que la rupture était irrémédiable entre le catholicisme et la Révolution. La religion chrétienne n'est donc, ne doit plus être, qu'une superstition des siècles passés qui a aveuglé les esprits, enchaîné les cœurs. Le 2 octobre 1793, Marie-Joseph Chénier * a fait décréter par la Convention que le corps de Descartes serait transporté au Panthéon. Ainsi serait solennellement célébré le culte de la Raison. Le 5 octobre, sur la proposition de Romme **, la Convention a remplacé l'ère chrétienne par l'ère révolutionnaire. Ainsi seront détruits les symboles du catholicisme et supprimé le dimanche. C'est le 22 septembre 1792 qu'a commencé l'an I de la Liberté... Fabre d'Eglantine fait adopter, le 24 octobre, une réorganisation complète du calendrier, inspiré d'une terminologie bucolique. « L'ancien catalogue, proclame Fabre d'Eglantine, ne présentait ni utilité ni méthode ; il était le répertoire du mensonge, de la duperie, du charlatanisme. » Par cette réforme les rythmes séculaires de la vie quotidienne doivent être transformés, la religion ancienne enfin extirpée des mœurs...

L'action laïcisante s'est poursuivie en province autant, parfois plus, qu'à Paris. A Nevers, l'ancien oratorien Fouché envoyé en mission a pris des mesures impitoyables. Il a interdit toute cérémonie religieuse hors des églises. Il a ordonné la destruction de tous les signes extérieurs de l'ancienne religion, des croix, des calvaires. Les obsèques devront désormais être civiles. La porte des cimetières, a-t-il décidé, devra désormais porter cette inscription : « La mort est un sommeil éternel. » Et pour bien démontrer que le Dieu des catholiques n'existait plus, Fouché a présidé, à la cathédrale, une cérémonie solennelle en l'honneur de Brutus. Dans la Somme, André Dumont, représentant en mission, est monté en chaire, il a proclamé que les « singeries des prêtres » trompaient le peuple. Les offices du dimanche ont été interdits. A Reims, à Paris, on s'en est pris aux églises. En octobre, Hébert a fait détruire à Notre-Dame les images des anciens rois. Le 6 novembre, à la demande de plusieurs communes des environs de Corbeil, l'Assemblée a décrété que les communes seraient libres de supprimer leurs paroisses. Le même jour, les Jacobins, jusque-là silencieux, ont adhéré à une pétition demandant la suppression des traitements ecclésiastiques. Et le 10 novembre 1793, à Notre-Dame de Paris, une jeune danseuse de l'Opéra a incarné la Liberté, dansant au pied du grand autel. Entourée du corps de ballet, elle a interprété une scène lyrique, L'offrande à la Liberté, mise en musique par Gossec d'après le thème de la Marseillaise, et réglée par Gardel. Le spectacle parut si beau que Chaumette fit donner

* Marie-Joseph Chénier avait connu, comme auteur dramatique, un grand succès, faisant jouer notamment à la fin de 1789, son Charles IX qui constituait une critique de la monarchie absolue. Député à la Convention, il avait continué d'écrire des pièces et des hymnes. Il était le frère cadet du poète André Chénier, qui sera guillotiné le 25 juillet 1794, deux jours avant Thermidor.

** Romme, ancien député à la Législative, sera arrêté à la suite de la journée du 20 mai 1795 (1er prairial, an III) et condamné à mort. Il se suicidera, entendant lire la sentence.

à la cathédrale le nom de « Temple de la Raison » et que l'on recommença la cérémonie afin que tous les députés pussent y assister.

Mais quelques jours plus tôt, le 6 novembre, un grave événement était venu troubler le silence de Sieyès. Un groupe de révolutionnaires, conduits par des Hébertistes, parmi lesquels l'agitateur prussien Anacharsis Cloots, avaient réussi à traîner à la Convention l'évêque constitutionnel de Paris Gobel*, déjà inscrit semble-t-il sur la liste des suspects, pour qu'il renonçât, devant l'Assemblée, à la prêtrise. Gobel, terrorisé, avait consenti d'abjurer solennellement ses fonctions : « Je renonce à mes fonctions de ministre du culte catholique ; mes vicaires font la même déclaration, nous déposons sur votre bureau nos lettres de prêtrise. Puisse cet exemple consolider le règne de la liberté et de l'égalité. Vive la République. » Derrière lui, plusieurs autres prêtres, un pasteur protestant étaient venus proclamer qu'ils répudiaient leur religion. Ainsi la religion constitutionnelle semblait-elle morte, la place libre pour de nouveaux cultes.

Les yeux se tournent vers Grégoire, vers Sieyès. Calmement, fermement, l'abbé Grégoire refuse d'abjurer. Et Sieyès ? Il est resté assis à son banc, silencieux comme à l'ordinaire. Il sait que Robespierre est au sommet de sa puissance, que Saint-Just dicte les arrêts de mort, que tout discours peut être fatal. Il n'abjure, ni ne refuse d'abjurer, il se tait. Pourtant, trois jours plus tard et pour la première fois depuis de nombreux mois, il prend soudain la parole. Il parle, assure son biographe Neton, « avec noblesse et gravité »[5].

> « Citoyens, dit-il, mes vœux appelaient depuis longtemps le triomphe de la raison sur la superstition et le fanatisme. Ce jour est arrivé ; je m'en réjouis comme du plus grand bienfait de la République. Quoique j'aie déposé depuis un grand nombre d'années tout caractère ecclésiastique et qu'à cet égard ma profession de foi soit ancienne et bien connue, qu'il me soit permis de profiter de la nouvelle occasion qui se présente pour déclarer encore, et cent fois s'il le faut, que je ne connais d'autre culte que celui de la liberté, de l'égalité ; d'autre religion que l'amour de l'humanité et de la patrie. J'ai été victime de la superstition : jamais je n'en ai été l'apôtre ou l'instrument ; j'ai souffert de l'erreur des autres, personne n'a souffert de la mienne ; nul homme sur terre ne peut dire avoir été trompé par moi ; plusieurs m'ont dû d'avoir ouvert les yeux à la vérité. Au moment où ma raison se dégagea saine des tristes préjugés dont on l'avait torturée, l'énergie de l'insurrection entra dans mon cœur ; depuis cet instant, si j'ai été retenu dans les chaînes sacerdotales, c'est par la même force qui comprimait les âmes libres dans les chaînes royales et les malheureux objets des haines ministérielles à la Bastille : le jour de la Révolution a dû les faire tomber toutes.

* Ancien député du Clergé aux Etats Généraux, premier évêque député à prêter serment de fidélité à la Constitution civile, il avait été élu évêque de Paris le 13 mars 1791. Il fut guillotiné avec les Hébertistes en mars 1794.

» Je n'ai paru, on ne m'a connu que par mes efforts pour la liberté et l'égalité. C'est comme plébéien, député du peuple, et non comme prêtre (je ne l'étais plus) que j'ai été appelé à l'Assemblée nationale, et il ne me souvient plus d'avoir eu un autre caractère que celui de député du peuple. Je ne puis pas, comme plusieurs de nos collègues, vous livrer les papiers ou titres de mon ancien état ; depuis longtemps, ils n'existent plus ; je n'ai point de démission à vous donner parce que je n'ai aucun emploi ecclésiastique ; mais il me reste une offrande à faire à la patrie, celle de 1 000 livres de rentes viagères que la loi m'avait conservées pour indemnité d'anciens bénéfices. Souffrez que je dépose sur le bureau ma renonciation formelle à cette pension et que j'en demande acte ainsi que de ma déclaration. »

Cet habile discours, dit-on, fut très applaudi, et la Convention en décréta l'insertion au *Bulletin*. Il éclaire la prudence de l'abbé Sieyès, mais aussi sa détermination. Sieyès n'abjurera pas, alors que, dépourvu de toute fonction ecclésiastique, il pourrait le faire... pour l'exemple. Mais afin de faire passer sa détermination, il accumule les précautions : il a toujours dénoncé le fanatisme, il n'a jamais été que le député du peuple, il a été libéré des « chaînes sacerdotales » par la Révolution. Il n'a aucun emploi ecclésiastique, ce qui l'empêche, allègue-t-il, d'abjurer une quelconque fonction. Pour prouver sa bonne volonté, il abandonne sa rente — ce qui le plaçait sans doute en position difficile. « Que veut-on que je fasse ? avait-il dit ce même jour à Daunou, je n'ai rien »[6]. Et c'est vrai qu'il ne lui restait pour vivre que son indemnité législative, soit 18 livres par jour. Le prévoyant Sieyès avait de bonnes raisons d'être inquiet. Pouvait-il au moins penser ce jour-là qu'il avait sauvé sa vie en préservant sa dignité ?

« Les révolutions religieuses sont plus longues, plus difficiles que les révolutions politiques »[7]. Noël 1793, comme chaque grande fête catholique, avait provoqué des attroupements de fidèles autour des églises, si nombreux que tous n'avaient pu entrer pour prier. Robespierre était assez lucide pour voir que le grand mouvement de déchristianisation poursuivi par la Révolution n'était pas populaire. Hostile à l'athéisme, il souhaitait freiner une passion antireligieuse dont il redoutait les retombées. Dès le 21 novembre 1793, il avait dénoncé aux Jacobins les « démagogues athées » comme des agents de la contre-révolution. Sur son instigation, la Convention avait refusé, en novembre, de supprimer les traitements ecclésiastiques. Un décret du 8 décembre était venu interdire « toutes violences et mesures contraires à la liberté des cultes » et, le 19 décembre, l'Assemblée, après de longues discussions, avait posé le principe de la liberté de l'enseignement, pourvu cependant que les maîtres et les maîtresses fournissent la preuve certifiée de leur civisme *.

* L'école devenait obligatoire, au degré primaire, pendant trois ans, de six à huit ans.

Mais le dessein de Robespierre était plus grand. Il était de fonder une religion nouvelle qui se confondît avec la Révolution. Le 6 avril 1794 (17 germinal an II), lendemain de l'exécution de Danton, Couthon avait annoncé une fête prochaine à l'Eternel et, le 14 avril, lendemain de l'exécution de Chaumette, la Convention avait décerné les honneurs du Panthéon à Jean-Jacques Rousseau, l'apôtre de la nature, le fondateur de la religion civile. Le 7 mai 1794 (18 floréal an II), Robespierre vient à l'Assemblée présenter au nom du Comité de Salut public un exposé *sur les rapports des idées religieuses et morales avec les principes républicains et sur les fêtes nationales.* Robespierre y soutient que l'athéisme est « lié à un système de conjuration contre la République », que seule la vérité est bonne et utile au monde, que « l'idée de l'Etre suprême et de l'immortalité de l'âme est un rappel continuel à la justice, elle est donc sociable et républicaine... Fanatiques, n'espérez rien de nous... prêtres ambitieux, n'attendez donc pas que nous travaillions à rétablir votre empire...! » Et, ce même jour, l'Assemblée vote le grand décret qui proclame en son article 1er que *le peuple français reconnaît l'existence de Dieu et l'immortalité de l'âme.* Le décret institue 4 fêtes de « commémoration révolutionnaire », les 14 juillet 1789, 10 août 1792, 21 janvier 1793 et 31 mai 1793, et en outre 36 fêtes « décadaires ». Il dispose que sera célébré le « 20 prairial prochain » (8 juin 1794) une fête « en l'honneur de l'Etre suprême » et que David est chargé d'en présenter le plan à l'Assemblée nationale. Robespierre semble avoir suscité l'enthousiasme unanime de l'Assemblée. David vient y exposer le plan de sa merveilleuse fête. Couthon propose que le rapport de Robespierre soit imprimé en placard et affiché dans les rues. Ecoutant l'Incorruptible, le centriste Boissy d'Anglas a cru entendre « Orphée enseignant aux hommes les premiers principes de la civilisation et de la morale ». Et le 4 juin (16 prairial), à l'unanimité des votants, Robespierre sera élu président de la Convention. Ainsi pourra-t-il présider, le 8 juin (20 prairial) — ancien jour de la Pentecôte —, la grande fête que David travaille déjà à mettre en scène...

Au Jardin national (les Tuileries), les hommes sont d'un côté avec leurs épées et leurs branches de chêne. De l'autre sont « les femmes et les filles », avec des bouquets de roses et des corbeilles de fleurs. Au centre est placé le bataillon carré des jeunes gens, armés de fusils. La Convention s'avance pour s'installer dans un amphithéâtre décoré de verdure et de rubans tricolores pendant que joue la musique. Robespierre est debout à la tribune, en bel habit bleu, son bouquet d'épis à la main. Il lit un court sermon, il invoque l'Etre suprême. Puis le peuple entonne à l'unisson les strophes de l'hymne composé par Desorgues, mis en musique par Gossec :

Père de l'univers, suprême intelligence,
Bienfaiteur ignoré des aveugles mortels,
Tu révélas ton Etre à la reconnaissance
    Qui seule élève tes autels.

Ton temple est sur les monts, dans les airs, sur les ondes,
Tu n'as point de passé, tu n'as point d'avenir,
Et sans les occuper, tu remplis tous les mondes
    Qui ne peuvent te contenir.

Devant la tribune, sur un bûcher, ont été placées les images de l'Athéisme, entourées de l'Ambition, de l'Egoïsme et de la Discorde. Robespierre va y mettre le feu, et la statue de la Sagesse surgit alors au milieu des cendres et nourrie par elles. Et tandis que disparaît l'Athéisme consumé par les flammes, que la Sagesse apparaît aux regards du peuple, Robespierre proclame la Divinité éternelle, la Trinité révolutionnaire, Nature, Vertu, Patrie, en un seul Etre suprême.

« Il est rentré dans le néant ce monstre que le génie des rois avait vomi sur la France ! Qu'avec lui disparaissent tous les crimes et tous les malheurs du monde ! Armés tour à tour des poignards du fanatisme et des poisons de l'athéisme, les rois conspirent toujours pour assassiner l'humanité : s'ils ne peuvent plus défigurer la Divinité par la superstition pour l'associer à leurs forfaits, ils s'efforcent de la bannir de la terre pour y régner seuls avec le crime.

» Peuple, ne crains plus leurs complots sacrilèges ; ils ne peuvent pas plus arracher le monde du sein de son auteur que le remords de leurs propres cœurs ! Infortunés, redressez vos fronts abattus ; vous pouvez encore impunément lever les yeux vers le ciel ! Héros de la patrie, votre généreux dévouement n'est point une vrillante folie ; si les satellites de la tyrannie peuvent vous assassiner, il n'est pas en leur pouvoir de vous anéantir tout entiers ! Homme, qui que tu sois, tu peux concevoir encore de hautes pensées de toi-même ; tu peux lier ta vie passagère à Dieu même et à l'immortalité ! Que la nature reprenne donc tout son éclat, et la sagesse tout son empire ! L'Etre suprême n'est point anéanti.

» C'est surtout la sagesse que nos coupables ennemis voulaient chasser de la République : c'est à la sagesse seule qu'il appartient d'affermir la prospérité des empires ; c'est à elle de nous garantir les fruits de notre courage. Associons-la donc à toutes nos entreprises ! Soyons graves et discrets dans nos délibérations, comme des hommes qui stipulent les intérêts du monde ; soyons ardents et opiniâtres dans notre colère contre les tyrans conjurés ; imperturbables dans les dangers, patients dans les travaux, terribles dans les revers, modestes et vigilants dans les succès, soyons généreux envers les bons, compatissants envers les malheureux, inexorables envers les méchants, justes envers tout le monde ; ne comptons point sur une prospérité sans mélange, et sur des triomphes sans obstacles, ni sur tout ce qui dépend de la fortune ou de la perversité d'autrui ; ne nous reposons que sur notre constance et sur notre vertu, seuls, mais infaillibles garants de notre indépendance ; écrasons la ligue impie des rois par la grandeur de notre caractère, plus encore que par la force de nos armes.

» Français, vous combattez les rois ; vous êtes donc dignes d'honorer la

Divinité ! Etre des êtres, auteur de la nature, l'esclave abruti, le vil suppôt du despotisme, l'aristocrate perfide et cruel t'outragent en t'invoquant ; mais les défenseurs de la liberté peuvent s'abandonner avec confiance dans ton sein paternel !

» Etre des êtres, nous n'avons point à t'adresser d'injustes prières : tu connais les créatures sorties de tes mains ; leurs besoins n'échappent pas plus à tes regards que leurs plus secrètes pensées. La haine de la mauvaise foi et de la tyrannie brûle dans nos cœurs avec l'amour de la justice et de la patrie ; notre sang coule pour la cause de l'humanité : voilà notre prière, voilà nos sacrifices, voilà le culte que nous t'offrons ! »

Le cérémonial prend fin par une longue procession autour d'une montagne symbolique édifiée sur le Champ de la Réunion (Champ-de-Mars) et surmontée d'un arbre de la Liberté. Que pense Robespierre, transformé en grand prêtre ? Qu'il incarne le peuple, qu'il est le peuple, qu'il entre dans l'histoire confondu avec lui ? Qu'il a fondé une nouvelle religion ? Qu'il a accusé son isolement, peut-être signé son arrêt de mort ? « Vous ne me verrez plus longtemps », aurait-il dit, le soir de la grande fête, à la famille Duplay chez qui il logeait. Et que pense Sieyès ? « La raison, dit la *Notice,* qui est la morale de la tête, comme la justice qui est la morale du cœur ne sont pour eux que des couleurs pour les aveugles... »[8].

Au nom de la raison, on élève un autel, on invente des saints, on célèbre une messe. On singe une religion en croyant la chasser. Si Sieyès croit peut-être en Dieu et en l'immortalité de l'âme, c'est à la manière d'un philosophe : les dogmes, les révélations, les rites lui paraissent absurdes, malfaisants. La tolérance est le seul principe que commandent, pour lui, la liberté et la raison. A chacun son Dieu, s'il veut un Dieu. L'idée d'une religion d'Etat ne peut que faire horreur à Sieyès. Et s'il a autrefois proposé à la Convention un minutieux calendrier des fêtes, c'était pour éduquer et distraire le peuple, non pour le catéchiser et le ramener à de nouvelles messes. La fête de l'Etre suprême heurte la raison de l'ancien abbé, comme elle choque sa conscience politique. Et par surcroît, Robespierre lui a volé ses fêtes, sans lui rendre le moindre hommage. Sieyès voit que la fête de l'Etre suprême légitime le pouvoir de Robespierre, lui attribuant une caution divine. Elle innocente, elle purifie la Terreur. Elle lui donne la dimension d'un sacrifice douloureux, mais religieux. Pourtant Sieyès a voté le décret établissant le culte de l'Etre suprême... Quel est-il cet Etre suprême ? Dieu ? La Raison ? La Nation ? La Vertu ? Le Peuple ? Dans le moment, l'Etre suprême a le bel habit bleu de Robespierre, et il règne par la peur...

XV

LA MORT EST LE COMMENCEMENT
DE L'IMMORTALITÉ

La dictature révolutionnaire avait eu, durant l'hiver 1793, le mérite de rendre aux armées de la République leur unité et leur cohésion. Une épuration sévère avait renouvelé le commandement, de jeunes chefs avaient été promus. Jourdan n'a pas trente-cinq ans quand il remplace Houchart à la tête de l'armée du Nord, Hoche en a vingt-cinq quand il prend le commandement de l'armée de Moselle. Les généraux sont tenus en main par le pouvoir civil. Sur place les représentants en mission maintiennent le moral, exaltent la bravoure, surveillent, épurent, et ils font respecter la volonté du Comité de Salut public. En septembre, l'armée du Nord a pris l'offensive. Le 15 octobre, sur les plans de Carnot, elle a bousculé les lignes ennemies et dégagé Maubeuge. En revanche, sur le front de l'Est, l'offensive autrichienne menaçait Strasbourg, et les nouveaux généraux, Hoche à la tête de l'armée de Moselle, Pichegru à la tête de l'armée du Rhin, ne s'entendaient guère. Pour parer au danger, le Comité de Salut public délégua Saint-Just, qui rétablit l'ordre, faisant fusiller plusieurs officiers et généraux, ravitailla l'armée en imposant la population, et galvanisa les troupes par ses proclamations enflammées. Le 24 décembre 1793, Pichegru entrait à Haguenau, le 27 décembre, Landau était délivré, et Hoche s'avançait dans le Palatinat. Ainsi sur tous les fronts, quand vient l'année 1794, les soldats de l'an II ont rétabli la situation.

Sans doute n'était-ce qu'une « pause »[1], rassurante, non encore une victoire. Dans les premiers mois de 1794, le gouvernement révolutionnaire poursuit ses efforts, sous l'impulsion de Carnot, pour améliorer l'armement et raffermir la discipline. Afin que l'armée retrouve son unité, les « réquisitionnaires » et les « volontaires » sont intégrés dans les bataillons existants ; la séparation n'est plus faite entre les « blancs » et les « bleus », désormais mêlés dans l'enthousiasme et la discipline. La lutte impitoyable des représentants en mission contre les trafiquants et les fournisseurs infidèles a permis de rendre aux soldats des conditions convenables d'existence. Le moral des troupes semble redressé, l'union de l'armée et du pays reconstruite : le courage et l'ardeur au combat des soldats de l'an II seront justement célébrés *. Sur le plan de Carnot, les armées du Nord, des Ardennes, de la Moselle, passent à l'attaque en avril et mai 1794. Les premiers jours le plan s'exécute mal, les dissensions le menacent mais les maladresses de l'ennemi réparent bientôt les erreurs françaises. Le 25 juin, Jourdan auquel Saint-Just a confié le commandement des armées de la Moselle et des Ardennes, s'empare de Charleroi. Le 26 juin (8 messidor an II), il bat les Autrichiens à Fleurus au terme d'une rude et longue bataille, et sa glorieuse armée reçoit le nom de Sambre-et-Meuse. L'armée de Pichegru fait à Bruxelles, le 8 juillet, sa jonction avec celle de Jourdan, et Pichegru continue de s'avancer vers le Nord. Cette fois-ci c'est vraiment la victoire. Le 27 juillet, le jour même où tombera Robespierre, Pichegru fera son entrée solennelle à Anvers, et Jourdan à Liège. Voici la Belgique de nouveau conquise, la Révolution triomphante !

Mais précisément ces succès, qui semblaient légitimer la dictature de Robespierre, en précipitaient la fin. La Terreur qu'avait organisée le gouvernement révolutionnaire pour défendre la patrie menacée, pouvait perdre sa justification. Sans doute la victoire n'était-elle pas la paix, et la Convention avait décidé que le gouvernement serait révolutionnaire « jusqu'à la paix »... Cette paix, le gouvernement la voulait-il ? Il semblait pourtant que la Prusse, lassée d'une guerre dont elle ne tirait aucun profit, était prête à sortir de la coalition, que l'Espagne, maltraitée par l'Angleterre, songeait à la paix, que l'Autriche même pensait à mettre fin aux hostilités, si la Prusse y mettait fin, pour ne pas lui laisser les mains libres. Il paraissait maintenant que les gouvernements ennemis, l'Angleterre exceptée, se déprenaient de la guerre[2]. Mais Robespierre pouvait-il vraiment songer à la paix ? Le gouvernement révolutionnaire — pour durer — ne devait-il pas terroriser l'Europe comme il terrorisait la France ?

Les premiers orages vinrent de la division du Comité de Salut public, de la rivalité des hommes, peut-être aussi de leur épuisement nerveux[3]. En juin, Carnot et Saint-Just, qui s'opposaient sur la direction des affaires militaires, s'étaient insultés, et Billaud-Varenne, véritable théoricien du terrorisme, avait pris à partie Robespierre, réprouvant le culte de l'Etre suprême, condamnant, comme une atteinte à l'égalité des membres du comité, la place prise par l'Incorruptible. Les divisions du Comité de Salut public ne cessèrent de s'envenimer tandis qu'arrivaient

---

* « Je me trouvais comme transporté dans une atmosphère lumineuse, dira le maréchal Marmont évoquant l'enthousiasme de l'an II. J'en ressens encore la chaleur et la jouissance. » « L'officier, dira Soult, donnait à tous l'exemple du dévouement ; le sac sur le dos, privé de sa solde, il prenait part aux distributions. Jamais les armées n'ont été plus obéissantes ni animées de plus d'ardeur. »

les nouvelles annonçant les victoires. Collot d'Herbois fit cause commune avec Billaud-Varenne, tandis que Barère, en prudent démagogue, hésitait, attendant le moment de se rallier aux plus forts. Mais Barère était nécessaire, il faisait le lien avec la Plaine, il pouvait assurer une majorité à la Convention. Le Comité était si déchiré que Robespierre, après une violente altercation, le 29 juin, avec Collot d'Herbois et Billaud-Varenne, au cours de laquelle il fut traité de dictateur, claqua la porte et resta quatre semaines sans revenir. Furieux, épuisé, peut-être déprimé, il semblait ne plus rien vouloir faire. Ainsi laissa-t-il imprudemment la place à ses adversaires, leur donnant le temps de se rapprocher, et de s'organiser. Vainement Saint-Just et Barère s'efforcent de réconcilier les membres des Comités, Robespierre consent à venir, le 23 juillet, à une séance commune, mais l'épreuve de force semble devenue inévitable. Le 26 juillet (8 thermidor), Robespierre, lassé des attaques, inquiet aussi, décide de prendre l'initiative. Il prononce à la Convention un violent discours, « testament redoutable aux oppresseurs du peuple ». Il expose les persécutions dont il est l'objet, il justifie sa dictature, sa rigueur, — « on parle de notre rigueur et la patrie nous reproche notre faiblesse » —, il dénonce les « monstres » qui s'opposent à lui, et il plaide, il plaide pour soi, pour l'Incorruptible persécuté :

> « Que suis-je, moi qu'on accuse ? Un esclave de la liberté, un martyr vivant de la République, la victime autant que l'ennemi du crime. Tous les fripons m'outragent ; les actions les plus indifférentes, les plus légitimes de la part des autres sont des crimes pour moi ; un homme est calomnié dès qu'il me connaît ; on pardonne à d'autres leurs forfaits ; on me fait un crime de mon zèle. Otez-moi ma conscience, je suis le plus malheureux de tous les hommes ; je ne jouis pas même des droits du citoyen ; que dis-je ! il ne m'est pas même permis de remplir les devoirs d'un représentant du peuple. »

La mort est présente tout au long de ce magnifique discours :

> « J'ai vu dans l'histoire tous les défenseurs de la liberté accablés par la calomnie ; mais leurs oppresseurs sont morts aussi ! Les bons et les méchants disparaissent de la terre, mais à des conditions différentes. Français, ne souffrez pas que vos ennemis osent abaisser vos âmes et énerver vos vertus par leur désolante doctrine. Non, Chaumette, non, la mort n'est pas un sommeil éternel !... Citoyens, effacez des tombeaux cette maxime gravée par des mains sacrilèges, qui jette un crêpe funèbre sur la nature, qui décourage l'innocence opprimée, et qui insulte à la mort ; gravez-y plutôt celle-ci : la mort est le commencement de l'immortalité.
> » J'ai promis il y a quelque temps de laisser un testament redoutable aux oppresseurs du peuple. Je vais le publier dès ce moment avec l'indépendance qui convient à la situation où je me suis placé : je leur lègue la vérité terrible, et la mort ! »

Robespierre menace, excommunie ses adversaires, il leur lègue « la vérité et la mort » mais il ne les désigne pas. Il parle d'épurer les comités, d'écraser toutes les factions sous l'autorité de la Convention, mais il ne décide ni ne propose rien. Son discours ne fait que renforcer la peur. Tous ceux qui se sentent attaqués, menacés, sont contraints de se rejoindre. « Nommez tous ceux que vous accusez, lui crie Charlier★. Quand on se vante d'avoir le courage de la vertu il faut avoir celui de la vérité ! » Mais Robespierre répond par un détour : « En jetant mon bouclier je me suis présenté à découvert à mes ennemis ; je n'ai flatté personne, je n'ai calomnié personne, je ne crains personne. » Cambon, que Robespierre a critiqué sans le nommer, monte à la tribune. « Un seul homme paralyse la volonté de la Convention, cet homme c'est Robespierre. » Billaud-Varenne lui succède : « Il faut arracher le masque. J'aime mieux que mon cadavre serve de trône à un ambitieux que de devenir, par mon silence, complice de ses forfaits. » L'Assemblée qui avait ordonné l'impression du discours de Robespierre se ressaisit, elle rapporte sa décision. Ainsi Robespierre est mis en minorité. « Je suis perdu », murmura-t-il. Mais le soir il se rend chez les Jacobins, il relit son discours, il est acclamé. Billaud-Varenne, Collot d'Herbois, qui sont présents, sont hués. Non, l'Incorruptible n'est pas vaincu...

C'est dans la nuit du 8 au 9 thermidor que le complot s'organise. Billaud-Varenne et Collot d'Herbois conduisent l'opération, apportant la caution des vrais terroristes. Barère s'y rallie, promettant l'appui de la Plaine, et Tallien se dépense, porté et par l'amour et par la peur, car Thérèse Cabarrus, qu'il aime passionnément, doit bientôt comparaître devant le Tribunal révolutionnaire. Les anciens Dantonistes les rejoignent. Quand la Convention ouvre sa séance le 9 thermidor et que, vers midi, Saint-Just prend la parole pour prononcer le grand discours qu'il a préparé dans la nuit, Tallien l'interrompt et l'empêche de parler. « ... Je demande que le rideau soit entièrement déchiré... » Billaud-Varenne intervient à son tour et prend violemment à partie Robespierre :

> « Sachez, citoyens, qu'hier le président du Tribunal révolutionnaire a proposé ouvertement aux Jacobins de chasser de la Convention tous les hommes impurs, c'est-à-dire tous ceux qu'on veut sacrifier ! Mais le peuple est là, et les patriotes sauront mourir pour sauver la liberté ! »

Il offre à l'Assemblée ce dilemme : « Nous mourrons tous, ou le tyran mourra. » Robespierre veut répliquer, mais Collot d'Herbois qui préside

---

★ Ancien procureur à Châlons-sur-Marne, député à la Législative puis à la Convention, Charlier s'était montré l'un des partisans les plus acharnés du terrorisme total. Il deviendra, ce 8 Thermidor, l'un des tombeurs de Robespierre. Il se suicidera en février 1797.

lui refuse la parole, il agite sa sonnette pour couvrir sa voix. On crie : « A bas le tyran ! ». Et l'Assemblée adopte, sur la proposition de Tallien, un décret décidant la permanence de l'Assemblée et l'arrestation d'Hanriot, commandant de la garde de Paris, meilleur soutien de l'Incorruptible. Ainsi, la majorité silencieuse semblait abandonner le « tyran ». C'est le moment que choisit Barère pour s'engager résolument au secours des conjurés. Il vitupère, entraînant les indécis. Robespierre s'acharne à demander la parole : « C'est à vous, hommes purs, que je m'adresse et non pas aux brigands... Pour la dernière fois, président des assassins je te demande la parole » — « Tu ne l'auras qu'à ton tour », lui répond Thuriot auquel Collot d'Herbois vient de céder la présidence. « Le sang de Danton l'étouffe », hurle Garnier de l'Aube. « C'est donc Danton, s'écrie Robespierre, que vous voulez venger. » Un obscur député dantoniste, Louchet, lance enfin la proposition attendue : « Je demande le décret d'arrestation contre Robespierre. » « La République est perdue, constate Robespierre, car les brigands triomphent. » Et Fréron, toujours avide de cruautés, soupire : « Ah ! qu'un tyran est dur à abattre... ! »

Le décret d'accusation est voté contre Robespierre, Saint-Just et Couthon. Robespierre jeune * et Lebas sollicitent l'honneur d'être joints au triumvirat. C'est Barère qui rédige le décret final mettant en arrestation les cinq députés. Il est dix-sept heures. Les accusés sont arrêtés et emmenés au Comité de Sûreté générale pour être conduits en prison.

Mais la Commune est aux mains des partisans de Robespierre et la municipalité prévenue est décidée à réagir. Réunie sous la présidence du maire, elle se déclare en état d'insurrection. On fait sonner le tocsin, on mobilise les sections, on fait défense aux geôliers de recevoir les cinq « victimes »[4]. Refusé à la prison du Luxembourg, Robespierre est conduit à la mairie, bâtiment distinct de l'Hôtel de Ville, où il est reçu en ami. Transportés de prison en prison, les cinq sont, tour à tour, libérés. L'insurrection de la Commune semble victorieuse, mais elle est sans projet. Robespierre se dérobe, comme si le décret d'arrestation pris par la Convention le paralysait, comme s'il songeait à se laisser juger pour revenir en triomphateur, tel Marat après son acquittement, ou simplement comme s'il voulait mourir. Il consent, comme à regret, vers vingt-deux heures, à se rendre à l'Hôtel de Ville. Il y retrouve son frère. Bientôt Saint-Just et Lebas le rejoignent. On attend Couthon. Il ne sera amené — enfin, sorti de prison —, que vers minuit. Les cinq hommes restent à attendre. Robespierre ne donne aucun ordre à tous ceux qui sont prêts à se battre pour lui, et les « sectionnaires » de la Commune,

* « Je suis aussi coupable que mon frère, s'était-il écrié, je partage ses vertus, je veux partager son sort. »

désorientés, se rendent les uns à la Convention, les autres à l'Hôtel de Ville. D'autres se massent place de Grève. Pendant ce temps, les Comités et la Convention se ressaisissent. Dans la nuit, l'Assemblée place les troupes qui lui sont fidèles sous le commandement de l'un de ses membres, Barras *, et elle met « hors-la-loi » Robespierre et les députés qui se sont soustraits au décret d'arrestation ainsi que tous les fonctionnaires publics qui leur prêteraient concours. Dans la salle mal éclairée de l'Hôtel de Ville, Robespierre a commencé de rédiger une proclamation, il a tracé les trois premières lettres de son nom, quand un petit groupe de soldats de la Convention fait irruption[6]. Il est deux heures du matin. Des cris, des coups sont échangés. Lebas se tue d'une balle dans la tête. Augustin Robespierre se précipite par la fenêtre et se blesse grièvement. Robespierre a la mâchoire fracassée **. Couthon qui a été précipité dans un escalier sera retrouvé couvert de sang. On transporte le tyran dans la salle du Comité de Salut public, on l'étend sur une table, vers cinq heures on le panse. « Te voilà donc, coquin », lui dit Bourdon de l'Oise. « Votre Majesté souffre ? » l'interroge un autre. On l'insulte, on rit de lui : « Il me semble que tu as perdu la parole »[7].

Mis hors-la-loi par l'Assemblée, les vaincus n'avaient pas besoin d'être jugés. Il suffisait que leur identité fût constatée devant le Tribunal révolutionnaire, formalité dont Fouquier-Tinville se chargea à la hâte. On ajouta, pour faire la charrette, plusieurs membres du Club des Jacobins et de la Commune, dont Hanriot. Ils étaient vingt-deux qui partirent pour l'échafaud ce 28 juillet 1794 (10 thermidor an II). Le trajet fut long. Il commença vers quinze heures et s'acheva vers dix-neuf heures. Robespierre jeune et Couthon étaient presque mourants, l'Incorruptible gravement blessé. Le bourreau, déchirant les linges qui enveloppaient la tête de Robespierre, lui arracha un soupir, peut-être un cri de douleur, pas une parole. Saint-Just fut le seul qui fût en état de monter à l'échafaud, les mains liées derrière le dos. Le lendemain, on guillotinait 70 insurgés, le surlendemain, 13 encore. Les vivats saluèrent les exécutions.

Aucune manifestation ne fut signalée. Robespierre avait incarné la Révolution au point de se confondre avec elle. Etait-elle morte avec lui ? Ce 10 thermidor au soir, la taupe peut sortir de son trou...

* « Il n'existait aucune raison, explique Barras dans ses *Mémoires*, sous le rapport de l'humanité, de choisir entre Robespierre et Billaud-Varenne. Mais à égalité de méchanceté le plus redoutable était, dans ce moment, ce Robespierre dont le talisman révolutionnaire formé d'une longue suite d'années de caresses assidues faites au peuple et de triomphes consacrés par l'opinion vulgaire, présentait les conséquences les plus terribles et les plus incalculables, ... si nous ne parvenions pas à bout de nous en débarrasser »[5].

** Un gendarme nommé Merda se vantera d'avoir voulu abattre le tyran et sera récompensé pour cela. Mais les contemporains ont généralement admis que Robespierre avait tenté de se tuer lui-même. Merda devra à son « exploit » présumé une belle carrière. Il sera colonel et baron d'Empire.

QUATRIÈME PARTIE

QUE LES RÉVOLUTIONS SOIENT FINIES PAR CEUX QUI LES COMMENCENT

I

LE LAMA SIEYÈS

Sieyès a attendu, prêt à la mort, tâchant de vivre. Il a vécu. Il n'a été pour rien dans la chute de Robespierre et il peut craindre que les successeurs de l'Incorruptible ne lui reprochent d'avoir été, par ses silences, et par ses votes, l'un des instruments de la dictature. Sa rentrée en scène, Sieyès l'a donc prudemment préparée, les dernières semaines, travaillant secrètement avec son ami Œlsner à ce grand plaidoyer pour soi-même que sera sa *Notice*. Il attendra le moment opportun de la publier.

Que veulent donc ces « Thermidoriens » qui ont abattu Robespierre ? Ils ont eu en commun la volonté de se débarrasser du tyran. La peur, l'ambition, la haine les ont, un moment, assemblés[1]. Pour les anciens terroristes, comme Collot d'Herbois, Billaud-Varenne, c'est par exécration de Robespierre que Thermidor s'est fait, par crainte aussi, mais ni la Révolution, ni même le gouvernement révolutionnaire, ne doivent être remis en cause *. Barère le rappelle à la Convention dès le 11 thermidor : les journées passées n'ont été qu'une « commotion partielle qui laisse le gouvernement dans son intégrité »... Le 24 thermidor, Barère le dira plus clairement encore : « Nous avons été sauvés par le gouvernement révolutionnaire ; les intrigants ne craignent que le gouvernement révolutionnaire... Convenons tous, déclarons tous, que nous voulons le gouvernement révolutionnaire ! Le gouvernement révolutionnaire est la justice du peuple. » Rouvrant le Club des Jacobins, Legendre avertit : « Il ne faut pas que l'aristocratie triomphe... » D'autres, comme Tallien,

---

* Necker a dressé un vigoureux réquisitoire contre ces Thermidoriens qui avaient éliminé Robespierre : « ... Ses camarades de crime et de tyrannie essayèrent d'élever un mur de séparation entre eux et l'homme qui n'était plus... » Il dénonce ceux qui avaient surpassé Robespierre dans le crime et le fanatisme, Collot d'Herbois, « le décimateur sanguinaire des Lyonnais et le destructeur de leur ville », Billaud-Varenne « aussi féroce que lui », Barère « le chantre éhonté de tous les crimes »... « La Convention, par une louable honte rejeta sur un seul homme et qui n'était plus, toutes les vexations tyranniques, toutes les barbaries sanguinaires... qu'elle avait accomplies »[2]

comme Barras, qui avaient joué un rôle important dans la conjuration mais passaient pour plus modérés, entendaient sans doute se saisir de l'événement pour asseoir leur carrière, mais ils ne voulaient pas pour autant arrêter la Révolution. Ainsi les conjurés, débarrassés de Robespierre, semblent décidés à ne pas briser l'élan révolutionnaire. En septembre, la Convention voudra prouver sa fidélité à la Révolution en faisant solennellement transporter au Panthéon le corps de Marat, « le plus pur héros de la Révolution ». Elle y portera aussi, en octobre, Jean-Jacques Rousseau auquel Robespierre avait autrefois voué un culte. Le tyran n'avait été, selon Billaud-Varenne, qu'un « modérantiste » avide de pouvoir. On annonçait dans la presse des révélations sur sa vie de débauche, ses prévarications, ses liens avec des monarchies étrangères. On surveillait tous ses amis. Mais il suffisait d'éliminer toutes les traces de la dictature. L'énergie révolutionnaire devait continuer à déployer ses effets.

Chez les députés de la Plaine, Thermidor est vécu tout autrement. Sieyès appartient à cette « mare aux crapauds », comme disait Robespierre, ce « ventre » qui, depuis le début de la Convention, s'était étendu ou rétréci selon les circonstances[3]. La plupart ont été des révolutionnaires sincères. Ils ont mêlé leurs votes à ceux des Montagnards, parfois par peur, souvent par conviction, et les Girondins l'ont vérifié à leurs dépens. Mais beaucoup de ces députés de la Plaine gardent les yeux tournés vers 1789, ils considèrent que la Révolution était accomplie lorsque Robespierre est venu au pouvoir, et que le dictateur n'a fait que la compromettre par la Terreur. « Ne perdez jamais de vue », déclarera le modéré Cambacérès* le 9 octobre dans une *Proclamation au peuple français,* « que si le mouvement rapide et violent est nécessaire pour faire une Révolution, c'est au calme et à la prudence de la terminer... La naissance de la République tant de fois battue par la tempête touche déjà le rivage... » Sieyès dira la même chose, en décembre, à la Convention. Il appellera à la réconciliation, au calme, à la liberté. Les révolutionnaires modérés peuvent ainsi retrouver leur vieux rêve que les « bourreaux de sang » avaient un temps dénaturé : clore la Révolution sur les conquêtes de la Constituante[4]. Surtout, passé le temps de la peur, ils aspirent à parler, à agir, à diriger. La disparition de Robespierre ouvre la voie à beaucoup d'ambitions, anciennes ou nouvelles : « Dès ce moment, avoue Thibaudeau**, il s'opéra en moi une révolution subite. On

---

* Né à Montpellier, conseiller à la Cour des Comptes, élu député de l'Hérault à la Convention, Cambacérès avait voté la mort de Louis XVI, avec sursis d'exécution. Il jouera un rôle important auprès de Bonaparte, sera désigné comme second Consul en déc. 1799. En qualité d'archichancelier de l'Empire il présidera le Sénat et sera fait, en 1808, duc de Parme. Il sera exilé comme régicide, et retrouvera Sieyès à Bruxelles (*infra,* p. 522).

** Avocat à Poitiers, député à la Convention, Thibaudeau sort de l'ombre après Thermidor. Il sera l'un des rédacteurs de la Constitution de l'an III (*infra,* p. 357). Il fera

pouvait avec honneur paraître dans la carrière, je m'y élançai avec ardeur et je commençai à y jouer un rôle actif »[6].

Les hommes politiques peuvent songer à maintenir la Révolution — pour la prolonger ou la conduire au port — et à faire carrière, l'opinion publique voit la mort de Robespierre comme le début d'un temps nouveau. Ce n'est pas du tout, pour les Français, cette « commotion partielle » dont parlait Barère. Les Français, comme « fatigués du malheur »[7], semblent soudain reprendre goût à la vie. La France respire. Partout on réclame la libération des détenus, on se porte aux prisons, on manifeste dans la rue. Dès le 5 août (18 thermidor), la Convention croit prudent de céder au mouvement : elle ordonne que tous les détenus qui ne tombent pas sous le coup de la loi des suspects soient aussitôt relâchés, et en cinq jours, près de cinq cents personnes sont libérées. Le 10 août (23 thermidor), le Tribunal révolutionnaire est transformé, les garanties de procédure, le droit à la défense sont rétablis[*]. Les « nouveaux indulgents », comme on les appelle, — parmi lesquels Tallien joue un rôle essentiel — entraînent l'Assemblée. Le Marais, l'opinion, l'air du temps les portent. Les Montagnards tentent de réagir. Quand Tallien obtient la libération de sa belle maîtresse, ils réussissent à faire voter un décret ordonnant la publication des listes des détenus relâchés... avec les noms des députés qui ont garanti leur patriotisme. Prépare-t-on pour demain de nouvelles proscriptions ? Tallien s'indigne, demande qu'on indique aussi le nom de ceux qui ont fait incarcérer les détenus libérés. Il faut que le peuple connaisse ses véritables ennemis... Les Montagnards perdent cette sordide bataille et l'Assemblée décide de n'imprimer aucune liste[8]... Ainsi les conjurés du 9 Thermidor sont-ils déjà séparés. Et chacun pressent, qu'il le veuille ou qu'il le subisse, que la réaction thermidorienne sera violemment antiterroriste. Dès le 26 août (9 fructidor), un violent pamphlet de Méhée de la Touche, *La Queue de Robespierre*, dénonce tous les terroristes, ceux mêmes qui ont abattu Robespierre. Trois jours plus tard, les vainqueurs de Thermidor, Barère, Billaud-Varenne, Collot d'Herbois — victimes de la première manifestation contre-révolutionnaire sur les boulevards de Paris —, seront injuriés pour avoir participé à la tyrannie, et ils devront se retirer du Comité de Salut public... La France semblait ne plus vouloir des « buveurs de sang »[9].

A Paris la joie explose sur les dépouilles de la vertu. La capitale est saisie de la passion de la danse. Les bals s'ouvrent dans les jardins

une carrière de préfet sous Napoléon, sera proscrit sous Louis XVIII et rentrera en France sous la monarchie de Juillet. Il finira sénateur sous Napoléon III, et sera, lorsqu'il mourra en 1854, le dernier survivant de la Convention[5].

* Les commissions populaires, qui avaient été les pourvoyeurs des tribunaux révolutionnaires, ne sont pas supprimées, mais un décret du 10 thermidor a chargé le Comité de Salut public de les épurer, et elles disparaissent bientôt de fait.

publics, et les chaleurs de l'été n'empêchent ni de chanter ni de danser. Les théâtres se remplissent. Dès les premiers jours d'août, les comédiens de l'ancien Théâtre-Français, devenu Théâtre de l'Egalité, libérés de la prison où Robespierre les avait fait jeter, font une rentrée triomphale, jouant *Les fausses Confidences*. Au théâtre de la République on monte, en hâte, la *Virginie* de La Harpe, de La Harpe qui vient juste de sortir de prison. Rue Feydeau, on joue *L'Apothéose du jeune Bara*, à la Cité-Variétés, *Le Mariage patriotique*... Encore quelques semaines, et on montera des spectacles politiques ridiculisant les Jacobins [10].

Partout on voit Mme Tallien. La belle Thérésa Cabarrus, ci-devant marquise de Fontenay, libérée de sa prison, a épousé son puissant sauveur *. Elle aime plaire, elle a des revanches à prendre, elle règne sur la mode. Elle est appelée « Notre-Dame de Thermidor », ou encore la « Vénus du Capitole », et les journaux célèbrent sa beauté. Admirée, adorée, parfois critiquée, elle donne le ton par ses extravagances vestimentaires, et dans le salon qu'elle tient. D'autres salons s'ouvrent, salons bourgeois, et même « salons dorés » où l'ancienne société réapparaît soudain, donnant l'exemple du raffinement et les modèles de l'élégance. La femme n'est plus la révolutionnaire vertueuse dont rêvèrent les hommes de l'an II, ni l'accoucheuse des futurs révolutionnaires, elle est la grâce, et aussi la provocation. Elle porte la ceinture haute attachée sous les seins, elle a les cheveux courts, les bras nus, les épaules nues. Les hommes restent austèrement habillés, en gilet ou redingote, mais le bonnet rouge cède peu à peu la place au chapeau, les cheveux s'allongent, se poudrent, la recherche et l'affectation se répandent, le « tu » disparaît progressivement, le « citoyen » cède la place au « monsieur ». La vertu robespierriste, l'ascèse de l'incorruptible sont bien morts avec Thermidor, le temps paraît venu du plaisir, du jeu, de la séduction. Un « Tout-Paris » est né en quelques jours, en cet été trop chaud, il est plus qu'une mode, une mentalité nouvelle dont la Convention, bon gré mal gré, devra s'accommoder. C'en est fini de la peur et de la mort. Que vive le plaisir...

Et voici qu'une force nouvelle se répand dans Paris, qui symbolise cette mentalité en même temps qu'elle la façonne. La rue voit surgir les « Jacobins blancs », plus communément nommés « muscadins ». Fréron, Barras, Tallien, Merlin de Thionville, anciens Montagnards, terroristes repentis, encouragent, organisent cette « jeunesse dorée » dont la soif de plaisir et l'agressivité ne se sentent plus d'obstacles. Des acteurs, comme Quesnel du Théâtre-Français, des chanteurs, des danseurs leur servent de chefs de file, des journalistes, des gens de lettres, tels Isidore Langlois, Martainville, Dussault, leur fournissent des

---

* Elle divorcera de Tallien en 1802 et, retournant aux amours nobles, elle épousera le jeune comte de Caraman dont elle aura onze enfants.

mots d'ordre. Des aristocrates comme le ci-devant marquis de Saint-Hurugue, se mêlent à eux... Le quartier général des muscadins est au Palais-Royal, nouveau foyer du luxe et du jeu, au *Café des Canonniers*. Qui sont-ils ? De jeunes bourgeois, enrichis dans la Révolution, des clercs de basoches, des insoumis, des commis de magasins, des acteurs, des filles galantes, des gamins même qui n'ont pas quinze ans, des royalistes résolus aussi, mêlés à eux pour les entraîner. Les muscadins affectent une grande élégance. Ils portent la culotte collante, les souliers fins, ils ont les cheveux longs, poudrés, nattés et retenus par un peigne. Ils ont le chapeau à la main pour ne pas déranger l'ordonnancement des cheveux. Les femmes copient Mme Tallien... Et ces jeunes, insolents, provocants, tiennent le haut du pavé, ils vont, armés de gourdins qu'ils appellent leur « pouvoir exécutif », ils organisent des expéditions, battant les hommes, fouettant les femmes. Deux ou trois fois par semaine, ils font l'exercice aux Tuileries, aux Champs-Elysées, au Luxembourg. Mais ils ne veulent pas que se distraire ou se battre. S'ils n'ont pour la plupart ni passé ni projet, ils ont en commun de haïr la Révolution, ils entendent occuper la rue, intimider l'opinion. Bientôt ils feront la loi dans les cafés, ils briseront tous les symboles de la Révolution, ils jetteront les bonnets rouges au ruisseau, ils abattront les bustes de Marat. La liberté de la presse, soudain reconquise*, profite à leurs débordements. Les journaux foisonnent : *Les Débats* des frères Bertin, *Le Républicain français* de Charles de Lacretelle, *L'Accusateur public* de Richer-Serizy, *L'Orateur du Peuple* de Fréron et Dussault, *L'Ami du Citoyen* de Tallien et Méhée stigmatisent les Jacobins, les « buveurs de sang », les « derniers terroristes ». Les politiques, comme Tallien, entendent bien se servir de cette force nouvelle, des journaux et des pamphlets qui prospèrent dans la liberté retrouvée, nourris de plaisanteries et de bons mots**, mais aussi de calomnies, de racontars. Les articles se multiplient sur les maîtresses de l'incorruptible, sur les débauches de Couthon, sur les bottes de Barère en peau humaine tannée. Les muscadins semblent devenus, selon le mot de Charles de Lacretelle : « ... les étranges magistrats de l'opinion publique »[12], le visage bourgeois, et revanchard, du peuple souverain.

A la Convention, il semblait que l'affrontement fut devenu inévitable entre les thermidoriens « de gauche » tels Collot d'Herbois, Billaud-Varenne, et les thermidoriens « de droite », Barras, Tallien, Fréron,

---

* « La liberté de la presse ou la mort », avait crié Tallien aux Jacobins en août (fructidor). Et Fréron avait proclamé à la Convention : « La liberté de la presse n'existe pas si elle n'est pas illimitée. » Les journaux se multiplient en quelques semaines, presse verveuse, haineuse, soutenue par les muscadins et les soutenant[11].

** Ainsi ce dialogue de Richer-Serizy dans *L'Accusateur public* : « Vous conviendrez pourtant que tous les Jacobins ne sont pas des scélérats ? — Oui, mais vous conviendrez aussi que les scélérats sont tous Jacobins. »

protecteurs des muscadins, acharnés à détruire l'influence des anciens terroristes pour assurer la leur. Dans un premier temps, la Convention chercha des solutions moyennes. Un décret du 24 août (7 fructidor) réorganisa le gouvernement révolutionnaire sans le détruire. Il réduisit de 21 à 16 le nombre des comités qui se partageaient les attributions gouvernementales [13]. Il diminua les prérogatives du Comité de Salut public *, il réorganisa le Comité de Sûreté générale pour accroître son efficacité, enfin il maintint la centralisation administrative qui subordonnait étroitement les autorités locales au pouvoir central. Mais l'avenir des institutions était soumis à l'arbitrage de la Plaine. Cette Plaine, qui avait fait la Convention girondine jusqu'au 31 mai, puis montagnarde jusqu'au 9 Thermidor, la fera désormais centriste. Et dans ce centre, que dominent alors des hommes comme Cambacérès et Merlin de Douai, le « lama Sieyès », comme le dépeindra *L'Accusateur public,* dispose d'une autorité que fonde le prestige de ses actions passées et qu'entretient son silence. Que pense-t-il ? Depuis plus d'un an on ne l'a pas entendu. Chacun pressent qu'il va bientôt paraître, et parler. Trop d'ambitions s'agitent pour que la sienne ne soit pas redoutée. Ses ennemis se préparent à l'accueillir. Le « lama » est décrit porté par les intrigues « nouées dans les boudoirs obscurs... parmi les flots de champagne et sur le sein flétri de quelques femmes perverses » **. Non, Sieyès n'est pas aimé. Il le sait. Mais chacun sait qu'il incarne la Révolution raisonnable, et qu'on ne se passera pas de lui.

---

* Le Comité de Salut public perdait les fonctions de ministère de l'Intérieur qui passait au Comité de Législation. Celui-ci, recevant en outre la surveillance des administrations civiles et des tribunaux, gagnait beaucoup en puissance.

** Le vieux thème a été souvent repris contre Sieyès, notamment par Barras : Sieyès aurait été entouré de vieilles admiratrices.

II

L'ACCUSATEUR DES TERRORISTES

Pouvait-on enterrer la Terreur sans punir ceux qui l'incarnaient ? La peur soudain vaincue, la soif de vivre, l'opinion bruyante, les ambitions nouvelles, tout incitait à la vengeance. La vieille mentalité répressive n'était pas morte avec Robespierre. Elle réclamait des châtiments. L'opinion publique, celle qui s'agitait, semblait les exiger. Comment la Convention eût-elle résisté * ?

Dès août, les manifestations de la « jeunesse dorée » s'étaient multipliées contre les Jacobins dénoncés comme les pourvoyeurs de la guillotine, les instruments et les complices du tyran abattu. En septembre, le procès ouvert à Paris de 94 Nantais — les survivants d'un groupe de 132 Nantais que Carrier avait fait arrêter et conduire à Paris pour qu'ils y soient jugés — révélait à l'opinion les affreuses noyades de Nantes. Les accusés étaient acquittés, la presse, les manifestants, réclamaient, exigeaient l'arrestation du monstrueux Carrier. En octobre, l'agitation antijacobine était à son comble, et la Convention crut prudent de faire arrêter trois meneurs jacobins. Le 16 octobre (25 vendémiaire), cédant à la pression des muscadins, elle interdisait comme subversives et contraires à l'unité de la République « toutes affiliations, agrégations, fédérations, ainsi que toutes correspondances en nom collectif entre sociétés ». Toute pétition, toute adresse ne pourrait plus désormais être diffusée qu'individuellement signée. C'était en fait détruire l'organisation jacobine. Quelques Jacobins s'indignèrent, ils menacèrent de la réaction du peuple : « Le lion n'est pas mort quand il sommeille, prophétisa Billaud-Varenne, et à son réveil il extermine tous ses ennemis. » Mais les muscadins, maîtres de la rue, allèrent mettre à sac le

* Dès le 1er août — quatre jours après Thermidor — elle avait symboliquement prouvé sa résolution en mettant en accusation… l'accusateur public Fouquier-Tinville. Il sera condamné à mort, avec 15 de ses « complices » juges ou jurés, après un long procès où il se défendit avec force, répétant : « J'ai obéi. » Il sera guillotiné le 7 mai 1795 (17 floréal an III).

Club de la rue Saint-Honoré et bastonner les Jacobins qui s'y trouvaient. Il fallut rétablir l'ordre et l'Assemblée se soumit, ordonnant le 12 novembre (22 brumaire) la suspension des séances du Club. C'était, pour la gauche de l'Assemblée, une défaite chargée de symboles. La droite emportera une autre victoire un mois plus tard : le 23 novembre, Carrier sera décrété d'accusation par la Convention unanime*. Second geste symbolique qui prend valeur d'avertissement : le terroriste de Nantes devra payer ses crimes, vite jugé, vite condamné. Il sera guillotiné le 16 décembre.

Mais il restait pour la Convention à réparer le grand crime politique qu'elle voulait feindre d'imputer à Robespierre, à accueillir les députés girondins victimes de la Terreur, ceux du moins qui vivaient encore. Le 8 décembre (18 frimaire), l'Assemblée décidait, sans débat, la réintégration des 73 députés girondins — il en restait 64 — décrétés d'arrestation après qu'ils eurent protesté contre le coup d'Etat de juin 1793**. « En révolution les hommes ne doivent pas regarder derrière eux », avait proclamé Tallien, pensant peut-être à son avenir. Ainsi les députés girondins survivants — dont Daunou et Lanjuinais — viennent reprendre leur place à la Convention, accueillis par les applaudissements. Demain ils renforceront la majorité antiterroriste. Oui, quelques-uns des vainqueurs de Robespierre peuvent commencer à vraiment trembler...

Ce que pense alors Sieyès, chacun ne peut que l'imaginer. Il s'est tu depuis Thermidor, sans doute partagé entre sa volonté de réprimer les excès de la Terreur, de punir ceux qui lui ont fait si peur, et sa fidélité révolutionnaire, son souci de ne rien faire qui pût servir le retour de l'Ancien Régime. Car s'il déteste les terroristes, il déteste plus encore les muscadins. Surtout il veut attendre, voir venir. Mais voici que le 27 décembre 1794 (7 nivôse an III), le sort l'oblige à entrer en scène. Merlin de Douai***, soutenu par les « indulgents », demande la mise en accusation de quatre fameux terroristes : Barère, Collot d'Herbois, Billaud-Varenne et Vadier. Les trois premiers ont abattu Robespierre. Merlin de Douai explique qu'avec ou sans Robespierre ils incarnent la Terreur dont ils furent les instruments, et qu'ils doivent maintenant payer leurs crimes. L'opération est évidemment politique, car ces terroristes sont des thermidoriens influents dont les modérés rêvent de se

* Moins deux voix.
** *Supra*, p. 269. Il semble que Robespierre — jugeant acquise sa victoire sur les Girondins — ait empêché leur mise à mort.
*** Ancien avocat à Douai, député du Tiers aux Etats Généraux puis à la Convention, Merlin de Douai avait réussi à traverser toutes les tourmentes. Il avait été le rédacteur de la fameuse loi des suspects du 17 septembre 1793. Ministre de la Justice puis de la Police sous le Directoire en septembre 1797, Directeur, Président du Directoire, il sera éliminé par Sieyès — cependant son ami — en juin 1799 (*infra*, p. 420). Il deviendra procureur général à la Cour de cassation en 1804, et comte d'Empire. Exilé comme régicide, il vivra à Bruxelles, comme Sieyès, jusqu'en 1830.

débarrasser. Sieyès est désigné, par le sort, pour siéger dans la commission de 21 membres que nomme l'Assemblée pour faire rapport sur la proposition de mise en accusation. Malheureux hasard ! Sieyès voit qu'il a de fortes chances d'être élu président de cette redoutable commission, composée pour l'essentiel de députés obscurs. Alors il choisit de se dérober. Il prétend que son nom n'aurait pas dû être mis dans l'urne, car il est membre suppléant du Comité de Législation, et il allègue une incompatibilité douteuse. Il demande qu'on l'excuse de ne pouvoir remplir cette mission. Quand on donne publiquement, à la séance de la Convention du 29 décembre, lecture de la lettre de Sieyès expliquant son empêchement, les protestations s'élèvent. Le député Bernard de Saintes s'indigne : « Sieyès emploie des subterfuges pour ne pas s'acquitter de ses devoirs. » Et le député Clauzel prend le relais : « Il est temps que Sieyès cesse d'être insouciant et qu'il soit plus assidu à son poste... »[1]. Tous deux entraînent la Convention, qui décrète que Sieyès sera tenu de remplir ses fonctions... Humilié, inquiet, Sieyès est contraint de se soumettre. Il présidera effectivement la Commission des Vingt et un. Tâche ingrate : Sieyès s'efforcera de la remplir le moins possible et il confiera au député Saladin, réputé pour sa vigueur répressive, le soin de rédiger le terrible rapport que l'on attendait de lui. Sur ce rapport, les quatre terroristes seront mis en accusation par la Convention le 2 mars 1795 (12 ventôse an III) et aussitôt arrêtés *. Barère prétendra dans ses *Mémoires*[2], que le féroce abbé avait été l'inventeur du projet de mise en accusation, qu'il avait présidé à une « inquisition d'Etat », qu'il avait même réussi à faire annuler un vote de l'Assemblée en sa faveur. Et sans doute Barère — porté par un ressentiment que les souffrances et le temps entretiendront — sera-t-il injuste car Sieyès paraît n'avoir été pour rien dans les initiatives de l'Assemblée[3]. Mais il est vrai qu'il ne fit rien non plus pour les combattre. Et on doit observer que les meilleures formules du rapport de Saladin semblent venir de la plume de Sieyès. Ainsi les accusés se virent-ils reprocher d'avoir « opprimé le peuple par la Convention, et la Convention par le peuple », expression chère à Sieyès **. Ce rôle d'accusateur des terroristes, Sieyès paraît donc ne l'avoir assumé qu'à moitié, et malgré lui. Mais cette rentrée de l'abbé n'avait guère été réussie. Elle suscitera, contre lui, de durables ressentiments.

Sans doute Sieyès eût-il préféré attendre encore, se taire quelque

---

* L'Assemblée décidera le 1er avril 1795 la déportation sans jugement des trois « vainqueurs » de Thermidor, Barère, Billaud-Varenne et Collot d'Herbois. Collot d'Herbois mourra à Cayenne le 8 juin 1796. Billaud-Varenne, gracié au 18 Brumaire, restera à Cayenne, cultivant un petit domaine. Il mourra en Haïti en 1819. Barère, qui réussit à s'évader à la veille de sa déportation, sera, en 1815, exilé comme régicide. Il vivra à Bruxelles... avec Sieyès (*infra*, p. 522) et mourra en 1841.

** On en rapprochera les termes du discours de Sieyès à la Convention le 8 mars 1795 (*infra*, p. 340).

temps, mieux voir dans quel sens basculait le destin. Il eût voulu recueillir, avant d'agir, les heureux effets de la publication de sa *Notice sur la vie de Sieyès*. Celle-ci paraît à Paris, en février 1795, chez Maradan, libraire *. La couverture annonce qu'elle a été « écrite à Paris, en messidor, deuxième année de l'ère républicaine (vieux style, juin 1794) ». Il plaît sans doute à Sieyès de faire croire qu'elle a été rédigée à la veille de Thermidor : le texte en paraît ainsi prophétique et courageux. En fait, la rédaction, œuvre commune de Sieyès et de son ami tout dévoué Conrad Œlsner, s'est étalée sur de longs mois, commencée avant la chute de Robespierre, poursuivie après. Sieyès s'y défend contre toutes les calomnies qui n'ont cessé de courir sur son compte. Il se défend d'abord d'avoir été un prêtre, il n'a jamais été qu'un « ecclésiastique administrateur ». Puis il étale et réfute les accusations dont il a été la malheureuse victime, il justifie ses silences, il se vante de la haine qu'il portait à Robespierre, il s'explique sur sa fortune, ou ce qu'il en reste après qu'il eut fait l'offrande de l'essentiel à la patrie **, il dresse le portrait d'un homme voué au culte de la raison et à l'amour de la France, un homme pur, désintéressé, toujours persécuté. Cet homme fut, reste, un intellectuel projeté dans l'action par sa lucidité et son courage. Sieyès mesure enfin les services qu'il a rendus aux Français, à l'humanité tout entière, et il construit ainsi son propre monument :

> « Si l'on songe que l'acquisition de ses connaissances politiques date d'un temps bien antérieur à toute agitation, qu'elles ont été le fruit de pénibles études sur l'économie publique, de longues méditations sur l'homme, sur l'organisation des sociétés et l'histoire des gouvernements, méditations suivies à la campagne dans un repos d'esprit absolu, loin des intérêts, des intrigues et des mouvements de toute espèce qui se mêlent aux convulsions politiques, on pourra concevoir la force et la pureté de son attachement à ce qu'il a embrassé comme la vérité ; et l'on restera persuadé, tant pour ses principes restés intacts au milieu des orages, que par la simplicité de sa vie, l'austérité de ses mœurs et la rectitude naturelle de son caractère et de son esprit, que cet homme n'a pu véritablement appartenir qu'à sa raison, à la justice, et au bien général de sa Patrie. »

Paul Bastid a raison d'écrire [4] que ce long dithyrambe, préparé pour être publié au moment opportun, longuement remanié, soigneusement

---

* Le texte français de la *Notice* parut au début de 1795 (an III) à Paris et en Suisse, indique la couverture. Il y en eut deux éditions successives, l'une chez le libraire Maradan, l'autre, ornée d'un portrait de Sieyès par Bréa et qui porte la date de février. Cette édition fit aussitôt l'objet d'une traduction en allemand, et d'un tiré à part. La traduction allemande comporte une préface qui éclaire la genèse de la *Notice*. Le texte français de la *Notice* a été publié dans la revue *La Révolution française* de 1892. Sur l'histoire de la *Notice*, qui a fait l'objet de longues controverses à l'effet de déterminer la part exacte qu'y ont prise Sieyès lui-même, Œlsner, et peut-être le savant allemand Ebel, cf. Paul Bastid, *Sieyès et sa pensée*, pp. 320-321.

** *Supra*, p. 316.

corrigé par Sieyès avec l'aide de l'inlassable Œlsner, pouvait ne pas choquer à l'époque. « La réclame personnelle des hommes politiques était née avec la Révolution elle-même : elle était l'envers de l'irruption du peuple dans la vie nationale. » Sieyès est loin d'avoir été le seul à assurer ainsi son propre éloge. Et sans doute attendait-il beaucoup de sa *Notice*. Elle servait à camper, pour la postérité, sa figure de révolutionnaire raisonnable, désintéressé, martyrisé, dernier héros de la vraie Révolution. Surtout elle avait pour lui une vertu immédiate. Elle répondait aux innombrables calomnies répandues sur son compte. Elle démentait publiquement toute connivence avec Robespierre et ses amis. Elle facilitait son retour à la vie publique.

Est-ce l'effet de la *Notice*, ou des services rendus aux indulgents dans la mise en accusation des terroristes ? Le 5 mars 1795 (15 ventôse an III), l'Assemblée procède à l'appel nominal de trois nouveaux membres au Comité de Salut public : Sieyès, Laporte et Reubell sont élus, remplaçant Carnot, Cambacérès et Pelet de la Lozère. « Le lama Sieyès, écrit *L'Accusateur public*, qui, semblable à la Providence, agit depuis cinq ans sans paraître et même sans parler... » consent maintenant « à nous sauver et, par pure honnêteté, à accepter notre encens ».

La passion antiterroriste, qui n'a cessé de s'accroître durant l'hiver, est alors à son comble. Dans la rue à Paris, on « chasse » le Jacobin. Les muscadins saccagent les cafés réputés jacobins, interrompent les représentations théâtrales à la moindre allusion qui leur déplaît, proscrivent la *Marseillaise*. Au théâtre Molière on applaudit *Le Souper des Jacobins* d'Armand Charlemagne, qui ridiculise les amis de Robespierre, au Palais-Royal on joue *Brise scellé*, vaudeville caricaturant un ancien révolutionnaire. Les sections parisiennes, maintenant contrôlées par les modérés, font pression sur la Convention, et celle-ci devient de plus en plus docile. Le 5 février (20 pluviôse), elle décrète que les honneurs du Panthéon ne pourront plus être décernés à un citoyen que dix ans après sa mort, ce qui lui permet de faire retirer le corps de Marat qu'elle y a placé six mois plus tôt. Le 23 février (5 ventôse), elle décide d' « assigner à résidence » tous les fonctionnaires et officiers destitués depuis Thermidor : ainsi transforme-t-elle en otages quelques anciens terroristes. La réaction, dans le même temps, profite aux émigrés. Les mesures de « réparation » se succèdent : les émigrés, partis après le 31 mai 1793, sont autorisés à rentrer, pourvu qu'ils travaillent la terre ou qu'ils exercent un métier manuel, et à reprendre leurs biens non vendus. Les épouses et les enfants des condamnés reçoivent le droit de récupérer leurs biens meubles... Que signifie dans ce climat nouveau l'élection de Sieyès au Comité de Salut public ? L'apaisement ? Le retour à la sagesse de la première Révolution mais aussi la fidélité à la Révolution ? Ou cette élection n'est-elle qu'une victoire des opportunistes[5] ? Nul ne sait bien où est alors Sieyès, enfermé dans son mystère, ou ses hésitations. Le sait-il lui-même ?

Sa véritable rentrée, il va la faire dans le grand débat qui s'ouvre à la Convention le 8 mars (18 ventôse) sur le sort des Girondins mis hors-la-loi. Quand, en décembre 1794, l'Assemblée a décidé la réintégration des anciens députés girondins, le cas de leurs collègues mis « hors-la-loi » * n'a pas été réglé. La Convention a seulement admis qu'ils ne seraient plus recherchés. Le 8 mars, Marie-Joseph Chénier demande « au nom de la paix républicaine » la réintégration des proscrits. Chénier agit-il en accord avec Sieyès ? Pour la première fois depuis Thermidor, Sieyès demande la parole. Il a préparé un long discours qu'il vient lire à la tribune. Le retour de l'oracle semble faire grande impression. Sieyès parle d'abord du passé :

> « Si quelque chose est capable de faire sentir toute la profondeur de la tyrannie sous laquelle la Convention est restée si longtemps opprimée, c'est la nécessité où l'on est encore de vous présenter comme une motion ordinaire la question de savoir si une partie intégrante de la représentation nationale aura la faculté de rentrer dans l'exercice de ses devoirs... Nous ne pourrons empêcher nos neveux de classer toute l'histoire conventionnelle jusqu'au 10 thermidor en deux époques... Que verront-ils depuis l'ouverture de l'Assemblée jusqu'au 31 mai ? Oppression de la Convention par le peuple trompé. Après le 31 mai jusqu'au 10 thermidor, oppression du peuple par la Convention asservie. »

Puis Sieyès soutient fermement la cause de la réintégration :

> « Nous ne différons plus aujourd'hui que par un reste d'agitation morale qui s'amortira bientôt, il faut l'espérer ; mais, lors même qu'il subsisterait parmi nous quelques passions individuelles, faut-il perdre l'espérance ? Une réflexion vient me rassurer. Nous voyons la foule des ennemis du peuple et des mécontents, quoique divisés entre eux de tant de manières et par toutes sortes de leviers, s'accorder à attaquer en commun la représentation nationale ; pourquoi donc ne me persuaderais-je pas que nous, bien plus près de nous entendre à tous égards, nous saurons, malgré des nuances personnelles qui nous séparent, nous réunir pour défendre la Convention et pour remplir enfin la mission qui nous a amenés ici ? Songeons à nos perfides ennemis, et, pour ne pas être nous-mêmes les instruments involontaires de leurs dangereux desseins, respectons nous-mêmes cette Convention que nous voulons faire respecter aux autres. Rendons-lui la plénitude de son existence, rendons une liberté entière à tous ceux de ses membres qui, depuis l'exécrable 2 juin, ont cru qu'ils ne pouvaient prendre la parole avant la rentrée de nos collègues que pour la demander. On ne peut nier qu'il n'y en ait de cette opinion, puisque j'avoue qu'elle est la mienne. »

---

* C'étaient les députés girondins décrétés d'arrestation au 2 juin qui avaient réussi à échapper aux recherches. Ils avaient alors été déclarés traîtres à la patrie et mis hors-la-loi par les décrets du 28 juillet et du 3 octobre 1793.

Sieyès achève son discours par un appel à la « grande réunion des esprits et des cœurs ». L'Assemblée l'acclame longuement et l'insertion du discours au *Bulletin* est décidée dans l'enthousiasme. Merlin de Douai lui succède à la tribune, il vient donner à la mesure proposée l'assentiment des Comités, un assentiment que trois mois plus tôt, dans le débat sur les « 73 », les Comités n'avaient pas osé donner[6]. L'Assemblée vote le rappel des proscrits. Quelques jours plus tard, ceux-ci viendront reprendre leur place. Neton décrit ainsi leur retour : « Beaucoup pleuraient de bonheur. Tous avaient vieilli ou changé. Ce dût être une bien douce joie pour Sieyès... »[7]. Une bien douce joie ? Mais Brissot, Vergniaud, les amis de Sieyès, ont été guillotinés. Condorcet, qui fut si proche de lui, a vécu caché, et il est mort dans sa prison, sans que Sieyès dise un mot, fasse un signe. Et Sieyès — qui stigmatise maintenant avec tant de vigueur « l'exécrable 2 juin » — s'était tu ce jour-là. Il n'avait rien tenté pour défendre ceux qu'il célèbre aujourd'hui.

III

UNE LOI DE GRANDE POLICE

La Convention pouvait régler ses comptes avec la Terreur, elle ne pouvait lutter contre la pénurie et la misère. L'hiver fut très rigoureux, et la situation des malheureux ne fit qu'empirer. La spéculation jouait à plein, creusant encore l'écart entre la cherté des marchés occultes et la pénurie forcée du marché officiel[1]. Tout manquait : le savon, le pain noir, l'huile, la chandelle. Les paysans résistaient aux réquisitions, les transports marchaient mal, les manufactures travaillaient essentiellement pour la guerre. Mais dans l'explosion nouvelle de la liberté, le malheur ne pouvait sembler que la faute du dirigisme, l'effet de la sinistre loi du « maximum » proclamée en septembre 1793 après avoir été tant réclamée par le peuple[*]. En quelques mois, par un étrange retour d'opinion, la liberté du commerce semblait devenue une revendication populaire. Revanche sur les temps révolus, elle promettait maintenant tous les bienfaits ! Cette soudaine faveur de l'opinion servait évidemment les intérêts des manufacturiers, des négociants, des financiers qu'avait brimés le dirigisme de l'an II. Dès le 17 octobre (26 vendémiaire), on avait permis aux manufacturiers d'importer librement les produits nécessaires à leurs ateliers. Le 26 novembre (6 frimaire), on libéra l'importation de toutes les marchandises pourvu qu'elles ne provinssent pas de l'ennemi. Enfin le 24 décembre 1794 (4 nivôse an III), le fameux « maximum » fut aboli. Il ne restait qu'à attendre les heureux effets de ce renouveau libéral...

Ce fut pire. Les premiers mois de 1795 et le printemps furent détestables. La monnaie papier s'effondra. La valeur de l'assignat, qui était à 50 pour cent de sa valeur nominale en décembre 1793, était tombée à 8 pour cent en avril 1795. La hausse des prix fut vertigineuse. Les denrées essentielles — le pain, la viande — disparurent de nombreux marchés. Les paysans et les marchands n'acceptaient plus que les

---

[*] *Supra*, p. 280.

paiements en numéraire, et les paysans ne ravitaillaient plus les marchés de peur d'être payés en assignats. Tous les rapports de police attestent alors une effrayante montée de la misère. « Au-dessus de ce peuple affamé, observent Gaxotte et Tulard, on voit une poignée de profiteurs, de mauvais riches engraissés de la misère publique, et empressés à jouir de leurs rapines »[2]. Ici on danse, on joue, on mange, on donne des bals, on s'y salue « à la victime » en abaissant brusquement la tête, on jouit de tous les plaisirs, et d'abord du plaisir de vivre. Ailleurs on ne mange pas à sa faim, on meurt de misère, d'inanition, de défaut de soins. « On dirait que les souffrances des pauvres ont aiguisé l'appétit des riches »[3].

C'est sans doute à Paris que la pénurie des denrées, la méfiance envers l'assignat, la fermeture de nombreux ateliers, l'extension du chômage ont créé la situation la plus dramatique. Le très dur hiver de 1795 — moins quinze degrés en janvier — a encore accru l'effet de la misère et de la sous-alimentation. Les bateaux ne peuvent plus circuler sur les cours d'eau gelés. Le pain et la viande sont rationnés, la ration de pain « seule subsistance des pauvres » est réduite à une livre[4]. Les émeutes de la faim transformant le désespoir en révolte se multiplient en mars 1795 dans la capitale où les stocks de farine sont épuisés, où les rations de pain sont réduites à une demi-livre dans certains quartiers, et ne sont plus servies dans d'autres. La faim jette dans la rue la classe indigente. Serait-ce le retour des sans-culottes ?

Le 21 mars 1795 (1er germinal an III), les sections de Montreuil et des Quinze-Vingts viennent à la Convention entraînées par les femmes du faubourg Saint-Antoine, elles demandent du pain... et aussi l'application de la Constitution de 1793 dont le peuple attend encore des miracles. Les ouvriers des Tuileries vont rosser les muscadins. Des bagarres opposent les artisans du faubourg à la jeunesse dorée. L'Assemblée peut-elle se croire menacée ? Ce 21 mars, au nom des trois Comités de gouvernement *, Sieyès vient brusquement présenter à la Convention un projet de loi qui, explique-t-il, « ne peut que se classer sous loi dénomination de *loi de grande police* ». De quoi s'agit-il ? De défendre l'Assemblée contre les pressions de la rue. Sieyès assure que « si une telle mesure de précaution avait été prise avant le 31 mai, nous n'aurions peut-être pas eu à déplorer une des époques les plus cruelles et les plus désastreuses de l'histoire du monde ». Le texte que défend Sieyès qualifie de crimes « passibles du feu, de la déportation et de la mort » les provocations, les cris séditieux, les insultes aux députés, les attroupements devant la Convention :

> « Enfin, si, par une dernière et horrible supposition qui répugne à l'âme
> du législateur, mais que l'expérience met au nombre des attentats
> possibles, les ennemis du peuple, royalistes et monarchistes, parvenaient à

* Comité de Salut public, Comité de Sûreté générale, Comité de Législation.

entamer, opprimer ou dissoudre momentanément la représentation nationale... ceux des représentants que n'aura point atteints le poignard parricide se réuniront au plus tôt à Châlons-sur-Marne. »

Et fidèle à ses principes, Sieyès ajoute :

« Mais les circonstances les obligeassent-elles à se rassembler ailleurs, quelque part que la majorité délibère, là est la représentation nationale, avec toute l'autorité qu'elle tient du peuple. »

Pendant que Sieyès lisait son rapport, raconte Mathiez, les Tuileries retentissaient de cris hostiles, et dans le bassin du jardin, les faubouriens faisaient prendre un bain forcé aux muscadins [5]. Pourquoi Sieyès se mettait-il soudain au premier rang, pour soutenir un pareil projet ? Sans doute y retrouve-t-on l'attachement inflexible de l'auteur du *Tiers Etat* à la représentation nationale, et sa détestation — sa peur aussi — des mouvements populaires. Mais comment pouvait-il, ce défenseur intransigeant du droit, imaginer d'appliquer des peines si fortes à des incriminations aussi vagues ? Et que signifiait la réunion projetée de l'Assemblée... à Châlons-sur-Marne ? Ce grand ami de l'Allemagne regardait-il, comme le diront ses détracteurs, vers la frontière prussienne ? L'initiative de Sieyès ne cessera d'alimenter questions et calomnies... Sur le moment, les députés montagnards tentent de se battre pour entraver le vote de cette loi effrayante. Ils essaient d'obtenir au moins une définition des « cris séditieux ». Mais Sieyès est intransigeant, inflexible. Il lutte, article par article, pour défendre sa loi. Est-ce la peur qui le pousse ? L'histoire récente dont il entend tirer la leçon ? Il veut que l'Assemblée se donne enfin les moyens de se défendre, et il emporte le vote.

Il ne s'écoule pas quinze jours que l'événement vienne satisfaire son inquiétude. Le 1er avril 1795 (12 germinal an III), le feu, que l'on voyait couver, s'allume. Une foule d'hommes, de femmes, d'enfants même, envahit la salle de la Convention que présidait alors Thibaudeau. Nulle organisation, nul projet : la foule est portée par la misère et le désespoir. Les manifestants interrompent Boissy d'Anglas qui présentait un rapport sur les subsistances. Ils crient : « Du pain ! du pain ! » Ils lisent des pétitions. En fin d'après-midi, les soldats, les sectionnaires du voisinage, quelques bandes muscadines aussi, entraînées par Tallien, font évacuer la salle sans qu'un coup de feu ait été tiré. La Convention, rassurée, promet vaguement de porter remède à la disette mais elle réagit avec une extrême violence. « Pour que la journée soit complète », elle ordonne la déportation sans jugement à la Guyane des « brigands qui avaient assassiné la patrie », c'est-à-dire de Barère, de Billaud-Varenne, de Collot d'Herbois et de Vadier qui avait pris la fuite. En outre, elle décrète d'accusation et fait arrêter huit députés, montagnards ou thermidoriens, soupçonnés d'avoir encouragé le soulèvement du peuple. Puis elle met Paris « en état de siège » et nomme le général Pichegru, assisté de Barras, commandant en chef de la force armée. Dans la nuit, Pichegru nettoie les abords de l'Assemblée. Les jours suivants, comme l'agitation populaire se poursuit, que des troubles sont signalés dans plusieurs quartiers de Paris, l'Assemblée renforce sa répression. Le 5 avril, elle décrète d'accusation une nouvelle fournée de huit députés dont Cambon, — qui réussit à s'échapper — Thuriot, Pache et Lecointre. Et le 10 avril (21 germinal), elle décide de désarmer « tous les hommes connus comme ayant participé aux horreurs commises sous la tyrannie qui a précédé le 9 Thermidor ». Le 19 avril, six terroristes sont assassinés à Bourg-en-Bresse, le 24 avril puis le 4 mai des Jacobins emprisonnés à Lyon sont massacrés par la foule. Le 7 mai, Fouquier-Tinville est condamné à mort, de même que quatorze juges de l'ancien Tribunal révolutionnaire. La Terreur se poursuit, mais elle a changé de sens. Elle frappe à présent tous ceux qui sont suspects d'avoir aidé le terrorisme, ou de vouloir le ressusciter. La « Terreur blanche » succède à la « Terreur rouge », comme si l'Assemblée n'avait d'autre ressource, ou d'autre habitude, que la fureur de la répression.

Pendant ces mois féroces, la Convention, malgré ses promesses, ne fait rien, ne peut rien faire pour porter remède à la pénurie et à la misère. On ordonne des distributions de pain qui ne sont pas assurées. La ration tombe à deux onces par jour, alors qu'il abonde chez les pâtissiers, vendu à des prix très élevés. On distribue du riz pour pallier la pénurie de pain. En mai et juin (floréal et prairial), Paris semble passer de la disette à la famine[6]. Le peuple continue de réclamer du pain... et aussi la Constitution de 1793. Mais quel espoir peut-il entretenir ? Quelques-uns commencent à regretter Robespierre, d'autres rêvent d'un roi boulanger qui distribuerait le pain, tandis que les extrémistes, durement frappés par la Convention, tentent d'exploiter, ou d'exprimer la souffrance du peuple[7].

L'émeute populaire reprend, à Paris, le matin du 20 mai 1795 (1er prairial an III). Le tocsin retentit vers neuf heures et, vers dix heures, les sans-culottes commencent à se rassembler. A onze heures la Convention, quand elle ouvre sa séance, est déjà menacée : des groupes de femmes occupent les tribunes. Tout le matin les insurgés se rassemblent au faubourg Saint-Antoine et, en début d'après-midi, ils marchent vers l'Assemblée. Il semble que, cette fois, les forces armées de la Convention résistent mollement, soit par sentiment d'impuissance — car la masse des insurgés ne cessait de croître —, soit par complicité avec le peuple. Vers quinze heures, les affrontements deviennent sanglants. Un député, Féraud, qui tente de résister est blessé, puis il est achevé, décapité dans un couloir, et sa tête, fichée au bout d'une pique, est portée dans la salle de la Convention, présentée à Boissy d'Anglas qui préside, puis promenée dehors. Alors la plupart des députés modérés prennent la fuite. A neuf heures du soir, il ne reste en séance que 80 députés montagnards. Ceux-ci en profitent pour voter précipitamment, sous la pression des manifestants, le renouvellement des Comités, la permanence des sections et la libération des patriotes incarcérés. Est-ce la revanche des sans-culottes, la victoire de la gauche de l'Assemblée ? Mais un peu avant minuit la troupe intervient. Deux colonnes de soldats pénètrent dans la salle et, sans peine, chassent les émeutiers. Alors les députés modérés reviennent peu à peu, et retrouvent leur énergie *. La Convention annule tous les votes des heures précédentes, et elle décrète l'arrestation de treize députés montagnards soupçonnés d'avoir participé à l'émeute, dont Prieur de la Marne, Romme et Bourbotte. Le lendemain, l'émeute se poursuit, mais elle s'essouffle. Le président de la Convention accepte de recevoir une députation de manifestants, il donne l'accolade à un orateur qui réclame, au nom du peuple, du pain et la Constitution de 1793. Cette fois l'insurrection paraît bien vaincue, seulement nourrie de vagues promesses. Et les jours suivants l'ordre est durement rétabli. Le 23 mai, 20 000 hommes, mandés en hâte, marchent sur le faubourg Saint-Antoine qu'ils occupent à six heures du soir.

Alors l'Assemblée reprend sa répression avec une énergie renouvelée. Le 28 mai, elle ordonne l'arrestation de tous les membres encore en liberté des Comités de Salut public et de Sûreté générale en fonctions durant la Terreur, à l'exception de Carnot, préservé, parce qu'il avait organisé la victoire. Quatre jours plus tard, elle étend la mesure à tous les anciens représentants en mission. Les sections de Paris sont sévèrement épurées, 1 200 personnes arrêtées, près de 2 000 désarmées. Une « Commission militaire » est instituée, qui devra siéger sans désemparer pour punir les rebelles, et statuera sans réquisitoire, sans rapport, sans plaidoirie, exerçant une « vengeance légale » [10]. Ainsi retrouvait-on, pour punir les amis de Robespierre, les pires moyens de la Terreur. La Commission militaire prononcera 36 condamnations à mort, dont celles des 6 députés de la Montagne qui s'étaient « compromis avec le peuple » au 1er prairial, 12 condamnations à la déportation, 7 aux fers, 34 à la détention.

Le 17 juin, les députés montagnards, condamnés à mort, se passent le couteau, de main en main, pour tenter d'échapper à l'échafaud. Romme, Gougon et Duquesnoy réussissent à se tuer. Mais Soubrany, Duroy, Bourbotte doivent être traînés, agonisants, jusqu'à l'échafaud. On bande leurs plaies, profitant de ce qu'il leur reste de vie. Soubrany répète : « laissez-moi mourir », mais il n'en est pas question. Il est déjà

---

* On écrira souvent que les modérés auraient retardé l'intervention des troupes pour dramatiser la situation et faciliter ainsi l'élimination des Montagnards [8]. « Pour la première fois depuis 1789, observe Godechot, l'armée bien qu'issue de la Révolution a réprimé une insurrection populaire » [9].

mort quand il est guillotiné. « Adieu, avait écrit Gougon aux siens avant de se tuer, nous nous retrouverons tous. La vie ne peut finir ainsi et la justice éternelle a encore quelque chose à accomplir alors qu'elle me laisse sous le coup de l'ignominie. Le triomphe insolent des méchants ne peut être la honteuse fin d'un si bel ouvrage. La nature si belle, si bien ordonnée, ne peut manquer en ce seul point... » Et les anciens Girondins, revenus à la Convention, ont approuvé ce massacre ! « Ils n'avaient rien gardé de l'humanité de Vergniaud, commente Quinet, ce n'était plus les mêmes hommes, ils étaient devenus d'airain »[11]. En vérité, tous étaient les mêmes hommes. Les nouveaux terroristes ressemblaient aux anciens, comme des frères. Mais cette fois-ci on tuait au nom de la modération, on tuait « après avoir répété cent fois qu'on ne voulait plus de carnage »[12]. Maintenant la Convention « se faisait l'exécutrice testamentaire de Robespierre »[13]. Inversant la Terreur, elle frappait sauvagement, indistinctement, les meilleurs et les pires des Montagnards. Elle éliminait la gauche de l'Assemblée. Elle anéantissait un parti politique.

Quelques jours plus tôt, le 20 avril (1er floréal), Sieyès a été élu président de la Convention. N'incarnait-il pas la révolution raisonnable, celle d'avant Robespierre ? La majorité modérée pouvait se reconnaître en lui. Selon sa manière, Sieyès a commencé par refuser la fonction, invoquant ses occupations de membre du Comité de Salut public, l'état de ses yeux, sa mauvaise respiration. « Si donc je suis libre, a-t-il écrit à la Convention, comme nous devons l'être tous, je déclare nettement mon impuissance d'occuper le fauteuil. » C'est vrai qu'il était malade : ses yeux le faisaient souffrir, ses varices, sa hernie ne cessaient de l'incommoder. Il dormait mal, il avait toujours froid. Son « faible tempérament » le tenait à l'écart des tâches fatigantes. Surtout Sieyès ne souhaite pas présider. Il aime les actions secrètes plutôt que les honneurs publics. Il veut influencer l'événement, non feindre de le diriger. Et sans doute cette présidence, dans de telles circonstances, ne le rassure pas. Mais la Convention n'a cure de sa résistance. Elle passe à l'ordre du jour, l'obligeant à assumer sa présidence... Sieyès n'est pas si libre qu'il le croit, ou qu'il le veut.

Il sera donc président de la Convention du 20 avril au 5 mai (1er au 16 floréal). Le 21 avril, il sera fier d'annoncer à l'Assemblée la reconnaissance de la République française par la Suède, et l'envoi du baron de Staël, gendre de Necker, comme ambassadeur. L'événement agite chez lui beaucoup de vieux souvenirs... Mais le président Sieyès se fait remplacer, le 23 avril, quand l'ambassadeur vient se présenter à l'Assemblée. C'est Boissy d'Anglas qui préside à sa place et qui lit un beau discours, sans doute écrit par Sieyès, sur les droits naturels et imprescriptibles des nations. Pourquoi Sieyès s'est-il éclipsé ce jour-là ? Tel est Sieyès. Il a toujours des raisons d'être absent.

IV

LES FRONTIÈRES NATURELLES

La disparition de Robespierre, la réaction qui avait suivi n'avaient sans doute pas eu, dans les armées françaises, des effets heureux. La discipline s'était vite relâchée. Le goût du luxe et du plaisir, venu de la capitale, avait gagné de nombreux officiers. En quelques mois le nombre des déserteurs s'était accru dangereusement*. Surtout le moral des armées semblait s'amollir. On avait le sentiment que la guerre allait prendre fin, dans la victoire mais aussi dans la lassitude. Un autre temps était venu qui n'exaltait plus la guerre révolutionnaire.

C'est au moins ainsi qu'une partie de l'historiographie révolutionnaire décrit « l'après Thermidor ». A-t-elle exagéré, pour mieux célébrer l'ardeur des soldats de l'an II, la décomposition qui suivit ? En tout cas, les offensives françaises, qui se prolongent durant l'automne et l'hiver, contre les Autrichiens dans le pays de Liège, contre les Prussiens dans la région de Trèves, contre les Anglo-Hollandais, ne cessent d'être victorieuses. L'armée de Sambre-et-Meuse s'empare de Cologne le 6 octobre 1794, puis de Bonn le 8 octobre. Marceau prend Coblence le 23 octobre. A la fin du mois, les Prussiens ont évacué toute la rive gauche du Rhin. Pendant ce temps Pichegru poursuit, prudemment, la conquête de la Hollande. En décembre, son armée franchit, sur la glace, la basse Meuse, puis le Waal et le Lek en janvier. Battues, découragées, les troupes anglaises regagnent difficilement le Hanovre. Entre janvier et février 1795, les troupes françaises prennent possession de la Hollande tout entière qui se livre sans opposer de véritable résistance. Pichegru occupe Amsterdam le 19 janvier : la nouvelle République batave sera proclamée en février. Pendant ce temps, les armées des Alpes et d'Italie gardaient les cols des Alpes et des Apennins, l'armée des Pyrénées refoulait les Espagnols au-delà des frontières et envahissait la Catalogne. La Prusse et l'Autriche multipliaient les signes de lassitude. L'heure de

---

* En mars 1795, l'effectif total des armées était théoriquement de 1 100 000 hommes. Moins de 500 000 étaient encore présents [1].

la « paix française »[2] semblait venue. Mais la République voulait-elle en finir avec la guerre ?

En 1793, la guerre avait semblé porter un projet révolutionnaire. Il s'agissait d'émanciper l'Europe, le monde, d'abattre les tyrans, de libérer les peuples qui se joindraient au grand élan de la Révolution. Puis le temps, les échecs, la mauvaise volonté aussi des peuples « libérés » avaient, chez beaucoup, transformé, obscurci l'objectif. La Convention semblait avoir pris, au fil des années, le goût des agrandissements territoriaux. Le sentiment s'était peu à peu dégagé d'une guerre d'intérêt national, faite moins pour assurer le triomphe de la Révolution que pour élargir les frontières. L'idée des « limites naturelles » — exhumée de Jules César — était venue fournir un corps de doctrine dont Danton, puis Carnot, avaient été les fervents défenseurs[3]. La guerre, associée à la Terreur, avait été, sous Robespierre, inséparable de la Révolution elle-même, devenue comme la Révolution un combat indéfini et universel, un projet de libération par la violence, transfigurant toutes les actions, au point que guerre semblait signifier révolution, et paix contre-révolution[4]. Mais abattu Robespierre, détruit le « gouvernement révolutionnaire », la guerre devait-elle cesser de se confondre à la Révolution, la paix cessait-elle d'être une trahison ? Les frontières naturelles fournissaient-elles un dogme convenable aux révolutionnaires fatigués ? Et à défaut du Rhin, la France ne pourrait-elle être bornée par la Meuse ?

A l'automne 1794, un courant semble s'être dégagé, chez quelques modérés, en faveur d'un paix immédiate, une paix qui ferait rentrer la France dans ses anciennes limites : ce qu'osa proposer Tallien à l'Assemblée le 4 novembre, déchaînant l'indignation des anciens Montagnards. La Convention pouvait-elle renier ainsi la Révolution, décevoir le nationalisme qui semblait être devenu la grande passion française, peut-être la seule qui demeurât dans les décombres ? Pouvait-elle surtout laisser aux derniers Jacobins le privilège du patriotisme intransigeant, leur abandonner l'idéologie de la grande Nation, forte, émancipatrice, au risque de leur restituer la popularité, et de leur offrir la sympathie des armées[5] ? La majorité des députés voit bien que la paix sans conquêtes, une paix qui ramènerait la France à sa physionomie d'Ancien Régime, est impossible à proposer à un peuple qui a tant rêvé d'une France justicière, victorieuse, punissant les méchants, récompensant les bons. Ainsi, les frontières naturelles, et la rive gauche du Rhin, demeureront des principes : ici par conviction, là par résignation. C'est ce qui doit subsister — au moins — du grand rêve français, l'ambition irréductible.

Et Sieyès ? La politique européenne l'a toujours intéressé. Dès son plus jeune âge, il a couvert des pages de ses ambitieux projets. Il professe une grande admiration pour la Prusse, et plusieurs intellectuels allemands sont, ou seront, très proches de lui. Il se méfie de la vieille Autriche, il déteste les Habsbourgs qui, sans doute, lui rappellent trop les Bourbons. Mais en même temps, fidèle à l'idéologie révolutionnaire, il considère l'Europe comme un vaste champ de conquêtes où la Révolution pourrait s'épanouir, sous des formes diverses. Il imagine autour d'une France grande et forte des colonies spirituelles, des républiques vassales, ou tout au moins des monarchies philosophiques. Il croit qu'elles ne demandent qu'à naître, qu'elles s'organiseront comme d'elles-mêmes. La France, s'il est nécessaire, y tiendra la main [6]. Il rêve d'une communauté de nations libres et fières, conduites par des rois éclairés et des peuples sages. Utopie d'un philosophe trop nourri des Lumières, et influencé par la culture latine ? « Sieyès, observe Albert Sorel [7], croit transplanter les Etats-Unis d'Amérique en Europe, il y ressuscite l'Empire romain. La paix qu'il prépare, c'est la paix romaine, la paix " auguste ", comme on la nommait, qui résultait pour les peuples anciens, non du respect de leur mutuelle indépendance mais de leur assujettissement aux mêmes lois. » Sieyès est à certains égards un « gallican politique » [8]. Il est très ambitieux pour son pays, jaloux de ses intérêts, fier de sa puissance. En même temps, il entend que la grande Nation française — dont il s'estime l'inventeur — soit investie d'une mission de libération universelle... Que ces objectifs puissent être contradictoires il ne le voit pas, ou pas encore, et il apporte, dans sa réflexion sur la politique étrangère, son tempérament que l'âge n'adoucit pas. Il est dur, tranchant, autoritaire. Il croit toujours avoir raison.

Quand Sieyès est entré au Comité de Salut public le 5 mars 1795 (15 ventôse an III), il a constitué avec Merlin de Douai et Reubell la section diplomatique de ce Comité. Celle-ci avait sous ses ordres plusieurs bureaux séparés en trois divisions : Otto, qui sera plus tard le subordonné de Sieyès à Berlin, dirigeait la première division (Espagne, Portugal, Italie, Suisse). Reinhard, un Allemand transplanté à Bordeaux, ancien protégé de Dumouriez, ami de Sieyès, qui deviendra plus tard ministre des Affaires étrangères, commandait la seconde division (Prusse, Pologne, Russie). La troisième (Allemagne, Autriche, Hollande, Suède, Danemark) avait à sa tête Perreau, spécialiste de droit public. L'équipe était composée d'hommes de qualité. Sieyès entend aussitôt s'imposer comme le véritable chef de la section diplomatique *. Ainsi naquit sans doute la longue animosité qui l'opposera à Reubell. Il obtient de la Convention — après un débat difficile — que le Comité soit autorisé à négocier, au nom de la République, les traités de paix, d'alliance et de commerce. Ceux-ci devront ensuite être ratifiés et confirmés par l'Assemblée.

La paix avec la Prusse était déjà préparée quand Sieyès entre au

---

* Les nombreux papiers conservés par Sieyès, ou écrits par lui, classés et inventoriés par Robert Marquant (A.N. 284 AP 10, dossiers 1 à 13) attestent l'intérêt passionné que prit Sieyès aux relations extérieures de la France.

Comité de Salut public. Le traité de Bâle signé le 5 avril 1795 (16 germinal an III) ne lui doit à peu près rien. Du moins Sieyès bouscula-t-il les négociateurs, les derniers jours, par des dépêches menaçantes[9]. Aux termes du traité, la France se voyait reconnaître le droit d'occuper les possessions prussiennes de la rive gauche du Rhin « jusqu'à la pacification générale ». Mais une disposition secrète prévoyait qu'au cas où elle obtiendrait alors les limites du Rhin, elle assurerait une « compensation » à la Prusse. La Prusse promettait ses bons offices dans toute négociation avec les Princes et les Etats de l'Empire germanique. A cette paix la Prusse gagnait de se poser — contre l'Autriche — en protectrice des Princes de l'Allemagne du Nord, et surtout de pouvoir agir sans entraves en Pologne : et la Prusse participera effectivement avec l'Autriche et la Russie au troisième partage de la Pologne le 24 octobre 1795. Pour la France, la paix avait d'importants avantages. Le roi de Prusse ruinait la coalition en la quittant. Surtout il acceptait implicitement que la France s'étendît jusqu'au Rhin. Il donnait aux victoires de la Révolution leur première consécration effective[10].

En revanche, la paix avec la Hollande, qu'avait entièrement occupée l'armée de Pichegru, fut vraiment l'affaire de Sieyès[11]. Le 16 février, les Hollandais avaient proclamé l'indépendance de la République batave, et leur volonté d'entretenir avec la France les relations de « deux républiques sœurs ». Etait-ce enfin l'exemple de cette fraternité des peuples libres dont les révolutionnaires avaient rêvé ? Mais Sieyès ne manifeste nulle tendresse pour cette sœur nouvelle née. Il rédige, de sa main, à l'usage des dirigeants bataves, un plan de négociations très dur, que le Comité de Salut public adopte le 14 mars. Le plan exige d'importantes indemnités, l'occupation des deux rives de l'Escaut, de Flessingue, d'Anvers, de plusieurs cités stratégiques, car il faut, dit Sieyès, « porter un coup mortel à l'Angleterre ». En échange de quoi la jeune République batave sera considérée comme une alliée. Les plénipotentiaires hollandais ont beau discuter, protester que « le gouvernement batave ne saurait disposer sans le consentement du peuple d'une partie de son territoire », Sieyès se montre inflexible :

> « Vous ne voulez pas convenir avec nous de la somme à laquelle il est juste d'évaluer les indemnités qui sont dues à la République française ; vous refusez d'entendre aucune proposition de nouvelles limites entre vous et nous. Il est trop évident que ces deux questions ne peuvent se séparer de celle de l'indépendance »[12].

Il insiste, il menace. Les plénipotentiaires bataves reviennent en avril porteurs d'un contre-projet. Sieyès leur fait répondre qu'il s'agit maintenant de dire oui ou non, et sans délai. Les Bataves rejettent l'ultimatum. Alors les Français, à l'instigation de Sieyès, occupent brusquement Flessingue. Est-ce la rupture ? Ce n'est qu'une manœuvre. Sieyès demande au Comité de Salut public qu'il envoie des plénipotentiaires négocier directement à La Haye avec les Etats Généraux de la nouvelle République. Le Comité accepte, et il délègue Sieyès et Reubell. Sieyès est fâché. Il eût préféré ne pas emmener le maladroit Reubell avec lui *. Il entend conduire la négociation, et il a expliqué sa stratégie aux membres du Comité : il faut créer l'inquiétude chez les Bataves, les persuader que des mesures militaires sont décidées, les forcer à capituler. « Il est temps de terminer cette longue affaire ; et nous sommes bien décidés, si le traité n'est pas signé dans les vingt-quatre heures, de traiter les Provinces-Unies comme un pays conquis. »

La première conférence a lieu le 11 mai (22 floréal). Les suivantes se prolongeront jour et nuit jusqu'à la signature du traité qui interviendra dans la nuit du 16 au 17 mai 1795 (27 au 28 floréal an III). Reubell — qui détestait Sieyès autant que Sieyès le détestait — a reconnu que l'abbé porta « tout le poids de la besogne pénible ». Sieyès ne fit que de très rares concessions, et au dernier moment. Le traité qu'il imposait à la jeune République batave était draconien... Le rêve de fraternité semblait avoir cédé la place aux exigences du nationalisme français. Sans doute la France reconnaissait-elle la République batave. Elle promettait d'en garantir l'indépendance, et les deux Etats concluaient une alliance générale, offensive et défensive, jusqu'à la fin de la guerre, et une alliance perpétuelle contre l'Angleterre. Mais la France annexait la Flandre hollandaise, elle occupait Flessingue, dont le port restait commun, et plusieurs places de guerre déclarées « nécessaires à la défense commune ». La Hollande promettait de verser une indemnité de cent millions de florins. Et les clauses secrètes du traité le rendaient plus lourd encore pour la jeune République. Plusieurs vaisseaux de guerre étaient mis à disposition de la France, et les Hollandais acceptaient d'entretenir, jusqu'à la fin de la guerre, une armée française de 25 000 hommes sur leur territoire.

Il reste que ce traité représentait, pour la Révolution, un succès diplomatique de première importance, dont la nouvelle arriva très opportunément, car Paris était en pleine émeute. Le 21 mai (2 prairial), Merlin de Douai, au nom du Comité de Salut public, annonçait l'heureuse nouvelle à la Convention que le peuple avait envahie la veille **. Le 23 mai — alors que l'insurrection parisienne est à peu près vaincue —, Sieyès monte à la tribune. Il présente à la Convention « son » traité. « Vous acquérez, dit-il aux députés, une nouvelle puissance

---

* Avocat en Alsace, député aux Etats Généraux puis à la Convention, Reubell avait été absent lors du procès de Louis XVI. Il sera éliminé de la vie politique par le coup d'Etat de Brumaire.

** *Supra*, p. 345.

militaire et navale dans une partie des plus importantes du globe. » Il montre quelle menace est ainsi dirigée contre l'Angleterre, et pour magnifier son succès il exagère cette menace. Il parle ce jour en précurseur du blocus continental beaucoup plus qu'en apôtre de la Révolution universelle. Le 27 mai (8 prairial), l'Assemblée approuve le traité *. Et elle acclame Sieyès, le vigoureux, l'habile plénipotentiaire...

La paix, la paix victorieuse, était donc à l'ordre du jour. Avec l'Espagne les négociations furent plus compliquées encore, faites d'ultimatums officiels et des tractations secrètes, et Sieyès n'eut guère le temps d'y dépenser ses talents [13]. Au départ, les Espagnols exigèrent, comme condition de paix, la délivrance des enfants de Louis XVI. Sieyès fit connaître sa farouche opposition. Tout ce qui pouvait annoncer ou servir un retour des Bourbons lui faisait horreur. La mort du dauphin, au Temple, survenue le 8 juin, simplifia la discussion. Pour Sieyès la négociation avec l'Espagne ne devait être que l'un des éléments d'une politique générale destinée à réduire l'Autriche, avec l'appui de la Prusse, et à constituer une grande confédération d'Etats germaniques amie de la République. Son grand projet européen n'avait que deux exclues, les puissances qui lui semblaient irréductiblement dangereuses : l'Angleterre et la Russie. Certes, le plan de Sieyès n'avait pas que des soutiens au Comité. L'alliance avec la Prusse, sinon même avec l'Autriche, la constitution d'une vaste fédération germanique entraînant la disparition des petits Etats inquiétaient plusieurs membres du Comité de Salut public — tel Barthélemy — qui penchaient pour une diplomatie plus traditionnelle. Sieyès sortit du Comité de Salut public le 3 juillet, et la paix avec l'Espagne ne sera signée à Bâle que le 22 juillet 1795 (4 thermidor an III), sans que Sieyès y eût joué aucun rôle. La France évacuera les territoires qu'elle avait envahis en Espagne, mais recevra la moitié espagnole de Saint-Domingue.

Restait l'Autriche, puisque l'Angleterre était désormais l'ennemi juré. Mais les négociations échouèrent vite, car l'Autriche refusait de reconnaître le Rhin comme frontière orientale de la France. Et sans doute secrètement rassurée sur les intentions réelles de la Prusse, l'Autriche, indifférente aux avances françaises, ne s'occupa que de renforcer son alliance avec l'Angleterre. En mai 1795, l'empereur François II met en place deux puissantes armées, l'une sur la rive droite du Haut-Rhin, l'autre entre le Main et la Ruhr. Elles ont en face d'elles l'armée de Sambre-et-Meuse commandée par Jourdan, et celle de Rhin-et-Moselle désormais conduite par Pichegru. Ce ne sont certes plus les armées de l'an II. La désertion n'a cessé de réduire les effectifs, les armées de la République sont, pour la première fois depuis la levée en masse, en état d'infériorité numérique. Leur ardeur est retombée. Le général Pichegru,

---

* Les articles secrets en seront approuvés par le Comité de Salut public le 10 prairial.

aigri, mécontent de n'avoir pas été récompensé selon ses mérites, car il estime avoir sauvé la République, semble démoralisé. Songe-t-il déjà à trahir ? L'avenir s'annonce sombre.

Le 2 août 1795 (15 thermidor an III), Sieyès et Reubell sont à nouveau élus au Comité de Salut public. Ils reprennent leur place à la section diplomatique. Paris vient de célébrer joyeusement le premier anniversaire de la chute de Robespierre. La réélection de Sieyès et de Reubell symbolise le maintien de la doctrine des frontières naturelles, qui paraît devenue, sous le régime thermidorien, la conviction dominante. « La paix de tout l'Occident de l'Europe, proclame Sieyès, sera la suite moralement nécessaire du système de la barrière du Rhin entre l'Allemagne et la France. » Boissy d'Anglas, Reubell, Thibaudeau, Cambacérès, tous les modérés, disent maintenant la même chose. L'annexion de la Belgique à la France, qui sera décrétée par la Convention le 1er octobre 1795, sera la conséquence logique de cette politique où la Révolution finissante renouait avec le vieux rêve d'une France puissante, dominatrice, gardée par ses frontières. Mais pour Sieyès, ce grand bouleversement du continent, fondé sur la grandeur de la France, doit encore être imposé à l'Angleterre. Au bout de son projet il y a une coalition de l'Europe tout entière contre la Grande-Bretagne. Bonaparte n'est plus loin...

V

L'ORACLE CONSTITUTIONNEL

Vaincue la Terreur, éliminés les terroristes, la Convention semblait retourner, sans oser se l'avouer encore, vers la révolution bourgeoise dont elle était issue. Les mesures contre le dirigisme prises à la fin de l'année 1794, sous la pression des événements, indiquaient un mouvement vers la liberté du commerce et de l'industrie. De même la centralisation administrative était remise en question. Les Girondins, revenus à la Convention, réussissaient, en avril 1795, à faire prendre à l'Assemblée un décret qui restituait aux administrations des départements et des districts « les fonctions qui leur étaient déléguées par les lois antérieures au 31 mai 1793 ». En particulier, les anciens « procureurs généraux syndics » étaient rétablis. Sans doute la Convention prenait-elle la précaution de limiter, par des dispositions confuses, l'application du principe qu'elle posait, de telle sorte que les départements, les districts ne purent déterminer précisément ce qu'ils étaient en droit de faire, et qu'il en résulta des conflits, des situations incohérentes. Il reste que la Convention s'était ainsi orientée vers une décentralisation mesurée, incertaine, mais qui se rattachait à la tradition de la première révolution.

Par ailleurs, l'Assemblée s'appliquait à régler le terrible problème des rapports du catholicisme et de l'Etat. Pour des raisons dont le souci d'économie n'était pas absent, Cambon avait fait voter, dès le 18 septembre 1794, un décret disposant que la République ne paierait plus désormais les frais ni les salaires d'aucun culte. Ainsi était réalisée la séparation de fait de l'Eglise et de l'Etat. Il restait, suite logique du désengagement de l'Etat, à garantir le libre exercice du culte. L'abbé Grégoire le proposa à l'Assemblée en décembre (frimaire). Son autorité était celle d'un révolutionnaire intransigeant, toujours resté catholique de cœur et d'esprit, et qui s'était refusé au moindre reniement, mais il ne parut pas alors entendu. Boissy d'Anglas le fut davantage en février 1795 quand il déclara reprendre le projet de Grégoire, en tant que protestant et philosophe, et par haine du fanatisme *. Mais si l'Assemblée est plus attentive à ce que propose Boissy d'Anglas qu'à ce qui fut demandé par Grégoire, c'est qu'en février 1795, la proposition de Boissy d'Anglas a reçu un nouvel intérêt. Elle facilite l'exécution des accords signés, quelques jours plus tôt, par le général Hoche, le pacificateur de la Vendée, avec Charette, pour tenter de mettre fin à la guerre. La République a tout promis pour en finir : l'amnistie entière aux rebelles qui déposeraient les armes, l'indemnisation des destructions subies, la restitution de tous les biens aux émigrés, enfin, surtout peut-être, la liberté totale du culte même au profit des prêtres réfractaires. Capitulation ? Sans doute. « J'ai joué la République par-dessous la jambe », avait déclaré Charette à ses fidèles le lendemain de la signature des accords [1]. La Convention est désormais convaincue que la pacification est possible, et qu'il faut en payer le prix. Le 21 février 1795 (3 ventôse an III), sur le rapport de Boissy d'Anglas, elle adopte, sans discussion, le décret qui décide que, conformément à l'article 7 de la Déclaration des droits de l'homme et à l'article 22 de la Constitution de 1793, « l'exercice d'aucun culte ne peut être troublé ». Ainsi la séparation de l'Eglise et de l'Etat est étrangement proclamée, comme conséquence d'une Constitution inappliquée. Mais l'Assemblée assortit aussitôt son décret de précautions très restrictives car le catholicisme, comme croit devoir le rappeler Boissy d'Anglas, reste « servile par sa nature, auxiliaire du despotisme par son essence, intolérant et dominateur, abrutissant pour l'espèce humaine, complice de tous les crimes des rois ». L'Etat ne fournira donc ni salaire, ni église, ni presbytère. Il ne le pourrait d'ailleurs, car la plupart des églises ont déjà été vendues ou nationalisées. L'Assemblée interdit toute cérémonie hors du local cultuel, tout signe extérieur du culte, toute « convocation publique », donc toute sonnerie de cloche, et tout costume spécial porté en public. Le principe de la séparation, même étroitement réglementé, faisait donc, ce 21 février 1795, son entrée dans l'histoire française des rapports de l'Eglise et de l'Etat. Il avait pour conséquence nécessaire la laïcité de l'Etat. Ce semblait être la réalisation du vieux rêve de Sieyès, toujours tenu en échec, et qui lui avait tant coûté.

Dans l'immédiat, les décisions de la Convention sonnaient sans doute le glas de la religion révolutionnaire. Cinq évêques dont trois députés — Grégoire et deux Girondins réintégrés, Royer, député de l'Ain, et Saurine, député des Landes — constituèrent aussitôt un « Comité des

---

* Avocat au Parlement de Paris, de souche protestante, Boissy d'Anglas avait été élu député du Tiers Etat aux Etats Généraux puis député de l'Ardèche à la Convention. Au procès de Louis XVI il avait voté l'appel au peuple et le sursis. Il est apparu, après la chute de Robespierre, comme un des chefs des modérés. Proche des royalistes il devra se cacher après Fructidor (*infra*, pp. 389 et ss.). Bonaparte le fera président du Tribunat, puis sénateur, et comte d'Empire en 1808. Louis XVIII, récompensant ses vieux sentiments royalistes, le fera Pair de France.

évêques réunis » pour remettre sur pied le culte « constitutionnel », et ils publièrent, dès le 15 mars, une encyclique déclarant reconnaître « la primauté de saint Pierre et les lois de la République ». Mais leur effort resta sans lendemain, et ce ne fut pas le clergé constitutionnel qui profita de la liberté retrouvée. Ce furent l'Eglise romaine et ses fidèles. Si les prêtres réfractaires demeuraient théoriquement exclus de la liberté proclamée — car tout officiant devait aux termes du décret se faire « décerner acte » de sa soumission aux lois de la République —, beaucoup de prêtres, qui avaient prêté le serment constitutionnel, profitèrent de cette occasion pour se « rétracter » et rentrer dans le giron de l'Eglise. Le nombre des « rétractaires » — ainsi les appellera-t-on — sera considérable *. Les prêtres catholiques reviendront à la ville, au village, reconnaissant à la fois l'Eglise romaine et les lois de la République. Ne manquaient encore que les lieux du culte. Le 30 mai, Lanjuinais obtiendra de la Convention que les églises non aliénées puissent servir à l'exercice des cultes. Quant aux prêtres qui s'obstinèrent à rester réfractaires, ils gagnèrent encore en popularité. Le vent de liberté leur profita. Partout les églises s'ouvrirent, les messes se multiplièrent, la pratique religieuse s'affirma dans la liberté reconquise. L'Eglise romaine retrouva sa vigueur, et aussi sans doute, sa ferveur contre-révolutionnaire, tandis que périclitaient le culte abhorré de l'Etre suprême, et même la religion révolutionnaire de la Patrie[3].

Il restait à donner à la France une Constitution. Le peuple qui avait envahi la Convention, en mars puis en avril 1795, avait réclamé du pain et... l'application de la Constitution de 1793. Car cette Constitution — dont le gouvernement révolutionnaire avait renvoyé l'application « après la paix » — disait avoir été faite pour le peuple et elle avait été approuvée par lui. Elle pouvait porter tous les rêves. Mais la Convention thermidorienne ne pouvait accepter d'appliquer, sans la modifier, une Constitution dangereusement démocratique, « organisatrice de l'anarchie » selon Boissy d'Anglas, et sur laquelle planaient les ombres effrayantes de Robespierre et de la Terreur. Le 3 avril 1795 (14 germinal an III), la Convention désignait donc un comité de sept membres — dont Sieyès, Thibaudeau, Cambacérès, Merlin de Douai — pour rechercher les moyens de « mettre en activité les dispositions de l'acte constitutionnel accepté par le peuple en 1793 ». Chacun savait qu'en réalité il s'agissait de le transformer.

Aussitôt nommé, l'illustre Sieyès demande la parole[4]. Ce qu'il dit n'est pas du tout ce qu'on attend de lui :

> « Si on me demande mon opinion sur la Constitution de 1793, je dirai que son acceptation n'ayant pas été faite dans cette salle, mais bien dans les

* Il y eut, dans le seul diocèse du Mans, près de 500 « rétractations » à partir de mars 1795[2].

Assemblées du peuple, elle est respectable et ne peut être attaquée. Voilà mon opinion, et je vous prie de ne pas m'interrompre. Nous ne sommes plus au temps où l'on traitait de royalistes des hommes qui étaient plus républicains que leurs calomniateurs. Les Assemblées primaires ont été libres, parce que nous ne pouvons pas supposer que le peuple fût tyrannisé par quelques individus. La Constitution est donc pour nous la loi suprême. »

Etrange discours ! La Constitution de 1793 — dont Sieyès avait désapprouvé la plupart des principes — devenait soudain pour lui une loi suprême qui ne pouvait être attaquée. Etait-ce la volonté de plaire au peuple qui le faisait parler ? Etait-ce le scrupule d'un juriste intransigeant, car il était vrai que la Constitution de 1793 avait été approuvée par le peuple et qu'on ne pouvait l'écarter que par un coup de force ? Etait-ce surtout la prudence qui l'incitait à redouter un nouveau débat constitutionnel ? Sieyès ne fut pas entendu. Quinze jours plus tard, Cambacérès vint rendre compte des travaux de la commission : celle-ci proposait, dans sa majorité, de constituer... une nouvelle commission. Et la Convention nomma, le 18 avril, les onze membres qui devraient préparer le travail constitutionnel. Sieyès, Cambacérès, Merlin de Douai se récusèrent aussitôt. Ils avaient été élus membres du Comité de Salut public, ou du Comité de Sûreté générale, et ils étaient contraints d'opter entre les deux activités légalement incompatibles[5]. L'habile Cambacérès et le prudent Sieyès ne purent donc siéger au Comité de Constitution. En furent-ils vraiment mécontents ? Ils furent remplacés par Lanjuinais, Baudin et Durand-Maillane *.

La Commission siégea à partir du 6 mai 1795 sans désemparer **. La Revellière *** assure qu'on décida aussitôt d'écarter la Constitution de 1793, unanimement tenue pour mauvaise. Il semble en fait que ce fut au lendemain des journées des 20 et 21 mai, après l'échec des émeutes populaires, que l'accord se fit pour oublier la Constitution de 1793, et construire une Constitution nouvelle, plus raisonnable, c'est-à-dire qui tînt le peuple à plus forte distance. Et il ne se trouva personne pour défendre publiquement la Constitution de 1793, ainsi clandestinement enterrée.

* La Commission des Onze fut ainsi constituée d'anciens Girondins tels Daunou, Baudin des Ardennes, Creuzé-Latouche, Lesage, Lanjuinais, La Revellière, Louvet, et de « centristes » tels Boissy d'Anglas, Durand-Maillane, Thibaudeau. Berlier y fut le seul ancien Montagnard.
** Ses travaux — non publiés — sont essentiellement connus par les *Mémoires*, souvent partiaux, de La Revellière et de Thibaudeau.
*** Ancien avocat au Parlement de Paris, député du Tiers Etat de l'Anjou aux Etats Généraux, élu à la Convention, La Revellière-Lépeaux, proche des Girondins, se cacha après le 2 juin 1793 et revint à la Convention le 8 mars 1795. Il sera Directeur, préparera le coup d'Etat de Fructidor an V (*infra*, pp. 389 et ss.), s'opposera à Sieyès en Prairial an VII (*infra*, pp. 420 et ss.) et disparaîtra de la scène politique.

La Commission crut sage d'envoyer aussitôt Daunou*, devenu principal rédacteur, rendre visite à Sieyès. La Revellière — qui n'aimait pas Sieyès — raconte complaisamment la visite que fit Daunou, « l'homme le plus modéré, le plus conciliant qui se pût imaginer », à l'oracle constitutionnel. Sieyès l'aurait écouté sans mot dire, puis aurait froidement répondu : « J'ai étudié profondément ces matières, vous ne m'entendriez pas... Je n'ai rien à vous communiquer. » Une seconde démarche sera tentée plus tard auprès de Sieyès, après que la Commission eut construit son premier projet. Cette fois Sieyès se serait montré goguenard : « Ce travail n'est pas mauvais ; à tout prendre, parmi les Constitutions établies, il n'y en a peut-être pas d'aussi bonne que celle-ci... Mais il y aurait néanmoins bien des observations à faire. Ce n'est pas encore là ce qu'il faut »[6].

En réalité Sieyès a pris la mesure de son crédit réel quand, en avril, il est intervenu à la Convention pour défendre la Constitution de 1793. Il juge que les démarches effectuées auprès de lui, par la Commission des Onze, sont de prudence ou de courtoisie. Il sait que ses idées constitutionnelles ne seront pas retenues par la Commission. Surtout il entend se réserver pour le débat public. Par ailleurs, il est membre du Comité de Salut public, et le Comité occupe tout son temps, sauf entre le 3 juillet et le 2 août, période où il n'y siège pas. Dans ses *Mémoires*, La Revellière reprochera violemment à Sieyès d'avoir dissimulé ses idées constitutionnelles jusqu'à son fameux discours, à la Convention, du 20 juillet (2 thermidor)**, comme s'il tenait à garder ses projets pour lui. Et La Revellière raconte « la tristesse et l'indignation » dont il sera saisi, quand il entendra Sieyès développer, pour la première fois, à l'Assemblée, le vaste plan que le grand faiseur de constitutions s'était ingénié à cacher au Comité. Le reproche de La Revellière est-il injustifié ? Selon *Le Moniteur*, Daunou aurait précisé à l'Assemblée au cours du débat, quand intervint Sieyès le 2 thermidor an III : « Je dois informer la Convention nationale que notre collègue Sieyès a communiqué à la Commission des Onze le travail qu'il vient de vous présenter, qu'elle s'en est occupée durant plusieurs semaines, et qu'elle a désiré qu'il vous fût promptement offert »[7]. Ni La Revellière, ni *Le Moniteur* n'ont sans doute tout à fait tort. Il est probable que Sieyès donna quelques éléments de son projet à la Commission des Onze mais le modifia ensuite... Sieyès aimait conserver une part de mystère. Et il était aussi, par nonchalance,

---

* Ancien prêtre, élu du Pas-de-Calais à la Convention, Daunou avait refusé de voter la mort du Roi, puis protesté contre l'arrestation des Girondins. Arrêté, il revint à la Convention, après Thermidor, parmi les 73. Membre du Tribunat sous Bonaparte, il sera éliminé avec les autres idéologues en 1802. Il sera, à partir de 1804, garde général des Archives de l'Empire. Il sera député à la Restauration puis Pair de France en 1839.

** *Infra*, p. 363.

par paresse, par anxiété, l'homme du dernier moment, capable jusqu'à ce qu'il prît la parole, de brûler ses papiers ou de les réécrire. Sieyès attendra donc le débat public pour livrer son vrai projet et il choisira pour intervenir le moment le plus dérisoire du débat, celui où l'on discutera pour décider s'il fallait que les députés fussent obligatoirement mariés ou veufs, si les célibataires n'étaient que des « égoïstes » indignes d'être les représentants du peuple.

La discussion s'ouvre le 23 juin (5 messidor) par le rapport que présente Boissy d'Anglas à la Convention au nom de la Commission des Onze sur le projet de nouvelle Constitution dont Daunou avait été le rédacteur principal. Boissy d'Anglas dit clairement ce qu'est le projet proposé : il s'agit de restaurer la primauté des « meilleurs », dans le cadre restreint d'un suffrage censitaire, et ces « meilleurs » ne peuvent être que les propriétaires[8] :

> « Nous devons être gouvernés par les meilleurs : les meilleurs sont les plus instruits et les plus intéressés au maintien des lois ; or, à bien peu d'exceptions près, vous ne trouverez de pareils hommes que parmi ceux qui, possédant une propriété, sont attachés au pays qui la contient, aux lois qui la protègent, à la tranquillité qui la conserve, et qui doivent à cette propriété et à l'aisance qu'elle donne l'éducation qui les a rendus propres à discuter avec sagacité et justesse les avantages et les inconvénients des lois qui fixent le sort de leur patrie... Un pays gouverné par les propriétaires est dans l'ordre social ; celui où les non-propriétaires gouvernent est dans l'état de nature. »

La liberté de l'économie doit être liée au droit de propriété :

> « Si vous donnez à des hommes sans propriété les droits politiques sans réserves, et s'ils se trouvent jamais sur les bancs des législateurs, ils exciteront ou laisseront exciter les agitations sans en craindre l'effet ; ils établiront ou laisseront établir des taxes funestes au commerce et à l'agriculture, parce qu'ils n'en auront senti ni redouté ni prévu les redoutables conséquences, et ils nous précipiteront enfin dans ces convulsions violentes dont nous sortons à peine. »

Dira-t-on que l'égalité risque d'en souffrir ?

> « L'égalité civile, voilà tout ce que l'homme raisonnable peut exiger... L'égalité absolue est une chimère ; pour qu'elle pût exister, il faudrait qu'il existât une égalité entière dans l'esprit, la vertu, la force physique, l'éducation, la fortune de tous les hommes »*.

---

* Soboul rappelant les propos tenus par Vergniaud en mars 1793 (« L'égalité pour l'homme social n'est que celle du droit... ») affirme « la singulière continuité de la Gironde aux Thermidoriens »[9]. Mais on n'aperçoit guère de continuité entre la très démocratique Constitution girondine de Condorcet et la Constitution de l'an III.

Boissy d'Anglas achève son long rapport en rappelant à l'Assemblée que la Constitution ne serait rien sans la vertu des hommes :

> « Ne perdez jamais de vue cette grande vérité qu'il vaudrait mieux pour vous avoir un gouvernement imparfait et y appeler des hommes probes, que d'être régis par une constitution sans défense qui serait livrée à des scélérats. »

Et il conclut — évoquant la Terreur — par une description apocalyptique des malheurs qui attendent le peuple s'il fait de mauvais choix :

> « Mais s'il en est autrement, si le peuple fait de mauvais choix ; si ses flatteurs l'emportent encore ; s'il accueille l'intrigue, qui l'obsède, et néglige le mérite, qui le fuit ; s'il nomme des administrateurs sans propriétés, des juges sans expérience, des législateurs sans talents et sans vertu ; s'il se livre encore au démagogisme féroce et grossier ; s'il prend encore des Marat pour ses amis, des Fouquier pour ses magistrats, des Chaumette pour ses municipaux, des Hanriot pour ses généraux ; des Vincent et des Ronsin pour ses ministres, des Robespierre et des Chalier pour ses idoles ; si même, sans faire des choix aussi infâmes, il n'en fait que de médiocres ; s'il n'élit pas exclusivement de vrais et de francs républicains, alors, nous vous le déclarons solennellement, et à la France entière qui nous écoute, tout est perdu ! Le royalisme reprend son audace, le terrorisme ses poignards, le fanatisme ses torches incendiaires, l'intrigue ses espérances, la coalition ses plans destructeurs, la liberté est anéantie, la République renversée, la vertu n'a plus pour elle que le désespoir et la mort, et il ne vous reste plus à vous-mêmes qu'à choisir entre l'échafaud de Sidney, la ciguë de Socrate ou le glaive de Caton ! »

La discussion en première lecture commence le 4 juillet (16 messidor). Elle se prolongera jusqu'au 12 août (25 thermidor), puis, en seconde lecture, les jours suivants *. La Déclaration des droits de l'homme, placée en tête, reprend celle de 1789 dont elle est, pour l'essentiel, la reproduction littérale. Elle est, à certains égards, plus libérale. Ainsi proclame-t-elle la liberté religieuse, et elle définit plus largement la liberté de la presse. A d'autres, elle est plus restrictive : l'article de la Déclaration disant que « les hommes naissent et demeurent libres et égaux en droit » a disparu. « L'égalité absolue, avait déclaré Boissy d'Anglas, est une chimère », et l'on ne pouvait proclamer une chimère. Quant aux droits nouveaux dangereusement consacrés par la Constitution de 1793, ils ont été retirés. Notamment le « droit à l'insurrection » a disparu. « Lorsque l'insurrection est générale, avait expliqué Boissy d'Anglas, elle n'a plus besoin d'apologie, lorsqu'elle est partielle elle est toujours coupable. » En revanche, une « Déclaration des devoirs » vient

---

* La Constitution, précédée de la Déclaration des droits et des devoirs, sera votée le 22 août 1795 (5 fructidor an III).

rappeler aux citoyens que l'infaillibilité du peuple est révolue : « Ne faites pas à autrui ce que vous ne voudriez pas qu'on vous fît. » « Faites constamment aux autres le bien que vous voudriez en recevoir. » Les morales chrétienne et révolutionnaire se trouvent ainsi confondues et proclamées. Et la Déclaration des devoirs rappelle en son article 8 le principe fondamental de l'ordre nouveau : « C'est sur le maintien des propriétés que reposent la culture des terres, toutes les productions, tout moyen de travail, et tout l'ordre social. »

Dans la nouvelle Constitution, le Corps législatif est divisé en deux assemblées : un « Conseil des Cinq-Cents », composé de 500 membres, et un « Conseil des Anciens » de 250 membres, l'un et l'autre renouvelables tous les ans, par tiers, sans qu'aucun membre puisse rester en fonction plus de six années consécutives. L'initiative des lois appartient au Conseil des Cinq-Cents qui n'adopte que des « résolutions ». C'est le Conseil des Anciens qui, approuvant la résolution, la transforme ensuite en loi. Ainsi la nouvelle Constitution consacre-t-elle ce « bicamérisme » qui, sous la Constituante, avait été rejeté, notamment sous l'influence de Sieyès, comme contraire à la souveraineté nationale. « Le Conseil des Cinq-Cents, expliqua Boissy d'Anglas invoquant l'exemple de l'Amérique, sera la pensée, et pour ainsi dire l'imagination de la République. Le Conseil des Anciens en sera la raison. » Quant au pouvoir exécutif, il est délégué à un « Directoire » de cinq membres « âgés d'au moins quarante ans » choisis au scrutin secret, par le Conseil des Anciens, sur une liste de cinquante membres établie par le Conseil des Cinq-Cents. Ce Directoire aura pour mission d'exécuter les lois, de disposer de la force armée, de la police, de diriger la politique intérieure, et il aura autorité sur les administrations. Il nommera 6 ministres au moins, 8 au plus, chargés d'administrer, mais qui ne formeront pas un conseil.

Mais l'essentiel est ailleurs. La Constitution de l'an III rétablit le suffrage censitaire, fondement du régime bourgeois *. Elle restaure aussi un système électoral à deux degrés. Des assemblées dites primaires nommeront des assemblées électorales de département, chargées à leur tour d'élire les députés. Pour être électeur aux assemblées primaires il faudra avoir vingt et un ans, être domicilié en France depuis un an et payer une contribution directe, foncière ou personnelle. Les étrangers seront exclus, et de même les « domestiques à gages ». Pour être électeur aux assemblées départementales — donc pour élire les députés — il faudra être âgé de vingt-cinq ans et être propriétaire, ou usufruitier, d'un bien rapportant un revenu égal à au moins 200 journées de travail dans

---

* Carré de Malberg observe que la Constitution de l'an III — à la différence de celle de 1791 — opérait une confusion entre la citoyenneté et la fonction électorale. L'art. 8 de la Constitution de l'an III subordonnait en effet au paiement d'une contribution directe non seulement l'entrée dans les assemblées primaires, mais la possession de la qualité de citoyen [10].

les communes de plus de six mille habitants; dans les communes de moins de six mille habitants il suffira d'être locataire d'une habitation dont le loyer équivaut à 150 journées de travail, ou d'un bien foncier dont le fermage équivaut à 200 journées de travail. Pour être élu au Conseil des Cinq-Cents il faudra avoir trente ans. Il faudra être âgé de quarante ans, être marié ou veuf, pour être élu au Conseil des Anciens *. L'Assemblée renverra à l'an XII le moment où sera exigée, pour être électeur, la condition de savoir lire et écrire ou « exercer un métier mécanique ». Ainsi le droit électoral est-il, dans l'immédiat, fondé sur la fortune et la stabilité. Dans l'avenir il pourrait reposer sur l'instruction... Il n'y eut qu'un député, Rouzet de la Haute-Garonne, pour oser défendre le suffrage des femmes, mais Lanjuinais le remit vite à sa place, au cours de la séance du 9 juillet :

> « Quelle est la femme honnête qui ose soutenir qu'il n'y a pas unité entre le vœu de son mari et le sien?... L'époux, en stipulant pour lui, stipule nécessairement pour celle qui ne fait qu'un avec lui... Les femmes sont destinées d'ailleurs à un autre genre de gloire, plus flatteur peut-être : elles sont appelées à former, dès le berceau, des âmes en qui brilleront toutes les vertus républicaines; la mère des Gracques est leur modèle... »

A certains égards le projet présenté par Boissy d'Anglas pouvait satisfaire Sieyès. Il faisait de la propriété le fondement de l'ordre social, il rétablissait la distinction des citoyens actifs et des citoyens passifs. Mais à d'autres égards il ne pouvait que lui déplaire. Le système représentatif n'était pas clairement proclamé, la coexistence de deux assemblées aux prérogatives concurrentes y portait pour Sieyès une intolérable atteinte, l'éventuelle réforme de la Constitution n'était pas abordée. Par ailleurs il était évident que la séparation radicale, organisée par le projet, entre le pouvoir qui fait les lois et celui qui dirige leur exécution et gouverne, ne pouvait que conduire à des conflits insolubles.

C'est le 20 juillet 1795 (2 thermidor an III) que Sieyès, silencieux jusqu'à ce jour, monte à la tribune. Il vient y prononcer un long discours, l'un des plus importants de sa carrière **. Sieyès sait qu'il ne sera pas suivi. Il parle donc pour lui, pour les hommes éclairés qui l'écoutent, pour la postérité. Il fixe d'abord les principes qui devraient guider le pouvoir constitutionnel, aussi éloignés, dit-il, de l'absolutisme populaire de Rousseau, dont on a mesuré les détestables effets, que des théories de Montesquieu ***. Précisons, dit-il, la terminologie. On parle

---

* En revanche aucune condition de cens n'était exigée. Sur ce point la Convention se montra plus libérale que sa commission. Boissy d'Anglas avait proposé que, pour être élu député, il fallût être propriétaire foncier.

** Le discours du 2 thermidor an III a été imprimé par ordre de la Convention nationale sous le titre : *Opinion de Sieyès sur plusieurs articles des titres IV et V du projet de Constitution*.

*** On lit, dans les notes manuscrites de Sieyès, sous le titre *Bases de l'ordre social...* : « Une constitution n'est point une transaction entre des volontés arbitraires. Tout

de pouvoirs distincts? Or il n'y a qu'un pouvoir politique dans une société, c'est celui de l'association. « On peut appeler improprement " pouvoirs " au pluriel les différentes procurations que ce pouvoir unique donne à ses divers représentants. » Mais il n'y a qu'une seule volonté, la volonté nationale, volonté commune qui s'exprime par représentation. Et c'est cette volonté nationale unique qui se diversifie en actes de natures différentes.

Le projet présenté par Boissy d'Anglas a donc raison de vouloir séparer la « proposition » de la « décision », ou encore de diviser le pouvoir exécutif quoiqu'il le fasse d'une « main peu ferme ». Mais il faut aller plus loin, il faut établir dans le système une harmonie véritable. « Ne donnons plus deux ou trois têtes au même corps afin de corriger par les défauts de l'une le mauvais effet des défauts de l'autre. » Il faut confier, à divers « représentants » des parties différentes, non les employer à faire le même ouvrage. Ce que condamne Sieyès, fidèle à sa vieille idée, c'est le système de « l'équilibre » ou du « contrepoids », imité du modèle anglais, qui, selon lui, se détruit lui-même et aboutit tôt ou tard au despotisme. Ainsi vont les choses, assure Sieyès, en Angleterre. Ou bien le système engendre une immobilité rigoureuse — comme si deux chevaux d'égale force tiraient en sens contraire la même voiture — ou bien il laisse « un cocher royal » monter sur le siège pour mettre les bêtes d'accord. Ce qu'il faut en vérité c'est réaliser l'unité d'action par la *division du travail* : ainsi quand plusieurs catégories d'ouvriers travaillent à construire la même maison. Le constituant doit donc procéder à une « décomposition » aussi parfaite que possible des actes accomplis en vertu de l'autorité nationale. Il doit notamment diviser autant que faire se peut « les opérations intellectuelles qui aboutissent à la formation de la loi. »

L'Assemblée écoute Sieyès, dont le discours se prolonge, dans un grand silence. Elle est admirative et stupéfaite. L'étude doctrinale qu'il développe, fondée, dit-il, sur l'examen des facultés de l'âme et sur le principe de la division du travail qui devra régir les sociétés futures, semble peu intelligible à la plupart des députés. Que propose l'oracle ? Partisan convaincu d'une chambre unique, en souhaiterait-il maintenant plusieurs, pour parfaitement décomposer les diverses actions qui concourent à l'exercice de la souveraineté nationale ? Pourtant, il condamne formellement « ce qu'il y a de superstitieux et de déshonorant pour l'humanité dans l'institution d'une chambre nobiliaire ». Il refuse les deux chambres proposées par le Comité. Mais il distingue rationnelle-

découle des droits de l'homme, et y aboutit par un enchaînement de vérités nécessaires. Hors de cela, il ne peut y avoir, au lieu de véritable ordre social, que théocratie, machiavélisme ou brigandage » (A.N. 284 AP 5, dossier 1).

ment les opérations successives qui concourent à la formation de la loi. Il voudrait une « Tribune de propositions », un « Tribunal », Sieyès l'appelera « Tribunat », qui serait comme le « Tribunal du peuple français », recevrait toutes les pétitions, suggestions, et accueillerait tout ce qu'il y a de bon dans le travail des sociétés populaires. Il voudrait un « Corps législatif » — ou « Législature » —, organe de décision celui-là, qui se prononcerait sur les propositions du Tribunat. « Sa sentence sera la loi. » Il suggère, comme une idée d'avenir, que se retrouvent un jour au sein du Corps législatif, en nombre à peu près égal, des hommes voués à chacune des trois grandes industries d'où naît la prospérité sociale : l'industrie rurale, l'industrie citadine, et enfin « l'industrie dont le lieu est partout et qui a pour objet la culture de l'homme. » Oui, le Corps législatif devrait un jour rassembler des hommes adonnés aux trois grands travaux entre lesquels se partage l'humanité.

Cette décomposition de la souveraineté — reproduisant la décomposition de tout acte volontaire — n'est pas pour Sieyès le seul résultat d'une étude savante des étapes de la décision. L'analyse des « facultés de l'âme » sert en réalité un projet, et le philosophe vient ici justifier le politique. Décomposant la souveraineté, Sieyès entend la limiter, chacune des fonctions devant arrêter l'autre. Le résultat que Montesquieu cherchait dans la séparation des pouvoirs, Sieyès le trouve dans l'affirmation d'un pouvoir unique — à cela il n'entend pas renoncer — mais d'un pouvoir unique disséqué dans ses éléments successifs. Sieyès maintient son dogme. Mais il en a vu, à l'expérience, les détestables usages. Il entend maintenant apprivoiser la souveraineté populaire, en la divisant en plusieurs morceaux.

Il va plus loin. La partie la plus forte — la plus audacieuse aussi — du discours de Sieyès est celle où il circonscrit la souveraineté du peuple*, posant en principe que la *Ré-publique* n'est pas, ne doit pas être la *Ré-totale*. En vérité ce n'est pas la première fois que Sieyès prétend ainsi limiter l'autorité de la société [11]. Mais à lire le Sieyès du *Tiers Etat*, à trop écouter la proclamation véhémente de la souveraineté nationale, dressée contre les ordres privilégiés, on n'apercevait « que la toute-puissance tumultueuse de la Nation »**. Sieyès — que six années d'histoire ont instruit — dresse cette fois-ci un véritable réquisitoire contre la théorie

---

* « Le peuple est souverain. Soit... Mais, de ce que le pouvoir social procède également et expressément de la volonté de tous, résulte-t-il qu'il s'étend à tout ? Là est la question par excellence de la politique moderne » (Marcel Gauchet, Préface à Benjamin Constant, *De la liberté chez les Modernes*, Paris, Hachette, 1980, p. 67). Marcel Gauchet éclaire l'influence de Sieyès sur cet « article primordial » de la théorie libérale selon Constant.

** « A la Nation appartient la plénitude de tous les pouvoirs, de tous les droits, avait-il écrit dans les *Délibérations*, parce que la Nation est, sans aucune différence, ce qu'est un individu dans l'état de nature, lequel est sans difficulté tout pour lui-même. » Mais dès l'époque on aperçoit chez Sieyès le besoin de discipliner cette souveraineté.

d'une souveraineté populaire totale, illustrée par la Terreur. La souveraineté même populaire est « une de ces conceptions monacales... également funestes à la liberté et ruineuses de la chose publique comme de la chose privée ». Le peuple, déclare Sieyès, n'a pas, ne peut avoir « ces pouvoirs, ces droits illimités que ses flatteurs lui ont attribués... », car la communauté politique n'a pas son fondement dans un pacte d'aliénation totale, elle ne s'est constituée qu'à partir d'une aliénation partielle. La société politique ne se confond pas avec la société privée *. Et d'où vient, selon Sieyès, la tentation de cette « Ré-totale » qui a fondé la Terreur ? « Ce mot [souveraineté] ne s'est présenté si colossal devant l'imagination des Français, encore pleine des superstitions royales, que parce qu'ils se sont fait un devoir de le doter de l'héritage pompeux du pouvoir absolu. » La souveraineté populaire n'a fait que confisquer... et continuer la souveraineté monarchique. C'est contre cette fatale erreur — dont on a vu les sinistres effets — que Sieyès veut réagir. « La souveraineté prise pour un pouvoir suprême qui asservirait tout n'existe pas » [12]. Il faut donc à l'avenir que la Constitution borne la souveraineté populaire.

Et Sieyès en vient à ce qui est peut-être le plus original dans son projet : l'invention de ce qu'il appelle — refusant le mot anglais de « Jury » — la « Jurie constitutionnaire », de ce qu'il appellera dans son second discours, prononcé le 5 août (18 thermidor), le « Jury constitutionnaire » car il renoncera vite à son néologisme [13]. C'est, apparemment, la partie la plus achevée de son travail. La « Jurie constitutionnaire » de Sieyès devrait comprendre 108 membres, qui seraient choisis, lors de sa première formation, par la Convention elle-même. Puis elle serait renouvelée chaque année par tiers, et par cooptation. « C'est un véritable corps de représentants que je demande, avec mission de juger les réclamations contre toute atteinte qui serait portée à la Constitution. » Ce conseil de sages devrait avoir pour première fonction d'annuler les actes irréguliers contraires aux lois fondamentales. Mais il devrait aussi réaliser le « perfectionnement gradué de l'art constitutionnel ». Il devrait enfin, dans les occasions graves, offrir « un supplément de juridiction naturelle aux vides de la juridiction positive », c'est-à-dire assurer l'application des principes fondamentaux qui fondent la République. Ainsi constituerait-il un véritable Tribunal des Droits de l'homme...

Sieyès avait fait beaucoup de chemin depuis le temps où il avait affirmé la puissance illimitée du pouvoir constituant. « Au milieu de tous les périls qu'elle traverse, une Nation n'a jamais trop de toutes les

---

* Cette théorie oppose radicalement Sieyès et Rousseau pour qui les hommes, au moment du contrat social, aliènent la totalité d'eux-mêmes, « chacun se donnant tout entier », condition de toute égalité. La société du « contrat social » est une société totale. Sur l'opposition de Sieyès et Rousseau, cf. *Citoyenneté, égalité et liberté chez Jean-Jacques Rousseau et Emmanuel Sieyès,* par Pasquale Pasquino, Cahiers Bernard Lazare, 1988.

manières possibles d'exprimer sa volonté », avait-il écrit dans le *Tiers Etat,* et il l'avait souvent répété[14]. Mais l'expérience, la cruelle expérience, lui a enseigné que les Constitutions sont aisément violées, détruites, sans le concours des représentants du peuple ou avec leur concours terrorisé. Il veut maintenant discipliner le pouvoir constituant. Il n'est pas le premier à y songer, et il n'est pas le seul. Déjà Condorcet avait recherché le contrôle des actes législatifs dans des mécanismes compliqués de démocratie directe. Hérault de Séchelles avait imaginé, en 1793, un grand « jury national élu par le peuple pour garantir les citoyens contre toute oppression » et Robespierre avait un moment semblé favorable à ce « tribunal imposant et consolateur ». L'idée du contrôle de la Constitution était dans l'air... Mais Sieyès la portait plus loin qu'aucun de ses prédécesseurs. Le premier en France il concevait et proposait un système achevé de contrôle de la Constitution et de maintien des principes fondamentaux de la société.

Quand Sieyès en vient à parler du Gouvernement, son discours paraît à l'Assemblée plus étrange, plus compliqué encore. Avant la loi, expose-t-il, le Gouvernement serait « Jurie de proposition » imaginant des projets de loi : il devrait exprimer les besoins des gouvernants comme le Tribunat traduirait ceux des gouvernés. Cette intrusion de l'exécutif dans les fonctions législatives ne risquait-elle pas de heurter le principe de la séparation des pouvoirs ? Ce fut, semble-t-il, l'un des points les plus mal reçus du discours. Une fois la loi votée par le Corps législatif, le Gouvernement deviendrait « procurateur d'exécution ». A ce titre il nommerait le « pouvoir exécutif », et les « chefs ordonnateurs et directeurs du service officiel de la loi ». « Il y aura donc, résume Sieyès, sous le nom le Gouvernement, un corps de représentants, au nombre de sept, avec mission spéciale de veiller aux besoins du peuple et à ceux de l'exécution de la loi, et de proposer à la législature toute loi, règlement, ou mesure qu'il jugera utile. » Mais l'orateur dut consentir qu'il manquait à son système le mode de désignation du Gouvernement. Ce n'était pas rien. Cette grave lacune dominait toutes les autres. Et le souvenir du Comité de Salut public ne pouvait-il pas jeter une ombre sur ce mystérieux Gouvernement ?

En conclusion de son grand discours, Sieyès demande à la Convention de renvoyer à la Commission des Onze, pour examen, quatre articles formulant, selon lui, les « quatre volontés du peuple » : sa volonté constituante exprimée par la Jurie (ou le Jury) constitutionnaire ; sa volonté pétitionnaire, représentée par un Tribunat (ou une Tribune) ; sa volonté gouvernante exprimée par un Gouvernement ; enfin, et surtout, sa volonté législative exprimée par le Corps législatif*.

---

* Art. 1. - Il y aura sous le nom de *Tribunat* un corps de représentants, au nombre de trois fois celui des départements, avec mission spéciale de veiller aux besoins du peuple et

Le projet de Sieyès, mal compris, fut mal accueilli. Dès le 30 juillet (12 thermidor), l'habile Thibaudeau vint expliquer à l'Assemblée — pour ménager la susceptibilité du grand constitutionnel — que le « Tribunat » de Sieyès n'était en réalité que le Conseil des Cinq-Cents du projet des Onze, autrement dénommé, que le « Directoire » proposé par la commission ressemblait fort au « Gouvernement » de Sieyès, et que la Jurie constitutionnaire paraissait sans utilité. Sieyès ne se tient pas pour battu. Le 5 août (18 thermidor), il prend à nouveau la parole*. Il précise l'organisation et les missions de son « Jury constitutionnaire » auquel il semble tenir plus qu'à tout le reste. Mais en quelques jours les adversaires de Sieyès se sont concertés et ils n'entendent pas laisser place à son influence. C'est d'abord Berlier, membre de la Commission des Onze, un petit Montagnard prétentieux et pédant selon La Revellière [15], qui vient critiquer âprement le projet de Sieyès, après avoir rendu hommage au « génie supérieur » de son inventeur. Puis Thibaudeau et La Revellière mettent en pièces le travail de Sieyès, accablant l'abbé d'éloges mais faisant ressortir ce que son projet peut avoir de compliqué et d'inactuel.

> « Craignez, dit La Revellière en conclusion, ces hommes qui... croyant être grands quand ils ne sont que bizarres, vous jetteraient dans des routes tout à fait inconnues où ils iraient se perdre avec vous. Fuyez les faux ministres du culte de la liberté. Ils se disputent la tiare et l'encensoir comme ceux de toutes les religions. »

Ainsi les adversaires de Sieyès ont-ils repris leur vieux thème. Dans tous les grands débats, il s'est trouvé un ennemi de l'abbé pour lui rappeler qu'il n'était qu'un prêtre. Sieyès n'insiste pas. Il comprend qu'il est vaincu. Son projet fut rejeté, à l'unanimité, assure *Le Moniteur*. Il se taira dans la suite du débat. La Constitution de l'an III sera votée par l'Assemblée le 22 août, puis elle sera acceptée par le peuple, dans ses

---

de proposer à la Législature toute loi, règlement ou mesure qu'il jugera utile. — Ses assemblées seront publiques. [*Volonté pétitionnaire.*]

Art. 2. - Il y aura sous le nom de *Gouvernement* un corps de représentants, au nombre de sept, avec mission spéciale de veiller aux besoins du peuple et à ceux de l'exécution de la loi — et de proposer à la Législature toute loi, règlement ou mesure qu'il jugera utile. — Ses assemblées ne seront point publiques. [*Volonté gouvernante.*]

Art. 3. - Il y aura sous le nom de *Législature* un corps de représentants, au nombre de neuf fois celui des départements, avec mission spéciale de juger et de prononcer sur les propositions du Tribunat et sur celles du Gouvernement. — Ses jugements, avant la promulgation, porteront le nom de décrets. [*Volonté législative.*]

Art. 4. - Il y aura sous le nom de *Jurie constitutionnaire* un corps de représentants au nombre des trois vingtièmes de la Législature, avec mission spéciale de juger et prononcer sur les plaintes en violation de Constitution, qui seraient portées contre les décrets de la Législature. [*Volonté constituante.*]

* Le discours du 18 thermidor a été publié, sur ordre de la Convention nationale, sous le titre : *Opinion de Sieyès sur les attributions et l'organisation du Jury constitutionnaire proposé le 2 thermidor.*

assemblées primaires, à partir du 6 septembre *. Elle sera proclamée loi fondamentale de la République le 23 septembre (1ᵉʳ vendémiaire), dernier jour de l'an III. La nouvelle Constitution pouvait organiser la République bourgeoise, consolider la propriété, reprendre quelques-unes des idées fondamentales que Sieyès avait développées en 1789, elle n'était pas la sienne. Des ignorants, des médiocres avaient balayé ses grandes idées, rejeté son Jury constitutionnaire, « l'une des plus belles découvertes de l'art social... un chef-d'œuvre de la science politique », écrira le tout dévoué Conrad Œlsner [16]. La Constitution de l'an III avait été pour Sieyès l'occasion de la défaite, pire que de la défaite, de l'humiliation. Elle avait désormais en lui un ennemi implacable.

* *Infra*, p. 371.

VI

VENDÉMIAIRE

La crise économique s'était aggravée au cours de l'été 1795, l'inflation avait poursuivi ses effets, les prix n'avaient cessé de monter, la spéculation avait pris un rythme effréné, accusant encore la distance entre une minorité enrichie et la misère du peuple[1]. Les mesures prises par la Convention pour tâcher d'endiguer la pénurie et l'inflation n'avaient pas eu d'heureux résultats. En août et en septembre, l'agitation avait régné dans plusieurs villes, notamment à Chartres, à Verneuil, à Dreux et dans les départements de l'Eure et de l'Eur-et-Loir. Les contre-révolutionnaires, nobles et prêtres, cherchaient à exploiter la colère des misérables. A Chartres, le 17 septembre, le représentant Tellier, envoyé en mission, avait été assiégé dans sa maison par une foule hostile qui hurlait : « Vive le roi ! » Il avait été contraint de signer un arrêté taxant le pain à trois sous. Le soir il s'était suicidé. Dans l'Ouest, la guerre avait repris : les faveurs accordées aux Vendéens n'avaient pu assurer la pacification. En mai l'insurrection s'était rallumée dans le Morbihan, elle avait été brisée par le général Hoche mais, le 26 juin, les Anglais avaient réussi à faire débarquer quatre mille émigrés dans la baie de Carnac. Ce n'est qu'à la fin du mois de juillet que Hoche remportera la victoire décisive, bloquant à Quiberon les chouans et les émigrés. Il fera emprisonner le gros de la troupe et obligera les autres à se rembarquer. La répression sera impitoyable. Sur 751 émigrés arrêtés, 748 seront fusillés !

Les événements éclairaient ainsi la gravité des périls que courait la Révolution à la veille du changement de Constitution. La guerre continuait, la banqueroute menaçait, les sans-culottes d'un côté, les royalistes de l'autre s'acharnaient contre la république des modérés. Ne devait-on redouter les risques d'un vote populaire d'où pourrraient venir le chaos, la guerre civile, et pourquoi pas la dictature ? Et qu'adviendrait-il si les électeurs désignaient des représentants qu'aucun lien n'unissait à l'œuvre révolutionnaire, ou si recommençait l'aventure terroriste[2] ?

Le 18 avril — quatre jours avant que l'Assemblée n'adopte la nouvelle Constitution — Baudin des Ardennes prend la parole au nom de la Commission des Onze. Il vient soutenir devant la Convention deux décrets « sur les moyens de terminer la Révolution ». Il exalte cette Constitution « dégagée de tout alliage de royauté et d'anarchie », une Constitution qui achève enfin la Révolution. « Mais en quelles mains sera remis ce dépôt sacré ? Vous avez construit le vaisseau : par qui sera-t-il lancé ? Qui sera chargé de le mettre à la voile, et quel pilote dirigera d'abord le gouvernail... ? L'intérêt national et la Constitution nous font un devoir de retenir les deux tiers de la Convention dans le Corps législatif »[3]. Le premier projet que présente Baudin des Ardennes prévoit que, dans le futur Corps législatif composé de 750 membres, 250 députés seulement seraient élus. 500 conventionnels resteraient donc en fonction : « La retraite de l'Assemblée constituante, explique sagement Baudin, vous apprend assez qu'une législature entièrement nouvelle pour mettre en mouvement une Constitution qui n'a pas été essayée est un moyen infaillible de la renverser. » Le second décret dispose que, si le corps électoral ne respecte pas le quantum, les conventionnels réélus le compléteront par cooptation. La Convention ne se fait pas prier. Elle adopte, les 22 et 30 août (5 et 13 fructidor), les « décrets des deux tiers », soit que les députés fussent réellement inquiets sur l'avenir de la Constitution nouvelle, soit qu'ils fussent satisfaits d'assurer ainsi leur réélection. Sieyès vote avec la majorité.

L'opinion publique se souleva aussitôt contre les nouveaux « perpétuels », contre une Assemblée incapable, dont la vie n'avait été qu'une succession de crimes, et dont le dernier coup de force était de se survivre. Il parut que les décrets des deux tiers réussissaient à cristalliser les mécontentements de droite et de gauche. C'est dans une agitation croissante que se tinrent les assemblées primaires qui devaient ensemble plébisciter la Convention et les deux décrets de fructidor[*]. A Paris, les sections se déclarèrent en état de permanence contre les décrets. Les royalistes se déchaînèrent, armés de ces textes scélérats, s'appliquant à exciter tous les mécontentements. L'Assemblée inquiète fit venir des troupes. Le 23 septembre (1er vendémiaire an IV), les résultats du référendum purent être publiés[**]. Mais dans les jours qui suivirent les troubles se multiplièrent. La jeunesse dorée répandue dans les sections appelait à l'insurrection. Dans la soirée du 3 octobre 1795 (11 vendémiaire), la Convention décida de confier les pleins pouvoirs à une

---

[*] Elles se réunirent entre le 6 septembre 1795 (20 fructidor an III` et le 23 septembre 1795 (1er vendémiaire an IV).

[**] La grande majorité des électeurs s'était abstenue. La Constitution fut adoptée par 914 853 oui contre 41 832 non, les décrets de fructidor par 177 758 oui contre 95 373 non, résultat qui atteste leur impopularité. On comptait environ 5 millions d'abstentions...

commission extraordinaire de cinq membres, comprenant notamment le très dévoué Barras. Le lendemain, l'agitation royaliste se poursuivit et la Convention s'affola. Elle se crut trahie par le général Menou, qui hésitait à employer des moyens brutaux à l'égard des manifestants, et tentait de parlementer avec eux. Dans la soirée du 4 octobre, elle destitua Menou et nomma Barras commandant en chef. Aussitôt Barras réunit sous ses ordres plusieurs généraux, en disponibilité ou sans emploi, dont le général Bonaparte qui avait été autorisé, quelques jours plus tôt, à aller réorganiser l'artillerie du sultan en Turquie, et se trouvait en préparatifs de départ. Barras prit Bonaparte comme aide de camp. « Je croyais pouvoir répondre de lui, assure Barras, d'après toutes les avances qu'il m'avait faites les jours précédents... et j'annonçai à la Convention que j'étais prêt à sauver la patrie de l'attaque des stipendiés de l'aristocratie » *. On chercha à la hâte des canons dont le chef d'escadron Murat alla prendre possession avec 300 cavaliers.

Le 5 octobre au matin (13 vendémiaire), Paris était sous les armes. Il y avait plus de 25 000 insurgés, pour l'essentiel des royalistes qui dominaient maintenant la plupart des sections parisiennes, mais aussi d'anciens Hébertistes ou terroristes portés par la haine de l'Assemblée. C'était plus que les effectifs dont disposait la Convention. Les insurgés étaient conduits par un comité militaire où se retrouvaient Danican, ancien général hébertiste, converti au royalisme, et deux émigrés revenus. Les premiers coups de feu furent échangés vers quatre heures et demie devant l'église Saint-Roch. Puis le combat s'étendit de proche en proche tout au long de la rue Saint-Honoré jusqu'aux abords du Palais Egalité (Palais-Royal). Dans l'après-midi la Convention fut investie, et Barras donna l'ordre de tirer. Bonaparte dirigea la manœuvre des soldats de la Convention, tandis que la canonnade semait la panique chez les insurgés. L'ordre fut peu à peu rétabli dans la nuit, l'église Saint-Roch seulement reprise au petit matin du 14 vendémiaire. La dernière des grandes journées révolutionnaires avait sans doute été la plus sanglante. Elle avait fait 300 morts ou blessés [5]. Les victimes étaient pour la plupart des fonctionnaires, des membres de professions libérales, des rentiers, des boutiquiers, qu'avaient entraînés le mécontentement, et, pour certains, l'espoir d'une restauration monarchique.

Mais la journée n'avait pas été que tragique. Elle portait beaucoup de conséquences, proches et lointaines. Ce général Bonaparte, qui avait si bien servi la Convention, sera nommé, le 8 octobre, général en second de

---

* Barras se donne beaucoup de mal dans ses *Mémoires* pour minimiser le rôle joué par Bonaparte le 13 vendémiaire : « Il m'a accompagné dans la matinée du 13 vendémiaire, mais il n'a pu toujours m'accompagner, car j'étais toujours à cheval, et lui était à pied ; et ce n'est qu'au moment des derniers ordres que je lui donnai à porter que, craignant de ne pas le voir, malgré sa vivacité, arriver à temps, je lui fis donner un cheval pour qu'il allât plus vite » [4].

l'armée de l'Intérieur et, quelques jours plus tard, il succédera à Barras comme général en chef de l'armée de l'Intérieur. Ainsi avait commencé ce 13 vendémiaire une irrésistible carrière... L'infatigable Tallien, pourtant compromis par ses intrigues avec les royalistes, se fait soudain le représentant des thermidoriens[6] et il vient dénoncer furieusement à la Convention les « vendémiairistes » dont Lanjuinais et Boissy d'Anglas. Le 16 octobre, il obtient de la Convention qu'elle décrète d'arrestation Rovère et Saladin accusés de royalisme et, le 22 octobre, l'Assemblée institue une commission pour proposer des mesures de « salut public ». Tallien en est nommé rapporteur. Il propose de casser les élections aux Conseils des Cinq-Cents et des Anciens, pour sauver la République. Allait-on rétablir une dictature terroriste ? Mettre à l'écart la Constitution de l'an III comme on l'avait fait de la Constitution de 1793 ? Réinventer le gouvernement révolutionnaire ?

C'était sans doute la manœuvre des derniers thermidoriens. Les résultats des élections, qui commençaient à être connus, les inquiétaient. Il était clair que l'avenir leur serait hostile. Mais la Plaine veillait. C'est elle qui jouera le dernier acte. Elle n'entend plus se laisser manipuler. Le 23 octobre, Thibaudeau s'élève énergiquement contre les propositions de Tallien : « Apologiste des massacres de Septembre, de quel droit Tallien vient-il accuser ses collègues de royalisme ? Il existe au Comité de Salut public une lettre du prétendant... dans laquelle il dit qu'il compte beaucoup sur Tallien pour rétablir la royauté. C'est l'ambition qui conduit Tallien... » Celui-ci fléchit sous l'attaque. Tallien renonce à demander à l'Assemblée d'annuler les élections, et la Convention soulagée se bornera à interdire l'accès des fonctions publiques, jusqu'à la paix générale, aux fauteurs d'actes séditieux dans les assemblées primaires et électorales. Le Marais triomphait. Ainsi ni les agitateurs royalistes, ni les thermidoriens de droite et de gauche n'avaient pu bousculer la République bourgeoise. Et cette Assemblée, qui avait connu tant d'épreuves, subi tant de remous, vécu dans la mort et de la mort, achève son temps dans le discrédit. « Depuis le 9 Thermidor, écrit Albert Mathiez exagérant à peine, les hommes qui avaient renversé Robespierre avaient dépassé en arbitraire le gouvernement qu'ils avaient remplacé »[7]. Leur politique incohérente, contradictoire, seulement inspirée par les besoins du moment avait successivement déçu toutes les opinions. Les conventionnels léguaient à leurs successeurs l'héritage de leur impopularité. L'Assemblée prend encore le temps de prescrire, le 25 octobre, la stricte exécution des lois révolutionnaires non abrogées contre les prêtres « déportés » ou reclus, contre les émigrés, leurs parents et alliés. Ce même jour, elle crée l'Institut de France. Il restait à vite accomplir, selon l'usage, des actes symboliques avant de s'en aller. Le 26 octobre, dans sa dernière séance, la Convention décrète une amnistie générale de tous les faits relatifs à la Révolution, mais elle excepte de

l'amnistie les prêtres « déportés », les émigrés, et les « vendémiairistes ».
Elle décide d'abolir la peine de mort « à dater du jour de la publication
de la paix générale ». Et cette « place de la Révolution » où la guillotine
avait tant fonctionné, elle la rebaptise. Ce sera désormais la « place de la
Concorde ». Après quoi la Convention se sépare, aux cris de « Vive la
République ! »

VII

MES MOMENTS SONT CEUX D'UN PARESSEUX...

Il semblait que depuis Thermidor Sieyès se fût encore assombri. Il avait pu conduire un temps la politique extérieure de la France, être à nouveau mêlé à toutes les affaires, mais il n'était pas écouté comme il aurait dû l'être. L'échec de son projet de Constitution l'avait vivement meurtri. Toujours il attachera plus d'importance à ses défaites qu'à ses succès qu'il tenait pour naturels. Sieyès a maintenant quarante-six ans passés. Ses maladies — dont aucune n'est grave — l'assaillent de soucis qu'il exagère. Il est financièrement gêné. Il vit seul — on ne lui connaît toujours ni femme ni ami proche —, triste, cultivant son silence philosophique, de plus en plus ombrageux et distant. Il est « ténébreux dans sa manière d'être », dit Talleyrand qui paraît l'avoir bien observé. « Il cause mal; il n'a point le désir de convaincre; il ne veut que subjuguer; son humeur est atrabilaire... Il peut sourire, employer un persiflage malin, mesuré et assez piquant, mais il ne dérogera jamais jusqu'à être aimable »[1].

Cette humeur atrabilaire a trouvé des raisons de se nourrir dans cette année qui a suivi Thermidor. Après le temps de la peur, c'est celui de la déception... Sieyès a été plus respecté qu'influent. Son caractère s'en est ressenti. Mme de Staël qui le verra beaucoup dans les mois qui suivront remarquera les progrès de sa « mélancolie sauvage » :

> « Il avait un caractère, explique-t-elle, très sujet à l'humeur... Il était peu fait pour communiquer avec les autres hommes tant il s'irritait aisément de leurs travers et tant il les blessait par les siens. Toutefois, comme il avait un esprit supérieur et des façons de s'exprimer laconiques et tranchantes, c'était la mode... de lui montrer un respect presque superstitieux »[2].

Mais le respect n'est jamais à la mesure de Sieyès. Et le respect ne lui suffit pas. Quinze mois sont passés depuis Thermidor. L'heure de Sieyès va-t-elle enfin venir ?

Quand les nouvelles assemblées parlementaires furent composées, en octobre et novembre, non sans peine, en raison des complexités d'application du décret des deux tiers *, on observa que les nouveaux élus — plus précisément le tiers ouvert aux nouveaux élus — étaient pour la plupart des modérés. Cela vérifiait à la fois l'impopularité et l'opportunité du décret des deux tiers. Au Conseil des Cinq-Cents on comptait 342 « ex-conventionnels » et 156 nouveaux députés, au Conseil des Anciens, 164 « ex-conventionnels » sur 253. Sieyès fut élu dans 19 départements **, ce qui atteste sa notoriété, mais les grands succès étaient allés à des modérés comme l'ex-Girondin Lanjuinais élu dans 39 départements, et Boissy d'Anglas élu dans 36 départements. Célibataire, Sieyès ne pouvait constitutionnellement siéger au Conseil des Anciens que la Constitution réservait aux hommes mariés et veufs. Il alla donc au Conseil des Cinq-Cents dont la fonction était de proposer aux Anciens des « résolutions » que ceux-ci devaient ensuite approuver ou rejeter sans pouvoir les amender.

Les Cinq-Cents siégeaient au Manège. Ils devaient porter leur uniforme constitutionnel fait de « la robe longue et blanche, la ceinture bleue, le manteau écarlate, la toque de velours bleu ». Pour éviter les regroupements politiques de sinistre mémoire, il était interdit aux députés de se placer sur les gradins selon leurs affinités et leurs opinions : les places devaient être tirées au sort chaque mois. On verra pourtant se dessiner dans cette Assemblée nouvelle une « gauche », constituée d'anciens terroristes repentis comme Barras, Tallien, ou même d'ex-Girondins fermement attachés à la République, tels Louvet et Marie-Joseph Chénier, et qui avaient tremblé en Vendémiaire. On y verra une « droite » faite de royalistes avoués, rêvant d'une monarchie constitutionnelle, mais auxquels il manque un roi, depuis la mort du fils de Louis XVI ***, et aussi des royalistes dissimulés. La majorité, comme à la Convention, est constituée par un vaste centre. On remarque enfin, de gauche à droite, quelques personnalités de premier plan, les survivants de la Révolution, riches des rôles qu'ils ont joués et des

* Il y eut en fait trois modes de désignation séparant les conventionnels réélus par les assemblées départementales, les conventionnels cooptés par la précédente assemblée, et les députés nouveaux pour un tiers. Quand les 750 députés eurent déclaré leur âge et leurs conditions de famille, on mit dans une urne les noms des députés de plus de 40 ans, mariés ou veufs. Les 250 premiers qui furent tirés au sort formèrent le Conseil des Anciens, et les autres constituèrent les Cinq-Cents.

** En fait il est porté dans la plupart des départements sur les « listes supplémentaires » prévues pour remédier aux doubles emplois résultant d'élections multiples. Il n'arrive sur « la liste des deux tiers » — véritablement élu — que dans l'Orne et dans la Sarthe qui l'avaient déjà élu à la Convention. Le Var l'avait oublié. Il refusa l'élection dans l'Orne, et fut donc député de la Sarthe au Conseil des Cinq-Cents.

*** Le Dauphin était mort, à l'âge de 10 ans dans la prison du Temple, le 8 juin 1795 (20 prairial an III). Sa mort au Temple a été parfois mise en doute. Le frère de Louis XVI — le comte de Provence — s'était aussitôt proclamé Roi sous le nom de Louis XVIII.

symboles qu'ils portent : Carnot, Treilhard, Cambacérès, et surtout, Sieyès.

Conformément à la nouvelle Constitution, le Directoire devait être nommé par le Corps législatif, constitué par les deux assemblées. Les Cinq-Cents devaient établir, au scrutin secret, une liste de cinquante noms et la présenter aux Anciens qui avaient à choisir, également au scrutin secret, les 5 directeurs. C'était la première grande affaire du nouveau régime. Le 31 octobre 1795, les Cinq-Cents votèrent pour désigner leurs cinquante candidats. Ils proposèrent en tête La Revellière (317 voix), Reubell (246 voix) et Sieyès (239 voix), puis Letourneur et Barras, et ils ajoutèrent quarante-cinq inconnus. Ainsi procédèrent-ils pour contraindre les Anciens à se conformer à leur préférence, et pour marquer, dès ce premier vote, leur prééminence. Les Anciens votèrent le lendemain. Ils donnèrent 216 voix à La Revellière, qu'ils venaient d'élire pour présider leur Assemblée, 189 voix à Letourneur, 176 à Reubell, 156 à Sieyès, et 129 à Barras.

Les cinq élus étaient des régicides. C'était comme « l'emblème du régime nouveau »[3]. Et l'élection de Sieyès avait une portée symbolique. Elle signifiait la fidélité des Assemblées à la Révolution, la sienne. Mais le soir même, à neuf heures, Sieyès adressait au président du Conseil des Anciens sa lettre de refus : « Il m'est impossible, écrivait-il, de croire que l'intérêt de mon pays soit d'appeler à une place où l'on doit pouvoir rallier toutes les confiances, précisément un homme qui, depuis le commencement de la Révolution, a été constamment en butte à tous les partis, à tous sans distinction. » Le ton n'était guère aimable. Sieyès avait-il été froissé d'être élu quatrième ? Signifiait-il par ce refus son mépris d'une Constitution qu'il jugeait détestable et qui n'était pas la sienne ? Craignait-il, à ce moment, de prendre des responsabilités ? Il est probable que cette fonction partagée, et surtout ces voisinages, qu'il tenait pour médiocres, ne le tentaient pas, probable aussi qu'il voulait se réserver pour de meilleures circonstances. Sieyès fut remplacé par Carnot. Mais aussitôt sa défection fut exploitée par les royalistes. Elle prouvait la fragilité du nouveau régime.

Ce premier Directoire ne peut que déplaire à Sieyès. S'il supporte Carnot et sa « doublure » Letourneur, s'il n'aime pas La Revellière, ancien Girondin, toujours prêt à rabâcher sa haine des prêtres, ni Reubell*, Alsacien têtu, tous deux avocats, qui tous deux l'avaient mis en échec dans le débat sur la Constitution, Sieyès sait que le plus dangereux est Barras, l'ex-vicomte, l'ex-terroriste, devenu l'homme de Thermidor, assoiffé de pouvoir, de richesses, de plaisir, très corrompu,

* Barras assure que c'est par détestation de Reubell, que Sieyès refusa d'être nommé Directeur. Cette détestation lui serait venue pendant la mission qu'ils avaient remplie ensemble en Hollande. « Sieyès, dit Barras, avait une mémoire de prêtre... »[4].

mais aussi très intelligent. Dans le moment ce Directoire, qui s'installe dans un palais du Luxembourg, se partage les responsabilités, la Guerre allant à Carnot, la Marine à Letourneur, la Police à Barras, la Diplomatie, les Finances et la Justice à Reubell, l'Instruction publique à La Revellière. Ils choisissent aussitôt six ministres — dont Merlin de Douai à la Justice, Benezech à l'Intérieur — tous modérés. Et l'équipe se donne pour projet immédiat d'assurer le fonctionnement des institutions, pour stratégie de rester dans un juste milieu, de paralyser les royalistes avec l'aide des républicains avancés, et les républicains avancés avec l'aide des royalistes, sans s'enchaîner ni aux uns ni aux autres. Y avait-il alors pour le Directoire d'autre politique possible que ce « système de bascule »[5] ? Dans sa première proclamation au peuple français le 5 novembre 1795 (14 brumaire an IV), le Directoire veut donner l'illusion d'un immense projet :

> « Livrer une guerre active au royalisme, raviver le patriotisme, réprimer d'une main vigoureuse toutes les factions, éteindre tout esprit de parti, anéantir tout désir de vengeance, faire régler la concorde, ramener la paix, régénérer les mœurs, rouvrir les sources de la production, ranimer l'industrie et le commerce, étouffer l'agiotage, donner une nouvelle vie aux arts et aux sciences, rétablir l'abondance et le crédit public, remettre l'ordre social à la place du chaos inséparable des révolutions, procurer enfin à la République française le bonheur et la gloire qu'elle attend. »

Substituer l'ordre au chaos, l'abondance à la disette, ramener la paix, la concorde, procurer à la République le bonheur, il n'est pas de programme plus sage, pour terminer la Révolution... ni plus ambitieux. Mais comment faire ? Et avec qui ?

Pendant ces derniers mois de 1795 et durant le printemps qui suivra, Sieyès n'aura donc aucune responsabilité essentielle. Il manifestera une assiduité régulière dans plusieurs commissions. C'est ainsi qu'il travaillera à l'établissement d'une nouvelle législation sur la presse : et cet homme, qui avait tant souffert de la calomnie, se montrera le farouche partisan d'une réglementation rigoureuse, répressive, ce que sera la loi du 17 avril 1796 (28 germinal an IV). On le verra intervenir sur les problèmes administratifs, sur l'enseignement, notamment sur l'enseignement des arts, de la peinture, de la musique, et sur la diplomatie[6]. Il participera assidûment aux travaux de la commission des Finances où il attaquera les projets de Reubell, et réclamera, en vain, un plan d'ensemble de politique financière plutôt que la poursuite d'expédients. Il s'occupera donc, quoique, selon son disciple Œlsner, « il ne pouvait s'occuper des détails et tout ceci n'était que détails au regard de son ambition »*. Mais la vérité est que Sieyès, dans les premiers temps du

---

* Sandoz-Rollin, ministre de Prusse en France, lui attribue cette phrase : « Je suis le seul homme de France capable d'être employé à la pacification générale ; mais l'Europe me hait trop pour m'accorder quelque confiance »[7].

Directoire, affecte un grand détachement. Il est présent aux séances du Conseil des Cinq-Cents, mais il n'y reste guère plus d'une demi-heure, et il quitte ostensiblement l'Assemblée. Un voyageur allemand, Frédéric-Jean Meyer, venu l'observer puis lui rendre visite, le verra, durant un débat orageux, « rester assis avec une indifférence marquée et parcourir tranquillement avec sa lunette les endroits les plus éloignés de la salle »[8]. « Mes moments sont ceux d'un paresseux », confiera Sieyès à son visiteur. Il vit au troisième étage, 273 rue Saint-Honoré, dans une chambre médiocrement meublée, éclairée par une seule fenêtre ouvrant sur la cour. Il est en robe de chambre, en bonnet de nuit. Son bel uniforme de législateur est accroché au mur. Sieyès va, il vient, parmi ses livres ouverts, ses papiers étalés partout. Près de la cheminée un profil de Voltaire, en cire. Il est là, seul, avec pour compagnon son « silence philosophique ».

En vérité il n'est pas si seul qu'il s'est toujours plu à le dire, aimant vanter sa distance. Le 27 novembre 1795 (6 frimaire an IV) il a été nommé par le Directoire membre de l'Institut, dans la classe des Sciences morales et politiques (Section d'Economie politique) et il participe aux travaux de sa Section. Il est entouré d'un cercle d'amis — d'admirateurs surtout — dont plusieurs sont allemands, et qui lui rendent visite. Il fonde un Club de « sages », le Club de Noailles, qui s'assemble dans les salons de l'ancien hôtel de Noailles, rue Saint-Honoré, alors propriété nationale *. Le but du Club, assure un rapport de police, est de grouper « les membres des deux Conseils qui ont eu la conduite la plus sage dans les moments critiques de la Révolution ». Quels sont donc ces vrais révolutionnaires qui ne se sont compromis ni dans le terrorisme ni dans la réaction? On voit au Club des conventionnels obscurs, Charles Duval, Merlino, Collombel, Guiot, d'autres plus connus mais dont la pureté révolutionnaire est douteuse, tels Tallien, Boissy d'Anglas[9]. On parle, on dîne, on se dispute. Plus tard on complotera.

L'austère Sieyès ne dédaigne pas non plus les salons. Il fréquentera chez Merlin de Douai qui reçoit beaucoup. On le verra de plus en plus souvent chez Mme de Staël, chez qui on prêche le ralliement à la République bourgeoise. Sieyès y rencontrera Benjamin Constant qui deviendra son ami, et quelques autres esprits philosophiques avec lesquels il pourra agréablement converser, car il n'a pas cessé d'aimer la compagnie des privilégiés de l'intelligence et du savoir. La solitude de l'abbé est son plaisir. Il sait la rompre quand il le veut.

On verra aussi Sieyès fréquentant ceux que l'on continue d'appeler les

---

* Plusieurs comités de la Convention y avaient eu leurs bureaux, ou leurs salles de réunion.

« terroristes » : *Le Courrier républicain* du 21 juillet 1796 assurera que « les terroristes continuent de s'agiter avec plus d'activité que jamais », qu'ils se rassemblent sur les terrasses des Tuileries, et que l'on voit parmi eux « le grand prêtre Sieyès ». Plus tard on le dira, sans preuve, mêlé à la conspiration de Drouet, puis au complot de Babeuf*. Mais ceux qui redoutent Sieyès — Barras notamment —, ou le détestent, ont l'habitude de le voir partout. On l'imaginera conspirant vaguement avec le nouveau duc d'Orléans, le futur Louis-Philippe. Un rapport de police d'août 1796 le présentera — en compagnie il est vrai de Tallien et du directeur Barras — comme l'un des chefs d'une conspiration dont le but serait « de soutenir la faction des Orléanistes et de mettre sur le trône un membre de cette famille... »[10]. Le véhément journaliste Richer-Sérizy admonestera dans *L'Accusateur public* le futur Louis-Philippe, dont l'agitation allait croissant : « Monté sur Sieyès et sur Chénier, eussiez-vous l'entrée triomphante de Jésus dans Jérusalem, ainsi que lui, bientôt, vous éprouveriez une destinée semblable... » Ce sont, concernant Sieyès, de vieilles légendes toujours reprises. Mais il est vrai que le Directoire, bien alimenté par les rapports de police, ne cesse de surveiller cette grande ombre de Sieyès qu'il sait hostile. Les hommes en place craindront toujours que Sieyès — auréolé de son prestige et de son mystère — ne revienne comme un sauveur... Et il est probable qu'en fait l'abbé s'agite plus qu'il ne le laisse croire. L'action politique est sa passion, comme elle est sa souffrance. Ce qu'il veut vraiment, nul ne le sait. Sans doute veut-il attendre, voir venir, sans cesser d'être présent. Burke, emporté par la passion, le décrit comme un vrai fou, occupé jour et nuit à imaginer des constitutions de plus en plus compliquées, nourrissant ses délires** :

> « L'abbé Sieyès a des cases entières de pigeonniers remplies de constitutions toutes faites, étiquetées, assorties et numérotées, appropriées à toutes les saisons et à toutes les fantaisies ; les unes ayant la pointe où devait être la base, les autres la base où devait être la pointe ; celles-ci sans ornement, celles-là garnies de fleurs ; quelques-unes distinguées par leur simplicité, d'autres par leur complication ; les unes couleur de sang, d'autres *boue de Paris ;* les unes avec des directoires, les autres sans direction ; les unes avec des conseils des anciens et des conseils de jeunes barbes, d'autres sans conseils du tout ; quelques-unes où les électeurs choisissent les représentants, d'autres où les représentants choisissent les électeurs ; quelques-unes en habits longs, d'autres en habits courts ; quelques-unes en pantalon, d'autres sans culottes, quelques-unes avec cinq qualifications, d'autres tout à fait indéterminées ; en sorte qu'aucun

* *Infra,* p. 384.
** Déjà le portrait dressé par Burke, dans ses *Réflexions sur la Révolution de France*, des philosophes qui s'emparèrent de l'Assemblée nationale et firent la Révolution, n'était pas sans évoquer Sieyès.

amateur de constitution ne peut sortir de sa boutique les mains vides... »[11].

Et il est vrai que Sieyès ne cesse d'écrire, ébauchant des textes qu'il abandonne, soulignant de sa main rageuse les mots importants, et tous lui semblent importants

VIII

UN ATTENTAT PROVIDENTIEL

Le Directoire avait hérité de la Convention thermidorienne la guerre, intérieure et extérieure, la débâcle financière et la pénurie. Sur le front extérieur, les circonstances servirent le nouveau régime. Il sembla, durant l'hiver 1795, que la guerre s'endormait. Sur le Rhin, Pichegru, qui négociait en secret avec les Autrichiens et se préparait à trahir, avait abandonné Mannheim en novembre 1795. Il avait laissé les Autrichiens libres d'occuper le Palatinat. Une suspension d'armes avait été décidée, le 21 décembre, qui favorisait sans doute ses desseins. En mars 1796, le Directoire acceptera sa démission et le remplacera par Moreau. Du moins la suspension d'armes avait-elle accordé un répit pour l'hiver. Dans le Midi, où ne cessait de s'affirmer la valeur militaire de Masséna, l'ennemi démoralisé interrompait les hostilités. L'armée d'Italie et l'armée des Alpes pouvaient prendre leurs quartiers d'hiver. Le Directoire semblait momentanément délivré du souci de la guerre [1].

La guerre civile s'apaisait de même. Dans l'Ouest, le général Hoche s'attachait, avec patience et énergie, à consolider la « pacification ». D'une part, il quadrillait le pays avec ses colonnes mobiles, ne reculant ni devant la capture d'otages, ni devant les sanglantes représailles, organisant même la « punition collective » des communes. Mais d'autre part, il protégeait la liberté des cultes et il renonçait à organiser la conscription. En mai et juin 1796, les chouans de Bretagne et de Normandie déposeront les armes, tandis que l'ordre reviendra peu à peu dans les départements du centre. A la fin du printemps, la guerre civile sera à peu près éteinte sur tout le territoire. Le brigandage qui subsistera, les émeutes qui continueront d'éclater, ici et là, seront davantage les conséquences traditionnelles de la misère que de l'agitation royaliste.

Mais le pire héritage de la Convention est sans doute la débâcle financière et la pénurie qui ont pris de mois en mois allure de catastrophe [2]. L'assignat, qui était, en octobre 1795, à 3 pour cent de sa valeur nominale, n'a cessé de baisser encore. En quatre mois le volume d'assignats en circulation double et atteint quarante milliards. On imprime la nuit, dira La Revellière, le papier du lendemain. « A la fin de l'an III, raconte un témoin, je payais cent francs par mois qui valaient à peine trois francs pour une chambre d'hôtel, mais ayant trouvé un louis de vingt-quatre livres dans un gousset de pantalon, je le vendis au perron* pour six mille francs. » Cette situation ne fait qu'empirer durant l'hiver 1795. Le Directoire commence par vivre d'expédients. On suspend la vente des biens nationaux, on institue un moratoire des créances, et les assemblées autorisent en décembre un emprunt forcé de six cents millions sur les riches, qui ne donnera qu'un bref répit financier au prix d'une grande impopularité du Directoire dans la bourgeoisie[3]. Le ministre des Finances obtient enfin du Directoire, en février 1796, la « suppression » des assignats : ceux-ci seront échangés — à perte — à partir de mars 1796 contre une nouvelle monnaie de papier, les « mandats territoriaux » qui permettront, comme les assignats, de se procurer sur simple expertise et sans enchère, de nouveaux biens nationaux. Mais cette monnaie se heurte à la méfiance générale. Elle se déprécie plus vite encore que l'ancienne. Quinze jours après sa création, le nouveau billet de cent francs a déjà perdu les deux tiers de sa valeur, tandis que des spéculateurs y trouvent le moyen d'acquérir à vil prix de grandes quantités de biens nationaux. Ainsi se constituent de nouvelles fortunes sur la misère croissante. Quelques mois encore, et mandats et assignats devront être supprimés, remplacés par la monnaie métallique**. L'aventure du papier monnaie révolutionnaire s'achèvera ainsi par le retour au numéraire. Mais elle aura permis, entre-temps, d'immenses transferts de propriété. Surtout elle laissera de terribles conséquences : le Trésor public vidé, incapable de faire face aux dépenses, les rentiers ruinés, les créanciers durement frappés, pendant que financiers malhonnêtes, agioteurs, trafiquants souvent mêlés aux hommes politiques, auront accumulé richesses et puissance.

La débâcle financière n'est pas le seul drame qu'affronte le Directoire. Les deux moissons déficitaires de 1794 et 1795, l'hiver glacial de 1795 sont venus ajouter, selon un schéma devenu classique, la pénurie et la cherté. Déjà le paysan renâclait à vendre les produits de la terre contre du papier sans valeur, mais voici qu'il n'a plus grand-chose à vendre. En novembre 1795, les réquisitions sont rétablies, mais très mal appliquées. Tout au long de l'année 1796 la misère se prolonge, se transforme en mendicité, en brigandage, en émeutes de subsistance, aussi en maladies, en souffrances. Les décès sont de plus en plus nombreux, dus à la faim, à la faiblesse, au désespoir, au manque de soins. D'un côté s'amuse une

---

* Lieu où se pratiquait, au Palais-Royal, les opérations de change ou de bourse.
** La suppression des « mandats territoriaux » interviendra en février 1797.

nouvelle bourgeoisie riche, jouisseuse, tapageuse. De l'autre souffre un peuple, peuple des villes, peuple des campagnes, dont le malheur exaspère la colère et qui s'en prend aux acquéreurs de biens nationaux, aux fermiers qui dorment en gardant leurs récoltes, aux commerçants, et, bien sûr, au gouvernement. Le complot babouviste devra beaucoup à ces mécontentements accumulés.

François-Noël Babeuf — en Révolution Camille puis Gracchus Babeuf — né à Saint-Quentin en 1760 d'un commis des gabelles et d'une servante illettrée, était venu au journalisme au lendemain du 9 Thermidor, après une vie d'épreuves, d'incarcérations injustes, de souffrances accumulées. En septembre 1794, il avait fondé *Le Journal de la Liberté*, devenu en octobre *Le Tribun du Peuple*. Babeuf avait repris la tradition des anciens militants sans-culottes*. Il défendait le bonheur commun par l'égalité des ressources : « Qu'est-ce que la Révolution française ? écrivait-il dans *Le Tribun du Peuple* du 6 novembre 1795, c'est une guerre déclarée entre les patriciens et les plébéiens, entre les riches et les pauvres », et il professait la « loi agraire », c'est-à-dire le partage autoritaire des terres de manière à ce que chaque chef de famille soit mis en possession d'un lot suffisant pour ses besoins :

> « Le terroir n'est à personne, mais à tous... Tout ce que possèdent ceux qui ont au-delà de leur quote-part individuelle de ces biens de la société est vol et usurpation... Il est donc juste de le leur reprendre... Le seul moyen d'arriver là est d'établir l'administration commune, de supprimer la propriété particulière, d'attacher chaque homme au talent, à l'industrie qu'il connaît, de l'obliger à en déposer le fruit en nature au magasin commun et d'établir une simple administration de distribution... Ce système est démontré praticable, puisqu'il est celui appliqué aux douze cent mille hommes de nos douze armées : ce qui est possible en petit l'est en grand »[5].

Comme Marat, comme les Hébertistes, Babeuf proclamait que le peuple, asservi et trompé, devait être libéré par une minorité insurrectionnelle décidée à instaurer la dictature populaire. L'héritier des sansculottes posait ainsi quelques-uns des principes qui fourniront en partie le socialisme puis le communisme aux XIXe et XXe siècles. Il constatait l'existence de la lutte des classes. Il réclamait « l'état de communauté ». Il posait en dogme « la dictature du peuple » confiée à une minorité, à un groupe, à un parti. Et l'hiver terrible de 1796 donna un grand écho à sa campagne de presse**.

* Babeuf avait développé ses idées dès avant la Révolution. Dans ses mémoires de 1785 sur les « grandes fermes », il avait déjà prévu l'organisation de « fermes collectives », véritables « communautés fraternelles ». Dans son *Cadastre perpétuel* de 1789, il penchait déjà vers une loi agraire[4].

** « Avec lui, écrit Lavisse, le socialisme tout ensemble théorique et pratique, est donc entré dans l'histoire de France... par la petite porte il est vrai, et avec d'étranges compagnonnages »[6]. Albert Soboul assure que Babeuf, « le premier dans la Révolution

La « conjuration des Egaux » a constitué, selon Soboul, « la première tentative pour faire entrer le communisme dans la réalité »[8]. Ceux que l'on appelait les « mécontents » — anciens sans-culottes, sectionnaires, Maratistes, Hébertistes, Montagnards, qui voulaient réagir contre la faiblesse du gouvernement — se réunissaient alors à la « société des Amis de la République » fondée en novembre 1795 et plus connue sous le nom de « Club du Panthéon ». La violente campagne conduite par Babeuf dans *Le Tribun du Peuple* ne pouvait manquer d'exercer sur eux, et sur l'opinion, une influence croissante. Le 27 février 1796 (8 ventôse an IV), un arrêté du Directoire ordonne la fermeture du Club du Panthéon et le général Bonaparte, chef de l'armée de l'Intérieur, vient lui-même, à la tête d'un détachement, procéder à l'opération. C'est alors que Babeuf croit prudent d'entrer dans la clandestinité. Il fonde un « directoire secret de salut public » de sept membres, destiné à préparer la grande insurrection qui donnera enfin le pouvoir au peuple. Entrent au directoire secret des Hébertistes, des Robespierristes, des amis de Babeuf comme Darthé, qui avait exercé les fonctions d'accusateur public au Tribunal révolutionnaire de Cambrai, comme Buonarotti, Piémontais qui se disait descendant de Michel-Ange et était venu en France plaider la cause des patriotes italiens, comme Debon, ancien disciple de Marat, auteur d'un ouvrage sur l'injustice des droits de propriété, comme Sylvain Maréchal, qui rédigera le « Manifeste des Egaux ». Félix Le Peletier, riche banquier, joue sans doute le rôle de bailleur de fonds. Le directoire secret se donne un agent dans chacun des douze départements de Paris : tous sont anciens sectionnaires, Jacobins, sans-culottes, ou Montagnards. L'organisation du complot est minutieuse, entourée d'extrêmes précautions. Les « agents » ne doivent pas se connaître entre eux, le nom et l'adresse des membres du comité central leur restent inconnus. On prépare l'insurrection et les mesures qui suivront : la réquisition des boulangeries, la distribution gratuite de pain, le logement des pauvres chez les ennemis du peuple[9]... Bien sûr certains membres du gouvernement sont au courant. Barras est renseigné par ses indicateurs et, semble-t-il aussi, par Fouché, qui fréquente Babeuf. Dans un premier temps le Directoire laisse faire. Engagé dans une politique de rassemblement de tous les républicains, on dirait qu'il hésite à frapper à gauche. Mais Carnot, qui préside alors le Directoire et y représente le courant de droite, est à son tour prévenu du complot par l'un des agents militaires de l'insurrection qui trahit ses camarades. Carnot vient dénoncer à ses collègues le « péril rouge », il exige une action immédiate. Cette fois, on est contraint d'agir. Le 10 mai 1796 (21 floréal an IV), les

française, surmonta la contradiction à laquelle s'étaient heurtés tous les hommes politiques dévoués à la cause populaire, entre l'affirmation du droit à l'existence et le maintien de la propriété privée et de la liberté économique »[7].

conjurés sont arrêtés, tous leurs papiers saisis. Les deux Assemblées sont averties par un Directoire triomphant, car l'occasion est bonne pour lui de se mettre en valeur. Carnot entend exploiter l'affaire pour lui donner sa plus grande dimension politique. Il s'agit pour lui de réveiller la peur des possédants, d'alarmer la bourgeoisie, de faciliter l'élimination du vieux personnel terroriste *. Comme l'un des conjurés, Drouet — l'homme qui avait reconnu autrefois Louis XVI à Sainte-Menehould — est député ** et qu'il échappe à ce titre aux tribunaux ordinaires, c'est en Haute Cour que seront renvoyés les conjurés. Et comme la Haute Cour ne peut siéger dans la même ville que le Corps législatif, c'est à Vendôme que tous seront jugés. Dans la nuit du 26 au 27 août, les conjurés sont transférés, enfermés dans des cages grillagées, tandis que leurs femmes suivent à pied le convoi. Le procès ne commencera qu'en février 1797. Quarante-cinq accusés, dont dix-huit contumaces, seront cités devant la Haute Cour. Plusieurs d'entre eux se retrouveront dans le box, non pour des faits de participation au complot, mais en raison de leurs opinions. La plupart seront acquittés. Sept seront condamnés à la déportation. Seuls Babeuf et Darthé seront condamnés à mort le 26 mai 1797. A la lecture du jugement, ils tenteront de se tuer. Le lendemain, gravement blessés, ils seront traînés à l'échafaud.

Ainsi le Directoire avait-il réussi à rassurer les bons citoyens. A l'intérieur du Directoire, la répression a renforcé la position de Carnot, affaibli celle de Barras soupçonné de mollesse sinon de connivence. Plusieurs députés, comme Tallien, comme Sieyès, comme Louvet, ont été très attaqués. Des rapports de police ont accusé Sieyès d'avoir entretenu des relations avec les babouvistes, sinon même d'avoir été l'un des chefs du complot [10]. Sieyès, comme Tallien, osera critiquer les illégalités commises par le Directoire dans son ardeur répressive *** et il n'en faudra pas davantage pour qu'il semble suspect.

Que veut le Directoire? Il semble qu'il cherche à s'appuyer sur un centre conservateur se démarquant de la gauche révolutionnaire sans céder à la droite royaliste. Cette direction moyenne apaise ses propres divisions. La chance du Directoire est sans doute que les royalistes sont aussi déchirés que les républicains. Le duc d'Orléans semble à de nombreux monarchistes déshonoré par son père Philippe Egalité. Quant

---

* En septembre 1796, interviendra l'affaire dite du « camp de Grenelle ». Dans la nuit du 9 au 10 septembre (23 au 24 fructidor), quelques centaines de militants « anarchistes » se transporteront au camp de Grenelle... pour fraterniser avec la troupe et soulever Paris. Ils seront accueillis par les dragons qui les sabreront. Véritable complot jacobin? Ou plutôt traquenard organisé pour renforcer la répression? Il y aura une trentaine de victimes et 132 arrestations. Une commission militaire installée au Temple prononcera en 6 séances 31 condamnations à mort.

** Drouet s'évadera, sans doute aidé par Barras.

*** Notamment le renvoi des « accusés de Grenelle » devant une « commission militaire ».

au frère de Louis XVI, qui s'est proclamé Louis XVIII, il reste buté, intraitable, il ne veut entendre parler ni de Constitution ni d'amnistie. Les monarchistes modérés ne souhaitent que gagner les élections, sans trop savoir que faire d'un succès, tandis que les royalistes intransigeants, tels les amis de Louis XVIII, rêvent de restaurer l'ancienne monarchie : ils ont recours aux organisations secrètes et aux conspirations, souvent soutenues par l'argent anglais. Le Directoire réussira — en janvier 1797 — à faire arrêter plusieurs comploteurs royalistes. Deux d'entre eux seront condamnés à dix ans de prison. Signe des temps ? La répression semblera indulgente de ce côté. C'est qu'au Directoire Carnot veut conduire une politique de ralliement, ralliement des monarchistes, des catholiques, pour écarter le spectre toujours présent d'un retour des Jacobins. A l'inverse, ses collègues La Revellière, Reubell, Barras, de plus en plus séparés de lui, s'inquiètent de cette politique d'ouverture. Le renouveau du royalisme commence à les alarmer...

Car il est vrai que les progrès du royalisme sont constants en France dans l'année 1796, et l'Eglise catholique y joue un grand rôle. Les prêtres rétractaires, et même soumissionnaires, sont ouvertement hostiles à tout ce qui rappelle la Révolution. Le peuple, notamment le peuple des campagnes, fidèle à son Dieu, à son prêtre, ne pourrait-il bientôt le redevenir à son Roi ? Voici que s'approchent — elles sont prévues pour avril 1797 — les élections qui doivent pour la première fois renouveler le tiers des deux Assemblées. La majorité du Directoire a de bonnes raisons de redouter une forte poussée royaliste. Elle décide d'accumuler les précautions. Le 25 février 1797 (7 ventôse an V), le Directoire prive du droit de vote dans les assemblées primaires tous les citoyens qui ont été inscrits sur une liste d'émigrés, soit environ cent vingt mille personnes. Le 15 mars, il demande aux Assemblées d'ordonner que les électeurs, désignés par les assemblées primaires et qui choisiront les députés, prêtent le serment de haine « à la royauté et à l'anarchie ». Les Conseils refusent de satisfaire cette exigence, et ils se contentent de voter l'exigence d'une déclaration de fidélité à la Constitution. Pendant ce temps les députés multiplient les astuces pour que le tiers sortant — qui doit être tiré au sort parmi eux — soit le plus restreint possible. On comptera parmi les sortants les démissionnaires et même les morts !

Rien n'y fit. Les élections furent un succès des monarchistes et des modérés. Treize seulement des 216 sortants furent réélus. Dans tous les départements — sauf une dizaine — des royalistes étaient élus. La députation de la Seine était en grande majorité constituée de royalistes constitutionnels. Lyon élisait Camille Jordan. Le Jura élisait Pichegru, la Seine-et-Marne Royer-Collard, les Bouches-du-Rhône le général Willot qui avait sévi contre les révolutionnaires. L'Eure désignait Marmontel qui avait fait profession de foi au catholicisme. Les nouvelles assemblées, qui se réuniront le 20 mai 1797 (1er prairial), laisseront aussitôt apparaître la force du courant monarchiste : Pichegru sera élu président du Conseil des Cinq-Cents, et Barbé-Marbois président des Anciens. Au Directoire, le diplomate Barthélemy remplacera Letourneur. Tous trois sont des royalistes, tous trois appartiennent au « groupe de Clichy » * qui rassemble les monarchistes modérés. Comment défendra-t-on désormais la République ?

Enfermé chez lui, le 11 avril 1797 (22 germinal an V), Sieyès qui, la veille au soir, a pris connaissance des premiers résultats électoraux, dort encore quand, à sept heures du matin, on sonne à sa porte. Il se lève, s'habille, va ouvrir. Le mystérieux visiteur que Sieyès prend pour un « charretier du Midi » semble très agité. Il réclame l'intervention de Sieyès pour lui faire verser une pension que le gouvernement lui doit. Sieyès veut l'éconduire. L'homme se met à l'injurier, il exige de l'argent et, quand Sieyès lui montre la porte, il sort un pistolet de sa poche et tire deux coups. Sieyès s'effondre [11].

A la séance de l'après-midi, le président du Conseil des Cinq-Cents prend gravement la parole : « Je dois annoncer au Conseil que je viens à l'instant de recevoir un message du Directoire exécutif qui m'apprend l'assassinat commis sur notre collègue Sieyès. Un secrétaire va en donner lecture. » L'Assemblée écoute, muette, épouvantée. Sieyès vient d'être assassiné.

---

* La majorité des monarchistes modérés — et aussi d'anciens conventionnels de droite — se retrouvait à Clichy, dans l'hôtel de l'ancien secrétaire d'Etat Bertin. On y travaillait à la restauration d'une monarchie constitutionnelle.

IX

FRUCTIDOR

Un « attentat providentiel »[1], commente Bastid d'ordinaire moins ironique à l'égard de Sieyès. Celui-ci est blessé à la main droite et au poignet. Il se remettra vite. Un mois plus tard il sera en état d'écrire au président du Conseil des Cinq-Cents : « Mes plaies sont fermées ; le mouvement n'est pas encore libre dans le bras et dans la main, mais j'espère obtenir du temps et des eaux mon entier rétablissement. » Sieyès ne réapparaîtra à l'Assemblée que le 28 mai (9 prairial), le bras en écharpe. Dès l'annonce de l'attentat le régicide Villers est intervenu à l'Assemblée : « L'attentat horrible dont nous venons d'être instruits n'a rien qui m'étonne... Il était naturel que le représentant qui le premier proposa à l'Assemblée constituante la réunion des trois ordres... que celui qui a le plus contribué à nous donner la République devînt la victime des ennemis de la liberté... On assure même que l'assassin a été trouvé muni d'une liste de représentants du peuple qui devaient tomber sous le fer des assassins... »[2]. « Le Conseil des Cinq-Cents, assure *Le Moniteur*, frémit d'indignation. » Il ne dut pas déplaire à Sieyès d'être ainsi vénéré, célébré.

Sieyès blessé a eu la présence d'esprit de se précipiter hors de sa chambre, et d'en refermer la porte à clé sur le meurtrier. Celui-ci a été arrêté quelques instants plus tard. C'est un prêtre méridional, nommé Poule, ancien augustin, ancien curé dans le département de l'Hérault. Qui peut l'avoir manipulé ? Les royalistes, dit-on, pour qui Sieyès est un symbole. Ou les prêtres ? On raconte qu'incarcéré, Poule aurait avoué avoir agi « pour venger la religion de ses pères ». Au Conseil des Cinq-Cents, le Jacobin Lamarque s'indigne : l'attentat prouve que les républicains ne sont plus protégés. Le Conseil exprime le désir de recevoir chaque jour les bulletins de santé de Sieyès[3]. Il émet le vœu que l'on se saisisse du « plan d'ensemble » des royalistes. On découvre maintenant que Sieyès a été odieusement calomnié : le fondateur de la République a été la victime désignée des réactionnaires. Même le portier de Sieyès, raconte-t-on, aurait été récemment maltraité... Et tandis que Sieyès se rétablit, ses collègues lui rendent visite. Les Directeurs se déplacent. Carnot vient chez Sieyès. Barras y vient aussi. On se répète les mots de Sieyès qui révèlent sa présence d'esprit, son étonnant courage. « Si Monsieur l'abbé Poule revient se présenter, a-t-il dit à son portier, vous direz que je ne suis pas chez moi... » Le 3 juin (15 prairial), l'abbé Poule comparaît devant le tribunal criminel de la Seine. Qui est cet étrange accusé ? Le dossier ne contient pas le moindre indice d'une conspiration, et Poule apparaît comme un déséquilibré qui multipliait les démarches pour se procurer quelques francs. Partout où il passait il insultait la République. Un ecclésiastique misérable avait-il voulu s'en prendre à un ecclésiastique comblé par la Révolution ? Avait-il voulu lui arracher de l'argent ? Le tuer ? Sieyès vient déposer, le bras en écharpe. Sa déposition, dit *Le Moniteur,* fut « calme, simple et précise »[4]. Etrangement, le jury retient la tentative d'homicide, mais non pas la préméditation, et Poule est condamné à vingt ans de fers et six heures d'« exposition »*. Le verdict paraît aux républicains étonnamment indulgent. Sieyès, mécontent, attribue cette indulgence... au Directoire. On s'indigne dans les milieux jacobins et dans certains milieux gouvernementaux. « L'assassin de Sieyès, expose *Le Journal des hommes libres,* a passé sur le tabouret avec la tranquillité d'un séide consommé... » Pour la gauche, Sieyès est désormais une victime mal vengée. Mais la victime n'est pas du tout fâchée de son rôle. Quand Sieyès retourne à l'Assemblée il est acclamé. De France, de l'étranger, une foule de lettres sont adressées au citoyen Sieyès, représentant du peuple, le félicitant, le célébrant. « Le génie de la France a heureusement conservé vos jours et, j'espère, calmé vos souffrances »[5]. « Je savais bien que personne ne devait être plus haï que vous par les ennemis de la Raison humaine et de la Liberté française... »[6]. Ses amis l'entourent d'une pieuse ferveur. Ses ennemis n'osent plus l'attaquer[7]. Il est le héros du moment, redevenu l'homme drapeau, l'incarnation vivante de la République bafouée. Chez Mme de Staël on l'entoure, on l'écoute, on l'admire. On le voit chez Mme Récamier, chez Mme Hamelin. On est fier de dîner auprès du grand Sieyès, assassiné, ressuscité.

Du coup, il semble qu'il reprenne goût à la politique. Sieyès observe la terrible majorité issue des élections d'avril 1797. Déjà cette majorité est en guerre ouverte avec le Directoire. Les Assemblées prennent des mesures spectaculaires pour signifier au Directoire leur nouvelle politique. En juin, elles réintègrent dans les fonctions publiques les émigrés et parents d'émigrés, elles lèvent le séquestre des biens de plusieurs princes du sang, elles abrogent les lois révolutionnaires qui condamnaient à la déportation les prêtres réfractaires. Le Directoire est déchiré. Carnot et

---

* Il mourra en prison.

Barthélemy sont ouvertement favorables aux monarchistes, mais le républicain Reubell, appuyé par La Revellière, est décidé à se battre. Il estime que le Directoire doit susciter un conflit avec les Assemblées, les défier puis les soumettre. Barras semble se joindre à ses deux collègues mais à sa manière : il accumule les précautions, il prend des assurances dans l'autre camp, surtout il s'assure secrètement, par un ami, de l'éventuel appui, dans la lutte qui s'annonce, de Bonaparte et de l'armée d'Italie. Dès les premiers jours de l'été 1797, les trois Directeurs républicains semblent prêts à l'action. Les armées — l'armée d'Italie, l'armée de Rhin-et-Moselle — encore peuplées par les patriotes de l'an II, et qui tirent leur gloire de la guerre contre les monarchies, multiplient les professions de foi proclamant l'amour de la République, et menaçant les Assemblées : « Nous savons que chaque jour est marqué par l'assassinat des républicains les plus purs. Nous savons que ces assassinats sont le fait des émigrés et des prêtres réfractaires rentrés »[8]. Et Bonaparte, qui se sait violemment attaqué dans les Assemblées par les monarchistes, et qui compte sur le Directoire pour le laisser mener, en Italie, sa politique personnelle, riposte à ses calomniateurs parisiens par une déclaration fulgurante à ses troupes, qu'il rend publique pour l'anniversaire du 14 Juillet : « Des montagnes nous séparent de Paris : vous les franchiriez avec la rapidité de l'aigle, s'il le fallait, pour maintenir la Constitution, défendre la liberté, protéger le gouvernement et les républicains. » Les monarchistes comprennent ce qu'il veut dire... Mais le prudent Bonaparte garde aussi le contact avec les membres du Directoire favorables aux Assemblées. Il envoie Augereau pour donner la main à Barras et Reubell, il prend soin de rassurer Carnot, et il fait toucher Barthélemy. Le Directoire n'est pour lui qu'un instrument de sa carrière.

C'est Hoche, le chef de l'armée de Sambre-et-Meuse, qui accepte de s'engager pour défendre la République. Le 1er juillet (13 messidor), il met en marche plus de 10 000 hommes qui partent de Rhénanie, et sont censés aller vers Brest pour tenter une expédition en Irlande. Les troupes de Hoche franchissent bientôt le « rayon constitutionnel »*. Les jours suivants elles approchent de Paris. Les « Clichyens »** sont avertis, s'émeuvent, s'indignent. Sous leur pression, Carnot exige imprudemment un remaniement du gouvernement favorable à la droite. Barras saisit l'occasion, fait pencher la majorité du Directoire du côté de la

---

* La Constitution interdisait (art. 69) au Directoire « de faire passer ou séjourner aucun corps de troupe dans la distance de six myriamètres (douze lieues) de la commune où le Corps législatif tenait ses séances.

** Les membres du Club de Clichy qui réunissait des monarchistes et d'anciens conventionnels venus à droite (supra, p. 388). Après les élections de 1797, le Club de Clichy — regroupant près de 300 députés sur 750 — exercera une influence déterminante sur les deux Assemblées et, au Directoire, sur Carnot et Barthélemy.

gauche et le Directoire élimine les ministres proches de Carnot. Hoche reçoit soudain le ministère de la Guerre, François de Neufchâteau celui de l'Intérieur, et Talleyrand celui des Relations extérieures *. Hoche a vingt-neuf ans, sa nomination est contraire à la Constitution qui précise que les ministres doivent avoir trente ans au moins : il devra donner sa démission quelques jours plus tard (22 juillet). La droite des Assemblées perd du temps pour réagir, elle veut confier le commandement de Paris au général Pichegru, elle envisage de mettre en accusation le Directoire, elle compte toujours sur Carnot, mais Carnot se dérobe : c'est que Barras lui a mis discrètement sous les yeux les documents qui établissent la trahison de Pichegru, et l'existence probable, révélée par des papiers que Bonaparte avait saisis à Trieste **, d'un complot anglo-royaliste. Quand les Assemblées se décident enfin, le 3 septembre 1797 (17 fructidor), à demander la mise en accusation des trois Directeurs — Reubell, La Revellière, Barras — qui paralysent l'action de la majorité parlementaire, il est déjà trop tard. Les opérations sont en marche. Augereau, dépêché par Bonaparte à la fin de juillet, nommé le 8 août à la tête de la division militaire de Paris, en commande l'exécution. Les troupes de Hoche ont investi Paris. Cinq mille hommes de l'armée d'Italie, deux mille hommes de l'armée de Rhin-et-Moselle marchent sur Marseille, Lyon, Dijon. Le service des postes est suspendu, on imprime des proclamations dénonçant, prouvant la trahison de Pichegru. Les Directeurs Barras, Reubell, La Revellière, qui savent que les Clichyens projettent de les faire arrêter, ou enlever, ont décidé de précipiter l'événement. Le 4 septembre 1797 (18 fructidor an V), vers trois heures du matin, les troupes envahissent les Tuileries, les quais et les ponts de la Seine. Une proclamation du Directoire couvre les murs, expliquant aux Parisiens l'existence d'un grand complot anglo-royaliste, étalant les preuves. Le général Pichegru, le Directeur Barthélemy, les principaux députés royalistes sont arrêtés, et Carnot n'a que le temps de fuir. Un arrêté du Directoire décrète que tout individu coupable de vouloir rétablir la royauté, ou la Constitution de 1793, sera fusillé sans jugement.

Ainsi épurées, épouvantées, les Assemblées — ou plutôt les députés que l'on parvient à rassembler — se réunissent dès l'après-midi dans les nouveaux locaux que les trois Directeurs leur ont assignés : les Cinq-Cents à l'Odéon, les Anciens à l'Ecole de médecine. Elles délibéreront sans désemparer, les jours suivants, sous la surveillance des troupes. Merlin de Douai a soigneusement préparé les projets qu'elles devront voter pour se soumettre. La loi du 5 septembre 1797 (19 fructidor an V)

---

* Les nouveaux ministres, observe Lavisse étaient des habitués du salon de Mme de Staël. « Pour la première et unique fois de sa vie... elle réalisait son rêve d'avoir une action politique »[9].

** Il s'agit des papiers du comte d'Antraigues, agent de l'Angleterre, et du futur Louis XVIII (*supra*, p. 311).

« corrige » les élections dans 49 départements. Cent quarante députés — 45 des Anciens, 95 des Cinq-Cents — sont déchus de leur mandat. La même loi condamne à la déportation sans jugement 11 membres du Conseil des Cinq-Cents, 42 membres du Conseil des Anciens, auxquels sont ajoutés une douzaine d'autres, dont les Directeurs Carnot et Barthélemy, et les grands conspirateurs royalistes *. Ainsi plus du tiers du Corps législatif se trouve exclu des Assemblées. Les élections des pouvoirs administratifs et judiciaires sont annulées : le Directoire se réserve désormais toute nomination. Enfin, les vieux décrets de la Convention du 25 octobre 1795 **, visant les prêtres réfractaires et les émigrés, sont remis en vigueur : le Directoire procédera désormais à la déportation des prêtres par arrêtés individuels. Des ordres massifs d'arrestation seront lancés contre les émigrés — 160 seront condamnés à mort au cours des deux années qui suivront — et contre les prêtres — 1 500 feront l'objet d'arrêtés individuels de déportation. Il ne restait plus, pour parfaire le coup d'Etat qu'à remplacer les deux Directeurs vaincus, dont l'un, Barthélemy, devait être déporté, et l'autre, Carnot, était en fuite. Merlin de Douai, ministre de la Justice, et François de Neufchâteau, ministre de l'Intérieur, tous deux républicains intransigeants, seront élus le 8 septembre ***. Et pour domestiquer la presse, une loi du 8 septembre supprimera 42 journaux et donnera au Directoire le pouvoir d'en déporter les propriétaires, directeurs, auteurs et rédacteurs. La République l'avait donc emporté. Mais à quel prix !

Il ne semble pas que Sieyès ait pris quelque part à l'élaboration du complot. Mais il ne fut pas absent de son exécution. Quand, sur la convocation du Directoire, les Cinq-Cents, ou ce qu'il en restait, furent réunis — en plein coup d'Etat — le 4 septembre dans l'après-midi et que l'on proposa de nommer une commission de cinq membres chargés de proposer « toutes les mesures qui peuvent concourir au salut public », Sieyès était présent. Il fut aussitôt élu, avec ses deux amis Chazal et Boulay de la Meurthe, et cette fois il ne déclina pas la mission. Le lendemain il fut nommé membre de trois autres commissions improvisées, pour examiner le message du Directoire, pour rédiger un projet d'adresse au peuple, pour préparer un travail sur les institutions qui devait garantir la durée de la République. Et c'est Boulay de la Meurthe, si souvent inspiré par Sieyès, si proche de lui, qui proposa, le soir même du 4 septembre, au nom de la commission, la déportation sans jugement

* Des 65 condamnés à la déportation par la loi du 19 fructidor, 18 seulement seront transportés en Guyane : 7 y mourront, 2 périront en cours d'évasion ; 6 condamnés, dont Pichegru et Barthélemy, réussiront à s'évader et gagneront l'Angleterre.
** Ils avaient été abrogés le 27 juin 1797.
*** Auteur de nombreux écrits, notamment de poésies et de pièces de théâtre, François de Neufchâteau avait été député à la Législative. Il quittera le Directoire en mai 1798, redeviendra ministre de l'Intérieur de juin 1798 à juin 1799 puis, rallié à Bonaparte, deviendra sénateur et comte d'Empire.

des suspects, et les mesures les plus rigoureuses contre les émigrés et les prêtres réfractaires. La déportation, expliqua Boulay de la Meurthe est « le grand moyen de salut pour la chose publique », elle est « commandée par la politique... autorisée par la justice... avouée par l'humanité »[10]. Sieyès fut-il — comme le prétendront plus tard ses ennemis — l'initiateur de ce système nouveau* qui permettait à la République d'écarter ses adversaires sans recourir à l'échafaud ? Il est probable que la déportation lui est apparue, comme à la plupart de ses contemporains, comme un mode de répression pratique et convenable. Il n'aurait pas, à l'époque, s'il faut en croire Thibaudeau, renié la paternité du système : « Vous m'avez demandé un habit neuf, aurait-il dit à ses collègues, je vous l'ai donné ; s'il vous paraît trop long, raccourcissez-le ; s'il vous semble trop large, rétrécissez-le ; mais je n'y changerai rien »[11].

Sieyès espéra-t-il obtenir davantage des circonstances ? Demanda-t-il la révision immédiate de la Constitution de l'an III dont on venait de vérifier les défauts ? Conseilla-t-il, soutenu par Boulay de la Meurthe, « son élève ou rival en méchanceté et en haine » selon Barras, que l'Assemblée prononçât immédiatement le bannissement de tous les nobles[12] ? Plusieurs des acteurs de Fructidor l'accuseront plus tard — ne serait-ce que pour se décharger — d'avoir proposé, et soutenu, les pires mesures répressives**. Il est sûr, en tout cas, que Sieyès ne s'en est jamais désolidarisé. Il était, comme les autres, prisonnier de cette tradition révolutionnaire, si même il l'avait parfois combattue, qui légitimait les plus cruelles mesures par la défense de la République. Et il redoutait le retour des Bourbons au point que cette crainte devenait obsessionnelle. Fructidor n'est pas son œuvre, mais Fructidor lui profite. Le 21 novembre 1797 (1er frimaire an IV), Sieyès est élu président du Conseil des Cinq-Cents, soutenu par les fructidoriens contre Tallien candidat des modérés. Cette fois il accepte la charge et l'honneur. C'est pour lui l'heure de sa revanche.

---

* Il avait déjà été appliqué en germinal an III. Mais il devient désormais un moyen ordinaire du gouvernement.

** « On ne voit pas, écrit Barras qui veut décrire Sieyès agité d'une vraie rage de bannissement, où il eût arrêté le sacrifice qu'il voulait faire de toute la population coupable »[13].

X

CE JEUNE GÉNÉRAL ET CE VIEUX PHILOSOPHE

C'est l'armée, l'armée du général Hoche*, qui avait « sauvé » la République, en déchirant la Constitution. Les généraux républicains, Bonaparte, Moreau, avaient, eux aussi, promis leur appui aux conspirateurs de Fructidor. Désormais, la République devait vivre sous la protection, et sous la surveillance, de ses armées et de ses généraux.

Napoléon Bonaparte s'était illustré, alors qu'il était jeune capitaine, lors du siège de Toulon. Nommé général de brigade, puis désigné en février 1794, grâce à l'appui du frère cadet de Robespierre, pour commander l'artillerie de l'armée d'Italie, il avait vécu la disgrâce après Thermidor. Arrêté à Nice le 22 thermidor, il avait été détenu onze jours. Ce « Robespierriste » ** était rayé de la liste des généraux, sa carrière semblait brisée, quand Barras — qui l'avait connu au siège de Toulon — fit appel à lui le 13 vendémiaire *** pour réprimer l'insurrection royaliste. Les services rendus ce jour l'avaient remis en selle. Nommé général de division, puis général en chef de l'armée de l'Intérieur, il avait été désigné, le 2 mars 1796, pour prendre le commandement de l'armée d'Italie. Il n'avait que vingt-sept ans. Quelques jours plus tard, il partait rejoindre ses troupes non sans avoir pris le temps d'épouser, le 9 mars, la très jolie Joséphine Tascher de La Pagerie, veuve du général de Beauharnais guillotiné sous la Terreur, l'une des *merveilleuses* les plus connues de Paris, que Barras avait mis dans ses bras. Joséphine, qui s'agitait dans le « demi-monde thermidorien », offrait en dot sa beauté, ses enfants et ses dettes. Ce jeune général, dévoré d'ambition, poussé par Barras, n'était-il pas un parti raisonnable ? Bonaparte tomba amoureux,

---

* Le très républicain Hoche, tuberculeux, déjà gravement malade, mourra quinze jours après le coup d'Etat de Fructidor, le 19 septembre 1797.

** Charlotte Robespierre, sœur de Maximilien et d'Augustin, recevra une pension de Bonaparte devenu Premier Consul. La pension accordée par Bonaparte sera maintenue sous la Restauration [1].

*** *Supra*, p. 372.

fasciné par la belle créole, qui ne comptait pas ses conquêtes. Joséphine lui « brûlait le sang ». « Je me réveille plein de toi, lui écrivait-il. Ton portrait et le souvenir de l'enivrante soirée d'hier n'ont point laissé de repos à mes sens. » Barras, amant de Joséphine, qui n'était pas fâché de se débarrasser d'elle, précipita le mariage. Avec Tallien il tint l'office de témoin. Trois jours plus tard, Bonaparte était en route vers l'Italie.

Bonaparte connaissait l'Italie. En tant que Corse, a-t-il écrit, je la devinais. Quand, en février 1794, il avait été nommé commandant de l'artillerie d'Italie — mais Thermidor l'avait alors empêché de tenter sa chance —, il était devenu le lecteur infatigable de tout ce qui pouvait l'aider à apprendre l'Italie dans les livres. Il en savait l'extraordinaire diversité, il en connaissait les divisions politiques, les différences sociales et économiques qui opposaient les grandes villes d'Italie du Nord et de Toscane, et les campagnes du Sud[2]. Il savait aussi les espérances qu'avait suscitées, ici et là, la Révolution française, les manifestations spontanées que les souverains italiens avaient dû souvent réprimer. Les patriotes italiens avaient attendu la Révolution, et Bonaparte pouvait en devenir le messager. Mais pour lui la campagne d'Italie devait être beaucoup plus qu'une croisade révolutionnaire : le moyen de conquérir la gloire, d'asseoir sa popularité, et, s'il se pouvait, de venir au pouvoir. Son ambition ne cessera de grandir tout au long de ses campagnes victorieuses. Il racontera lui-même comme il se vit au soir de la victoire de Lodi remportée sur les Autrichiens en mai 1796 : « Ce soir-là je me regardai pour la première fois non plus comme un simple général mais comme un homme appelé à influer sur le destin d'un peuple. » Et un peu plus tard il confiera à Marmont : « Mon cher, ils n'ont encore rien vu... » Sans doute n'avait-il pas encore d'ambition précise, pas même celle de s'enrichir, ce qu'il ne fera qu'en passant. Il était bien trop ambitieux pour s'enfermer dans un quelconque projet. « Il prenait l'Italie, écrivent Furet et Richet, comme il prendra la France : un théâtre pour jouer son propre drame »[3].

Bonaparte était arrivé à Nice le 27 mars 1796. L'armée d'Italie, dont il prenait le commandement, était médiocre. Elle comptait environ 37 000 hommes, face à 80 000 Autrichiens et Piémontais. Les troupes, essentiellement constituées de fantassins, pour la plupart volontaires, venues des grandes levées de 1792 et 1793, étaient mal nourries, mal vêtues, habituées au pillage pour chercher remède à leur déplorable état. Dans les départements côtiers, elles semaient la terreur. Des cohortes de femmes accompagnaient souvent les soldats. Les rébellions étaient fréquentes. Masséna et Augereau, les chefs en place, excellents sur le champ de bataille, n'avaient maintenu aucune discipline. Ils avaient toutes les raisons de se méfier de ce « gringalet » que les politiciens leur imposaient pour chef. A peine arrivé, le gringalet avait harangué ses troupes :

« Soldats, vous êtes nus... Je vais vous conduire dans les plus fertiles plaines du monde. De riches provinces, de grandes villes seront en votre pouvoir, vous y trouverez honneur, gloire et richesse. Soldats d'Italie, manqueriez-vous de courage ou de constance ? »

Les soldats donnèrent le courage. Bonaparte donna le génie. On découvrit vite la hardiesse et la précision de ses plans, sa rapidité de mouvement, son aptitude à changer soudain d'action pour se saisir des circonstances. Le 10 avril, l'armée d'Italie franchit le col de Cadibone, à la frontière des Alpes et de l'Apennin. A Montenotte le 12 avril, Bonaparte réussit à séparer les Autrichiens des Piémontais. Puis avec le gros de ses troupes il écrase les Piémontais à Millesimo et Mondovi, et il les contraint à signer l'armistice le 28 avril. La campagne du Piémont n'avait pas duré vingt jours. Pour ses soldats, Bonaparte rédigea de sa main une proclamation écrite, et il veillera à ce qu'elle soit vite répandue par les journaux parisiens :

« Soldats ! Vous avez en quinze jours remporté six victoires... Mais, soldats, vous n'avez rien fait puisqu'il vous reste encore à faire... Tous veulent, en rentrant dans leurs villages, pouvoir dire : j'étais de l'armée conquérante d'Italie... »

Le glorieux vainqueur n'ignore pas qu'il a outrepassé ses droits en signant l'armistice, sans l'autorisation du Directoire. Mais que lui importe ? Il fait valoir les prodigieux services qu'il a rendus, il rappelle à Barras qu'il a fait 12 000 prisonniers et 6 000 morts. Il n'écoute plus les messages du gouvernement et il se lance contre les Autrichiens qui se sont retirés au nord du Pô. Le 7 mai, il franchit le fleuve à Plaisance, il tente en vain de tourner les troupes autrichiennes dont il n'affronte à Lodi, le 10 mai, que l'arrière-garde. Le voici maître de la Lombardie. Et, le 15 mai, il entre en triomphateur à Milan. Il ne se connaît plus d'autres maîtres que son génie et son ambition. Il garantit solennellement aux Italiens le respect de la religion, des propriétés, il promet la liberté et l'indépendance : « Vous serez libres, et vous serez plus sûrs de l'être que les Français... »

Reste le troisième acte : il sera constitué des opérations autour de Mantoue que les Autrichiens avaient transformée en place forte. Bonaparte en entreprendra le siège. Par des opérations foudroyantes, il écrasera séparément les quatre colonnes des armées autrichiennes qui tenteront de se réunir pour libérer la ville assiégée. Il sera victorieux à Castiglione en août, puis à Arcole en novembre, à Rivoli en janvier. Mantoue tombera enfin le 2 février 1797 (14 pluviôse an V) et les dernières troupes autrichiennes présentes en Italie capituleront. Bonaparte poussera ses avant-gardes jusqu'au col du Semmering. Il menacera Vienne...

Le général Bonaparte ne se tient plus du tout pour l'exécutant des ordres du Directoire. Sans doute en respecte-t-il les instructions quand il organise le pillage de l'Italie, car il a reçu mission non seulement de faire vivre son armée sur le pays conquis, mais aussi d'imposer à l'Italie les plus fortes contributions possibles. Dès le début de la campagne, il a promis à ses soldats le partage du butin, et dans toutes ses lettres au Directoire, il a fait miroiter les profits que la France peut attendre de chaque victoire. « En passant, a-t-il écrit le 28 avril 1796, je compte rançonner le duc de Parme. » Il a annoncé le 17 mai qu'il espérait tirer 20 millions de la Lombardie. Il a réquisitionné les vivres, les chevaux. Il a confisqué les caisses ecclésiastiques, les bijoux, les objets précieux, les tableaux *. Quand le Directoire voudra, en juillet 1797, s'entendre avec un groupe de fournisseurs, la Compagnie Flachat, pour lever les contributions et garder ainsi un contrôle financier sur les pays occupés, Bonaparte refusera tout net, s'indignant des prétentions du gouvernement. « Aucune de nos lois, rappellera-t-il au Directoire, ne règle la manière dont doivent être gouvernés les pays conquis... » Désormais il entend bien faire ce qu'il veut, et il suffit bien, pour le gouvernement de la France, que celui-ci profite de ses victoires. Le 9 mai 1796, il a imposé l'armistice au duc de Parme, avec de lourdes contributions, le 17 mai au duc de Modène. En février 1797, il négociera avec le pape le traité de Tolentino. Pie VI livrera Bologne, récupérera Ravenne, abandonnera la Romagne, promettra de payer 21 millions de lires et de livrer à la République 100 œuvres d'art et 500 manuscrits précieux...

Ainsi Bonaparte a gagné sa guerre. Et il entend faire sa paix. Sans s'embarrasser du Directoire, il négocie avec l'Autriche. Celle-ci accepte le 18 avril 1797 (29 germinal an V) de signer les accords de Leoben qui sont plus qu'un armistice, de véritables préliminaires de paix. Dans les clauses rendues « publiques », l'empereur d'Autriche abandonne la Belgique et le Milanais. Mais Bonaparte consent que l'Autriche ne reconnaisse pas à la France la rive gauche du Rhin : le sort de la rive gauche devra être discuté dans un congrès qui réunira à Rastadt les délégués de tous les Etats allemands et de la France. Une convention, tenue secrète, démantèle les territoires de Venise, abandonne à l'Autriche l'Istrie et la Dalmatie, toute la terre ferme jusqu'à l'Oglio, et promet à la France les îles Ioniennes...

Bonaparte sait qu'il ne fait pas du tout la volonté du Directoire, que celui-ci demeure fidèle à la théorie des frontières naturelles, qu'à Paris

---

* On a pu évaluer, en décembre 1796, à 46 millions de francs en argent, et 12 millions en nature le profit des pillages, « butin légal » auquel s'ajoutaient les profits personnels des généraux et des soldats.

l'on veut toujours annexer la rive gauche du Rhin. Mais que peut le Directoire quand Bonaparte remporte tant de victoires, dicte sa loi, rapporte à la République des triomphes inespérés ? Le syndicat des régicides qui tente de gouverner, en cette année 1797, a pris l'habitude d'identifier le rêve d'expansion à la République. Et Bonaparte ne manque pas une occasion de rappeler qu'il fait sa guerre dans la continuité des guerres révolutionnaires, pour libérer les peuples et abattre les tyrans. Il l'a dit, dès avril 1796, dans sa retentissante proclamation aux soldats d'Italie. Il l'a dit encore dans sa proclamation du 20 mai, restée fameuse :

> « Soldats ! Vous vous êtes précipités comme un torrent du haut de l'Apennin ; vous avez culbuté, dispersé, éparpillé, tout ce qui s'opposait à votre marche... Le Pô, le Tessin, l'Adda n'ont pu vous arrêter un seul jour ; les boulevards vantés de l'Italie ont été insuffisants, vous les avez franchis aussi rapidement que l'Apennin... Oui ! soldats, vous avez beaucoup fait, mais ne vous reste-t-il donc plus rien à faire ?... Partons ! Nous avons encore des marches forcées à faire, des ennemis à soumettre, des lauriers à cueillir, des injures à venger... Que les peuples soient sans inquiétude ; nous sommes amis de tous les peuples !... Vous aurez la gloire immortelle de changer la face de la plus belle partie de l'Europe. Le peuple français, libre, respecté du monde entier, donnera à l'Europe une paix glorieuse qui l'indemnisera des sacrifices de toute espèce qu'il a faits depuis six ans. Vous rentrerez alors dans vos foyers, et vos concitoyens diront en vous montrant : Il était de l'armée d'Italie ! »

Oui, la guerre de Bonaparte est révolutionnaire. Il ne cesse de le répéter. Elle participe du grand projet d'émancipation universelle, elle ne peut que rassurer l'esprit jacobin. En même temps elle sert la gloire nationale. La France est donc forte, grande, héroïque, désormais capable de maîtriser le monde. « Le peuple français, libre, respecté du monde entier, donnera à l'Europe une paix glorieuse... » Que reprocher à ces mots-là ? Bonaparte exalte la Révolution et la patrie confondues. En même temps il sert son propre destin. Ses proclamations, mélangeant le faux et le vrai, le réel et le rêve, en un style héroïque, ne cessent d'amplifier ses victoires. A Paris une campagne de publicité — qu'il dirige avec maîtrise — célèbre, exagère ses exploits. A chaque victoire d'Italie sa popularité s'accroît. Mais Bonaparte, qui comprend la France mieux que les politiques installés au pouvoir, sait que l'opinion publique aspire à la paix, que le Directoire n'en a ni les moyens, ni sans doute la volonté. Il entend donc dicter sa paix, qu'elle plaise ou qu'elle déplaise. Et comment le Directoire s'opposerait-il à une paix qui consacre les victoires de la France, sert la gloire nationale, et prétend consolider la Révolution ?

Comme Reubell, comme La Revellière, Sieyès est resté convaincu que la France doit, à tout prix, assurer ses frontières naturelles qui englobent pour lui la rive gauche du Rhin. Il l'a dit et répété au moment du traité de Bâle, et quand il a négocié la paix avec la République batave. Cela ne l'empêche pas d'approuver les guerres d'expansion, et celle d'Italie ne peut lui déplaire, si elle profite à la France tout en semblant servir le vieux dessein de l'émancipation universelle *. En revanche, le vieux théoricien de la représentation nationale a toujours proclamé sa crainte et son horreur du pouvoir militaire. Il est certain que la désinvolture avec laquelle, tout au long de la campagne d'Italie, Bonaparte a traité le gouvernement de la France n'a pu qu'inquiéter l'intransigeant théoricien de la représentation nationale. Sieyès a publiquement désapprouvé la déclaration de guerre à la République de Venise, destinée à venger le massacre d'une garnison française à Vérone. Il a déploré que Bonaparte ait transformé la Lombardie en une République cisalpine. Il a condamné la manière dont vivent, près de Milan, le général victorieux et son épouse bien-aimée, entourés d'une cour à la manière des rois... Mais Sieyès préfère sans doute, quels que soient leurs excès, les généraux républicains aux conspirateurs monarchistes. On l'a bien vu lorsque Hoche a permis, en fructidor, un coup d'Etat républicain. En revanche, quand Bonaparte a l'audace de signer avec l'Autriche le 17 octobre 1797 (26 vendémiaire an VI), un mois après le coup d'Etat, le traité de paix de Campoformio réitérant, aggravant les préliminaires de Leoben, Sieyès s'emporte, s'indigne. Certes, le traité consent à la France la possession de la Belgique, mais il ne reconnaît pas la souveraineté française sur la rive gauche du Rhin qui reste subordonnée à un accord, sans doute impossible, avec les princes allemands. Et l'Autriche, comblée de faveurs par le général vainqueur, reçoit, outre l'Istrie et la Dalmatie déjà cédées à Leoben, Venise elle-même et les possessions vénitiennes jusqu'à l'Adige. Venise rayée de la carte, l'Autriche renforcée, c'était la fin des espérances qu'avait suscitées chez tant de patriotes italiens l'envol de la Révolution... Quant à la France, elle ne reçoit rien de plus qu'à Leoben. Il semble à Sieyès que Bonaparte a fait la paix, non pour la France mais pour lui seul, parce que la guerre ne lui convient plus, pour asseoir sa popularité. Pour une fois Sieyès est d'accord avec Reubell. Ce qu'a accordé Bonaparte, pour faire sa paix, c'est un important recul sur les principes du traité de Bâle, c'est, en réalité, l'abandon des frontières naturelles. Et c'est contre le gré de Sieyès que le traité de Campoformio sera ratifié le 26 octobre (5 brumaire) par un Directoire impuissant à contrarier le glorieux vainqueur. Quelques jours plus tard le général

---

* Barras assure même que Sieyès voulut partir en mission en Italie. « Ayant échoué en France, écrit Barras, Sieyès voulait se rabattre ou se venger sur l'Italie »[4]. Dans une lettre confidentielle du 22 fructidor, Talleyrand a demandé à Bonaparte que Sieyès soit envoyé en mission en Italie pour donner une Constitution à Gênes et à la République cisalpine. Ce à quoi Bonaparte aurait donné un accord de principe. Mais le projet n'aboutit pas.

Berthier, ami et confident de Bonaparte, envoyé avec Monge pour communiquer le traité au Directoire, écrira, de Paris à Bonaparte : « Tout applaudit à la paix à l'exception d'un très petit nombre qui voudrait voir l'Empereur d'Autriche hors d'Italie. De ce nombre sont Sieyès et Lamarque »[5]. Ce Sieyès, toujours mécontent, risquerait-il de devenir un gêneur ?

Le 5 décembre 1797 (15 frimaire an VI), Bonaparte, après un court passage au congrès de Rastadt qu'il a ouvert le 28 novembre, arrive à Paris. Il est auréolé du prestige de ses victoires, de sa paix, il entend veiller sur sa réputation d'ardent républicain. Il sait l'importance de Sieyès, il connaît aussi sa susceptibilité. Il prend la précaution de lui réserver l'une de ses premières visites. Le 11 décembre, un grand dîner est organisé chez François de Neufchâteau comprenant notamment une vingtaine de membres très distingués de l'Institut qui songe déjà à accueillir Bonaparte. Le glorieux général, assure *Le Narrateur universel* du 14 décembre, y parle mathématiques avec Lagrange et Laplace, littérature avec Chénier, droit avec Daunou, et métaphysique avec Sieyès[6]. Bonaparte étonne tous les invités par l'étendue de ses connaissances. Quelques jours plus tard — le 20 décembre — les deux Assemblées donnent en l'honneur de Bonaparte un banquet fastueux. Bonaparte est assis à côté de Sieyès et on remarque qu'ils causent beaucoup. Ils se retrouvent aussi, en cette fin de l'année 1797, dînant ensemble avec Mme de Staël : « J'étais un jour à table, raconte-t-elle, entre lui et l'abbé Sieyès : singulière situation si j'avais pu prévoir l'avenir »[7]. L'abbé Sieyès cause « simplement et facilement, ainsi qu'il convient à un esprit de sa force ». Il séduit Mme de Staël en lui faisant l'éloge de Necker : « C'est le seul homme qui ait jamais réuni la plus parfaite précision dans les calculs d'un grand financier à l'imagination d'un poète. » Sieyès sait ainsi être aimable pourvu qu'il le décide... « Le général Bonaparte qui l'entendit, ajoute Mme de Staël, me dit aussi quelques mots obligeants sur mon père et sur moi, mais en homme qui ne s'occupe guère des individus dont il ne peut tirer parti. » Physiquement, Bonaparte paraît à Mme de Staël « de stature petite quoique la taille fût longue », donc « beaucoup mieux à cheval qu'à pied ». Elle le décrit « gêné sans timidité... il a quelque chose de dédaigneux quand il se contient, et de vulgaire quand il se met à l'aise »*. Ainsi Mme de Staël croira, les sentiments habillant les souvenirs, avoir dîné entre un militaire très antipathique et un vieux philosophe exquis. Que se disent Bonaparte et Sieyès lors de ces premières rencontres des derniers mois de 1797 ? Sans doute Bonaparte réfléchit-il déjà aux moyens de consolider la

---

* « Par une vocation naturelle pour l'état de prince, ajoute Mme de Staël, il adressait déjà des questions insignifiantes à tous ceux qu'on lui présentait. Etes-vous marié ?... Combien avez-vous d'enfants ?... »

Révolution, en renforçant l'autorité du gouvernement : « Nous sommes très ignorants, écrit-il alors à Talleyrand, dans la science politique. Nous n'avons pas encore défini ce que l'on entend par pouvoir exécutif, législatif et judiciaire. Montesquieu nous a donné de fausses définitions »[8]. Et il demande à Talleyrand de transmettre à Sieyès l'esquisse d'un *Code complet de politique* qu'il a tracée, assurant un pouvoir exécutif concentré et énergique. De son côté, Sieyès réfléchit aux moyens de réformer cette Constitution de l'an III qu'il réprouve, et dont on ne cesse de vérifier les défauts. Depuis Fructidor il entend jouer un rôle. Leurs préoccupations se rejoignent. En parlent-ils ?

Dans les grandes fêtes organisées en l'honneur du traité de Campoformio et du vainqueur d'Italie, on voit beaucoup Sieyès, qui pourtant a désapprouvé publiquement le traité. Il semble, en ce mois de décembre 1797, que Bonaparte n'ait plus que des admirateurs. Un témoin assure que « le dur et inflexible Sieyès est du nombre »[9]. Est-il séduit par le général républicain ? Songe-t-il à l'avenir ? Est-il simplement courtois ? Ou prudent ? Barras raconte qu'à l'époque il aurait mis en garde Bonaparte : « Tu veux renverser la Constitution. Sieyès a pu t'y pousser par ses conseils perfides, mais il ne t'a point donné son secret, tu ne lui as point donné le tien, et vous finirez mal tous les deux... »[10]. Mais sans doute Barras rédige-t-il ses prophéties à la lumière des événements qui suivirent. En ces derniers jours de 1797, il suffit que le fondateur de la Révolution et le plus glorieux soldat de la République se soient rencontrés. Le temps n'est pas encore venu de faire ensemble l'Histoire... L'un ira préparer son heure en Egypte, l'autre attendra la sienne en Prusse.

XI

SON EXCELLENCE
MONSIEUR L'AMBASSADEUR EN PRUSSE

Quand vient l'année 1798, Bonaparte tient entre ses mains toutes les forces militaires de la République. Il est général en chef de l'armée d'Italie, il a été nommé général en chef de l'armée d'Angleterre et, par surcroît, il a reçu le droit de commander aux mouvements des armées d'Allemagne. Il dirige en outre la délégation française au grand congrès de Rastadt qui réunit les délégués de la Diète d'Empire, de l'Autriche, de la Prusse, pour rechercher les conditions de la paix en Europe. Mais Bonaparte n'a fait que passer à Rastadt, et il n'y revient pas. C'est qu'il croit l'accord impossible. La France prétend se voir reconnaître les limites du Rhin, et le traité de Campoformio a promis à l'Autriche qu'elle recevrait, en ce cas, des compensations en Italie qu'il ne peut être question de lui accorder. Bonaparte sait que la négociation sera sans issue. Et de toute manière il se trouve mieux à Paris. Il mène une vie officielle et mondaine très active. Il reçoit, en son hôtel de la rue Chantereine. On le voit partout, le plus souvent en tenue civile. Le 25 décembre 1797, il a été élu à l'Institut à la place de Carnot proscrit, Carnot à qui il devait beaucoup. Le 3 janvier 1798, Talleyrand donne une grande réception en son honneur. Chacun l'observe. Comment va-t-il maintenant se servir de sa popularité, de sa gloire ? A la grande cérémonie célébrée en décembre pour la paix de Campoformio, il a tenu un discours étrange : « Lorsque le bonheur du peuple français sera assis sur de *meilleures lois organiques*, l'Europe entière deviendra libre... » Il songe à donner à la France de nouvelles institutions. Ne vaudrait-il pas mieux, dans le moment, qu'il s'en aille, partant vers de nouvelles conquêtes ?

Le Directoire a bien d'autres raisons d'être inquiet. Fructidor n'a pas suffi à désarmer les royalistes. Certes, l'action royaliste n'est plus ni concentrée, ni organisée. Elle cherche des formes nouvelles, souvent dissimulées. On parle maintenant des « royalistes à bonnet rouge », terroristes mus en royalistes, ou royalistes déguisés en Jacobins. Mais le

Directoire est conscient de ce que le fond de l'opposition populaire est plus religieux que monarchiste. La majorité républicaine, qui a fait Fructidor mais que Fructidor n'a pas rassurée, entend vaincre les résistances de la mentalité catholique, pour consolider définitivement la République. En avril 1798, le Directoire ordonne la stricte observation du calendrier républicain afin de « faire oublier jusqu'aux dernières traces du régime royal et sacerdotal ». Dans les mois qui suivront, les lois imposeront le respect des « décadis », jours de repos qui seront désormais obligatoirement célébrés au lieu du dimanche, et s'ajouteront bien sûr aux « fêtes nationales ». Elles en réglementeront la cérémonie *. Voici donc venu le temps du « culte décadaire » s'opposant au culte dominical. Le Directoire réussira, semble-t-il, davantage à imposer le calendrier républicain que les décadis dont l'usage tombera peu à peu en désuétude au cours de l'année 1798. Mais ces cérémonies, célébrées dans les églises, seront vécues comme une gêne, une offense, par beaucoup de catholiques, sinon comme une persécution. Le mécontentement des prêtres, des fidèles, se transformera parfois en exaspération, il entraînera des violences. Sieyès désapprouve ouvertement cette résurrection d'un culte républicain, cette obstination à singer la religion, qu'il croit contraire à la véritable tolérance...

Le plus redoutable est à nouveau l'échéance des élections. Elles commencent en avril 1798 (germinal an VI), pour le renouvellement du « tiers sortant » du Conseil des Cinq-Cents et du Conseil des Anciens. Dès que les résultats commencent à être connus, il apparaît qu'ils sont mauvais pour la majorité. On constate, cette fois-ci, un fort mouvement vers la gauche, probablement renforcé par les « royalistes à bonnet rouge ». D'anciens Jacobins, des terroristes même sont élus — dont Barère. Que faire ? La majorité de Fructidor connaît maintenant la bonne méthode pour corriger les résultats électoraux. En accord avec le Directoire, le Conseil des Cinq-Cents désigne, le 4 mai 1798, une commission de cinq membres qui, en quelques jours, prenant prétexte d'irrégularités, conclut à une révision générale de toutes les élections. Et la loi du 11 mai 1798 (22 floréal an VI) vient annuler les élections dans huit départements — coupables d'avoir élu des députés d'extrême gauche — qui seront désormais privés de représentation. Elle modifie arbitrairement les résultats dans 37 autres départements, prononçant 98 exclusions, et 45 substitutions. La loi, ou plutôt le coup d'Etat du

---

* La loi du 30 août 1798 (17 thermidor an VI) organisera la cérémonie du décadi. Dans chaque municipalité, dans l'église, le ministre du culte, le commissaire du Directoire et les membres de l'administration, en costume, présideront une cérémonie décadaire à laquelle les instituteurs devront obligatoirement amener les enfants des écoles. Les maîtres des cérémonies décadaires — que l'on appellera par dérision les « curés décadaires » — seront des fonctionnaires municipaux qui s'occuperont aussi de l'organisation des fêtes.

22 Floréal an VI dissimulé sous la loi, écartait ainsi 106 députés de gauche, présumés Jacobins ou sympathisants. L'exécutif avait désormais pris l'habitude de choisir et d'inspirer sa majorité. Mais il ne pouvait cette fois saisir le motif qu'il avait invoqué en Fructidor, le devoir de veiller sur la République. Pas de trahison, pas de complot en floréal an VI : simplement l'inconvénient d'une nouvelle majorité. Le Directoire ne s'embarrasse plus de précautions. Il fait ce qui l'arrange. Et la défense de la République est désormais prétexte à l'arbitraire. Elle assure le maintien d'une équipe au pouvoir.

Sieyès avait été élu, sans peine, par les départements de l'Aube et des Bouches-du-Rhône. Voulut-il, comme le suggère Bastid[1], s'éloigner d'un régime qui s'enfonçait dans l'illégalité, et ne pas en partager le discrédit ? Il semble qu'il ait fait savoir aux Directeurs, avant de connaître le résultat des élections, qu'il accepterait volontiers l'ambassade de France en Prusse : « Nous ne différâmes pas un instant à la lui donner », raconte Barras qui, pour une fois, semble dire vrai[2]. Le Directoire ne devait pas être fâché de voir s'éloigner l'encombrant abbé. Par surcroît, les responsabilités que Sieyès avait assumées sous la Convention thermidorienne autorisaient à penser qu'il serait un diplomate habile et ferme. La France n'avait alors d'ambassadeur ni à Vienne, ni à Saint-Petersbourg, ni à Londres, et c'était à Berlin que se nouaient toutes les intrigues. Barras assure que Sieyès mit pour condition de sa mission l'allocation d'un traitement supérieur au traitement ordinaire. Thiers reprendra le reproche, expliquant que Sieyès ne rechercha en la circonstance que les moyens d'existence dont la Révolution l'avait privé[3]... Mais l'ambassade en Prusse nourrira bien d'autres calomnies.

Le 1er mai, Merlin de Douai écrit à son ami Sieyès, « pour te communiquer une idée qui peut-être te fera plaisir et sera utile à la République ». Le lendemain, Talleyrand fait porter à Sieyès la lettre sans doute attendue. « Il est, mon cher ami, dans vos habitudes de vous lever à dix heures. En vous donnant une demi-heure pour vous habiller et pour déjeuner, et autant pour venir chez moi, je ne vous gênerai pas trop en vous demandant d'être aux Relations extérieures à onze heures. J'ai à vous parler. Je vous embrasse et vous aime. Talleyrand »[4]. Par arrêté du 8 mai 1798 (19 floréal an VI), Sieyès est nommé « ambassadeur extraordinaire de la République française près de la Cour de Prusse », et le 15 mai il adresse au Conseil des Cinq-Cents sa démission de représentant du peuple *. Talleyrand, ministre des Relations extérieures explique ainsi à Sandoz-Rollin, ministre de Prusse à Paris, les raisons de cette surprenante nomination :

---

* Ce même jour Treilhard est élu — dans des conditions irrégulières — membre du Directoire à la place de François de Neufchâteau, éliminé par le tirage au sort.

« C'est un de mes amis qui a été fort avant dans la Révolution, qui en est très dégoûté, et qui est aujourd'hui autant exagéré contre qu'il a été exagéré pour elle : c'est le député Sieyès. J'attache beaucoup d'importance à ce qu'il soit admis et accueilli avec distinction à votre Cour ; vous pouvez être assuré qu'il emploiera ses talents et son esprit à complaire et à marquer l'estime particulière qu'il fait d'un gouvernement édifié par Frédéric II et régi par son successeur avec autant de dignité que de gloire. Désabusé sur les républicains modernes, bien plus encore que sur les républiques, il voudrait s'éloigner de sa patrie qui n'a plus aucun intérêt pour lui » [5].

Cette étrange présentation était sans doute faite pour rassurer le roi de Prusse, que la personnalité de Sieyès risquait fort d'effrayer *. Mais Sieyès avait bien d'autres raisons que son dégoût de vouloir remplir cette difficile mission.

La situation diplomatique commandait en Prusse une action urgente, et qui s'avérait difficile car la paix avec l'Autriche, voulue par Bonaparte, ne pouvait être qu'une parenthèse. Le congrès de Rastadt, qui siégeait depuis plusieurs mois, était une longue déception que commandait la logique du traité de Campoformio. Les représentants de la Diète germanique avaient sans doute accepté, le 9 mars 1798, le principe de l'annexion par la France de la rive gauche du Rhin, mais l'Autriche exigeait — en exécution des clauses secrètes du traité de Campoformio — des compensations que la France lui refusait. Du coup, elle refusait de sanctionner les concessions faites par la Diète à Rastadt. Se préparant à reprendre inévitablement la guerre, la France et l'Autriche faisaient assaut d'avances auprès du nouveau roi de Prusse, Frédéric-Guillaume III. La Prusse aiderait-elle à la constitution d'une nouvelle coalition contre la France ? Resterait-elle neutre ? Un grand effort semblait nécessaire pour tenter de maintenir la Prusse en état de neutralité. Cet effort, le prédécesseur de Sieyès, Caillard, diplomate traditionnel et timoré, s'avérait incapable de le mener à bien. Mais Talleyrand, ministre des Relations extérieures, avait un projet plus ambitieux encore. Il rêvait que la Prusse s'alliât avec la France. Sieyès n'était sans doute pas loin de partager son idée. « De tout temps, dit-il à Sandoz-Rollin avant de partir pour Berlin, je n'ai vu qu'une liaison et une alliance naturelles pour la France : c'est celles avec le roi de Prusse. » En tout cas l'objet des instructions qu'il reçoit de son ministre est formel **. Il faut à tout prix empêcher la Prusse de se rapprocher de l'Autriche. Il faudra même, si

---

* Sieyès avait en poche deux nominations, l'une comme ambassadeur extraordinaire, l'autre comme « envoyé extraordinaire et plénipotentiaire ». Si le roi de Prusse n'admettait pas la première, Sieyès devrait présenter la seconde... Ce qui se produisit (Robert Marquant, *Introduction aux Archives Sieyès*, p. 13).

** Les dépêches envoyées par Talleyrand à Sieyès, ministre plénipotentiaire à Berlin durant le cours de sa mission, sont conservées aux Archives nationales [6].

nécessaire, révéler à la Prusse la « noirceur autrichienne », c'est-à-dire lui faire connaître les clauses secrètes du traité de Campoformio. Il faudra répéter au roi de Prusse l'attachement « franc, loyal, sincère » du Directoire et le « détourner d'entrer dans aucun pacte contre nous mais l'engager plutôt de former des liaisons intimes avec la République française »[7].

Mais Sieyès a des motifs personnels d'être séduit par cette mission. Quoique ignorant la langue allemande, il a toujours été attiré vers l'Allemagne, vers la pensée allemande, la philosophie allemande, et tout le mouvement d'idées qui n'a cessé de remuer l'Allemagne depuis le XVIIIe siècle *. Il a fait, dès avant la Révolution, la connaissance dans plusieurs salons, dans les clubs, dans les loges maçonniques, de nombreux intellectuels allemands. Il a rencontré, peut-être chez la marquise de Condorcet, le prince Henri de Prusse, frère de Frédéric II, lors du séjour que celui-ci fit à Paris durant l'hiver 1788. Il a connu à Paris Reichardt, maître de chapelle du roi de Prusse et directeur de l'Opéra italien de Berlin, grand admirateur de la Révolution française. Sieyès a échangé, notamment au lendemain de la publication de *Qu'est-ce que le Tiers Etat?*, une abondante correspondance avec ses nombreux admirateurs allemands. Il s'est rapproché de beaucoup d'eux. Le professeur Cramer de Kiel, disciple de Rousseau, qui fut le premier traducteur de ses œuvres en allemand, est devenu son ami **. Reinhard, kantien convaincu, amoureux de la Révolution française comme beaucoup d'autres Allemands et qui s'est fixé à Paris, a été le proche collaborateur de Sieyès au Comité de Salut public. Pour Sieyès il a traduit Kant en français ***. Charles Thérémin, diplomate prussien venu en France, ami de Sieyès, s'est attaché à le mettre en relation avec Kant, et Sieyès a cherché à plusieurs reprises à rencontrer Kant sans y parvenir : les deux philosophes échangeront une correspondance qui n'aura pas de suite. Le médecin et naturaliste allemand Ebel est devenu le médecin personnel de Sieyès. Le diplomate Otto, qui est français mais d'origine badoise, a travaillé avec Sieyès au Comité de Salut public. Sieyès l'emmènera en Prusse, comme premier secrétaire. Surtout Œlsner, l'ami très fidèle, publiciste, diplomate, est devenu l'éminence

---

* La mission de Sieyès à Berlin est remarquablement éclairée par la thèse de Marcelle Adler-Bresse, soutenue en 1976 devant l'Université de Paris I sur *Sieyès et le monde allemand*. Marcelle Adler-Bresse a consulté non seulement toutes les archives françaises disponibles, mais les archives allemandes qui apportent de nombreuses lumières sur la mission de Sieyès[8].

** Le tome 1er des œuvres de Sieyès a été publié en Allemagne dès 1796.

*** Sieyès fera nommer Reinhard ministre des Affaires extérieures en juillet 1799. Reinhard sera fait baron par Napoléon, puis comte par Louis XVIII. Jean Delinière, utilisant notamment les correspondances de Reinhard et de Sieyès détenues par les Archives nationales, a étudié la relation des deux hommes. Reinhard a beaucoup fait pour initier Sieyès à l'œuvre du philosophe allemand, et aussi, sans succès, pour qu'ils se rencontrent[9].

grise de Sieyès. Ensemble ils ont préparé la *Notice* de l'an IV, et Œlsner n'a pas cessé depuis de l'aider et de le soutenir.

Ces liens, intellectuels, amicaux, idéologiques, sont-ils les seuls ? La thèse a été soutenue, dès 1791, puis souvent reprise, mêlant le faux et le vrai, d'un vaste complot, d'origine maçonnique, qui aurait été ourdi en France, avant la Révolution, et qui aurait développé en Prusse ses redoutables effets [10]. Condorcet et Sieyès auraient, dès 1786, fondé avec le duc de La Rochefoucauld, le « Club de la Propagande », société révolutionnaire qui prétendait devenir le « moteur du genre humain » [11] ; la société aurait recruté des libéraux allemands, les « pèlerins de la liberté », pour porter la Révolution en Allemagne. Puis Sieyès aurait appartenu, en 1790, au directoire de la société maçonnique dite « Confédération des Amis de la Vérité » * qui prétendait regrouper en une confédération universelle tous les « Véritables » répandus dans de nombreux pays, dont la Prusse [12]. Plus tard, pendant la Révolution, l'abbé aurait fait partie d'un comité secret de Jacobins, le « comité des Illuminés », resté ignoré du Club, et dont l'objectif aurait été de conduire clandestinement la Révolution. La presse allemande avait répandu, dès 1793, de nombreuses accusations — vraies ou fausses — sur Sieyès et d'autres pionniers de la Révolution, accusés de vouloir exporter celle-ci. Une réputation d'apôtre révolutionnaire précédait donc Sieyès, et ne pouvait faciliter sa mission.

Dès l'annonce de la nomination du nouvel ambassadeur, le gouvernement prussien fait connaître ses réserves sur la personne de Sieyès. Il semble que le roi Frédéric-Guillaume III ait presque considéré cette nomination comme une offense personnelle. Le 21 mai, il enjoint à son ambassadeur à Paris Sandoz-Rollin de redoubler d'efforts pour empêcher la venue de l'inquiétant Sieyès. « Il s'en faut de beaucoup, écrit-il à son ministre, que, vu le caractère dissimulé de l'abbé Sieyès, on puisse compter de la part de celui-ci sur une conduite sage et sur des principes raisonnables. » Mais le Directoire ne se laisse pas intimider. Et Sieyès

---

* Sur la Confédération des Amis de la Vérité, constituée en 1790 au Palais-Royal « pour rapprocher les vérités utiles, les lier en un système universel, les faire entrer dans le gouvernement des nations, travailler, dans un concert général de l'esprit humain, à composer le bonheur du monde », cf. l'étude précise de Marcelle Adler-Bresse. Sieyès semble avoir été membre du directoire de la « Confédération des Amis de la Vérité » constituée en octobre 1790 et qui réunissait plusieurs sociétés. Il est probable qu'un cercle satellite s'était établi en Prusse, et la police prussienne a prétendu observer, pendant le séjour de Sieyès à Berlin, une recrudescence de l'activité subversive des Amis de la Vérité. Fortoul remarque de même une résurgence en France des « Véritables » durant la mission de Sieyès. Le Fonds Fortoul garde la trace de plusieurs réunions des « Véritables », à la fin de 1798, notamment chez l'écrivain politique Louis Resnier. S'y retrouvaient de nombreuses personnalités, tels le graveur Bréa — qui fut le portraitiste de Sieyès —, le médecin Corvisart, l'ancien conventionnel Chazal, et plusieurs philosophes comme Garat, Joseph Chénier, de l'école des idéologues. Tous ont voulu, et aidé, la venue de Sieyès au Directoire.

arrive à Berlin dans la nuit du 20 au 21 juin 1798. Cette même nuit la flotte française emporte vers l'Egypte Bonaparte et son armée... Sieyès vient accompagné de son fidèle Otto qui sera désormais son plus proche collaborateur. Talleyrand enverra ensuite à Sieyès, pour l'aider, dans un emploi subalterne, le jeune Martignac, futur ministre de Charles X.

Œlsner, qui n'était cependant pas présent, a décrit comme un triomphe l'arrivée de Sieyès en Prusse. Il a imaginé Sieyès attendu par un peuple nombreux qui bordait les routes : « On attendait avec une impatiente curiosité l'un des premiers et des plus courageux fondateurs de la République française. » En vérité, s'il put y avoir un accueil chaleureux, ce ne fut que dans les milieux intellectuels libéraux, non dans le peuple, ni sur les routes. Le roi de Prusse était absent. L'ambassadeur de France dut attendre le retour de Frédéric-Guillaume III pour être reçu, avant la cérémonie du couronnement du jeune roi, cérémonie dite de « l'hommage », qui devait avoir lieu le 6 juillet. Le roi retarda-t-il volontairement la réception de l'ambassadeur de la République ? Celui-ci s'impatiente. Le commandant de la place de Berlin fait demander à Sieyès « si Son Excellence est revêtue d'un caractère civil ou militaire, et si Elle est comte ou baron. » — « En France, fait répondre sèchement Sieyès, il n'y a que des citoyens et tout citoyen est un soldat. » A-t-on vraiment blessé le futur comte Sieyès ? Il est enfin reçu par le roi le 5 juillet (17 messidor), veille du couronnement. Sieyès se présente sans épée, ce qui risque de faire scandale, mais son allocution est bien tournée : « J'ai accepté cette mission parce que je me suis constamment prononcé... en faveur du système qui tend à unir par des liens intimes les intérêts de la France et de la Prusse... » Il invoque la mémoire de Frédéric II, « grand parmi les rois, immortel parmi les hommes ». Le jeune roi répond par quelques lieux communs. L'accueil est courtois, mais glacé. Il est vrai que l'avant-veille des troubles se sont produits à Berlin. Il a fallu que l'armée chargeât la foule. Des affiches avaient été placardées dans les rues portant les mots : « Liberté, Egalité, Vive la République française ! » Cela n'était pas fait pour créer un climat agréable.

Le lendemain de son investiture, Sieyès assiste à la cérémonie du couronnement, dans la tribune réservée aux diplomates. Il est installé entre le marquis de Musquiz, ambassadeur d'Espagne, et le ministre de Sardaigne. Sieyès est pâle, tout de noir vêtu, sans épée, ceint de l'écharpe tricolore, étrange parmi tant d'uniformes somptueux, « redoutable image de la Révolution » [13]. Il voit la froideur qui l'environne. Le maréchal de Knobelsdorf auquel un banquier veut présenter l'ambassadeur de France, répond : « Non, sans phrase » [14]. « Je n'ai point à me plaindre », écrira cependant Sieyès quelques jours plus tard à l'un de ses amis [15]. Il était assez pessimiste pour s'attendre à pire.

L'ambassadeur de France espérait mieux de sa rencontre avec

Haugwitz qui dirigeait le gouvernement. Celui-ci passait pour un vieux partisan de la neutralité de la Prusse. Le roi mourant avait, disait-on, recommandé à son fils cet habile ministre. Comme Sieyès, et plus que lui, Haugwitz avait été l'un des artisans de la paix de Bâle. Nombreux étaient ceux, à Berlin, qui redoutaient que les deux hommes ne s'entendent : les ultras bien sûr le craignaient, et aussi les émigrés, présents à la Cour et très actifs dans les salons. Le marquis de Moustiers, ancien ambassadeur de Louis XVI en Prusse, représentant officieux de Louis XVIII, la marquise de Bréhan, le baron d'Escars, l'abbé de Tressan, tous colportaient que l'ambassadeur régicide, prêtre renégat, n'était venu en Prusse que pour y porter la Révolution.

Sieyès ne réussit à voir Haugwitz que le 14 juillet. « Ma première conférence, écrit-il aussitôt à Talleyrand, a ressemblé à ces premières séances des comités législatifs où l'on se hâte d'aborder vingt questions différentes en passant rapidement, et sans jugement, de l'une à l'autre sans oublier les divagations sur le beau temps et sur la pluie... » Haugwitz n'a voulu en dire que le moins possible. Mais les jours suivants, multipliant les contacts, Sieyès acquiert la conviction que la Prusse ne se laissera pas engager dans une coalition avec l'Angleterre et la Russie. C'est l'Autriche qui l'inquiète car l'on croit à Berlin qu'elle est prête à la guerre. Sieyès rencontre plusieurs ministres. Il leur redit la bonne volonté de la France : « Si nous marchons de concert, la paix sera bonne, solide, conforme à vos intérêts comme aux nôtres. » Mais l'ambassadeur sait aussi se faire menaçant : « Si nous marchons sans vous, gare à un nouveau traité de Campoformio. » Le 3 août, Haugwitz lui fait tenir un long mémoire, obscur, vague, qui s'étend sur les services que la Prusse a rendus à la France tout au long du congrès de Rastadt [16]. Pour qu'il y ait entente pacifique entre la France et la Prusse, il faudrait d'abord que la France renonce à ses prétentions sur Kiel et sur Cassel. Mais que serait cette entente ? Le texte de Haugwitz n'en dit rien [17].

Haugwitz semble à Sieyès hypocrite et fuyant. Pourtant l'ambassadeur ne se décourage pas. « S'il y a de la perfidie, écrit-il à Talleyrand, dans la conduite de M. le comte d'Haugwitz, ce n'est pas une raison pour que je mette de l'étourderie et de la négligence dans la mienne. » Le 31 août (12 fructidor), il rapporte à Talleyrand des propos que Haugwitz aurait tenus à un tiers : « Nos véritables intérêts... sont ceux de la monarchie contre le système républicain... » — « C'est bien là, commente Sieyès, l'état de la question... les monarchies ne se feront jamais vraiment la guerre. » Sieyès presse le gouvernement prussien de prendre position, il insiste, il s'irrite, il exige une réponse claire, il menace même de s'en aller. C'est Talleyrand qui tente maintenant d'apaiser le fougueux diplomate. Sieyès rédige des notes, multiplie les propositions à insérer dans un traité d'alliance, le cabinet prussien demande des délais, dit qu'il va réfléchir : « Citoyen ministre, écrit Sieyès à Talleyrand le 29 septembre, la Prusse ne veut rien faire pour la paix, rien, absolument rien. » Est-ce l'échec de sa mission ? On commence à le dire à Paris. On parle même, en octobre, de son prochain départ.

Mais voici que plusieurs incidents viennent encore compliquer la tâche du diplomate. A l'invitation de Sieyès, son ami Œlsner est venu le rejoindre. Il séjourne quelques semaines à Berlin, très surveillé par la police qui observe toutes ses rencontres avec l'ambassadeur. Le 19 octobre, Œlsner part pour sa Silésie natale, revoir sa mère gravement malade, et il est arrêté, le 26, dans la maison familiale. Sieyès, offensé, furieux, intervient vigoureusement. Une partie de l'opinion prussienne se déchaîne contre lui. Sur l'ordre de l'ambassadeur de France, le Jacobin Œlsner allait donc mettre le feu à la Silésie ! Talleyrand doit protester à son tour auprès du roi de Prusse : « M. Œlsner, homme de lettres distingué, fixé en France depuis plusieurs années et considéré déjà comme Français, avait à ce titre obtenu un passeport avec lequel il voyageait en Allemagne... » L'affaire s'arrangera finalement. On échangera Œlsner contre un émigré nommé Bastereau, page de la princesse de Parme, détenu à Nantes. Mais le crédit de Sieyès a souffert de cette aventure. Ce même mois d'octobre, l'affaire du prince polonais Antoine de Radziwill compromet encore sa mission. On découvre que ce prince est mêlé à un complot français tendant à renverser la monarchie prussienne. Un complot français ? Une vague d'arrestations déferlera sur la Pologne prussienne. L'affaire — qui restera très obscure [18] — aura peut-être aidé à éloigner la Prusse de tout projet d'alliance avec la France. Mais ce projet n'était-il pas, de toute manière, chimérique ? En tout cas, l'affaire Radziwill ne sert pas le crédit de l'ambassadeur.

Au début de 1799, on parle de plus en plus, à Paris et à Berlin, du retour de Sieyès à Paris. C'est qu'en France son absence a renforcé utilement sa position. Sieyès semble devenu peu à peu un recours. « Nul autre que Sieyès, écrit Sandoz-Rollin au roi de Prusse [19], ne peut gouverner et faire prospérer la République, tel est le mot qui prédomine à Paris. » Sieyès sent-il que les événements en France vont se précipiter, et qu'il doit préparer sa rentrée ? L'espion allemand Stürler le suggère à son ministre, dans son langage codé : « ... On fait entendre à qui on veut qu'on finira de s'ennuyer au plus tard en février prochain, vu qu'avec la nouvelle lune de mars on entrera dans le grand comptoir » [20]. Paris semble avoir besoin de Sieyès et Sieyès se plaît de moins en moins à Berlin. L'ambassadeur est très mal à son aise parmi trop d'ennemis, soumis à une inquisition policière de tous les moments, constamment attaqué, calomnié. Il a maintenant cinquante ans, sa santé ne cesse de lui donner plus de tracas, d'exiger plus de soins, il a beaucoup souffert du rude hiver prussien*. A-t-il le sentiment d'avoir échoué? Plusieurs observateurs — tel Bailleu[22] — imputeront à Sieyès l'échec du projet d'alliance entre la France et la Prusse qui, sans lui, eût peut-être gardé des chances d'aboutir. Sieyès aurait été trop dur, trop cassant, il aurait méconnu les règles diplomatiques. Réfutant cette argumentation, Marcelle Adler-Bresse croit pouvoir observer une évolution progressive, au cours de la mission de Sieyès, de la politique allemande vers une hostilité de plus en plus marquée à l'égard de la République. « Tout d'abord, écrit-elle, pendant les premiers mois du séjour de Sieyès en Prusse, Haugwitz paraît hésitant. Il cherche sa voie, penchant cependant plus vers la France que vers les partisans de la coalition. Puis sa politique se durcit à l'égard de la République. Au printemps 1799, au cours du dernier mois de la mission de Sieyès à Berlin, elle est franchement hostile »[23]. Mais Marcelle Adler-Bresse observe justement que cette évolution ne tient pas à Sieyès mais aux événements. Plusieurs historiens, qui pourtant ne sont pas suspects de sympathie à Sieyès — tel Thiers, tel Albert Sorel —, ont loué la qualité de son action diplomatique, sa fermeté, sa lucidité aussi[24]. Si les relations de la France et de la Prusse se sont peu à peu altérées, ce ne paraît être ni le fait de l'ambassadeur ni celui de Haugwitz : c'est que les forces politiques en présence, les guerres, les campagnes militaires de la France, ne permettaient plus aux Hohenzollern d'envisager une alliance avec la France. En mars 1799, Jourdan avait franchi le Rhin et, le 12 mars, le Directoire avait déclaré la guerre à l'Autriche. La guerre recommençait. L'ambassadeur Sandoz-Rollin n'avait pas tort d'écrire de Paris à son roi : « On veut toujours la paix ici mais on ne sait pas la faire. » Au moins Sieyès avait-il réussi à maintenir la neutralité de la Prusse. Et Frédéric-Guillaume III avait résisté à toutes les pressions, à celles des souverains amis, à celles aussi de son entourage : « La coalition, conclut Marcelle Adler-Bresse, s'est vue privée, à un moment décisif, de l'appui de la Prusse. » Quand la guerre s'engage à nouveau, en 1799, la Prusse n'y est pas, et Sieyès peut, après tout, s'en attribuer le mérite... Mais les armées de la République ont désormais dans la coalition un autre adversaire à affronter qu'elles ne connaissent pas encore, la terrible armée russe, conduite par Souvorov, aussi populaire, aussi nationale que celle des soldats-citoyens de la République. La situation est pire qu'en 1798, mais pour d'autres raisons...

Il reste que l'action de Sieyès en Prusse a souffert d'une ambiguïté qui peut l'avoir gêné. Les documents assemblés par Marcelle Adler-Bresse paraissent bien établir que Sieyès a au moins couvert — sinon aidé —

---

* Le bruit paraît s'être répandu à Paris que Sieyès était malade. « Comme moi, lui écrit le 11 ventôse an VII son amie Mme de Courteulx, vos amis attribuent [la nouvelle] de votre maladie à quelque jeu à la baisse sur les destinées de l'Europe... »[21].

dans la mesure de ses moyens, les activités de ses amis français et allemands en faveur de ce qu'il appelait lui-même le « révolutionne-ment », c'est-à-dire la lutte pour l'établissement progressif de la République universelle. A plusieurs reprises il a encouragé ses amis à poursuivre vigoureusement le révolutionnement. « Puisqu'on nous force à guerroyer, écrivait-il à son ami Jean de Bry, je voudrais que ce soit pour la dernière fois. » En cela l'ambassadeur en Prusse est resté fidèle à l'idéal révolutionnaire, si même sa ferveur s'est, dans d'autres domaines, apparemment refroidie. Sieyès n'a cessé d'être au courant de l'activité subversive qu'ont eue ses amis Œlsner, Thérémin notamment. Tous deux — et aussi Cramer et bien d'autres — qui travaillaient, en France et en Prusse, à la formation d'une République prussienne, ou de plusieurs Républiques allemandes, il les a encouragés et soutenus. Du coup Sieyès s'est affaibli, poursuivant — à court terme et à long terme — deux desseins contradictoires. Il veut obtenir l'alliance du roi de Prusse, il voudrait voir en lui un despote éclairé, continuateur de son grand-oncle Frédéric II, et, dans le même temps, il rêve de bouleverser la Prusse et de faire surgir des républiques nouvelles soumises à la souveraineté de peuples émancipés. Sans doute ne peut-il pas faire grand-chose — tenu par son rôle de diplomate — pour aider vraiment ce qu'il appelait le « révolutionnement de l'Europe ». Mais il en fait assez pour comprome-ttre son crédit, et compliquer son projet immédiat. Sieyès, comme la plupart des révolutionnaires, n'aperçoit pas cette incohérence. Ils veulent, ils croient servir, d'un même mouvement, la puissance de la France, et les progrès de l'universelle Révolution.

XII

CITOYEN DIRECTEUR

En avril 1799 (germinal an VII), Talleyrand annonce à l'ambassadeur Sieyès que celui-ci vient d'être élu député dans l'Indre-et-Loire, lors du renouvellement partiel des assemblées parlementaires. En fait, Sieyès a été également élu dans le Var — dans son pays — par ce que l'on appelait alors une assemblée « scissionnaire », c'est-à-dire une assemblée électorale « spontanée » décidée à corriger éventuellement les choix électoraux de l'assemblée légale *. La nouvelle de son élection parvient à Sieyès à un moment difficile de sa mission à Berlin. Les derniers espoirs d'une paix européenne ont été emportés, la France semble reprise par l'ardeur belliqueuse. « La nation est devenue guerrière », proclame le directeur Reubell [1], et la guerre, reprise contre la nouvelle coalition, dont l'axe est désormais l'alliance anglo-russe scellée en décembre 1798, a commencé de tourner mal. Jourdan, qui a franchi le Rhin le 1er mars sur l'ordre du Directoire, a été défait le 25 mars à Stokach et il a dû battre en retraite. En conflit ouvert avec le Directoire, il a démissionné et abandonné son armée en plein mouvement. En Italie du Nord, le général Moreau, nommé à la tête de l'armée d'Italie, a dû affronter les 30 000 Russes de Souvorov qui, dès le 15 avril, avaient rejoint les Autrichiens. Il a été battu à Cassano le 27 avril. La menace d'une expédition anglo-russe — qui ne se concrétisera qu'en août par un débarquement en Hollande — assombrit encore la situation. Partout la grande alliance des trônes semble sortie plus forte de la période d'accalmie. Elle menace, comme l'avait annoncé le traité d'alliance entre l'Angleterre et la Russie de décembre 1798, de « mettre un terme à l'extension des principes anarchiques » et de « faire rentrer la France dans les limites où elle était enfermée avant la Révolution ». Partout, en Allemagne, en Italie, en Suisse, la guerre reprise tourne mal.

Partout... même en Egypte, où le général Bonaparte, fasciné par le

* Le vote du Var sera annulé.

mirage oriental, heureux peut-être de s'éloigner un temps et d'ajouter à sa gloire, était parti en juin 1798, emmenant un corps expéditionnaire de 40 000 hommes. En moins de deux mois Bonaparte avait conquis l'Egypte. Mais, dès le mois d'août, les épreuves avaient commencé de s'accumuler. Prise au piège d'habiles manœuvres, la flotte française avait été détruite par le contre-amiral Nelson dans la rade d'Aboukir, le 1er août. Le désastre d'Aboukir avait isolé la France en Méditerranée. Le sultan de l'Empire ottoman s'était rapproché du tzar Paul Ier et, en septembre, il avait déclaré la guerre à la République. Ainsi s'était nouée en Orient, contre la France, une seconde coalition. En 1799, Bonaparte avait commencé, en direction de la Syrie, la grande traversée du désert. Que voulait-il ? Conquérir les Indes, envahir la Turquie, passer les détroits et prendre à revers les armées autrichiennes ? En février 1799, ses troupes avaient occupé Gaza, puis Jaffa en mars, Jaffa où elles s'étaient livrées au sauvage massacre de milliers de soldats et d'habitants. Sinistre victoire ! De Jaffa les soldats français avaient emporté les premiers germes de la peste — et Bonaparte avait dû faire empoisonner plusieurs centaines de ses soldats. Le 19 mars, commence le siège de Saint-Jean-d'Acre. Il se prolongera durant deux mois. Le 17 mai, Bonaparte devra lever le siège, et ce sera l'atroce retraite de l'armée française, décimée par des assauts coûteux, l'insupportable chaleur, et les premiers ravages de la peste. Rentré au Caire en juin, Bonaparte pourra faire le bilan de l'expédition d'Egypte condamnée à des succès éclatants, mais sans lendemain, menacée par l'usure, la lassitude, l'épidémie. Il se sent de plus en plus solitaire à la tête d'une armée tant éprouvée. Sans doute ne voit-il plus d'issue à cette merveilleuse et folle aventure. Voici plusieurs mois qu'il songe à rentrer en France...

En avril, Sieyès y songe aussi. Que peut-il espérer encore à Berlin ? L'assassinat par des soldats autrichiens, dans la nuit du 28 au 29 avril, de deux plénipotentiaires français revenant de Rastadt, accentue son dégoût : « La fièvre de l'indignation et de l'horreur depuis trois jours a fini par consumer mes forces », écrit-il [2]. Il est de plus en plus pessimiste sur la situation de la République face aux monarchies coalisées : « C'est le tocsin de l'extermination française qui sonne à Londres, à Vienne, à Petersbourg. » Il observe que les rapports se font chaque jour plus étroits entre Londres et Berlin. Il est convaincu que la Prusse a promis secrètement à l'Angleterre « qu'elle ne contracterait avec la République aucune liaison, aucun arrangement, de quelque manière que les affaires viennent à tourner... » Il a le sentiment de ne plus servir à rien. Et voici qu'en mai un courrier officiel de Talleyrand lui annonce soudain la bonne nouvelle, celle que sans doute il attendait :

> « Citoyen, c'est demain et après-demain que sera faite la nomination d'un Directeur. Vous permettrez que j'aie peu de doute sur le résultat de

l'élection. Dans le cas où vous accepteriez ce nouveau témoignage de l'estime et de la confiance nationales, je ne puis m'empêcher de vous dire que l'horrible événement de Rastadt est un avertissement qu'il ne nous est point permis de dédaigner, et que vous ne devez pas hésiter à accepter, à demander même, une escorte pour atteindre par Wesel le territoire de la République. »

Le 16 mai (27 floréal), Sieyès est élu Directeur, en remplacement de son vieil ennemi Reubell éliminé par le tirage au sort *. La nouvelle en parvient à l'ambassadeur à Postdam, où il se trouve en compagnie de son fidèle Otto et de M. de Musquiz, ministre plénipotentiaire d'Espagne devenu son ami. Sieyès n'hésite pas à accepter une fonction qu'il a vivement espérée, et dont il dira, bien sûr, qu'elle lui est venue par hasard. Il pense un instant à partir précipitamment, incognito, sans même prendre congé. Talleyrand a-t-il réussi à l'inquiéter sur sa sécurité ? Puis l'ambassadeur de la République se ravise et se décide à respecter les formes. Il se rend à Berlin. Le roi le reçoit aimablement, et lui offre — cadeau rituel — une boîte en or, sertie de diamants et ornée de l'effigie du souverain. La conversation, plus longue que de coutume, est cette fois presque chaleureuse, Frédéric-Guillaume III assure le diplomate qu'il regrette vivement son départ. Une escorte — entretemps sollicitée par le Directoire — est accordée à Sieyès, afin qu'il soit protégé contre les agents autrichiens. Le roi et ses ministres veulent avoir fait « tout ce qui était humainement possible et nécessaire pour la sécurité »[3] de l'ambassadeur qui s'en va... Le voici soudain regretté.

Il se met en route le 24 mai (5 prairial) à six heures du soir. Le comte de Lottum, chargé de sa sécurité, l'accompagne avec une solide escorte. Le voyage en territoire prussien se prolonge du 24 mai au 1er juin, et le comte de Lottum, en émissaire zélé, multiplie les bulletins officiels et les lettres privées à ses mandants. Il raconte les petits incidents du voyage mais aussi l'amitié qui naît peu à peu entre lui, jeune officier prussien de vieille noblesse, et le nouveau « Directeur » de la République française. Le 1er juin, Sieyès et son escorte arrivent à Wesel, terme du voyage en territoire prussien. Là, une importante délégation conduite par le général Malesherbes, commandant la place de Nimègue, attend l'ambassadeur. Sieyès demande à Lottum de lui faire le plaisir de traverser avec lui le Rhin, ce que le comte accepte gentiment. Alors Sieyès lui fait d'émouvants adieux et lui remet, en souvenir, une tabatière en or **. Puis commence le long voyage vers Paris. Sieyès arrive dans la capitale le 7 juin 1799. Le Directoire a voulu que la venue du nouveau Directeur soit célébrée en grande pompe. Un détachement de la garde est allé

---

* Le lendemain (17 mai) Bonaparte lève le siège de Saint-Jean-d'Acre.

** Une controverse s'est élevée sur le contenu de la tabatière, qui aurait été, selon les souvenirs douteux de l'émigré Dampmartin, qui n'a pas assisté aux événements, remplie de pièces d'or... Sieyès aurait ainsi froissé Lottum[4]...

l'attendre au Bourget, et le ministre de l'Intérieur est venu le recevoir à la barrière. On conduit Sieyès au palais du Luxembourg où le Directoire et ses ministres attendent, dans la grande salle des Séances, l'illustre Sieyès revenu de Prusse. On tire douze coups de canon. « Il n'y a pas de souverain, écrit le ministre de Suède, dont l'avènement au trône dans des circonstances difficiles ait causé une sensation plus grande »[5]. Il semble qu'on attende un sauveur *... Mais le « sauveur » est rentré très fatigué. Il ne peut se rendre chez son ami Merlin de Douai, président du Directoire, qui l'a convié à dîner. Il s'excuse. Il doit retrouver ses forces...

Ce n'est pas que l'ambassade à Berlin ait accru son prestige. Dans l'immédiat elle n'apparaît pas comme un succès. A terme, elle nourrira beaucoup de calomnies. Sieyès sera tour à tour présenté comme un ami inconditionnel de la Prusse, comme un factieux qui aurait animé tout un réseau de sociétés secrètes en Allemagne, mais aussi en France, et il paraît vrai que les « Amis de la Vérité » ou les « Véritables », que l'on appellera les « Amis de Sieyès », étaient venus l'attendre en délégation, au bord du Rhin, pour célébrer son retour triomphal. Surtout, le séjour en Prusse aidera plus tard à entretenir la thèse d'une conjuration montée par Sieyès pour installer sur le trône de France le duc de Brunswick, prince philosophe, qui faisait régner dans son duché la tolérance civile et religieuse **. Mais la venue de Sieyès au Directoire semble avoir pris, au lendemain des élections d'avril 1799 qui avaient profité à la gauche, une valeur symbolique. Le fondateur de la Révolution en serait forcément le garant. Dans les circonstances difficiles que traversait le Directoire, on avait besoin de sa légitimité autant que de ses talents. Chacun sait que Sieyès déteste la Constitution de l'an III, il est de ceux qui l'ont malmenée en fructidor, il n'a jamais caché qu'il veut la remplacer. Sans doute tient-il prêtes de nouvelles lois qui raffermiront la République, en préservant la Révolution. L'illustre révolutionnaire rassure, comme symbole, et il ouvre la perspective d'une révision constitutionnelle dont chacun voit qu'elle est devenue inévitable.

* Fortoul écrit dans ses notes, à la suite d'une conversation avec Ange Sieyès, neveu de l'abbé, qu'à son retour de Berlin, Sieyès aurait dû être fait président de la République, mais qu'il aurait refusé craignant que « son caractère de prêtre ne déconsidérât son pouvoir »[6]. Rien ne permet d'étayer cette flatteuse légende.

** Marcelle Adler-Bresse — après avoir étudié plusieurs témoignages, notamment des écrits d'Œlsner, et l'ensemble des papiers du fonds Sieyès aux Archives nationales — semble prête à admettre qu'effectivement Sieyès aurait, durant le temps de sa mission, pris des contacts dans le dessein d'installer le prince protestant sur le trône de France. Mais les documents cités ne sont guère convaincants et l'on voit mal que Sieyès, qui avait peut-être cette idée en tête parmi beaucoup d'autres, ait pris le risque de la mettre en œuvre à un moment aussi inopportun. On sait cependant que la thèse sera reprise par Barras, par beaucoup de ceux qui voudront nuire à Sieyès, le présentant tout à la fois comme intrigant, monarchiste et presque allemand.

Sieyès doit son élection à la majorité du Conseil des Anciens *, car le Conseil des Cinq-Cents avait placé, devant lui, sur la liste des présentations, le général Lefebvre, très populaire. Il a le bonheur de remplacer Reubell au Directoire. Les autres Directeurs, Merlin de Douai, Treilhard, La Revellière, n'ont aucune raison de se réjouir de l'élection de Sieyès. La Revellière dira plus tard son mécontentement. L'élection de Sieyès lui est apparue comme une « calamité plus forte » que les revers extérieurs eux-mêmes. Elle signifiait la fin probable de la Constitution :

> « Il était certain qu'il voudrait y substituer ses propres conceptions, se faire le chef de l'Etat et qu'en même temps, incapable de voir les choses dans leur réalité, dépourvu de tout courage, de toute résolution, ne suivant qu'une marche souterraine et détournée, mettant à la place de la dignité et de la gravité qui conviennent à un homme public une morgue et une impertinence telles qu'il est possible d'en imaginer de pareilles, il ne saurait rien rétablir, après avoir tout renversé »[7].

Mais Sieyès sait bien que c'est Barras qui domine le Directoire, faisant pencher la majorité au gré de ses intrigues ou de ses intérêts. Barras déteste Sieyès qui le lui rend bien. Mais il est prêt à se résigner : « Je vois avec un plaisir sincère cette nomination qui peut être d'un grand secours si Sieyès, moins esclave de la théorie et de l'abstraction, veut pratiquer le gouvernement et s'amalgamer lui-même avec son Collège »[8]. En vérité, Barras est, semble-t-il, décidé à voir venir, à prendre le vent. Pourquoi ne pas s'entendre avec Sieyès ?

« Nous convînmes, Barras, Treilhard, Merlin et moi, dit La Revellière, que, dans l'intérêt de la République, nous oublierions toutes nos répugnances... Cette résolution, je l'atteste, nous la tînmes... » Tout indique en réalité que Sieyès fut aussitôt entouré d'hostilité et de malveillance. Il arrivait comme un perturbateur. Le premier soin de Sieyès, rapportera Barras, fut d'exiger le remboursement des étrennes qu'il aurait distribuées durant sa mission « en sus des frais déjà payés par les Relations Extérieures ». Quant à La Revellière, il jugera le nouveau Directeur bizarre, hautain, fermé à tout commerce social. A toute question, selon La Revellière, Sieyès répondra à ses collègues : « Ce n'est pas ainsi que cela s'administre en Prusse. » Sur chaque problème posé, il soupirera : « Que pourrais-je vous dire ? On ne s'entendrait pas. Faites comme vous avez coutume... » Et Barras fera écho : « Le revenant de la Prusse a de la morgue, il veut faire le protecteur ; il joint la goguenardise au ton de la supériorité »[9].

Sans doute tout n'est pas faux dans cette caricature. L'orgueil de Sieyès, sa hauteur, sa difficulté à communiquer se sont accrus avec l'âge. Il n'apprécie aucun de ses collègues, et il ne le cache guère. Surtout il

---

* Il a été élu par 118 voix sur 205 votants.

n'est pas venu au Directoire pour gouverner avec ces hommes-là. C'est ailleurs qu'il intrigue. Il multiplie les contacts avec les parlementaires, anciens Jacobins et révisionnistes modérés. Il consulte, il réunit ceux qui songent à améliorer les institutions et à épurer le Directoire. On le voit avec Cambacérès, avec Bernadotte, avec Lucien Bonaparte. Il sait que le conflit est inévitable entre les Assemblées et ce Directoire affaibli, incapable, où elles ne se reconnaissent plus. Sieyès est conscient de son prestige — que l'éloignement peut avoir servi —, de sa popularité aussi, faite largement du discrédit du Directoire. Car à la différence des autres, il ne s'est pas usé, compromis, ces derniers mois. Son absence lui a profité. Le rôle d'homme providentiel qu'on semble lui décerner, il est décidé à le jouer. Ecrivant à Sieyès, dès le 18 mai 1799 (29 floréal an VII), Benjamin Constant exprime, en l'exagérant par ses compliments, le sentiment qui domine alors :

> « Je regardais votre nomination comme le dernier espoir de la République, de cette pauvre République qui depuis dix-huit mois a tellement à lutter contre l'immoralité et la sottise... Il n'est pas étonnant que celui qui a créé l'opinion publique en 1789 soit le même qui la ressuscite dix années après... Vous arrivez plus fort qu'homme ne le fut encore depuis la Révolution, plus entouré du vœu général, plus investi de la confiance universelle, toute la France est fatiguée de médiocrité et de corruption, toute la France a soif de vertus et de lumières *... Avant votre élection j'avais rencontré quelques opposants, et soutenu plusieurs luttes. Depuis je n'aperçois que des hommes qui font amende honorable de leur ancienne vénération pour la bêtise. Vous avez déjà produit une révolution remarquable car la médiocrité elle-même se résigne à être gouvernée par le génie » **.

Constant, qui promet au « garant de la République » son amitié, son dévouement, son admiration, et le soutien de toutes ses forces, a déjà écrit au ministre de l'Intérieur François de Neufchâteau pour solliciter la place de commissaire près de l'administration centrale du Léman... et il compte bien obtenir l'appui du nouveau Directeur[11]. S'interrogeant sur les mobiles de Constant, Etienne Hofmann et Norman King ont raison d'observer que Benjamin Constant a d'autres raisons que son ambition de célébrer son glorieux ami : « Sieyès, homme à principes, élitiste, anti-aristocrate, défenseur des propriétaires bourgeois, semble être le meil-

---

* « Revenu de Berlin, écrira Constant en 1830, Sieyès trouva la France dans cet état d'irritation mêlé de crainte, dans lequel un gouvernement qui a cessé d'être légal, sans devenir terrible, jette toujours la nation qui le méprise et qui le déteste. L'arrivée de Sieyès était un événement ; sa nomination au Directoire, acceptée cette seconde fois, en devint un autre... »[10].

** Cf. les utiles commentaires d'Etienne Hofmann et Norman King sur cette lettre du 29 floréal an VII dans les Annales Benjamin Constant, *Les lettres de Benjamin Constant à Sieyès*, n° 3, pp. 93 et ss.

leur garant d'un système libéral. » Dix ans ont passé. Le moment est-il enfin venu de réinventer 1789 ?

Les événements ne traînent pas. La nouvelle majorité, issue des élections, est pressée de faire plier ce Directoire de fructidoriens impuissants. Le 5 juin, au Conseil des Cinq-Cents, le député Barthélemy fait déclarer la séance secrète et, sur la proposition de Boulay de la Meurthe, l'Assemblée décide d'exiger du Directoire qu'il justifie sa politique tant extérieure qu'intérieure. Les Directeurs ne savent que faire. Sieyès, qui entre officiellement en fonction le 8 juin, reste impassible et muet. Il prend « l'allure d'un justicier » [12]. Nul ne peut dire s'il a ou non suscité l'intervention de son ami Boulay de la Meurthe. Le 16 juin, les Cinq-Cents, qui n'ont toujours pas reçu de réponse, font savoir qu'ils resteront « en état de permanence » jusqu'à ce que leur soit parvenue la réponse du Directoire au message du 5 juin. Les Anciens en font autant. En réplique, le Directoire s'institue lui-même en permanence. Le conflit est ouvert. Le lendemain les deux Assemblées votent soudain, pour frapper le Directoire, l'annulation de l'élection de Treilhard : on découvre que cette élection a été inconstitutionnelle, car il ne s'était pas écoulé un an, ce qu'exigeait la Constitution, entre la sortie de Treilhard du Conseil des Cinq-Cents et son entrée au Directoire*. Merlin de Douai et La Revellière veulent résister, engager l'épreuve de force, mais Sieyès s'y oppose par « respect des Assemblées », prétend-il. Quant à Barras, il se rallie à Sieyès, c'est-à-dire au parti qui lui semble devoir l'emporter. Treilhard n'a plus qu'à céder, il quitte le palais du Luxembourg et, démis de ses fonctions, il s'en retourne dormir chez lui [13]. Dans cette même journée du 17, le Directoire répond enfin aux Assemblées, par un message qui ne dit rien. Pour compléter le Directoire, les Assemblées désignent l'avocat Gohier, ancien ministre de la Justice sous la Convention, marqué à gauche, républicain honnête et très borné. Le 18 juin (30 prairial), les Cinq-Cents, fort mécontents de la réponse du Directoire, passent à l'offensive. Bertrand, ancien conventionnel, régicide, attaque violemment le Directoire : « Vous avez anéanti l'esprit public, vous avez muselé la liberté, persécuté les républicains, brisé toutes les plumes », et Boulay de la Meurthe renchérit : « Depuis le 18 fructidor le Corps législatif a été tenu dans un asservissement continu. » L'Assemblée décide de créer une commission de onze membres qui fait déjà figure de Comité de Salut public. Les deux Directeurs Merlin et La Revellière sont nominativement dénoncés, calomniés. Maintenant Sieyès, négligeant son amitié pour Merlin, ne se gêne plus pour intriguer ouvertement contre eux. Barras hésite encore, puis il cède voyant que la force est décidément du côté de Sieyès,

---

* Treilhard avait été élu le 15 mai 1798 (26 floréal) au lendemain du coup d'Etat de Floréal.

visiblement soutenu par la majorité des Assemblées. Il accepte d'abord que le général Joubert, ami de Sieyès, soit nommé au commandement de la 17e division militaire, dont dépend Paris, puis il se joint à Sieyès pour persuader Merlin et La Revellière de démissionner, afin d'éviter les plus graves affrontements. A cinq heures du soir, les deux Directeurs finissent par céder, et ils rédigent leur démission. Aussitôt les Assemblées élisent en remplacement des deux Directeurs éliminés l'ex-conventionnel Roger Ducos, dont Sieyès se dit très sûr, et le général Moulin, commandant de l'armée de l'Ouest, Jacobin, ami de Barras. Sans doute Sieyès voulut-il profiter des circonstances pour remplacer Gohier dont il se méfiait, par Talleyrand. Mais ce dernier coup s'avéra impossible.

Il reste à constituer le gouvernement. Talleyrand juge prudent de donner sa démission pour attendre des jours meilleurs. Alors Sieyès et Barras partagent les places entre leurs amis. Cambacérès est nommé à la Justice, Quinette à l'Intérieur, Lindet aux Finances, Fouché à la Police, Bernadotte à la Guerre. Reinhard, l'ami intime de Sieyès, s'installe aux Affaires étrangères avec l'assentiment de Talleyrand. Le coup d'Etat de Prairial est sans doute une victoire du Parlement sur le pouvoir exécutif. Mais les institutions en sortent plus affaiblies encore, et le Directoire plus discrédité. Le personnel en place a apparemment retrouvé la légitimité révolutionnaire. Parmi les cinq Directeurs et les sept ministres, on ne compte pas moins de huit conventionnels. Sept ont voté la mort de Louis XVI. Seul Cambacérès, dans le procès du Roi, a fait des réserves. On se retrouve donc entre régicides. Mais Prairial, comme Fructidor, a consacré le rôle des généraux « républicains » dans la politique. Plus de coup d'Etat qui ne prenne appui sur l'armée. Et les généraux qui tiennent le ministère de la Guerre et l'armée savent que le pouvoir civil ne peut plus rien sans eux. Chacun pressent que le Directoire — dont Sieyès est élu président à la place de Merlin de Douai — n'est plus en réalité qu'un mort en sursis. L'évidence n'est-elle pas que Sieyès, maintenant installé au pouvoir, décidé à s'en servir, achèvera le travail de destruction qu'il a si bien commencé ? « La République ne tient plus qu'à Barras, constatent Furet et Richet, c'est-à-dire à rien » [14].

L'un des premiers actes de Sieyès est d'annuler la décision qu'avait prise le Directeur Reubell, quelques jours avant le coup d'Etat, d'envoyer l'amiral Bruix en Egypte pour ramener Bonaparte. Sieyès espère-t-il que le glorieux général restera là-bas ? Mais Bonaparte n'a besoin ni de l'ordre ni du contrordre du Directoire. Il a appris les défaites d'Allemagne, la perte de « son Italie ». « Moi absent, tout devait crouler... » Il faut qu'il rentre. Il prépare en secret son départ. Il rassemble son équipe, ceux qui exalteront sa gloire, comme Monge et Berthollet, ceux qui imposeront son autorité, comme Berthier, Murat,

Marmont, Lannes. Et, le 23 août 1799, il quitte l'Egypte sur la frégate *La Muiron*, sous prétexte d'un voyage d'études. Bonaparte sait que maintenant l'histoire va s'écrire à Paris. Il entend que cette histoire soit la sienne.

XIII

JE CROIS À LA RÉVOLUTION
PARCE QUE JE CROIS EN VOUS

La République thermidorienne peut agoniser, livrée aux vieux conventionnels et aux jeunes généraux, soumise aux revers militaires et aux coups d'Etat, la société française vit, se renouvelle, et pense à se distraire.

La France du Directoire — comme celle de 1789 — est un des pays les plus peuplés d'Europe. Considérée dans ses anciennes limites, elle compte, en 1795, vingt-sept millions d'habitants *. Moins de 20 pour cent de la population vit dans les villes. Celles-ci ont pu conduire la Révolution, mais la France reste paysanne [1]. Cependant la France fait moins d'enfants ; la natalité n'a cessé de baisser de 1790 à 1800. Sont-ce les progrès de la contraception, l'angoisse de l'avenir, la montée des égoïsmes ? Est-ce plutôt le signe d'une rupture avec les dogmes religieux et d'une mentalité nouvelle ? Dans ces temps trop agités qui n'ont cessé de confondre la mort et la vie, il semble que la recherche du bonheur individuel, la quête de satisfactions immédiates soient devenues des raisons de vivre, tandis que déclinent les valeurs de la continuité et du devoir [2]. La confiscation des biens des émigrés et de l'Eglise, les transferts progressifs et successifs des biens nationaux, les mutations de la propriété que la Révolution et la crise économique ont accomplies, ont aidé à faire émerger une France de petits propriétaires, auxquels l'égalité successorale ordonnée par la Révolution a imposé sa loi **. On veut moins d'enfants pour mieux assurer leur avenir. Les lois de l'Eglise

---

* Le nombre total des émigrés a pu être évalué à environ 150 000.

** Dans le bilan final de son livre sur *Le sens de la Révolution française*, Alfred Cobban écrit que « la Révolution fut le triomphe des couches possédantes terriennes conservatrices, petites et grandes » et que ce fut là un des facteurs qui contribuèrent au retard économique de la France au siècle suivant. La Révolution, ajoute-t-il, « fit avorter le mouvement en faveur d'un meilleur traitement des couches les plus pauvres de la société... quels qu'aient été les vainqueurs de la Révolution, eux furent perdants » (pp. 173 et ss.). Mais le « bilan » de Cobban est fait pour étayer sa thèse.

cèdent peu à peu la place aux sollicitations du bonheur et de la promotion sociale.

A Paris, dans les villes, la gaieté, le plaisir sont à l'ordre du jour. Il semble, à regarder tout ce qui brille, que ce soit un vrai renouveau [3]. Mme de Chastenay, jeune noble emprisonnée sous la Terreur, a redécouvert Paris dans l'hiver 1796-1797 :

> « Jamais l'hiver n'avait été plus gai à Paris. Les bals d'abonnement réunissaient, comme en province, toute la meilleure compagnie qui n'avait plus assez d'argent pour faire les frais de fêtes particulières. Dans toute la France, à cette même époque, la gaieté était de la folie. Une longue disette avait cessé, l'argent avait reparu ; et avec lui l'abondance. Le régime révolutionnaire était absolument fini. On n'entendait plus parler maintenant de dénonciateurs ou de gendarmes. Je n'ai jamais rien vu de plus vif ; on courait en masques sur les grandes routes ; c'était un carnaval vraiment universel » [4].

On dirait que le XVIIIe siècle a retrouvé son visage d'avant la Révolution [5] : les masques, les fêtes, les femmes belles, le plaisir, le plaisir surtout. On singe les mœurs de l'Ancien Régime. C'est vrai qu'officiellement un émigré sur cent est rentré. Mais beaucoup se débrouillent pour tourner les lois, les aristocrates qui se sont cachés en France resurgissent, les bourgeois les flattent, copient leur style, leur raffinement, leurs manières. Il est élégant de se montrer avec eux. Et les nouveaux riches manieurs d'argent, fournisseurs, spéculateurs, prévaricateurs, tous ceux que la crise financière et économique a enrichis, s'appliquent à ressembler au modèle aristocrate. Les *Incroyables* et les *Merveilleuses*, qui tiennent le haut du pavé, veulent rivaliser d'élégance avec l'ancien monde. La particule nobiliaire se faufile à nouveau, il est chic de se donner un nom double, ou d'ajouter une indication d'origine à son nom patronymique, pour feindre la noblesse. Au cours d'un voyage qu'il fait dans l'est de la France, Sieyès trouve matière à s'indigner. Il note que le nom de citoyen n'est plus usité, « sauf parmi la classe ouvrière ». Même les fonctionnaires publics se servent du terme de « monsieur » : « C'est un scandale, écrit Sieyès, de voir beaucoup de militaires employer la même dénomination » [6].

Paris bien sûr donne le ton, Paris et les femmes. C'en est fini de Versailles, fini aussi du faubourg Saint-Germain où s'épanouissait l'ancienne noblesse. L'argent se compose un nouveau monde, sur la rive droite, des jardins de l'Elysée à la place de la Concorde, à la Chaussée d'Antin et dans la plaine Monceau. Talleyrand, rentré d'Amérique depuis quelques mois, décrit ainsi, en juillet 1797, la vie parisienne, à un ami d'Amérique :

> « ... Que Paris constitutionnel ressemble peu à Paris révolutionnaire ! Les bals, les spectacles, les feux d'artifice ont remplacé les prisons et les

comités révolutionnaires. [...] Les femmes de la Cour ont disparu mais les femmes des nouveaux riches ont pris leur place et sont suivies, comme elles, par les catins qui leur disputent le prix du luxe et de l'extravagance. Auprès de ces sirènes dangereuses bourdonne cet essaim léger de cervelles qu'on appelait jadis petits-maîtres, qu'aujourd'hui on nomme merveilleux et qui, en dansant, parlent politique et soupirent après la royauté en mangeant des glaces ou en bâillant devant un feu d'artifice. »

La femme apparaît triomphante à l'ancien évêque, comme elle avait régné sur l'aristocratie française au XVIIIe siècle. Son image n'est plus du tout celle de la révolutionnaire enragée, les poings sur les hanches, réclamant des têtes et du pain. Cela c'était l'image du peuple et des temps passés. La femme nouvelle est celle du demi-monde, un peu femme du monde, un peu catin. Sans doute Talleyrand simplifie-t-il, observant trop ce qui brille. Mme de Condorcet reste vertueuse, et Mme Récamier fidèle. Rentrée en France au printemps 1795, repartie après Vendémiaire, prudemment revenue à Noël 1796 sous condition de se tenir tranquille, Mme de Staël ne veut régner que par l'esprit et l'influence, et ses amours à elle ne sont jamais frivoles : elle lance à l'assaut de la société nouvelle son jeune amant, le Suisse Benjamin Constant, plein de talent et d'ambition, et qui se meut bien dans un monde qui aime, comme lui, l'argent et le pouvoir [7]. La fille de Necker a organisé savamment le retour et la carrière de M. de Talleyrand dont elle fut la maîtresse. Elle manipule, elle séduit, elle intrigue. Cabanis, Daunou, Chénier, Sieyès, Barras, Montesquiou, Roederer, tous deviennent ses amis, au moins ses familiers, pourvu qu'ils soient des esprits distingués, héritiers des encyclopédistes, idéologues, influents de préférence, puissants s'il se peut, et qu'ils rêvent d'établir une monarchie constitutionnelle semblable à celle dont rêvait Necker, son père, son véritable amour. Mais le vrai modèle n'est pas de ce côté : il est chez les reines du Directoire : Mme Tallien, Mme Hamelin, Joséphine de Beauharnais, très peu rangée par son mariage avec Bonaparte. « Elles passent de main en main, du pouvoir à l'argent, ou de l'argent au pouvoir » [8]. Elles apprennent à leurs amants, ou elles apprennent d'eux, le culte du plaisir, le cynisme, l'appétit de puissance ou d'influence, le mépris des convictions et des vertus. Car le souvenir de Robespierre innocente le vice, la corruption, le cynisme. Il a déshonoré la vertu, l'ascèse, la fidélité. La France révolutionnaire s'est soûlée d'idéal, de principes, de sacrifices, jusqu'à l'écœurement. Lassée du malheur, comme l'a dit Necker, elle se jette dans le bonheur, un bonheur immédiat, léger, qui convient à des jours désabusés, et sans doute menacés. Voici venu le temps de l'égoïsme, de la jouissance. Rien ne semble plus dérisoire que l'image austère d'un Jacobin, très simplement vêtu, redoutant le plaisir, et parlant pour l'histoire.

Derrière ces images d'un Tout-Paris qui se dépense en dîners, en fêtes, en bals publics et privés, d'une mode légère qui se répand en province, partout où s'imite Paris, il y a une réalité : la passion de l'argent, le règne de l'argent. De nouvelles fortunes ont surgi, une nouvelle bourgeoisie s'est développée, faite de ceux qui ont pu, qui ont su, profiter des lois et des circonstances : les agioteurs, les spéculateurs, les « fournisseurs » des armées républicaines, certains négociants, tous ceux enfin qui ont joué avec l'inflation, la disette, le désordre financier, la guerre étrangère, le transfert des anciennes fortunes, l'influence, les pots de vin. Et le Directoire est bien devenu l'âge d'or du spéculateur. On a rejeté l'économie dirigée, discréditée par la Terreur ; notamment on a supprimé la régie, l'exploitation directe. On soumissionne désormais aux marchés de l'Etat sans publicité ni enchères, au hasard des influences et des commissions. Des fortunes s'édifient en quelques mois, parfois en quelques jours. Cette nouvelle bourgeoisie — installée pour l'essentiel à Paris — est étroitement liée au monde politique. L'argent et la politique se sont accouplés, ils ne vivent plus l'un sans l'autre. Barras est le modèle des temps nouveaux : allant des affaires au plaisir, du plaisir à la politique, et de la politique aux affaires. Ouvrard étale avec cynisme sa richesse et son influence. Mme Tallien, la reine de beauté, convie tous ses amants, Barras, Ouvrard et les autres, à s'amuser ensemble. Bonaparte que dévore l'ambition n'imagine pas que l'argent puisse lui échapper : sans argent il n'y a pas de vraie réussite. On se repasse les femmes comme on conclut des marchés. On se sert des amants de ses maîtresses. On s'enrichit de tout, sans scrupules, sans autre morale que celle du succès et du plaisir. L'aristocratie fournit une symbolique, derrière laquelle se libère une bourgeoisie vulgaire et conquérante. Quant au peuple, il se tait, ou il semble se taire. On dirait que tant de remous et de souffrances l'ont épuisé.

Sans doute la situation financière de l'Etat s'est-elle améliorée. La grande loi financière du 30 septembre 1797, préparée par le ministre Ramel, organisant ce que l'on a appelé la « banqueroute des deux tiers »*, a permis d'alléger les dépenses budgétaires. Créant en novembre 1797 une « agence des contributions directes » dans chaque département, le Directoire a réussi à organiser une meilleure rentrée des impôts. A partir de 1798, les prix baissent, le crédit devient cher, on emprunte à plus de 10 pour cent. Ce renversement de la situation, s'il n'est pas favorable aux capitalistes, peut être profitable aux petites gens. En outre,

---

* Le remboursement de la dette publique à concurrence de deux tiers était fait sous forme de bons au porteur donnés aux rentiers, bons admis en paiement d'immeubles nationaux. Le tiers « consolidé » devait être inscrit sur un nouveau Grand Livre et les titres représentatifs, assimilés à du numéraire, ne purent servir qu'au paiement des contributions ou de la portion exigible en numéraire du prix des biens nationaux. Le budget fut ainsi allégé d'environ 160 millions.

les récoltes de 1797, de 1798, ont été, par chance, excellentes, et l'abondance a accentué la baisse des prix. Les prix agricoles sont, en 1798, d'un tiers environ inférieur à ceux de 1790, lointaine année d'abondance[9]. Dans un compte rendu du dernier trimestre de l'an VII (1798), les administrateurs du département de la Seine écrivent : « Les habitants de Paris ont vu se réaliser le vœu qu'ils formaient sous l'Ancien Régime : le pain à huit sous, le vin à huit sous, la viande à huit sous. » Le prix du pain descend même davantage en 1799, et, dans les villes, la situation des pauvres est moins cruelle qu'elle ne le fut sous la Convention. Dans les campagnes, en revanche, les paysans souffrent cruellement de la baisse des prix. Ils ont peine à payer leurs impôts. Ils offrent du blé, du maïs, pour remplacer l'argent qu'ils ne peuvent pas trouver[10].

Le peuple qui fit tant de journées révolutionnaires se tait-il maintenant parce que les épreuves ont épuisé son énergie, ou parce qu'il se sent moins malheureux, ou pour l'une et l'autre raison ? L'esprit public semble endormi. Les rapports de police — qui émanent souvent de Jacobins — constatent et déplorent cette léthargie : « Je l'annonce à regret : l'esprit public, depuis les malheureuses affaires d'Italie, est prêt à s'éteindre... Les patriotes sont inquiets, troublés, une cruelle incertitude les dévore »[11]. Et encore : « Esprit public : le sommeil léthargique dans lequel il est plongé ferait craindre son anéantissement »[12]. Il n'y a guère que la poussée du vagabondage et du banditisme qui entretient toujours une sorte de peur rurale, plus ou moins diffuse : car les brigands profitent de la faiblesse du pouvoir, de l'impuissance de la police. Un voyage en diligence est devenu une aventure[13]. Mais ce ne sont là que les signes — exaspérés — d'une vieille tradition. Le peuple, qui ne bouge ni ne parle durant ces cinq années où se décompose la République, paraît lassé des guerres, de l'agitation, des renversements successifs, des épreuves. On dit partout que les Français ne font plus de politique. Ils semblent avoir été gavés d'idéal, et conduits à l'écœurement. Les coups d'Etat, les complots, les rivalités de carrière, les liens ostensibles entre l'argent et le pouvoir, l'incapacité d'une classe politique qui ne vit plus que pour elle-même, voilà ce que regardent les Français, et ce qui les dégoûte. Ils méprisent les débris d'un pouvoir aussi médiocre qu'impuissant. Seraient-ils prêts à se livrer à celui qui viendra rétablir l'ordre, qui leur rendra l'espoir et la fierté ?

Mais le bilan du Directoire n'est pas que celui de ses faiblesses et de ses reniements. Dans un domaine au moins, le Directoire a été le réalisateur efficace des rêves de la Révolution. Continuateur du XVIIIe siècle, artisan d'une société où la Révolution retrouverait ses premiers fondements, la propriété et l'éducation, le Directoire a voulu organiser le grand système d'enseignement que la Convention avait conçu après que Talleyrand, puis Condorcet, puis Sieyès eussent vainement tenté de l'ébaucher. Sans doute le projet était-il moins, après Thermidor, d'alphabétiser les masses que d'éduquer les fils des propriétaires. C'est le projet d'une république bourgeoise, que la Convention thermidorienne a fondé, que le Directoire a servi. Le nouvel enseignement, issu des dernières lois de la Convention, mis en place par le Directoire, est public et laïc. L'Eglise reste libre d'entretenir ses propres établissements scolaires, mais seule l'école publique bénéficie du soutien de l'Etat. La grande loi du 25 octobre 1795 (3 brumaire an IV), qui créa aussi l'Institut — dernier acte de la Convention finissante — était moins ambitieuse, pour ce qui concerne l'enseignement primaire, que n'avaient été les projets de Condorcet et même ceux de Sieyès. Elle ne prévoyait plus qu'une école pour deux ou plusieurs communes, et l'Etat n'appointait plus l'instituteur qui devait être rémunéré par les élèves et par une contribution de la commune. En revanche, la Convention thermidorienne avait organisé avec beaucoup de soin l'enseignement secondaire. Elle avait institué, par la loi du 24 février 1795 [14], une « Ecole centrale » par département *. L'école devait dispenser des cours groupés en trois « sections » successives : d'abord de douze à quatorze ans le dessin, l'histoire, les langues anciennes et vivantes ; ensuite de quatorze à seize ans les mathématiques et les sciences ; enfin, à partir de seize ans, « la grammaire générale », discipline qui ravissait Sieyès, l'histoire la géographie et le droit. Les cours étaient facultatifs, la charge des écoles pesait sur le département. Au degré supérieur était organisé tout un réseau d'établissements supérieurs formant des spécialistes de haut niveau : Conservatoire des arts et métiers, Ecole des services publics, qui deviendra l'Ecole polytechnique, Ecoles de médecine à Paris, à Lyon, à Montpellier, Ecole Normale supérieure chargée de former les professeurs, Conservatoires de musique, Musée des monuments, Museum, Observatoire. Enfin l'Institut — véritable testament de la Convention, institué par la loi du 25 octobre 1795 — devait poser sur cet édifice « sa prestigieuse couronne » **. Il devait être le moteur intellectuel de la France...

---

* Dès le 27 mai 1795 (8 prairial an III), Sieyès, alors membre du Comité de Salut public, était nommé professeur d'économie politique à l'Ecole centrale de Paris. Mais il semble que sa fonction soit demeurée symbolique.

** L'Institut, grand corps savant, tenait son existence de la Constitution même. Il devait être un véritable pouvoir spirituel. Il était divisé en trois classes coiffant l'ensemble des disciplines — sciences physiques et mathématiques, littérature et beaux-arts, sciences morales et politiques. Les quarante-huit premiers membres furent nommés par le Directoire. Sieyès fut désigné le 27 novembre (6 frimaire) dans la classe des Sciences morales et politiques (*supra*, p. 379). Puis l'Institut se recruta par cooptation, devenant un véritable « Conservatoire de la tradition des Lumières », accueillant notamment les « idéologues » tels Cabanis, Tracy, Volney, Garat. Bonaparte y fut élu en 1797 en remplacement de Carnot, exclu. « Je suis de la religion de l'Institut », répétait-il. L'appui de l'Institut ne lui sera pas inutile quand il s'emparera du pouvoir.

Sans doute le Directoire ne put-il conduire à son terme cette tâche immense que lui avait léguée la Convention. Les instituteurs, mal payés, mal formés, furent difficiles à trouver, et ils restèrent trop rares. Et l'école primaire laïque, à peine créée, dut affronter la concurrence de l'école religieuse, qui avait l'avantage de la tradition, de l'expérience et enseignait le catéchisme. En revanche les Écoles centrales, grandes initiatives de la révolution thermidorienne, furent créées dans tous les départements. Trois furent ouvertes à Paris. Le succès ne fut que partiel. Le système était à la fois trop libéral, chaque écolier suivant les cours de son choix, ou ne suivant qu'un cours, et aussi trop ambitieux. Le niveau de l'enseignement, souvent donné par d'illustres maîtres tels, à Paris, Cuvier, Vauquelin, Fontanes, parut souvent inadapté à des élèves très divers et mal préparés. Surtout une bonne part de la jeunesse bourgeoise continua de fréquenter les institutions privées, ou d'être confiée à des précepteurs, soit que la bourgeoisie voulût conserver à ses enfants une éducation catholique, soit qu'elle eût l'ambition de leur donner plus de lumières que n'en dispensait l'école publique. Il reste que la Convention, puis le Directoire avaient entrepris la grande œuvre dont avait autrefois rêvé Sieyès et qu'il n'avait pu conduire : ils avaient brisé, au profit de l'Etat, le monopole de l'Eglise, ouvert la voie à ce progrès indéfini que la Révolution avait lié au développement de l'intelligence et à l'éducation de l'esprit. L'éducation, avait expliqué Sieyès dans sa jeunesse, sépare les hommes. « On a beau rêver au bien général de l'espèce humaine, elle sera toujours divisée en deux parties essentiellement distinguées par la différence d'éducation et de travail » *. Deux peuples distingués par l'éducation ? Mais l'enseignement n'avait-il pas précisément pour vocation de permettre aux uns de rejoindre les autres ? En réalité, les idées qui sous-tendront les grands projets éducatifs de la démocratie varieront selon les systèmes de pensée, elles infléchiront leur mise en œuvre. Pour les uns, l'instruction sera le chemin de l'émancipation du peuple et le moyen de sa véritable accession au pouvoir. Pour les autres, ce sera la condition de la suprématie d'une bourgeoisie éclairée, forte et capable... L'instruction publique, l'esprit laïc fourniront à la République bourgeoise ses fondations, et donneront aux classes opprimées les instruments de leur lutte. L'œuvre scolaire de la Convention et du Directoire léguera ainsi à la France ses ambiguïtés...

En ces mois de juin et juillet 1799, l'illustre Sieyès, président du Directoire, est enfin revenu au premier plan. Il est, avec Barras, le seul homme fort dans un pouvoir en déliquescence. « Vous êtes toujours mon espérance », lui écrit Benjamin Constant le 9 juillet, lui envoyant l'un de

---

* Mais Sieyès avait aussitôt ajouté : « Que la porte du civisme soit toujours ouverte... » [15]. Et l'éducation, donnant à l'homme liberté et dignité devait, pour lui, faire le citoyen.

ses ouvrages *, « et je crois à la Révolution parce que je crois en vous ».
Sieyès confondu avec la Révolution ? Le compliment ne dut pas lui
paraître excessif. Il y avait dix ans, presque jour pour jour — c'était le 17
juin 1789 — qu'il avait entraîné le Tiers Etat à se constituer en
Assemblée nationale, à prendre le décret proclamant sa souveraineté.
Sieyès avait été ce jour-là « la Révolution elle-même » [17]. Et Mirabeau
s'était montré pessimiste : « Quelle pitié. Ils s'imaginent donc que tout
est fini, mais je ne serais pas surpris si la guerre civile était le fruit de leur
beau décret... » Dix ans, dix ans de guerre civile avaient passé... L'une
des singularités de Sieyès est l'extraordinaire puissance de sa détermination. Hésitant à choisir, vite prêt à s'esquiver, cherchant tous les
prétextes de la retraite ou du refus, il devient le plus énergique, le plus
intraitable homme d'action aussitôt qu'il s'y décide. En ces derniers mois
d'un siècle qui s'achève, Sieyès n'a pas accepté de recevoir — ou de
prendre — le pouvoir, pour l'honneur d'un titre, ni pour l'intérêt d'une
fonction. Il sait ce qu'il veut, où il va. « Il faut, avait-il dit à la
Convention sans être entendu, que les révolutions soient finies par ceux
qui les commencent » [18]. Quand il a ouvert la Révolution, sa Révolution,
sa force, son audace se sont imposées à tous. Les mêmes vertus, il va les
employer, maintenant, à la fermer.

---

* *Des suites de la contre-Révolution de 1660 en Angleterre.* La lettre de Constant à Sieyès
est du 9 juillet 1799. Il semble que l'ouvrage ait été écrit pour servir la politique de
Sieyès. Il est même possible que Constant ait consulté Sieyès pendant la rédaction [16]

CINQUIÈME PARTIE

À QUOI BON !

I

LES CORYPHÉES DU MANÈGE

Le coup d'Etat du 30 Prairial a installé Sieyès au pouvoir. Il y est pour la première fois depuis le début de la Révolution. Et il entend s'en servir. Mais ce coup d'Etat — revanche des Assemblées sur le Directoire — est d'abord une victoire de la majorité de gauche des Conseils. Sieyès est assez lucide pour savoir ce qu'il doit à ceux que l'on appelle déjà les « nouveaux Jacobins ». « On leur devait bien quelque chose, constate Lefebvre, et au premier moment, on ne le leur refuse pas »[1]. Mais si ces Jacobins de l'an VII ont ramené Sieyès — faute de mieux — au premier plan de la vie politique, celui-ci ne les aime guère. Il les regarde comme des hommes d'un type nouveau, tout différents des anciens révolutionnaires, des personnages violents, intrigants, corrompus, qui n'ont rien pris de Robespierre sinon l'appétit de dictature *. Sieyès n'entend pas être leur homme.

Les vainqueurs de Prairial, si même ils se proclamaient Jacobins, pensèrent-ils à rouvrir le fameux Club dont le nom risquait d'être une provocation ? La Constitution l'interdisait. Ils se regroupent, dès les premiers jours de juillet 1799, dans la salle du Manège, avec l'autorisation tacite du Conseil des Anciens, sous le nom prudent de « Réunion des Amis de la Liberté et de l'Egalité ». Pour feindre de respecter la Constitution, et ne pas paraître ressusciter l'ancienne société jacobine, ils ne se donnent ni président, ni secrétaire, mais ils désignent un « régulateur », un « vice-régulateur » et des « annotateurs ». Ils ne font pas de pétitions, car elles sont interdites, mais ils placardent des adresses. Ils ont un organe périodique, *Le Journal des Hommes libres*. Ils encouragent la constitution de « sociétés sœurs » — et non de sociétés affiliées puisqu'elles sont prohibées — dans toutes les grandes villes. Ils

---

* Aulard les décrira tout autrement : « Ces néo-Jacobins étaient des radicaux socialistes comme nous dirions... Ils vénéraient la mémoire des démocrates et des babouvistes. » Ils se présentaient, selon Aulard, comme les défenseurs des pauvres et les apôtres de la liberté[2].

prétendent lutter contre tous les ennemis du dehors, et surtout du dedans. Ils flétrissent le 9 Thermidor, ils exaltent Babeuf, ils proposent d'établir « une éducation égale et commune », de « donner des propriétés aux défenseurs de la patrie », d'ouvrir des ateliers publics pour détruire la mendicité. Ils fustigent les modérés, les « conservateurs révisionnistes », les politiques. On voit parmi eux des survivants de l'époque conventionnelle comme Prieur de la Marne, des babouvistes comme Le Peletier et Drouet. Ils seront bientôt rejoints par des militaires républicains cherchant l'aventure et le pouvoir, tel Augereau. L'abolition, dès le 1ᵉʳ août, des lois de septembre 1797 * qui avaient jugulé la liberté de la presse donnera libre champ à leurs campagnes. Et Sieyès en sera vite l'une des victimes...

Ces Jacobins de l'an VII, les « coryphées du Manège » comme diront leurs ennemis, dominent en nombre les Assemblées : il semble que plus de la moitié du Conseil des Cinq-Cents ait participé aux réunions des Amis de la Liberté et de l'Egalité. Il n'y a donc pour le Directoire, dans le moment, d'autre choix que de céder à leur pression, ou à leur influence. Et la guerre, qui tourne mal, sert leur discours. Moreau a dû évacuer l'Italie, Masséna a reculé en Suisse, tandis que Jourdan s'est replié sur le Rhin. Pour la première fois depuis six ans, l'étranger menace le territoire national [3]. L'esprit jacobin retrouve son aliment, la patrie est en danger ! Le temps semble revenu des grandes lois de salut public.

Les lois de juin et juillet 1799 (messidor an VII) semblent ressusciter 1793. Le 28 juin (10 messidor) est décidée la « levée en masse ». Les conscrits de toutes les classes qui n'ont pas été appelés sont mobilisés, et la faculté de remplacement est supprimée, comme sont annulés tous les congés accordés depuis 1793 **. Et pour couvrir les dépenses militaires on vote, sur la proposition du général Jourdan ***, un « emprunt forcé » de cent millions sur les riches. Celui-ci constituera en réalité un impôt progressif sur la fortune ****.

Et viennent, selon le terrible usage, les lois de répression. Les 10 et 12 juillet, les deux Assemblées adoptent un texte qui entrera dans l'histoire sous le nom de « loi des otages ». Dans tous les départements qui seront désignés par les Assemblées comme étant « en état de

---

* La loi du 5 septembre 1797 avait donné à la police le droit de suspendre les journaux. La loi du 8 septembre 1797 avait rendu passible de déportation les journalistes « contre-révolutionnaires ».

** La levée en masse devait fournir 200 000 conscrits. Elle n'en fournira en fait que 116 000 [4].

*** Il sera nommé quelques jours plus tard — le 5 juillet — à la tête de l'armée d'Italie.

**** L'impôt ne touchait que les fortunes qui payaient au moins 300 francs d'impôt foncier. A partir de 4 000 francs, il devait représenter les trois quarts du revenu annuel. Les délais de paiement étaient très courts. L'impôt créera un climat de panique, non seulement dans le monde des affaires, mais aussi chez les propriétaires.

troubles », les administrations prendront des *otages*, qui devront être aussitôt arrêtés, parmi les parents ou alliés d'émigrés ou de chouans *. Ces otages seront déportés « à quatre pour un » à chaque assassinat d'un fonctionnaire public, d'un acquéreur de biens nationaux ou d'un prêtre constitutionnel. Ils seront en outre solidairement responsables, sur leurs biens, de toutes amendes et de tous dommages causés par la rébellion (enlèvement de récoltes, incendies, pillages, etc.). Cette loi — l'une des pires lois d'exception qu'ait jamais prise la Révolution — ne paraît avoir reçu que de rares commencements d'exécution. Il semble que Sieyès et Barras aient tout fait pour paralyser son application [5]. Mais elle pèsera lourd sur la mémoire de Sieyès, car s'il ne l'a pas voulue, il n'a rien fait pour l'empêcher **. Et quand il prend solennellement la parole, le surlendemain de l'adoption de cette loi monstrueuse, pour l'anniversaire du 14 Juillet, Sieyès, président du Directoire, parle un langage de concorde mais aussi de menace :

> « Français ! Profitez des leçons d'une longue expérience : elles nous ont coûté assez cher. Entourés que nous sommes de dangers immédiats, nous avons besoin d'une grande et républicaine énergie. Reprenons, ressuscitons celle qui nous animait au 14 juillet... Français, mettez fin à de funestes discussions ! Songez que l'ennemi est à nos portes, et qu'avant tout il faut le repousser. »

C'était, observe Lavisse [7], le langage de l'an II, celui de la patrie en danger. La patrie en danger ? Sans doute le président du Directoire n'a-t-il pas tort d'être inquiet. Les émeutes royalistes qui éclatent et se propagent dans le Midi au point de menacer Toulouse, la bataille perdue de Novi le 15 août (28 thermidor) où Joubert, l'ami de Sieyès, trouve la mort, le débarquement anglais en Hollande (27 août - 10 fructidor) semblent justifier cette exaspération d'une politique de salut public qui comble les vœux des nouveaux Jacobins.

Pourtant, dès la fin de juillet, la lassitude commence à se faire sentir. C'est Sieyès, assure Bastid, qui organisa l'offensive [8]. Il fut en tout cas l'un des premiers à comprendre le péril que représentaient, pour le gouvernement, et sans doute pour lui, ces nouveaux Jacobins dont l'ardeur terroriste allait croissante. Barras s'inquiète comme Sieyès. Nombreux sont les députés, au Conseil des Cinq-Cents et surtout au Conseil des Anciens, qui redoutent de se laisser emporter par une

---

* Les administrations devaient dresser dans le mois la liste des personnes susceptibles d'être prises en otage. L'otage qui avait dénoncé un coupable ou procuré son arrestation devait être exempt de toute condamnation.

** Selon Barras, Lucien Bonaparte, se tenant alors pour extrémiste, aurait déclaré que cette loi n'était « que de l'eau de rose »... « Il fallait appeler le peuple, seul sauveur des empires, faire descendre cent mille sans-culottes des faubourgs à la Chaussée d'Antin, et leur livrer le palais des aristocrates... Cela retremperait la nation... » [6].

politique extrémiste. La mobilisation générale, la loi des otages, l'emprunt forcé surtout ont effrayé les modérés, accumulant les menaces contre les personnes et les propriétés. La violence jacobine ne fait pas que préoccuper Barras et Sieyès, elle les irrite parfois, elle les rend furieux, car tous deux sont violemment attaqués dans la presse, Barras en raison de ses intrigues et de ses corruptions, Sieyès parce qu'on le soupçonne toujours de vouloir rétablir la monarchie au profit du duc d'Orléans, au profit d'un prince allemand, ou de n'importe qui...

C'est du Conseil des Anciens, où l'influence des nouveaux Jacobins était moins forte qu'aux Cinq-Cents, que vint la réaction. Le 26 juillet, les Anciens mettent fin à l'hospitalité qu'ils accordaient à la « Réunion des Amis de la Liberté et de l'Egalité » devenue trop encombrante, et trop tapageuse. Ceux-ci se transportent alors rue du Bac, dans un ancien couvent de Jacobins * marquant ainsi, symboliquement, leur filiation. Mais ils deviennent plus militants encore. Le 5 août ils adoptent, sur la proposition de Le Peletier, les articles d'un programme extrémiste qui prétend garantir la liberté des sociétés politiques, créer une chambre de justice pour faire rendre gorge aux « voleurs de l'Etat », annuler les lois contraires à la Constitution, distribuer les propriétés... C'est une véritable déclaration de guerre à la république bourgeoise. Dans le même temps, les Jacobins — les anarchistes, comme Sieyès ose maintenent les appeler — prétendent contester l'élection de Sieyès au Directoire, de ce Sieyès qui n'est décidément pas des leurs. Son élection aurait été aussi inconstitutionnelle qu'autrefois celle de Treilhard... Une pétition en ce sens vient en discussion au Conseil des Cinq-Cents. Boulay de la Meurthe, qui préside, réussit à faire voter la question préalable. Mais l'organe jacobin *Le Journal des Hommes libres* se venge en attaquant très violemment le Directoire et les Assemblées, en dénonçant un grand complot des modérés... Cette fois, la guerre est ouverte. Sieyès se sent personnellement menacé. Il prononce, au Puy, le 9 Thermidor an VII — célébrant la « Fête de la Liberté » —, un grand discours où il rappelle les glorieux travaux de quelques hommes, tels que lui, « citoyens avant même qu'ils eussent une patrie, qui vers l'époque de 89 réveillèrent dans le cœur des Français le sentiment presque éteint des droits de la Nation ». Il fulmine contre les tyrans renversés le 9 Thermidor : « Honneur à cette journée mémorable, honneur à la Convention nationale qui, brisant tout à coups ses fers, ressuscita la liberté pour tous. » Il prévient les Jacobins : « Citoyens, ces temps calamiteux ne se reproduiront plus. » Et il appelle au respect de l'ordre et de la patrie confondus :

> « Allez, jeunes conscrits, rejoindre vos devanciers dans la carrière de la gloire. Ici, nous veillerons sur vos familles... Nous détestons autant que

---

* Aujourd'hui Saint-Thomas-d'Aquin.

vous tout ce qui est contraire au bon ordre et à la tranquillité du citoyen. Plus de vengeance illégale, mais l'action calme et ferme de la loi. Plus de réaction quelconque : le gouvernement existe pour la justice, comme vous pour la victoire »[9].

Lors de la fête commémorative du 10 août 1799 (23 thermidor an VII), Sieyès prend à nouveau l'occasion du discours officiel qu'il prononce pour monter violemment à l'assaut. Sans doute se sait-il appuyé par Barras. Il dénonce les Jacobins, éternels perturbateurs, qui ne veulent que semer la confusion, pousser les Français au désespoir. « Français, rappelle-t-il, vous savez comment ils gouvernent... » Au cours de la fête, des balles sifflent aux oreilles des Directeurs. Est-ce un attentat ? L'ex-terroriste Fouché, sortant de l'ombre, est appelé à la tête de la police. Les Jacobins réagissent, proposant aux Assemblées de déclarer la patrie en danger. Mais le 13 août, le Directoire, à l'initiative de Sieyès, fait brusquement fermer la salle de la rue du Bac où ils se réunissent. Le conflit est désormais manifeste entre Sieyès et les « extrémistes » qui ont aidé à le porter au pouvoir. Parmi les Directeurs, Sieyès sait qu'il peut compter sur Roger Ducos. En revanche, Gohier et Moulin désapprouvent ouvertement la réaction anti-jacobine. Barras penche plutôt du côté de Sieyès, qu'il n'arrête pas de calomnier, mais, comme à l'ordinaire, il se garde de prendre clairement parti, observant le rapport de forces. L'indifférence populaire qui entoure la fermeture du Club des Jacobins ne lui dit-elle pas de quel côté il doit aller ?

En cette fin de l'été 1799, et au début de l'automne, la campagne de presse contre Sieyès, largement inspirée par les néo-Jacobins, ne cesse de s'envenimer. Les articles, les pamphlets se multiplient, dénonçant Sieyès et Barras, « oligarques », agents de l'étranger, amis des rois. Sieyès est l'instrument des aristocrates, Sieyès est un chouan déguisé. Sieyès a reçu le portrait du roi de Prusse à titre de récompense pour s'être engagé à donner à la France une Constitution monarchique. Sieyès a renoncé aux fontières naturelles[10]... Et tandis que les journaux accusent Sieyès de tous les crimes, les Jacobins se donnent une nouvelle idole : Bernadotte, le ministre de la Guerre, que l'ambition semble amener dans leur jeu. Entre Sieyès et Bernadotte les relations se gâtent de jour en jour. « Bientôt, raconte Barras, Bernadotte et Sieyès ne pourront plus se rencontrer dans une même pièce. » Sieyès ne supporte plus Bernadotte : « Bernadotte se prend pour un aigle : il n'est qu'un merle, et il en a même la physionomie. » Lui objecte-t-on que le ministre de la Guerre est indispensable ? « Si un homme est indispensable dans une République, rétorque Sieyès, on doit l'en regarder comme le plus dangereux ennemi, et s'en défaire par tous les moyens. » Sieyès réussira effectivement à s'en défaire en septembre. Il arrachera au Directoire un arrêté qui constatera la démission de Bernadotte, une démission que Bernadotte n'avait jamais donnée. « Je reçois, écrira Bernadotte à Sieyès le 15 septembre (29 fructidor), Citoyen président, votre arrêté d'hier, et la lettre obligeante qui l'accompagne. Vous acceptez la démission que je n'ai pas donnée… »[11]. Dubois-Crancé, proposé, sinon imposé par Barras, remplacera Bernadotte. Celui-ci se préparera pour d'autres aventures… *.

En août, en septembre, les rapports de police témoignent de l'agitation des esprits. On y parle de complots contre Sieyès, contre Barras. « Chacun se demande, y lit-on, " Comment tomberont-ils ? ". » *Le Journal des Hommes libres* attaque vivement Sieyès « dont la main conduit depuis six ans la République vers la royauté ». Les journaux royalistes en profitent pour stigmatiser des institutions déliquescentes et un personnel politique corrompu. Obligés de se défendre, les Jacobins s'acharnent à vouloir faire proclamer « la patrie en danger » et attaquent ouvertement Sieyès qu'ils accusent de sombres manœuvres. Les Conseils résistent à leur pression, dans une atmosphère qui ne cesse de s'exaspérer. L'épreuve de force est engagée.

Le 14 septembre (28 fructidor), des attroupements se forment autour de la salle des séances où délibère le Conseil des Cinq-Cents, et où Jourdan soutient la proposition jacobine tendant à proclamer la patrie en danger. Ce général républicain est applaudi avec chaleur. Dans la rue, dans les Assemblées, on crie : « A bas Sieyès ! A bas Barras ! » Le député Briot prend Sieyès à partie sans le nommer : « Oui, je le déclare, il se prépare un coup d'Etat ; on veut livrer la République à ses ennemis, la renfermer dans ses limites ; et peut-être les directeurs de toutes ces calamités ont-ils un traité de paix dans une poche, et une Constitution dans l'autre. » Si la proposition jacobine est heureusement repoussée — par 245 voix contre 171 — Sieyès a pu mesurer la force des animosités maintenant dressées contre lui. Et les Jacobins réussissent quand même à obtenir des Cinq-Cents le vote d'un projet, que le Conseil des Anciens refusera de voter, punissant de mort toute négociation d'une paix qui serait conforme à la politique des anciennes frontières ! Ainsi proclamait-on, à nouveau, le dogme des frontières naturelles, cher à Sieyès. Mais n'était-ce pas lui que ce texte visait, Sieyès l'ami de la Prusse, Sieyès dont on disait partout qu'il négociait en secret avec les souverains étrangers ?

Pourtant le 23 septembre 1799 (1er vendémiaire an VIII), les Cinq-Cents, un instant réconciliés, célèbrent dans l'unanimité l'anniversaire

---

* Fait général de division en 1794, Bernadotte avait servi dans les armées du Nord, de Rhin-et-Moselle, et d'Italie. En 1798, il avait été nommé ambassadeur à Vienne, puis en juillet 1799 ministre de la Guerre. Il avait épousé Désirée Clary, ancienne fiancée de Napoléon, belle-sœur de Joseph Bonaparte. Napoléon le fera conseiller d'Etat, maréchal de France, prince d'Empire. Bernadotte sera élu prince héritier de Suède en 1810, et deviendra roi de Suède en 1818 sous le nom de Charles XIV. Il régnera jusqu'à sa mort, en 1844.

de la fondation de la République. Ce semble être l'apothéose de Sieyès. La salle des délibérations est ornée de guirlandes de fleurs et de feuilles de chêne. Au centre s'élève l'arbre de la Liberté décoré aux couleurs nationales. L'orchestre fait entendre les « airs chéris de la liberté ». Alors le président de l'Assemblée, Boulay de la Meurthe [12] prend la parole, il rend un vibrant hommage au fondateur de la République, le citoyen Sieyès, son ami :

> « Représentants du peuple, celui qui dans l'Assemblée des Etats Généraux de 1789 leur proposa de se constituer en Assemblée nationale doit être considéré comme le premier fondateur de la République ; ce fut lui en effet qui ramena toutes les idées à l'idée première et fondamentale de l'unité, de l'indivisibilité de la Nation, sans laquelle on ne peut concevoir celle de la République. »

Les Cinq-Cents — tous debout — acclament ou font semblant d'acclamer l'illustre Sieyès. Dans ce court moment il détient le pouvoir et la gloire. « Il incarne, dit Bastid, la Révolution haletante » [13]. Mais cette fausse euphorie ne laisse au héros du jour aucune illusion. Il sait sa fragilité. Il ne gardera le pouvoir que s'il trouve à s'appuyer.

II

SAUVER LA RÉVOLUTION

Sieyès sait ce qu'il veut et où il va. « Cet esprit réputé abstrait manœuvre très habilement » dans l'été et l'automne 1799 [1]. Maintenant entré dans l'action, il est semblable à lui-même, calme, énergique, implacable. Aux postes essentiels il a installé des hommes sur qui il peut compter, qu'il les estime ou non : Roger Ducos, Cambacérès, Fouché, le général Lefebvre. Il a rassemblé autour de lui les politiques raisonnables et influents, républicains modérés : Daunou, Boulay de la Meurthe, Chénier, Roederer, Talleyrand aussi qui a quitté les Affaires étrangères mais avec qui il reste en étroites relations. Par personnes interposées, Sieyès a négocié avec La Fayette, auquel cependant il ne fait nulle confiance. Il a reçu la femme de La Fayette qui s'efforce d'organiser le retour du général émigré, Sieyès l'a assurée de son désir de voir rentrer les « patriotes de 89 », et La Fayette a trouvé à son vieil ennemi « d'excellentes intentions » [2]. Probablement Sieyès a-t-il aussi rencontré Carnot [3]. Entre tous ces éléments disparates, observe Bastid, nul autre lien que celui du but à atteindre : restaurer l'ordre [4]. Sieyès se sait fragile aux Cinq-Cents, mais il veille à consolider patiemment son autorité au Conseil des Anciens. Il ne cesse d'en recevoir et d'en courtiser les membres influents. Ainsi s'efforce-t-il de rassembler les modérés « de toutes les époques et de toutes les nuances », survivants de *sa* Révolution, proscrits, anciens conventionnels, Jacobins raisonnables, nostalgiques d'une monarchie constitutionnelle. Il tâche de les mobiliser pour terminer la guerre, pour sauver la liberté, pour assurer l'union des Français, et pour amener la Révolution à son port. Son dessein semble d'autant plus rassurant — notamment pour beaucoup de révolutionnaires fatigués — qu'il est plus vague. Sieyès est convaincu qu'il faut faire vite. Mais que faire ?

Les intentions de Sieyès durant ces mois de l'été et de l'automne 1799, qui précèdent Brumaire (novembre), ont donné lieu à des interprétations très différentes. Pour les nouveaux Jacobins — qui voient maintenant en

Sieyès leur principal ennemi —, l'abbé ne fait alors que travailler à la restauration de la monarchie. Au profit de quel roi ? Au profit du duc d'Angoulême, marié à la fille de Louis XVI ? Au profit du frère de Louis XVI, Louis XVIII, sous condition qu'il consente à revenir sans ramener avec lui les émigrés * ? Au profit d'un prince de la maison d'Espagne, au profit du prince Louis, frère du roi de Prusse, au profit du duc de Brunswick, le prince philosophe, avec lequel Sieyès aurait noué des relations au temps de son séjour en Prusse ? Chacun donnera sa version des intrigues de Sieyès, et tous ceux qui s'opposeront à Sieyès, à un moment quelconque, ou se brouilleront avec lui, après avoir servi ses desseins, l'accuseront, sans preuve, d'avoir travaillé sous le Directoire, comme auparavant, à préparer le retour d'une quelconque monarchie. Gohier [6] attribuera même l'accusation à Bonaparte pour en accroître le crédit. « Quoi, aurait dit Bonaparte à la veille du 18 Brumaire, ce sont les liaisons de Sieyès avec la maison de Brunswick qui ont pu le porter au Directoire ?... Mais c'était au contraire ce qui devait à jamais l'en éloigner » [7]. Barras aussi racontera que ce « prêtre haineux », implacable, appuyé sur deux autres prêtres aussi détestables que lui, Talleyrand et Fouché, avait cherché à servir les intérêts du duc de Brunswick et aussi, bien sûr, son intérêt personnel [8]. Sieyès rêvait de faire un roi pour assurer, du même coup, sa situation et sa fortune.

Le complot monarchique restera, pour tous les anciens combattants de la Révolution, l'explication habituelle, commode, de tous les comportements qu'ils auront réprouvés. En réalité, rien n'étaye cette vieille légende, si souvent reprise pour accabler Sieyès. Et si la volonté de s'enrichir est, pour Barras, comme pour Fouché, comme pour la plupart des contemporains, un mobile vite évoqué, c'est qu'elle fut sous le Directoire la raison commune de beaucoup de choix politiques. Sieyès sera donc accusé d'avoir reçu des fonds de Bonaparte et, en outre, d'avoir profité de l'occasion pour s'emparer subrepticement du « trésor » du Directoire, resté caché dans une commode au Luxembourg, soit 600 000 livres, en billets de caisse, secrètement conservées pour fournir un jour aux Directeurs des « moyens de retraite ». L'avide Sieyès aurait confisqué cette « réserve » à son profit. « Je ne puis m'empêcher de regretter, s'apitoiera Barras, qu'un si beau génie ait cédé à une pareille faiblesse. » Rien non plus ne donnera la moindre vraisemblance à cette calomnie, mais elle fera son chemin **.

* Cambacérès et Fouché ont avancé que Sieyès aurait aussi « écouté » les propositions du duc d'Orléans, le futur Louis-Philippe. L'infatigable Talleyrand aurait servi d'intermédiaire [5].

** L'accusation figure également dans une lettre, faussement attribuée à Benjamin Constant, dont Aulard a fait justice [9]. Fouché la reprend aussi, prétendant que Sieyès lui-même qualifiait ce pot-de-vin de « poire pour la soif » [10]. Napoléon rapporte cette accusation contre Sieyès dans le *Mémorial*. Sieyès se serait adjugé 600 000 francs et n'en aurait envoyé que 200 000 au « pauvre Ducos » qui « revenu des premières émotions

Etrangement l'histoire — invoquant d'autres mobiles — n'est guère plus indulgente avec Sieyès. Les biographes de l'abbé semblent embarrassés quand ils tentent d'expliquer son comportement de Brumaire. Bigeon reconnaît son étonnant sang-froid, la présence d'esprit dont il fera preuve dans ces rudes journées. Mais pour Bigeon, « l'homme vieilli, sans cesse plus orgueilleux, arrogant, intraitable, ne croyait plus à la République. En revanche, il avait toujours dans sa tête son rêve de monarchie représentative, et dans sa poche cette fameuse Constitution qui devait selon lui régénérer le pays » [13]. Il aurait ainsi fait le 18 Brumaire pour servir sa manie constitutionnelle, et dans l'espoir de trouver un roi républicain. Neton, toujours bienveillant, excuse Sieyès en lui faisant partager, sur Bonaparte, l'erreur et l'illusion naïve de tous les esprits libéraux et éclairés de son temps *. « Pour Sieyès, comme pour tous ses contemporains, la République n'avait rien à craindre d'un général victorieux » [15]. Ce qui serait critiquable en Sieyès, ce serait au plus son manque de clairvoyance. Il aurait commis une erreur de jugement, mais une erreur commune. Les Français croyaient se confier au continuateur de la Révolution, et ce Bonaparte n'était pas encore Napoléon. Quant à Bastid, il s'efforce de justifier Sieyès par son pessimisme et sa prescience du futur. Sieyès ne se serait fait aucune illusion, en livrant cette dernière mais nécessaire bataille. « S'il la livrait c'est qu'il ne pouvait faire autrement » [16]. Sieyès serait excusable pour avoir été contraint par la triste nécessité.

Les historiens — rarement bienveillants à l'égard de Sieyès — fournissent eux aussi des explications variables et parfois contradictoires. « C'est la peur, la peur sordide, assure Edgar Quinet, qui occupe seule cette intelligence en ruine » [17]. Réunissant Sieyès et Bonaparte, le 18 Brumaire ne fut pour Quinet que l'alliance de la peur et de la gloire. Sieyès, affirme Vandal [18], rêvait d'inventer une « royauté de fabrication révolutionnaire qui achèverait de consolider les positions prises et les intérêts acquis » : Bonaparte n'était pour le vieux révolutionnaire qu'un « en-cas », un moyen d'y parvenir. Pour Georges Lefebvre, Sieyès a bien sûr agi pour de l'argent et par vanité, mais son principal objectif était plus important : il faut, concède Lefebvre, faire à cette « haute intelligence » l'honneur d'admettre que « des motifs plus élevés ont contribué aussi à le déterminer ». Quels motifs ? Sieyès a voulu, en cette occasion comme en toutes, servir la révolution bourgeoise, il a accepté la

---

voulut absolument réviser ce compte » [11]. Puis Napoléon semble la démentir plus tard, confiant à Las Cases : « Sieyès après tout était probe, honnête et surtout fort habile. La Révolution lui doit beaucoup... C'est le contraire de Talleyrand. Il aime l'argent, je le reconnais, mais il est incapable de recourir comme Talleyrand à des moyens odieux pour augmenter sa fortune... » [12].

* Neton observe que Daunou, Cabanis, Grégoire, Carnot, La Fayette, tous les vieux révolutionnaires et les esprits distingués, assemblés à l'Institut, se sont trompés autant que Sieyès [14].

dictature militaire quand il ne restait plus d'autre recours à la dictature de la bourgeoisie pour se protéger du peuple [19]. Le 18 Brumaire, selon Georges Lefebvre, continue et achève l'œuvre de la Révolution de 1789, installant le pouvoir de la bourgeoisie [20]. Ainsi Sieyès n'aurait-il été que fidèle à lui-même. 1799 achève et consolide 1789. Quelques-uns, comme Mignet, cherchent la solution dans une analyse subtile du caractère et du tempérament de Sieyès. Il était, selon Mignet, demeuré un métaphysicien politique plutôt qu'un homme d'Etat. « Il s'exagérait comme tous ses contemporains la puissance de l'esprit. » Le philosophe aurait fait le 18 Brumaire parce qu'il croyait qu'enfin le moment et l'occasion étaient venus de donner à la République sa forme idéale. « Il avait vu, avec un coup d'œil sûr, arriver une révolution qui devait se faire par la parole et se terminer par l'épée. » Il avait donné la main en 1789 à Mirabeau pour commencer la Révolution, au 18 Brumaire il la donnait à Napoléon pour la finir. Mais ce ne furent, pour lui, que deux moments d'une même recherche : la construction d'une société libre, fondée sur la raison. Ce n'est qu'au lendemain de Brumaire que Sieyès aurait perdu ses illusions. « Avec lui, constate tristement Mignet, finissait la souveraineté des théories » [21].

Et sans doute les observateurs de Sieyès sont-ils tentés, pour rationaliser l'histoire, d'exagérer la liberté des comportements, en cet été 1799, de ne pas observer les forces irrésistibles qui conduisaient alors à « clore » la Révolution. Une immense lassitude avait envahi non seulement les révolutionnaires, ceux de 1789, ceux aussi de 1793, fatigués, désabusés, mais aussi le peuple lui-même, devenu apathique, presque prostré, pendant ces mois où un personnel politique discrédité se dépensait en intrigues. Arrivé à Paris, observe Mignet [22], Sieyès n'avait trouvé que faiblesse et anarchie. Le désordre était partout, « ni loi respectée, ni puissance forte, ni ressort moral... », la Révolution était menacée, de l'extérieur par la coalition des monarchies, de l'intérieur par l'épuisement et le dégoût. Sieyès le sent, le sait. Et il a peur que ce désespoir, cette fatigue ne ramènent les Français à leurs traditions anciennes, à leur monarchie, que la contre-révolution ne s'installe sur les décombres du gouvernement révolutionnaire.

Par ailleurs, la poursuite d'une guerre interminable avait sans doute engendré ce que Aulard a pu appeler « une véritable dégénérescence du patriotisme » [23]. Au rêve révolutionnaire d'émancipation universelle s'étaient peu à peu substitués l'orgueil et l'égoïsme d'une grande Nation *. La politique d'intérêts et de gloire avait remplacé la politique des principes. Et le militarisme semblait s'être installé sur un peuple fatigué. Les généraux étaient entrés en politique. Hoche, Bonaparte,

---

* « J'ai fait la grande Nation », aurait dit à son retour d'Italie Bonaparte à Sieyès, et Sieyès lui aurait répondu : « C'est parce que nous avions d'abord fait la Nation. »

Augereau avaient servi les coups d'Etat successifs. Le pouvoir civil avait pris l'habitude de s'appuyer sur ces généraux qui devaient tout à la République, mais qui pouvaient penser, jour après jour, que la République leur devait tout*. Et le pouvoir politique, paralysé par une Constitution maladroite, discrédité par les intrigues et les corruptions, impuissant, divisé, ne sachant plus où aller, ne se connaissant plus d'autre cap que l'intérêt personnel des uns ou des autres, n'a plus guère d'autre vertu que sa lucidité. Il se sait condamné. Il sait que c'est désormais l'armée qui incarne la République, plus que des députés impuissants et des Directeurs discrédités. Et ce que Sieyès voit, ce que Barras voit aussi, ce que voient en vérité tous les observateurs, quand approche cet hiver 1799 qui achève un siècle, c'est que le pouvoir politique est à ramasser et qu'il sera ramassé. Qui le prendra, sinon l'armée, incarnée par l'un de ses glorieux généraux ? Pour aller où ? Le constat de la situation n'implique pas un projet d'avenir. On sait ce qui finit, non ce qui vient. Sieyès sait qu'il peut, qu'il doit signer l'acte de décès de la Constitution de l'an III et, sans doute, comme l'observe Lefebvre, n'en est-il pas fâché. Ce qui va naître ? Les modérés qui veulent « finir » la Révolution, ou cette caricature de Révolution qui la prolonge, savent seulement à qui le pouvoir ne doit pas aller. Il ne doit aller « ni aux bonnets rouges, ni aux talons rouges », comme le dira Bonaparte, ni aux Jacobins de l'an VII, usurpateurs de l'héritage montagnard, nouveaux combattants du terrorisme [24] capables d'effrayer, incapables de gouverner, soucieux, comme les autres, d'occuper les places, ni aux royalistes, bien sûr, qui durant l'été ont encore menacé Toulouse et agité Bordeaux, et qui ramèneraient, dans leurs fourgons, l'aristocratie détestée et les prêtres réfractaires.

En vérité, l'auteur du *Tiers Etat* n'est pas mort. Il a été, il reste régicide. Il a inspiré, ou approuvé, les pires lois contre les ci-devant. Sieyès — et ceux qui s'allient à lui — savent très bien ce qu'ils ne veulent pas. Ils ne veulent pas du retour des nobles, du triomphe de la contre-révolution. Ils ne veulent pas davantage des « anarchistes » qui rêvent de lois aggravées, de partage des biens nationaux, et Sieyès est désormais séparé d'eux par trop de haines et d'intérêts. « Je vous livre les royalistes, mais avec eux, les anarchistes, aurait dit Sieyès à Fouché, le très efficace ministre de la Police. Pilez-moi tout cela dans le même mortier, et je dirai que vous avez fait votre devoir. »

Roederer**, qui a joué un rôle important dans l'organisation du

---

* Traduisant cette tendance, le Conseil des Cinq-Cents accordait une place de plus en plus considérable aux militaires dans la liste des candidats aux fonctions de Directeur. Ainsi proposa-t-on Masséna, Augereau, Brune, Moulin, Lefebvre, Dufour, Marescot...

** Conseiller du Parlement de Metz, Pierre-Louis Roederer avait été député du Tiers Etats aux Etats Généraux. Elu procureur général syndic de Paris en novembre 1791, membre actif du Club des Jacobins, il avait réussi, quoique suspect de modérantisme, à échapper à la Terreur, puis aux proscriptions de Fructidor. Proche de Bonaparte, il fut

18 Brumaire, est convaincu que Sieyès, le seul homme de tête, selon lui, qui fût au Directoire, a courageusement agi pour sauver ce qui pouvait encore être sauvé de la Révolution. Au surplus, assure Roederer, l'événement était devenu inévitable. Quand, après son retour d'Egypte, Bonaparte avait interrogé Roederer pour savoir s'il lui semblait difficile que « la chose se fasse », Roederer lui avait lucidement répondu : « Ce que je crois difficile, même impossible, c'est qu'elle ne se fasse pas. Elle est aux trois quarts faite »[25]. Le projet des brumairiens rappelle celui de beaucoup des thermidoriens de l'an II. Il est, sur les débris du Directoire, de clore la Révolution, d'installer un pouvoir fort qui en conforte les résultats, qui les protège contre les extrémistes de l'un et l'autre bord[26]. Que faire ensuite ?. On ne le sait guère plus en l'an VIII qu'en l'an II. Mais Sieyès a compris l'exacte situation de la France. « Il aperçoit, dira Taine, les deux spectres qui depuis huit ans ont hanté tous les gouvernements de la France : l'anarchie légale et le despotisme instable »[27]. Il a appris que la Constitution rêvée doit comporter un exécutif fort. L'impuissance du Directoire l'y a sans doute aidé. Sieyès voit ce qu'observera plus tard Tocqueville : la France de 1799 avait cessé d'aimer la République mais elle restait profondément attachée à la Révolution ; si la Révolution avait fait beaucoup souffrir, elle était définitivement enracinée. « A mesure que le temps s'écoulait et qu'on s'éloignait de l'Ancien Régime, on s'opiniâtrait à n'y point vouloir rentrer »[28]. Faut-il terminer avec un roi ? Un roi élu ? Un roi nommé ? Un roi viager ou héréditaire ? Sieyès n'a pas encore achevé le dessin d'une Constitution parfaite qu'il remettra toujours sur le chantier. Mais il sait au moins ce qu'il ne veut pas : la restauration de l'Ancien Régime, la revanche des aristocrates. Et s'il existe, d'aventure, un général républicain, auréolé de légitimité révolutionnaire, de gloire militaire, un général qui maîtrise l'armée, qui honore les savants et les philosophes, un général énergique, aimable, dont les victoires promettent la paix, et dont l'Ancien Régime ne puisse rien attendre, alors l'occasion s'imposera. L'essentiel n'est pas de préserver la République. Il est de sauver la Révolution.

l'un des principaux artisans du coup d'Etat de Brumaire. Membre du Sénat, puis du Conseil d'Etat, il ne cessera de jouer un rôle important sous l'Empire. Louis XVIII le mettra à l'écart. Mais Roederer sera membre de la Chambre des Pairs, sous la monarchie de Juillet, et mourra, âgé de 81 ans, en 1835.

III

JE CHERCHE UNE ÉPÉE

« Je cherche une épée », aurait dit Sieyès, alors qu'il pensait à son protégé, le général Joubert... Mais Joubert, promu au commandement de l'armée d'Italie avait, le 15 août 1799, trouvé à Novi la défaite et la mort. Sieyès était privé de cette épée qu'il rêvait, a-t-il dit, « la moins longue qu'il se pût ». Il semble qu'il ait alors songé au général Moreau. Mais le 9 octobre le général Bonaparte, secrètement revenu d'Egypte, a touché terre à Fréjus — après une escale de quinze jours à Ajaccio. « Voici votre homme », aurait répondu Moreau à Sieyès qui lui montrait la dépêche annonçant le débarquement de Bonaparte, « il fera votre coup d'Etat bien mieux que moi. » Le 16 octobre, à six heures du matin, Bonaparte est à Paris, accueilli dans l'enthousiasme. Dès le lendemain, il fait sa visite officielle au Directoire et, le 22 octobre, il dîne chez Gohier où il rencontre Sieyès et Moreau.

Tout, en apparence, sépare Sieyès et Bonaparte. Et d'abord leur âge : Sieyès a plus de cinquante ans, Bonaparte en a trente. L'un est prématurément vieilli, toujours malade, la démarche molle, la voix voilée, l'autre un homme jeune, nerveux, très droit, le pas rapide. Bonaparte n'a que des raisons de se méfier de ce vieux révolutionnaire méprisant et intrigant, et Sieyès — qui a tant écrit contre le pouvoir militaire — de ne pas aimer ce jeune officier couvert de gloire, habile à la propagande et qui ne cache pas son ambition. « Esprit tout de clarté et de lumière, Bonaparte ne pouvait, écrit Vandal, aimer l'homme qui s'enveloppait d'un nuage »[1]. Sieyès est un grand constructeur d'abstractions. Bonaparte méprise les théories. « Société, état, gouvernement, souveraineté, droits, liberté, écrira Taine, il n'y a pas de place pour une seule de ces chimères dans l'esprit de Bonaparte. Son aversion pour les fantômes sans substance de la politique abstraite va au-delà du dédain, jusqu'au dégoût »[2]. L'un prétend agir selon les règles que fournissent la raison et la réflexion, l'autre ne connaît d'autre loi que celle de l'utilité — « Je ne m'amuse guère aux sentiments inutiles », a-t-il avoué —, et son unique affaire est d'extraire « jusqu'à la dernière goutte, des hommes,

des idées, des événements, toute l'utilité qu'il peut en tirer »[3]. Sieyès
rêve de construire une nation idéale conforme aux principes qui doivent
gouverner le bonheur des hommes. La société idéale est d'abord pour
Bonaparte celle dont il est le maître et qui fait ce qu'il veut. « Je n'ai
qu'une passion, qu'une maîtresse, confiera-t-il à Roederer, c'est la
France. Je couche avec elle. Elle ne m'a jamais manqué ; elle me
prodigue son sang, ses héros ; si j'ai besoin de 500 000 hommes, elle me
les donne »[4]. Les vingt années qui les séparent aident à comprendre
leurs différences. Sieyès, formé par les Lumières, reste un homme du
XVIIIe siècle, qui voudrait voir loin devant lui. Bonaparte est un enfant
précoce du XIXe siècle, et qui ne veut pas regarder au-delà de l'immédiat.
« Vieillard dans les nuages », dira Bonaparte de Sieyès, et il le classera
vite parmi les idéologues dont il dénoncera la malfaisance. « Jeune
aventurier, dira Sieyès, qui couche avec la République quand il a besoin
de la trouver dans son lit. » Mais ils ont en commun, en cette fin de
l'année 1799, un sens aigu des réalités, une même aptitude à comprendre
les événements et les mentalités[*]. L'un veut arrêter la Révolution,
l'autre servir sa propre ascension, mais ils portent le même diagnostic : la
France est épuisée, la ferveur révolutionnaire tarie, et il faut en finir très
vite avec une Constitution qui installe l'anarchie. Bonaparte a conquis en
Vendémiaire une légitimité républicaine qu'il n'a cessé de cultiver, elle
peut rassurer le fondateur de la Révolution. En ce mois d'octobre 1799,
Bonaparte ne peut rien sans Sieyès, et Sieyès ne peut rien sans
Bonaparte[6]. Car Bonaparte a besoin du pouvoir civil, et le pouvoir civil
c'est Sieyès qui le tient beaucoup plus que Barras. Et Sieyès ne peut agir
sans l'appui de l'armée : Bonaparte revient couvert de gloire et nul ne
discute son autorité. Son voyage de Fréjus à Paris a été un triomphe. Aux
Cinq-Cents et chez les Anciens, l'enthousiasme est tel qu'un député,
Baudin des Ardennes, a été paraît-il « tué par la joie » en apprenant le
retour du général[**]. « Je veux marcher avec le général Bonaparte, aurait
dit Sieyès, parce que de tous les militaires, c'est encore le plus civil. » En
est-il vraiment sûr ? « Fréjus, remarque *Le Publiciste* du 24 vendémiaire
(16 octobre), où a abordé Bonaparte est aussi la ville natale de Sieyès. »
Heureux présage ? Quand le jour de l'arrivée de Bonaparte, le Directoire
s'est mis en fête pour recevoir solennellement le héros enfin revenu, dont
la légende était faite autant de l'exil d'Egypte que des victoires d'Italie,
Bonaparte en redingote, les cheveux courts, est apparu à tous modeste et

---

[*] L'extraordinaire capacité de Bonaparte à sentir, à deviner la France de 1799 tient-
elle à sa distance, à ce qu'il n'a pas été coulé dans le même moule que ses contemporains,
échappant aux influences concurrentes, et parfois convergentes, de l'absolutisme
monarchique et religieux, et de la mentalité des Lumières ? « Manifestement, écrit
Taine, ce n'est ni un Français ni un homme du XVIIIe siècle ; il appartient à une autre race
et un autre âge »[5]. Pour Taine l'Italie et la Corse ont fait Bonaparte, plus et mieux que la
France.

[**] Selon l'éloge funèbre prononcé aux Anciens par Garat[7].

sympathique, tel le modèle du héros républicain. Sieyès lui a serré chaleureusement la main. Tous se sont pressés pour l'assiéger, le complimenter : Talleyrand, Roederer, Boulay de la Meurthe, Réal. Les Directeurs l'ont tous entouré de leur sollicitude, ne sachant encore vers qui il pencherait. Les esprits les plus distingués l'ont félicité, célébré. Berthollet, Monge, Laplace, Chaptal, Cabanis, Volney, les savants, les poètes, les philosophes, tous sont convaincus que ce général tant épris de culture, va fonder la République de leurs rêves. Et le héros, finie la fête, s'est retiré dans son petit hôtel particulier de la rue Chantereine. Il y reçoit, il écoute, il attend. Il affiche, avec sa femme Joséphine, une simplicité bourgeoise. Il se tient sur ses gardes. Il ne veut être l'homme d'aucune faction. Il est, au-dessus des factions, l'homme de l'ordre, de la réconciliation et de la paix. A toutes les questions il répète : « Je suis national. » Bonaparte sait que ce peuple ne veut plus que l'ordre et la paix, habillés par la gloire. Il est bien décidé à les lui donner. Reste à savoir comment.

Il semble que Bonaparte ait réfléchi quelques jours pour décider de quels hommes il se servirait. Il connaissait trop bien Barras, qui intriguait dans tous les sens. Celui-ci négociait-il alors, comme on l'a dit, avec Louis XVIII ? Le prétendant au trône lui aurait-il promis l'amnistie du passé… et une forte somme ? Barras, qui n'était plus en fonction au Directoire que pour six mois, ne se résignait qu'à contre-cœur à perdre un pouvoir qui lui avait tant profité. Sans doute sa vénalité se montra-t-elle exigeante. Surtout Bonaparte savait qu'à force d'être compromis Barras était devenu compromettant. Du moins fit-il en sorte d'obtenir que Barras demeurât passif, ce qui n'était pas rien *. Bonaparte vit aussi à plusieurs reprises Gohier, devenu président du Directoire, qui consulta Moulin, autre Directeur. Un moment les deux Directeurs furent sans doute tentés de se débarrasser, grâce à Bonaparte, du prêtre trop encombrant qu'ils détestaient l'un et l'autre. Puis ils y renoncèrent, trop républicains ou trop pusillanimes. En vérité, Bonaparte n'avait guère le choix. Sieyès avait bien des inconvénients. Il passait pour être d'humeur difficile, il avait la réputation d'être orléaniste ou partisan du duc de Brunswick, ce qui pouvait gêner le très républicain Bonaparte. Mais il amenait avec lui le Directeur Roger Ducos, et il présentait l'avantage d'assurer à Bonaparte de nombreux appuis parlementaires, et le soutien probable de la majorité du Conseil des Anciens. Enfin il offrait le sceau de sa légitimité révolutionnaire.

La famille Bonaparte ** s'agite beaucoup dans la préparation d'un

---

* Sur les intrigues de Barras, cf. la préface de Victor Duruy au tome IV des *Mémoires de Barras*. « Barras, conclut Victor Duruy, n'a rien fait pour prévenir le 18 Brumaire. Il n'a pas plus cherché à le combattre qu'à le prévenir »[8].

** Barras décrit cette famille surtout préoccupée de s'enrichir par les spéculations et la prévarication. Pour Lucien Bonaparte, dit-il, le but unique du 18 Brumaire était de

coup d'Etat qui devrait assurer la promotion du clan. L'habile Lucien, profitant de la gloire de son frère, a réussi le 23 octobre (1er brumaire) à se faire élire président du Conseil des Cinq-Cents, et pour rassurer les hésitants il a prêté le serment de poignarder tout dictateur. Joseph ne ménage ni son temps ni sa peine. Les beaux-frères généraux — Leclerc qui a épousé Pauline, Murat qui va épouser Caroline — sont acquis. Bernadotte, jaloux de Bonaparte, brutalement évincé du pouvoir par Sieyès, n'offrira certes pas son concours ; mais on peut espérer qu'il se tiendra neutre, ne serait-ce que sous l'influence de sa femme Désirée Clary qui fut autrefois la fiancée de Bonaparte ; et il est le beau-frère de Joseph. Tout autour, les bonnes volontés sont nombreuses pour faciliter un coup d'Etat qui devrait d'autant plus aisément réussir qu'il est généralement attendu. Chacun souhaite en être pour être sûr d'en profiter. Talleyrand offre son habileté, Roederer, Boulay de la Meurthe, leur dévouement et leur compétence. Tous diront avoir joué le rôle essentiel, et, de fait, tous joueront un rôle.

Mais, en septembre 1799, la situation extérieure a semblé se redresser. Les victoires de Brune à Bergen sur l'armée anglo-russe (19 septembre), puis de Masséna à Zurich (26 septembre) sur l'armée russe de Korsakov ont servi, d'une certaine manière, Bonaparte, car son retour en France paraît coïncider avec le retour des victoires, comme s'il était l'emblème du triomphe et de la gloire, comme si la chance était revenue avec lui. Mais en même temps, les succès militaires éloignent le péril des armées ennemies, apaisent la peur. Ne risquent-ils pas de rendre le coup d'Etat moins nécessaire ? Restent, opportunément, les menaces de la guerre civile. Les violences royalistes n'ont cessé de se multiplier depuis l'été. En août, plusieurs départements du Midi, autour de Toulouse, ont été en état d'insurrection ; en septembre les chefs chouans ont décidé de reprendre la guerre, des bandes organisées ont commencé d'attaquer les villes de l'Ouest pour y prendre armes et munitions, et pour châtier les républicains. Cette agitation sert Bonaparte. Celui qui doit être un sauveur a grand besoin de l'inquiétude, de la soif de paix civile. Or voici que le Conseil des Cinq-Cents, comme assagi, met à son ordre du jour la révocation des lois terroristes de l'été, notamment de la sinistre loi sur les otages... Allait-on demain ne plus pouvoir agiter le péril jacobin, la menace extérieure, la guerre civile, le désordre ? Il devenait urgent d'agir. C'est sans doute Bonaparte qui résolut de brusquer la partie [10].

Il est probable que Lucien Bonaparte avait entretenu son frère, dès l'arrivée en France de celui-ci, du plan, qu'avait imaginé Sieyès, en grand spécialiste des institutions. Le projet impliquait une habile

s'accaparer les trésors de la nation. Mais Barras ne voit guère d'autre explication que l'argent à la plupart des comportements [9].

manipulation des textes constitutionnels. Mais une querelle d'étiquette [11] paraît avoir retardé le premier conciliabule de Sieyès et de Bonaparte, chacun attendant que l'autre se dérangeât et fît le premier pas★. Cependant, les intermédiaires — dont Talleyrand et Lucien Bonaparte — travaillaient déjà, et beaucoup se montraient disposés à s'entremettre entre Sieyès et Bonaparte pour donner au Directoire le coup d'épaule qui le renverserait. « Les patriotes, assure Lacretelle aîné, n'avaient qu'une idée, qu'une passion, l'union de Sieyès et de Bonaparte » [13]. Le 2 brumaire (24 octobre), les journaux annoncèrent que Bonaparte était allé « faire une visite particulière aux Directeurs Sieyès et Roger Ducos ». Le 3 brumaire, ils firent savoir que les deux Directeurs avaient rendu sa visite au général. Ainsi la préséance du pouvoir civil était sauve [14]. Bonaparte dira plus tard : « Nous avons joué aux tabourets comme de vieilles duchesses. » Il avait fait le premier pas « parce qu'en politique, confessa-t-il, il ne faut pas être trop difficile » [15]. En vérité l'alliance était devenue inévitable entre cet esprit philosophique, encombré d'abstractions, et la tête la plus antidogmatique qui se pût rencontrer.

Ce 3 brumaire, le premier obstacle — celui du protocole — était donc franchi. Cette première entrevue aurait-elle mal débuté comme l'assure la tradition [16] ? Toujours est-il que Bonaparte et Sieyès se retrouvent plusieurs fois, dans les jours qui suivent. Le 7 ou 8 brumaire (29 ou 30 octobre), ils dînent ensemble chez Barras. C'est probablement ce soir-là que l'alliance fut scellée et que Barras promit sa neutralité bienveillante. Le 10 brumaire, ils se rencontrent à nouveau chez Lucien Bonaparte [17] et ils discutent en détail de leur plan, mais vaguement de l'avenir. Comme l'observe Vandal [18], « on s'accorda sur le but immédiat, on réserva le but final. » Sieyès, assure Lucien Bonaparte, parut déjà déçu par les projets constitutionnels du général. Les conjurés se donnent à nouveau rendez-vous pour le 15 brumaire (6 novembre). Ils se retrouveront, dans la nuit, après l'immense banquet de 750 couverts offert par les deux Assemblées, au temple de la Victoire, — ancienne église Saint-Sulpice — en l'honneur de Bonaparte et de Moreau. Les intermédiaires initiés ne cesseront de poursuivre leur travail, nuit et jour, entre le 10 et le 18 brumaire. Talleyrand et Roederer vont, plusieurs fois, rendre visite à Sieyès, la nuit, au Palais du Luxembourg où logent les Directeurs, et ils multiplient les précautions pour n'être pas aperçus. Talleyrand, très à son aise dans le complot, voit Bonaparte chez lui, chez d'autres. Il sert de lien. Fouché sait ce qui se trame, s'il ne sait pas tout. « Le complot aurait échoué, écrira-t-il, si je lui avais été contraire » [19].

★ « Loin de courir rue Chantereine, écrit Vandal, à l'exemple de trois de ses collègues, Sieyès se montrait dégoûté de cette platitude et jugeait que la première visite lui était due » [12].

Mais il n'en avait nulle intention. Et il fait ce que l'on attend de lui. Il affirme très haut que s'il y avait un complot quelconque « il agirait terriblement »[20]. Tout est bientôt organisé pour le coup d'Etat.

Les préparatifs sont mis au point les 16 et 17 brumaire (7 et 8 novembre). Le 16, Bonaparte consacre plusieurs heures à s'assurer le soutien des généraux et des troupes. Il s'assure la neutralité de Bernadotte et la coopération de Moreau. Tous trois dînent ensemble avec Jourdan *. Sept mille hommes de troupe sont, par précaution, cantonnés à Paris, sans compter les gardes du Directoire et du Corps législatif qui sont prêtes à obéir à leurs chefs, c'est-à-dire aux généraux républicains décidés à soutenir Bonaparte. Le 17 brumaire, Bonaparte dîne chez Cambacérès, ministre de la Justice. On met encore au point quelques détails, et Joséphine fait porter un mot au Directeur Gohier, et à sa femme, pour les convier le lendemain : « Venez, mon cher Gohier, et votre femme, déjeuner avec moi demain à huit heures du matin. N'y manquez pas. Comptez toujours sur ma sincère amitié. » Ainsi espère-t-on neutraliser le président du Directoire, l'un des principaux obstacles. De son côté, Sieyès aidé par Talleyrand, achève de mettre au point le processus constitutionnel. Et par précaution, les derniers jours, il apprend à monter à cheval...

---

* Il semble que Bonaparte ait rejeté la proposition — tardive — de Jourdan d'un coup d'Etat en faveur de la gauche jacobine.

IV

BRUMAIRE

Dans la nuit du 17 au 18 brumaire, les « inspecteurs » * du Conseil des Anciens, qui ne se sont pas couchés, se réunissent secrètement aux Tuileries. Ils doivent mettre en marche le coup d'Etat selon le plan de Sieyès adopté par Bonaparte. Vers six ou sept heures du matin, on fait porter à domicile, à chacun des Anciens, une convocation pour une séance extraordinaire prévue... pour huit heures. La précaution a été prise, sur l'insistance de Sieyès, d'oublier de convoquer quelques députés, dont l'opposition risquait d'être dangereuse. Pendant ce temps, grâce à la complicité du général Lefebvre, commandant de la division militaire de Paris, les régiments de cavalerie sont massés aux Champs-Elysées et sur les boulevards **. Et l'on imprime, en toute hâte, les affiches et les brochures dont on aura besoin pour couvrir les murs de Paris.

A huit heures du matin, Lemercier, président du Conseil des Anciens, ouvre cette étrange séance. Au nom de la « Commission des inspecteurs », Cornet prend la parole. Il dénonce avec véhémence une conspiration jacobine. Il parle avec effroi de « poignards » et de « vautours », il décrit des « symptômes alarmants », il fait allusion à des « rapports sinistres ». Il annonce que « si des mesures ne sont pas prises aussitôt, l'embrasement deviendra général... La patrie est en danger... » Et il propose aux Anciens, pour faire face au complot qui menace la République, d'user du droit, que leur donnait la Constitution de l'an III, d'ordonner le transfert des Assemblées dans une autre commune. Il propose le transport à Saint-Cloud. Pourquoi Saint-Cloud ? Parce qu'on se plaçait à suffisante distance du peuple, sans paraître « décapitaliser »

---

* C'est-à-dire les questeurs.
** Lefebvre, ancien soldat engagé aux gardes françaises en 1773, avait fait une glorieuse carrière militaire. Il avait joué un rôle important dans plusieurs batailles, et contribué à plusieurs victoires, dont Fleurus. Il sera fait par Bonaparte maréchal et duc de Dantzig. Sa femme sera... Madame Sans-Gêne.

Paris. A son tour le député Régnier soutient le projet de décret que Sieyès a minutieusement mis au point : les deux Conseils devront se réunir à Saint-Cloud, le lendemain 19 brumaire. Mais il faut obtenir davantage des Anciens. « Le général Bonaparte, ajoute Régnier, est là, prêt à exécuter votre décret aussitôt que vous l'en aurez chargé. Cet homme illustre qui a tant mérité de la patrie, brûle de couronner ses nobles travaux par cet acte de dévouement envers la République et la représentation nationale... » Les Anciens, qui ne se font pas d'illusions, n'en demandent pas tant. Ils ne voient pas, ou ils feignent de ne pas voir, que si la Constitution les autorise à transférer les Assemblées, elle ne leur permet pas de confier un commandement à un général. Ils votent à la hâte les décrets préparés par Sieyès, qui sont aussitôt notifiés * : les Assemblées, transférées à Saint-Cloud, se réuniront le lendemain à midi, et le général Bonaparte est chargé de prendre « toutes les mesures nécessaires pour la sûreté de la représentation nationale ». Pour ce faire il aura, sous ses ordres, la 17ᵉ division militaire, — celle de Lefebvre — et la garde du Corps législatif. Et il prêtera serment devant les Anciens. Bonaparte se présente quelques instants plus tard, entouré de son état-major de généraux, avec le texte de son serment tout préparé. « Nous voulons une République fondée sur la vraie liberté, sur la liberté civile, sur la représentation nationale ; nous l'aurons, je le jure ; je le jure en mon nom et en celui de mes compagnons d'armes. » Et aussitôt il donne des ordres, il défère les commandements. Il nomme le général Moreau commandant de la garde du Luxembourg où habitent les Directeurs. Il fait fermer les barrières de Paris, suspendre le départ des courriers, tandis que Fouché fait placarder, sur les murs de Paris bien tranquille, des affiches à la gloire de Bonaparte. Dans les premières heures de la matinée, la foule commence à s'amasser aux Tuileries, une animation joyeuse règne, on devine le coup d'Etat que confirment les mouvements de troupe, mais on l'accueille avec soulagement, avec délivrance. Paris semble prêt à la fête plutôt qu'à la révolution.

Le Conseil des Cinq-Cents a été, lui aussi, convoqué. Vers onze heures, les députés présents, réunis au Palais Bourbon sous la présidence de Lucien Bonaparte, entendent, comme la Constitution le prévoyait, la lecture du décret des Anciens qui les convoque à Saint-Cloud pour le lendemain. Aussitôt la convocation annoncée, Lucien Bonaparte prend la précaution de lever précipitamment la séance pour éviter tout débat dans une Assemblée stupéfaite.

Restait le Directoire qu'il fallait empêcher de réagir. Gohier **,

---

* Le citoyen directeur Syès [sic] en reçoit la notification : « La Commission s'empresse de vous faire part du décret de translation du Corps législatif à Saint-Cloud » [1].

** Ancien avocat à Rennes, député à la Législative, Gohier — devenu ministre de la Justice en mars 1793 — avait veillé à l'arrestation des Girondins. Après 1795, il avait

président, invité à déjeuner par Joséphine, avait flairé un mauvais coup :
il avait envoyé sa femme * mais n'était pas venu. Sieyès s'était rendu dès
le matin, à cheval, aux Tuileries, avec deux aides de camp, pour
rejoindre Bonaparte. Et il s'était installé dans la salle des inspecteurs,
surveillant, minute par minute, le déroulement des opérations. Ducos
l'avait vite rejoint. Quand Gohier, inquiet des événements, veut réunir
d'urgence le Directoire pour faire face aux événements qui se préparent,
il ne trouve ni Sieyès, ni Roger Ducos. Quant à Barras, enfermé dans son
appartement, il fait savoir qu'il est dans son bain, il demande une heure
pour achever ses soins de toilette, il ne peut se déranger. Seul Moulin
répond à la convocation du président. Vers midi, Talleyrand se rend
chez Barras. Il lui soumet une lettre adressée aux Anciens — sans doute
préparée par Roederer — dans laquelle Barras déclare s'effacer devant
Bonaparte et donner sa démission de Directeur. Barras était-il déjà
décidé? Se fit-il prier? Que se fit-il promettre **? Il signe. Ainsi la
majorité du Directoire avait basculé. Que pouvaient maintenant Gohier
et Moulin? Vers quinze heures, ils se résignent à rejoindre leurs
collègues aux Tuileries et ils consentent à signer l'ordonnance nécessaire
à la promulgation du décret des Anciens. Sieyès et Ducos se proclament
démissionnaires. Ils engagent Gohier et Moulin à démissionner aussi.
Bonaparte intervient, menaçant. Gohier et Moulin s'entêtent, ils entendent conserver leurs fonctions et il ne reste donc qu'à les ramener au
Luxembourg. Ils y seront conduits, désormais confiés à la « protection »
énergique du général Moreau ***. Quant à Barras, il part le soir, sous
bonne escorte, pour sa propriété de Grosbois...

Tout s'était bien passé ce premier jour. Mais le plus difficile restait à
faire. Il fallait maintenant mettre en vacances la Constitution, subir
l'assaut des Cinq-Cents et de la minorité du Conseil des Anciens. Or
Sieyès et Bonaparte avaient moins soigneusement préparé cette seconde
journée que la première. Un dernier conseil avait eu lieu, le soir venu,
groupant les conjurés et quelques autres, tels Chazal, Cabanis, et
aussi des politiciens, des généraux pressés de servir[4]. Il semble que
Bonaparte ait assisté à ce conseil plutôt qu'il n'y ait participé. Chacun
avait son avis, son projet, son ambition aussi. Sieyès avait proposé de
prendre des précautions énergiques. Il voulait que l'on arrêtât les

présidé le Tribunal criminel de Paris puis le Tribunal de cassation. Il avait été élu
Directeur le 17 juin 1799 (*supra*, p. 420). Après Brumaire, il se retirera de la vie
publique.
    * Vandal assure que Joséphine réussit à enjôler Mme Gohier, l'assurant que le général
attacherait le plus grand prix au concours de Gohier, et que l'influence de Sieyès s'en
trouverait diminuée... Ainsi Joséphine aurait amené Gohier — par l'intermédiaire de sa
femme — à un état de « demi-complicité »[2].
    ** Vandal laisse entendre — sans preuve — que Barras dut toucher de l'argent : « Il
signa d'une main, et de l'autre, suivant de sérieuses présomptions, palpa... »[3].
    *** Moulin prendra la fuite le 19 brumaire, Gohier attendra qu'on le laisse partir, le
20 brumaire.

principaux meneurs jacobins pour faciliter la journée qui venait. Mais Bonaparte avait refusé, souhaitant sans doute que son coup d'Etat se distinguât des autres, et se passât de répression. L'erreur avait été d'étaler les événements sur deux jours. Car les vingt-quatre heures qui séparèrent le décret des Anciens de la réunion des Conseils à Saint-Cloud permirent aux opposants de se regrouper, de se préparer. Et ce fut presque un miracle si, au bout du compte, le coup d'Etat ne fut pas manqué.

Les Conseils avaient été convoqués pour midi au château de Saint-Cloud, les Anciens dans la galerie d'Apollon, les Cinq-Cents dans l'Orangerie. Au petit matin toute la garnison de Paris ou presque — près de 5 000 hommes — était partie pour Saint-Cloud. Sieyès * et Roger Ducos, arrivés dans la matinée, s'étaient installés dans une petite pièce au premier étage du château où Bonaparte les avait rejoints pour diriger les opérations. Dans une maison voisine, louée par le financier Collot, Talleyrand, Roederer, d'autres conjurés, quelques amis, étaient réunis, prêts à servir. C'était un dimanche. Il faisait presque beau. Les députés arrivèrent peu à peu, rencontrant, sur leur chemin, les soldats amassés. Les locaux n'étaient pas encore prêts à recevoir les parlementaires, ceux-ci allaient et venaient tandis que les préparatifs s'achevaient à la hâte. L'excitation montait, il était clair que la majorité des Cinq-Cents était hostile à Bonaparte, et les conjurés perdaient, au fil des heures, un temps précieux. Autour du château, les curieux, les badauds, les intrigants, les amis des uns et des autres, étaient venus nombreux, comme au spectacle. Tout le monde « s'agitait, remuait, grouillait, chacun attendant le moment de prendre sa place »[6]. Les auberges, les guinguettes étaient assaillies. Il fallait être là, guetter l'événement, être prêt à se distraire.

La séance des Cinq-Cents s'ouvre à l'Orangerie sous la présidence de Lucien Bonaparte, vers treize heures trente. On voit aussitôt que Lucien Bonaparte ne peut maîtriser l'Assemblée. Dès les premières minutes il est violemment pris à partie. Les députés hurlent : « Pas de dictature ! A bas les dictateurs ! La Constitution ou la mort ! Les baïonnettes ne nous effraient pas ! » Le député Delbrel, du Lot, demande que tous les parlementaires renouvellent solennellement leur serment de fidélité à la Constitution. Un tonnerre d'applaudissements accueille sa proposition. Et l'on procède à l'appel nominal, chaque député s'avançant à tour de rôle, le bras tendu, répétant la formule du serment. Les heures passent, l'appel ne s'achèvera que vers seize heures **.

* Bastid assure que Sieyès « s'était prémuni contre les retours de la fortune : une voiture attelée devait l'attendre discrètement tout le jour à Saint-Cloud, pour l'emmener en cas d'accident grave »[5].

** « Un de mes amis, écrit Mme de Staël, présent à la séance de Saint-Cloud, m'envoyait des courriers d'heure en heure : une fois il me manda que les Jacobins allaient l'emporter, et je me préparai à quitter de nouveau la France... »[7].

Au Conseil des Anciens, qui entre en séance vers quatorze heures, l'agitation n'est pas moindre. Sieyès est assuré du soutien de la majorité. Mais la minorité jacobine exige des précisions sur le prétendu complot dénoncé la veille. La démission de Barras est communiquée à l'Assemblée, celle de Sieyès et de Roger Ducos est annoncée. Il n'y a plus de Directoire. Alors les Anciens hésitent, ne sachant trop que faire, ils suspendent la séance, la reprennent, la suspendent à nouveau. L'idée se propage que l'on pourrait peut-être replâtrer le Directoire, en y introduisant Bonaparte, on cherche des compromis pour apaiser la résistance jacobine. Dans la maison où il est installé, Talleyrand trouve le temps long. Sieyès et Bonaparte sont enfermés dans leur pièce nue, glaciale, pourvue de deux fauteuils pour tout mobilier. Sieyès tente d'entretenir un feu de fagots, tandis que Bonaparte, de plus en plus agité, marche de long en large. Sieyès réfléchit. Bonaparte s'énerve, il veut bousculer les événements. « Le vin est tiré, il faut le boire », réplique-t-il à Augereau et à Bernadotte qui l'interrogent sur ses intentions. Il n'en peut plus d'attendre. Soudain, vers seize heures, il abandonne Sieyès, il traverse les appartements, il réunit ses aides de camp et il se rend précipitamment dans la salle où délibèrent les Anciens. Il entre, entouré de ses généraux. Il se place, debout, au milieu de l'Assemblée, tandis que les députés rentrent précipitamment en séance. Il semble dans un état d'extrême nervosité, il parle en phrases hachées, haletantes, il accuse, il défend :

> « Vous êtes sur un volcan... Permettez-moi de parler avec la franchise d'un soldat et... suspendez votre jugement jusqu'à ce que j'aie achevé... Le Conseil des Cinq-Cents est divisé ; il ne reste plus que le Conseil des Anciens. C'est de lui que je tiens mes pouvoirs. Qu'il prenne des mesures ! Qu'il parle ! Me voici pour exécuter. Sauvons la liberté ! Sauvons l'égalité ! »

Et comme un parlementaire l'interrompt s'écriant : « Et la Constitution ? », Bonaparte s'arrête, se recueille un moment, puis explose violemment : « La Constitution, vous l'avez vous-même anéantie. Au 18 Fructidor vous l'avez violée, vous l'avez violée au 22 Floréal, vous l'avez violée au 30 Prairial, elle n'obtient plus le respect de personne. Je dirai tout. » On le somme de nommer les conjurés qui menacent la République. « Citez des noms ! » Il cite Barras, Moulin : « ils m'ont fait des propositions », explique-t-il. Il déclare : « Si je suis un perfide, soyez tous des Brutus. » Il tient des propos de plus en plus incohérents, il fulmine contre les Cinq-Cents « où se trouvent des hommes qui voudraient nous rendre la Convention, les comités révolutionnaires et les échafauds ». Il menace :

> « Souvenez-vous que je marche accompagné du dieu de la victoire et du dieu de la guerre, et si quelque orateur payé par l'étranger parlait de me

mettre hors-la-loi... qu'il prenne garde de porter cet avis contre lui-même ! »

Il s'adresse aux officiers qui l'entourent. « J'en appellerais à vous, mes braves compagnons d'armes... », et il se retire soudain, entraînant ses généraux et ses soldats, laissant les Anciens stupéfaits, divisés. Quelques instants plus tard, on leur portera la nouvelle que Bonaparte vient d'être poignardé dans la salle des Cinq-Cents... Alors le Conseil des Anciens à la dérive décidera de se former en comité secret.

A peine sorti de la galerie d'Apollon, Bonaparte se précipite dans l'Orangerie où siègent les Cinq-Cents. Véritable bravade ! Car il sait que les Cinq-Cents lui sont en majorité hostiles. Déjà ils ont appris que Bonaparte les a injuriés aux Anciens, quelques instants plus tôt. Mais il ne réfléchit plus. Il fonce. Quand il entre, nu-tête, tenant d'une main son chapeau, de l'autre sa cravache, escorté de quatre grenadiers armés de leur sabre, l'indignation se déchaîne : « Que faites-vous, téméraire ? » s'écrie l'un. « Général, clame l'autre, est-ce donc pour cela que tu as vaincu ? » Les cris : « A bas le dictateur ! Hors-la-loi ! Vive la Constitu- tion ! » retentissent. L'Assemblée presque entière se dresse contre l'homme « botté, éperonné, en habit de guerre, qu'elle voit violer son enceinte »[8]. Au pied de la tribune, les députés entourent Bonaparte et le menacent. L'un d'eux le prend au collet, le secoue. Les grenadiers interviennent pour le protéger, la bagarre devient générale, des specta- teurs s'y mêlent, descendus des tribunes. On échange des coups, des injures, le cri de « hors-la-loi » ne cesse de jaillir. Bonaparte est difficilement arraché par les soldats, entraîné dehors sans qu'il ait pu dire un mot. Il est pâle, la tête penchée, on dirait qu'il va s'évanouir. Ramené dans son appartement, il y retrouve Sieyès, ses amis, ses fidèles, il profère des paroles insensées. Il dit à Sieyès : « Général, ils veulent me mettre hors-la-loi. » « Ce sont eux qui s'y sont mis », répond froidement Sieyès, qui conseille de faire marcher les troupes. Puis Bonaparte se ressaisit peu à peu. Il va, avec son état-major, se montrer aux troupes, les haranguer. On lui amène un cheval, il monte, le cheval se cabre, Bonaparte est sur le point de tomber, il parvient difficilement à maîtriser l'animal, il hurle que les Cinq-Cents ont voulu l'assassiner : « Soldats, puis-je compter sur vous ? » Murat et Sérurier sont à ses côtés, prêts à agir. Les soldats piétinent de rage, n'attendant que l'ordre de châtier ceux qui ont agressé leur chef glorieux[9].

Pendant ce temps, dans l'Assemblée, Lucien Bonaparte, usant de toutes les ressources de sa présidence, se bat pour empêcher que son frère soit mis « hors-la-loi » comme le fut autrefois Robespierre. Il parle modérément, habilement, mais rien n'y fait. Les néo-Jacobins sont d'autant plus excités qu'ils redoutent à chaque instant l'intervention des soldats qui entourent l'Assemblée. Soudain Lucien imagine un grand coup. Il jette sur la tribune sa toque, son écharpe et annonce solennellement : « Je dois renoncer à être entendu et n'en ayant plus le moyen, je déclare déposer sur la tribune, en signe de deuil, les marques de la magistrature suprême. » Puis il sort, laissant l'Assemblée d'abord stupéfaite, puis hurlante. « Avant dix minutes, confie Lucien à un inspecteur de la salle, il faut interrompre la séance ou je ne réponds plus de rien. » Et il se précipite pour retrouver son frère. Sieyès aussi est venu auprès de Bonaparte. Lucien incarne maintenant la légalité menacée, il veut s'en servir pour protéger son frère, il l'enveloppe de son autorité de président du Conseil des Cinq-Cents. Les deux frères montent à cheval et s'avancent au milieu des troupes. Lucien harangue les soldats : « Le Conseil des Cinq-Cents a voulu assassiner le général Bonaparte... L'immense majorité du Conseil est sous la terreur de quelques représentants à stylets... audacieux brigands sans doute soldés par l'Angleterre. » Il montre le visage de son frère, il dénonce une apparence de blessure, il se fait donner une épée, il la tend vers la poitrine de Bonaparte, il jure qu'il tuerait son frère s'il attentait à la liberté. « Soldats, s'écrie Bonaparte, tout à fait revigoré, je vous ai menés à la victoire, puis-je compter sur vous ? » « Vive le général ! » répondent les soldats. Aussitôt les troupes se mettent en marche, entraînées par les deux beaux-frères Leclerc et Murat. Elles pénètrent dans la salle des Cinq-Cents où l'on entend des hurlements de protestation : « Foutez-moi tout ce monde dehors », ordonne Murat. La plupart des députés sortent d'eux-mêmes. Les soldats prennent à bras-le-corps les quelques récalcitrants, quelques-uns se sauvent par les fenêtres *. En moins de dix minutes la salle est évacuée. Il est dix-sept heures trente. La nuit commence à tomber.

Les Anciens avaient compris, prévenus par le tumulte, qu'il convenait de se résigner vite. Ils constituent en toute hâte une commission — « Attendu la retraite des Cinq-Cents... » — qui propose la nomination d'une « commission exécutive provisoire » composée de trois membres,

---

* Vandal décrit ainsi la « déroute parlementaire » : « Au-dehors, ils ne sont plus qu'un troupeau qui roule et moutonne à l'aveugle, dans l'épaississement de la brume. Se heurtant aux troupes qui affluent de tous côtés et débordent en avant, entourés d'officiers furieux ou goguenards, d'épées nues et de bicornes farouches, ils se sentent ridicules dans leur accoutrement romain, empêtrés, humiliés, bafoués, perdus, et c'est la panique, la débandade. Sous les huées, toute cette gent enjuponnée se faufile à travers les troupes, se sauve par les jardins et les cours, s'enfonce dans le brouillard, disparaît dans la nuit. On vit beaucoup de députés descendre l'avenue après avoir prestement franchi les grilles ouvertes ; les plus hardis voulaient courir à Paris, où ils espéraient trouver appui et réconfort ; les plus nombreux cherchaient simplement asile à Saint-Cloud, pour se garer momentanément de la bourrasque. D'autres coupaient à travers bois, dévalaient sur les pentes, s'enfuyaient à toutes jambes sous les halliers envahis de ténèbres. Quelques-uns avaient perdu dans la bagarre leur toge, leur toque, leurs insignes, ou les jetaient en courant. A cette défroque gisant à terre, traînant dans leurs sauts de loup, accrochée aux arbustes, lamentable et flétrie, on put suivre à la trace la grande déroute parlementaire »[10].

Bonaparte, Sieyès et Roger Ducos. Vers dix-neuf heures, le projet de décret est voté par ceux des députés qui sont encore en place. Puis ils se précipitent dehors pour aller dîner. Les nouvelles de Paris sont rassurantes. Aucun rassemblement, aucun signe de résistance, n'est signalé. « Je puis donc assurer », rapporte au citoyen Sieyès, ce 19 brumaire, la commission du directoire exécutif, « que Paris n'a jamais joui d'une plus grande tranquillité que dans ce moment »[11]. Il semble que la capitale accueille le coup d'Etat dans la sympathie, en tout cas, dans l'indifférence.

Bonaparte et Sieyès, revigorés, décident d'habiller le décret des Anciens d'un supplément de légalité. Et, tandis que les conjurés s'en vont dîner ensemble, Lucien s'ingénie à rameuter quelques débris des Cinq-Cents. Vers onze heures du soir, à la lueur des chandelles, une trentaine de membres de l'Assemblée sont enfin réunis sous la présidence de Lucien Bonaparte. Il fait très froid. Boulay de la Meurthe lit à mi-voix un rapport, constatant qu'il n'y a en France « ni liberté publique, ni liberté particulière », et qu'il n'existe qu'un « fantôme de gouvernement ». Cabanis, à son tour, prononce un discours, grave, un peu mélancolique, au soutien des textes proposés : « Pour sauver la Révolution et lui faire porter ses fruits, il n'est qu'un moyen : réformer les lois organiques en confiant ce soin à un gouvernement provisoire qui puisse élaborer l'œuvre avec maturité et sagesse ; c'est la suprême expérience à tenter. » Ce jour-là, à cette heure, qui serait d'un avis contraire ? Les députés votent à la hâte une résolution disposant qu'il n'y a plus de Directoire, une autre décidant que 61 députés nominativement désignés — 54 délégués des Cinq-Cents et 7 des Anciens — sont exclus du Corps législatif, une autre enfin créant une « Commission consulaire exécutive » de 3 membres, composée des citoyens Sieyès, Roger Ducos et Bonaparte. Le Corps législatif décide de s'ajourner jusqu'au 1er ventôse. Jusque-là, chaque Assemblée sera remplacée par une Commission de 25 membres, qui connaîtra, sur la proposition des Consuls, « de tous les objets ingrats de police et de finances » et préparera « les changements à apporter aux dispositions organiques de la Constitution dont l'expérience a fait sentir les vices et les inconvénients ». Les Anciens — qui attendaient, avant d'aller se coucher, que la résolution des Cinq-Cents fût soumise à leur approbation — s'étaient occupés à voter l'abolition... d'une résolution adoptée le 29 octobre contre les fournisseurs. Ainsi donnaient-ils sans doute quelque satisfaction à ceux qui avaient avancé des fonds pour aider le coup d'Etat. Dès qu'il leur est communiqué, ils votent précipitamment le texte des Cinq-Cents — ou plutôt des 30 députés qui les avaient figurés. Il ne se trouve que deux Anciens pour ne pas approuver le congédiement autoritaire de 61 parlementaires...

Restait à accomplir la vieille formalité révolutionnaire. A deux heures du matin, ce 20 brumaire, les trois Consuls, Sieyès, Roger Ducos et Bonaparte, viennent prêter serment d'abord aux Cinq-Cents, puis aux Anciens, de rester fidèles « à la République une et indivisible, à la liberté, à l'égalité, au système représentatif ». Tous trois ensemble ils étendent le bras et répondent : « Je le jure. » Les députés s'embrassent. On crie : « Vive la République ! » Des femmes élégantes descendent des tribunes pour féliciter les vainqueurs. Le bruissement des jupes se mêle au cliquetis des armes [12]. Cette fois-ci la pièce est jouée. Les grenadiers qui avaient dispersé les Cinq-Cents rentrent à Paris en chantant le *Ça ira...* Ils croient avoir sauvé la République. Les parlementaires retournent chez eux. Sieyès, Roger Ducos, Napoléon et Lucien Bonaparte prennent le chemin du Luxembourg. Ils ne sont qu'à moitié contents, le coup d'Etat a été plus agité qu'ils ne l'avaient prévu *, l'opposition trop vigoureuse. Ce jour qui se lève est inquiétant. Que va-t-on faire maintenant ? Bonaparte et Sieyès, les deux vainqueurs, se méfient l'un de l'autre. Et ils n'ont pas décidé de l'avenir... N'importe ! La Constitution de l'an III est bien morte, le pouvoir est entre leurs mains, pas un coup de fusil n'a été tiré. Paris, bouclé par Fouché, est resté immobile... La République est agonisante, mais la Révolution est sauvée. Le bilan n'est pas si mauvais. Chacun peut aller dormir.

* « Un des coups d'Etat les plus mal conçus et les plus mal conduits qu'on puisse imaginer, écrit Tocqueville, réussissant par la toute-puissance des causes qui l'amènent, l'état de l'esprit public et les dispositions de l'armée... » [13].

V

UN NOUVEAU WASHINGTON ?

La loi votée dans la soirée du 19 Brumaire (10 novembre) remettait tous les pouvoirs à la Commission exécutive provisoire composée des trois Consuls. Ceux-ci se retrouvèrent le 20 brumaire vers midi, au Luxembourg, dans la salle où se réunissaient d'ordinaire les Directeurs. Sieyès a-t-il vraiment dit, s'adressant à Bonaparte : « Il est bien inutile d'aller aux voix pour la présidence, elle vous appartient de droit » ? Il ne pouvait se faire aucune illusion : l'homme fort au lendemain des journées de Brumaire, c'était Bonaparte. Sa jeunesse, sa gloire, son autorité sur l'armée, son habileté à se faire célébrer, son ambition qui ne regardait pas aux moyens, tout laissait pressentir sa prééminence *. Mais il semble que Bonaparte ait d'abord entendu ménager la susceptibilité de son illustre conjuré. « Sieyès, constate Vandal, restait l'homme de confiance de la classe politicienne, parlementaire, philosophe, sans laquelle on ne pouvait marcher... »[2]. Bonaparte proposa aussitôt, pour rassurer ses collègues, qu'il n'y eût pas de présidence permanente. Et s'il présida la première réunion, il le dut à l'ordre alphabétique. Les trois Consuls décidèrent que chacun exercerait les fonctions de président, alternativement, jour après jour, sous le nom modeste de « consul du jour ».

Bonaparte ne prétendit pas davantage exercer d'autorité dans le choix des ministres. Les Consuls conservèrent Cambacérès à la Justice, Fouché à la police générale **, car l'un et l'autre avaient rendu de grands services dans la préparation de Brumaire. Berthier, recommandé par Bonaparte, fut nommé ministre de la Guerre. Laplace, qui symbolisait la sympathie

---

* S'entretenant avec Joseph Bonaparte et Cabanis, à la veille du coup d'Etat, Sieyès leur aurait dit : « Je sais ce qui m'attend. Après le succès le général, laissant en arrière ses deux collègues, fera le mouvement que je fais » ; et passant entre ses deux interlocuteurs, il les avait acculés, de ses deux bras à la cheminée, et s'était retrouvé seul au milieu du salon [1].

** « Je sais, aurait dit Bonaparte parlant de Fouché, qu'il n'a point rompu avec ses amis les terroristes, il les connaît ; sous ce point de vue il nous sera utile »[3].

agissante de l'Institut, fut choisi comme ministre de l'Intérieur. Aux Finances, Sieyès fit agréer son ami Gaudin, alors commissaire des Postes, qui dirigera longtemps les Finances et laissera la réputation d'un excellent technicien. Il fallait aussi récompenser Talleyrand, dont l'habileté avait beaucoup servi, et Sieyès consentit volontiers qu'il succédât aux Affaires étrangères à son ami Reinhard qui l'avait, en plusieurs circonstances, fortement irrité.

Si Bonaparte marqua immédiatement, en matière militaire, une prééminence que personne ne pouvait songer à lui contester, en revanche il ne paraît pas, contrairement à ce qui a été souvent dit, pour faire remonter sa dictature au premier Consulat, qu'il ait alors prétendu gouverner seul. « Peu à peu, assure Bastid, même dans l'ordre civil, Bonaparte s'emparait de toute l'autorité »[4] : mais rien ne confirme — du moins dans les premiers temps — l'élimination des deux autres Consuls, si même le prestige de Bonaparte ne cessa de s'étendre, de jour en jour, dans l'opinion, grâce à une habile propagande et au zèle de ses courtisans. C'est « une politique presque anonyme », remarque au contraire Aulard, qui fut le plus souvent suivie pendant les premières semaines, et le Consulat fut comme un Directoire réduit à trois membres[5]. On ne peut guère citer de circonstances où Bonaparte ait parlé, agi en maître avant l'adoption de la Constitution de l'an VIII, si ce n'est lors des incidents qui marquèrent l'élaboration de celle-ci.

Le coup d'Etat avait eu pour prétexte un complot jacobin. Il fallait en tirer les conséquences, ou feindre de les en tirer. Est-ce vraiment Sieyès, comme on le prétendra, qui insista pour prendre des mesures de proscription à l'encontre des Jacobins vaincus ou réputés tels ? C'est Fouché, très zélé, qui dressa la liste des proscrits. Il la composa de manière très hétéroclite, y plaçant de nombreux Jacobins mais aussi d'autres personnes, tels Jourdan le héros de Fleurus, et Mamin l'assassin de la princesse de Lamballe. Plus tard, il essaiera d'en faire porter la responsabilité à Sieyès *. En réalité, la proscription était devenue — par coutume — la suite logique d'une journée révolutionnaire ou d'un coup d'Etat. Un arrêté consulaire du 20 brumaire (11 novembre) décida donc que seraient déportés en Guyane 34 Jacobins, et que 20 autres personnes seraient placés en détention à l'île de Ré. Mais l'arrêté ne fut pas exécuté. Dès le 22 novembre (1er frimaire), Jourdan était radié de la liste et, le

---

* Bonaparte aurait déclaré à Fouché : « C'est l'abbé Sieyès qui a fait rendre cet arrêté, et c'est lui et ses affidés qui ont dressé la liste. Je n'approuve pas cette mesure. Si j'avais voulu croire un peureux, le sang aurait coulé... » Fouché assure dans ses *Mémoires*[6] que Sieyès ne pensait qu'à sévir et réclamait des proscriptions. Le proscripteur Sieyès aurait été contraint de céder à Bonaparte et à Fouché... Mais Fouché, comme l'observe Louis Madelin, était très hostile à Sieyès qu'il soupçonnait d'avoir voulu le faire évincer de son ministère[7].

25 novembre (4 frimaire), l'arrêté consulaire était rapporté. Les suspects furent seulement placés sous la surveillance de la police. Il est possible que le calme de l'opinion ait fait comprendre aux Consuls qu'aucune répression n'était souhaitable, possible aussi qu'ils aient, le 20 brumaire, voulu prendre une mesure qui resterait symbolique. Que Bonaparte — comme Fouché — ait plus tard, voulu en rejeter le poids sur Sieyès est vraisemblable. Sieyès avait déjà, en Floréal, en Prairial, forgé sa mauvaise réputation de proscripteur *.

Mais l'essentiel du projet des Consuls était de maintenir l'ordre et de rassembler les Français, ce que Sieyès et Bonaparte avaient plusieurs fois réclamé avant Brumaire. Le 13 décembre, les Consuls rapporteront la sinistre loi des otages. Bonaparte accompagnera la publication de la loi nouvelle d'une visite spectaculaire au Temple, et il fera mettre les prisonniers en liberté sous ses yeux. La loi sur l'emprunt forcé — qui avait tant inquiété les financiers et les propriétaires — avait été rapportée dès le 19 novembre. Sans doute le nouveau gouvernement continue-t-il de désavouer, et même de combattre les royalistes. Fouché répand, le 27 novembre, une circulaire qui lance encore l'anathème contre les émigrés que « la patrie rejette éternellement de son sein. » Mais le souci des Consuls est désormais de pacifier plutôt que de proscrire. Ils envoient dans les départements des « délégués », connus pour leur loyalisme mais aussi pour leur modération, afin d'apaiser l'opinion. Ainsi Lannes se rend-il dans le Midi comme « commissaire extraordinaire ». La mission de ces nouveaux représentants est d' « éclairer les citoyens de toutes les parties de la République sur les causes et les véritables objets des 18 et 19 Brumaire ». Elle est aussi de parler, d'agir avec précaution, de conseiller l'ordre et l'union, de ne pas entrer en conflit avec les autorités, bref de pacifier la France. Signe des temps nouveaux : ces représentants tiennent leur mandat, non plus d'une Assemblée, mais du pouvoir exécutif.

Et cette politique réconciliatrice produit ses effets. Nombreux sont ceux qui se rallient au nouveau régime, soit qu'ils trouvent avantage, soit qu'ils soient rassurés par ce souci d'apaisement. Le général Jourdan, rétabli dans ses droits, échange avec Bonaparte une correspondance courtoise. Barère rend publique une lettre d'adhésion[9] qui connaît un grand retentissement. Chazal, Daunou, Marie-Joseph Chénier, Cabanis,

---

* Bonaparte rapporte[8] que Sieyès sans être peureux ne cessait d'avoir peur de tout, qu'il voyait des espions partout, que souvent au Luxembourg il réveillait son collègue Bonaparte « et le harcelait avec les trames nouvelles qu'il apprenait à chaque instant de sa police particulière ». « A-t-on gagné notre garde ? rétorquait Bonaparte. — Non. — Eh bien, allez dormir. En guerre comme en amour, pour conclure, mon cher, il faut se voir de près. Il sera temps de nous inquiéter quand on attaquera nos 600 hommes. » Cette propension de Sieyès à se croire toujours menacé, et à vouloir prévenir des complots imaginaires, semble avoir crû avec l'âge et l'expérience.

Garat assurent le nouveau gouvernement de leur soutien. L'Institut — célébré autant par Bonaparte que par Sieyès — ne ménage pas les signes de sympathie. Cabanis adresse à Sieyès des correspondances chaleureuses : il lui suggère aimablement, le 25 brumaire, de louer la maison de Boileau à Auteuil[10], afin que le vieux révolutionnaire ait l'agrément de séjourner à la campagne. Lacépède recommande à Sieyès son beau-frère et assure « son illustre confrère » de sa reconnaissance et de son respect[11]. De Mayence, Lakanal adresse à Sieyès le plan d'organisation de l'instruction publique, autrefois rédigé de la main même de l'abbé, « que Robespierre alors tout-puissant fit écarter en le proclamant aristocratique », il presse Sieyès de reprendre le projet avec Bonaparte[12]. Merlin le supplie d'intervenir pour obtenir que lui soit payé son traitement[13]. Le 19 Brumaire, en plein coup d'Etat, Benjamin Constant a adressé à Sieyès une lettre où il exprimait son inquiétude * mais aussi son espérance : « Je crois le moment décisif pour la liberté... » et, cinq jours plus tard, Constant écrit à son ami devenu « Citoyen Consul » pour demander une place, celle de commissaire ou d'administrateur, dans le Léman, dans l'espoir de devenir ensuite député « parce que je crois que j'y servirais la liberté... » Constant achève : « Salut, respect, dévouement sans bornes »[14]. Chacun attend quelque chose de Sieyès. Et les « idéologues »** — dont plusieurs ont été mêlés au complot du 18 Brumaire —, la grande majorité des intellectuels, l'Institut sont prêts à collaborer aux travaux du nouveau régime *** : car ce chef militaire est un général républicain. Il est, pour beaucoup, leur confrère à l'Institut, il est capable de parler de tout, de mathématiques, de poésie, de métaphysique, de droit, de politique, et il en parle bien[16]. Il est, comme l'a proclamé Garat, après son élection à l'Institut, un « philosophe qui aurait paru un instant à la tête des armées ». Pourquoi ne serait-il pas un nouveau Washington, capable de s'effacer après avoir sauvé la Révolution ? Ainsi l'intelligence, la culture, la tolérance, la raison semblent au

---

* « On parle de l'ajournement des Conseils, cette mesure me paraît désastreuse aujourd'hui comme détruisant la seule barrière à opposer à un homme que vous avez associé à la journée d'hier... »

** Georges Gusdorf[15] étudie les nombreuses affinités de Bonaparte avec le groupe des idéologues. « Les idéologues ne se sont pas sottement ralliés à une épée quelconque ; ils ont donné leur confiance à un homme de haute valeur en lequel ils pensaient reconnaître l'un des leurs. » Pendant toute la campagne d'Italie, Bonaparte n'avait pas cessé de correspondre avec ses amis idéologues, il en avait emmené plusieurs — dont Berthollet et Monge — en Egypte. Cuvier et Tracy invités n'étaient pas venus. L'élection de Bonaparte à l'Institut, dans la classe des Sciences, en décembre 1797, avait consacré son affiliation idéologique. Le 18 Brumaire avait ainsi amené au pouvoir le héros républicain des intellectuels...

*** Encore en 1801, P.-F. Lancelin, idéologue, dédiera son ouvrage, *Introduction à l'analyse des sciences*, à Bonaparte. « C'est donc à vous, général consul, qu'il appartient de réaliser les conceptions de la philosophie, et les espérances des philosophes... »

pouvoir, même si elles s'en sont emparées par des moyens contestables. Comment ne se rallierait-on pas, par intérêt national, par intérêt personnel, ou simplement par résignation *?

---

* « Il a fallu longtemps, observe Georges Lefebvre, pour que le véritable caractère de Napoléon se révélât enfin. Mais, même devenu empereur et roi, il a toujours gardé quelque chose du pacte de Brumaire. Il a conservé à son pouvoir une forme constitutionnelle et surtout il a gouverné et administré au moyen des notables et en consacrant par le Code civil les principes de la Révolution de 1789 »[17].

VI

IL FAUT EN REVENIR AUX IDÉES DE 1789

Les « Commissions législatives intermédiaires », qui remplaçaient les Assemblées congédiées, avaient reçu pour mission de préparer une nouvelle Constitution. Pour concevoir un projet, la Commission intermédiaire des Cinq-Cents avait créé une section de sept membres composée de Chazal, Lucien Bonaparte, Boulay de la Meurthe, Marie-Joseph Chénier, Cabanis, Chabaud-Latour et surtout de Daunou qui avait travaillé à la rédaction de la Constitution de l'an III. Chez les Anciens le travail préparatoire avait été confié à Garat, Laussat, Lemercier, Lenoir-Laroche et Régnier. Tous se tournent aussitôt vers Sieyès. C'était enfin pour lui, qui n'avait fait aboutir ses projets ni en 1791, ni en 1793, ni en 1795, l'heure tant attendue de la revanche. Sieyès avait, racontait-on, repris, complété, son projet de l'an III. Il détenait les secrets de la Constitution idéale. Dès le 20 brumaire au matin, Boulay de la Meurthe ★, que Sieyès a ramené de Saint-Cloud dans sa voiture et fait coucher au Luxembourg, dit à l'oracle : « J'ai lieu de croire, et c'est l'opinion générale, que vous avez une Constitution toute prête... Il n'y a pas de temps à perdre, on compte généralement sur vous »[1]. Et voici que Sieyès avoue à son ami qu'il n'a rien rédigé : « J'ai bien quelques idées dans la tête, mais rien n'est écrit, et je n'ai ni le temps, ni la patience de les rédiger. » Boulay de la Meurthe est stupéfait, comme tous ceux auxquels il le rapportera. Sieyès n'a pas de projet ! Comment cela se peut-il ? Est-ce l'effet de sa paresse, de sa prudence ? Ou l'effet du vieillissement, de la difficulté qu'il éprouve maintenant à rédiger ce qu'il conçoit ? Est-ce « le ralentissement chez lui " comme le croit Bastid " de toute activité liée non à une décision rapide, mais à la continuité d'un

★ Avocat à Nancy, lié au début de la Révolution avec Camille Desmoulins, Boulay avait été en 1795 président du tribunal de Nancy, puis, en 1797 élu au Conseil des Cinq-Cents. Proche de Sieyès, il joua un rôle important dans le coup d'Etat de Brumaire puis dans la rédaction de la Constitution de l'an VIII. Bonaparte le nommera au Conseil d'Etat en 1800, le fera comte en 1808. Ministre durant les Cent-Jours, il sera exilé en 1815.

effort monotone » [2] ? Ou bien ce philosophe découragé, instruit par tant d'échecs, ne sait-il plus ce qu'il croit bon ? Alors Boulay de la Meurthe s'offre comme secrétaire : « Vous me dicterez vos idées. » Et durant plusieurs jours, du 20 au 30 brumaire, Sieyès dicte à son ami les projets qu'il a dans la tête et que Boulay de la Meurthe recopie sur des feuilles détachées *. Sur le texte des « observations constitutionnelles » ainsi dictées à Boulay de la Meurthe et transcrites par Boulay pour Sieyès, celui-ci écrira plus tard, de sa main : « Rien n'est plus incomplet et fautif que ce canevas dicté à la hâte » [4]. Mais les secrets de Sieyès ne sont pas révélés par les seules notes de Boulay. Fouché se vante, dans ses *Mémoires*, d'avoir employé Réal pour extorquer à Marie-Joseph Chénier, l'un des confidents de Sieyès, un aperçu du projet, le faisant parler à la sortie d'un banquet « où les vins et d'autres enivrants n'avaient pas été épargnés » [5]. Par ailleurs, Mignet [6] assure avoir eu connaissance par Daunou du projet de constitution de Sieyès « qui mérite d'être connu, ne fût-ce que comme curiosité législative » et il a dressé un tableau très compliqué qui tente de le représenter **. Les notes de Boulay et les indications données par Mignet ne varient que sur des points secondaires. Ainsi les initiés ont-ils pu connaître peu à peu les idées de l'oracle... Mais la faiblesse de l'oracle est qu'il n'a pas de texte complet, cohérent, à proposer. Et du coup il facilite la tâche de Bonaparte...

La première des feuilles reproduites par Boulay de la Meurthe fut, selon lui, en partie écrite de la main même de Sieyès. Celui-ci y dit le but qu'il s'est assigné en faisant la Révolution :

« De quoi s'agit-il ?
» En 1789, le représentant héréditaire a été ébranlé et bientôt détrôné.
» En voulait-on à l'ordre social ? Non.
» On voulait un ordre de choses où tout ce qu'il y avait de bon, d'utile, à plus forte raison de nécessaire, dans la machine sociale alors existante, fût conservé, et l'on devait se contenter d'abattre toutes les institutions royales, féodales, héréditaires auxquelles les véritables et nécessaires instruments de la société s'étaient attachés... Ainsi ayant tout ce qu'il y avait de bon pour faire marcher les choses, ajoutons-y tout ce qui y manquait, et écartons, détruisons à jamais tout ce qu'il y avait de mauvais ou de contraire aux principes.
» L'a-t-on fait ? Non.
» Faut-il renoncer à le faire ? Non. »

* Ce sont ces feuilles que Boulay de la Meurthe a conservées et publiées sous le titre *Théorie constitutionnelle de Sieyès* [3].
** La date de ce tableau est controversée. Pour Aulard [7], elle serait contemporaine des notes de Boulay de la Meurthe. D'après A. Vandal [8], le tableau remonterait à 1795. Bastid considère que le plan serait antérieur aux entretiens avec Boulay, mais il observe qu'il n'offre pas la moindre garantie d'authenticité ni d'exactitude [9]. En réalité, il semble que ce plan — dont Mignet n'indique pas l'auteur — synthétise les réflexions constitutionnelles de Sieyès dans les mois qui précédèrent Brumaire [10]. La pensée de Sieyès paraît avoir évolué au cours de ses entretiens avec Boulay de la Meurthe.

Puis Boulay de la Meurthe a écrit ces mots, sous la dictée de Sieyès :
« Il faut en revenir aux idées de 1789. »

Et il a commencé de noter, en phrases souvent non construites,
l'exposé des principes de Sieyès :

> « La démocratie brute est absurde.
> » Fût-elle possible, le système représentatif est bien supérieur, seul
> capable de faire jouir de la vraie liberté et d'améliorer l'espèce humaine.
> » Démocratie, base du système représentatif et de l'établissement public.
> » Le gouvernement élevé sur cette base est nécessairement représentatif et
> ne doit pas ressembler à la base — une République représentative.
> » Régime représentatif n'est pas seulement nécessité par l'étendue du
> territoire et le nombre des habitants. Dans tous les cas, même dans celui
> du plus petit territoire, il est certain qu'il y a tout à gagner pour le peuple à
> mettre en représentation toutes les natures de pouvoirs dont se compose
> l'établissement public.
> » Les plus chauds partisans de la démocratie brute, dans l'association la
> plus favorable à cette manière de traiter les affaires, n'entendent
> cependant point mettre la démocratie dans la partie exécutrice, administra-
> tive, judiciaire et autres parties du service public. — Ils la veulent
> seulement dans l'ordre législatif. — Il s'agit donc de mettre la fonction
> législature en représentation, pour avoir le régime représentatif.
> » La différence qu'il y a entre un régime démocratique et celui représenta-
> tif, c'est que dans ce dernier, il faut mettre la législature en représenta-
> tion, puisque faire représenter la démocratie, c'est confier à des représen-
> tants choisis pour légiférer tous les pouvoirs qu'exercerait le peuple resté
> en démocratie. Il suit que hors l'élite représentative, nul n'a droit de
> représenter, nul n'a droit de parler au nom du peuple »[11].

De ces généralités chères à Sieyès, celui-ci tire les « principes » de la
représentation pure, qu'il avait souvent exprimés, et que Boulay de la
Meurthe rapporte ainsi :

> « Nul ne doit être revêtu d'une fonction s'il n'a la confiance de ceux sur
> qui elle doit s'exercer.
> » Mais aussi dans un gouvernement représentatif, nul fonctionnaire ne
> doit être nommé par ceux sur qui doit porter son autorité.
> » La représentation doit venir des supérieurs qui représentent le corps de
> la nation.
> » Le peuple dans son activité politique n'est que dans la représentation
> nationale ; il ne fait corps que là.
> » Le gouvernement est essentiellement national et non local : il tombe de
> la représentation nationale qui est le peuple représenté, il ne vient pas du
> simple citoyen puisque celui-ci n'a pas le droit de représenter le peuple, ni
> de conférer un pouvoir en son nom. »

Ainsi Sieyès était immuable sur le principe de la représentation
nationale qu'il avait vigoureusement professé en 1789. Il dit et répète —

sans doute conforté par le souvenir de Robespierre — que nul, hors la représentation nationale, « n'a le droit de parler au nom du peuple ». Restait à en organiser les conséquences... et sans doute Sieyès était-il maintenant contraint de tirer la dure leçon des dix années qui le séparaient de sa brochure sur le Tiers Etat. A la lumière de tant d'expériences, et pour servir l'opportunité, il construit toute une organisation nouvelle fondée sur le grand principe qu'il énonce ainsi : *la confiance doit venir d'en bas, et le pouvoir d'en haut.*

Comment la confiance va-t-elle venir d'en bas ? Par le système des « listes de confiance et de notabilité ». Au bout de ce système le peuple ne fera pas des élus. Il désignera des éligibles.

Pour établir ces listes, Sieyès, retrouvant ses constructions anciennes, fractionne à nouveau la France en trois divisions politiques : la grande commune « qui sera d'au moins 36 lieues carrées »*, le département, et l'Etat. « Supposons 30 millions d'hommes, dit-il, la masse des citoyens est d'environ 6 millions. » Mais qui sont ces 6 millions de personnes ? Le texte dicté à Boulay de la Meurthe exclut expressément les femmes et les enfants du suffrage [11]. Pour le reste il est fort imprécis. Sieyès a-t-il, comme il le semble, abandonné le suffrage censitaire ? Renonçant à la distinction des citoyens actifs et passifs, admet-il maintenant que tous les hommes âgés de vingt et un ans, domiciliés depuis plus d'un an, seront des citoyens aptes à voter... à voter pour dresser les listes des notabilités ? Les notes dictées à Boulay de la Meurthe passent vite sur ce point essentiel [12]. « Il n'y a pas un million de membres de l'association politique », précisera Sieyès corrigeant de sa main le texte de Boulay, mais il ajoutera, de manière ambiguë : « Il n'y a pas un citoyen qui ne puisse le devenir s'il le veut. » Boulay de la Meurthe paraît avoir admis**, sans se poser la question, que le projet de Sieyès offrait la citoyenneté à tout Français âgé de vingt et un ans. Donc les « 6 millions de citoyens » devront désigner « par réduction au dixième » 600 000 éligibles, constituant la liste de confiance du premier degré, dite « liste communale », sur laquelle le gouvernement devra choisir les conseillers municipaux, les maires, les juges de première instance, les sous-préfets. Puis ces 600 000 « notables » communaux devront à leur tour désigner, par nouvelle « réduction », le dixième d'entre eux, soit 60 000 notables départementaux, parmi lesquels le gouvernement choisira les membres

---

* On sait que l'Assemblée constituante avait gardé du projet de Sieyès les départements, mais substitué aux communes les « municipalités » dont le nombre s'élevait à 44 000. Ce morcellement de la France à l'infini « la couvrant d'un essaim de municipalités dont l'ignorance et la faiblesse les rendent tour à tour victimes et instruments de l'oppression » avait constitué, selon Sieyès, une grave bévue politique (*Exposé historique des Ecrits de Sieyès*, an VIII, pp. 20-21).

** Comme la plupart des commentateurs [13]. Et il semble bien que tel était le projet de Sieyès. La citoyenneté pouvait être d'autant plus librement accordée qu'elle comportait moins de prérogatives...

des Conseils des départements, les administrateurs, les préfets, les juges d'appel. Enfin les 60 000 notables départementaux devront à leur tour désigner 6 000 « notabilités nationales ». C'est parmi ces notabilités nationales que devront être choisis les membres des Assemblées législatives — Corps législatif et Tribunat —, les conseillers d'Etat, les ministres, les juges au Tribunal de Cassation. Enfin un « Collège des Conservateurs » aura mission de recueillir les listes de notabilités nationales, de les examiner, de les épurer si besoin est, dans la proportion du dixième « en effaçant les choix que l'intrigue, la corruption ou l'insouciance auront pu faire ou laisser faire », enfin, de veiller à leur révision annuelle afin, notamment, d'en effacer les morts.

Etrange système ! Sieyès ne l'appelait plus son « triangle » comme autrefois, mais sa « pyramide ». Très étroite au sommet, elle devait être assise sur la plus large base, la totalité du territoire, et sans doute la masse des citoyens. Mais la souveraineté du peuple était soudain amputée du droit d'élire les représentants de la Nation. Elle se réduisait à l'établissement de listes de candidats. Sieyès donnait le sentiment ou l'illusion de respecter cette souveraineté *, mais il « l'escamotait » [15]. « Par sa métaphysique, écrira Mme de Staël, Sieyès avait embrouillé la question la plus simple, celle de l'élection populaire. Bonaparte lui-même n'aurait peut-être pas été assez fort pour opérer un tel changement dans les principes généralement admis » [16].

Ainsi « la confiance » était-elle censée venir d'en bas, c'est-à-dire du peuple. Mais il fallait que « le pouvoir » vienne d'en haut. A qui devait être dévolu le droit de choisir sur ces listes de candidatures ? Tantôt au pouvoir législatif, tantôt au pouvoir exécutif. Les fonctionnaires de l'ordre exécutif seront choisis par le pouvoir exécutif. Les « fonctionnaires » de l'ordre législatif, comme disait Sieyès, seront choisis par le Collège des Conservateurs. Ainsi le pouvoir législatif et le pouvoir exécutif se composeront eux-mêmes, seulement contraints de respecter les « listes », c'est-à-dire la confiance populaire, réduite ainsi à ne plus faire que des propositions.

Où donc est le pouvoir exécutif dans le projet de Sieyès ? Il n'est plus attribué à sept personnes, comme Sieyès l'avait proposé en l'an III, ni à trois comme l'avait voulu le décret de Brumaire, mais à « une plus deux » : à un Grand Electeur, assisté de deux Consuls.

Le Grand Electeur ** de Sieyès « n'est pas un roi », précisent les notes de Boulay, « car il lui faudrait des sujets et il n'en a pas ». Il ne gouvernera pas. « Il est le représentant de la majorité nationale au-

---

* Le projet de Sieyès, observe Boulay de la Meurthe, divisait la Nation « en partie gouvernante et en partie gouvernée » [14]. Il portait à l'extrême cette division moderne du travail, souvent célébrée par Sieyès, obligeant à la consécration du métier politique.
** Il est qualifié de « proclamateur électeur » dans le projet rapporté par Mignet.

dedans et au-dehors. » Il résidera dans un palais national, disposera d'un revenu de 5 millions et d'une garde de 3 000 hommes. Elu à vie, sur la liste nationale, par le Collège des Conservateurs, il aura pour mission de représenter l'unité, la dignité, la grandeur de la nation. Il recevra les ambassadeurs. Il signera certains traités. Mais cette « Puissance » ne pourra exercer par elle-même « aucune portion de l'autorité exécutive ». Le Grand Electeur n'aura aucun pouvoir effectif*. Il n'aura même pas la signature des actes du gouvernement. En revanche, il nommera — et révoquera — les deux « Consuls », l'un pour l'extérieur, l'autre pour l'intérieur, qui seront les véritables « chefs de gouvernement » [18]. Dans le lot du « Consul pour l'extérieur », Sieyès met l'Armée de terre, la Marine, les Colonies, les Relations avec les gouvernements étrangers. Dans le lot du « Consul pour l'intérieur », il place la Police, la Justice, les Finances, l'Intérieur [19]. Chaque Consul désignera ses ministres, son Conseil d'Etat, et sa Chambre de Justice politique. Sieyès prévoit en tout quatorze ministres — c'est-à-dire un ministre par service public, exerçant le pouvoir exécutif sous le contrôle et la responsabilité d'un Consul — et deux « Conseils d'Etat » nommés et révoqués par les Consuls, chargés de rédiger les projets de loi, de les discuter avec le Tribunat, d'assurer l'exécution des lois votées, d'imposer les règlements, enfin de prêter l'oreille aux réclamations des citoyens. Deux « Chambres de Justice politique » devront prévenir les négligences, corriger les délits des ministres, des conseillers d'Etat et des grands juges.

Sur le pouvoir législatif, Sieyès n'a rien changé d'essentiel au projet qu'il a défendu en l'an III**. Il imagine encore deux Assemblées, remplissant deux fonctions distinctes dans l'élaboration de la décision : le « Tribunat » qui propose, le « Corps législatif » qui décide. Il place à part, et au-dessus, le Collège des Conservateurs. Le Tribunat, choisi par le Collège des Conservateurs sur la liste des notabilités nationales, et composé d'autant de membres qu'il y a de départements en France, aura l'initiative et la discussion des projets de loi, concurremment avec le Conseil d'Etat, ou plutôt avec les Conseils d'Etat puisque le nouveau projet de Sieyès en prévoit deux, un pour chaque Consul. C'est ce Tribunat qui « pétitionnera pour le peuple », soutenant devant le Corps législatif les projets qui feront connaître « les besoins et les intérêts du peuple », car le peuple, selon l'idée de Sieyès sur laquelle il ne variera jamais, ne saurait s'exprimer d'aucune autre manière. Les « Tribuns »

---

* G. Pariset [17] a soutenu que le Grand Electeur de Sieyès n'était que la réplique du roi fainéant de Spinoza et que l'idée des listes de notabilités de Sieyès serait tout entière chez Spinoza dont la doctrine politique aurait influencé Sieyès. « Il se pourrait que l'oracle n'ait été qu'un écho. » Mais on ne trouve dans les textes de Sieyès aucune indication qui permette de croire qu'il ait connu et utilisé Spinoza. Et l'on pourrait observer de fortes différences entre les constructions de Sieyès et le régime aristocratique conçu par Spinoza.

** *Supra*, pp. 363 et ss.

qui composeront cette Assemblée de proposition devront donc être des hommes de talents et de lumières, des orateurs aussi, capables de découvrir, d'élaborer, de défendre les réformes souhaitables. Quant au Corps législatif, il sera composé de 400 membres choisis par le Collège des Conservateurs sur la liste des notabilités nationales, renouvelés chaque année par quart. Il aura pour mission de décider, donc de faire les lois. Pour y parvenir il prendra connaissance des besoins de la société, que viendront lui exposer les Tribuns, des besoins du gouvernement exprimés par les Conseillers d'Etat. Le Corps législatif les écoutera « en silence », comme un véritable jury de jugement, et il tranchera. Il votera ou il écartera les projets, selon l'intérêt public. Son vote muet sera la loi *.

Mais la pièce essentielle de cette savante construction est bien le Collège des Conservateurs. Ce Collège, déclare Sieyès, ne devra être « rien dans l'ordre exécutif, rien dans le gouvernement, rien dans l'ordre législatif ». Mais il sera tout, dans la réalité. Sa première fonction sera de maintenir la Constitution dans sa parfaite pureté, de la conserver précieusement **. Le Collège assumera sa mission non seulement en maintenant la Constitution et les libertés civiles, mais aussi « par les améliorations successives que les progrès des Lumières et les besoins de l'Etat pourraient solliciter »[21]. Il devra exercer, affirme Sieyès, « une puissance morale qui, par son influence sur les mœurs, l'esprit, et même les modes, contient tous les mouvements particuliers dans une sphère déterminée et empêche les écarts des ambitions désordonnées ». Pour que le Collège remplisse d'aussi hautes missions — celles qui incombent au monarque, observe Sieyès, dans les monarchies — il faudra « que son existence soit indépendante des autres parties du service public ». Il sera donc composé de 100 membres nommés à vie. Et il se recrutera lui-même, par cooptation, sur la liste des notabilités nationales. Les membres du Collège seront richement payés. Ils ne pourront jamais solliciter ni obtenir aucune place, même en démissionnant, car il devront être « consacrés perpétuellement au bien public ». « On me dira, rétorque Sieyès aux objections qu'il devine, que c'est là de l'oligarchie. Je réponds que c'est la seule manière de mettre un frein à l'oligarchie des richesses dans toute la République... que c'est encore le seul moyen d'anéantir l'ancienne influence aristocratique et de la faire passer tout entière du côté de la République... » Mais ce Collège des élites n'aura pas que la garde de la Constitution et des principes qui fondent la

* Mignet donne une autre version, imprécise et qui semble sur ce point très douteuse, du projet de Sieyès. Le Tribunat — selon Mignet — aurait été composé de droit des 100 premiers membres de la liste nationale, tandis que le Corps législatif aurait été directement choisi par les collèges électoraux[20].

** Le Collège des Conservateurs est ainsi le successeur du Jury constitutionnaire que Sieyès avait proposé en l'an III (*supra*, p. 366).

République. C'est lui qui nommera les membres du Tribunat et du Corps législatif sur les listes de notables. C'est lui qui désignera le Grand Electeur. Et si par malheur celui-ci devient un jour malfaisant, le Collège des Conservateurs aura la faculté de l' « absorber », l'appelant, autoritairement, à venir siéger parmi ses membres. Ainsi sera contraint de s'effacer le Grand Electeur qui aura démérité. Enfin, on laissera constamment vacantes un cinquième des places, dans le Collège des Conservateurs, « parce qu'il faut qu'il y ait toujours possibilité de faire des nominations du jour au lendemain... » et, précise Sieyès toujours économe, « parce qu'il en résultera toujours des fonds disponibles pour faire face aux dépenses de l'institution ».

Quel étrange projet ! * Certains y ont vu l'aboutissement de la folie constitutionnelle de Sieyès. A force de réfléchir, d'échafauder des théories, de dresser des plans, Sieyès en était venu à une constitution délirante, à une horlogerie aussi compliquée que baroque. « L'appareil entier, écrit Vandal, n'était capable que de fonctionnement idéal et théorique. Sieyès s'était plu à décomposer les facultés de l'âme pour les loger chacune dans un corps politique, dans un compartiment de sa machine. Au Tribunat l'imagination, la proposition. Au Corps législatif la décision. Au Consulat la mise en action. Au Sénat le jugement pondérateur et l'instinct de conservation. Mais cette analyse philosophique, appliquée au problème du gouvernement, aboutissait à une conception transcendante et vaine »[23]. Certains, comme Thiers, y verront une image effacée, obscurcie à dessein, de la monarchie représentative, tordue, par une science infinie et dérisoire, pour n'être pas reconnaissable[24] :

> « Ce Corps législatif, ce Tribunat, ce Sénat, ce Grand Electeur, ainsi constitués, énervés, neutralisés les uns par les autres, attestaient un prodigieux effort de l'esprit humain pour réunir dans une même Constitution toutes les formes connues de gouvernement, mais pour les annuler ensuite à force de précautions. »

D'autres au contraire ont vu Sieyès raisonnable, trop raisonnable : il n'aurait pensé qu'à lui. Au soir de sa vie, il aurait rêvé de devenir le Grand Electeur — ce dont le soupçonne notamment Fouché ** —, un souverain sans pouvoir, mais entouré de respect, d'honneurs, entretenu

---

* « On était fatigué des constitutions usées, écrit Mignet, et celle de Sieyès était neuve ; c'était une constitution de modérés qui semblait propre à finir une révolution et à asseoir un peuple »[22].

** Fouché accuse Sieyès d'avoir voulu se réserver la place de Grand Electeur. Sieyès aurait alors nommé Bonaparte Consul extérieur pour « l'absorber » ensuite. Puis il aurait, après une période de transition, transformé le pouvoir électif en royauté héréditaire : « marche tortueuse et suspecte », à laquelle, dit Fouché, s'opposa Bonaparte[25]

à ne rien faire dans les palais nationaux. Sieyès, moins ambitieux, aurait-il plutôt imaginé à sa mesure le personnage du « Conservateur » à vie, richement doté, distribuant les fonctions ? Y aurait-il vu le moyen de prendre sa distance, sinon sa retraite, tout en assurant, pour longtemps, son influence ? Que Sieyès ait pensé à lui en ébauchant son projet, ou ses projets successifs, est possible, sinon probable. Qu'il ait songé à installer Bonaparte dans un rôle de roi fainéant, que Bonaparte refusera avec indignation, ne peut être exclu *. Mais le projet de Sieyès n'est pas ce reniement honteux, que certains ont voulu y voir, l'accusant d'avoir, par opportunité, renoncé à tous ses principes, il n'est pas davantage un assemblage d'astuces destinées à servir la dictature d'un homme ou d'une classe **. Si compliqué qu'il soit, le plan de Sieyès — dix ans après ses écrits de 1789 — essaie de traduire sa fidélité à ses principes, aussi son évolution commandée par l'expérience, et surtout ses graves préoccupations du moment. Le « grand harmoniste social » comme il se désignait complaisamment, s'applique à concilier des partitions contraires, au risque d'aboutir à la plus savante et, peut-être la plus inapplicable des compositions. Par son système électif, qui semble ne plus exclure aucun citoyen — pourvu qu'il soit majeur et domicilié depuis plus d'un an —, il fonde la souveraineté nationale sur le suffrage universel : c'est bien du peuple que, directement ou indirectement, doivent émaner tous les pouvoirs. Mais, organisant ses listes de « confiance », il tente d'installer la république des notables. Choisis par le peuple, 600 « notables » de l'éducation, du mérite, de la propriété, des services rendus, devront ainsi recevoir toutes les fonctions et se partager le pouvoir ***. Ainsi Sieyès porte-t-il à l'extrême, et plus loin qu'il ne l'avait fait jusque-là, cette division de la Nation en partie gouvernante et partie gouvernée, qu'il avait souvent théorisée, fondée, selon lui, sur le principe de la division du travail, et capable d'assurer le gouvernement d'une véritable classe politique. Dans le même temps, les « listes de notabilités » tentent de réaliser une sorte d' « ostracisme » comme l'avait connu la République

* « **Sans** qu'il y eût, à cet égard, aucune délibération, écrit Boulay de la Meurthe, c'était une chose bien entendue entre nous que Bonaparte devait occuper le premier rang dans le nouveau gouvernement qu'il s'agissait d'établir »[26].

** « Sieyès entendait réaliser, assure Georges Lefebvre, la grande pensée qui avait été à l'origine du 18 Brumaire... la dictature des notables »[27].

*** Roederer expliquera en ces termes à Bonaparte devenu Premier Consul le fondement du système : « Quatre circonstances principales établissent dans l'opinion la considération et la notabilité : la haute extraction, la fortune, le mérite, l'âge. Nous ne pouvons ni ne voulons fonder la notabilité sur la naissance. Mais nous voulons et nous pouvons la fonder sur la propriété, le mérite et l'âge ; et c'est ce que la Constitution a en vue... »[28]. On rapprochera cette position de la conviction de Necker exprimée dans son ouvrage *De la Révolution française*. Necker déplore ce qu'il appelle — à tort d'ailleurs — « l'indifférence » des législateurs de la France pour la qualité de propriétaire : « On n'est qu'à ce titre un citoyen complet, on n'est qu'à ce titre ami de l'ordre, ami de la justice, ami de la morale, par un sentiment d'intérêt personnel »[29].

athénienne. S'épurant, tandis que l'on monte dans la hiérarchie des notabilités, les listes de Sieyès ont pour fonction d'éliminer les individus dangereux pour la chose publique, ceux qui n'ont ni mérite, ni compétence, ni dignité. De même le pouvoir reconnu au Collège des Conservateurs d' « absorber » non seulement le Grand Electeur, mais « tout homme qui, par ses talents, ses services, sa popularité et son ambition », deviendrait « inquiétant pour la tranquillité publique et... l'ordre établi », cette sorte d' « embaumement », comme dit justement Bastid [30] dans la magistrature la plus élevée, constitue le procédé le plus raffiné qui se puisse imaginer pour débarrasser la République de ceux qui la menacent, ainsi « aspirés » au sommet des honneurs, « bannis dans le sanctuaire même de la Constitution » !

Et de même l'organisation législative de Sieyès essaie-t-elle de concilier les théories de Sieyès et les nécessités du moment. Sieyès est resté fidèle à ce qu'il disait en 1789 : il refuse toujours la coexistence de deux Chambres qui auraient mêmes fonctions à l'exemple des Assemblées anglaises. Mais il consent — depuis son fameux discours du 2 thermidor * — que deux, et même trois Chambres puissent remplir, séparément, les différentes opérations qui concourent à la formation de la loi. A bien regarder, on ne trouve dans son projet qu'une seule Assemblée vraiment législative, le Corps législatif, qui vote la loi. Mais comment le Corps législatif connaîtrait-il tous les besoins du peuple ? Fidèle à lui-même, Sieyès ne veut pas consentir la moindre trace de démocratie directe. Et l'expérience lui a enseigné à se méfier des sociétés populaires qui prétendent incarner, exprimer le peuple. Pourtant il faut que le peuple soit entendu. Il faut donc un Tribunat qui recueille toutes les propositions, toutes les pétitions d'où qu'elles viennent, qui les discute, qui les propose, ou refuse de les proposer **. Et comment le Corps législatif connaîtrait-il les préoccupations et les besoins du gouvernement ? Il faut un Conseil d'Etat — ou même deux — qui expriment les vœux du gouvernement. Mais au bout du processus le Corps législatif seul dit, à la manière d'un juge, la sentence du peuple. Il formule un jugement aussitôt exécutoire. Et pour avoir la contenance et l'impartialité d'un jury ou d'un tribunal, le Corps législatif écoute en silence. Il se tait comme un juge, puis il dit la loi comme le juge rend son arrêt. Ainsi la souveraineté de la représentation nationale, et l'unité nationale sont-elles préservées.

Mais on voit aussi que Sieyès cherche, en l'an VIII, dans le fractionnement des activités, le remède aux périls de la concentration des pouvoirs. Ces périls, il les a longtemps, douloureusement vérifiés. Il

---

* *Supra*, pp. 363 et ss.
** Car Sieyès, poussant à l'extrême le système représentatif, refuse au citoyen le droit de parler ou de pétitionner au nom du peuple. Il faut « une classe de représentants » choisis pour parler au nom du peuple, et le peuple ne peut s'exprimer autrement [31].

redoute que la dictature ne se profile sous le masque de l'unité. Il a vécu le gouvernement révolutionnaire : une assemblée, un parti, un homme... Et, comme en l'an III, il décompose la souveraineté pour la borner. Il croit l'apprivoiser en la cassant en morceaux. Ce pourquoi il imagine une floraison d'institutions complexes et de procédures savantes. Mais ce morcellement de la souveraineté, plus sûrement protecteur de la liberté individuelle, de la société privée, que la séparation des pouvoirs, les Constitutions modernes s'ingénieront plus tard à le réinventer...

Quant à son Grand Electeur, qui est-il ? Un roi fainéant ? La caricature du roi d'Angleterre qui règne sans gouverner ? Offre-t-il un trône destiné à recevoir Sieyès, ou Bonaparte ? En réalité, Sieyès tente de réaliser, en l'an VIII, cette monarchie élective pour laquelle il semble avoir toujours eu une préférence, si même il ne l'a que rarement exprimée. Il invente un « roi républicain ». Du roi, le Grand Electeur remplit la fonction essentielle : il est « le représentant de la majorité nationale au-dedans et au-dehors ». Il incarne l'unité et la continuité de la nation. « Il est placé au-dessus des passions particulières et de l'intérêt des factions. » Du roi, il a l'attribution principale : il nomme et destitue les Consuls, les ministres, tous les gouvernants « sous la seule influence de sa raison... »*. Mais Sieyès — auquel l'ancienne monarchie paraît toujours aussi détestable — enferme ce roi moderne dans les contraintes de la République. Il est nommé par le Sénat conservateur. Il est nommé à vie, mais il n'est pas héréditaire. Hors la désignation et la destitution des gouvernants, il n'a pas le moindre pouvoir. Enfin, précaution suprême, il peut à tout moment être « absorbé » par le Collège des Conservateurs, c'est-à-dire très courtoisement destitué. De la fonction royale, Sieyès n'a ainsi gardé que ce qui lui paraît strictement nécessaire ; la continuité et la représentation de la Nation, la désignation du gouvernement. Pour le reste le roi n'est rien. « Le premier en France, constatera Benjamin Constant en 1830, Sieyès a établi et prouvé que le chef, placé au haut de la hiérarchie politique, devait choisir mais non gouverner. Son Grand Electeur, à quelques subtilités près dont on s'est emparé pour rendre sa théorie ridicule, est le type exact et utile d'un roi tel qu'on doit le désirer : choisir est sa fonction, renvoyer est son droit »[32].

Et le Collège des Conservateurs couronne l'édifice. De quoi sert cette apparente « oligarchie » de cent notables, venus au sommet du mérite et de la considération, désignés à vie, et qui se cooptent, laissant toujours vide le cinquième de leurs fauteuils ? Sieyès poursuit plusieurs objectifs. Il s'agit d'abord d'assurer l'influence d'une élite de « Sages », placés à l'abri des passions, habités par la raison, capables d'exercer les meilleurs choix. Ces politiques instruits, réfléchis, expérimentés, choisissent le

---

* Dans le projet rapporté par Mignet, le « proclamateur électeur » ne désigne que les Consuls, qui désignent à leur tour les ministres.

Grand Electeur, les membres du Corps législatif, et ceux du Tribunat. Thiers décrira cet aréopage entourant le Grand Electeur comme « l'aristocratie vénitienne avec son livre d'or, avec son Doge fastueux et nul, chargé tous les ans d'épouser la mer Adriatique ». « M. Sieyès, conclura-t-il, esprit profond et élevé, sincèrement attaché à la liberté de son pays, avait parcouru en dix ans ce cercle d'agitations, de terreurs, de dégoûts... il avait abouti à l'aristocratie vénitienne, constituée au profit des hommes de la Révolution »[33]. Et il est vrai que c'est une sorte d'aristocratie des intellectuels, des sages, une sélection des représentants les plus éminents de la pensée, de l'économie, de la propriété, que Sieyès rêvait sans doute de constituer. Il pensait que le Collège deviendrait une sorte de grand Conservatoire de la Révolution, où siégeraient les vrais représentants de celle-ci — lui d'abord — et sans doute plusieurs de ses amis idéologues, une Académie révolutionnaire où les traditions de 1789 seraient entretenues et célébrées par des esprits éclairés. Mais le Collège des Conservateurs a aussi pour vocation d'assurer la continuité et la représentation de la Nation. Telle est la fonction collective exercée par cette Assemblée de quatre-vingts hommes savants, vertueux, qui recevront, pour ce faire, tous les honneurs et les revenus nécessaires. Enfin, surtout peut-être, le Collège doit veiller sur la Constitution. C'est lui qui assurera le respect de la grande loi fondamentale, et c'est lui qui annulera les actes qui la transgressent. C'est lui qui corrigera les défauts de la Constitution. Dans le projet de l'an III Sieyès avait même consenti à son Jury constitutionnaire une fonction plus audacieuse, non expressé-ment répétée en l'an VIII : le Jury devrait, dans des occasions graves où la législation se trouverait en défaut, offrir « un supplément de juridiction naturelle aux vides de la juridiction positive »*. Il devrait veiller sur les libertés fondamentales, sur les principes inspirant la République, comme un véritable Tribunal des Droits de l'homme. Ainsi cette institution apparemment bizarre, si compliquée, et dont les siècles à venir éclaireront la modernité, avait pour vocation de corriger les défauts que Sieyès avait observés sur les trois Constitutions qu'il avait vues mourir, ou qu'il avait aidées à mourir. Elle confiait la maîtrise du pouvoir constituant à un conseil de sages. Elle assurait le maintien des principes fondamentaux de la République. Elle promettait à une élite raisonnable — la bourgeoisie, dit non sans raison Lefebvre —, mais une bourgeoisie éclairée et républicaine, qu'elle assurerait désormais la continuité de la République à venir...

« Sieyès avait voulu être le théoricien de la liberté et il était devenu le théoricien de la servitude. » Ce jugement sévère, Edgar Quinet le portera en 1865, durant son exil, le regard fixé sur les deux Napoléon et la colère au cœur[34]. En réalité, Sieyès est resté plus semblable à lui-même que ne

* *Supra*, p. 366.

le dit Quinet les yeux fixés sur Bonaparte. Mais il est vrai que celui, qui a voulu — et accompli — en 1789 le démantèlement de la puissance monarchique et la destruction des ordres privilégiés, a vécu sous la Terreur. Il a gouverné sous le Directoire. Il a traversé les révolutions. Dix ans ont passé, qui séparent la nuit du 4 Août et la nuit du 18 Brumaire. Nous risquons de ne pas voir assez, avec le recul du temps, qui estompe les différences, les bouleversements de la société française pendant ces dix ans, l'irréversible mouvement qui s'est accompli. C'est vrai que celui qui a ouvert la Révolution en 1789, et qui la referme en 1799 a, sur plus d'un point, modifié son jugement, adapté ses théories. Nul ne peut faire qu'il n'ait pas connu, après 1793, la dictature des pouvoirs confondus et, après 1795, l'impuissance des pouvoirs divisés. En dix ans le combat s'est transformé. L'Ancien Régime, la société des ordres ne sont plus les ennemis à abattre. La Révolution a accouché d'une autre société, et c'est dans une France nouvelle que réfléchit et agit Sieyès. Il a bien moins changé que n'a changé la France. Le projet qu'il esquisse en cette fin de siècle n'est pas le projet d'un « théoricien de la servitude ». Sieyès sait que les Français n'entendent pas remettre en cause leurs conquêtes, mais qu'ils aspirent maintenant à l'ordre, à la tranquillité, à la sécurité d'un pouvoir fort. En 1789, ils rêvaient d'un roi qui acceptât la Révolution. En 1799, ils veulent que la Révolution s'accommode d'un roi.

VII

LE CHÂTELAIN DE CROSNE

Sieyès dicta ses projets à Boulay de la Meurthe dix jours durant, du 20 au 30 brumaire (11 au 21 novembre). Les principales parties de son système furent connues peu après. Les sections, constituées par les Commissions législatives, se montrèrent favorables au plan de Sieyès, du moins dans ses lignes essentielles. Comme il offrait une large place à la cooptation, il laissait à beaucoup de « brumairiens » l'espoir d'une promotion. En revanche, Bonaparte, qui connut progressivement, par Boulay, par Talleyrand, par Roederer, les idées de Sieyès, s'inquiéta vite. Si, dans l'ensemble, les listes de notabilités, minimisant le rôle du suffrage universel, et l'organisation de trois Assemblées se partageant les prérogatives, pouvaient lui convenir, en revanche le Grand Electeur de Sieyès heurtait ses idées et surtout ses desseins. Crut-il que Sieyès lui destinait cet emploi ?

> « Le Grand Electeur, protesta-t-il, sera l'ombre mais l'ombre décharnée d'un roi fainéant. Connaissez-vous un homme d'un caractère assez vil pour se complaire dans une pareille singerie ? »

Lui, Bonaparte, qui s'était fait craindre de toute l'Europe, resterait donc les bras croisés, dans un fauteuil de Grand Electeur ? Il se résignerait au rôle d'un cochon à l'engrais ? C'était impossible. « Plutôt rien que d'être ridicule »[1].

L'opposition de Bonaparte fut vite rapportée à Sieyès. Celui-ci, semblable à lui-même, se cabra*. Son projet était un tout, dont il ne supporterait pas qu'on altérât une partie. Talleyrand crut sage, pour raccorder les deux Consuls, d'organiser une rencontre qui tourna mal. « Voulez-vous donc être roi ? » lança Sieyès, balayant toutes les objections de Bonaparte sur un ton définitif. Et Bonaparte commentera, le

---

* Fouché rapporte, en l'exagérant, le conflit opposant Sieyès et Bonaparte. Bonaparte aurait « sabré d'un trait de plume » ce qu'il appela tout haut, en présence de Sieyès, des « niaiseries métaphysiques »[2]. En réalité, Bonaparte paraît s'être efforcé de ménager Sieyès, tout en imposant ses propres idées.

lendemain de ce rendez-vous que Talleyrand regrettera d'avoir provoqué : « Sieyès croit posséder seul la vérité. Quand on lui fait une
objection il répond comme un prétendu inspiré et tout est dit »[3]. Alors
Roederer et Boulay de la Meurthe s'entremirent à leur tour. Roederer
proposa de consentir quelques pouvoirs supplémentaires au Grand
Electeur de Sieyès, qui deviendrait « Premier Consul », les deux autres
Consuls ne pouvant rien décider sans le premier. Boulay proposa de
modifier le projet de Sieyès, inventant un « Président » qui assisterait
aux délibérations des deux autres Consuls et trancherait sur leurs
conflits. Lucien Bonaparte compliqua encore la négociation, critiquant
violemment les idées de Sieyès, proposant une république à l'américaine
où il espérait se faire une grande place[4]. Sieyès eut le sentiment que ses
amis ne le soutenaient pas. Il se crut abandonné. Il parla de renoncer à
tout, de se retirer à la campagne : « Si Sieyès s'en va à la campagne, dit
Bonaparte à Roederer, rédigez-moi vite un projet de Constitution. » Le
1er décembre (10 frimaire) au soir la rupture parut consommée. Mais
Sieyès ne partit pas. Et Boulay de la Meurthe s'entremit à nouveau : « Il
faut tâcher de s'entendre, concéda Bonaparte, et d'en finir »[5]. Un nouvel
entretien put avoir lieu le lendemain entre les deux Consuls, auquel
participèrent Boulay, Roederer et Talleyrand. Cette fois-ci Bonaparte se
fit aimable. Et Sieyès parut se résigner à trouver un compromis.

Il fallait d'autant plus aller vite que ces divergences commençaient
d'être connues dans Paris. Les plaisanteries couraient, caricaturant les
projets de Sieyès. Dans les restaurants on demandait des omelettes
« absorbées » pour dire réduites, on se menaçait mutuellement dans les
discussions trop vives de « s'absorber », on se moquait des traitements
fabuleux proposés pour le Grand Electeur, pour les sénateurs, on
ridiculisait les fastes du régime à venir[6]. Bonaparte et Sieyès se mirent
d'abord d'accord sur une procédure. Les deux « sections », constituées
par les Assemblées, finiraient à la hâte leur travail préparatoire. Puis elles
se réuniraient au Luxembourg, dans le salon de Bonaparte, chaque soir,
en présence des trois Consuls... car Bonaparte entendait presser le
travail. Tout le monde admit, sans qu'il fût besoin de le dire, que les
idées de Sieyès serviraient de base à l'effort commun. Mais Daunou,
qu'une longue rivalité avait opposé à Sieyès, devait seul tenir la plume.
Ainsi commencèrent les séances nocturnes où se fit la Constitution. Elles
se tinrent tous les soirs, se prolongeant souvent une large partie de la
nuit. Peu à peu, d'autres membres des commissions s'adjoignirent au
groupe. Daunou commençait la séance en lisant les textes qu'il avait
rédigés. Puis Bonaparte donnait son avis, ouvrant la discussion. Sans
cesse il bousculait le mouvement. En dix ou douze séances le travail fut
achevé, et, certaines nuits, bâclé. Il semblait que peu à peu Sieyès se
désintéressât d'une discussion où l'on ne cessait de rendre hommage à
son rôle pour l'écouter de moins en moins.

Pourtant, beaucoup des idées de Sieyès furent retenues par le groupe de travail que Bonaparte conduisait maintenant. Le système électoral adopté fut celui que proposait Sieyès, sous le nom de « listes de notabilités » : le projet convenait bien à Napoléon, lui proposant la forme la moins gênante de la souveraineté du peuple *. On décida donc que tous les citoyens âgés de vingt et un ans, domiciliés depuis plus d'un an, et qui se feraient inscrire sur le « registre civique » de leur arrondissement, éliraient des « listes de confiance communales », en se réduisant au dixième de leur nombre. Ces listes, à leur tour, désigneraient les « listes départementales » constituées du dixième d'entre elles. Enfin, les listes départementales désigneraient les « listes nationales », toujours dans la proportion du dixième. Les fonctionnaires communaux devraient être choisis sur les listes communales, les fonctionnaires départementaux sur les listes départementales, les Assemblées législatives et les fonctionnaires nationaux sur les listes nationales. Le suffrage universel était donc respecté dans le principe. Mais le peuple n'élisait personne, il ne faisait que proposer. C'était bien le système de Sieyès, mais il était aggravé, et caricaturé de deux manières. D'une part, les listes élues devaient être « définitives ». Ainsi assurait-on la permanence des notables désignés par le peuple : il n'y aurait d'élection, tous les trois ans, que pour pourvoir aux « vacances ». D'autre part, on décidait que les listes de notabilités ne seraient élues qu'en l'an IX... entre septembre 1801 et septembre 1802. Le suffrage universel était ainsi renvoyé à plus tard, et réduit à combler les « vacances » futures dans les Assemblées et les administrations publiques. Il n'en restait à peu près rien.

De même, les Assemblées furent conçues sur le modèle qu'avait proposé Sieyès. Le « Sénat conservateur » — ce nom parut préférable — reçut le double rôle que Sieyès avait voulu assigner à son Collège des Conservateurs. Il choisirait, sur la liste nationale des notabilités, les membres du Tribunat et du Corps législatif, les Consuls, les juges de Cassation, et il annulerait — ou maintiendrait — les actes qui lui seraient déférés, comme inconstitutionnels, par le Tribunat ou par le gouvernement. Ainsi le Sénat devenait bien, selon le vœu de Sieyès, le gardien de la Constitution. Ce Sénat conservateur ne devait participer d'aucune manière à la gestion des affaires publiques. Les 80 sénateurs, âgés de quarante ans au moins **, nommés à vie, à jamais inéligibles à toute

* « C'est en me faisant catholique, dira-t-il au Conseil d'Etat le 15 août 1800, que j'ai fini la guerre de Vendée, en me faisant musulman que je me suis établi en Egypte, en me faisant ultramontain que j'ai gagné les prêtres en Italie. Si je gouvernais un peuple de juifs, je rétablirais le temple de Salomon... C'est là je crois la manière de reconnaître la souveraineté du peuple... »[7].
** L'âge fut très discuté, assure Boulay de la Meurthe. Bonaparte souhaitait que les sénateurs eussent au moins 45 ans. Boulay de la Meurthe, qui n'avait que 37 ans, proposa l'âge de 40 ans, auquel Bonaparte et Sieyès se rallièrent.

fonction publique, richement dotés *, délibérant en séances non publiques, devaient bien constituer ce grand Conseil de « sages » qu'avait imaginé Sieyès. Pour que les sages soient excellemment choisis, et aussi pour que Sieyès donnât son accord à l'ensemble du projet, Bonaparte proposa que Sieyès et Roger Ducos fussent désignés comme « premiers » sénateurs, avec mission d'en nommer aussitôt 31 autres. Après quoi le Sénat devrait se compléter par lui-même : il désignerait le reste de ses membres. Les précautions furent accumulées pour que cette cooptation n'amenât que des personnalités agréables. Chaque nouveau membre serait choisi parmi trois candidats pris sur la « liste des notabilités nationales » présentés l'un par le Corps législatif, l'autre par le Tribunat et le dernier par le Premier Consul **.

Le Conseil d'Etat ne s'éloignait pas non plus du projet de Sieyès. Il recevait mission de « rédiger les projets de loi et les règlements d'administration publique et de résoudre les difficultés qui s'élèvent en matière administrative ». Ses membres devaient être nommés par le pouvoir exécutif. Les projets de loi, mis au point par le Conseil d'Etat, devaient être « proposés » par le gouvernement à la première des Assemblées législatives, le Tribunat ***. Ce Tribunat serait composé de cent membres, âgés d'au moins vingt-cinq ans, nommés par le Sénat. Sa fonction serait double. Il discuterait les projets de loi du gouvernement, pour les rejeter, ou pour en proposer l'adoption au Corps législatif. En outre il déférerait au Sénat les actes qu'il jugeait inconstitutionnels. En revanche le Tribunat de Bonaparte perdait la principale prérogative que lui avait attribuée Sieyès, celle d'exprimer les vœux des citoyens. Il ne pourrait présenter au Corps législatif que des projets soumis à son examen par le gouvernement... Sur ce point Bonaparte fut intraitable et il mit Sieyès en échec. Le pouvoir d'initiative que Sieyès entendait donner au Tribunat semblait à Bonaparte une arme trop puissante contre le gouvernement, un trop grand moyen d'agiter l'opinion [10]. Sieyès dut s'incliner. Enfin la seconde Assemblée, le Corps législatif, devrait faire la loi, comme l'avait proposé Sieyès. Elle rendrait la « sentence » de la Nation. Composé de 300 membres âgés d'au moins trente ans, tous nommés par le Sénat, sur la liste des notabilités nationales, le Corps législatif constituerait une assemblée de muets. Les « Législateurs » écouteraient, sans mot dire, les 3 conseillers d'Etat qui viendraient soutenir un projet gouvernemental, puis ils entendraient, toujours

---

* Le traitement annuel prévu était de 25 000 francs.

** Cet amendement important, prétend Boulay de la Meurthe, fut soutenu par Sieyès lui-même. Il rendait à peu près illusoire le droit qu'avait le Sénat de se compléter lui-même [8].

*** Bonaparte détestera vite les « discoureurs » du Tribunat. « Ils sont là, douze ou quinze métaphysiciens, bons à jeter à l'eau. C'est une vermine que j'ai sur mes habits » [9].

silencieux, les 3 Tribuns qui viendraient exprimer l'opinion du Tribunat, soutenir le vœu favorable à ce projet, ou défavorable, émis par leur Assemblée. Ayant ainsi instruit le « procès » d'un projet de loi, le Corps législatif rendrait son « jugement » sans débat, c'est-à-dire dirait la loi. L'évidence était que cette Assemblée, souveraine, silencieuse, serait peu active. Elle ne devait donc siéger que quatre mois par an*.

Cette organisation rappelait beaucoup celle que Sieyès avait dictée à Boulay de la Meurthe : sauf qu'elle renforçait, par quelques précautions, l'impuissance du pouvoir législatif. Le Conseil d'Etat était placé aux ordres du gouvernement. Le Tribunat discutait sans voter. Le Corps législatif votait sans discuter. Cette dissociation de la fonction législative était bien née de l'imagination de Sieyès. Ainsi le susceptible fabricant de Constitutions avait-il quelques raisons d'être satisfait.

En revanche, c'est sur l'organisation du pouvoir exécutif que Bonaparte décida de se défaire tout à fait des « niaiseries métaphysiques » de Sieyès. Il n'entendait être ni un roi fainéant ni un « cochon à l'engrais », comme lui semblait le Grand Electeur. Et le texte qu'il finit par dicter à Daunou préparait, assurait sa suprématie.

Le gouvernement de la France était apparemment confié à trois Consuls élus par le Sénat pour dix ans, indéfiniment rééligibles. Par prudence, la procédure de l'élection n'était pas déterminée. Mais le « Premier Consul » se voyait attribuer une prépondérance sans réserve. Grand Electeur de Sieyès, mais transformé, revigoré par Bonaparte, il promulguait les lois, nommait et révoquait les membres du Conseil d'Etat, les ministres, les ambassadeurs, les officiers, les membres des administrations locales, tous les juges autres que les juges de paix et les juges de Cassation. Il gouvernait. Simplement, les actes de gouvernement devaient être contresignés par l'un des ministres que le Premier Consul nommait et révoquait. Quant aux deux autres Consuls, ils ne recevaient que des fonctions consultatives. Les traitements confirmaient la hiérarchie des rôles : le Premier Consul se voyait offrir un traitement de 500 000 francs, ses deux collègues un traitement de 125 000 francs. Les Consuls étaient juridiquement irresponsables. Au terme de sa mission, ou s'il démissionnait, le Premier Consul venait obligatoirement au Sénat, les deux autres n'y entraient que s'ils le souhaitaient. C'était tout ce qui restait de la théorie de l' « absorption », chère à Sieyès. Bonaparte s'était violemment opposé à l' « ostracisme » que l'oracle avait voulu organiser. Il s'était vite persuadé que ce système n'avait été imaginé que pour lui être un jour appliqué...

Ce Premier Consul, ainsi doté d'immenses prérogatives, n'avait, au bout du chemin, plus rien du Grand Electeur de Sieyès monarque sans

---

* Les séances du Corps législatif devaient être publiques mais le nombre des spectateurs limité à 200.

pouvoir. Et Sieyès, qui supportait si mal la moindre atteinte à ses projets, les voyait, sur ce point, totalement défigurés. Il continua pourtant d'assister, impuissant, aux réunions de travail jusqu'à la dernière. « Je n'y prends plus d'autre intérêt, aurait-il dit, que celui que la patrie m'inspire... »[11]. A Bonaparte qui l'interrogeait aimablement sur ses intentions, Sieyès aurait répondu : « Je ne demande qu'une retraite... »[12]. Une retraite ? Bonaparte a encore trop besoin de l'appui et de la légitimité de son complice de Brumaire. Il saura comment préserver son éminent collègue du plaisir de la retraite.

Il fallait encore s'assurer que le destin constitutionnel de Bonaparte ne courût aucun risque. On décida donc de prendre une ultime précaution. Les trois Consuls seraient, pour la première fois, désignés non par le Sénat, mais par la Constitution elle-même. Lors de la dernière réunion — celle qui se tint le vendredi 13 décembre —, Bonaparte proposa soudain à tous les participants qu'au lieu d'élire les trois Consuls on s'en remît à l'illustre Sieyès du soin de les désigner, afin de donner, dit-il, au plus grand acteur de la Révolution ce nouveau témoignage de la reconnaissance unanime. Voulut-il offrir à Sieyès l'illusion d'une dernière prééminence ? Faire de lui — quelques instants — le « Grand Electeur » que l'oracle avait imaginé ? Ou plutôt l'associer habilement à la suite[13] ? Tous applaudirent. Les choix de Sieyès seraient forcément les meilleurs. Sieyès fit mine de se défendre et, cédant aux sollicitations, il proposa Bonaparte comme Premier Consul. Puis il suggéra comme second et troisième Consul ceux-là mêmes que Bonaparte souhaitait avoir à ses côtés : Cambacérès, dont le dévouement et l'habileté avaient déjà beaucoup servi, et Lebrun, vieux juriste autrefois secrétaire du chancelier Maupeou, bon financier, qui passait pour un royaliste modéré et aussi pour un esprit cultivé car il avait traduit Homère et le Tasse *. Ainsi Sieyès, résigné, faisait le travail qu'attendait Bonaparte **. Eût-il pu, comme on l'a prétendu, se désigner lui-même[16] ? Bonaparte eût vite fait de rétablir les choses, et Sieyès savait bien qu'à ce moment il n'avait plus le choix. Tous les participants à cette réunion du 13 décembre (22 frimaire) étaient acquis à Bonaparte... tous pressés d'être récompensés. Et sans doute Sieyès s'est-il prêté à un simulacre. « Je ne veux pas être votre aide de camp », aurait-il dit à Bonaparte, refusant d'être second Consul. Mais une compensation lui est offerte. Bonaparte remercie

---

* Roederer dit avoir beaucoup insisté pour faire nommer l'ancien secrétaire du chancelier Maupeou. « J'ai vu Sieyès marquer il y a quelque temps beaucoup d'amitié à Lebrun », aurait dit Roederer à Bonaparte pour le persuader. « Ah ! Sieyès ! Sieyès ! Que me font ses opinions », aurait répondu Bonaparte[14]. « Il nous faut quelqu'un, aurait dit Bonaparte à Cambacérès, qui sans être tout à fait étranger à la Révolution ait conservé des rapports avec les débris de l'ancienne société et qui les rassure sur l'avenir... »[15]. Tel était Lebrun.

** Les journaux rapportèrent que le vote avait eu lieu « par acclamation, sans scrutin, et à l'unanimité ». (Le Publiciste, 23 frimaire.)

Sieyès de ses choix. Il suggère que son glorieux ami soit désigné comme premier sénateur, et Roger Ducos comme second sénateur. Sieyès sera en outre, pour la première année, président du Sénat. Surtout les deux anciens « Consuls provisoires » — les premiers installés dans la Haute Assemblée — coopteront le Sénat, désigneront les Tribuns, les membres du Corps législatif... Que d'honneurs! Que de responsabilités! Surtout que d'influences à exercer, que de places à distribuer! La République des notables, c'est bien Sieyès qui va la mettre en place.

Dans la nuit même le texte de la Constitution fut envoyé à l'impression. Ainsi naquit la Constitution de l'an VIII, vrai cheval pour Bonaparte, composée, selon Mignet qui exagère sans doute la défaite du vieux révolutionnaire, « des débris de celle de Sieyès » [17]. Vite rédigée — il fallait à tout prix en finir avec les derniers jours du siècle —, elle comporte de nombreuses lacunes, les unes voulues, les autres commandées par la précipitation. On n'y trouve pas de Déclaration des droits, juste quelques garanties proclamées, en faveur de la liberté individuelle et de l'inviolabilité du domicile, en faveur aussi des acquéreurs de biens nationaux. On n'y trouve pas d'organisation départementale — il est seulement dit que « les administrations locales sont subordonnées aux ministres » —, pas, ou presque, d'organisation judiciaire. Une bonne partie du travail reste en chantier. Mais il faut encore — car le dernier article de la Constitution l'a prévu — faire accepter celle-ci par le peuple français. Une loi — du 14 décembre — organise la consultation populaire. La Constitution soumise au peuple sera précédée d'un préambule dont Sieyès, comme Bonaparte, aurait pu être l'auteur :

« Citoyens, une Constitution vous est présentée.
» Elle fait cesser les incertitudes que le gouvernement provisoire mettait dans les relations extérieures, dans la situation intérieure et militaire de la République.
» Elle place, dans les institutions qu'elle établit, les premiers magistrats dont le dévouement a paru nécessaire à son activité.
» La Constitution est fondée sur les vrais principes du gouvernement représentatif, sur les droits sacrés de la propriété, de l'égalité, de la liberté.
» Les pouvoirs qu'elle institue seront forts et stables, tels qu'ils doivent être pour garantir les droits des citoyens, et les intérêts de l'Etat.
» Citoyens, la Révolution est fixée aux principes qui l'ont commencée; ELLE EST FINIE. »

Finie la Révolution? Fixée aux principes de 1789? Que pense l'abbé Sieyès, quand cette proclamation, la sienne, celle de Bonaparte, couvre les murs?

Dans chaque commune furent ouverts deux registres, l'un pour les acceptations, l'autre pour les refus. Chaque citoyen — mais on avait omis de préciser si le suffrage serait universel comme dans la Constitution à venir, ou restreint comme dans celle qu'elle remplaçait — devait consigner son « oui » ou son « non », sans secret. Mais Bonaparte est trop pressé pour attendre les résultats d'un plébiscite qui risquait de durer plusieurs mois*. Une loi votée le 24 décembre par les « commissions intermédiaires »** décida que la nouvelle Constitution entrerait en vigueur le lendemain 25 décembre 1799 (4 nivôse an VIII), jour de Noël. Ainsi la grande fête chrétienne doit inaugurer le gouvernement de Bonaparte. Les journaux publient, célèbrent la nouvelle Constitution, proclamée dans la rue aux sons des roulements de tambours, et des fanfares. Nul ne s'y trompe. « Eh bien, qu'y a-t-il dans la Constitution ? — Il y a Buonaparte »[19].

Encore quelques jours et va naître le nouveau siècle. A la hâte quelques décisions sont prises pour annoncer aux Français la réconciliation et la paix. Un arrêté consulaire — pris en application de la nouvelle loi constitutionnelle — autorise 31 « individus », dont Carnot, Barthélemy, Barère, La Fayette, La Rochefoucauld, à rentrer en France. Un autre arrêté met fin aux dernières mesures prises contre les proscrits de Brumaire. Avant même d'avoir adopté son règlement, le Conseil d'Etat fait savoir que les lois qui excluaient des droits politiques les parents d'émigrés et les ci-devant nobles, avaient cessé d'exister. Elles ont été « implicitement supprimées » par la nouvelle Constitution. Le 30 décembre, quelques prêtres déportés à l'île de Ré sont symboliquement mis en liberté. L'ordre est donné de rendre les honneurs funèbres « d'usage pour ceux de son rang » au pape Pie VI mort à Valence quatre mois plus tôt[20]. Oui, c'est enfin l'heure de la paix, de la paix intérieure, et aussi de la paix en Europe. Le jour de Noël, le Premier Consul adresse une lettre retentissante au roi d'Angleterre dont le texte est partout répandu :

> « La guerre qui depuis huit ans ravage les quatre parties du monde doit-elle être éternelle ? N'est-il donc aucun moyen de s'entendre ? Comment les deux nations les plus éclairées d'Europe... ne sentent-elles pas que la paix est le premier des besoins comme la première des gloires... »

Ce même jour Bonaparte adjure aussi l'empereur d'Autriche de faire la paix : « Le premier de mes vœux est d'arrêter l'effusion du sang qui va

---

* Les élections ne devaient pas avoir lieu en même temps dans toutes les communes. Les résultats seront proclamés le 18 février 1801. La Constitution sera adoptée par 3 011 007 oui contre 1 562 non. Ces chiffres — qui semblent sincères — traduisent une véritable unanimité des votants. Aulard croit pouvoir expliquer cette unanimité en observant que « la plupart des électeurs eurent à se prononcer sur une Constitution qui existait déjà ! C'est ainsi qu'on les intimida... »[18]. Il semble qu'en réalité l'accord — ou le soulagement — fût unanime.

** Devant la Commission des Cinq-Cents, Cabanis fit un grand éloge de la nouvelle Constitution, parlant au nom de l'Institut, et de la philosophie.

couler. » Bonaparte parle aux Français le langage qu'ils attendent, il le leur dit dans sa proclamation :

> « Rendre la République chère aux citoyens, respectable aux étrangers, formidable aux ennemis, telles sont les obligations que nous avons contractées en acceptant la première magistrature... Français, nous vous avons dit nos devoirs, ce sera vous qui nous direz si nous les avons remplis. »

Oui, tout est en place pour ce 1er janvier 1800. Les ministres ont été nommés. Talleyrand aux Relations extérieures, Berthier à la Guerre, Lucien Bonaparte à l'Intérieur, Fouché à la Police. Partout les comploteurs de Brumaire sont installés aux commandes. Le Conseil d'Etat a été créé et organisé en toute hâte pour vite rendre service. Thibaudeau, Roederer, Boulay de la Meurthe y sont entrés, nommés par le Premier Consul, et aussi d'illustres officiers qui méritaient récompense tels Brune et Marmont. Au Sénat, Sieyès et Roger Ducos, « premiers sénateurs », ont désigné leurs 29 collègues, tenant compte de leurs mérites, des services qu'ils ont rendus à la patrie, de leur libéralisme. Les savants, les philosophes, les idéologues, Cabanis, Daubenton, Destutt de Tracy, Lacépède, Lagrange, Monge, Laplace, Volney, y ont pris place à côté de généraux comme Kellermann, Sérurier, du navigateur Bougainville, du peintre Vien, du banquier Perregaux — qui avait fourni des fonds au complot du 18 Brumaire — et des représentants des « anciennes assemblées » tels Laville-Leroulx, Choiseul-Praslin, François de Neufchâteau. Sieyès en a profité pour désigner son cher ami Clément de Ris. Jamais on ne vit une si brillante Assemblée d'élites éclairées, raisonnables, républicaines, « tous intéressés dans la Révolution et désireux d'en maintenir les résultats »[21]. Comme il avait été prévu, les promus désignèrent aussitôt l'illustre Sieyès pour présider leur assemblée *. Au Tribunat, dont la vocation était la parole, Sieyès installa des littérateurs, des orateurs, des esprits brillants et ardents : Jean de Bry, Marie-Joseph Chénier, Daunou, Jean-Baptiste Say, Andrieu, Chazal, et aussi Benjamin Constant qui avait enfin obtenu l'efficace appui de son vieil ami **. Au Corps législatif furent placés des « muets » de moindre renom, mais présumés fidèles : Sieyès, toujours préoccupé d'aider sa famille, y nomma son frère Léonce ***.

* Acte Constitutionnel du 22 frimaire an VIII.
** Il semble que Benjamin Constant ait réussi — pour être assuré d'être nommé — à rencontrer Bonaparte[22]. « Qu'il me sera doux, écrivait Constant à Sieyès le 22 décembre 1799, de vous devoir et le bonheur d'être utile à la liberté et celui d'entrer dans une carrière que j'ai toujours désirée comme celle de la véritable gloire. Devoir ces avantages à vous réunit tous les sentiments que je puis être heureux d'éprouver. Salut, respect, dévouement sans bornes »[23].
*** Barthélemy Sieyès devait être nommé au Tribunal de cassation.

Sieyès a bien travaillé. Et Bonaparte, l'apôtre de la paix, n'est pas un ingrat. « Jamais, assure Mme de Staël, homme n'a su multiplier les liens de la dépendance mieux que Bonaparte »[24]. Il était convaincu que l'intérêt seul remue les hommes[25], et ne supportait pas qu'il en fût autrement. Le 20 décembre, Bonaparte et Roger Ducos proposent solennellement d'offrir l'un des domaines nationaux à leur collègue Sieyès, à titre de récompense nationale, parce qu'il avait « éclairé le peuple par ses écrits et honoré la Révolution par ses vertus désintéressées ». La loi est adoptée dès le lendemain par les commissions intermédiaires qui vivent leurs derniers jours. Et le 22 décembre (1er nivôse), paraît au *Bulletin des lois*, la loi qui offre au citoyen Sieyès « le domaine national de Crosne, département de Seine-et-Oise, ou tout autre domaine équivalent ». Bien sûr, Sieyès n'a rien demandé. Refusera-t-il au moins cette récompense nationale, comme l'y incitent, dès que le projet est connu, ses amis républicains ? Non. Il consent. Peut-être même, comme le suggère Bastid, a-t-il provoqué cette proposition[26]. Bonaparte sait ce qu'il veut, il compromet davantage encore l'illustre révolutionnaire dans l'ordre nouveau. Il s'en débarrasse à force de le récompenser. « En le faisant riche il le fit moins puissant ; il le paya et l'amoindrit »[27]. Le 25 décembre, le « premier sénateur » fait connaître son acceptation aux commissions intermédiaires : « Permettez que je me présente à vous pénétré de sensibilité et de reconnaissance pour une marque aussi honorable de votre estime. » Voici Sieyès richement doté. On découvrira plus tard que la propriété du château de Crosne était en réalité contestée, et que l'Etat trop pressé n'en pouvait disposer. Gaudin, ministre des Finances, devra proposer aux Consuls de substituer au domaine de Crosne — évalué pour la circonstance à 480 000 francs — trois immeubles de remplacement : la ferme de la Ménagerie, près de Versailles, évaluée à 280 000 francs, la maison occupée par la régie des Douanes rue de Choiseul, évaluée à 90 000 francs, et l'hôtel dit « de Monaco », rue Saint-Dominique, au faubourg Saint-Germain, occupé par l'ambassadeur ottoman, évalué à 80 000 francs *. Il manquera encore 30 000 francs pour parfaire la « compensation » offerte à Sieyès : Sieyès recevra en outre le mobilier national garnissant l'hôtel de Monaco[28]. Et le second Consul, Cambacérès, « en l'absence du Premier Consul » notifiera « l'échange » au citoyen Sieyès **.

Tous ceux qui n'aimaient pas Sieyès s'en prendront à cette « récompense ». Sieyès s'était vendu ou prosterné. Sieyès, commentera Gohier qui le haïssait, avait ainsi réclamé et obtenu son salaire[29]. Bastid tentera

* Sieyès revendra l'hôtel de Monaco à Davout, en 1808.
** M. de Choiseul-Gouffier, membre de l'Institut, écrira au conseiller d'Etat Boulay de la Meurthe, en l'an XII, pour demander une réparation : « Toutes mes terres ont été vendues, ma maison paternelle donnée en présent au sénateur Sieyès qui l'avait demandée de préférence... » (Coll. pers.).

d'expliquer le comportement de l'auteur du *Tiers Etat* : « Ces avantages matériels, l'abbé ne les repoussait pas puisqu'il ne pouvait obtenir le pouvoir... la récompense nationale adoucissait seulement les malheurs du constituant désenchanté ! » Pourvu de ses immeubles et de son traitement de sénateur — 25 000 francs — l'abbé était désormais à l'abri des soucis matériels qui, depuis l'adolescence, l'avaient tant occupé. Et sans doute est-il vrai qu'il faut situer cette « récompense nationale » en son temps, dans la société qui fait charnière entre le Directoire et l'Empire. A peu près tous les chefs civils et militaires se sont enrichis ou s'enrichiront, et beaucoup mieux que Sieyès. Il reste cependant que le fondateur de la Révolution a pris le risque de sacrifier, en quelques heures, sa réputation et son crédit. Les bruits que faisaient déjà courir Barras, Gohier, Fouché et quelques autres sur la disparition de la mystérieuse caisse du Directoire, trouvaient une justification rétroactive. Sieyès était désormais, assurera Fouché, « déconsidéré, anéanti dans de mystérieuses sensualités, annulé politiquement ». Fouché exagérera, trop satisfait d'observer le discrédit de l'abbé. Mais il reste que de nombreux républicains, des amis même de Sieyès, le critiquèrent ouvertement. *La Décade philosophique*, organe des idéologues, très dévouée à Sieyès, raconta qu'il avait été contraint d'obéir à la loi, corrompu malgré lui. La dotation de Crosne provoqua les rires autant qu'elle entretint les calomnies. Partout on se moqua du grand révolutionnaire devenu châtelain de Crosne. Et ce quatrain circula, dans Paris, qui devait rester attaché à sa mémoire :

> « Sieyès à Bonaparte a fait présent du trône
> Sous un pompeux débris pensant l'ensevelir
> Bonaparte à Sieyès a fait présent de Crosne
> Pour le payer et l'avilir... » [30].

Ce 1ᵉʳ janvier 1800, Sieyès semble bien « enseveli » tandis que Bonaparte offre à la France fatiguée, en vœux de nouvel an, de nouveau siècle, la paix et la tranquillité.

VIII

LA PAIX ET LES HOCHETS

Un temps Bonaparte tiendra ses promesses. Les deux années qui commencent le siècle il les emploiera à faire la paix. Mais pour trouver celle-ci, il faut commencer par partir en guerre. « Je ferai la guerre puisqu'on m'y force », déclara-t-il. Il savait bien qu'elle lui était nécessaire, pour accroître sa gloire et fortifier son pouvoir. A peine mises en place les nouvelles institutions, il confie à Moreau la conduite de la guerre en Allemagne, et il se réserve « sa » guerre, celle d'Italie. Il part en mai 1800. Sur ce front la situation était mauvaise. Les Français avaient abandonné la péninsule. Masséna était enfermé dans Gênes, et les Autrichiens étaient venus jusqu'au Var. Bonaparte entreprend aussitôt un vaste mouvement pour contourner les armées ennemies, il remonte le Rhône, passe les Alpes le 20 mai au col du Grand-Saint-Bernard, et descend dans la plaine du Pô. Le 2 juin, il entre à Milan. Il fait célébrer un *Te Deum* pour « l'heureuse délivrance de l'Italie », et il continue sa marche en avant. Le 14 juin, les Autrichiens attaquent l'avant-garde française devant Marengo, la bataille tourne mal, semble perdue, quand surviennent miraculeusement les troupes conduites par Desaix qui retourne la situation et trouve la mort. Les Autrichiens qui avaient gagné la bataille à midi l'avaient perdue le soir. Le 15 juin, les Autrichiens devaient signer l'armistice, les Français occupaient tout le nord de l'Italie et Bonaparte pouvait regagner Paris en vainqueur. La France entière semblait réconciliée, joyeuse, dans l'exaltation de la victoire et du vainqueur. « Toute faction est nulle, en ce moment, disent les rapports de police, une majorité immense est unie au gouvernement »[1]. Partout l'intrépidité de Bonaparte, son audace, son triomphe sont exaltés. La France se passionne pour son chef. « Marengo, écrit Vandal, est un des rares événements de l'histoire qui aient déterminé une vibration assez étendue pour traverser dans toute leur épaisseur les masses françaises et toucher le fond »[2].

Pendant que Bonaparte vérifie sa gloire et sa puissance, Moreau, qui a franchi le Rhin, puis occupé Munich, avance méthodiquement. Dans la clairière de Hohenlinden, entre deux vastes forêts, il acceptera le 3 décembre 1800, la grande bataille que cherchent les Autrichiens, et, faisant accomplir à sa cavalerie un mouvement tournant que la forêt dissimule, il prendra au piège les Autrichiens. L'armée autrichienne défaite, Moreau s'avancera à moins de cent kilomètres de Vienne. Cette fois, les Autrichiens, battus sur tous les fronts, devront capituler, et le Premier Consul — que la victoire spectaculaire de Moreau ne cessera d'agacer — pourra enfin parler en maître à la maison d'Autriche. Le traité de Lunéville, signé le 9 février 1801, mettra fin à la guerre. Sa Majesté l'empereur d'Autriche, roi de Hongrie, « stipulant tant en son nom qu'en celui de l'Empire germanique », reconnaîtra enfin à la République française la rive gauche du Rhin, et consentira à abandonner l'Italie du Nord à l'influence de la France. La France et l'Autriche se promettront à l'avenir « amitié et bonne intelligence ». Ainsi la paix continentale est donc faite ! En réponse au message du Premier Consul, le Corps législatif célèbre Bonaparte et la paix retrouvée : « la paix, la paix, c'est le cri de toute la France ». Au Tribunat, le président Thibault déclame : « Sénateurs, législateurs, tribuns, consuls, ministres, conseillers d'Etat, fonctionnaires publics, réunissons-nous autour de la gloire de nos héros pour chanter la paix ; qu'une heureuse harmonie la cimente à jamais et que tous les Français, dans un transport unanime, s'écrient Vive la République ! »[3]. La France, rassurée, réconciliée, semble en fête. Elle célèbre ce jeune chef d'Etat qui réussit à lui offrir, d'un même geste, la paix et la gloire.

Restait l'Angleterre, en conflit avec la Russie, et lasse de la guerre. Dès qu'il fut assuré que l'Autriche abandonnait la lutte, le gouvernement anglais jugea inutile de poursuivre les hostilités. Les négociations conduites par Talleyrand commencèrent dès mars 1801. Elles furent difficiles car les Anglais entendaient ne rien céder. En octobre 1801, elles aboutirent à la signature des préliminaires de Londres. La France renonçait à sa prétention sur l'Egypte, l'Angleterre se voyait confirmer la possession définitive de Ceylan, elle abandonnait Malte et tous les autres territoires qu'elle avait conquis. Ce même mois, les 8 et 10 octobre 1801, la France et la Russie faisaient la paix, et se promettaient d'entretenir à l'avenir des relations amicales, de veiller à la paix générale et à l'équilibre européen.

« Français », pouvait déclarer Bonaparte le 9 novembre 1801, pour le deuxième anniversaire du 18 Brumaire, « vous l'avez enfin tout entière cette paix que vous avez conquise par de si longs et si généreux efforts... De quelque côté que se portent les regards, s'ouvre une longue perspective d'espérance et de bonheur... Dans toutes les parties du monde la République n'a plus que des amis ou des alliés... »

Le traité de paix avec l'Angleterre sera solennellement signé à la maison commune d'Amiens le 2 mars 1802, après que Bonaparte, pour obliger les Anglais à traiter, eut menacé de reprendre les opérations. Paix fragile, sans doute! Qui y croit vraiment? Mais qu'importe demain. Dans le moment, Napoléon a mis fin à cette guerre épuisante qui durait depuis six ans. L'Europe entière s'est inclinée devant la République victorieuse et cette République nouvelle s'est montrée raisonnable, presque aimable. A Paris la Bourse monte. On illumine la ville. Le peuple paraît heureux. Que lui manque-t-il? « La liberté, citoyen Consul, la liberté, écrit Mme de Staël, réfugiée à Coppet »[4]. Mais la liberté semble encore participer à la fête... Est-elle d'ailleurs, à ce moment, le vrai souci des Français?

La paix intérieure, la réconciliation nationale, c'est l'autre versant de la politique de Bonaparte. La Révolution est finie. Et le Premier Consul ne veut voir ni vainqueur ni vaincu « ni bonnets rouges ni talons rouges », rien que des Français fraternels. Peu à peu il rappelle les proscrits, tous les proscrits, ceux de Thermidor, ceux de Fructidor, et aussi les émigrés. Pour ces derniers — les plus nombreux — il procède prudemment. Dès février 1800, une commission est mise en place pour examiner les demandes de ceux qui souhaitaient voir leur nom radié de la liste des émigrés*. Les radiations seront de plus en plus faciles et nombreuses. A la fin de 1802, les émigrés seront à peu près tous rentrés : sous condition bien sûr de ne pas revendiquer ceux de leurs biens vendus comme « biens nationaux ». Par ailleurs la pacification de la Vendée est accélérée. Bonaparte accepte de discuter avec les nouveaux chefs des royalistes de l'intérieur pour tenter de les ramener dans la communauté nationale, tandis que se poursuit, sur place, une impitoyable répression[5]. Bientôt il ne reste à peu près rien de la chouannerie organisée. Aux « ralliés » de tous les partis, Bonaparte offre maintenant de servir le nouveau régime. Les postes et les places sont abondants dans l'organisation nouvelle, et alléchants... Jeanbon Saint-André accepte de devenir préfet de la Mayenne. Carnot revenu consent, en avril 1800, à être nommé ministre de la Guerre**. Des émigrés entrent au Conseil d'Etat. Cadoudal refuse l'honneur de commander une division... Oui, Bonaparte est vraiment le héros de la paix.

Mais il sait que l'essentiel est la paix religieuse, que seule elle est capable de mettre fin aux derniers remous de la guerre civile, et de rallier les masses paysannes. La victoire de Marengo a eu pour le nouveau pape, élu en mars 1800, et qui a pris le nom de Pie VII, un effet heureux : la

---

* Il restait environ hors de France 145 000 émigrés.

** Il devra démissionner le 29 août et sera appelé à siéger au Tribunat. Il votera contre le Consulat à vie, puis contre l'Empire.

Papauté pouvait retrouver une partie de ses Etats *. Les signes de Bonaparte se multiplient pour séduire la Papauté. A Milan, en juin 1800, le Premier Consul a assisté en grande pompe à un *Te Deum* pour célébrer sa victoire. Le 25 juin, il a eu une longue, une chaleureuse conversation avec le cardinal Martiniana. Et Talleyrand accumule, de Paris, les déclarations rassurantes.

Que veut Bonaparte ? Aucune foi religieuse ne l'anime. Mais il veut en finir avec la guerre qui a déchiré, affaibli la France, et il est convaincu que la religion est indispensable au maintien de l'ordre social et à la solidité de son pouvoir. Le nouveau pape, en revanche, a des raisons d'être méfiant. Il est intransigeant sur les principes, et la persécution de l'Eglise par la Révolution a laissé chez lui, chez la plupart des cardinaux du Sacré Collège, le pire souvenir. Traiter avec la République, n'était-ce pas offenser la mémoire de Pie VI, désavouer les évêques français émigrés par fidélité à l'Eglise, paraître ratifier les crimes commis contre l'Eglise romaine ? La route d'un Concordat était hérissée de difficultés. Commencée en octobre 1800, dans le plus grand secret, conduite par l'évêque Spina pour le pape, par Talleyrand puis par l'abbé Bernier ** pour la République, la négociation fut laborieuse. Plusieurs fois elle menaça d'échouer. Finalement — chacun faisant beaucoup de concessions — le Concordat put être signé le 16 juillet 1801, ratifié en septembre. La Papauté faisait d'énormes sacrifices. Elle renonçait à rendre au catholicisme, en France, les prérogatives d'une religion d'Etat, elle abandonnait, au nom de l'Eglise, toute revendication sur les biens possédés par le clergé sous l'Ancien Régime. La France reconnaissait que le catholicisme était la religion de la majorité des Français. Les évêques seraient désormais nommés par le Premier Consul, mais ils recevraient l'« institution canonique » du pape. Evêques et curés recevraient un traitement, comme des fonctionnaires. Quant aux congrégations, on s'abstenait d'en parler...

Pour le Vatican, c'était la fin du schisme, le rétablissement de l'unité des catholiques français, la consécration de son autorité spirituelle. Pour Bonaparte, c'était la satisfaction de son projet immédiat : la pacification religieuse tant attendue. Le pape promettait de demander aux évêques émigrés *** de démissionner, tandis que Bonaparte s'engageait à le

* Pie VI était mort en exil à Valence le 29 août 1799. Les Autrichiens occupaient alors les Etats pontificaux. Le Sacré Collège s'était réuni à Venise, en terre étrangère, et le conclave avait duré de novembre 1799 à mars 1800.

** Ancien curé réfractaire, l'abbé Bernier avait rejoint les insurgés vendéens en juin 1793. Il avait joué un rôle important dans l'insurrection. Puis, en 1796, il avait négocié avec les républicains. Suspect aux républicains comme aux royalistes, il fut néanmoins un instrument utile pour Bonaparte.

*** 37 évêques émigrés sur 90 refusèrent leur démission. Certains organisèrent une église schismatique, dite la « petite Eglise » qui ne reconnaissait pas le Concordat, mais n'eut guère de fidèles.

demander aux évêques constitutionnels. Soixante évêques furent choisis, parmi lesquels 32 nouveaux prélats, 16 anciens évêques réfractaires, et 12 anciens évêques constitutionnels. Ainsi les équilibres étaient-ils subtilement respectés.

Mais pour ratifier le Concordat — véritable affront à la tradition révolutionnaire — il faudra vaincre bien des résistances. Au Conseil d'Etat, le général Brune se dressera : « Nos épées n'ont triomphé que pour nous replacer dans la servitude religieuse. » La rétribution des prêtres par l'Etat scandalisera plusieurs conseillers. Au Tribunat la presque totalité des membres était mal disposée. L'esprit n'était guère meilleur au Corps législatif. Bonaparte devra faire quelques concessions. En dépit des protestations de Pie VII, il ajoutera autoritairement au Concordat des « articles organiques », qu'il rédigera avec Portalis, afin de renforcer le contrôle de l'Etat sur l'Eglise de France et l'autorité des évêques sur les curés, d'uniformiser la liturgie et le catéchisme, d'interdire la publication des bulles du pape et la réunion d'assemblées nationales du clergé sans l'autorisation du gouvernement. Ces efforts ne pourront suffire à calmer les opposants. Il faudra aussi « épurer » le Tribunat *, promettre des récompenses, empêcher, par tous les moyens, qu'une vraie discussion ne s'établisse au Conseil d'Etat, puis au Tribunat. Le Corps législatif ne votera enfin la loi que le 8 avril 1802 par 228 voix contre 21 et 51 abstentions. Ainsi Bonaparte avait éprouvé, et vaincu, la mauvaise volonté des Assemblées. Mais il en avait été assez irrité pour en tirer la leçon.

Il était temps d'en finir. Le 18 avril 1802 était le jour de Pâques, l'heureuse occasion de fêter en grande pompe la paix religieuse, et de louer le grand pacificateur. Ce jour-là, le gouvernement français va célébrer, à Notre-Dame de Paris, sa première fête religieuse. Le nouvel archevêque de Paris, Mgr de Belloy, entouré des prélats récemment nommés, reçoit le Premier Consul avec tous les honneurs autrefois réservés au Roi. La foule se presse. Elle regarde passer les uniformes, les généraux, les diplomates, les membres du gouvernement, les Consuls. Les « domestiques » ont repris la livrée [6]. Bonaparte est follement acclamé. Deux orchestres de cent cinquante musiciens, dirigés par Méhul et Cherubini, exécutent le *Te Deum* en l'honneur de la paix d'Amiens et du Concordat. Dans l'église chacun parle tout haut, le peuple célèbre la joie commune. « Comment trouvez-vous la cérémonie ? » aurait demandé Bonaparte au général Delmas. « Une belle capucinade, aurait répondu le militaire... Il n'y manque qu'un million d'hommes qui ont été tués pour détruire ce que vous rétablissez » [7].

Ainsi Bonaparte avait tenu parole, donné à la France la paix et la gloire. Encore fallait-il célébrer les bons serviteurs, les encourager au

* *Infra*, p. 504.

zèle, et flatter la vanité des élites. « Je ne crois pas que le peuple français aime la liberté et l'égalité », répondra-t-il au conseiller d'Etat Berlier qui lui reprochera de restaurer les distinctions. « Les Français ne sont pas changés par dix ans de révolution. Ils n'ont qu'un sentiment, l'honneur. Il faut donc leur donner de l'aliment à ce sentiment-là. Il leur faut des distinctions » *. La loi du 19 mai 1802, votée par 166 voix contre 110, créera la Légion d'honneur, véritable ordre hiérarchisé, destiné à récompenser les services éminents, militaires et civils **. Les conseillers d'Etat pourront s'inquiéter, les membres du Tribunat protester, les vieux révolutionnaires s'insurger, dénoncer l'installation d'une nouvelle noblesse, une résurrection des privilèges... Bonaparte n'en a cure. Il sait que les Français sont restés avides d'honneurs, sinon de privilèges. Surtout il veut multiplier les moyens de tenir en main les élites qui déjà se bousculent pour le servir... Et il invente, pour des siècles, l'un des moyens les plus subtils — et les plus efficaces — d'exercice du pouvoir, que tous les régimes se transmettront en France, qu'ils imiteront à l'étranger ***...

La paix avec l'Europe, l'apaisement intérieur, la réconciliation des Français après tant de tempêtes, le calme des consciences retrouvé, l'administration et la justice restaurées, les finances rénovées, l'enseignement reconstruit, les élites satisfaites, quel bilan ! Et ce bilan est celui d'un homme fabuleusement doué qui, pendant ces trois premières années du siècle, a saisi les événements, compris un peuple, comme peu d'hommes d'Etat le firent jamais. Mais son œuvre doit servir sa gloire et sa puissance. Comme Sieyès, il mérite récompense. Seulement chacun doit être récompensé à sa mesure. Sieyès avait reçu le château de Crosne. Bonaparte prendra le trône...

---

* « Le but de Bonaparte, assure Mignet, fut de commencer une noblesse nouvelle » [8]. Thibaudeau rapporte en ces termes la réponse qu'aurait faite Bonaparte au conseiller d'Etat Berlier : « Je défie qu'on me montre une république ancienne ou moderne dans laquelle il n'y ait pas eu de distinctions. On appelle cela des hochets ? Eh bien ! c'est avec des hochets que l'on mène les hommes. Je ne dirais pas cela à une tribune ; mais dans un conseil de sages et d'hommes d'Etat on doit tout dire » [9].

** Le Conseil d'Etat avait adopté le projet par 14 voix contre 10, le Tribunat l'avait proposé par 56 voix contre 38. « Nulle institution, observe Thibaudeau, n'éprouva une opposition plus imposante » [10].

*** La grande cérémonie d'inauguration de la Légion d'honneur aura lieu le dimanche 15 juillet aux Invalides. « Honneur ! Patrie ! Napoléon ! proclamera le Grand Chancelier répétant la devise de la Légion d'honneur, soyez à jamais la devise de la France, et le gage de son éternelle prospérité ! »

IX

UN CONSPIRATEUR DÉCOURAGÉ

Sieyès a rempli sa mission, exécuté son contrat. Il a peuplé les nouvelles Assemblées de notables, de philosophes, de savants, pontifes et symboles des successives révolutions. Il a placé ses frères, il a casé ses meilleurs amis. Et tout n'est pas fait pour lui déplaire, dans cette nouvelle République. La France est protégée par ses frontières naturelles, la paix et la tolérance religieuse sont assurées, ces assemblées d'hommes éclairés ressemblent à celles qu'il imaginait autrefois, sa division administrative de la France a été reprise. Président du Sénat, il est le second — ou le quatrième — personnage de la République, chargé de considération, et pourvu d'un riche traitement. La Révolution semble venue au port, la République bourgeoise bien en place. Mais il y a Bonaparte.

Bonaparte sait ce qu'il veut. Il sait que, quelque temps encore, il a besoin de sa légitimité de général révolutionnaire. Il ne se ménage donc pas, quand commence le siècle nouveau, pour rassurer les vieux républicains, ceux qui ont les yeux tournés sur 1789 et aussi sur 1793. Le 9 février 1800, présidant une grande cérémonie aux Invalides en l'honneur de Washington dont on venait d'apprendre la mort, il a rendu, dans un ordre du jour adressé à toutes les troupes de la République, un vibrant hommage au fondateur de la République américaine, comme si Washington lui proposait un modèle :

« Washington est mort ! Ce grand homme s'est battu contre la tyrannie. Il a consolidé la liberté de sa patrie. Sa mémoire sera toujours chère au peuple français comme à tous les hommes libres des deux mondes... En conséquence, le Premier Consul ordonne que, pendant dix jours, des crêpes noirs seront suspendus à tous les drapeaux et guidons de la République. »

Mais l'admirateur de Washington n'a pas consolidé la liberté de sa patrie pour laisser le pouvoir à d'autres. Le temps presse d'organiser sa souveraineté. Le 19 février, il quitte symboliquement le Luxembourg, se séparant des deux autres Consuls, et il va s'installer aux Tuileries, dans le palais des rois de France. La foule assiste à ce déménagement, qui est l'occasion d'un grand cortège avec musique et uniformes[1]. Mêlée à la foule, Mme de Staël s'inquiète :

> « Je vis entrer le Premier Consul dans le palais bâti par les rois. En montant l'escalier, au milieu de la foule qui se pressait pour le suivre, ses yeux ne se portaient ni sur aucun objet, ni sur aucune personne en particulier... ses regards n'exprimaient que l'indifférence pour le sort et le dédain pour les hommes. »

Et Bonaparte laisse voir qu'il supporte de plus en plus mal toutes les formes d'opposition. La plus vive, la plus intolérable, semble l'opposition parlementaire.

C'est au Tribunat, dans cette assemblée de « bavards » et de « gêneurs » qui a porté Daunou à sa présidence, que le conflit éclate vite. Daunou ne se gêne pas pour critiquer ouvertement la Constitution. Quand est venue, en janvier, la discussion sur le projet du gouvernement concernant les méthodes du travail législatif, Benjamin Constant a exprimé l'irritation de nombreux Tribuns : « Le but de ce projet, a-t-il déclaré, est de nous présenter, pour ainsi dire, les propositions au vol, dans l'espérance que nous ne pourrons pas les saisir, et de leur faire traverser notre examen comme une armée ennemie »[2]. Constant a manifestement visé Bonaparte, et il a osé évoquer « le régime de servitude et de silence » que l'on prétendait imposer aux Français. Le discours — véritable défi à Bonaparte — a fait scandale. Mme de Staël, qui donnait un dîner le même soir, a connu la déception de dîner seule ou presque : les billets d'excuse se sont succédés, la plupart des invités ont cru prudent de se décommander. Or, de notoriété publique, Benjamin Constant était l'ami et le protégé de Sieyès. Sieyès l'avait fait désigner au Tribunat. Le violent discours de Constant signifiait-il que le président du Sénat commençait de s'agiter, selon sa manière, par personne interposée ? « Tout ce qui entoure Sieyès se conduit mal, remarque le Premier Consul. Il regrette de n'être pas Grand Electeur »[3]. Dans la presse, dans les conversations, Sieyès est pris à partie. *La Gazette de France* met en cause « l'éternel et silencieux conspirateur des assemblées révolutionnaires ». Travaille-t-il pour la faction d'Orléans ? Pour les Jacobins nostalgiques ? La police s'inquiète. Plus sans doute que Bonaparte, Sieyès est surveillé.

On lui fait même bientôt savoir que sa présence à Paris devient gênante, qu'elle risque de donner à l'opposition un centre, et de le compromettre[*]. Sieyès s'incline, il se retire aussitôt à la campagne, chez

---

[*] Mme Reinhard raconte que le Premier Consul aurait fait venir Sieyès : « Citoyen, lui aurait-il dit, votre maison sert de rendez-vous à tous les mécontents. Aucun

son ami Clément de Ris, après avoir averti ses collègues qu'il s'abstiendrait quelque temps de présider le Sénat. Le bruit de sa disparition circule à Paris en janvier (nivôse), provoquant une certaine émotion et même des mouvements de Bourse[5]. Sieyès est-il en fuite ? en exil ? en prison ? *Le Moniteur** du 22 nivôse croit devoir apaiser l'opinion publique :

> « On affecte de répandre les bruits les plus ridicules ; la malignité les produit, l'irréflexion les recueille et l'inquiétude les propage. Dans un moment où l'une des autorités républicaines, destinée par sa nature même à une activité peu fréquente, est inactive, un de ses membres est allé chercher à la campagne quelques jours d'un repos nécessaire à sa santé... On racontera peut-être demain tous les détails d'une vaste conspiration et personne ne dira que le citoyen Sieyès est à quelques lieues de Paris, dans une maison de campagne qui appartient à son collègue et ancien ami le citoyen Clément de Ris. »

Sieyès se tait, mais il revient, quelques jours plus tard, reprendre sa place de président du Sénat. Il a maintenant, assure Vandal, « train de maison, bonne table, et des femmes élégantes pour meubler ses salons »[6]. Renfermant ses rancunes, il paraît prêt à s'éloigner — un temps au moins — de la politique.

Et il semble que, peu à peu, on l'oublie**. « Le Sieur Sieyès, écrit en février Sandoz-Rollin, est tombé dans un oubli profond, personne ne parle de lui, personne ne le regrette... »[8]. Bonaparte le ménage***, autant qu'il est nécessaire, il sait qu'il faut flatter l'orgueil du vieux révolutionnaire, et il le fait chaque fois qu'il en a l'occasion. « Que fait Sieyès ? » demande Bonaparte à Roederer qu'il voit souvent. « Sieyès paraît mener une vie fort retirée », répond Roederer[9]. Quand Bonaparte reçoit, un peu plus tard, les nouveaux préfets que lui présente Lucien Bonaparte, ministre de l'Intérieur, il leur explique que le temps de l'ordre est venu, et il juge bon de leur faire l'éloge du citoyen Sieyès :

gouvernement ne le tolérerait ; et vous ferez bien de vous retirer quelque temps à la campagne »[4]. Mais rien ne confirme cette anecdote.

* Journal officiel depuis le 7 nivôse.

** On lit dans *Le Diplomate* du 26 nivôse : « Je fis hier un cours de politique sur le quai Voltaire. Ce quai est rempli de gravures, comme on sait... Aujourd'hui ce ne sont que des généraux en costume de commandement... Je cherchais celle de Sieyès, je ne sais pourquoi... Sieyès Consul, Sieyès Directeur, Sieyès Législateur, tous avaient disparu. A leur place on avait mis des abbés Sieyès. — Comment des abbés ? — Oui, citoyen, des abbés. Une chevelure ronde et bien coiffée, à double rang, une calotte luisante, une figure fraîche, un rabat, un habit noir, et au bas : l'abbé Sieyès »[7].

*** Bastid laisse entendre que Bonaparte encourageait alors les attaques contre Sieyès « qui demeurait à ses yeux le grand, l'impénétrable adversaire, qu'une fois de plus il fallait abattre. » Mais cette affirmation — qui exagère le rôle de Sieyès au début du Consulat — n'est guère convaincante.

« Le grand problème de la Révolution était de rendre au peuple tous ses droits et de faire qu'il n'en abusât point. Jusqu'à présent, on lui avait bien rendu ses droits ; mais c'est l'idée que le citoyen Sieyès a réalisée dans la Constitution qui a rempli la grande condition du problème. En faisant former des listes de citoyens probes et éclairés, dans lesquelles seront pris tous les fonctionnaires publics, elle a assuré au peuple français une représentation toujours honorable. Jusqu'à présent, il n'y a pas eu de véritable représentation nationale. Cette seule idée du citoyen Sieyès a plus fait pour la République que plusieurs victoires. »

Bonaparte croit-il vraiment que les listes de notabilités ont plus fait pour la République que ses victoires ? Sans doute a-t-il encore besoin de la neutralité de Sieyès si même Sieyès ne cesse de l'agacer, besoin aussi de se réclamer du pionnier de la Révolution dans le mouvement autoritaire qu'il met en marche. Il ne veut pas se faire de Sieyès un ennemi, et il connaît les moyens d'apaiser l'abbé.

La police ne cesse, dans l'année 1800, de dénoncer des conspirations, complots jacobins destinés à débarrasser la Révolution de son « fossoyeur », conjurations monarchistes entretenant le projet de tuer Bonaparte pour lui substituer un roi, ou simplement réunions secrètes de ceux que l'on désignait sous le nom de « brumairiens mécontents », nostalgiques sans projet précis, qui appelaient de leurs vœux un régime moins despotique, plus parlementaire. Fouché, dont le zèle va croissant, redouble les surveillances, aperçoit partout des complots qui menacent Bonaparte. Il sait que ceux-ci servent les projets de son maître.

Mais il arrive que ces complots soient sérieux. Le 24 décembre 1800 au soir, comme Bonaparte allait des Tuileries à l'Opéra, où l'on jouait *La Création* de Haydn, et que sa voiture sortait de la rue Saint-Nicaise, une machine infernale explose et fait 22 morts et 56 blessés. Bonaparte est indemne et il reçoit à l'Opéra, où il se rend calmement, une ovation indescriptible. « Ce sont les Jacobins », proclame la foule indignée. L'enquête ne tarda pas à démontrer qu'un groupe de royalistes avait minutieusement organisé l'attentat [10]. Mais il était plus utile, dans le moment, de l'attribuer aux Jacobins. Le complot, dira Bonaparte au Corps législatif, est l'œuvre « des gens qui ont déshonoré la Révolution et souillé la cause de la liberté par toutes sortes d'excès » [11]. Et le Premier Consul y trouvera raison, ou prétexte, à une répression furieuse qu'il mènera à la fois contre les Jacobins et contre les monarchistes. Le Sénat, docile, prête la main, et vote, le 5 janvier 1801, son premier *senatus consulte* ★ approuvant l'arrêté du Premier Consul qui dressait la liste de 130 personnes « à déporter », Jacobins et royalistes. Quatre-vingt-dix-huit suspects seront effectivement déportés, 58 mourront en déporta-

★ *Infra*, p. 503.

tion *. Désormais la police de Fouché surveille étroitement toutes les réunions présumées jacobines. Le nom de Sieyès, celui de Barras reviennent souvent dans les rapports de police. Mais Fouché, qui les redoute l'un et l'autre, n'est pas mécontent d'exciter contre eux Bonaparte. L'un et l'autre sont suivis, comme la plupart des personnalités importantes. Au printemps 1801, on signale qu'ils se retrouvent à Passy « dans une maison tierce où ils ont rendez-vous avec " quelques exagérés " » [12]. Le nom de Sieyès est fréquemment cité comme celui d'un sympathisant des « exclusifs », un symbole pour les républicains. On voit, dit-on, Sieyès avec Merlin de Thionville, avec Le Peletier, avec Jourdan, avec Chénier. La police observe des comportements « bizarres », des réunions clandestines. Rien qui puisse inquiéter vraiment Bonaparte.

En vérité, les « brumairiens mécontents », dont Sieyès semblait le plus important, ne se cachaient guère. Le 19 de chaque mois un dîner commémoratif du fameux coup d'Etat les réunissait dans un restaurant agréable. Ils se retrouvent aussi à Auteuil, lieu habituel de rencontre des idéologues **. Ils s'intitulent volontiers entre eux les « conjurés du 18 Brumaire ». Ils sont répartis entre le Sénat, le Tribunat, le Conseil d'Etat, plusieurs sont à l'Institut, ils ne cessent de se voir, de comploter vaguement. Comme ils se font honneur d'avoir sauvé la chose publique, ils se jugent sur leur œuvre un « droit de surveillance et de suite... » [13]. Rentrés en France, La Fayette et Carnot — qui est ministre quelques mois en 1800 — participent à plusieurs réunions. Tous ont gardé le goût du complot. L'absence de Bonaparte, le temps de la campagne d'Italie, a renforcé l'ardeur des opposants. On parle ensemble des Assemblées parlementaires peu à peu dépossédées de leurs maigres pouvoirs, de la surveillance policière, qui devient plus étroite de mois en mois, on envisage même l'assassinat du général Bonaparte. Mais qui le remplacerait ? Carnot peut-être, régicide donc capable de protéger les régicides ? Un rapport de police raconte ainsi une réunion secrète : « On a balancé entre C... et L... F. ***. Je ne sais si le grand prêtre se décidait pour l'un ou pour l'autre ; je crois qu'il les jouait tous deux pour un d'Orléans » [14]. Bernadotte ? Moreau ? La Fayette ? En mai, une réunion — entourée de mystère — se tient à Mortfontaine chez Joseph Bonaparte qui cultive les hommes de lettres, et recherche les orateurs d'opposition. On y parle beaucoup de la succession du Premier Consul [15]... Pourquoi Joseph ne ferait-il pas l'affaire ?

* Les quatre auteurs de l'attentat de la rue Saint-Nicaise, arrêtés en janvier 1801, seront guillotinés dès le 31 janvier.
** Mme Helvétius, dont le salon avait longtemps rassemblé les idéologues, était morte en 1800. Mais ils continuaient de se retrouver chez l'un, chez l'autre, dans les verdures d'Auteuil.
*** Carnot ou La Fayette.

Car ce problème de succession ne cesse d'occuper la famille Bonaparte qui entend bien ménager son avenir. Le 10 brumaire an IX — juste un an après le coup d'Etat —, Lucien Bonaparte croit habile de publier une brochure, sans doute rédigée par Fontanes, intitulée *Parallèle entre César, Cromwell, Monk et Bonaparte*. Ainsi pense-t-il créer un mouvement d'opinion en faveur de l'hérédité, et il conclut sa brochure :

> « Le sort de trente millions d'hommes ne tient qu'à la vie d'un seul homme. Français, que deviendriez-vous si à l'instant un cri funèbre vous annonçait que cet homme a vécu ?... Chaque jour, vous pouvez retomber sous la domination des Assemblées, sous le joug de S... ou sous celui des Bourbons. »

Qui est donc ce « S » dont le joug serait effrayant, sinon Sieyès ? Comment oser condamner la « domination des Assemblées » ? Le pamphlet suscite l'indignation dans les milieux républicains. Il gêne Bonaparte que compromet le zèle trop rapide de son frère. Fouché ordonne de saisir la brochure et d'en arrêter la distribution *. Et le Premier Consul est contraint de désavouer Lucien. Celui-ci sera remplacé au ministère de l'Intérieur par Chaptal et envoyé comme ambassadeur à Madrid. Bonaparte prend la délicate précaution de présenter ses excuses à Sieyès — et les éditions suivantes de la brochure corrigeront ce texte maladroit. Le « S » désignait bien sûr les « soldats », les militaires, et non l'illustre ami de Bonaparte.

Pourtant, tout au long des années 1800 et 1801, les rapports de police, sans doute encouragés par Fouché, ne cesseront de présenter Sieyès comme un conspirateur de tous les moments. Il conspire pour les Jacobins, ou pour les royalistes, ou pour les uns et les autres, qui d'ailleurs se rapprochent et se regroupent dans leurs conjurations. Des dîners sont organisés : on y discute du lieu où l'on pourra désormais se réunir sans crainte d'être observé. La police remarque la présence d'un individu installé chez Sieyès « qui écrit parfaitement l'anglais » et à qui Sieyès a interdit de fréquenter aucun endroit public. On observe qu'il reçoit des gens la nuit **, et qu'il accumule les précautions pour les accueillir clandestinement. Parfois la police signale qu'il se rend à la campagne, sans laisser à personne son adresse. On raconte aussi qu'il est occupé à inventer une nouvelle Constitution, mélange savant de démocratie et de monarchie. Un pamphlet circule, intitulé *Avez-vous*

---

* Thibaudeau assure — sans fournir d'explication — que Fouché avait fait fabriquer la brochure... pour se débarrasser de Lucien Bonaparte [16].

** Depuis la fin de la Convention, ou son départ pour Berlin, en tout cas depuis sa nomination comme Directeur, en mai 1799, Sieyès est domicilié 48, rue du Faubourg Saint-Honoré. Il y restera — quoique habitant au Palais du Luxembourg — tant qu'il sera Directeur, jusqu'à une date impossible à préciser. On le retrouvera sous l'Empire — vers 1807 — 18, rue de la Madeleine (actuelle rue Boissy-d'Anglas).

peur?, faussement signé de Sieyès, qui tente de rassurer l'opinion et promet que le roi, s'il revient, n'exercera aucune vengeance, aucune répression. En juin, une réunion d'anciens Conventionnels s'est tenue chez l'abbé. On y a, paraît-il, proposé, puis rejeté un projet d'appel aux armées. En juillet, le préfet de police se dit informé d'un complot précis : il y aurait 30 000 hommes à Paris prêts à prendre le parti de Sieyès et à renverser le pouvoir. Sieyès serait en relations étroites avec l'Angleterre, dont il recevrait de temps en temps un agent secret. Pour la police « le fait est sûr » [17].

On voit Sieyès partout. Où est-il ? Sans doute les rapports d'une police trop zélée exagèrent-ils son rôle. Mais il est vrai qu'il continue d'intriguer, qu'il voit beaucoup de monde, idéologues nostalgiques d'une république éclairée par les Lumières, « perpétuels » des Assemblées, brumairiens fâchés d'avoir été bernés par leur héros républicain, anciens Conventionnels, politiques ambitieux, militaires pressés de faire valoir leurs sabres. Il voit aussi beaucoup d'étrangers, de passage à Paris. Il a des allures de clandestin, mais le mystère, le secret sont dans sa nature. Sa famille se déploie autour de lui, multipliant les démarches, ses amis célèbrent ses mérites, tous vantent l'oracle de la Révolution, le thaumaturge, on se reprend à parler de lui, avec vénération, sinon avec idolâtrie, au fur et à mesure que s'éloigne le souvenir de la dotation du château de Crosne. Sieyès ne fait rien pour décourager les admirateurs. Sa vanité est maintenant capable de vaincre sa distance. Il aime de moins en moins les hommes, et de plus en plus les hommages. Il accepte toutes les réunions, pourvu qu'il en soit le centre. Il se laisse faire. Et Bonaparte le laisse faire, se contentant de le surveiller, sachant comment le reprendre si l'événement y oblige. Sieyès s'enhardit. Il déclare publiquement que le gouvernement est un « assemblage nombreux » de plusieurs systèmes opposés, il prophétise qu'un tel gouvernement ne peut « évidemment » [18] durer, il annonce la chute de Bonaparte. Mais il n'est plus, comme l'observe Bastid, qu'un « conspirateur découragé et nonchalant » [19]. Et ce qu'il dit importe-t-il encore ?

X

LA DESCENTE AUX HONNEURS

Sieyès peut voir beaucoup de monde, ses frères, ses proches comme Chénier, Bailleul qui devient presque son porte-parole *, fréquenter ses amis idéologues, Lanjuinais, Cabanis, Garat, groupés autour de son collègue au Sénat Destutt de Tracy, il peut dîner souvent en ville, parler philosophie, métaphysique, politique aussi, il peut intriguer... en réalité il n'a plus d'influence, et il le sait. Le Sénat, qu'il a présidé la première année, était un aréopage d'esprits distingués, de révolutionnaires assagis, d'amis placés, une Assemblée d'élites, comme il l'avait autrefois imaginée. Mais après avoir nommé les Tribuns, les Législateurs, les juges de Cassation, cette Assemblée s'était endormie dans sa majesté. Et le président Sieyès avait semblé s'endormir avec elle.

Pourtant Bonaparte attendait beaucoup de ce Sénat que Sieyès avait inventé. Le soir du 24 décembre 1800 lui en a déjà fourni une première occasion **. Le Conseil d'Etat a déclaré opportun de consulter le Sénat pour dire si la déportation des terroristes, décidée par arrêté du Premier Consul, était bien une « mesure conservatrice de la Constitution ». Et le fidèle Sénat a aussitôt donné son aval ***. Sieyès a-t-il joué un rôle dans

---

* Avocat au Parlement de Paris, député de la Seine Inférieure à la Convention, Bailleul avait voté l'appel au peuple lors du procès de Louis XVI. Il avait échappé de justesse à la guillotine, avait réapparu après Thermidor, et s'était beaucoup rapproché de Sieyès. Membre du Tribunat, grâce à l'appui de Sieyès, il sera éliminé en 1802 (*infra*, p. 504).

** *Supra*, p. 499.

*** « La déportation, avait déclaré le Sénat, a l'avantage de réunir le double caractère de la fermeté et de l'indulgence en ce que, d'une part, elle éloigne de la société les perturbateurs qui la mettent en danger, tandis que, d'autre part, elle leur laisse un dernier moyen d'amendement. » Le Sénat approuva d'autre part l'emploi — nouveau — du « référé » du gouvernement au Sénat conservateur. La pratique des *senatus consulte* demandés par le Premier Consul au Sénat dessaisira en fait le Tribunat et le Corps législatif de l'activité législative. Il semble que Garat et Lanjuinais se soient vivement élevés contre cette pratique inconstitutionnelle, mais que Sieyès l'ait défendue pour des motifs de « salut public ».

ce vote complaisant ? C'était encore sur le Sénat que comptait Bonaparte pour faire procéder à l'« élimination » des opposants qui s'agitaient dans les Assemblées plus qu'il ne pouvait le supporter. Le moment approchait de procéder, selon la Constitution, au renouvellement annuel du cinquième du Tribunat et du Corps législatif, et le seul procédé conforme à l'esprit de la Constitution était, d'évidence, de tirer au sort les noms des 30 Tribuns et des 60 Législateurs « sortants »[1]. Le Premier Consul — inspiré, dit-on, par Cambacérès — eut l'ingénieuse idée de demander au Sénat conservateur non de désigner ceux-ci par tirage au sort... mais de voter pour choisir ceux qui devraient rester. Le Sénat ne se fit pas prier. Le *senatus consulte* de janvier 1802 (ventôse an X) désigna les 240 membres du Corps législatif et les 80 membres du Tribunat qui seraient admis à rester en place. Ainsi furent éliminés du Tribunat Daunou, Bailleul, Isnard, Chazal, Chénier, Jean-Baptiste Say, Benjamin Constant, c'est-à-dire tous les chefs de l'opposition, tous ceux qui avaient pris la parole pour dénoncer l'usage fait de la Constitution. Et pour remplacer les sortants le Sénat désigna des officiers, des fonctionnaires obscurs, présumés fidèles *. Sieyès ne dit pas un mot pendant le débat, « son visage s'obscurcissait ou s'éclairait à mesure qu'on parlait pour ou contre », mais il semblait par avance résigné[2].

En revanche, le Sénat fit des difficultés lorsque, en mai 1802, dans l'enthousiasme qui suivit la paix d'Amiens, Cambacérès lança l'idée qu'il fallait récompenser le Premier Consul en instituant le « Consulat à vie » de Bonaparte, auquel la nation reconnaissante était priée de consentir. On se tourna bien sûr vers le Sénat pour qu'il légalisât cet acte de gratitude. Mais les « survivants de la Révolution »[3], que Sieyès y avait installés, pouvaient-ils approuver sans peine un renforcement du pouvoir personnel qui semblait bien n'être qu'une étape vers l'hérédité, chemin d'un effrayant retour à la monarchie ? Lacépède mena l'assaut contre le projet de *senatus consulte*. Garat, Lanjuinais critiquèrent fermement le projet d'un Consulat à vie, et une forte majorité du Sénat se prononça pour une formule de compromis, qui offrait seulement de prolonger de dix ans le Consulat de Bonaparte. Celui-ci dissimula son dépit. Il lui faudrait donc se passer du Sénat. Sur le conseil de Cambacérès le Premier Consul fit savoir à cette Assemblée d'ingrats qu'il allait consulter le peuple pour décider s'il devait accepter le « nouveau sacrifice » qu'on lui demandait. Avec l'aval du très docile Conseil d'Etat, un simple arrêté consulaire du 10 mai 1802 (20 floréal an X) décida de soumettre au peuple français cette question : « Napoléon Bonaparte sera-t-il Consul à vie ? »**. L'arrêté fut seulement notifié aux Assem-

---

* A cette occasion cependant Lucien Bonaparte et Carnot entrèrent au Tribunat.

** Le projet du Conseil d'Etat, sans doute inspiré par Roederer, proposait même que le Premier Consul pût désigner son successeur. Bonaparte gronda Roederer, qui marchait trop vite, et fit retrancher de l'arrêté la faculté de désigner un successeur.

blées et au Sénat conservateur. Rien dans la Constitution n'autorisait cette procédure. Le Sénat devait-il protester ? Il désigna une commission pour rechercher les mesures à prendre. Et la commission constata qu'il n'y avait rien à faire « quant à présent ».

Les Français votèrent en juillet 1802, dans la ferveur de la paix retrouvée. On recensa 3 568 885 oui et 8 374 non *. Achevé le plébiscite par lequel les Français se donnaient à Bonaparte, le Sénat se vit infliger l'honneur de dépouiller les procès-verbaux et de proclamer les résultats. Et soumis, il décréta le 2 août 1802 (14 thermidor an X) : « Le peuple français nomme, et le Sénat proclame Napoléon Bonaparte Premier Consul à vie. » Etrange formule qui prétendait couvrir l'illégalité. Après quoi le Sénat décida de « porter au Premier Consul l'expression de la confiance, de l'amour et de l'admiration du peuple français » et décréta que serait érigée une statue de la paix « tenant d'une main le laurier de la victoire et de l'autre le décret du Sénat ». Le 4 août 1802 (16 thermidor an X), le Sénat approuvait, par un « *senatus consulte organique de la Constitution* » les modifications à la Constitution de l'an VIII que Bonaparte avait dictées à son secrétaire Bourrienne, puis soumis à quatre conseillers d'Etat, Roederer, Régnier, Portalis et Muraire, qui n'avaient osé suggérer que d'infimes retouches au projet du maître. Par précaution, et pour éviter qu'un discours quelconque froissât le Consul à vie, le Sénat décida d'écarter tout débat, de voter par oui ou par non. Séance tenante la nouvelle Constitution fut adoptée « à la majorité absolue ». Car c'était bien une Constitution nouvelle. Le pouvoir de Bonaparte se fortifiait d'une hérédité déguisée. Le Premier Consul recevait en effet le droit de présenter au Sénat son successeur, puis un second candidat à la succession si le Sénat refusait, puis enfin un troisième qui serait nécessairement nommé. Et le Sénat perdait ses vestiges d'indépendance. Il continuerait à se compléter par cooptation, mais chaque nouvelle cooptation se ferait désormais sur une liste de trois candidats, dressée par le Premier Consul, tandis que le Premier Consul pourrait désigner lui-même 40 nouveaux sénateurs, portant ainsi le nombre total des sénateurs à 120. Bonaparte serait donc définitivement assuré de sa majorité au Sénat. Suprême précaution : le Sénat serait désormais présidé par le Premier Consul à vie, libre de se faire substituer par le second ou le troisième Consul. Ainsi Bonaparte remplaçait Sieyès au fauteuil présidentiel !

---

* La Fayette adressa à Bonaparte la copie de son vote négatif accompagnée d'une lettre, « affectueuse et digne », dans laquelle il félicitait Bonaparte d'avoir sauvé la France le 18 Brumaire, il louait sa « dictature réparatrice » mais il disait refuser « qu'une telle révolution, tant de victoires et de sang, de douleurs et de prodiges, n'aient pour le monde et pour vous, d'autre résultat qu'un régime arbitraire ». Le plébiscite sur le Consulat à vie marqua sans doute la rupture entre Bonaparte et les libéraux de 1789 qui avaient fait, ou laissé faire le 18 Brumaire [4].

Réduite à la docilité, la Haute Assemblée pouvait recevoir de nouvelles prérogatives. Se souvenant des vieilles idées de Sieyès, qu'il avait autrefois repoussées, Bonaparte donnait au Sénat le pouvoir d'interpréter la Constitution et même de régler « tout ce qui n'a pas été prévu par la Constitution et qui est nécessaire à sa marche... » Le Sénat pourrait en outre dissoudre le Corps législatif et le Tribunat, annuler les jugements des Tribunaux attentatoires à la sûreté de l'Etat. Voici le Sénat devenu tout-puissant. Mais il n'est plus rien que la voix de Bonaparte *.

Bonaparte ajoutera — pour s'assurer la parfaite soumission du Sénat — une dernière précaution : un *senatus consulte* du 4 janvier 1803 (14 nivôse an XI), inventera les « sénatoreries ». Cette suprême récompense sera conférée par le Premier Consul à tout sénateur qu'il voudra spécialement honorer. L'heureux bénéficiaire sera désigné par lui sur une liste de trois noms présentés par le Sénat. Chaque « sénatorerie », accordée à titre viager, sera constituée d'un domaine national donnant un revenu annuel qui doublera, à peu près, la rémunération d'un sénateur. Ainsi Bonaparte pourra honorer les bons serviteurs, et soumettre les éventuels contestataires. Fouché, renvoyé du ministère de la Police en 1802, deviendra sénateur et recevra la sénatorerie d'Aix. Monge recevra la sénatorerie de Liège. Démeunier, qui avait manifesté des velléités d'indépendance, recevra pour prix de sa soumission la sénatorerie de Toulouse. Quel dévouement ne pouvait-on attendre d'une pareille Assemblée ?

Il ne manque plus qu'une occasion. En décembre 1803 et janvier 1804, la police surveille de près la grande conspiration qu'ont organisée les émigrés et les chouans pour assassiner le Premier Consul. Cadoudal est à Paris pour organiser l'attentat, le comte d'Artois et le duc de Berry sont prêts à débarquer si le coup réussit, et Pichegru est revenu en France pour servir la conspiration. Le 29 janvier il a rencontré Moreau, l'une des gloires de la République, mais Moreau a refusé de se joindre au complot. En février et mars, la police arrête tous les conjurés : Moreau,

---

* Les listes de notabilités inventées par Sieyès et qu'il avait été très difficile d'organiser, furent supprimées par la nouvelle Constitution dite *Constitution de l'an X*. Le système nouveau place à la base des assemblées cantonales, composées de tous les citoyens domiciliés dans le canton. Ces assemblées sont convoquées par le gouvernement, leur président est nommé par le Premier Consul : elles nomment les candidats aux places de juges de paix et de conseillers municipaux, et elles élisent sans condition de cens les membres des collèges électoraux d'arrondissement, et les membres du collège électoral du département sur la liste des 600 citoyens les plus imposés du département. Le collège électoral du département, composé de 200 à 300 membres, et complété par 20 membres désignés par le Premier Consul, est élu à vie, et son président est nommé par le Premier Consul : c'est ce collège qui désigne deux candidats pour chaque siège de sénateur ou de membre du Corps législatif. Ainsi les assemblées de canton avaient une apparence démocratique, mais la Constitution de l'an X combinait, de manière très compliquée, un système de désignation censitaire avec les pouvoirs de nomination dévolus au Premier Consul[5].

quoiqu'on eût la preuve de son innocence, Pichegru qu'on retrouvera étranglé dans sa prison, Cadoudal et ses complices qui seront guillotinés en juin.

De cette conjuration, aussi réelle qu'opportune, Bonaparte est bien décidé à tirer le meilleur profit. Dans la nuit du 14 au 15 mars un détachement de dragons va s'emparer, à Ettenheim, en territoire badois, du jeune duc d'Enghien, petit-fils du prince de Condé, étranger au complot mais vaguement soupçonné d'être le prince que les conjurés attendaient. Aussitôt amené à Paris, le duc d'Enghien est condamné à mort et fusillé le 21 mars au petit matin dans les fossés du château de Vincennes. Qu'il fût innocent ne faisait aucun doute. Mais cette atrocité* pouvait avoir une utilité. Bonaparte montrait à tous qu'il ne reculerait devant rien. Et par surcroît il versait le sang des Bourbons, s'attribuant une légitimité de quasi-régicide.

La vie de Bonaparte est donc menacée par la haine implacable de ses ennemis royalistes et républicains ? Il faut assurer sa succession. Le Sénat ne se fait pas prier pour instituer enfin l'hérédité, seule capable de protéger les institutions et la France. Le 27 mars, le Sénat supplie Bonaparte de ne pas différer « d'achever son ouvrage en le rendant immortel comme sa gloire », bref, de rendre son autorité héréditaire :

> « Citoyen Premier Consul, vous fondez une ère nouvelle, mais vous devez l'éterniser : l'éclat n'est rien sans la durée. Nous ne saurions douter que cette grande idée ne vous ait occupé ; car votre génie créateur embrasse tout et n'oublie rien. Mais ne différez point ; vous êtes pressé par le temps, par les événements, par les conspirateurs, par les ambitions. Vous l'êtes dans un autre sens par une inquiétude qui agite les Français. »

Le mot de *roi*, on n'ose le prononcer. Modeste, Bonaparte répond : « J'ai senti de plus en plus que, dans une circonstance aussi nouvelle qu'importante, les conseils de votre sagesse et de votre expérience m'étaient nécessaires pour fixer toutes mes idées. Je vous invite donc à me faire connaître votre pensée tout entière. »

Comment franchir le pas ? C'est après quelques semaines d'intrigues, d'hésitations, qu'un ancien Conventionnel nommé Curée, membre du Tribunat, vint déposer sur le bureau de l'Assemblée une motion d'ordre tendant à ce que « Napoléon Bonaparte actuellement Premier Consul, fût déclaré Empereur des Français et à ce que la dignité impériale fût déclarée héréditaire dans sa famille ». Une circulaire fut envoyée aux sénateurs pour leur demander, au nom du Premier Consul, leur avis

---

* « C'est pis qu'un crime, c'est une faute », aurait commenté Talleyrand. En fait, comme l'observe Lavisse, le sang versé ne servit à rien. « Il n'empêcha pas la proclamation de l'Empire, il n'y aida pas, et l'épisode est d'autant plus dramatique qu'il est inutile »[6]. Michelet écrit : « Cette précipitation barbare était inepte. Bonaparte en l'ordonnant avait travaillé contre lui. C'était un de ses accès de férocité dont il n'était pas maître »[7].

individuel. La plupart envoyèrent leur assentiment. Quelques-uns des amis de Sieyès, tel Cabanis, ne répondirent pas. Grégoire répondit négativement. On a parfois prétendu que Sieyès avait fait de même, mais rien ne permet de le penser[8]. Le Tribunat — où la motion de Curée vint en discussion le 30 avril — émit un vœu favorable. Seul Carnot osa voter contre. Le président du Corps législatif — celui-ci n'était pas alors en session — s'ingénia à réunir quelques signatures sur une adresse favorable au vœu du Tribunat. Et le 16 mai 1804 (26 floréal an XII), le Sénat, présidé pour la circonstance par Cambacérès, fut saisi d'un projet de *senatus consulte* présenté par Portalis au nom du Conseil d'Etat. « Vos yeux exercés, commenta le président Cambacérès, reconnaîtront dans le projet qui vous est présenté l'empreinte du génie qui l'a tracé. » Sur le rapport de Lacépède, le projet de *senatus consulte* qui proclamait Bonaparte Empereur des Français sous le nom de Napoléon Ier et déclarait héréditaire la dignité impériale, fut adopté, sans vrai débat, le 18 mai. Seul Grégoire osa parler contre. On compta trois votes contraires, ceux de Grégoire, de Lambrechts et de Garat. Il y eut deux bulletins blancs. Nul ne peut dire si Sieyès fut l'un des deux abstention-nistes[9]. Ainsi adopté à l'unanimité moins cinq voix, le projet devint le *senatus consulte organique* du 18 mai 1804 (28 floréal an XII). Aux termes de l'article 1er, le gouvernement de la République était confié à un « Empereur des Français par la grâce de Dieu et la Constitution de la République. » Aux termes de l'article 2, Napoléon Bonaparte, Premier Consul actuel, était fait Empereur. L'article 3 disposait que la dignité impériale était héréditaire. Restait à organiser un plébiscite. Il eut lieu au suffrage « universel », dans la même forme que le précédent. On compta 3 572 329 oui et 2 569 non.

Quelques mois plus tard, François de Neufchâteau, président du Sénat, accueillera l'Empereur, le félicitant du résultat du plébiscite « qui avait fait entrer au port le vaisseau de la République... Oui, Sire, de la République ! Ce mot peut blesser les oreilles d'un monarque ordinaire. Ici le mot est à sa place, devant celui dont le génie nous a fait jouir de la chose dans le sens où la chose peut exister chez un grand peuple ». Mais l'Empereur qui lui répond ne fait pas la moindre allusion à la République : « Je monte au trône où m'ont appelé les vœux unanimes du Sénat, du peuple et de l'armée, le cœur plein du sentiment des grandes destinées de ce peuple que, du milieu des camps, j'ai le premier salué du nom de grand. »

Ainsi Napoléon Bonaparte est-il « monté au trône »*, et Sieyès n'a

---

* « Elevé sous la tente, écrit Mignet, venu tard dans la Révolution, il ne comprit que son côté matériel et intéressé ; il ne crut ni aux besoins moraux qui l'avaient fait naître, ni aux croyances qui l'avaient agitée et qui tôt ou tard devaient revenir et le perdre. Il vit un soulèvement qui prenait fin, un peuple fatigué qui était à sa merci et une couronne à terre qu'il pouvait prendre »[10].

cessé de lui prêter la main. Sieyès applaudit-il avec le Sénat unanime ? Il ne peut plus se faire aucune illusion. Le 2 décembre 1804, le pape Pie VII vient à Notre-Dame sacrer le nouvel Empereur dans une pompe digne des rois :

« Dieu tout-puissant, qui avez établi Mazaël pour gouverner la Syrie, et Jéhu roi d'Israël, en leur manifestant vos volontés par l'organe du prophète Elie ; qui avez également répandu l'onction sainte des rois sur la tête de Saül et de David par le ministère du prophète Samuel, répandez par mes mains le trésor de vos grâces et de vos bénédictions sur votre serviteur Napoléon, que, malgré notre indignité personnelle, nous consacrons aujourd'hui Empereur en votre nom. »

Peu après Napoléon ceindra à Milan la couronne de fer du roi des Lombards, prenant le titre de roi d'Italie. En 1804, la fête du 14 Juillet sera, pour la dernière fois, célébrée. Le sceau de l'Etat effacera toute image républicaine. En 1807, le Tribunat sera supprimé, le mot de « République » disparaîtra de la formule de publication des lois. En 1808, les mots « Empire français » remplaceront les mots « République française » sur les pièces de monnaie... La République, déjà exclue des institutions, le sera peu à peu du vocabulaire impérial.

Est-ce pour cela que Sieyès et Bonaparte avaient fait le 18 Brumaire ? Sieyès assiste, impuissant et, semble-t-il, presque indifférent, à cette longue évolution qui installe une nouvelle monarchie. On le voit de moins en moins au Sénat. Il ne siège que rarement dans des commissions. On ne prononce plus guère son nom. Même les rapports de police semblent peu à peu l'oublier. Une ou deux fois, son nom est cité, dans le dossier des conjurations qui jalonnent l'Empire, mais parmi beaucoup d'autres, et rien n'indique qu'il ait jamais conçu le projet d'un quelconque complot. Sieyès partage son temps entre Paris et la campagne, hésitant entre le plaisir douloureux de la retraite, et l'envie d'être honoré, considéré, encore mêlé à l'action, même par des apparences. En 1803 la réorganisation de l'Institut avait entraîné, selon le souhait de Bonaparte, la suppression de la classe des Sciences morales et politiques. Sieyès avait alors été versé dans la classe de « langue et littérature françaises » qui tenait lieu d'Académie française sans en porter le nom. Volney, Garat, Cabanis, Cambacérès, Roederer avaient eu le même destin∗. On le voit parfois à l'Institut. « Il vient, raconte Daunou, y parler métaphysique, philosophie, littérature mais jamais plus science politique » [12]. On l'écoute avec attention, pour ce qu'il dit,

---

∗ La classe « de langue et littérature française » fut composée, par le Premier Consul de douze, sur seize, des anciens membres de l'Académie française, de plusieurs membres des anciennes sections de grammaire et de poésie — dont François de Neufchâteau, Marie-Joseph Chénier et Fontanes — et de onze membres de la classe supprimée des Sciences morales et politiques, dont Sieyès [11].

mais surtout à cause de ce qu'il fut. Car cet académicien, que l'âge et les douleurs du corps ne cessent de fatiguer davantage, a fait la Révolution, il y a quinze ans, il y a vingt ans...

Mais il pense au temps qui reste, à la vieillesse qui vient, à sa famille aussi, à ses frères, à ses neveux et nièces dont il s'estime le protecteur. Sa sœur religieuse lui écrit de Draguignan[13]. Sieyès est riche, puissant, elle lui recommande des cousins malheureux : « Je viens implorer votre charité pour ces pauvres orphelins... » Sieyès fait ce qu'il faut, et la sœur « Saint Esprit Sieyès » supplie alors son très cher frère qu'elle « aimera jusqu'à la mort » de venir à son secours. Sieyès s'exécute. Deviendrait-il plus attentif, plus généreux, tandis qu'il s'éloigne de la chose publique, plus sensible aux autres quand il devient plus indifférent aux affaires de la Nation ? Mais il prend le temps de gérer avec soin son patrimoine. Le 13 janvier 1808, il vend au maréchal Davout, pour 325 000 francs, l'hôtel de Monaco, situé près des Invalides, que l'Etat lui avait donné pour 80 000 francs *. En 1812 il achètera à Vaucelles, près de Valenciennes, un domaine de 237 hectares pour 500 000 francs[14]. Et il s'entoure de nombreux conseils pour faire fructifier sa fortune.

Maintenant que la Révolution s'éloigne, que l'action politique lui manque, il retrouve le temps d'écrire et de s'abandonner à la philosophie. Sieyès a commencé sous le Consulat, et il continue sous l'Empire, à couvrir des cahiers entiers de notes éparses, fragmentaires, qu'il ne met jamais en forme. Il étudie maintenant toutes les questions posées à l'humanité, rédigeant, de son écriture rageuse, à peu près illisible, des textes souvent admirables, parfois délirants, où s'écoule une réflexion, enfin libérée du travail, qui ne se connaît ni projet, ni plan, ni bien sûr utilité, une réflexion qui peut aller au bout de la liberté, et jusqu'au bord de la divagation **. Sieyès écrit sur le cerveau, sur l'instinct, sur la « cognition », sur la vie, sur « la nature en général et sur l'homme en particulier », sur « les forces simples et sur leurs combinaisons », sur l'intelligence, sur « l'ordre lingual »... sur tout ce qu'il avait dû, trop longtemps, sacrifier à la politique.

Qu'est-ce que le « moi » ?

> « Dans le corps humain, il y a autant de moi qu'il y a d'organes centraux. Forcés par les limites de l'attention et du langage de les réunir en masses systématiques, nous nous accoutumons à ne les considérer que par le degré d'importance que nous attribuons à chaque masse. De là, tous ces moi paraissent se réduire à moi voulant, moi sentant, moi affecté de douleur ou de plaisir, moi jugeant... etc.

---

* *Supra*, p. 488.
** Les écrits philosophiques ébauchés par Sieyès sous le Consulat et sous l'Empire — qui ne peuvent être datés précisément — sont conservés aux Archives nationales. A.N. 284 AP 5, dossier 3.

» Tous ces moi liés par une correspondance étroite agissent les uns sur les autres tant que dure la vie. Ils meurent les uns après les autres. Nouvelle preuve qu'il n'y a pas de moi central quoiqu'ils soient plus ou moins importants à la conscience de l'individu.

» Chacun de ces moi a des fonctions spéciales qui ne peuvent être usurpées par aucun autre [...]

» Vous me direz sans doute : eh bien, voilà ce que nous appelons l'organe central. Central pour la cognition, oui. Pour les autres fonctions, non vraiment. Chaque moi est central dans sa sphère. Le cerveau n'est pas un organe simple. Il n'a pas encore été assez analysé... » [15].

Qu'est-ce que la matière ?

« [...] La matière, cet éternel sujet de disputes interminables de questions insolubles, qu'est-elle en effet : une combinaison nouvelle, de quoi la composez-vous ? D'éléments, dites-vous, toujours matériels !

» Erreur ! Les principes constituants de la matière ne sont point matériels. C'est une combinaison qui se trouve dans la suite des phénomènes, et dont les propriétés toutes nouvelles n'existaient point avant qu'elle eût lieu.

» La matière n'est qu'un phénomène, résultat sur nos sens de la première combinaison dont elle est le produit nouveau. Ses éléments sont des forces simples déjà combinées à je ne sais quel degré. Car nos sens sont trop grossiers, et notre imagination trop composée elle-même pour sentir les forces simples avant qu'elles ne soient parvenues à des combinaisons plus ou moins compliquées. La matière commence quelque part dans cette série, et avant elle n'était point » [16].

Et en note, Sieyès corrige :

« [...] Dans le cours de ces méditations, j'ai beaucoup répété que le composé suppose le simple. Je ne suis plus content de cette phrase. Un mot ne continue que ce qu'il y a, mais il ne tombe pas du ciel avec des vertus mystérieuses qu'il s'agit de faire sortir. Un composé ne suppose le simple que lorsque nous imaginons le présent comme composé de simples. Les unités forment un nombre. Le nombre suppose l'unité ou le simple.

» Le composé réel ne peut être que le produit d'une combinaison de choses diverses. »

Qu'est-ce que la vie ?

« La vie n'est qu'un phénomène, résultat d'une combinaison particulière. Ce n'est point un être existant comme on l'a dit, à part soi, et dont la présence et l'union donneraient à une combinaison morte les propriétés vitales.

» Il ne faut pas entendre par la vie un résultat unique et simple, comme s'il n'y avait qu'une vie.

» [...] La vie : le mot pris dans sa généralité embrasse le développement successif des organes et le jeu de leurs fonctions car il n'y a pas vie où il n'y a pas un organe » [17].

Mais Sieyès n'est pas si détaché de la vie, ou de ses apparences. Qu'est-ce que le moi, sans les hommages reçus, les leçons distribuées, sans le plaisir de compter encore ? Qu'est-ce que la vie, sans les signes qui la vérifient ? Il aime les honneurs, si même il garde l'orgueil de ne jamais les solliciter. Et Bonaparte reste attentif aux souhaits, comme aux faiblesses, de son vieux complice qu'il a, peu à peu, poussé hors de la scène. La Légion d'honneur, créée en 1802 pour récompenser les mérites militaires mais aussi les services et les vertus civils, ne pouvait pas faire attendre le grand Sieyès. Il est désigné, en 1804, comme l'un des sept grands officiers de l'Ordre, au traitement, non négligeable, de 5 000 francs *. L'intraitable procureur de l'abolition des privilèges devait-il vraiment se dérober à ces signes agréables de la gratitude nationale ? L'admission dans cette noble caste obligeait à jurer sur l'honneur que l'on se dévouerait « au service de la République » et que l'on combattrait « par tous les moyens que la justice, la raison et les lois autorisent toute entreprise tendant à rétablir le régime féodal », enfin que l'on concourrait, de tout son pouvoir, « au maintien de la liberté et de l'égalité ». Le serment ne pouvait que rassurer le citoyen Sieyès. Mais en avait-il besoin ? Sieyès « souriait tristement » assure son biographe Neton, en mal d'indulgence. « Il sait que son rôle est fini, que son crédit est nul, que la France est lasse » [19]. Il fait désormais partie des grands dignitaires de cette aristocratie plébéienne qui s'installe sur les ruines de l'aristocratie féodale...

Il n'est pas, bien sûr, le seul. On comptera, en 1808, 131 régicides parmi les hauts fonctionnaires de l'Etat. Lebrun sera duc de Plaisance, Cambacérès duc de Parme, Talleyrand prince de Bénévent, Fouché duc d'Otrante. Ceux qui ne sont pas anoblis sont pourvus en places : Drouet, le maître de poste qui a arrêté Louis XVI à Varennes, se retrouve sous-préfet de Sainte-Menehould, Jeanbon Saint-André, qui fut membre du Comité de Salut public, est préfet à Mayence, devenu baron de Saint-André, Merlin de Douai, qui rapporta la loi contre les suspects, est procureur général à la Cour de cassation. Reinhard et Otto sont ambassadeurs, Mollien est comte et ministre, Miot, comte et conseiller d'Etat, Barthélemy sénateur. Modérés de la Constituante et de la Législative, Conventionnels, Jacobins, révolutionnaires de toutes les tendances, anciens émigrés, royalistes fervents, tous ou presque, Bonaparte les attire, ou tente de les attirer à son service, par les titres, par les

---

* Mme de Chastenay raconte, dans ses *Mémoires,* les difficultés des premiers « décorés » : « M. Réal ne put, dans le premier moment, se montrer à nous sans rougir. Je trouvai Garat chez Fouché, les revers de l'habit exactement croisés, pour qu'on n'aperçût pas sur la poitrine d'un philosophe le signe trop peu équivoque de la vanité d'un courtisan ; mais l'impitoyable Fouché se fit un jeu de forcer Garat à me le découvrir. En peu de jours on s'y accoutuma ; en peu de mois on en vint à l'envier » [18].

fonctions, par tous les hochets qu'il invente, et aussi par les rentes, les dotations, les terres, les « cadeaux » qu'il distribue. Il crée l'état-major d'une société nouvelle. La noblesse qu'il invente ne reconstitue pas l'aristocratie d'Ancien Régime. Elle n'est pas un ordre. Elle ne confère pas de privilèges. Elle n'ouvre pas l'accès aux places. On est censé y entrer par le mérite, et elle remercie ceux qui font la preuve de leur dévouement et de leurs capacités. Avec la Légion d'honneur, les sénatoreries, les dotations, elle n'est faite que pour « récompenser » les services rendus, sinon encourager à la servilité, satisfaire la fierté ou la vanité, le goût des distinctions, des hochets, et aussi de l'argent. Napoléon fonde ainsi, durablement, une caste des notables honorés, décorés, pourvus. Il pose en principe que, la Révolution terminée, l'ordre revenu, la vieille mentalité française a retrouvé ses équilibres et que « faire son chemin, avancer, parvenir, est maintenant la pensée qui domine dans l'esprit des hommes »[20].

Il restait, pour honorer le plus illustre des anciens combattants de la Révolution, à l'anoblir. En mai 1808, Napoléon Ier signera à Bayonne les lettres patentes qui feront comte de l'Empire le plus implacable ennemi de toute noblesse *. Le 3 juin, Cambacérès scellera les lettres patentes. Des armoiries seront attribuées au comte Sieyès, « champ d'argent, au pin de sinople terrassé, au chef à dextre quartier du Sénat, au chef à senestre une tête de borée cantonnée d'or, soufflant neige d'argent, et, pour livrées, bleu, blanc, vert dans les galons seulement »[22]. Sieyès peut d'autant mieux être célébré que maintenant il ne dérange plus personne. En 1813, le comte Sieyès sera fait Grand-croix de l'Ordre impérial de la Réunion, fondé pour commémorer l'annexion de la Hollande. Il recevra, par faveur de Sa Majesté, la Grand-croix ** et le cordon[23].

En vérité, Sieyès, enseveli sous les honneurs, participe du mouvement commun des intellectuels. L'intelligence libérale semble résignée, sinon soumise. Elle accepte ou elle subit les faveurs du despote éclairé, réduite le plus souvent à une objection de conscience silencieuse ***. Volney a été l'un des premiers nommés dans la Légion d'honneur et Napoléon l'a fait comte d'Empire le 26 avril 1808. Laplace est Grand-croix de la Légion d'honneur, comte d'Empire, et il sera ministre de l'Intérieur

---

* Sieyès avait dû présenter requête. Sa requête avait été enregistrée le 29 mars 1808[21].

** Le Grand Chancelier, ministre d'État, duc de Cadore, annoncera à Sieyès, au nom de Sa Majesté, sa nomination en témoignage « Des grands services que vous aviez rendus en 1799 et particulièrement au 20 août de la même année, ainsi que de la satisfaction constante qu'Elle a eue de votre conduite au 18 Brumaire et depuis cette époque jusqu'à ce jour ».

*** Il faut cependant excepter quelques-uns, groupés autour de Benjamin Constant et de Mme de Staël jusqu'à ce qu'elle soit exilée en 1803. Il semble que l'esprit libéral ait alors émigré. « Dans une certaine mesure, la société d'Auteuil est relayée par le groupe de Coppet, autour de Mme de Staël et de Benjamin Constant. Coppet, foyer imaginaire du libéralisme européen, est un Auteuil en exil, avec une note de spiritualisme en plus »[24].

pendant les Cent-Jours, avant que la Restauration le fasse marquis et pair de France en même temps que Volney. Cabanis se résignera et il sera fait comte, après sa mort en 1808. Daunou sera garde des archives de l'Empire et, bien sûr, décoré de la Légion d'honneur. L'intraitable Tracy, qui résista aux faveurs napoléoniennes, se ralliera d'enthousiasme à Louis XVIII qui le couvrira d'honneurs. Et Benjamin Constant lui-même rejoindra Napoléon — le temps des Cent-Jours — dans l'illusion de fonder l'empire libéral et dans l'attente des justes récompenses. Napoléon crut, jusqu'au bout, avoir besoin, pour le légitimer et le consolider, de l'appui des intellectuels. Il pourra maudire l'idéologie, « cette ténébreuse métaphysique »[25], il sera étonnamment patient à l'égard des intellectuels, si l'on excepte Mme de Staël à laquelle l'opposera une guerre inexpiable. Il les flattera, il supportera leur mauvaise humeur, leurs rebuffades et même leurs concertations hostiles. Parfois il fera semblant de voir en eux de dangereux adversaires — il vitupérera les idéologues qui le dérangeront — mais il les ménagera, comme d'ailleurs ils le ménageront. Ils tiendront le plus souvent « leurs lumières sous le boisseau », acceptant argent, titres, et décorations. Sans doute les accepteront-ils de mauvaise grâce. Ils vivront, tel Sieyès, l'Empire comme une « traversée du désert »[26], mais une traversée supportable, parfois même agréable. Ils seront satisfaits de recevoir, sans doute fâchés d'accepter.

Tel est le comte Sieyès ! Vingt ans plus tôt il avait écrit, parlant des « récompenses » dans l'*Essai sur les privilèges :*

« Si la Cour s'en empare, je ne vois plus dans l'estime publique qu'une monnaie altérée par les combinaisons d'un indigne monopole. Bientôt, de l'abus qu'on en fait, doit sortir et se déborder sur toutes les classes de citoyens l'immoralité la plus audacieuse. Les signaux convenus pour appeler la considération sont mal placés, ils en égarent le sentiment. Chez la plupart des hommes, ce sentiment finit par se corrompre par l'alliance même à laquelle on le force ; comment échapperait-il au poison des vices auxquels il prend l'habitude de s'attacher ? Chez le petit nombre de gens éclairés, l'estime se retire au fond du cœur, indignée du rôle honteux auquel on prétendait la soumettre ; il n'y a donc plus d'estime réelle : et pourtant son langage, son maintien subsistent dans la société, pour prostituer de faux honneurs publics, aux intrigants, aux favoris, souvent aux hommes les plus coupables.

» Dans un tel désordre de mœurs, le génie est persécuté ; la vertu est ridiculisée ; et, à côté une foule de signes et de décorations diversement bigarrées commandent impérieusement le respect et les égards envers la médiocrité, la bassesse et le crime. Comment les honneurs ne parviendraient-ils pas à étouffer l'honneur, à corrompre tout à fait l'opinion, et à dégrader toutes les âmes. »

Mais vingt ans avaient passé... Abbé Sieyès, citoyen Sieyès, comte Sieyès ! Ce sont les trois mouvements d'une vie. Abbé il avait été, avant d'ouvrir la Révolution. Il devenait comte après l'avoir fermée.

XI

L'EXILÉ

Sieyès disparaît sous l'Empire, enfoui sous les honneurs, réduit à ce « silence philosophique » qui n'est plus son choix, mais le sombre accomplissement de son destin. Les procès verbaux du Sénat ne mentionnent plus son nom que de manière épisodique, les rapports de police ne parlent plus de lui, il semble qu'il ait disparu de la vie politique, sinon de la vie elle-même. Il se rend — rarement — à l'Institut. On ne le voit plus guère dans les salons. Il partage sa vie entre sa résidence parisienne et les « campagnes » de ses amis, telle celle de Clément de Ris, où il fait de longs séjours. Ses forces l'abandonnent peu à peu. L'oubli aide à sa retraite.

Dans les derniers mois de l'Empire, le vieux comte Sieyès put sembler à certains observateurs hanté par la peur. C'est qu'il redoutait le retour des Bourbons, les vengeances exercées contre les régicides. « Il ne reprenait courage, selon Mme Reinhard, qu'au moment où le spectre semblait s'éloigner »[1]. Se mit-il, par prudence, parce qu'il espérait jouer un dernier rôle, dans le sillage de Talleyrand qui s'employait, tandis que les armées étrangères envahissaient la France et que la chute de Napoléon devenait probable, à se rendre indispensable aux Bourbons, rassemblant les « vieux serviteurs de la liberté », c'est-à-dire les membres les plus influents du Sénat, pour organiser le ralliement à Louis XVIII et élaborer une nouvelle Constitution ? Sans doute Talleyrand espérait-il, dans l'effondrement de l'Empire, sauver les privilèges du Sénat et négocier, avec le nouveau Roi, l'appui des élites. Il semble que Sieyès ait été tenu au courant des intrigues de Talleyrand, mais à distance. Le 31 mars 1814, alors que Reims est déjà occupé par l'ennemi, que Blois a capitulé, Talleyrand réunit de nombreux sénateurs. Le comte Sieyès est convié mais il ne vient pas. Va-t-on, pour la première fois depuis vingt-cinq ans, préparer une Constitution nouvelle sans recourir à ses lumières ? Le 1er avril, Talleyrand réussit à rassembler 64 sénateurs qui, pris d'un soudain courage, décident la création d'un « gouvernement provisoire » de 5 membres, dirigé par Talleyrand. Sieyès ne vient pas davantage. Le 3 avril, alors que Napoléon s'est réfugié à Fontaine-bleau et que ses maréchaux le poussent à l'abdication, les sénateurs rassemblés prennent une tardive revanche sur leur longue docilité, et ils votent l' « acte de déchéance » qui déclare Napoléon Bonaparte et sa famille déchus du trône, le peuple français et l'armée déliés du serment de fidélité. C'est le très républicain Lambrechts qui a élaboré cette résolution, ultime lâcheté du Sénat. Bigeon, le biographe de Sieyès suggère — sans aucune preuve — que le vieux comte aurait rédigé la motion avec Roger Ducos et l'abbé Grégoire[2]. En revanche, il est sûr que Sieyès figure parmi les 68 signataires. Ainsi participait-il — mais de très loin cette fois — à son cinquième coup d'Etat. Entre le 3 et le 6 avril, en toute hâte, une nouvelle Constitution est préparée chez Talleyrand. Son objet est de fournir un élément de transaction avec le futur Roi de France, et de préserver les revenus des sénateurs. L'article 1er porte que « le gouvernement français est monarchique et héréditaire de mâle en mâle par ordre de primogéniture », et l'article 2 que « le peuple français appelle librement au trône de France Louis-Stanislas-Xavier de France, frère du dernier Roi ». Le 6 avril 1814, les 66 sénateurs présents votent le projet de cette Constitution fantôme. Sieyès ce jour-là est sagement retenu chez lui par une « indisposition ». Il prend cependant la précaution d'adresser son adhésion « à toutes les délibérations du Sénat »... Ce 6 avril, Napoléon abdique.

Le 3 mai, Louis XVIII fait son entrée solennelle à Paris, coiffé d'un chapeau à plumes blanches, assis dans une calèche attelée de huit chevaux blancs. A sa gauche, la duchesse d'Angoulême, en parure de deuil, « assise comme une vengeance »[3], atteste que la fille de Louis XVI portera un deuil éternel. Le 30 mai 1814, la monarchie restaurée signe le traité de Paris qui ramène la France à ses frontières d'Ancien Régime. L'Europe assemblée dicte sa loi, et c'en est fini du rêve des frontières naturelles que Sieyès, parmi tant d'autres, avait entretenu. Méprisant la Constitution que lui a offerte le Sénat, Louis XVIII « concède et octroie » sa Charte, une Charte « libérale », qui organise deux Chambres législatives, le Sénat et le Corps législatif, sur le modèle anglais, une Charte qui promet la liberté publique et individuelle, la liberté de la presse, la liberté des cultes, l'indépendance du pouvoir judiciaire. « La vente des biens nationaux restera inviolable... les pensions, grades, honneurs militaires seront conservés ainsi que l'ancienne et la nouvelle noblesse. La Légion d'honneur, dont nous déterminerons la décoration, sera maintenue. Tout Français sera admissible aux emplois civils et militaires. Enfin, nul individu ne pourra être inquiété pour ses opinions et ses votes. »* Serait-ce enfin cette monarchie républicaine et bour-

---

* Déclaration de Saint-Ouen, 3 mai 1814.

geoise que Sieyès avait autrefois appelée de ses vœux ? C'est surtout pour Sieyès la réalisation de son cauchemar, le retour des Bourbons. Il n'a plus qu'un dessein : se faire oublier de cette monarchie restaurée, qu'il déteste, et qui lui fait peur. On ne verra certes pas le comte Sieyès dans la fournée des anciens Conventionnels, vite ralliés, auxquels Louis XVIII distribuera des places à la Chambre des pairs. Sieyès s'agite-t-il contre cette dynastie maudite dont il redoute la vengeance ? Entretient-il des relations avec les Orléanistes qui se remuent autour du futur Louis-Philippe ? Intrigue-t-il avec Fouché dans l'espoir d'établir un empire libéral, qui installerait sur le trône Napoléon II, assisté d'un conseil de régence constitué d'éminents républicains[4] dont, bien sûr, Sieyès et Fouché ? Sa réputation d'intrigant ne cesse de le suivre, comme une ombre. On ne peut imaginer un complot où le nom de Sieyès ne soit cité. Il semble en réalité que le vieil homme ne bouge ni ne parle. Il pressent que, passé le moment des bonnes paroles, le temps de la répression va venir et qu'il en sera l'une des premières victimes...

Le 1er mars 1815, Napoléon — qui a quitté l'île d'Elbe cinq jours plus tôt — débarque au golfe Juan, avec la petite armée des 700 soldats qui partageaient son exil... Aussitôt Bourrienne, préfet de Police, reçoit l'ordre de Louis XVIII d'arrêter Fouché, et avec Fouché tous ceux qui sont soupçonnés d'avoir préparé le retour de l'empereur déchu. Sieyès est du nombre. Il n'est cependant pas arrêté mais placé sous contrôle de police. Avant de s'enfuir, Louis XVIII prend encore le temps, par ordonnance du 5 mars 1815 *, d'exclure de l'Académie française le comte Sieyès, responsable du 18 Brumaire, et quelques autres amis présumés de Napoléon. Le 20 mars au matin, Louis XVIII quitte précipitamment les Tuileries. Le soir, Napoléon s'y réinstalle et retrouve son lit.

Cette fois-ci ce n'est plus vers son vieux complice de Brumaire, trop vieux, trop difficile, que Napoléon se tourne pour rédiger, à la hâte, une nouvelle Constitution, aussi libérale qu'il se peut, capable de discréditer la monarchie et de rallier les républicains. C'est à Benjamin Constant — qui un mois plus tôt l'appelait encore Attila — que le revenant de l'île d'Elbe demande ce travail précipité qui doit renier tout le passé impérial. « Voyez donc ce qui vous semble possible, dit-il à Constant, apportez-moi vos idées : des discussions politiques, des élections libres, des ministres responsables, la liberté de la presse... Je veux tout cela... Je vieillis... On n'est plus à quarante-cinq ans ce qu'on était à trente... Le repos d'un roi constitutionnel peut me convenir... Il conviendra plus sûrement encore à mon fils. »

Benjamin Constant ** oublie tout, la haine et le mépris dont il a

---

* L'ordonnance royale ne fut pas publiée, et n'eut pas le temps d'être exécutée.

** « Quelques amis de la liberté, écrira Mme de Staël, ont voulu se justifier de se rattacher à Bonaparte en lui faisant signer une constitution libre ; mais il n'y avait point d'excuse pour servir Bonaparte ailleurs que sur le champ de bataille... »[5].

accablé l'Empire et l'Empereur, ce que Napoléon a fait, a dit, contre lui, contre Mme de Staël, et très pressé de servir le nouveau souverain en même temps que ses propres idées, il rédige l' « acte additionnel aux Constitutions de l'Empire », instituant un régime parlementaire, organisant deux chambres : l'une, la Chambre des pairs, composée de membres désignés par l'Empereur, irrévocables, se transmettant héréditairement la pairie de mâle en mâle, en ligne directe, l'autre, la Chambre des représentants, élue au suffrage restreint. Bâclé, incomplet, laissant en suspens les questions essentielles, « l'acte additionnel » ne pouvait que mécontenter les uns, décevoir les autres. Les bonapartistes blâmèrent les concessions libérales, les républicains y virent un nouveau reniement de la Révolution, les monarchistes proclamèrent la supériorité de la Charte. Benjamin Constant a-t-il consulté Sieyès comme on l'a parfois avancé ? Il ne le semble pas. Le projet de Benjamin Constant heurtait beaucoup des idées de Sieyès, et de toute manière le vieux faiseur de Constitutions ne voulait, et sans doute ne pouvait plus rien faire. Il accepte cependant l'ultime hommage que lui réserve Napoléon. Le comte Sieyès est avisé le 2 juin 1815 par Sa Majesté l'Empereur que « prenant en considération les services que vous avez rendus à la patrie, ainsi que l'attachement que vous avez manifesté pour notre personne et pour les principes de la monarchie constitutionnelle qui régit l'Empire, nous vous avons nommé pair de France ». Sieyès était un « survivant de la grande époque », tente d'expliquer Neton[6]. Napoléon ne pouvait pas raisonnablement le laisser à l'écart. Le voici donc pair de France ! Il est membre d'une Chambre Haute, qu'il a toujours combattue dans son principe ! Il est dignitaire irrévocable et héréditaire, lui qui a tant lutté contre l'hérédité des charges et des honneurs !

Sieyès ne se fait aucune illusion, ni sur ce que deviendra Napoléon, ni sur ce qu'il est devenu lui-même. Barère, qui l'a rencontré aux Tuileries, dès le 22 mars, alors que l'Empereur, à peine rentré, passait une revue au Carrousel, parmi les vivats et les acclamations, raconte ainsi leur dialogue[7] : « Entendez-vous ces cris ? lui dit Barère, voilà l'expression de l'opinion publique. » — « Oui, sans doute, répondit Sieyès, mais sur quoi peut-on compter avec cet homme qui est sans cesse à se révolutionner lui-même ?... » « Je vis bien, conclut Barère, qu'il n'avait pas une grande confiance dans les événements nouveaux. » Le pessimisme, la méfiance avaient toujours été sa nature. L'âge, la fatigue, le dégoût de soi, les événements, nourrissaient chaque jour sa disposition naturelle. Il semblait s'engloutir dans la mélancolie. Un moment Sieyès parut se ressaisir, sortir de sa torpeur : ce fut quand Napoléon affronta l'Europe à Waterloo. Joseph Bonaparte dit avoir trouvé Sieyès en état d'exaltation :

« Napoléon a besoin de nous, il arrive. Allons à son secours pour qu'il chasse les barbares. Lui seul peut encore y parvenir avec notre concours. Après cela, s'il veut être despote, le danger passé, nous nous réunirons pour le pendre... Mais aujourd'hui marchons avec lui, sauvons-le pour qu'il nous sauve. La Nation nous en saura gré, car il est aujourd'hui l'homme de la Nation... »[8].

Les frontières naturelles furent-elles donc son dernier rêve ?

« Sauvons-le pour qu'il nous sauve »... Quand Louis XVIII revient en France, Sieyès sait ce qui l'attend. Il vit dans la solitude et dans l'anxiété. Les élections qui ont lieu en août 1815, au milieu des passions déchaînées par la seconde abdication de l'Empereur et l'exil à Sainte-Hélène, ont amené à la Chambre une majorité ultra-royaliste, une « Chambre introuvable », a commenté le Roi. Dans le midi de la France, les émeutes royalistes — la « terreur blanche » — se déchaînent contre les bonapartistes et les républicains. Le maréchal Brune est massacré à Avignon. La Chambre des pairs juge, sacrifie le maréchal Ney. Il est déclaré coupable de haute trahison, à l'unanimité, moins la voix du duc de Broglie, et fusillé le 7 octobre sur la place de l'Observatoire. Les mesures s'accumulent contre les ennemis de la monarchie où sont désormais confondus républicains et bonapartistes. Les bulletins de police s'en prennent à Sieyès. Il est soupçonné de préparer sa fuite, d'exporter des capitaux à l'étranger[9]. Son nom est cité, ici et là, parmi les plus odieux. C'est l'homme qui a voté la « mort sans phrase » de Louis XVI, l'homme qui a installé Bonaparte au pouvoir. Sieyès sait qu'au mieux il lui faudra partir...

Et voici que vient en débat au Parlement, sur la proposition de l'ultra La Bourdonnaie, la loi dite de « clémence royale », le projet qualifié de loi d'amnistie. A force d'adjonctions et d'amendements, où les ultras ne cessent de l'emporter, la loi, votée le 12 janvier 1816, n'est plus qu'une loi de proscription. « Il faut des fers, des bourreaux, des supplices, a déclaré La Bourdonnaie pour justifier toutes les exceptions à la clémence royale, ce ne sera qu'en jetant une salutaire terreur dans l'âme des rebelles que vous préviendrez leurs coupables projets. » « Une salutaire terreur ? » L'article 7 de la loi ordonne le bannissement des régicides. Sieyès a compris. Il a soixante-sept ans passés. Il est malade, accablé d'infirmités. Il a très peur. Il n'attend pas que soient dressées les listes des exilés*. Il sait qu'il y figurera**. Il décide de quitter Paris, ce qu'il

---

* La loi organisait une commission chargée de déterminer les individus qui, atteints comme régicides par la disposition de l'art. 7 de la loi d'amnistie, seraient bannis du royaume.

** Il sera à nouveau exclu de l'Institut français par ordonnance royale du 21 mai 1816.

fait discrètement le 21 janvier... jour anniversaire de la mort de Louis XVI. Le 23 janvier 1816, la presse belge [10] annonce que la veille « M. Sieyès, qui fut de l'Assemblée constituante, de la Convention, et membre du Directoire exécutif, vient d'arriver à Bruxelles ».

XII

QUAND TOUT CELA FINIRA-T-IL ?

Arrivant à Bruxelles, le vieux Sieyès loge provisoirement en quelque hôtel ou chez des amis. On ne retrouve, en tout cas, sa trace qu'au milieu de l'année 1817. Il est alors établi au 21 rue de l'Orangerie, entre les rues Ducale et de Louvain. Puis le 22 juillet il achète une maison située à peu près en face du numéro 21, au 129 rue de l'Orangerie *. M⁰ Coppyn, notaire, acquiert la maison, par adjudication, au prix de 19 000 francs « pour et au profit de Monsieur le comte Emmanuel-Joseph Sieyès, propriétaire, demeurant ci-devant à Paris, rue de la Madeleine, numéro 18, actuellement à Bruxelles, rue de l'Orangerie, numéro 21 ». Sieyès s'y installe en novembre 1817 [2].

Le comte Sieyès approche de ses soixante-dix ans. Sa démarche est devenue si lente qu'on le dirait presque paralysé, il parle de plus en plus difficilement, de cette voix, au timbre voilé, que l'accent provençal n'a jamais quittée. Ses yeux lui font mal, et ils ne voient plus guère. A peine a-t-il acheté sa maison, suffisamment vaste, que le rejoint son neveu, Ange Sieyès, âgé de trente et un ans, fils de son frère Léonce **. Ange Sieyès vivait déjà près de lui à Paris. En 1819, ce neveu très cher épousera Aimée Quinette, fille de Nicolas Quinette, ancien Conventionnel, régicide, anobli lui aussi par Napoléon en 1810, et exilé lui aussi comme régicide ***. Le jeune ménage aura successivement cinq enfants

---

* L'ancienne rue de l'Orangerie, aujourd'hui entièrement reconstruite, est devenu la rue Henri Beyaert. En 1817, elle était aux confins de la ville, près des remparts qui reliaient les portes de Namur et de Louvain [1].

** Léonce avait été, grâce à l'appui de son frère, député du Var au Corps législatif, de l'an VIII à l'an XIV. Puis il avait été nommé directeur de l'Enregistrement de la ville de Chartres. Il mourra à Paris en 1830.

*** Nicolas Quinette, baron de Rochemont, mourra en exil à Bruxelles, le 14 juin 1821. Il avait été ministre de l'Intérieur de juillet à novembre 1799. Napoléon l'avait nommé au Conseil d'Etat en 1810, avant de le faire baron de l'Empire.

qui naîtront entre 1820 et 1828 *. Ainsi se constituera autour de Sieyès une véritable famille, qui ne le quittera plus jusqu'à sa mort. Six « domestiques » — deux valets de chambre, un cuisinier, un cocher, une « fille de chambre », une gouvernante — seront au service de la famille Sieyès, tous logés, semble-t-il à l'étroit, dans la maison à trois étages du vieux comte, où celui-ci ne cessera d'occuper seul tout le premier étage.

A Bruxelles se sont réfugiés de nombreux proscrits, survivants des successives révolutions. Quand Sieyès arrive, Cambon, Merlin de Douai, Barère, Thibaudeau, Vadier, le peintre David sont déjà installés dans cette ville accueillante. Ramel, Cambacérès, Chazal, ami de Sieyès, viendront ensuite. Ils sont loin de tous s'aimer. Les vieilles rancunes, les haines politiques ne sont pas mortes, divisant les Girondins, les Montagnards, les robespierristes, les thermidoriens, les brumairiens... Ils n'ont guère en commun que le malheur. Les exilés de Bruxelles sont étroitement surveillés par la police, mais il semble qu'au fil des ans la surveillance ira se relâchant « vu l'âge avancé, les infirmités et le peu de fortune de la plupart d'entre eux comme aussi la conduite qu'ils ont tenue jusqu'ici »[3]. On les voit errer dans les rues, dans le Parc, « tristes, silencieux, isolés les uns des autres, moins par ordre d'un gouvernement ombrageux que par méfiance réciproque et rancune invétérée »[4].

Mais le vieux Sieyès n'est pas si seul que beaucoup d'autres. Ses frères viennent lui rendre visite. Sa famille l'entoure, et il a quelques amis, ou des admirateurs. Il évite Barère et Vadier qu'il n'aime pas. Mais il voit souvent le baron Chazal — « nous appelions Chazal, écrira Baudot, le sous-diacre de Sieyès »[5] —, le comte Thibaudeau, le comte Merlin de Douai. Il fréquente Cambacérès, dont il raille doucement les habits brodés et l'allure majestueuse, et Ramel, l'ancien ministre du Directoire qui lui témoigne un grand respect. Sans doute Sieyès est-il, parmi les proscrits, l'un des plus riches **. Daunou, qui l'a toujours détesté, feignant de le respecter, le décrira vivant à Bruxelles « comme le rat de la fable dans son fromage de Hollande »[7]. Avec Ramel, l'ancien ministre des Finances du Directoire, et Cambacérès son complice du 18 Brumaire, Sieyès fonde une caisse de secours destinée à venir en aide aux exilés sans ressources. Sieyès, dira méchamment Baudot, « ne pouvant plus proscrire prit le parti d'être quelque peu bienfaisant... »[8]. Plusieurs de ces nouveaux « émigrés », démunis de toutes ressources, tels Roux, Cordier, Legris, Mallarmé, Prieur de la Marne, anciens régicides réduits

---

* Les deux derniers, Eugène, né le 18 novembre 1825, Léonce, né le 8 mars 1828, mourront en très bas âge.

** La loi de 1816 avait privé les régicides de « tous biens, titres et pensions à eux concédés à titre gratuit » en France. Sieyès paraît avoir, sous l'Empire, habilement géré son patrimoine, exporté partie de celui-ci, et on sait qu'il possédait des propriétés importantes dans la région de Valenciennes. Baudot assure qu'il disposait d'une fortune de 3 à 4 millions, ce qui paraît exagéré[6].

à la misère, vivront ainsi de l'aide de leurs anciens collègues que la vie avait enrichis.

Mais c'est peut-être avec le peintre David — qui lui aussi avait voté la mort de Louis XVI — que Sieyès aime surtout à se retrouver, soit sous les ombrages du Parc, dans un chemin qu'ils avaient nommé *Allée des veuves* et qu'ils parcouraient ensemble, à pas très lents, soit au *Café des mille colonnes* — mais Sieyès avait peur d'y rencontrer Barère qui y trônait —, soit encore dans la maison de David qui recevait volontiers les Français et les étrangers de passage. On causait des absents, de ceux qui rentraient en France bénéficiant de grâces royales ★, de ceux que la mort prenait, de la monarchie exécrée, des moyens de s'en débarrasser, et surtout du passé. Quelles erreurs avaient été commises, par qui, à quels moments de la Révolution? Comment la ferait-on, si l'on pouvait la refaire? En 1817, David passe plusieurs jours à faire le portrait de son vieil ami : « L'abbé Sieyès conventionnel », est représenté de face, assis dans un fauteuil, vêtu d'une large redingote et se préparant une prise de tabac. Le portrait, évoquant des temps révolus, semble flatteur. Le vieux comte Sieyès — qui pose devant l'illustre peintre — porte une perruque à boucles noires, qui essaie vainement de le rajeunir; il est vêtu d'une trop longue redingote de couleur sombre, qui rappelle un peu l'habit ecclésiastique. Puis quittant David, Sieyès retourne marcher dans les jardins publics de Bruxelles, appuyé sur une canne à grosse pomme d'or, le dos courbé, triste, de plus en plus silencieux, tâchant d'éviter tous ceux qui, au long de la Révolution, l'ont un jour combattu, ou contredit. Il s'applique à lire encore — autant que ses yeux le lui permettent —, il écrit à de rares amis, il s'indigne encore des calomnies que l'on répand contre lui, ainsi de celles qu'il trouve dans le *Mémorial de Sainte-Hélène*. « Faut-il, écrit-il à Roederer le 1ᵉʳ juin 1823, qu'on s'acharne encore sur un vieillard proscrit et mourant en terre étrangère? »[9].

David disparaît en 1825. Il semble qu'à partir de ce moment Sieyès se soit davantage encore enfoncé dans la torpeur. Il sort de moins en moins. Quelques-uns de ses amis ont commencé d'écrire leurs mémoires, on le presse d'en faire autant, mais il montre ses pauvres yeux malades, ses mains décharnées secouées d'un continuel tremblement, non, il ne veut rien écrire. « *Cui bono?* » soupire-t-il. « A quoi bon? » Il tâche d'expliquer : « Notre œuvre est assez grande pour se passer de nos commentaires. Nos actes instruiront ceux qui auront la curiosité de connaître nos pensées; et tous nos avertissements seraient inutiles pour mettre en garde contre nos fautes les hommes qui, venus après nous, n'acquerront notre sagesse qu'au prix des mêmes malheurs »[10]. Cette

---

★ Il y eut deux fournées de grâces en 1818 portant, l'une sur 11 régicides, l'autre sur 22.

sagesse, elle est faite maintenant de mélancolie, d'orgueil déçu, de résignation. Sieyès semble envahi par le silence, sinon par le sommeil. Sainte-Beuve le décrira — selon des témoignages qu'il a recueillis — « immobile, renfermé, pratiquant plus que jamais cette opiniâtre passion de se taire »[11]. Parfois, Sieyès se décide à parler, mais il s'arrête au milieu d'une phrase commencée. « Je ne trouve plus le mot, dit-il, il se cache dans quelque coin obscur... » On l'entend répéter : « Quand tout cela finira-t-il ? »

Vient en 1830 la révolution tant attendue des exilés de Bruxelles, de ce qu'il en reste. Les « Trois Glorieuses » de Juillet abattent la vieille monarchie détestée. Charles X part en exil, le duc d'Orléans monte sur le trône. Il est le fils du régicide Philippe Egalité, il serre sur son cœur, à l'Hôtel de Ville, le vieux La Fayette, symbole toujours disponible de la Révolution... Voici Louis-Philippe, roi des Français, qui reprend le drapeau tricolore, abolit l'hérédité de la pairie, organise une monarchie censitaire, Louis-Philippe qui promet d'installer le règne tant préparé de la bourgeoisie. Pour les proscrits, c'est le moment du retour...

Dès avril 1830, le gouvernement prend l'initiative d'une loi de rappel, qui doit réconcilier la monarchie et la révolution. Le grand avocat Berryer s'indigne à la Chambre : « Je regarde cette loi comme aussi dangereuse qu'inutile, et pour dire ma pensée tout entière, elle semble nous convier à une complicité morale que je repousse avec horreur. » A la Chambre des pairs, c'est le marquis de Dreux Brézé qui s'élève contre le retour des régicides. Mais le duc de Broglie plaide vigoureusement leur cause et la fait triompher. L'heure est à la réconciliation. La loi du 11 septembre 1830 ouvre enfin la porte aux bannis. Soixante-douze étaient morts en exil. Les 44 survivants peuvent prendre le chemin de la France...

A l'annonce de la révolution de 1830, les exilés de Bruxelles avaient, dit-on, pleuré de bonheur[12]. Sieyès se met en route dès le 11 septembre. Il arrive à Paris le 15. Il va s'installer au 119 de la rue du Faubourg-Saint-Honoré, dans le quartier qu'il a presque toujours habité. Ses neveux l'accompagnent. Maintenant ses jambes refusent de le porter. Il est presque immobile. Il s'enferme chez lui. Sur le rapport de Guizot, une ordonnance royale du 26 octobre 1832 rétablit l'Académie des sciences morales et politiques qu'avait supprimée Napoléon : Sieyès y retrouve son siège, comme Daunou, comme Garat, comme Roederer, comme Talleyrand. Mais il est hors d'état d'assister aux séances. Il n'est plus « qu'une enveloppe humaine habitée par une pensée engourdie... »[13]. « Je ne vois plus, confie-t-il à ses proches ; je n'entends plus ; je ne me souviens plus ; je suis devenu entièrement négatif. » En 1832, une grippe le tient au lit, gravement malade. Il murmure à son valet de chambre : « Si M. de Robespierre vient, vous lui direz que je n'y suis pas. » Il reçoit encore de rares visiteurs. « La Constitution, c'est moi », dit-il à l'un d'entre eux. Tandis qu'il s'enfonce dans l'obscurité, on l'entend répéter : « Eloignez de moi cet infâme... »

Il meurt le lundi 20 juin 1836 — âgé de quatre-vingt-huit ans, un mois et dix-sept jours. Quelques journaux annoncent, le lendemain, que « M. Sieyès, ancien membre de l'Assemblée constituante et de la Convention, tour à tour Directeur et Consul de la République, comte et pair de l'Empire, membre de l'Institut, est mort hier, 20 juin, dans sa demeure rue du Faubourg-Saint-Honoré, 119 ». C'est un survivant de temps très lointains qui disparaît. Qui s'en souvient ?

Les obsèques civiles * sont célébrées le mercredi 22 juin. Le corps est directement porté de la maison mortuaire au cimetière du Père-Lachaise. Là se retrouvent la famille de Sieyès, quelques rares survivants de l'époque fameuse, des membres de l'Institut, très peu de monde. MM. Siméon, Mignet, de Bassano, tiennent les cordons du poêle, tous les trois sont, comme Sieyès, membres de l'Académie des sciences morales et politiques. Le comte Siméon, président de l'Académie, prend la parole, devant la tombe : « Ses confrères anciens et nouveaux, quoique plusieurs n'aient pas partagé toutes ses opinions, peuvent unanimement proclamer, dans ce dernier adieu, que personne n'a plus et mieux que lui appliqué les sciences morales et politiques au profit de la liberté. » Puis, à la demande de la famille, M. Cauchois-Lemaire, qui avait connu Sieyès à Bruxelles, rend hommage au défunt :

> « Un jour, c'était en 89, Sieyès donna au problème social de l'époque une solution qui nous paraît bien simple aujourd'hui, et qui est, en effet, une de ces révélations dont le ciel ne favorise que le génie. Il déclara que le prétendu Tiers Etat, qui n'était rien de fait, était tout de droit, était la Nation même, l'Etat entier ; et cette déclaration fut une découverte aussi puissante, aussi vaste dans ses résultats, que la découverte des deux Amériques, de l'imprimerie, de la vapeur, ou des lois qui régissent le système céleste. »

La tombe ne porte qu'un nom et deux dates : « Emmanuel-Joseph Sieyès, né le 3 mai 1748, mort le 20 juin 1836 ». Ni épitaphe, ni titre. Il n'en avait pas voulu. La mort d'Emmanuel-Joseph Sieyès était passée à peu près inaperçue. Quelques proches, quelques curieux, avaient suivi le convoi. Les journaux n'en avaient presque rien dit. « Les idées de Sieyès étaient déjà dans le cercueil, quand l'abbé Sieyès vint se placer à côté d'elles », commenta le journal *La Quotidienne* du 28 juin. Un autre

---

* Il a été soutenu — mais sans preuve — que Sieyès aurait souhaité « se réconcilier avec l'Eglise » mais que l'archevêque de Paris aurait refusé de lui administrer les sacrements « à moins d'une abjuration solennelle du passé ». Mignet lira à l'Académie des sciences morales et politiques, le 28 décembre 1836, sa remarquable Notice « sur la vie et les travaux de M. le comte Sieyès »[14].

journal assura que l'illustre Sieyès était mort depuis longtemps « sans le savoir ».

En cette année 1836, Guizot, le théoricien du gouvernement de la bourgeoisie, domine la Chambre de sa vaste culture et de son éloquence hautaine. M. l'académicien Thiers dirige le gouvernement. Il a, dans son *Histoire de la Révolution,* rendu hommage à l'œuvre de Sieyès, à son « esprit vaste, systématique, rigoureux dans ses déductions » [15], à la grande Révolution qu'il avait opérée « en quelques jours ». Tocqueville vient de publier le premier volume de la *Démocratie en Amérique.* Que la féodalité soit détruite, que la monarchie absolue soit abolie, c'est de l'histoire ancienne. Reste à savoir ce que deviendra le règne de la démocratie... Droits de l'individu, souveraineté nationale, régime représentatif, libertés publiques, gouvernement des élites bourgeoises : les principes qui fondent la monarchie libérale sont ceux auxquels Sieyès a donné vie et consistance. Non, ses idées ne sont pas avec lui, dans son cercueil. Mais son œuvre est devenue si naturelle, si évidente, qu'on ne la remarque plus.

ÉPILOGUE

« Destinée anormale, singulière, remplie de contradictions », conclut Paul Bastid, résumant la vie de Sieyès, « un grand destin manqué », ce qu'expliqueraient autant le caractère chaotique des événements auxquels il fut mêlé que ses propres faiblesses[1]. Théoricien libéral, soucieux de donner à la France des institutions rationnelles, paisibles, Sieyès aurait vécu dans des temps trop agités, parmi les coups de force, et à travers les dictatures. Préoccupé de finir la Révolution, car il ne la voyait pas comme un mouvement indéfini, il aurait été obsédé par l'intention de la conclure. De là viendrait qu'il ait finalement perdu pied, ne reculant devant aucun moyen pour asseoir le régime de sérénité politique qu'il avait conçu. Il aurait voulu « assurer par l'irrégularité la permanence de la règle »[2], et il aurait échoué. L'histoire de Sieyès serait au bout du compte celle d'un rêve brisé, défiguré par les événements, et surtout par lui-même.

Une vie de contradictions, d'échecs, de reniements ? On voit tout ce qui peut nourrir une vision pessimiste, et même désolée, du destin de Sieyès. Ce grand fabricant de Constitutions n'en a pas donné une à la France, et ses projets ne furent jamais que des brouillons. Destructeur de l'ancienne royauté, il a fini par installer une monarchie nouvelle sans traditions, sans lois fondamentales. Théoricien de la liberté, il a donné la main à l'organisation de la dictature. En 1789, il avait excommunié les privilèges, les honneurs qui « corrompent l'opinion et dégradent les âmes », et le voici, en 1808, comte Sieyès, courbé sous le poids des récompenses. Il a paru défendre les opprimés, les humiliés au nom de la justice, « cette première des vertus si longtemps exilée de la terre », et on l'a retrouvé, sous l'Empire, riche, anobli. Il a revendiqué le gouvernement de la raison, et on l'a vu jouant avec les événements, profitant des avantages du moment. Il n'a cessé de distribuer des leçons de vertu, et il est apparu occupé à servir son intérêt, son patrimoine... Ainsi a-t-il déçu ceux-mêmes qui l'ont admiré ou servi. L'homme qui lui fut tout dévoué, l'Allemand Œlsner, laisse, en 1811, s'épancher sa tristesse. « Il n'est pire égoïsme que le sien... Le cœur pesait très peu chez lui, et quant à la tête il y flottait toutes sortes d'idées nébuleuses. Son orgueil se gonflait des bulles d'un idéal brumeux »[4]. Plus tard, après Waterloo, Œlsner écrira à son ami Ebel* : « Une sensibilité exagérée, de la morgue, de l'orgueil, un manque de connaissance des hommes, et un manque de hardiesse gâtèrent le bien qu'il aurait pu faire... Jamais un homme n'a reçu le pouvoir à meilleur compte, et ne l'a gaspillé de manière plus lamentable »[5]. Benjamin Constant a plusieurs fois exprimé sa déception, si même il a trouvé des excuses à son vieil ami : « Son vaste génie était plus spéculatif que pratique... Il avait des idées trop absolues »[6]. Et Constant a résumé ainsi ce destin déroutant : « Sieyès est un des hommes qui ont fait le plus de bien à la France en 89, et qui, depuis, à deux ou trois époques, lui ont fait le plus de mal »[7]. Madame de Staël elle-même, si indulgente à l'égard du philosophe dont elle aimait la compagnie, n'a pu lui pardonner qu'il fût devenu en Brumaire l'instrument du despote. « Bonaparte lui-même n'aurait pas été assez fort pour opérer alors un tel changement. Il fallait que le philosophe servît... les desseins de l'usurpateur »[8].

Mais il n'y a pas que les rares amis de Sieyès pour dire ainsi leur amertume. Chacun des biographes de l'abbé semble avoir hésité entre le dégoût et la tristesse. Bigeon, qui admire en lui l'exceptionnelle intelligence, la puissance de la pensée, le décrit, à partir du Directoire, vaincu par l'orgueil, par la cupidité[9], roulant vers la bassesse. Paul Bastid qui aurait aimé défendre Sieyès jusqu'au bout, concède à regret que l'organisateur des coups d'Etat a fait un tort irrémédiable au défenseur du Tiers, et qu'en définitive la postérité a du mal à discerner si les préférences de Sieyès l'inclinaient vers la liberté ou vers l'autorité. Sa vie ? « Un début éclatant mais qui paraît sans suite. Dès les premières semaines, le charme est rompu... »[10]. Neton, qui ne veut rien reprocher à Sieyès, s'applique à lui chercher des circonstances atténuantes. Bonaparte, seul responsable de Brumaire, aurait pris l'abbé au piège[11], la soumission de Sieyès n'aurait été que l'effet de l'âge et de la misanthropie. L'image qui semble s'imposer chez la plupart est celle d'un puissant esprit, extraordinairement inspiré durant quelques semaines en 1789, forçant les événements, puis naviguant, parmi les hésitations, les mauvais coups, jusqu'au désastre final. « Quand Sieyès est vaincu par Bonaparte, écrit Marcelle Adler-Bresse, il n'existe plus désormais qu'un vieillard avare, cherchant dans ses immenses richesses l'impossible consolation au grand naufrage de sa vie »[12]. La vie de Sieyès fut-elle vraiment ce naufrage ?**

* Sous la Restauration, Œlsner reviendra à des sentiments plus nuancés à l'égard de son maître.
** Dans sa préface à *Qu'est-ce que le Tiers Etat?*, publiée en 1970, Roberto Zapperi portait sur Sieyès les jugement les plus durs. Evoquant le comportement de Sieyès en

Nous avons tenté de regarder Sieyès d'un peu près. Comment contester qu'il fût cet esprit prodigieux dont a parlé Constant, alliant à un rare degré la force de l'invention et celle de la réflexion ★ ? Aucun des grands acteurs de la Révolution ne lui fut probablement comparable, en puissance intellectuelle, si ce n'est Mirabeau, dans ses moments de fulgurance. « Il y a toujours, observe Constant, dans celles de ses abstractions qui semblent les plus subtiles une idée neuve et vraie... » [13]. Sans doute Sieyès combine-t-il les vertus et les défauts de la tradition des Lumières. Il croit à la suprématie de la raison, à la toute puissance de la pensée, au progrès universel et indéfini. Il croit, comme l'a dit Mignet, que tout ce qui se pense se peut [14]. L'histoire pour lui doit recommencer à zéro. Qu'est-ce que la Révolution ? C'est l'affirmation de la maîtrise de l'homme, de l'homme qui se saisit enfin de la gestion de son destin ★★. Mais Sieyès n'a pas que le culte de la raison, il a le culte de *sa* raison. Cet esprit né maître — comme a dit Sainte-Beuve — se sait maître. Il ne supporte ni d'être contrarié ni d'être contredit. Toute critique lui est une injure, toute objection une impertinence. Il ne doute pas que ses projets de Constitutions soient parfaits. Ils sont parfaits parce qu'il a utilisé, pour les construire, les ressources d'un esprit immense, d'une science qu'il croit avoir « achevée », mais aussi, plus simplement, parce que ce sont les siens. Qu'une idée se dresse contre la sienne ? C'est une idée coupable. « Tout obstacle, observe Talleyrand, le révolte, il méprise toute transaction » [15]. Si l'on veut savoir comment naissent les idées qui contrarient les siennes, il faut, comme le dit la *Notice* dans sa conclusion, le demander « à l'ignorance, à la légèreté, à la haine aveugle qui, unies, serviraient de raison suffisante à toutes les sottises de ce monde » [16]. La bêtise, l'ignorance, la méchanceté : voilà, selon Sieyès, ses vrais ennemis.

Sa supériorité intellectuelle, Sieyès n'a jamais cherché à la dissimuler. Ses premières correspondances révèlent déjà un orgueil que le temps n'a fait que fortifier — au risque de le transformer en vanité. Sieyès juge vite, méprise vite, et ne prend pas la peine de feindre. Ceux qui l'ont

---

1799, Zapperi écrivait : « En s'obstinant d'une manière aussi tenace à refuser la leçon des événements, Sieyès confirma le caractère incontestablement velléitaire de sa politique vouée à l'impuissance : il fournit, dans une sorte de parabole destinée à servir d'exemple, l'image grotesque de l'éternelle histoire de l'intellectuel engagé » (p. 80). Zapperi ajoutait, appréciant le rôle de Sieyès au 18 Brumaire : « Devant la complexité des conflits et des forces réelles, sa passion politique l'abandonne : il se prépare, honteux, à abdiquer et à découvrir dans le renoncement ce mal qui le ronge inexorablement, l'impuissance... » (p. 110). Publiant en 1985 les *Écrits politiques* de Sieyès, Zapperi semble avoir modéré sa sévérité.

★ Quelques-uns, comme Baudot, comme Gohier, ont tenté de nier sa supériorité intellectuelle. Mais leurs écrits sont aveuglés par la haine.

★★ « La Révolution, dira Renan en 1848, c'est l'avènement de la réflexion dans le devenir de l'humanité. »

approché ont souvent décrit sa raideur, la sécheresse de ses manières. Par surcroît Sieyès a de l'esprit, il le sait, il aime les mots cruels, il en use sans précaution. Si l'on excepte ses disciples, qu'il souhaite dociles et tout dévoués, et de très rares amis, il n'aperçoit partout que des médiocres ou des méchants.

Mais sa distance n'est pas faite que de mépris. Elle est aussi une disposition naturelle. Tout au long de sa vie, on l'a vu tenté de refuser ce qui lui était offert, de partir, d'entrer en retraite, de s'enfermer dans ce qu'il appelait son « silence philosophique ». Sans doute met-il quelque complaisance dans cette volonté de se tenir à l'écart, de ne pas se mêler à un monde stupide et frivole. Il marque sa différence, il signifie sa supériorité. Il plaît à Sieyès d'être prié, d'être supplié. « Il ne se livrait aux événements comme aux hommes, observe Mignet, que lorsqu'ils le recherchaient et pour ainsi dire le guettaient. Sinon il se retirait en lui-même avec un dédain superbe... »[17]. Mais son orgueil et sa réserve trahissent aussi sa vulnérabilité. Sieyès est moins sûr de lui qu'il ne le feint. Il se sent fragile, menacé, il se sait inapte à tout débat contradictoire, les objections le blessent, elles l'atteignent non dans ses idées, mais dans sa personne. Toute contestation lui est une souffrance, et il s'y dérobe, de peur d'avoir mal.

Cet esprit supérieur est amer et sauvage. Il désespère des hommes en même temps qu'il s'acharne à faire leur bien. Il les voudrait libres, redressés, conduits par l'intelligence et la raison, mais il ne les aime pas pour autant. Sieyès est irrémédiablement pessimiste, il est toujours tenté par l'« à quoi bon », en même temps qu'il professe une foi violente dans le triomphe de la raison, et le progrès indéfini. Peu d'hommes ont autant agi sur leur temps, et cependant il entretient son « Taisons-nous » comme un refrain qui semble traduire une obsession. Peu ont été si vigoureux dans l'action, et cependant si attachés à faire l'éloge de la retraite et du silence. Quand il parle, il pense à se taire. Quand il agit, il cherche déjà le moyen de se retirer. Ce n'est pas qu'une attitude, une précaution d'intellectuel. Ce sont des contradictions douloureuses que parfois il surmonte, qui parfois le conduisent à hésiter. Et au-dessus de ses contradictions, les expliquant en partie, on voit sa mélancolie, sa souffrance, le sentiment qu'il a d'être toujours incompris, persécuté, mal aimé, mal célébré. « Quoi, j'aurai passé ma vie entière dans le travail le plus forcé, dans le malheur pour moi, et dans les sentiments les plus généreux, les plus ardents pour le bonheur des autres, et ma récompense sera d'être regardé par eux comme un homme à talents, capable d'être adopté par ces coteries de vils coquins... les hommes, je le répète, ne croient ni à la probité ni à la bonté morale »[18]. Il ne lui suffit pas d'être un esprit supérieur, travaillant sans relâche au bien de l'humanité, il lui faut encore nourrir son malheur. Il lui faut n'être pas entendu, n'être pas aimé, être seul, et en souffrir.

Si Sieyès n'avait été qu'un fabricant de théories politiques, un intellectuel jamais satisfait, il n'eût pas suscité tant de haines. Mais Sieyès est un homme d'action. Il voit venir l'événement, il s'en saisit, il l'exploite avec le talent d'un grand politique. « Ce grand théoricien, écrit Michelet, commentant le rôle de Sieyès en juin 1789, qui d'avance avait calculé si juste, se montra ici vraiment homme d'Etat. Il avait dit ce qu'il fallait faire et il le fit au moment » [19]. Entraînant, en juin 1789, le Tiers Etat à se transformer en Assemblée nationale, organisant le coup d'Etat du 18 Brumaire, réparant, le 19 brumaire, les maladresses de Bonaparte, il se révèle habile, courageux, aussi capable de vouloir que de faire. L'action, l'intrigue politique lui conviennent beaucoup plus qu'il ne le dit. Il sait aussi, à l'occasion, être impitoyable à l'égard de ceux qui le gênent. En Floréal, en Prairial, on a vu Sieyès prévoir, organiser, commander, éliminer. Il n'a rien eu alors d'un idéologue dégoûté. De même a-t-il toujours servi, avec talent, la cause de son patrimoine. Ses ennemis se sont acharnés à le dire corrompu ; sans doute ne l'était-il pas, mais il fut toujours occupé de sa sécurité, de ses intérêts, de ses solidarités familiales, aussi habile que beaucoup de ses contemporains à asseoir sa fortune. De l'adolescence à la vieillesse on observe chez lui cette continuité : par inclinaison naturelle, par pessimisme aussi, il se met à l'abri des mauvais coups du sort. Il s'indigne sitôt qu'on l'accuse d'aimer l'argent. Mais sa révolte ne va pas jusqu'aux scrupules qui lui construiraient une réputation d'intégrité. Cet intellectuel, si dégoûté des hommes et de la vie, ne l'est pas au point de négliger son confort.

Tel il fut : misanthrope, solitaire, inaccessible, cependant capable d'être aimable et spirituel, le temps d'un dîner ou s'il a décidé de plaire ; volontiers enfermé dans une mélancolie profonde, qui croîtra avec le temps, aimant peu les autres, mais aimant être aimé, et surtout célébré ; intransigeant dans la haine plus que dans l'amitié ; travaillant à satisfaire les exigences de la raison humaine, et aussi de sa carrière ; théoricien d'une Révolution qu'il voyait davantage comme une abstraction merveilleuse, un plan savant que commandaient l'intelligence et la raison, que comme un bouleversement affectant les destins individuels ; aimant la liberté comme une grande idée, un dogme de l'esprit plutôt que comme un agrément de la vie ou une exigence de la dignité. Oui, Sieyès est vraiment un enfant de la génération des Lumières, qui a vécu l'espoir, puis l'échec, d'une révolution idéale. Mais il est resté aussi un héritier de l'Ancien Régime, il se sert des instruments de l'absolutisme religieux et politique. Il s'affirme tolérant mais il est fanatique de la tolérance. Il pose des théories inflexibles pour remplacer des dogmes. Il impose des vérités nouvelles pour chasser les vérités révolues. Il croit à l'absolue rigueur des principes, et il méprise tous les systèmes qui s'accommoderaient du relatif, de la souplesse, ou qui prétendraient profiter de l'expérience *. Prophète ? Doctrinaire ? Philosophe orgueilleux et méprisant ? Politique habile, intrigant, intéressé ? Grand prêtre de la Révolution ? Serviteur zélé de sa carrière ? Détestant tout hors l'intelligence et lui-même ?

Il est tout cela à la fois, et il est aussi bien différent de cela. Car on le trouve parfois capricieux, maladroit, parfois aussi délicat, attentif à ses amis, et même généreux. On ne doit non plus négliger chez lui une certaine bizarrerie, qui ne cesse de dérouter : les mots qu'il invente, les tableaux qu'il imagine, les distinctions qu'il ne cesse d'affiner pour satisfaire la logique mais aussi par une sorte de plaisir étrange, certains de ses écrits, surtout ceux qu'il n'achève pas, semblent révéler un esprit original, insolite, où des mouvements fantasques viennent soudain secouer le travail de la raison. Parfois on le dirait venu au bord du délire... La vérité est qu'il reste enfermé, par nature, et par volonté, dans beaucoup de mystère. Il a voulu que sa vie privée fût parfaitement secrète. Plus que secrète, dissimulée : Sieyès a tout fait pour que nul ne connût rien de ses amours, de ses désirs, de ses plaisirs. Ses rares amis paraissent n'avoir rien su de lui. On dirait qu'il leur a caché sa vie quotidienne, et sans doute ne leur a-t-il fait aucune confidence. On ne sait, on ne saura sans doute jamais s'il connut des femmes, des hommes, s'il fut privé, ou se priva, de toute vie sexuelle. On ignore s'il fut jamais amoureux. On ne voit pas ce que fut pour lui l'amitié **. On ne sait davantage comment il vivait. « Il y mettait quelque recherche, assure Talleyrand, il était difficile à servir, à loger, à meubler » [22]. Mais rien ne le vérifie. De ses goûts on ne connaît que le plaisir de lire, de réfléchir, d'écrire. A peine sait-on aussi qu'il aima beaucoup, dans sa jeunesse, la musique, qu'il chantait d'une voix trop frêle, qu'au soir de sa vie il parla peinture avec David, qu'il aimait marcher, rêver, à la campagne, et la nuit venue, regarder le feu. On ne lui connaît ni manie, ni marotte. On ne voit, dans sa vie, que l'étude, le travail et, par intermittence, l'action. Et ce secret n'enferme pas que sa vie privée. Sa vie publique aussi reste chargée d'ombres. On comprend mal son effacement, en pleine gloire, en 1790. La ferme position qu'il prit dans le discours sur la dîme n'est pas sans équivoque. L'ambassade en Prusse n'est pas si claire. Sieyès

---

* Necker — dont la pensée semble souvent dressée contre celle de Sieyès — esquisse ainsi le portrait des hommes systématiques qui firent la Révolution : « Les hommes systématiques, ont un moyen de séduction dont ils savent bien se servir. Ils ont toujours l'air d'être occupés des intérêts du genre humain. Et ce n'est pas que, doués d'une âme privilégiée, ils soient susceptibles d'une compassion universelle ; ce n'est pas même qu'ils soient plus touchés que d'autres des malheurs publics : leur imagination au contraire les enlève aux sentiments profonds, et dans leurs courses vagabondes, ils n'ont guère le temps d'aimer. Mais le genre humain convient à leurs idées purement spéculatives ; ils s'attachent à lui pour la commodité de leur esprit... » [20].

** Il n'a point d'amis, dit Talleyrand, « mais il a des entours soumis et fidèles ». « Il n'a point de commerce avec les femmes et cependant il ne dédaigne pas de plaisanter avec elles... alors il arrive à une sorte de grâce » [21].

a-t-il ou non, comme il en fut maintes fois accusé, comploté avec le duc d'Orléans, puis avec le duc de Brunswick, puis avec le futur Louis-Philippe ? A-t-il ou non tenté de donner à la France une nouvelle monarchie ? Fut-il, avec Condorcet, républicain en le cachant, puis, avec Robespierre, terroriste dissimulé ? Chacun peut proposer de son rôle en Brumaire l'explication qui lui convient. Que furent pour lui les honneurs qu'il reçut de l'Empire ? Comment vécut-il son effacement, sa lente agonie ? Publiée la *Notice,* Sieyès ne dit plus rien de lui. Et, à la différence de la plupart de ses contemporains, il a refusé de s'expliquer dans des mémoires. A quoi bon ! Paresse ? Indifférence ? Orgueil ? Tout à la fois. L'abbé Sieyès, le citoyen Sieyès, le Directeur Sieyès, le Consul provisoire Sieyès, le comte Sieyès sont entourés d'un même mystère. Et si Sieyès a beaucoup fait pour déplaire, il n'a jamais voulu se justifier pour l'histoire. Il a laissé la voie libre à tous ceux qui l'ont accablé ou simplement oublié.

« Un grand oublié » ? Etrange caprice de l'histoire, car peu d'hommes ont laissé, sur la société où ils sont venus, une marque comparable à celle de Sieyès. Dans la Révolution, seul Robespierre a peut-être influencé autant que lui le cours des événements. Ni Mirabeau ni Danton, ni Saint-Just, autrement célébrés que lui, n'ont tenu un tel rôle. A la veille de la Révolution, l'abbé Sieyès n'a pas seulement, par ses brochures, fixé les principes qui commandaient l'abolition de l'Ancien Régime, il a proposé au Tiers Etat une stratégie. Par sa motion du 15 juin 1789 et le décret qui s'ensuivit, constituant l'Assemblée nationale, il a fait la Révolution *. Obligeant, le 23 juin, l'Assemblée à poursuivre son action — « Nous sommes aujourd'hui ce que nous étions hier... Délibérons » —, il a rendu le mouvement irrésistible. S'il joue un rôle apparemment discret dans l'établissement de la Déclaration des Droits de l'homme et de la Constitution de 1791, elles s'édifient néanmoins à partir de ses théories, et son influence y est décisive. Sous la Constituante ses refus même sont importants, et ils auront un long retentissement : le refus de la confiscation de la dîme proclame sa conception intransigeante du droit de propriété, le refus du veto royal dit son opposition intraitable à la souveraineté du monarque. L'organisation administrative de la France, dont Sieyès est l'auteur essentiel, fixe, pour un temps qui n'est pas encore achevé, les divisions de la France moderne. Proclamant l'unité de la Nation, mettant en œuvre cette « adunation » politique, qui fit de la France un seul peuple régi par les mêmes lois, il n'en a pas moins voulu que le « morcellement géométrique »[24] de la France — départements, communes, cantons — favorisât le développement des libertés, la multiplication des responsabilités locales que le pouvoir central risquait

---

* « Le 17 juin 1789, constate Jean-Jacques Chevallier, la Nation remplace juridique-ment le Roi, la Révolution était faite. La monarchie absolue avait vécu »[23].

d'étouffer *. Il a inspiré le double projet, harmonieux dans son esprit, de l'unité nationale et de la décentralisation administrative. En quelques mois tout a changé, et ce tout lui est largement imputable. « Le théâtre de l'Ancien Régime, écrit François Furet, n'est plus peuplé que par des ombres... le Roi n'est plus le Roi, la Noblesse n'est plus la Noblesse, l'Eglise n'est plus l'Eglise... »[26]. Sans doute le travail était-il déjà pour partie accompli quand vint Sieyès, mais il l'a précipité, il l'a rendu cohérent, irréversible. Quand se sépare la Constituante, la monarchie absolue est morte, l'Ancien Régime est détruit. Et Sieyès a été le principal auteur de ce prodigieux bouleversement.

C'est vrai que Sieyès disparaît ou presque en 1791 : dans un premier temps parce qu'il ne peut siéger à la Législative, dans un second parce que, venue à la Convention, la « taupe » se terre. Mais elle se terre moins qu'il ne semble. Entraînant le Marais vers les Montagnards, approuvant la mise à mort de Louis XVI, Sieyès interdit à la Révolution de revenir en arrière. Il aide à « couper le câble », sans retour possible. Il croit inéluctable cette rupture sanglante entre l'ancienne monarchie et la nouvelle France. Au lendemain de Thermidor qui le débarrasse de Robespierre, il reprend un rôle prépondérant. Le voici tourné vers la politique extérieure ; déjà il se donne en dogme que la France ne sera protégée que par ses « frontières naturelles », déjà négociant les traités de paix avec la Hollande, puis avec l'Espagne, il imagine une Europe adaptée à la France nouvelle : une Europe dominée par la République française, avec une grande Confédération de l'Allemagne du Nord amie de la France et conduite par la Prusse, une Autriche neutre, une Angleterre tenue à distance, en suspicion, car elle n'appartient pas vraiment à l'Europe...

Le temps semble venu de donner à la France une Constitution raisonnable. Si le grand projet que Sieyès expose, le 2 et le 18 thermidor an III, n'exerce qu'une faible influence sur ce qui va devenir la Constitution de l'an III, il jette quand même, dans le grand débat constitutionnel qui agitera si souvent la France, des idées qui feront un long chemin. Il imagine un « Conseil d'Etat » qui préparera les lois que le gouvernement inspire, il invente un « Jury constitutionnaire » qui veillera sur le respect de la Constitution, et pourra même constituer comme un grand Tribunal des Droits de l'homme. Dans le moment on n'écoute pas Sieyès. C'est plus tard qu'il sera entendu. Mais l'infatigable abbé se prépare à rentrer en scène. Si le coup d'Etat de Fructidor n'est pas son œuvre, Sieyès est dans les coulisses. Ce sont ses idées, ses amis qui viennent au pouvoir. Les proscriptions qui frappent les ennemis de

---

* Mais ce découpage de la France n'aurait eu, selon Zapperi (*supra*, pp. 172-173), d'autre but que de détruire les vestiges des anciennes provinces, et de servir la force du pouvoir central... « Sieyès, écrit Zapperi, remettra à Bonaparte tout l'héritage de Louis XIV... »[25].

la République rappellent — comme le dit son ami Boulay de la Meurthe — que pour Sieyès la guerre est inexpiable entre les survivances de l'Ancien Régime et la Révolution victorieuse. Durant un an Sieyès retourne à la politique étrangère. Les frontières naturelles, l'alliance avec la Prusse sont restées ses objectifs. Quand il revient de Prusse, il est bien décidé à prendre le pouvoir. Le coup d'Etat de Prairial fait de lui le chef du Gouvernement. Mais Sieyès ne s'empare pas du pouvoir pour continuer le Directoire, il vient pour amener la Révolution, sa Révolution, à bon port, assurer cette Nation souveraine et représentée dont il avait, en 1789, fixé les principes. Il cherche une épée républicaine pour briser une Constitution qui conduit à l'anarchie, à l'aventure, il croit l'avoir trouvée, il organise le 18 Brumaire... mais ce Bonaparte était Napoléon.

C'en est fini de Sieyès ? Pas encore. Il lui reste à inspirer la Constitution. Sans doute ce Roi très républicain qu'il a imaginé, ce Roi qui incarne la continuité et la majesté de la Nation, son Grand Electeur est-il défiguré. Il faut bien que le Premier Consul soit fabriqué à la mesure du maître que se donne la France. Mais le Conseil d'Etat, le Tribunat, le Corps législatif, le Sénat conservateur, ce sont les inventions de Sieyès. Ses idées imprègnent toute la Constitution de l'an VIII : la préparation de lois parfaites par une assemblée de juristes, la division de la fonction législative entre la discussion et le vote, le contrôle du respect de la Constitution par un collège de sages, dépositaires de la raison et de la dignité, le système savant des « listes de notabilités » combinant le principe du suffrage universel et l'auto-recrutement des notables par les notables, la France conduite par les intellectuels, par les savants, par les philosophes, par les pionniers de la Révolution, par ceux dont la capacité et le mérite ont été éprouvés, une anticipation de la République des professeurs...

Achevé le rôle de Sieyès, qui disparaîtra, écrasé par l'âge et le poids des honneurs, on a beau jeu d'observer l'échec qui clôt ces dix années de combats. L'homme qui fit la Révolution, et crut peut-être qu'elle était sa propriété, l'a offerte à Napoléon. Il a défait un Roi et fait un Empereur. Mais à y mieux regarder, la distance paraît moins forte entre ce qu'a voulu Sieyès et ce qu'il a fait. Le but que s'était assigné Sieyès était tout entier inscrit dans ses deux brochures de 1789, l'*Essai sur les privilèges*, et *Qu'est-ce que le Tiers Etat ?* Sieyès entendait détruire les ordres privilégiés, abattre la monarchie absolue, anéantir les fondements de la société d'Ancien Régime. Dix ans durant, il est demeuré conscient du but qu'il s'est proposé, attaché à l'atteindre, appliqué à rendre impossible tout retour en arrière. On peut observer les bornes du projet de Sieyès[27], on ne peut en contester la fermeté ni la continuité.

Et si l'on ramène la Révolution de Sieyès à ce qu'il a vraiment voulu, on voit que le 18 Brumaire n'est pas sa déroute. Sieyès sait que sa

Révolution ne sera pas remise en cause par Bonaparte, et sans doute qu'elle ne peut l'être. C'en est fini, pour toujours, des ordres privilégiés et de la société d'Ancien Régime. La noblesse qu'inventera Napoléon sera une noblesse sans droits ni privilèges, une noblesse qui ressemblera à la Légion d'honneur. Le comte Sieyès pourra paraître noble, il ne sera pas pour autant un aristocrate. Bonaparte ne reconstruit pas l'ancienne France. Les honneurs, les récompenses qu'il distribue ne rétablissent pas la féodalité, pas plus que sa dictature ne refait la monarchie d'autrefois. Napoléon fonde son gouvernement sur la propriété et sur le mérite, il se sert d'une bourgeoisie éclairée et honorée. Sans doute il confisque les libertés, ce pourquoi Sieyès se détournera peu à peu de lui. Le duc de Brunswick, le duc d'Orléans, rois constitutionnels, eussent-ils fait mieux ? Peut-être. Car si Napoléon ne ressuscite pas ce que Sieyès a détruit, il se moque bien de ce que Sieyès a prétendu installer sur les décombres de l'ancienne monarchie : la souveraineté de la Nation et sa représentation parlementaire. Mais si dictatorial qu'il soit, le gouvernement de Napoléon consolide encore, par sa durée, par son autorité même, la grande victoire de Sieyès, la destruction de la société des ordres et de l'Ancien Régime qu'elle fondait *. Oui l'Ancien Régime est bien mort, et Louis XVIII revenu devra le constater à son tour. Ainsi Sieyès n'est-il pas, au 18 Brumaire, cette « intelligence en ruine » qu'excommunie Quinet [29], ce vieillard seulement guidé par la peur, et il n'est pas exact que le théoricien de la liberté soit devenu le théoricien de la servitude. Simplement Sieyès consolide, au risque effrayant d'un pouvoir absolu, ce qu'il a accompli. Et il est vrai que cette obstination mesure en même temps les limites de Sieyès et de sa Révolution. En 1789, la haine des ordres privilégiés était chez lui plus forte que la passion de la liberté. En 1799, il prend le risque de la dictature pour asseoir définitivement le règne de *son* Tiers Etat, c'est-à-dire de la bourgeoisie éclairée. L'abbé ne trahit pas sa Révolution. Mais il en éclaire la vraie nature.

Si le rôle de Sieyès, dans la Révolution, a été si souvent méconnu, ou méprisé, sa pensée ne semble pas avoir subi une pareille infortune. Rares sont ceux qui ne voient en lui que l'inventeur vaniteux, presque ridicule, de Constitutions inapplicables à force d'être compliquées. La puissance d'esprit de Sieyès a été généralement reconnue, célébrée de son vivant. Sous la Constituante, en l'an III, en l'an VIII, on attendait, on écoutait l'oracle, et les déceptions qu'il provoquait étaient à la mesure de sa réputation. Dès 1791, Madame de Staël annonçait à Morris que « les

---

* Marx, dans *La sainte famille*, voit même dans Napoléon le continuateur du terrorisme révolutionnaire : « Il accomplit le *terrorisme* en remplaçant *la révolution permanente* par *la guerre permanente*. Il assouvit pleinement l'égoïsme de la nation française, mais il exigea, en retour, le sacrifice des affaires bourgeoises, des jouissances, des richesses, etc., bourgeoises, chaque fois que l'exigeait le but politique de la conquête » [28].

écrits et les opinions de l'abbé formeront une nouvelle ère en politique... »[30]. Un siècle et demi plus tard, Paul Bastid justifie la prophétie,
assurant que « Sieyès fut le père du droit constitutionnel, et plus
généralement du droit public français ; il a fixé à peu près tous les
éléments de notre catéchisme politique »[31]. « Son influence est partout », proclame Bastid. « Il a formulé la théorie moderne de l'Etat »,
résume le politologue anglais Murray Forsyth dans le plus récent livre
consacré à la pensée de Sieyès[32]. N'y a-t-il pas là de quoi satisfaire — un
peu — l'orgueil de celui qui se prétendit « le grand promulgateur de la
loi de l'avenir »[33] ?

Et sans doute Sieyès fut-il le premier, en France, à avoir compris que
le problème était d'inventer la démocratie — dont il refusait le mot — à
l'usage des Nations modernes, et que celles-ci ne ressembleraient ni aux
cités antiques, ni aux empires des siècles passés. Sieyès, à la différence de
Rousseau et de beaucoup de ses contemporains, refuse de prendre pour
modèle les communautés révolues. Il travaille sur ces Nations dont la
France lui offre le modèle, qui seront les vraies identités collectives des
siècles à venir. Dès ses premières réflexions, observe Pasquale Pasquino[34], Sieyès lie son art social à une analyse de la société moderne*.
« Les peuples européens modernes ressemblent bien peu aux peuples
anciens... On y songe bien plus à la consommation et à la production
qu'au bonheur... »[35]. La division des tâches semble à Sieyès une loi
inéluctable des sociétés à venir, effet et cause de l'accroissement des
richesses. Ce en quoi il est sans doute fidèle à l'enseignement des
physiocrates[36]. Mais Sieyès entend appliquer cette division inéluctable à
l'ordre politique, et ceci fait, en son temps, son originalité. Le peuple,
quoi qu'en ait pensé Rousseau, n'a ni le temps, ni le goût, ni la
compétence du politique. La représentation ne sera donc pas un mal, un
pis-aller, une forme mineure du gouvernement. Elle sera au contraire
l'expression utile de la division du travail, la forme moderne de la
citoyenneté. « Se faire représenter dans le plus de choses possible, c'est
accroître sa liberté... le système représentatif est par rapport à la
démocratie ce que l'édifice est par rapport à la base... »**. La
représentation sera le fondement de l'organisation sociale, elle conduira
au métier de gouvernement, peut-être même à la formation de ce que
l'on appellera une « classe politique »***. Telle est la modernité, la
prescience aussi, de Sieyès.

C'est sur ce socle qu'il prétend construire toute la science politique. Le

---

* *Supra*, p. 148.
** *Exposé historique des écrits de Sieyès*, an VIII. L'ouvrage publié en 25 exemplaires ne
comporte pas de nom d'auteur. Il est dû vraisemblablement à la plume dévouée
d'Œlsner[37].
*** « Il vaudra bien mieux, écrit Sieyès, détacher le métier de gouvernement et le
laisser exercer par une classe d'hommes qui s'en occupent exclusivement... »[38].

grand mérite généralement reconnu à Sieyès est d'avoir le premier posé avec force, avec violence même, le principe de l'*unité nationale*. « Faire de la France un seul corps, de tous les peuples qui la divisent une seule Nation, ce fut là, proclame Mignet, son idée de génie »[39]. Et il est vrai qu'il a le premier théorisé l'unité nationale, la posant comme une vérité première, et non comme une progressive conquête de l'histoire. « La France ne doit point être un assemblage de petites nations ; elle n'est point une collection d'Etats ; elle est *un tout unique*, composé de parties intégrantes ; ces parties ne doivent point avoir séparément une existence complète, parce qu'elles ne sont pas des touts simplement unis, mais des parties ne formant qu'un seul tout.... » Sieyès le répète jusqu'à l'obsession : « *La France est et doit être un seul tout* »[*]. Ainsi seront rejetés de la Nation, placés en état de trahison, tous ceux qui porteront atteinte à cette sainte *adunation*... Toute l'idéologie révolutionnaire, l'idéologie française, accrochées au principe sacré de l'unité de la patrie, se nourriront du discours de Sieyès.

Mais, pour Sieyès, l'unité nationale ne se sépare pas de la souveraineté nationale, non plus que de la représentation nationale. C'est une véritable trinité, trois principes en un dogme, dont il pose l'existence. Comme elle est *une*, parce qu'elle est *une*, la Nation est souveraine. La Nation existe avant tout, elle est à l'origine de tout, sa volonté est toujours légale, elle est la loi même...[40]. A cette Nation donc appartient la plénitude de tous les pouvoirs et de tous les droits[**]. « De quelque manière qu'une Nation veuille, il suffit qu'elle veuille... et sa volonté est la loi suprême »[42]. Mais « le peuple ou la Nation [***] ne peut avoir qu'une voix, celle de la législature nationale... le peuple ne peut parler, ne peut agir que par ses représentants ». La démocratie directe serait-elle possible qu'elle serait encore un mal, porteuse d'arbitraire, ou d'anarchie. Fondée sur la division souhaitable des tâches, sur la compétence, sur la confiance, la représentation est, pour Sieyès, la vraie garantie de la liberté. Les « représentants » de Sieyès ne reçoivent pas leur procuration des électeurs, ils la tiennent de la Nation elle-même, de ce tout indivisible : et Sieyès, fidèle à ses principes, ne mit pas les pieds dans le

[*] *Supra*, pp. 167 et ss.

[**] Necker s'est livré à une critique vigoureuse de « l'abstraction de la souveraineté du peuple » jointe à « l'abstraction de l'égalité » des hommes, qui se sont, dit-il, prêté une force mutuelle, dans le système de la Révolution. Pour Necker, la souveraineté dans un pays libre, ne peut et ne doit jamais exister de manière simple. « On a dit aux princes que telle était la nature du pouvoir suprême, et le despotisme a paru. On a tenu le même langage au peuple français, et un mélange d'anarchie et de tyrannie est devenu le résultat de cette doctrine. » Instruisant le procès des « abstractions » qui « ont captivé les hommages et la foi d'un peuple crédule » — abstraction de la Liberté, abstraction de l'Egalité, abstraction de la Souveraineté, abstraction des Droits de l'homme — Necker tient l'abstraction de la souveraineté pour la pire, celle qui conduit nécessairement au despotisme[41].

[***] Sieyès accole parfois les deux mots. Parfois il les emploie l'un à la place de l'autre.

département de la Sarthe dont il fut longtemps l'élu. « Les députés, avait écrit Sieyès, vont à l'Assemblée nationale non pas pour y annoncer les vœux de leurs commettants, mais pour y délibérer et y voter librement d'après leur avis *actuel...* »[43]. Et pour qu'ils remplissent bien leur tâche, les représentants devront être des esprits éclairés, raisonnables, auxquels la propriété et l'instruction auront dispensé leurs bienfaits*. Hors le système représentatif, il n'y a pour Sieyès qu'arbitraire et confusion. Une Nation moderne ne peut être libre que mettant en œuvre ces principes. Construisant une théorie si rigoureuse de la représentation nationale, Sieyès allait au-delà de Hobbes, de Locke, de tous ses prédécesseurs. Sa démonstration, écrit Murray Forsyth, mérite d'être considérée comme « l'un des tournants majeurs de l'histoire des idées politiques ». Elle n'a pas cessé d'inspirer le droit public moderne, si même la vie réelle des démocraties a appris, au fil des temps, à se jouer des principes.

Mais cette Nation une, souveraine, représentée, ne peut pas n'importe quoi**. C'est que, pour Sieyès, les hommes qui forment la Nation ne mettent pas tout en commun. La société politique ne coïncide pas avec la société privée. Il existe des droits antérieurs à la Nation auxquels la société politique ne peut porter aucune atteinte, car ils ne lui ont pas été apportés : Marcel Gauchet a éclairé l'influence déterminante qu'exerça Sieyès sur la déclaration des Droits de l'homme, si même le texte adopté ne fut pas son projet[44]. Les droits naturels n'appartiennent pas à l'entreprise sociale, et la société politique est contrainte de les garantir. Dans le discours du 2 thermidor an III, Sieyès a exprimé, avec une fermeté accrue, cette limitation de la souveraineté. « La chose commune n'est pas le tout. Rien n'est souverain du tout »***. La théorie de Sieyès — très éloignée de celle de Rousseau — refuse que l'homme tout entier entre dans le corps politique. Elle se dresse contre toute « ré-totale », elle interdit à la Nation de toucher aux droits fondamentaux, qui n'ont pas été mis en société. Et posant contre la Nation, contre l'Etat, contre toutes leurs incarnations éventuelles, l'existence irréductible de la société privée, elle ne fait pas que s'opposer aux idéologies totalitaires, elle refuse aux révolutions elles-mêmes le droit de tout prendre, et de prétendre tout changer.

Mais, allant plus loin, observant, tout au long de la Révolution, l'usage fait du pouvoir constituant de la Nation, dont il avait pourtant été l'inventeur****, Sieyès en est venu peu à peu à considérer qu'un pouvoir

---

* « Les représentants doivent faire partie de ceux qui ont le plus d'intérêt à l'ordre, et le plus à craindre du désordre, et qui soient le moins susceptibles de se vendre. »

** Ce qui permit à Benjamin Constant de voir en Sieyès le grand théoricien de la limitation de la souveraineté.

*** *Supra*, pp. 363 et ss.

**** « Le pouvoir constituant peut tout en ce genre, avait-il affirmé... la Nation qui exerce alors le plus grand, le plus important de ses pouvoirs, doit être dans cette fonction [constituante] libre de toute contrainte... »[45].

constituant permanent, illimité, serait un projet effrayant. C'est à l'expérience que Sieyès a découvert que la Constitution n'est pas, ne peut pas être l'expression d'une force révolutionnaire incessante, qu'elle représente une vertu d'ordre, de stabilité, qu'il faut « canaliser la force torrentielle du pouvoir constituant » dont il a mesuré, dans l'épreuve, les redoutables effets. Inventant le Jury constitutionnaire en l'an III, puis le Collège des Conservateurs en l'an V, pour veiller sur la conservation et l'évolution de la loi constitutionnelle, Sieyès s'est fait le théoricien d'une limitation organisée de la souveraineté nationale. « Il n'existe pas de Constitution sans garantie ; point de garantie sans gardien... Il faut éviter les débordements du pouvoir constituant et le retour périodique des réformes totales... La Constitution ne doit pas ressembler à un individu qui naît, croît, décline et meurt... il faut qu'elle renferme le principe d'un développement successif »[46]. Sans doute son projet est-il alors de retirer à l'Assemblée les moyens de l'oppression, de stabiliser le régime représentatif. Le contrôle de la constitutionnalité des lois, la garantie des droits fondamentaux ne sont pas encore ses véritables objectifs... Mais Sieyès a ouvert la voie à la protection de la démocratie contre la tyrannie des assemblées souveraines ou des gouvernements omnipotents. Il a offert des instruments, dont le droit public moderne se servira.

Certes on aperçoit des zones d'ombre dans sa réflexion, des parties de son œuvre que l'expérience a démodées. Son fractionnement de la fonction législative entre la discussion bavarde et le vote muet ne saurait plus retenir l'attention, et non plus son refus obstiné de deux Assemblées exerçant les mêmes prérogatives*. De même sa division des Français entre citoyens actifs et citoyens passifs apparaît aujourd'hui archaïque, sinon insupportable. Encore faut-il, pour la juger, ne pas déformer la pensée de Sieyès et situer celle-ci en son temps. L'idée forte de Sieyès était la séparation du politique et du social. Le nombre des citoyens exerçant la fonction élective ne fut pas, pour lui, une préoccupation essentielle. Il voulut, en 1789 et 1790, fonder la citoyenneté active sur un tribut volontaire, qui marquerait l'adhésion à la société politique. Mais il pensait que les progrès de l'éducation, de la culture, ceux aussi de la propriété, donneraient, peu à peu, à tous le goût des affaires publiques et la compétence justifiant la fonction élective**.

* Encore faudrait-il réfléchir sur le rôle réel du Sénat dans les Constitutions de 1946 et de 1958. On sait que le « morcellement » de la fonction législative avait pour Sieyès l'utilité de borner la souveraineté nationale. On retrouve des traces de morcellement dans de nombreuses dispositions des Constitutions modernes.

** De même devons-nous observer que la théorie de Sieyès — si même l'électorat n'est plus regardé comme une fonction mais comme un droit — a survécu à toutes les révolutions, que les lois électorales n'ont jamais cessé de poser des conditions d'âge, de domicile, de jouissance de droits civiques, que, jusqu'en 1945, les femmes furent des citoyens mais privées du droit de vote, que les Français semblent s'obstiner à refuser l'électorat aux étrangers, bref que la distinction, apparemment odieuse, posée par Sieyès est loin d'avoir épuisé ses effets.

On doit aussi remarquer que Sieyès, trop absolu et trop orgueilleux pour apercevoir les faiblesses de « l'art social » dont il fixait les principes, n'a pas vu les difficultés auxquelles devait conduire toute organisation politique fondée sur le dogme de la représentation. Il a cru que, respectés les principes, tout marcherait de soi, que le métier politique était un métier comme un autre, et que la logique de la division du travail conduirait à la formation d'un corps de représentants consciencieux, sages, compétents, dont la tâche ne serait jamais que d'exprimer et servir la Nation souveraine. Cette vision idéale des effets de la séparation des tâches et du métier politique a conduit Sieyès à négliger les données conflictuelles de toute vie politique à ne pas pressentir les forces, les intérêts qui se glisseraient entre la Nation et ses représentants, à n'apercevoir aucune des déviations du système représentatif. Croyant à la perfectibilité indéfinie de la société humaine par la vertu d'une science politique « achevée », convaincu que les instruments qu'il avait forgés devraient assurer le bonheur des nations modernes, il ne pouvait imaginer que le progrès des lois serait en réalité l'enjeu de conflits violents, opposant la classe gouvernante à des forces politiques, économiques, sociales, contraintes d'arracher les droits fondamentaux — ceux qu'il avait définis — aux représentants de la Nation. Sa théorie euphorique de la procuration, confiant le métier politique à des hommes vertueux, intelligents, libres de tout préjugé, indépendants de tout intérêt, l'empêchait d'imaginer que les lois garantissant la liberté, la dignité, la justice, seraient un jour imposées à la Nation par des élans de démocratie directe où il n'aurait pu voir qu'une perversion de la République. De même a-t-on pu observer que Sieyès, postulant une identité parfaite entre la volonté de la majorité, incarnée par la représentation nationale, et la volonté générale, n'a pu réfléchir sur les droits des minorités. Les yeux fixés sur les ordres privilégiés, Sieyès nie tout intérêt de groupe, de corps, tout intermédiaire, tout intercesseur entre le citoyen et la Nation. La loi Le Chapelier, votée en 1791, ne fut qu'une application d'un principe inflexible qui ne voulait connaître que l'intérêt individuel, enfermé dans la sphère apolitique de la vie privée, et l'intérêt général exprimé par la représentation nationale[47]. Prisonnier d'un optimisme de la raison que ne dérangeait pas le pessimisme de son tempérament, Sieyès n'a prévu ni la complexité, ni l'irrationalité du politique. Et cela a sans doute borné son regard anticipateur.

On aperçoit ainsi dans l'œuvre de Sieyès des zones d'ombre... et des contradictions. Car l'oracle a parfois alimenté des théories contraires, et permis des conclusions opposées. Cela tient sans doute à ce que son œuvre est composée de morceaux épars, venus au fil des temps et des circonstances, où chacun peut prendre ce qui lui paraît bon. Cela tient aussi à ce que Sieyès ne cessa d'être, durant les dix années qu'il consacra à la science politique, un homme d'Etat engagé dont la pensée s'est nourrie de l'expérience ou s'est pliée aux événements. Selon que l'on lit, que l'on écoute Sieyès en 1789, en 1795, en 1799, on peut en retenir des enseignements différents. Ainsi Sieyès a-t-il pu apparaître — à la lumière notamment de *Qu'est-ce que le Tiers Etat ?* — comme le théoricien d'une souveraineté illimitée, absolue de la Nation. C'est Sieyès, estime Carré de Malberg, qui fut l'inventeur de la théorie de la toute-puissance de la Nation devenue la doctrine traditionnelle française*. Et Mathiez assure que « l'invention géniale » de Sieyès est bien d'avoir décrété que la volonté nationale était toujours légale, car elle est à l'origine de toute légalité. « Sieyès, écrit Mathiez, a posé la pierre angulaire sur laquelle les révolutionnaires appuieront toute leur lutte contre les institutions et les hommes du passé... »[49]. Proclamant la toute-puissance du pouvoir constituant, Sieyès aurait justifié, pour les siècles à venir, la dictature des révoltés, et tous les révolutionnaires seraient fondés à se réclamer de lui...**. Pour les uns, Sieyès aurait donc posé en dogme la souveraineté illimitée, pour les autres, il aurait théorisé la limitation de la souveraineté. C'est vrai que Sieyès a évolué. Mais des lectures différentes ne se saisissent pas des mêmes textes. Surtout elles n'y jettent pas le même regard...

De même a-t-on pu marquer les limites de la Révolution de Sieyès. Ainsi a fait Roberto Zapperi, observant que le projet du fondateur de la révolution bourgeoise ne fut pas de transformer l'ordre existant, ni de remettre en cause la conservation de la richesse acquise. « Voici, écrit Zapperi, le vrai chef-d'œuvre de Sieyès : conférer les prestiges de la plus exaltante modernité à l'économie traditionnelle »[51]. Sieyès n'a aucun projet de redistribution des fortunes. Il entretient la religion de la propriété, du patrimoine, sa Révolution ne peut être qu'une mutation politique, elle exclut tout « bouleversement général », toute mesure sur les « rapports qui lient les hommes et les choses dans l'ordre civil et dans l'ordre économique »[52]. Il est sûr que Sieyès réfléchit sur une société que le système capitaliste n'a pas encore transformée. Zapperi a raison de constater l'évidence, à savoir que Sieyès ne pressent pas la lutte des

---

* La « Nation » de Sieyès elle-même n'est-elle pas... une zone d'ombre ? Elle ne coïncide pas avec le peuple, elle est plus que l'Etat, c'est un être collectif, abstrait, peut-être mythique. Sieyès ne la définit pas. Parfois il la confond avec le peuple, parfois il l'en sépare. Les juristes ont beau jeu d'observer la vanité, sinon l'inexistence, de ce mythe[48] et d'y voir une notion négative imaginée pour arracher au roi sa propre souveraineté. La souveraineté nationale recouvrait-elle autre chose que l'ancienne souveraineté monarchique passée du monarque aux citoyens ? Elle se transformera au fil des années en souveraineté du peuple, du peuple représenté, puis du peuple incarné...

Et sans doute objectera-t-on aussi que les Français iront mourir pour la Patrie, et non pour la Nation... que la Nation ne sera jamais un substantif vivant, seulement un adjectif mystérieux, commode à la science politique...

** Marx reprocha à Karl Grün interprétant Cabet, auteur d'une *Histoire populaire de la Révolution française*, d'avoir fait de Sieyès un « communiste malgré soi » (*Historiographie du socialisme vrai (contre Karl Grün)*, 1847)[50].

classes. Nul contenu de classe dans son œuvre *, la France qu'il pense est bien celle du XVIIIe siècle. Mais l'étonnant est précisément la prescience du regard de Sieyès pourtant posé sur la société d'Ancien Régime. Que voit-il venir ? Une nation de petits propriétaires, formés au civisme par l'instruction, par la connaissance, par le progrès des techniques et des mœurs ? Une nation de consommateurs, occupés par leur travail, repliés sur leur vie privée, sur la société privée, exerçant consciencieusement leur droit de vote, mais s'en remettant à des spécialistes du soin de gérer la chose publique ? A la fin du XIXe siècle, pour n'avoir pas anticipé les bouleversements du capitalisme, la lutte des classes, les conquêtes sociales, Sieyès pouvait ne paraître que le triste précurseur du gouvernement des notables, le champion d'un projet éphémère et borné, au mieux l'inspirateur de Guizot. A la fin du XXe, ne pourrait-il sembler un étonnant visionnaire, qui imagina d'organiser le gouvernement d'une classe moyenne, d'une classe moyenne venue, par l'accroissement des richesses, par la propriété, par l'éducation, jusqu'à recouvrir presque toute la Nation ?

Et la France de la fin du XXe siècle emprunte au catéchisme d'idées et d'institutions dressé par l'abbé Sieyès beaucoup plus qu'il ne semble. Sans doute la Constitution de 1958 proclame-t-elle que la France est une république, le suffrage universel est affirmé comme un dogme, le Parlement comprend deux Chambres, et le gouvernement est responsable devant le Parlement : l'apparence est éloignée des principes de Sieyès. Mais la réalité leur est étrangement fidèle, plus fidèle que l'abbé n'aurait eu la vanité de l'espérer. Car ses enseignements fondamentaux restent les règles. La France est indivisible. La souveraineté nationale est proclamée. Elle s'exerce par les représentants du peuple. Aucune section du peuple, aucun individu ne peut s'en attribuer l'exercice [54]. Les droits de l'homme sont affirmés en préambule, comme s'ils préexistaient à toute Constitution. La division du pouvoir constituant et des pouvoirs constitués est sagement organisée. Oui, ce sont bien les principes de Sieyès, à peine renouvelés par deux siècles d'expérience **. L'affirmation que la France est une république n'eût pas surpris l'abbé. « Ni les idées, ni les sentiments que l'on dit républicains, avait-il expliqué le 16 juillet 1791 ***, ne me sont étrangers ; mais dans mon dessein d'avancer toujours vers le maximum de liberté sociale, j'ai dû passer la République, la laisser loin derrière, et parvenir enfin à la véritable monarchie. »

---

* Il reste que la violence de ses réquisitoires contre les privilèges, et à travers eux contre les inégalités, servira souvent l'argumentaire marxiste. Le discours de Sieyès sur la société des ordres peut aisément être adapté à la société des classes : ce qu'ont fait plusieurs textes, d'ailleurs critiqués par Marx [53].

** La souveraineté nationale appartient au peuple, dit l'article 3 de la Constitution de 1958, et la Constitution en déduit que cette souveraineté peut s'exercer par la voie du référendum : ici Sieyès est tenu en échec.

*** *Supra*, p. 202.

Passer la République ? Inventer un Grand Electeur, inamovible, irresponsable, qui nomme et destitue les ministres, les ambassadeurs, les généraux, qui représente la Nation au-dehors, qui l'incarne, qui en assure la continuité ? La France aurait-elle fait le même chemin que Sieyès ? Aurait-il fallu un siècle pour que l'héritage révolutionnaire s'imposât à la France, puis un autre pour que les institutions de la République réintègrent le Roi, ou le Grand Electeur, sous la forme rassurante d'un Président élu, président monarque ou roi républicain ?

Si Sieyès quittait le Père-Lachaise pour venir célébrer, lui qui aimait tant les fêtes, le deuxième centenaire du 14 Juillet 1789, qui n'eût pas existé sans lui, il trouverait ainsi dans la Constitution française, et dans l'application qui en est faite, la mise en œuvre de beaucoup de ses idées, de celles qui furent reçues de son temps, de celles aussi qui parurent alors insensées. Un Président de la République, garant de l'indépendance nationale et de l'intégrité du territoire, qui assure la continuité de l'Etat et le fonctionnement régulier des pouvoirs publics, qui nomme le gouvernement et met fin à ses fonctions ? Un Conseil Constitutionnel — conseil de sages — qui impose à tous le respect de la Constitution et des principes fondamentaux du Droit ? Rien que Sieyès n'ait imaginé. C'est vrai que pourrait l'agacer la proclamation du suffrage universel. Mais il s'en accommoderait sans doute, observant un peuple accédant, dans sa majorité, à l'instruction et à la petite propriété[55], c'est-à-dire capable d'assurer la stabilité d'une république bourgeoise. C'est vrai que lui déplairait l'institution du référendum, concession qu'il jugeait inutile aux chimères de Rousseau. C'est vrai encore qu'il se réjouirait injustement d'observer l'effacement des organisations qui veulent représenter, incarner, ou défendre le peuple, lui qui s'en méfiait tant, qu'il verrait aussi, comme un hommage de l'histoire à ses théories, le déclin des idéologies qui avaient rêvé d'inventer une société nouvelle amputée du droit de propriété, qui avaient ainsi nié le lien mystérieux, invincible, qui unissait, selon lui, la liberté et la propriété, fondements inséparables toute société privée...

Et que d'autres satisfactions Sieyès trouverait-il ! Par exemple la jurisprudence du Conseil Constitutionnel, réinventant les attributions de son Jury constitutionnaire, l'efficace activité d'un Conseil d'Etat conseillant le gouvernement : il y verrait le perfectionnement moderne des instruments qu'il avait inventés. Il observerait aussi ce qu'il avait prédit. Par l'effet progressif de la division du travail, l'apparition d'un « métier » politique, fonction spécifique, présumée éminente, dans la société. La puissance des médias ne le surprendrait pas car il en avait pressenti l'influence dans la démocratie moderne, lui, l'homme des brochures, des slogans, des attitudes théâtrales, des gestes spectaculaires. Simplement, parce qu'il professait un mépris total des hommes médiocres, et parce qu'il était incapable d'une « dissimulation bienveillante »[56], il trouverait, à fréquenter une classe politique trop différente de celle qu'il avait imaginée, des raisons de retrouver son humeur mélancolique. Peut-être relirait-il la lettre de son ami Mirabeau : « ... notre Nation de singes à la voix de perroquets, et qui sera telle tant que vous ne l'aurez pas refaite... ». Mais à quoi bon ! Et sans doute se retirerait-il au plus vite...

La pensée de Sieyès peut avoir devancé son temps, l'abbé peut nous avoir légué la plupart des instruments dont se sert aujourd'hui notre démocratie, il n'est guère probable qu'il sorte de l'ignorance, sinon du mépris qui entoure sa tombe. Cela tient, on l'a dit, à ses faiblesses, à ses ambiguïtés, à l'antipathie qu'il inspire, et qu'il n'a rien fait pour éviter. Et le paradoxe est que de tous les révolutionnaires le plus important — si l'on excepte Robespierre — est aussi le plus négligé. Mais il y a d'autres raisons qui ne tiennent pas à lui. Dans l'histoire de la Révolution, l'abbé Sieyès est sans doute installé à une mauvaise place. Pour les nostalgiques, avoués ou inavoués, de l'ancienne France, l'image de l'abbé Sieyès est détestable : prêtre renégat, abbé parjure, régicide qui vota la mort sans phrase, proscripteur impitoyable, par surcroît traître à ses idées, comte d'Empire couvert d'honneurs ! Même Robespierre peut paraître préférable, qui expia ses crimes et ne se renia point. Mais pour ceux qui ont souhaité donner de la Révolution française une explication capable de justifier l'analyse marxiste des sociétés, y trouver à la fois la préfiguration de la lutte des classes et l'annonce de la dictature du prolétariat, ou de ses symboles, l'abbé Sieyès ne méritait-il pas un égal discrédit ? Il ne vit dans le peuple que des « machines de travail ». Il inventa la sinistre distinction des citoyens actifs et des citoyens passifs, afin de tenir le peuple à l'écart du pouvoir. Il ne chercha jamais qu'à assurer le gouvernement sinon la dictature des notables. Et pour mieux exalter Robespierre, incarnation du peuple, ne convient-il pas de condamner, au mieux d'oublier ce prêtre qui ne proclama l'avènement du Tiers Etat que pour asseoir l'ordre bourgeois ? Ainsi la place fut étroite pour Sieyès, dans l'historiographie passionnelle qui a entouré la Révolution. Et rares sont ceux qui, faisant de la Révolution un terrain de recherche scientifique, et non la justification rétroactive de combats ou de convictions, ont vu l'abbé Sieyès tel qu'il fut : celui qui bouscula, de manière décisive, la société d'Ancien Régime, le seul intellectuel qui ait vraiment influencé le cours de la Révolution, enfin, l'inventeur de la plupart des concepts qui régissent, à la fin du xxe siècle, la démocratie moderne...

Qui se souvient de lui ? Son nom est à peu près inconnu, son influence ignorée. Il ne lui eût pas déplu d'être oublié. L'ingratitude de la postérité sert encore son image lointaine et dédaigneuse. Plus Sieyès s'enfonce dans l'oubli, plus il se ressemble : persécuté après sa mort par l'histoire comme il le fut, durant sa vie, par la médiocrité. « A quoi bon !... Notre œuvre est assez grande pour se passer de nos commentaires. » Trop grande aussi pour être célébrée par les siècles à venir. Au silence philosophique répond le silence de la postérité. Ainsi s'accomplit encore cette étrange destinée. L'abbé Sieyès est enseveli dans l'histoire, enfoui dans la fosse commune de nos erreurs.

NOTES BIBLIOGRAPHIQUES

PROLOGUE

1. Talleyrand, *Mémoires*, 1891 ; réédition, Paris, de Bonnot, 1967, t. I, p. 211.
2. Barras, *Mémoires*, avec introduction générale, préface et appendices de Georges Duruy, Paris, Hachette, 1895-1896, t. I, p. 211.
3. Cf. Aulard, « Sieyès et Talleyrand d'après Benjamin Constant et Barras », dans *La Révolution française*, t. LXXIII, janv.-déc. 1920, pp. 289 et ss. Aulard, publiant un manuscrit prétendument écrit par Benjamin Constant, certainement inspiré par Barras, expose les raisons pour lesquelles il lui paraît impossible que le texte fût de Constant. Ni dans le fond ni dans la forme, on ne peut raisonnablement reconnaître un travail de Benjamin Constant.
4. Baudot, *Notes historiques, sur la Convention nationale, l'Empire et l'exil*, Paris, 1893 ; réédition, Genève, Slatkine, 1974, p. 2.
5. Talleyrand, *Mémoires, op. cit.*, p. 211.
6. Portrait de l'abbé Sieyès dans *Mémoires de Madame Récamier*, *Œuvres complètes* de Benjamin Constant, Paris, Gallimard, Bibliothèque de La Pléiade, 1957, pp. 931 et ss. Le texte de Constant est de 1815. Dans ses souvenirs publiés en 1830, Constant nuance ce jugement trop sévère porté sur un ami dont il avait beaucoup sollicité l'appui.
7. Benjamin Constant, « Souvenirs historiques à l'occasion de l'ouvrage de M. Bignon », dans *Revue de Paris*, 1830, t. XI, pp. 115 et ss. ; t. XVI, pp. 102 et ss., pp. 221 et ss.
8. Taine, *Les origines de la France contemporaine*, t. II, *La Révolution*, Paris, Hachette, 1898, p. 137.
9. Edgar Quinet, *La Révolution*, 1865 ; réédition avec une préface de Claude Lefort, Paris, Belin, 1987, p. 716.
10. Georges Lefebvre, compte rendu de la thèse de M. Paul Bastid dans *Annales historiques de la Révolution française*, 1939, pp. 357 et ss. ; reproduit dans *Etudes sur la Révolution française*, Paris, PUF, 1954.
11. Madame de Staël, *Considérations sur les principaux événements de la Révolution française*, Paris, Delaunay, Bossange et Masson libraires, 1818, t. II, p. 248.
12. Benjamin Constant, « Souvenirs historiques à l'occasion de l'ouvrage de M. Bignon », dans *Revue de Paris*, 1830, *op. cit.*, pp. 122 et ss.
13. Par exemple Mignet, « Notice sur la vie de Sieyès ; Sieyès, sa vie, ses travaux », dans *Revue des Deux Mondes*, t. IX, janvier 1837. De même Edmond de Beauverger, « Etude sur Sieyès », dans *Revue de législation et de jurisprudence*, imprimerie de Hennuyer, 1851.
14. Beauverger, « Etude sur Sieyès », *op. cit.*, p. 6.
15. Sainte-Beuve, *Causeries du lundi*, Paris, Garnier, 1851, t. V, pp. 209 et ss.
16. A.N. 246 AP 34 et 35.
17. Mathiez, « La Révolution française et

la théorie de la dictature », dans *Revue historique*, 1929, pp. 304 et ss.

18. Benjamin Constant, « Souvenirs historiques », *op. cit.*, p. 122.

19. Carré de Malberg, *Contribution à la théorie générale de l'Etat*, Paris, Sirey, 1920-1922, t. II, pp. 195 et ss.

20. Jean-Jacques Chevallier, *Les grandes œuvres politiques de Machiavel à nos jours*, Paris, Armand Colin, 1970, pp. 132 et ss.

21. Marcel Prelot, préface à l'ouvrage de Jean Roels, *Le concept de représentation politique au XVIIIᵉ siècle français*, Louvain, Nauwelaerts, 1969.

22. Paul Bastid, *Sieyès et sa pensée*, Paris, 1939 ; réédition complétée, Paris, Hachette, 1970 et Genève, Slatkine Reprints, 1978.

23. Paul Bastid, « La place de Sieyès dans l'histoire des institutions », dans *Revue d'Histoire politique et constitutionnelle*, janvier-mars 1939, pp. 307 et ss.

24. Étienne Dumont, *Souvenirs sur Mirabeau et sur les deux premières Assemblées législatives*, rééd. Paris, J. Benetruy, 1951, p. 65.

25. Not. Georges Lefebvre, *Etudes sur la Révolution française, op. cit.*, pp. 99 et ss.

26. Sainte-Beuve, *Causeries du lundi, op. cit.*, p. 13.

27. Lamartine, *Histoire des Constituants*, Paris, Victor Lecou, 1855, p. 237.

28. *Correspondance de La Harpe et Alexandre Iᵉʳ*, publiée par Jean-Charles Biaudet et Françoise Nicot, Neuchâtel, 1978, t. I, note 53 de La Harpe sous lettre du 1ᵉʳ octobre 1801.

Première partie

DU RIEN AU TOUT

I. — UN ENFANT CHÉTIF, MALINGRE, SANS VOIX

1. Archives départementales du Var. Cf. not. D. 146. Ourabah Boubeker, « La Vie municipale à Fréjus de 1764 à la Révolution », mémoire D.E.S., 1968. Et du même auteur : « La Vie municipale à Fréjus au XVIIIᵉ siècle », Archives départementales D. 165. Jean Charles-Roux : Fréjus, bibliothèque régionaliste, Bond et Cie. A Paris, Archives départementales du Var, D. 21.

2. Extrait du registre du Conseil d'Etat du Roi. Versailles, 14 août 1779, Archives départementales du Var, E. 457.

3. Acte notarié dressé devant Mᵉ Gaston, notaire, le 19 mai 1782. Cf. Ourabah Boubeker, « La Vie municipale à Fréjus de 1764 à la Révolution », *op. cit.*, p. 87.

4. Frédéric d'Agay, *Les grands notables du Iᵉʳ Empire dans le Var*, Paris, CNRS, à paraître, 1988.

5. *Ibid.*

6. Cf. notamment Albéric Neton, *Sieyès d'après des documents inédits*, Paris, Perrin et Cie, 1900, p. 15.

7. Lamartine, *Histoire des Constituants*, Victor Lecou, Paris, 1855, t. I, p. 137.

8. Paul Bastid, *Sieyès et sa pensée*, Paris, 1939 ; réédition Slatkine Reprints, Genève, 1978, pp. 18 et ss. Sur l'orthographe du nom Sieyès, cf. A. Mathiez : « L'orthographe du nom de Sieys », dans *Annales historiques de la Révolution française*, 1925, pp. 487 et 583 ; A. Troux : «L'orthographe du nom Sieyès » *ibid.*, 1932, pp. 66-67 ; H. Calvet : « Sieys ou Sieyès » *ibid.*, 1933, p. 538. Zapperi, dans son introduction à *Qu'est-ce que le Tiers Etat ?* (Genève, Droz, 1970), adopte l'orthographe Sieyes sans accent.

9. Octave Teissier, « La jeunesse de l'abbé Sieyès », dans *Nouvelle Revue*, Marseille, 1897, 20ᵉ année, t. CIX, pp. 128 et ss.

10. Paul Bastid, *Sieyès et sa pensée, op. cit.*, p. 24.

11. A. Bigeon, *Sieyès, l'homme, le constituant*, Paris, Henri Becus, 1893, pp. 9 et ss.

12. *Notice sur la vie de Sieyès*, Maradan libraire, an III, p. 6.

13. Docteur Cabanes, « Les maladies de Sieyès », dans *Chronique médicale*, février 1901.

14. *Notice sur la vie de Sieyès, op. cit.*, p. 5.

15. Paul Bastid, *Sieyès et sa pensée, op. cit.*, p. 23.

16. *Notice sur la vie de Sieyès, op. cit.*, p. 6.

17. Dominique Julia, *L'éducation en*

France au XVIIIe siècle, Paris, CEDES, 1969, pp. 175 et ss.
18. Albéric Neton, *Sieyès d'après des documents inédits, op. cit.*, p. 16.
19. *Ibid.*, pp. 16 et ss.
20. Dominique Julia, *L'éducation en France au XVIIIe siècle, op. cit.*, p. 195.
21. Albéric Neton, *Sieyès d'après des documents inédits, op. cit.*, p. 16.
22. Les Archives du Var (série G Fréjus) ont conservé les lettres de tonsure. Elles figurent au Registre des Insinua-

tions dans une série qui va de 1765 à 1768. Paul Bastid tient pour probable que Sieyès a reçu la tonsure en 1765, sans doute dans les six premiers mois (Paul Bastid, *Sieyès et sa pensée, op. cit.*, pp. 27 et ss.).
23. Jean Gavot, « Comment Sieyès vécut », dans *Bulletin de la Société d'études scientifiques et archéologiques de Draguignan et du Var*, 1976-77, p. 6.
24. *Notice sur la vie de Sieyès, op. cit.*, p. 5.

II. — Un séminariste aux mauvaises lectures

1. A.N. 246 AP 34, 3e cahier.
2. Abbé A. Degert, *Histoire des séminaires français jusqu'à la Révolution*, Paris, Beauchesne et Cie, 1912, tt. I et II. Sur la vie et les enseignements au séminaire de Saint-Sulpice, cf. notamment les *Mémoires* de l'abbé Baston, Paris, Picard, 1897 ; rééd. Honoré Champion, 1977. L'abbé Baston appartenait à la Communauté des Robertiens.
3. *Mémoires* de l'abbé Baston, *op. cit.*, p. 49.
4. Abbé A. Degert, *Histoire des séminaires français, op. cit.*, t. II, pp. 408 et ss.
5. *Ibid.*, p. 431.
6. Talleyrand, *Mémoires*, 1891 ; réédition, Paris, Jean de Bonnot, 1967, t. I, pp. 21 et ss.
7. *Notice sur la vie de Sieyès, op. cit.*, pp. 8 et 9.
8. Paul Bastid, *Sieyès et sa pensée, op. cit.*, pp. 27 et ss.
9. *Notice sur la vie de Sieyès, op. cit.*, p. 7.
10. Fortoul, A.N. 246 AP 34, 3e cahier.

III. — Ou je me donnerai une existence ou je périrai

1. *Notice sur la vie de Sieyès, op. cit.*, p. 7.
2. *Ibid.*, p. 8.
3. Abbé A. Degert, *Histoire des séminaires français, op. cit.*, t. II, pp. 500 et ss.
4. A.N. 284 AP 1, dossier 3.
5. A.N. 284 AP 1, dossier 1.
6. Notes de Fortoul commentées par Sainte-Beuve, *Causeries du lundi, op. cit.*, p. 191.
7. Sainte-Beuve, *Causeries du lundi, op. cit.*, p. 192.
8. Notes sur la musique, 1772-1776. A.N. 284 AP 1, dossier 2.
9. A.N. 284 AP 2, dossier 3.4.
10. Sainte-Beuve, *Causeries du lundi, op. cit.*, p. 193.
11. *Notice sur la vie de Sieyès, op. cit.*, p. 10.
12. Octave Teissier, « La jeunesse de l'abbé Sieyès », dans *Nouvelle Revue*, Marseille, t. CIX, pp. 128 et ss. Les lettres qui suivent sont extraites de la publication d'Octave Teissier.
13. *Ibid.*, p. 130.
14. *Notice sur la vie de Sieyès, op. cit.*, p. 11.
15. Sur le statut des « grands vicaires » administrateurs, cf. l'ouvrage de l'abbé Augustin Sicard, *L'ancien clergé de France, les évêques avant la Révolution*, Paris, Victor Lecoffre, 1912, not. pp. 314 et ss.

IV. — Partout des têtes pensantes

1. Denis Richet, *La France moderne, l'esprit des institutions*, Paris, Flammarion, 1973.
2. Pierre Chaunu, *La civilisation de l'Europe des Lumières*, Arthaud, 1971 ; Flammarion Champs, 1982, pp. 7 et ss.
3. Daniel Mornet, *Les origines intellectuelles de la Révolution française, 1715-1787*, Paris, Armand Colin, 1933.
4. *Ibid.*, pp. 105 et ss.
5. *Ibid.*, p. 123.
6. *Ibid.*, p. 475.
7. *Ibid.*, p. 139.

8. Abbé Sicard, *L'ancien clergé de France, les évêques avant la Révolution, op. cit.*, pp. 515 et ss.

9. Denis Richet, *La France moderne, l'esprit des institutions, op. cit.*, p. 162.

10. Cf. not. le livre d'Augustin Cochin, *Les sociétés de pensée et la démocratie. Etudes d'histoire révolutionnaire*, Paris, Plon, 1921, comme l'ensemble de son œuvre. (Cf. bibliographie complète de l'œuvre de Cochin dans Furet : *Penser la Révolution française*, Paris, Gallimard, 1978, p. 214.)

11. Tocqueville, *L'Ancien Régime et la Révolution*, dans *Œuvres complètes*, édition définitive sous la direction de J.-P. Mayer, introduction par Georges Lefebvre, t. II, livre 1, Paris, Gallimard, 1952, pp. 194 et ss.

12. Paul Bénichou, *Le sacre de l'écrivain 1750-1830*, Paris, José Corti, 1985. Sur la période antérieure, préparant l'avènement des Lumières, cf. le livre bien connu de Paul Hazard : *La crise de la conscience européenne 1680-1715*, Paris, Fayard, 1961.

13. François Furet, *Penser la Révolution française, op. cit.*, pp. 56 et ss.

14. *Ibid.*, pp. 203 et ss.

15. Daniel Mornet, *Les origines intellectuelles de la Révolution française, op. cit.*, p. 477. Sur les origines de la Révolution, cf. not. l'ouvrage de J.-P. Bertaud, *Les origines de la Révolution française*, Paris, 1971.

16. Cité par Tocqueville, *L'Ancien Régime et la Révolution*, dans *Œuvres complètes, op. cit.*, t. II, livre 1, pp. 166 et ss.

17. Albert Mathiez, *La Révolution française*, Paris, Denoël, 1985, t. I, p. 42. Cf. également Albert Soboul, *La Révolution française*, nouvelle édition revue et augmentée du *Précis d'histoire de la Révolution française*, avant-propos de Claude Mazauric, Paris, Gallimard, 1984.

18. Alfred Cobban, *Le Sens de la Révolution française*, préface d'Emmanuel Le Roy Ladurie, Paris, Commentaire Julliard, 1984.

19. F. Braudel et E. Labrousse (sous la direction de) : *Histoire économique et sociale de la France*, t. II, *Des derniers temps de l'âge seigneurial aux préludes de l'âge industriel 1660-1789*, Paris, PUF, 1970.

20. Tocqueville, *L'Ancien Régime et la Révolution, op. cit.*, t. II, livre 1, p. 180. Sur la misère paysanne et l'autonomie des revendications paysannes dans la Révolution, cf. notamment, parmi les ouvrages célèbres de Georges Lefebvre, « La Révolution française et les paysans » dans *Etudes sur la Révolution française*, Paris, PUF, 1954.

21. Michel Vovelle, *La Chute de la monarchie 1787-1792*, Paris, Le Seuil, 1972, pp. 104 et ss.

22. Ernest Lavisse, *Histoire de France depuis les origines jusqu'à la Révolution*, t. IX, *Le règne de Louis XVI*, par H. Carré, P. Sagnac et E. Lavisse, Paris, Hachette, 1911, p. 440.

V. — UN ECCLÉSIASTIQUE ADMINISTRATEUR

1. *Notice sur la vie de Sieyès, op. cit.*, p. 9.

2. Paul Bastid, *Sieyès et sa pensée, op. cit.*, p. 32.

3. Sainte-Beuve, *Causeries du lundi, op. cit.*, p. 191.

4. Tocqueville, *L'Ancien Régime et la Révolution*, dans *Œuvres complètes, op. cit.*, t. II, livre 2, chap. 1, pp. 191 et ss.

5. J.-J. Rousseau, *Discours sur l'origine de l'inégalité parmi les hommes*, cité par Georges Gusdorf, *La conscience révolutionnaire, les idéologues*, Paris, Payot, 1978, pp. 120 et ss.

6. A.N. 246 AP 34, 3ᵉ cahier.

7. Octave Teissier, « La jeunesse de l'abbé Sieyès », *op. cit.*, p. 134.

8. Cf. *Ecrits politiques de Sieyès*, choisis e⁻ présentés par Roberto Zapperi, Paris, Editions des Archives Contemporaines, pp. 27 et ss.

9. Brissot, *Mémoires*, t. I, Paris, Ladvocat, 1830-1832.

10. *Notice sur la vie de Sieyès, op. cit.*, p. 11.

11. Paul Bastid, *Sieyès et sa pensée, op. cit.*, p. 34.

12. Adolphe Guillou, *Essai historique sur Tréguier*, Marseille, 1979, v. not. pp. 95 et ss.

13. Renan, *Souvenirs d'enfance et de jeunesse*, cités par Neton, *Sieyès d'après des documents inédits, op. cit.*, p. 29.

14. Abbé Augustin Sicard, *L'ancien clergé*

de France, les évêques avant la Révolu-tion, op. cit., pp. 283 et ss.

15. Bernard Plongeron, *La vie quotidienne du clergé français, op. cit.,* pp. 101 et ss.

16. *Ibid.,* p. 292.

17. Dr Cabanes, « Les Maladies de Sieyès », dans *Chronique médicale,* février 1901, pp. 90 et ss.

18. Octave Teissier, « La jeunesse de l'abbé Sieyès », *op. cit.,* p. 136.

19. *Ibid.,* p. 139.

20. *Ibid.,* p. 139.

21. Archives départementales des Côtes-du-Nord. Fonds de l'évêché de Tréguier (série G).

22. Octave Teissier, « La jeunesse de l'abbé Sieyès », *op. cit.,* p. 140.

23. *Ibid.,* p. 142.

24. Abbé Augustin Sicart, *L'ancien clergé de France, op. cit.,* p. 173.

25. A.N. 284 AP 2, dossiers 2 et 3.

26. Lettre du 3 avril 1779, Octave Teissier, « La jeunesse de l'abbé Sieyès », *op. cit.,* p. 140.

27. Paul Bastid, *Sieyès et sa pensée, op. cit.,* p. 35.

28. *Notice sur la vie de Sieyès, op. cit.,* p. 11.

29. Abbé Augustin Sicard, *L'ancien clergé de France, op. cit.,* pp. 1 et ss.

30. *Ibid.,* pp. 29 et ss.

VI. — MONSIEUR LE GRAND VICAIRE

1. Brissot, *Mémoires, op. cit.,* chap. XII, pp. 173 et ss.

2. Octave Teissier, « La jeunesse de l'abbé Sieyès », *op. cit.,* p. 144.

3. Michel Vovelle, *Ville et campagne au XVIIIᵉ siècle (Chartres et la Beauce),* Paris, Editions Sociales, 1980.

4. *Ibid.,* p. 175.

5. *Ibid.,* p. 185.

6. Paul Bastid, *Sieyès et sa pensée, op. cit.,* p. 39.

7. *Notice sur la vie de Sieyès, op. cit.,* p. 55.

8. Paul Bastid, *Sieyès et sa pensée, op. cit.,* p. 40.

9. *Ibid.,* pp. 41 et ss.

10. Mgr Jean Leflon, « Du chapitre de Chartres à la présidence du Sénat : l'abbé Sieyès », dans *Revue de l'Institut Napoléon,* 1971, p. 57.

11. A. F. Bertrand de Moleville, *Histoire de la Révolution de France,* Paris, Guiguet et Cie, 1801-1802, t. I, p. 365, note de l'éditeur p. 372.

12. Octave Teissier, « La jeunesse de l'abbé Sieyès », *op. cit.*

13. Paul Bastid, *Sieyès et sa pensée, op. cit.,* pp. 21-22.

14. *Ibid.,* p. 29.

15. Dr Cabanes, « Les maladies de Sieyès décrites par lui-même », dans *Chronique médicale,* février 1901, pp. 89 et ss.

16. Dr Cabanes, « Les maladies de Sieyès décrites par lui-même », *op. et loc. cit.*

17. Paul Bastid, *Sieyès et sa pensée, op. cit.,* p. 2.

18. Talleyrand, *Mémoires, op. cit.,* t. I, p. 212.

19. Etienne Dumont, *Souvenirs sur Mirabeau et sur les deux premières Assemblées législatives,* Paris, 1832, p. 65 ; réédd. Paris, J. Benetruy, 1951.

20. « Sieyès amoureux de Joséphine de Beauharnais », dans *La Révolution française,* juin 1901, t. XXXX, p. 566.

21. Théodore de Lameth, *Notes et souvenirs,* Paris, Fontemoing, 1914, pp. 79 et 276.

22. *Mémoires* de Barras, introduction, préface et appendices de Georges Duruy, Paris, Hachette, 1895-1896, t. IV, pp. 118 et ss.

23. Talleyrand, *Mémoires, op. cit.,* t. I, p. 212.

24. Barras, *Mémoires, op. cit.,* t. IV, p. 15.

25. Sainte-Beuve, *Causeries du lundi, op. cit.,* p. 16.

26. Talleyrand, *Mémoires, op. cit.,* t. I, p. 212.

27. Etienne Dumont, *Souvenirs sur Mirabeau, op. cit.,* p. 335.

28. A.N. 284 AP 7, dossier 1. L'itinéraire du voyage fut établi par Radernacker, directeur de la Compagnie des Indes orientales. L'abbé et son évêque rentreront par Bruxelles, Gand, Courtrai et Lille.

29. Roberto Zapperi, édition critique de *Qu'est-ce que le Tiers Etat ?,* avec introduction et notes, Genève, Droz, 1970, pp. 110 et ss.

30. *Ibid.,* p. 91.

VII. — L'Assemblée de l'Orléanais

1. Ernest Lavisse, *Histoire de France depuis les origines jusqu'à la Révolution*, *op. cit.*, t. IX, p. 23.
2. Elisabeth Badinter et Robert Badinter, *Condorcet*, Paris, Fayard, 1988, pp. 99 et ss.
3. Cf. Edgar Faure, *La disgrâce de Turgot*, Paris, Gallimard, 1961.
4. Cité par Ernest Lavisse, *Histoire de France depuis les origines jusqu'à la Révolution*, *op. cit.*, t. IX, p. 51.
5. Ernest Lavisse, *Histoire de France depuis les origines jusqu'à la Révolution*, *op. cit.*, t. IX, p. 324.
6. Elisabeth Badinter et Robert Badinter, *Condorcet*, *op. cit.*, p. 226.
7. Tocqueville, *L'Ancien Régime et la Révolution*, *op. cit.*, t. II, livre 1, pp. 236 et ss.
8. François Furet, *Penser la Révolution française*, *op. cit.*, p. 205.
9. Alphonse Aulard, *Histoire politique de la Révolution française*, rééd. Scientia Verlag Aalen, 1977, pp. 17 et ss.
10. Tocqueville, *L'Ancien Régime et la Révolution*, *op. cit.*, p. 236.
11. Alphonse Aulard, *Histoire politique de la Révolution française*, *op. cit.*, p. 16.
12. Condorcet, *Essai sur la Constitution et les fonctions des Assemblées provinciales*, Paris, 1788.
13. *Notice sur la vie de Sieyès*, *op. cit.*, p. 16.
14. Procès-verbaux de l'Assemblée provinciale de l'Orléanais, I, pp. 84-85, cités par Paul Bastid, *Sieyès et sa pensée*, *op. cit.*, pp. 42 et ss.
15. Albéric Neton, *Sieyès d'après des documents inédits*, *op. cit.*, pp. 52 et ss.
16. Bibliothèque d'Orléans, Fonds Lavoisier n° 3, cité par Paul Bastid, *Sieyès et sa pensée*, *op. cit.*, pp. 44 et ss.
17. Paul Bastid, *Sieyès et sa pensée*, *op. cit.*, p. 45.

VIII. — C'est légal parce que je le veux

1. François Furet et Denis Richet, *La Révolution française*, Paris, Fayard, 1973, pp. 55 et ss.
2. Ernest Lavisse, *Histoire de France depuis les origines jusqu'à la Révolution*, *op. cit.*, t. IX, p. 337.
3. Tocqueville, *L'ancien Régime et la Révolution*, *op. cit.*, t. II, livre 2, pp. 92 et ss.
4. François Furet et Denis Richet, *La Révolution française*, *op. cit.*, p. 56.
5. Arthur Young, *Voyages en France pendant les années 1787-88-89 et 90*, Paris, Buisson libraire, 1793, t. I, pp. 203 et ss.
6. Necker, *De la Révolution française*, Paris, chez Maret libraire, 1797, t. I, p. 32.
7. *Ibid.*, pp. 68 et ss.

IX. — Il y a donc un homme en France

1. Furet et Richet, *La Révolution française*, *op. cit.*, pp. 69 et ss.
2. Daniel Mornet, *Les origines intellectuelles de la Révolution française, 1715-1787*, *op. cit.*, p. 432.
3. Tocqueville, *L'Ancien Régime et la Révolution*, *op. cit.*, t. II, livre 1, pp. 193 et ss.
4. Arthur Young, *Voyages en France pendant les années 1787-88-89 et 90*, *op. cit.*, t. I, pp. 305 et ss.
5. Jacques Godechot, *La Révolution française, chronologie commentée, 1787-1789*, Paris, Librairie Académique Perrin, 1988, p. 51.
6. *Notice sur la vie de Sieyès*, *op. cit.*, p. 16.
7. *Ibid.*, p. 17.
8. Fonds Sieyès A.N. 284 AP 3, dossier 2.
9. Elisabeth Badinter et Robert Badinter, *Condorcet*, *op. cit.*, p. 247.
10. *L'Essai sur les privilèges* et *Qu'est-ce que le Tiers Etat?* ont été récemment réédités, parmi les *Ecrits politiques de Sieyès* (Paris et Montreux, Edition des Archives contemporaines, 1985), avec une présentation de Roberto Zapperi. La brochure *Qu'est-ce que le Tiers Etat?*, plusieurs fois rééditée, notamment en 1822, avec les notes de l'abbé Morellet (Paris, Correard, 1822) puis par Edme Champion et Alphonse Aulard en 1889, pour le centenaire de

la Révolution, l'a été à nouveau en 1982 par les PUF avec une préface de Jean Tulard. On trouve une bibliographie complète — en France et à l'étranger — de l'*Essai sur les privilèges* et de *Qu'est-ce que le Tiers Etat?* dans l'édition d'Alphonse Aulard (cf. PUF, 1982, pp. XIV et XV). Roberto Zapperi fournit le détail précis des éditions successives en France et en Allemagne dans son édition critique (*Qu'est-ce que le Tiers Etat?*, édition critique, avec introduction et notes par Roberto Zapperi, Genève, Droz, 1970). Aulard avait choisi de reproduire l'édition de janvier 1789 tandis que Zapperi a publié celle de mai 1789 que Sieyès avait complétée.

11. Eugène Spuller, *Hommes et choses de la Révolution*, Paris, 1896, pp. 157 et ss.

12. A. Bigeon, *Sieyès, l'homme, le constituant, op. cit.*, p. 19.

13. A.N. 284 AP 8, dossier 4.

X. — LE TIERS EST LA NATION

1. A.N. 284 AP 3, dossier 2.2. Zapperi a reproduit dans *Ecrits politiques d'E.J. Sieyès* (*op. cit.*) la seconde édition, revue et augmentée, publiée en 1789.
2. Tocqueville, *L'Ancien Régime et la Révolution, op. cit.*, t. II, livre 1, pp. 38 et ss.
3. A.N. 284 AP5, dossier 1.
4. Cité par Sainte-Beuve, *Causeries du lundi, op. cit.*, pp. 198 et ss.
5. *Ibid.*, p. 199.
6. Notes manuscrites de Sieyès sur le style, datées par R. Marquant entre 1773 et 1777 (A.N. 284 AP 2).
7. Sainte-Beuve, *Causeries du lundi, op. cit.*, p. 196.
8. Paul Bastid, *Sieyès et sa pensée, op. cit.*, p. 325.
9. Sainte-Beuve, *Causeries du lundi, op. cit.*, p. 200.
10. Benjamin Constant, fragments des *Mémoires de Madame Récamier*, dans *Œuvres complètes, op. cit.*, p. 931.
11. Tocqueville, *Notes de lecture sur la pensée politique française à la veille de la Révolution*, dans *L'Ancien Régime et la Révolution, op. cit.*, t. II, livre 2, pp. 139 et ss.
12. Cf. not. Carré de Malberg, *Contribution à la théorie générale de l'Etat*, Paris, Sirey, 1922, t. II, not. pp. 240 et ss., 254 et ss., 487 à 574 ; les écrits de Paul Bastid et not. *L'idée de Constitution*, préface de Jean Rivero, éd. Economica, 1985, pp. 137 et ss. ; Michel Troper, *La séparation des pouvoirs et l'histoire constitutionnelle française*, Paris, L.G.D.J., 1980. On lira avec un grand profit l'introduction de Roberto Zapperi dans son édition critique de *Qu'est-ce que le Tiers Etat?*, Genève, Droz, 1970.
13. Colette Clavreul, dans *Dictionnaire des*

Œuvres politiques, sous la direction de François Châtelet, Olivier Duhamel, Evelyne Pisier, Paris, PUF, 1986 : « Sieyès : " Qu'est-ce que le Tiers Etat ? " », pp. 747 et ss. La thèse de Colette Clavreul, « L'influence de la théorie d'Emmanuel Sieyès sur les origines de la représentation en droit public » (Université Paris I, oct. 1982), usant notamment des archives inédites, étudie très complètement, au regard du droit public, les théories politiques de Sieyès.
14. Octave Teissier, *La jeunesse de l'abbé Sieyès, op. cit.*, p. 132.
15. Tocqueville, *L'Ancien Régime et la Révolution, op. cit.*, t. II, livre 2, p. 146.
16. Georges Dupeux, *La société française 1789-1970*, Paris, Armand Colin, 1972, pp. 54 et ss.
17. Cf. Roberto Zapperi, *Qu'est-ce que le Tiers Etat?*, édition critique, *op. cit.*, notes sous pp. 198, 226.
18. Etienne Dumont, *Souvenirs sur Mirabeau, op. cit.*, pp. 62-63.
19. Sur la Nation, dans la pensée de Sieyès, cf. not. Colette Clavreul, thèse de doctorat, *op. cit.*, t. II, pp. 102 et ss. ; Carré de Malberg, *Contribution à la théorie générale de l'Etat, op. cit.*, pp. 240 et ss., et pp. 487 et ss. ; Paul Bastid, *L'idée de Constitution, op. cit.*, pp. 139 et ss.
20. Sur l'importance dans la pensée politique française, et les limites, de la théorie de la souveraineté de Sieyès, cf. Carré de Malberg, *Contribution à la théorie générale de l'Etat, op. cit.*, pp. 487 et ss., et pp. 515 et ss.
21. Michel Winock, *1789 l'année sans pareille*, Paris, Olivier Orban, 1988.
22. Colette Clavreul, *Dictionnaire des*

œuvres politiques, op. cit., pp. 749 et ss.

23. Tocqueville, *L'Ancien Régime et la Révolution, op. cit.*, tome II, livre 2, p. 139.

24. Jean Tulard, préface à *Qu'est-ce que le Tiers Etat ?*, Paris, PUF, 1982.

25. François Furet, *Penser la Révolution française, op. cit.*, p. 66.

26. Colette Clavreul, « Sieyès : " Qu'est-ce que le Tiers Etat ? " », *op. cit.*, p. 748.

27. Friedrich Engels et Karl Marx, *La sainte famille ou critique de la critique critique*, 1845, dans Karl Marx, *Œuvres*, Paris, Gallimard, coll. La Pléiade, 1982, tome III, p. 454.

28. Taine, *Les origines de la France contemporaine, op. cit.*, t. II, p. 137.

29. G. Lefebvre, *Etudes sur la Révolution française* (Sieyès), Paris, PUF, 1954, pp. 102 et ss.

30. Roberto Zapperi, présentation des *Ecrits politiques de Sieyès, op. cit.*, pp. 7 et ss.

XI. — SEUL, EN SOCIÉTÉ

1. *Notice sur la vie de Sieyès, op. cit.*, pp. 19, 20.

2. Elisabeth Badinter et Robert Badinter, *Condorcet, op. cit.*, p. 247.

3. Paul Bastid situe son départ en novembre 1788 (*Sieyès et sa pensée, op. cit.*, pp. 48 et ss., note 3). Mais il semble que Sieyès y fut encore dans les premiers mois de 1789.

4. Paul Bastid, *Sieyès et sa pensée, op. cit.*, p. 53.

5. Il est probable que Louis XVI fut franc-maçon, cf. Daniel Mornet, *Les origines intellectuelles de la Révolution française, 1715-1787, op. cit.*, p. 364.

6. *Ibid.*, p. 365.

7. Cf. Daniel Ligou, *Dictionnaire de la Franc-Maçonnerie*, Paris, PUF, 1987, p. 1107.

8. Abbé Barruel, *Mémoires pour servir à l'histoire du jacobinisme*, Hambourg Opigez libraire, 1801-1803, t. II, p. 452.

9. Augustin Cochin, *Les sociétés de pensée et la démocratie moderne*, Paris, Plon, 1921.

10. Sainte-Beuve, *Causeries du lundi, op. cit.*, p. 191.

11. Paul Bastid, *Sieyès et sa pensée, op. cit.*, p. 49.

12. Brissot, *Mémoires, op. cit.*, chap. XXIX, pp. 320 et ss.

13. Madame de Genlis, citée par Paul Bastid, *Sieyès et sa pensée, op. cit.*, p. 49, note 7.

14. Paul Bastid, *Sieyès et sa pensée, op. cit.*, pp. 50-51.

15. Talleyrand, *Mémoires, op. cit.*, t. I, pp. 209-216.

16. *Notice sur la vie de Sieyès, op. cit.*, pp. 22-23.

17. Adrien Duquesnoy, *Journal sur l'Assemblée Constituante*, Paris, Alphonse Picard, 1894, t. I, p. 145.

18. A. F. Bertrand de Moleville, *Histoire de la Révolution de France, op. cit.*, t. II, pp. 14 et ss.

19. *Notice sur la vie de Sieyès, op. cit.*, p. 23.

20. Marcelle Adler-Bresse, « Le fonds Sieyès aux Archives nationales », dans *Annales historiques de la Révolution française*, 1970, pp. 519 et ss.

21. *Notice sur la vie de Sieyès, op. cit.*, p. 20.

XII. — COUPER LE CÂBLE DU VAISSEAU

1. Ernest Lavisse, *Histoire de France depuis les origines jusqu'à la Révolution, op. cit.*, t. IX, p. 379.

2. *Ibid.*

3. Brissot, *Mémoires, op. cit.*, chap. XII, p. 188.

4. Paul Bastid, *Sieyès et sa pensée, op. cit.*, p. 54.

5. Elisabeth Badinter et Robert Badinter, *Condorcet, op. cit.*, p. 264.

6. Paul Bastid, *Sieyès et sa pensée, op. cit.*, p. 55.

7. Bailly, *Mémoires*, 1821-22, t. I, pp. 59 et ss.

8. *Notice sur la vie de Sieyès, op. cit.*, p. 24.

9. *Ibid.*, p. 24.

10. *Ibid.*, p. 24.

Deuxième partie

ILS VEULENT ÊTRE LIBRES
ET ILS NE SAVENT PAS ÊTRE JUSTES

I. — UNE ASSEMBLÉE NATIONALE

1. *La vie quotidienne des députés aux Etats Généraux 1789*, par Edna Hindil Lemay, Hachette, 1987, pp. 18 et ss.
2. Mme de Staël, *Considérations sur les principaux événements de la Révolution française*, Delaunay, Bossange et Masson libraires, Paris, 1818, t. I, p. 184.
3. Ernest Lavisse, *Histoire de France contemporaine*, t. I par P. Sagnac, *La Révolution 1789-1792*, Paris, Hachette, 1916, pp. 16 et ss.
4. François Furet et Denis Richet, *La Révolution française*, Fayard, 1973, p. 74.
5. Necker, *De la Révolution française*, Paris, Maret libraire, 1797, t. I, pp. 158 et ss.
6. M. Mignet, *Histoire de la Révolution française depuis 1789 jusqu'en 1814*, 11e éd., tt. I et II, Didier et Cie, 1827; Paris, Firmin Didot et Cie, 1875, p. 47.
7. Ernest Lavisse, *Histoire de la France contemporaine, op. cit.*, t. I, p. 19.
8. Necker, *De la Révolution française, op. cit.*, p. 173.
9. Edna Hindil Lemay, *La vie quotidienne des députés aux Etats Généraux, op. cit.*, p. 46.
10. Paul Bastid, *Sieyès et sa pensée*, Genève, Slatkine Reprints, 1978, p. 59.
11. A.N. 284 AP 4, dossier 1. Les papiers de Sieyès sont largement annotés par Fortoul.
12. François Furet et Denis Richet, *La Révolution française, op. cit.*, p. 74.
13. Paul Bastid, *Sieyès et sa pensée, op. cit.*, p. 61.
14. Jean Jaurès, *Histoire socialiste de la Révolution française*, t. I, *La Constituante*, Paris, Éditions sociales, 1983, p. 346.
15. Arthur Young, *Voyages en France pendant les années 1787-1790*, Paris, Buisson libraire, 1793, t. I, pp. 326 et ss.
16. Adrien Duquesnoy, *Journal sur l'Assemblée constituante*, Paris, Picard, 1894, t. I, p. 96.
17. Paul Bastid, *Sieyès et sa pensée, op. cit.*, p. 63.
18. Michelet, *Histoire de la Révolution française*, Paris, Robert Laffont, 1979, t. I, pp. 113 et ss.
19. Jean Jaurès, *Histoire socialiste de la Révolution française, op. cit.*, t. I, pp. 347 et ss.
20. *Qu'est-ce que le Tiers Etat ?*
21. Ernest Lavisse, *Histoire de la France contemporaine, op. cit.*, t. I, p. 26.
22. Carré de Malberg, *Contribution à la théorie générale de l'Etat*, Paris, Sirey, 1920-1922, t. II, pp. 167 et ss.
23. Arthur Young, *Voyages en France pendant les années 1787-1790, op. cit.*, t. I, p. 356.
24. Edna Hindil Lemay, *La vie quotidienne des députés aux Etats Généraux, op. cit.*, pp. 151 et ss.
25. Etienne Dumont, *Souvenirs sur Mirabeau et sur les deux premières Assemblées législatives*, Paris, 1832, p. 83.
26. Cité par Paul Bastid, *Sieyès et sa pensée, op. cit.*, p. 56, note 2.

II. — NOUS SOMMES AUJOURD'HUI CE QUE NOUS ÉTIONS HIER

1. Ernest Lavisse, *Histoire de la France contemporaine, op. cit.*, t. I, p. 27.
2. Paul Bastid, *Sieyès et sa pensée, op. cit.*, p. 67.
3. Cf. not. Ernest Lavisse, *Histoire de la France contemporaine, op. cit.*, t. I, p. 27.
4. Paul Bastid, *Sieyès et sa pensée, op. cit.*, pp. 67 et ss.
5. Michelet, *Histoire de la Révolution française, op. cit.*, t. I, p. 120.
6. François Furet et Denis Richet, *La Révolution française, op. cit.*, p. 77.
7. Necker, *De la Révolution française, op. cit.*, pp. 191 et ss.
8. Michelet, *Histoire de la Révolution française, op. cit.*, t. I, pp. 122 et ss.
9. Ernest Lavisse, *Histoire de la France contemporaine, op. cit.*, t. I, p. 33.
10. A.N. 284 AP 8, dossier 1.
11. Michelet, *Histoire de la Révolution française, op. cit.*, t. I, p. 132.

12. Paul Bastid, *Sieyès et sa pensée, op. cit.*, p. 76.
13. A.N. 284 AP 8, dossier 4.
14. Paul Bastid, *Sieyès et sa pensée, op. cit.*, pp. 70 et ss.
15. Etienne Dumont, *Souvenirs sur Mirabeau, op. cit.*, pp. 295 et ss.
16. A.N. 284 AP 8, dossier 4. Lettres de Mirabeau à Sieyès envoyées durant la Constituante.
17. Sur Mirabeau et Sieyès, cf. not. Louis Damoiseau, *Mirabeau et Sieyès ou la Révolution et la contre-Révolution*, Paris, 1896 ; Ferdinand Dreyfus, « Mirabeau, Sieyès et la loi de pluralité », dans *La Révolution française*, juillet 1912, t. LXIII ; et surtout Etienne Dumont, *Souvenirs sur Mirabeau, op. cit.*

18. François Furet et Dona Ozouf, « Mirabeau », dans *Dictionnaire critique de la Révolution française*, Paris, Flammarion, 1988.
19. Gaston Dodu, *Le parlementarisme et les parlementaires sous la Révolution (1789-1799)*, Paris, Plon-Nourrit, 1911, pp. 62 et ss.
20. Paul Bastid, *Sieyès et sa pensée, op. cit.*, p. 71, note 4.
21. A Bigeon, *Sieyès, l'homme, le constituant*, Paris, Henri Becus, 1893, p. 30.
22. Paul Bastid, *Sieyès et sa pensée, op. cit.*, p. 68.
23. Etienne Dumont, *Souvenirs sur Mirabeau, op. cit.*, p. 100.
24. Arthur Young, *Voyages en France, op. cit.*, pp. 345 et ss.

III. — À la Bastille !

1. Cf. not. Michelet, *Histoire de la Révolution française, op. cit.*, t. I, p. 136 ; Edgar Quinet, *La Révolution*, Paris, Belin, 1987, préface de Claude Lefort, pp. 164 et ss. ; Taine, *Les origines de la France contemporaine*, Paris, Hachette, 1947, t. I, *La Révolution*, pp. 31 et ss.
2. Ernest Lavisse, *Histoire de la France contemporaine, op. cit.*, t. I, pp. 37 et ss.
3. *Ibid.*, p. 42.
4. Necker, *De la Révolution française, op. cit.*, t. I, 2e partie, pp. 3 et ss.
5. François Furet et Denis Richet, *La Révolution française, op. cit.*, p. 80.
6. Edgar Quinet, *La Révolution, op. cit.*, p. 105.
7. Mignet, *Histoire de la Révolution française, op. cit.*, t. I, p. 70.

8. Michelet, *Histoire de la Révolution française, op. cit.*, t. I, p. 161.
9. Edgar Quinet, *La Révolution, op. cit.*, p. 107.
10. Ernest Lavisse, *Histoire de la France contemporaine, op. cit.*, t. I, p. 56.
11. Paul Bastid, *Sieyès et sa pensée, op. cit.*, p. 74, note 3.
12. A.N. 284 AP 4, dossier 11.
13. Paul Bastid, *Sieyès et sa pensée, op. cit.*, p. 75, notes 4, 5 et 6.
14. *Notice sur la vie de Sieyès*, Maradan libraire, an III, p. 26.
15. Edgar Quinet, *La Révolution, op. cit.*, p. 107.
16. François Furet et Denis Richet, *La Révolution française, op. cit.*, p. 89.

IV. — Le grand promulgateur de la loi de l'avenir

1. Gaston Dodu, *Le parlementarisme et les parlementaires sous la Révolution, op. cit.*, p. 9.
2. *Ibid.*, p. 21.
3. Paul Bastid, *Sieyès et sa pensée, op. cit.*, p. 76.
4. Marcel Gauchet, « La Déclaration des droits », dans *Dictionnaire critique de la Révolution française, op. cit.*
5. A.N. 284 AP 2, dossier 15.
6. A.N. 284 AP 8, dossier 2.
7. *Sieyès, Ecrits politiques*, présentés par Roberto Zapperi, Montreux et Paris,

Editions des Archives Contemporaines, 1985, pp. 52 et ss., pp. 89 et ss.
8. Adrien Duquesnoy, *Journal sur l'Assemblée constituante, op. cit.*, pp. 300 et ss.
9. Alphonse Aulard, *Histoire politique de la Révolution française*, rééd. Scientia Verlag Aalen, 1977, p. 42.
10. Marcel Gauchet, « La Déclaration des droits », dans *Dictionnaire critique de la Révolution française, op. cit.*

V. — Un prêtre ?

1. Albert Soboul, *La Révolution française*, avant-propos de Claude Mazauric, Paris, Gallimard, 1984, pp. 150 et ss.
2. Michel Vovelle, *La chute de la monarchie 1787-1792*, Paris, Le Seuil, 1972, pp. 126 et ss.
3. Ernest Lavisse, *Histoire de la France contemporaine, op. cit.*, t. I, pp. 61 et ss.
4. François Furet et Denis Richet, *La Révolution française, op. cit.*, p. 85.
5. Ernest Lavisse, *Histoire de la France contemporaine, op. cit.*, t. I, p. 65.
6. La « grande peur » de 1789 a fait notamment l'objet de nombreuses études régionales, et de la célèbre synthèse de Georges Lefebvre, éditée en 1932, et plusieurs fois rééditée. Cf. également G. Lefebvre, « La Révolution française et les paysans », dans *Etudes sur la Révolution française*, Paris, PUF, 1954.
7. Cf. notamment *1789 les Français ont la parole, cahiers des Etats Généraux*, présentés par Pierre Goubert et Michel Denis, Paris, Julliard, 1964 ; rééd. Paris, Gallimard, coll. Archives, 1975.
8. Jean Jaurès, *Histoire socialiste de la Révolution française*, t. I, *op. cit.*, p. 398.
9. Cité par Michel Vovelle, *La chute de la monarchie 1787-1792, op. cit.*, pp. 188 et ss.
10. François Furet et Denis Richet, *La Révolution française, op. cit.*, p. 88.
11. Jean Jaurès, *Histoire socialiste de la Révolution française, op. cit.*, t. I, p. 402.
12. Taine, *Les origines de la France contemporaine, op. cit.*, t. II, *La Révolution*, pp. 199 et ss.
13. *Ibid.*, p. 386.
14. Sieyès, *Observations sommaires sur les biens ecclésiastiques*, du 10 août 1789, dans *Ecrits politiques de Sieyès*, présentés par Zapperi, *op. cit.*, pp. 209 et ss.
15. Paul Bastid, *Sieyès et sa pensée, op. cit.*, pp. 79 et ss. Cf. également Michel Winock, *1789 l'année sans pareille*, Paris, Olivier Orban, 1988, pp. 185 et ss.
16. Georges Dupeux, *La société française 1789-1970*, Paris, Armand Colin, 1972, pp. 69 et ss.
17. Tocqueville, *L'Ancien Régime et la Révolution, op. cit.*, t. II, livre 2, p. 216.
18. Cf. dans *Ecrits politiques de Sieyès*, présentés par Roberto Zapperi : *Opinion de M. l'abbé Sieyès sur l'arrêté du 4 août relatif aux dîmes, prononcée le 10 août à la séance du soir, op. cit.*, pp. 122 et ss.
19. Paul Bastid, *Sieyès et sa pensée, op. cit.*, p. 81, note 1.
20. *Ibid.*, p. 81.
21. Zapperi, *Ecrits politiques de Sieyès, op. cit.*, pp. 209 et ss.
22. Lamartine, *Histoire des Constituants*, Paris, Victor Lecou, 1855, t. II, pp. 249 et ss.
23. Michelet, *Histoire de la Révolution française, op. cit.*, t. I, p. 202.
24. Georges Lefebvre, *Etudes sur la Révolution française, op. cit.*, p. 100.
25. Jean Jaurès, *Histoire socialiste de la Révolution française, op. cit.*, t. I, p. 414, voir note 28.
26. Roberto Zapperi, *Ecrits politiques de Sieyès, op. cit.*, p. 19.
27. Benjamin Constant, *Portrait de Madame Récamier*, dans *Œuvres complètes*, Paris, Gallimard, Bibliothèque de la Pléiade, 1957, p. 931.

VI. — Mes amis, j'irai à Paris...

1. Carré de Malberg, *Contribution à la théorie générale de l'Etat, op. cit.*, t. II, pp. 167 et ss., pp. 200 et ss.
2. A.N. 284 AP 4, dossier 7.
3. Ernest Lavisse, *Histoire de la France contemporaine, op. cit.*, t. I, p. 83.
4. A. Aulard, *Histoire politique de la Révolution française, op. cit.*, p. 56.
5. Cf. les *Ecrits politiques de Sieyès* présentés par Roberto Zapperi, *op. cit.*, p. 231.
6. Carré de Malberg, *Contribution à la théorie générale de l'Etat, op. cit.*, pp. 191 et ss.
7. Robert Zapperi, introduction à *Qu'est-ce que le Tiers Etat ?*, Genève, Droz, 1970, pp. 75 et ss.
8. Lamartine, *Histoire des Constituants, op. cit.*, t. II, p. 313.
9. Cité par Colette Clavreul, « L'influence de la théorie d'Emmanuel Sieyès sur les origines de la représen-

tation en droit public », thèse de doctorat d'Etat, Université Paris I, octobre 1982, p. 502.

10. Ernest Lavisse, *Histoire de la France contemporaine*, *op. cit.*, t. I, p. 87.

11. *Ibid.*, p. 91.

12. Necker, *De la Révolution française*, *op. cit.*, p. 45.

13. Tocqueville, *L'Ancien Régime et la Révolution*, *op. cit.*, t. II, livre 2, p. 221.

14. *Ibid.*, p. 211.

15. Ernest Lavisse, *Histoire de la France contemporaine*, *op. cit.*, t. I, p. 103.

16. Necker, *De la Révolution française*, *op. cit.*, p. 52.

17. Michelet, *Histoire de la Révolution française*, *op. cit.*, t. I, pp. 245-246.

18. Gouverneur Morris, *Journal pendant les années 1789, 1790, 1791, 1792*, Paris, Plon, 1901, pp. 99 et ss.

VII. — L'HOMME DE LA BOURGEOISIE ?

1. François Furet et Denis Richet, *La Révolution Française*, *op. cit.*, p. 101.

2. Georges Lefebvre, *La Révolution française*, Paris, PUF, 1968, p. 132.

3. *Ibid.*, p. 167.

4. Elisabeth Badinter et Robert Badinter, *Condorcet*, Paris, Fayard, 1988, p. 282.

5. Gaston Dodu, *Le parlementarisme et les parlementaires sous la Révolution (1789-1799)*, *op. cit.*, pp. 6 et ss.

6. A.N. 284 AP 18, dossier 2.

7. Roberto Zapperi, introduction à *Qu'est-ce que le Tiers Etat ?*, *op. cit.*, pp. 57 et ss.

8. Paul Bastid, *Sieyès et sa pensée*, *op. cit.*, p. 93.

9. Cité par Tulard, Fayard et Fierro, *Histoire et dictionnaire de la Révolution française, 1789-1799*, Paris, Robert Laffont, 1987, p. 859.

10. Cité par A. Aulard, *Histoire politique de la Révolution française*, *op. cit.*, pp. 63 et ss.

11. François Furet et Denis Richet, *La Révolution française*, *op. cit.*, p. 117.

12. Elisabeth Badinter et Robert Badinter, *Condorcet*, *op. cit.*, p. 278.

13. Carré de Malberg, *Contribution à la*

théorie générale de l'Etat, *op. cit.*, p. 208.

14. Georges Lefebvre, *La Révolution française*, *op. cit.*, pp. 102 et ss.

15. François Furet, *Penser la Révolution française*, Paris, Gallimard, 1978, pp. 15 et ss.

16. Roberto Zapperi, introduction à *Qu'est-ce que le Tiers Etat ?*, *op. cit.*, pp. 62-63.

17. Paul Bastid, *Sieyès et sa pensée*, *op. cit.*, p. 392.

18. Sieyès : fragments inédits « classes industrieuses » et « esclaves » publiés par Roberto Zapperi dans *Ecrits politiques de Sieyès*, *op. cit.*, pp. 52 et 75.

19. Roberto Zapperi, *Ecrits politiques de Sieyès*, *op. cit.*, introduction, pp. 13 et ss.

20. Roberto Zapperi, introduction à *Qu'est-ce que le Tiers Etat ?*, *op. cit.*, pp. 41 et ss.

21. Carré de Malberg, *Contribution à la théorie générale de l'Etat*, *op. cit.*, pp. 432 et ss.

22. Barnave, Archives parlementaires 1re série, t. XXIX, pp. 356 et ss.

23. Carré de Malberg, *Contribution à la théorie générale de l'Etat*, *op. cit.*, pp. 439 et ss.

VIII. — L'ADUNATION FRANÇAISE

1. Notamment A.N. 284 AP 4.

2. Sur la nation et la théorie de la souveraineté nationale chez Sieyès, cf. not. Colette Clavreul, « L'influence de la théorie d'Emmanuel Sieyès sur les origines de la représentation en droit public », *op. cit.*, t. I, pp. 101 et ss.

3. Le texte a été publié par Roberto Zapperi, *Ecrits politiques*, *op. cit.*, p. 245.

4. Cité par Paul Bastid, *Sieyès et sa pensée*, *op. cit.*, p. 88.

5. Roberto Zapperi, introduction à *Qu'est-ce que le Tiers Etat ?*, *op. cit.*, pp. 55-56.

6. *Ibid.*, pp. 69 et ss.

7. Paul Bastid, *Sieyès et sa pensée*, *op. cit.*, p. 89.

8. *Ibid.*, p. 90.

9. *Ibid.*, p. 91.

IX. — Vous avez daigné penser à moi

1. Paul Bastid, *Sieyès et sa pensée, op. cit.,* p. 93.
2. Adrien Duquesnoy, *Journal, op. cit.,* p. 293.
3. Conrad Œlsner, *Des opinions politiques du citoyen Sieyès et de sa vie comme homme public,* Paris, Goujon fils, an VIII, pp. 178 et ss.
4. Camille Desmoulins, *Ecrits contre Sieyès à propos de la liberté de la presse,* dans *Révolutions de France et de Brabant,* n° 14, mars 1790.
5. Conrad Œlsner, *Des opinions politiques du citoyen Sieyès et de sa vie comme homme public, op. cit.,* p. 172.
6. Adrien Duquesnoy, *Journal, op. cit.,* p. 392.
7. Etienne Dumont, *Souvenirs sur Mirabeau, op. cit.,* p. 264.
8. Gaston Dodu, *Le parlementarisme et les parlementaires sous la Révolution (1789-1799), op. cit.,* p. 52.
9. A.N. 284 AP 8, dossier 2.
10. Elisabeth Badinter et Robert Badinter, *Condorcet, op. cit.,* p. 286. Sur la société de 1789, cf. Challamel, *Les clubs contre-révolutionnaires,* Paris, Le Cerf, Noblet, 1895, pp. 391 et ss.
11. Michelet, *Histoire de la Révolution française, op. cit.,* t. I, p. 376.
12. *Le Moniteur,* 15 mai 1790.
13. Michelet, *Histoire de la Révolution française, op. cit.,* t. I, p. 381.
14. Paul Bastid, *Sieyès et sa pensée, op. cit.,* p. 101.
15. *Notice sur la vie de Sieyès, op. cit.,* p. 29.

X. — Sire, de grâce, levez haut la main !

1. Michelet, *Histoire de la Révolution française,* t. I, pp. 323 et ss.
2. Ernest Lavisse, *Histoire de la France contemporaine,* t. I, *op. cit.,* p. 236.
3. Cité par Paul Bastid, *Sieyès et sa pensée, op. cit.,* p. 105.
4. A.N. 284 AP 8, dossier 4. Cité par Sainte-Beuve, *Causeries du lundi,* Paris, Garnier, 1851, t. V, pp. 206-207.
5. Paul Bastid, *Sieyès et sa pensée, op. cit.,* p. 105.
6. Elisabeth Badinter et Robert Badinter, *Condorcet, op. cit.,* p. 299.
7. *Ibid.,* p. 108.
8. Guy Chaussinand-Nogaret, *Mirabeau,* Paris, Le Seuil, 1982, pp. 319 et ss.
9. Mme de Staël, *Considérations sur les principaux événements de la Révolution française,* Paris, Delaunay, Bossange et Masson libraires, 1818, t. I, p. 496.
10. Jean Jaurès, *Histoire socialiste de la Révolution française, op. cit.,* pp. 487 et ss.
11. *Notice sur la vie de Sieyès, op. cit.,* p. 29.

XI. — Le décret de tolérance

1. Cf. not. A.N. 284 AP 2, dossier 3 et A.N. 284 AP 4, dossier 9.
2. Paul Bastid, *Sieyès et sa pensée, op. cit.,* p. 507.
3. Cf. l'étude de François Furet, « La Constitution civile du clergé », dans *Dictionnaire critique de la Révolution française, op. cit.*
4. François Furet et Denis Richet, *La Révolution française, op. cit.,* pp. 133 et ss.
5. Cf. Timothy Tackett, *La Révolution, l'Eglise, la France,* traduit par A. Spiers, préface de Michel Vovelle, postface de Claude Langlois, Paris, Editions du Cerf, 1986. L'ouvrage est irremplaçable pour connaître l'histoire religieuse de la France, et la géographie des clivages de 1791 qui se sont, parfois, prolongés jusqu'à nos jours...
6. Timothy Tackett, *La Révolution, l'Eglise, la France, op. cit.,* pp. 56 et ss.
7. *Ibid.,* pp. 343 et ss. ; et not. les tableaux de statistiques d'assermentés, par département et par district.
8. François Furet et Denis Richet, *La Révolution française, op. cit.,* p. 134.
9. *Notice sur la vie de Sieyès, op. cit.,* p. 40.
10. Paul Bastid, *Sieyès et sa pensée, op. cit.,* p. 111.
11. François Furet, « La Constitution civile du Clergé », dans *Dictionnaire critique de la Révolution française, op. cit.*
12. Edgar Quinet, *La Révolution, op. cit.,* p. 176.

XII. — C'EST UN ROMAN QUE JE VAIS FAIRE

1. François Furet et Denis Richet, *La Révolution française, op. cit.*, p. 139.
2. Georges Soria, *Grande Histoire de la Révolution française*, t. I, *L'embrasement*, Paris, Bordas, 1987, pp. 554 et ss.
3. Albert Soboul, *La Révolution française, op. cit.*, p. 224.
4. Ernest Lavisse, *Histoire de la France contemporaine, op. cit.*, t. I, pp. 317 et ss.
5. Albert Soboul, *La Révolution française, op. cit.*, p. 224.
6. Alphonse Aulard, *Histoire politique de la Révolution française, op. cit.*, pp. 153 et ss.
7. Elisabeth Badinter et Robert Badinter, *Condorcet, op. cit.*, pp. 329 et ss.
8. *Ibid.*, pp. 331-332.
9. *Ibid.*, pp. 335 et ss.
10. Abbé Morellet, *Mémoires inédits sur le XVIIIe siècle et sur la Révolution*, réédition Paris, Mercure de France, 1988.
11. *Notice sur la vie de Sieyès, op. cit.*, p. 39.
12. Necker, *De la Révolution française, op. cit.*, p. 70.
13. Michelet, *Histoire de la Révolution française, op. cit.*, pp. 582-583.
14. François Furet, « Michelet », dans *Dictionnaire critique de la Révolution française, op. cit.*

Troisième partie

J'AI VÉCU

I. — ALLONS ENFANTS DE LA PATRIE...

1. François Furet et Denis Richet, *La Révolution française*, Paris, Fayard, 1973, p. 145.
2. Mme Roland, *Lettres publiées par Cl. Perroud*, Paris, Imprimerie Nationale, 1900-1902, t. II, p. 284.
3. Cf. Georges Gusdorf, *La conscience révolutionnaire, les idéologues*, Paris, Payot, 1978, pp. 305 et ss.
4. Michelet, *Histoire de la Révolution française*, Paris, Robert Laffont, 1979, t. I, p. 614.
5. Gaston Dodu, *Le Parlementarisme et les parlementaires sous la Révolution (1789-1799)*, Paris, Plon-Nourrit, 1911, pp. 126 et ss.
6. E. A. Hua, *Mémoires d'un avocat de Paris député de l'Assemblée législative*, publiés par son petit-fils, Poitiers, Oudin, 1847, pp. 74 et ss.
7. Alphonse Aulard, *Histoire politique de la Révolution française*, réimpression de la sixième édition de Paris, 1926; Scientia Verlag Aalen, 1977, p. 171.
8. *Ibid.*, p. 174.
9. Ernest Lavisse, *Histoire de la France contemporaine*, t. I, *La Révolution 1789-1792*, par P. Sagnac, Paris, Hachette, 1916, p. 333.
10. Cf. not. Timothy Tackett, *La Révolution, l'Eglise et la France*, traduit par A. Spiers, préface de Michel Vovelle, postface de Claude Langlois, Paris, Editions du Cerf, 1986, p. 183.
11. E. A. Hua, *Mémoires d'un avocat de Paris député de l'Assemblée législative, op. cit.*, p. 90.
12. Elisabeth Badinter et Robert Badinter, *Condorcet*, Paris, Fayard, 1988, p. 363.
13. Mme de Staël, *Considérations sur les principaux événements de la Révolution française*, Paris, Delaunay, 1818, t. I, p. 392.
14. Cf. Jacques Godechot, *La Révolution française, chronologie commentée 1787-1789*, Paris, Librairie académique Perrin, 1988, p. 101.
15. Albert Soboul, *La Révolution française*, avant-propos de Claude Mazauric, Paris, Gallimard, 1984, p. 233.
16. Ernest Lavisse, *Histoire de la France contemporaine, op. cit.*, t. I, p. 333.
17. François Furet et Denis Richet, *La Révolution française, op. cit.*, pp. 148 et ss.
18. A. Cobban, *Le sens de la Révolution française*, préface d'Emmanuel Le Roy Ladurie, Paris, Commentaire Julliard, 1984, pp. 128 et ss.
19. Cité par Michel Vovelle, *La chute de la monarchie 1787-1789*, Paris, Editions du Seuil, 1972, p. 604.
20. Elisabeth Badinter et Robert Badinter, *Condorcet, op. cit.*, p. 404.
21. Cf. également François Furet et Denis Richet, *La Révolution française, op. cit.*, pp. 148 et ss.

22. Paul Bastid, *Sieyès et sa pensée*, Genève, Slatkine Reprints, 1978, p. 124.
23. Sainte-Beuve, *Causeries du lundi*, Paris, Garnier, 1851, 3ᵉ éd., t. V, p. 196.
24. A.N. 246 AP 36, 3ᵉ cahier.
25. Paul Bastid, *Sieyès et sa pensée, op. cit.*, p. 126.
26. *Ibid.*, p. 127.
27. *Ibid.*, pp. 125 et ss.

II. — LE ROI AU BONNET ROUGE

1. François Furet et Denis Richet, *La Révolution française, op. cit.*, p.147.
2. Albert Soboul, *La Révolution française, op. cit.*, pp. 237 et ss.
3. E. A. Hua, *Mémoires d'un avocat de Paris député de l'Assemblée législative, op. cit.*, p. 116.
4. *Ibid.*, p. 134.
5. Michelet, *Histoire de la Révolution française, op. cit.*, t. I, p. 731.
6. Alphonse Aulard, *Histoire politique de la Révolution française, op. cit.*, p. 187.
7. Roederer, *Mémoires sur la Révolution, le Consulat et l'Empire*, présentation d'Octave Aubry, Paris, Plon, 1942, pp. 11 et ss.
8. Alphonse Aulard, *Histoire politique de la Révolution française, op. cit.*, p. 187.
9. *Notice sur la vie de Sieyès*, Maradan libraire, an III, p. 42.
10. Alphonse Aulard, *Histoire politique de la Révolution française, op. cit.*, p. 191.
11. Mona Ozouf, *L'école de la France. Essais sur la Révolution*, Paris, Gallimard, 1984, pp. 186 et ss. Cf. aussi Michel Vovelle, *La mentalité révolutionnaire, société et mentalités sous la Révolution française*, Paris, Editions sociales, 1985.

III. — UNE ÈRE NOUVELLE

1. Jacques Godechot, *La Révolution française, chronologie commentée 1787-1799*, Paris, Librairie Académique Perrin, 1988, p. 108.
2. Ernest Lavisse, *Histoire de France contemporaine, op. cit.*, t. I, p. 376.
3. Albert Soboul, *La Révolution française, op. cit.*, p. 244.
4. Jacques Godechot, *La Révolution française, op. cit.*, pp. 109 et ss.
5. Cf. not. Michel Vovelle, *La chute de la monarchie 1787-1792, op. cit.*, p. 263.
6. François Furet et Denis Richet, *La Révolution française, op. cit.*, p. 137.
7. Alphonse Aulard, *Histoire politique de la Révolution française, op. cit.*, p. 252.
8. *Ibid.*, p. 254.
9. *Ibid.*, p. 255.
10. A.N. 284 AP 4, dossier 7.
11. A.N. 284 AP 9, dossier 5.
12. A.N. 284 AP 9, dossier 5.
13. *Notice sur la vie de Sieyès, op. cit.*, p. 42.
14. E. A. Hua, *Mémoires d'un avocat de Paris député de l'Assemblée législative, op. cit.*, pp. 166 et ss.
15. François Furet et Denis Richet, *La Révolution française, op. cit.*, p. 169.
16. Michelet, *Histoire de la Révolution française, op. cit.*, t. I, pp. 851 et ss.
17. Albert Soboul, *La Révolution française, op. cit.*, p. 257.
18. Ernest Lavisse, *Histoire de la France contemporaine, op. cit.*, t. I, p. 407.
19. Albert Soboul, *La Révolution française, op. cit.*, p. 261.
20. Ernest Lavisse, *Histoire de la France contemporaine, op. cit.*, t. I, p. 434.

IV. — LES CRAPAUDS DU MARAIS

1. *Notice sur la vie de Sieyès, op. cit.*, p. 45.
2. *Ibid.*, pp. 45 et ss.
3. *Ibid.*, p. 44.
4. Gaston Dodu, *Le parlementarisme et les parlementaires sous la Révolution, op. cit.*, pp. 186 et ss.
5. Aulard, *Histoire politique de la Révolution française, op. cit.*, p. 382.
6. Gaston Dodu, *Le parlementarisme et les parlementaires sous la Révolution, op. cit.*, p. 317.
7. Tulard, Fayard et Fierro, *Histoire et dictionnaire de la Révolution, 1789-1799*, Paris, Robert Laffont, 1987, p. 624.
8. Albert Soboul, *La Révolution française, op. cit.*, pp. 267 et 268.

9. Alphonse Aulard, *Histoire politique de la Révolution française, op. cit.*, p. 413.
10. Michelet, *Histoire de la Révolution française, op. cit.*, t. II, p. 39.
11. *Notice sur la vie de Sieyès, op. cit.*, p. 65.
12. G. Dodu, *Le parlementarisme et les parlementaires sous la Révolution, op. cit.*, p. 218.
13. Michelet, *Histoire de la Révolution française, op. cit.*, t. II, p. 36.
14. François Furet et Denis Richet, *La Révolution française, op. cit.*, p. 177.
15. Edgar Quinet, *La Révolution*, Paris, Belin, 1987, p. 373.
16. Alphonse Aulard, *Histoire politique de la Révolution française, op. cit.*, p. 397.
17. Michel Vovelle, *La mentalité révolu-* tionnaire, Paris, Editions sociales, 1985, p. 226.
18. *Ibid.*, p. 227.
19. Archives parlementaires, t. XXVI, pp. 643 et ss.
20. Alphonse Aulard, *Histoire politique de la Révolution française, op. cit.*, p. 403.
21. Gaston Dodu, *Le parlementarisme et les parlementaires sous la Révolution, op. cit.*, pp. 185 et ss., pp. 229 et ss.
22. Alphonse Aulard, *Histoire politique de la Révolution française, op. cit.*, p. 392.
23. François Furet et Denis Richet, *La Révolution française, op. cit.*, pp. 164 et ss.
24. Edgar Quinet, *La Révolution, op. cit.*, p. 348.
25. Abbé Grégoire, *Mémoires*, Paris, A. Dupont, 1837, t. I, chap. IV, p. 425.

V. — La mort « sans phrase » ?

1. Alphonse Aulard, *Histoire politique de la Révolution française, op. cit.*, p. 271.
2. Elisabeth Badinter et Robert Badinter, *Condorcet, op. cit.*, p. 518.
3. Paul Bastid, *Sieyès et sa pensée, op. cit.*, p. 135.
4. François Furet et Denis Richet, *La Révolution française, op. cit.*, p. 178.
5. Paul Bastid, *Sieyès et sa pensée, op. cit.*, p. 136.
6. Edgar Quinet, *La Révolution, op. cit.*, pp. 347 et ss.
7. *Ibid.*, pp. 354-355.
8. François Furet et Denis Richet, *La Révolution française, op. cit.*, p. 180.
9. Paul Bastid, *Sieyès et sa pensée, op. cit.*, p. 137.

VI. — Rendre impossible la dictature d'un général...

1. Œlsner, *Des opinions politiques du citoyen Sieyès, et de sa vie comme homme public*, Paris, Goujon fils, an VIII, p. 209.
2. A.N. 284 AP 9, dossier 3.
3. *Notice sur la vie de Sieyès, op. cit.*, p. 52.
4. Alphonse Aulard, *Histoire politique de la Révolution française, op. cit.*, pp. 327 et ss.
5. Paul Bastid, *Sieyès et sa pensée, op. cit.*, p. 142.

VII. — Prêcher a des sourds

1. *Notice sur la vie de Sieyès, op. cit.*, p. 44.
2. Barère, *Mémoires*, Paris, Labitte, 1842-1844, t. II, p. 286.
3. Elisabeth Badinter et Robert Badinter, *Condorcet, op. cit.*, p. 535.
4. Alphonse Aulard, *Histoire politique de la Révolution française, op. cit.*, p. 282.
5. *Ibid.*, p. 283.
6. Sur le projet de Constitution de Condorcet, cf. Elisabeth Badinter et Robert Badinter, *Condorcet, op. cit.*, pp. 535 et ss.
7. Paul Bastid, *Sieyès et sa pensée, op. cit.*, p. 140.
8. Alphonse Aulard, *Histoire politique de la Révolution française, op. cit.*, p. 287.
9. Sainte-Beuve, *Causeries du lundi, op. cit.*, t. V, p. 206.

VIII. — Ce terrible printemps

1. Tulard, Fayard et Fierro, *Histoire et dictionnaire de la Révolution française, 1789-1799, op. cit.*, p. 349.
2. François Furet et Denis Richet, *La Révolution française, op. cit.*, p. 190.

3. Ernest Lavisse, *Histoire de la France contemporaine, op. cit.*, t. II, par G. Pariset, p. 78 ; et Albert Soboul, *La Révolution française, op. cit.*, p. 286.
4. Tulard, Fayard et Fierro, *Histoire et dictionnaire de la Révolution française, 1789-1799, op. cit.*, p. 1077.
5. Alphonse Aulard, *Histoire politique de la Révolution française, op. cit.*, p. 449.
6. Discours de Barère, 18 mars 1793, *Choix de rapports, opinions et discours*, vol. 1793, II, p. 317.
7. Cité par Albert Soboul, *La Révolution française, op. cit.*, p. 288.

8. François Furet et Denis Richet, *La Révolution française, op. cit.*, p. 195.
9. *Ibid.*, pp. 198 et ss.
10. Ernest Lavisse, *Histoire de la France contemporaine, op. cit.*, t. II, pp. 110 et ss.
11. Furet et Richet, *La Révolution française, op. cit.*, pp. 200 et ss.
12. Ernest Lavisse, *Histoire de la France contemporaine, op. cit.*, t. II, p. 113.
13. Albert Soboul, *La Révolution française, op. cit.*, pp. 295 et ss.
14. Paul Bastid, *Sieyès et sa pensée, op. cit.*, p. 143.

IX. — LES FÊTES DE SIEYÈS

1. Thibaudeau, *Mémoires sur la Convention et le Directoire*, Paris, 1824, p. 73.
2. Elisabeth Badinter et Robert Badinter, *Condorcet, op. cit.*, p. 545.
3. Paul Bastid, *Sieyès et sa pensée, op. cit.*, pp. 144 et ss.
4. *Ibid.*, pp. 144 et ss.
5. Sur le rôle des fêtes dans l'idéologie révolutionnaire, cf. not. Mona Ozouf, *La fête révolutionnaire 1789-1799*, Paris, Gallimard, 1976 ; Michel Vovelle, *La mentalité révolutionnaire,*

fête et révolution, op. cit., pp. 157 et ss. ; Claude Nicolet, *L'idée républicaine en France*, Paris, Gallimard, 1982, pp. 112 et ss.
6. Paul Bastid, *Sieyès et sa pensée, op. cit.*, p. 140.
7. *Notice sur la vie de Sieyès, op. cit.*, pp. 52-53.
8. Paul Bastid, *Sieyès et sa pensée, op. cit.*, p. 140.
9. *Notice sur la vie de Sieyès, op. cit.*, pp. 53 et ss.

X. — LA TERREUR À L'ORDRE DU JOUR

1. François Furet et Denis Richet, *La Révolution française, op. cit.*, p. 226.
2. *Ibid.*, pp. 224 et ss.
3. Soboul, *La Révolution française, op. cit.*, p. 306.
4. François Furet et Denis Richet, *La Révolution française, op. cit.*, pp. 214-215.

5. Elisabeth Badinter et Robert Badinter, *Condorcet, op. cit.*, pp. 574 et ss.
6. Jacques Godechot, *La Révolution française commentée 1787-1789, op. cit.*, p. 146.
7. Cf. Ernest Lavisse, *Histoire de la France contemporaine, op. cit.*, t. II, pp. 147 et ss.

XI. — CES DEUX GRANDS PRÊTRES...

1. Edgar Quinet, *La Révolution, op. cit.*, p. 384.
2. Barère, *Mémoires, op. cit.*, t. II, p. 280.
3. Michelet, *Histoire de la Révolution française, op. cit.*, t. I, p. 382.
4. Hector Fleischmann, *Mémoires de Charlotte Robespierre*, Paris, Albin Michel, 1910, pp. 17 et ss.
5. *Ibid.*, p. 23.
6. François Furet, *Penser la Révolution française*, Paris, Gallimard, 1978, p. 86.
7. Alphonse Aulard, *Histoire politique de*

la Révolution française, op. cit., pp. 442 et ss.
8. François Furet, *Penser la Révolution française, op. cit.*, p. 86.
9. Hector Fleischmann, *Mémoires de Charlotte Robespierre, op. cit.*, p. 18.
10. Sur le rôle de la mort, sacrifice, accomplissement, rachat, spectacle, dans l'idéologie révolutionnaire, cf. not. François Furet, *Penser la Révolution française, op. cit.*, pp. 165 et ss. ; Mona Ozouf, *L'école de la France, op. cit.*, pp. 109 et ss. ; Claude Nicolet, *L'idée républicaine en France, essai*

d'histoire critique, op. cit., pp. 83 et ss.

11. Edgar Quinet, *La Révolution, op. cit.,* pp. 563 et ss.

12. *Notice sur la vie de Sieyès, op. cit.,* pp. 49 et ss.

13. Michelet, *Histoire de la Révolution française, op. cit.,* t. I, p. 684.

14. François Furet, *Penser la Révolution française, op. cit.,* p. 85.

15. Alexis de Tocqueville, *Œuvres complètes. L'Ancien Régime et la Révolution,* Paris, Gallimard, 1971, t. II, vol. 2, p. 147.

XII. — LE SANG ET LA VERTU

1. François Furet, « Le gouvernement révolutionnaire », dans *Dictionnaire critique de la Révolution,* Paris, Flammarion, 1988.

2. François Furet, dans *Penser la Révolution française,* « Auguste Cochin : La théorie du jacobinisme », *op. cit.,* pp. 212 et ss.

3. Cf. Michel Vovelle, *La chute de la monarchie 1787-1792, op. cit.,* pp. 141 et ss ; Mona Ozouf, *L'école de la France, op. cit.,* pp. 74 et ss.

4. Cf. not. A. Mathiez, *Le bolchevisme et le jacobinisme,* Paris, Librairie de l'Humanité, 1920.

5. Ernest Lavisse, *Histoire de la France contemporaine, op. cit.,* t. II, p. 175.

6. François Furet, « Le gouvernement révolutionnaire », dans *Dictionnaire critique de la Révolution, op. cit.*

7. François Furet, *Penser la Révolution française, op. cit.,* pp. 70 et ss.

8. *Ibid.,* p. 78.

9. Mona Ozouf, *L'école de la France. Essais sur la Révolution, l'utopie et l'enseignement, op. cit.,* pp. 109 et ss.

10. Albert Soboul, *La Révolution française, op. cit.,* pp. 371 et ss. et ss.

11. Edgar Quinet, *La Révolution, op. cit.,* p. 599.

12. Elisabeth Badinter et Robert Badinter, *Condorcet, op. cit.,* épilogue, pp. 619 et ss.

13. François Furet et Denis Richet, *La Révolution française, op. cit.,* p. 244.

14. Mignet, *Histoire de la Révolution française depuis 1789 jusqu'en 1814,* Paris, Firmin Didot et Cie, 1875, t. II, p. 47.

15. *Choix de rapports, opinions et discours prononcés à la Tribune Nationale,* Paris, Eymery libraire, 1821. Année 1794, p. 83.

16. Louis Madelin, *Danton,* Paris, Hachette, 1944, p. 308.

17. Mignet, *Histoire de la Révolution française, op. cit.,* t. II, p. 58.

18. Cf. François Furet, « La Terreur », dans *Dictionnaire critique de la Révolution française, op. cit.*

19. Ernest Lavisse, *Histoire de la France contemporaine, op. cit.,* t. II, pp. 196 et ss.

20. *Ibid.,* p. 205.

21. François Furet, « La Terreur », dans *Dictionnaire critique de la Révolution française, op. cit.*

22. Cf. Mona Ozouf, *L'école de la France, op. cit.,* pp. 161 et ss.

23. La « Théorie de la Terreur », dans *La Révolution,* Edgar Quinet, *op. cit.,* pp. 497 et ss.

24. François Furet, « La Terreur », dans *Dictionnaire critique de la Révolution française, op. cit.*

25. *Ibid.*

26. Necker, *De la Révolution française, op. cit.,* t. II, p. 100.

27. Sainte-Beuve, *Causeries du lundi, op. cit.,* p. 210.

28. *Notice sur la vie de Sieyès, op. cit.,* p. 51.

XIII. — LE PLUS MÉCHANT DES HOMMES

1. Guglielmo Ferrero, *Les deux Révolutions françaises 1789-1796,* Neuchâtel, Ed. La Baconnière, 1951. Cf. Gaxotte et Tulard dans *La Révolution française,* Paris, Fayard, 1975, édition universitaire, parmi les « Débats ouverts » dans le chapitre consacré à Robespierre, p. 356.

2. Ferrero, *Les deux Révolutions françaises 1789-1796, op. cit.,* pp. 163 et ss. Les *Dropmore Papers* sont également utilisés par Albert Ollivier dans son livre *Saint-Just ou la force des choses,* Paris, 1954.

3. Cf. not. de Grandsaignes. « Enquête sur les bulletins de Dropmore », dans *Annales historiques de la Révolution française,* 1957 ; Reinhard et Gode-

chot, « A propos de Vannelet et des Dropmore Papers », *ibidem*, 1958, pp. 1-20 ; Jacques Godechot, *La contre-révolution 1789-1804*, Paris, PUF, 1961, chap. X.

4. Historical Manuscripts Commission, Fourteenth Report, Appendix, Part. V : *The Manuscripts of J. B. Fortescue, Esq., preserved at Dropmore*, London, 1894, vol. II, p. 540. Ferrero reproduit dans son ouvrage précité (pp. 166 et ss.) les bulletins qui concernent Sieyès. On connaît aujourd'hui les bulletins du comte d'Antraigues non seulement par les *Dropmore Papers* mais par les archives de Londres, de Madrid, de Naples et de Venise. (Godechot, *La contre Révolution, op. cit.*, p. 192.)

5. Ferrero, *Les deux Révolutions françaises, op. cit.*, p. 171.

6. *Ibid.*, p. 172.

7. De Grandsaignes, *Annales historiques de la Révolution française, op. cit.*, 1957, p. 231.

8. *Ibid.*, pp. 217 et ss.

9. A. Mathiez, « Histoire secrète du Comité de Salut public », dans *Questions historiques*, janv. 1914, et « Les Correspondants parisiens d'Antraigues », dans *Annales de la Révolution*, mai-juin 1918.

10. De Grandsaignes, *Annales historiques de la Révolution française*, 1957, *op. cit.*, pp. 220 et ss.

11. J. Godechot, *La contre-Révolution, op. cit.*, pp. 190 et ss.

12. De Grandsaignes, *Annales historiques de la Révolution française*, 1957, *op. cit.*, p. 299.

13. Godechot, *La contre-Révolution, op. cit.*, p. 199.

14. Reinhard, *Annales historiques de la Révolution française*, 1958, *op. cit.*, pp. 13 et ss.

15. Godechot, *La contre-Révolution, op. cit.*, pp. 196 et ss.

16. A.N. 284, AP 18, dossier 1.

17. *Notice sur la vie de Sieyès, op. cit.*, pp. 62 et ss.

XIV. — Le peuple français proclame l'existence de Dieu

1. Ernest Lavisse, *Histoire de la France contemporaine, op. cit.*, t. II, p. 211.

2. Mona Ozouf, *La fête révolutionnaire, 1789-1799*, chap. X, « Un transfert de sacralité », *op. cit.*, pp. 317 et ss. ; Michel Vovelle, *La mentalité révolutionnaire, op. cit.*, pp. 169 et ss.

3. Ernest Lavisse, *Histoire de la France contemporaine, op. cit.*, t. II, p. 212.

4. François Furet et Denis Richet, *La Révolution française, op. cit.*, p. 234.

5. Albéric Neton, *Sieyès d'après des documents inédits*, Paris, Perrin et Cie, 1900, pp. 216-217.

6. Paul Bastid, *Sieyès et sa pensée, op. cit.*, p. 150.

7. François Furet et Denis Richet, *La Révolution française, op. cit.*, p. 236.

8. *Notice sur la vie de Sieyès, op. cit.*, p. 59.

XV. — La mort est le commencement de l'immortalité

1. François Furet et Denis Richet, *La Révolution française, op. cit.*, p. 248.

2. Ernest Lavisse, *Histoire de la France contemporaine, op. cit.*, t. II, p. 227.

3. Tulard, Fayard et Fierro, *Histoire et dictionnaire de la Révolution française, 1789-1799, op. cit.*, p. 205.

4. *Ibid.*, p. 183.

5. Barras, *Mémoires*, introduits et préfacés par Georges Duruy, Paris, Hachette, 1895-1896, t. I, p. 192.

6. Alphonse Aulard, *Histoire politique de la Révolution française, op. cit.*, pp. 498 et ss.

7. Ernest Lavisse, *Histoire de la France contemporaine, op. cit.*, t. II, p. 243.

Quatrième partie
QUE LES RÉVOLUTIONS
SOIENT FINIES
PAR CEUX QUI LES COMMENCENT

I. — LE LAMA SIEYÈS

1. Cf. not. Albert Mathiez, *La réaction thermidorienne*, Paris, Armand Colin, 1929.
2. Necker, *De la Révolution française*, Paris, Maret libraire, 1797, t. II, pp. 46 et ss.
3. François Furet et Denis Richet, *La Révolution française*, Paris, Fayard, 1973, p. 271.
4. Georges Lefebvre, *La France sous le Directoire, 1797-1799*, nouvelle édition, avant-propos d'Albert Soboul, présentation de Jean-René Suratteau, Paris, Editions sociales, 1977, pp. 6 et ss.
5. Tulard, Fayard et Fierro, *Histoire et dictionnaire de la Révolution française, 1789-1799*, Paris, Robert Laffont, 1987, p. 1118.
6. Cité par François Furet et Denis Richet, *La Révolution française, op. cit.*, p. 272.
7. Necker, *De la Révolution française, op. cit.*, p. 220.
8. Albert Mathiez, *La réaction thermidorienne, op. cit.*, p. 34.
9. Georges Lefebvre, *La France sous le Directoire, 1797-1799, op. cit.*, p. 26.
10. François Furet et Denis Richet, *La Révolution française, op. cit.*, pp. 278 et ss.
11. Ernest Lavisse, *Histoire de la France contemporaine*, t. II, *La Révolution*, par G. Pariset, Paris, Hachette, 1920, p. 248.
12. Cité par François Furet et Denis Richet, *La Révolution française, op. cit.*, pp. 278 et ss.
13. Alphonse Aulard, *Histoire politique de la Révolution française*, Scientia Verlag Aalen, 1977, p. 505.

II. — L'ACCUSATEUR DES TERRORISTES

1. Cité par Paul Bastid, *Sieyès et sa pensée*, Genève, Slatkine Reprints, 1978, p. 152.
2. Barère, *Mémoires*, Paris, Labitte, 1842-1844, t. IV, pp. 331 et ss.
3. Albéric Neton, *Sieyès d'après des documents inédits*, Paris, Perrin et Cie, 1900, p. 228.
4. Paul Bastid, *Sieyès et sa pensée, op. cit.*, p. 153.
5. *L'accusateur public*, cité par Paul Bastid, *Sieyès et sa pensée, op. cit.*, p. 153.
6. Albert Mathiez, *La réaction thermidorienne, op. cit.*, p. 137.
7. Albéric Neton, *Sieyès d'après des documents inédits, op. cit.*, p. 236.

III. — UNE LOI DE GRANDE POLICE

1. François Furet et Denis Richet, *La Révolution française, op. cit.*, p. 292.
2. Pierre Gaxotte et Jean Tulard, *La Révolution française*, Edition Universitaire, Fayard, 1975, p. 366.
3. *Ibid.*
4. Albert Soboul, *La Révolution française*, avant-propos de Claude Mazauric, Paris, Gallimard, 1984, pp. 405 et ss.
5. Albert Mathiez, *La réaction thermidorienne, op. cit.*, p. 203.
6. François Furet et Denis Richet, *La Révolution française, op. cit.*, p. 298.
7. *Ibid.*, p. 299.
8. Cf. Albert Mathiez, *La réaction thermidorienne, op. cit.*, pp. 236 et ss. ; Ernest Lavisse, *Histoire de la France contemporaine, op. cit.*, t. II, pp. 254 et ss.
9. Jacques Godechot, *La Révolution française*, Paris, Perrin, 1988, p. 184.
10. Albert Mathiez, *La réaction thermidorienne, op. cit.*, p. 256.
11. Edgar Quinet, *La Révolution*, préface de Claude Lefort, Paris, Belin, 1987, pp. 618 et ss.
12. *Ibid.*, p. 622.
13. Ernest Lavisse, *Histoire de la France contemporaine, op. cit.*, t. II, p. 256.

IV. — LES FRONTIÈRES NATURELLES

1. Ernest Lavisse, *Histoire de la France contemporaine, op. cit.*, t. II, p. 267.
2. François Furet et Denis Richet, *La Révolution française, op. cit.*, p. 303.
3. Paul Bastid, *Sieyès et sa pensée, op. cit.*, p. 158.
4. François Furet, *Penser la Révolution française*, Paris, Gallimard, 1978, p. 167.
5. François Furet et Denis Richet, *La Révolution française, op. cit.*, p. 304.
6. Paul Bastid, *Sieyès et sa pensée, op. cit.*, p. 158.
7. Albert Sorel, *L'Europe et la Révolution française*, Paris, Plon-Nourrit, 1885-1911, t. IV, pp. 304 et ss.
8. Paul Bastid, *Sieyès et sa pensée, op. cit.*, p. 158.
9. Albéric Neton, *Sieyès d'après des documents inédits, op. cit.*, p. 271. Cf. A.N. 284 AP 10, dossier 4.
10. Ernest Lavisse, *Histoire de la France contemporaine, op. cit.*, t. II, p. 270.
11. A.N. 284 AP 10, dossier 6. Les dossiers ont été soigneusement constitués par Sieyès, puis complétés et numérotés par Fortoul.
12. Cité par Paul Bastid, *Sieyès et sa pensée, op. cit.*, pp. 101 et ss.
13. A.N. 284 AP 10, dossier 11.

V. — L'ORACLE CONSTITUTIONNEL

1. François Furet et Denis Richet, *La Révolution française, op. cit.*, p. 291.
2. Ernest Lavisse, *Histoire de la France contemporaine, op. cit.*, t. II, p. 265.
3. *Ibid.*, p. 260.
4. Albéric Neton, *Sieyès d'après des documents inédits, op. cit.*, pp. 244 et ss.
5. Paul Bastid, *Sieyès et sa pensée, op. cit.*, pp. 168 et ss.
6. *Ibid.*, pp. 168 et ss.
7. *Le Moniteur*, cité par Alfred Stern dans « Sieyès et la Constitution de l'an III », in *La Révolution française*, 1900, pp. 375 et ss.
8. Albert Soboul, *La Révolution française, op. cit.*, pp. 433 et ss.
9. *Ibid.*, p. 420.
10. Carré de Malberg, *Contribution à la théorie générale de l'Etat*, Paris, Sirey, 1920, t. II, p. 438, note 10. Cf. Colette Clavreul, thèse de doctorat, « L'influence de la théorie de Sieyès sur les origines de la représentation en droit public », Université Paris I, octobre 1982, t. II, pp. 320 et ss.
11. Paul Bastid, *Sieyès et sa pensée, op. cit.*, pp. 416 et ss.
12. A.N. 284 AP 5, d. 1, cité par Colette Clavreul, « L'influence de la théorie de Sieyès sur les origines de la représentation en droit public », *op. cit.*, pp. 133-134.
13. Paul Bastid, *Sieyès et sa pensée, op. cit.*, p 420.
14. Carré de Malberg, *Contribution à la théorie générale de l'Etat, op. cit.*, t. II, pp. 536 et ss.
15. Cité par Paul Bastid, *Sieyès et sa pensée, op. cit.*, p. 171.
16. Conrad Œlsner, *Des opinions politiques du citoyen Sieyès, et de sa vie comme homme public*, Paris, Goujon fils, an VIII, p. 255.

VI. — VENDÉMIAIRE

1. Albert Soboul, *La Révolution française, op. cit.*, p. 436.
2. Furet et Richet, *La Révolution française, op. cit.*, p. 314.
3. Alphonse Aulard, *Histoire politique de la Révolution française, op. cit.*, pp. 573 et ss.
4. Barras, *Mémoires*, introduits et préfacés par Georges Duruy, Paris, Hachette, 1895-1896, t. I, pp. 250 et ss.
5. Furet et Richet, *La Révolution française, op. cit.*, pp. 316 et ss.
6. Georges Lefebvre, *Etudes sur la Révolution française, op. cit.*, p. 43.
7. Albert Mathiez, *La révolution thermodorienne, op. cit.*, pp. 310-311.

VII. — Mes moments sont ceux d'un paresseux...

1. Talleyrand, *Mémoires*, réédition, Paris, Jean de Bonnot, 1967, t. I, p. 212.
2. Mme de Staël, *Considérations sur les principaux événements de la Révolution*, Paris, Delaunay, Bossange et Masson libraires, 1818, t. I, p. 304.
3. Paul Bastid, *Sieyès et sa pensée, op. cit.*, p. 176.
4. Barras, *Mémoires, op. cit.*, t. II, p. 343.
5. Ernest Lavisse, *Histoire de la France contemporaine, op. cit.*, t. II, p. 299.
6. Paul Bastid, *Sieyès et sa pensée, op. cit.*, pp. 177 et ss.
7. *Ibid.*, p. 170.
8. *Ibid.*, p. 179, note 2.
9. *Ibid.*, p. 181.
10. *Ibid.*, p. 182.
11. Lettre de Burke citée par Paul Bastid, dans *Sieyès et sa pensée, op. cit.*, p. 182.

VIII. — Un attentat providentiel

1. Ernest Lavisse, *Histoire de la France contemporaine, op. cit.*, t. II, p. 301.
2. François Furet et Denis Richet, *La Révolution française, op. cit.*, pp. 339 et ss.
3. *Ibid.*, p. 341.
4. Albert Soboul, *La Révolution française, op. cit.*, p. 451.
5. Cité par Ernest Lavisse, *Histoire de la France contemporaine, op. cit.*, t. II, p. 309.
6. Ernest Lavisse, *op. et loc. cit.*
7. Albert Soboul, *La Révolution française, op. cit.*, pp. 450 et ss.
8. Albert Soboul, *op. et loc. cit.*
9. François Furet et Denis Richet, *La Révolution française, op. cit.*, p. 346.
10. Paul Bastid, *Sieyès et sa pensée, op. cit.*, p. 182.
11. Jean Saint-Martin, « Un attentat contre Sieyès », dans *La Révolution française*, janvier 1906, p. 231.

IX. — Fructidor

1. Paul Bastid, *Sieyès et sa pensée, op. cit.*, p. 184.
2. A.N. 284 AP 11, dossier 2.
3. Jean Saint-Martin, « Un attentat contre Sieyès », *op. cit.*, p. 230.
4. *Ibid.*, p. 230.
5. Lettre du commandant de la citadelle d'Arras. A.N. 284 AP 11, dossier 2.
6. Lettre de M. Caffarelli, A.N. 284 AP 11, dossier 2.
7. Paul Bastid, *Sieyès et sa pensée, op. cit.*, pp. 185 et ss.
8. Furet et Richet, *La Révolution française, op. cit.*, p. 354.
9. Ernest Lavisse, *Histoire de la France contemporaine, op. cit.*, t. II, p. 341.
10. Paul Bastid, *Sieyès et sa pensée, op. cit.*, p. 193.
11. Thibaudeau, *Mémoires sur la Convention et le Directoire*, Paris, 1824, t. II, pp. 319 et ss.
12. Paul Bastid, *Sieyès et sa pensée, op. cit.*, pp. 193 et ss.
13. Barras, *Mémoires, op. cit.*, t. III, p. 62.

X. — Ce jeune général et ce vieux philosophe

1. Hector Fleischmann, *Mémoires de Charlotte Robespierre*, Paris, Albin Michel, 1910, p. 110.
2. François Furet et Denis Richet, *La Révolution française, op. cit.*, pp. 369 et ss.
3. *Ibid.*, pp. 372 et ss.
4. Cité par Paul Bastid, *Sieyès et sa pensée, op. cit.*, p. 196.
5. Paul Bastid, *Sieyès et sa pensée, op. cit.*, p. 197.
6. *Ibid.*, p. 197.
7. Mme de Staël, *Considérations sur les principaux événements de la Révolution française, op. cit.*, t. II, p. 199.
8. Paul Bastid, *Sieyès et sa pensée, op. cit.*, p. 195.
9. *Ibid.*, p. 198, note 4.
10. Barras, *Mémoires, op. cit.*, t. III, p. 273.

XI. — Son Excellence
Monsieur l'Ambassadeur en Prusse

1. Paul Bastid, *Sieyès et sa pensée, op. cit.*, p. 199.
2. Barras, *Mémoires, op. cit.*, t. III, pp. 212 et ss.
3. Thiers, *Histoire de la Révolution française*, nouvelle édition, Paris, Furne et Cie libraires, 1865, t. IX, p. 70.
4. A.N. 284 AP 12, dossier 1.
5. Dépêche de Sandoz-Rollin au roi Frédéric-Guillaume III, 9 mai 1798. Cf. Paul Bailleu, *Preussen und Frankreich, von 1795 bis 1807*, Leipzig 1881-87, 2 vol. t. I, p. 191.
6. A.N. 284 AP 12, dossier 3.
7. Paul Bastid, *Sieyès et sa pensée, op. cit.*, p. 202, note 3.
8. Marcelle Adler-Bresse, *Sieyès et le monde allemand*, thèse présentée devant l'Université de Paris I le 15 avril 1976, Paris, Honoré Champion, 1977.
9. Jean Delinière, « K. F. Reinhard, introducteur de Kant auprès de Sieyès », dans *Revue d'Allemagne*, Etudes littéraires, t. XII, n° 4, oct.-déc. 1980.
10. La thèse a été notamment développée par un écrivain russe de langue allemande, Christoph Gistanner, dans un ouvrage publié à Berlin, en 1791. Elle sera reprise par l'abbé Barruel dans ses *Mémoires pour servir à l'histoire du Jacobinisme*, Hambourg, Opigez libraire, 1803. (Cf. Marcelle Adler-Bresse, *Sieyès et le monde allemand, op. cit.*, t. I, p. 50).
11. Marcelle Adler-Bresse, *Sieyès et le monde allemand, op. cit.*, t. I, pp. 41 et ss.
12. *Ibid.*, t. I, p. 5.
13. *Ibid.*, t. I, p. 134.
14. Paul Bastid, *Sieyès et sa pensée, op. cit.*, p. 205.
15. Marcelle Adler-Bresse, *Sieyès et le monde allemand, op. cit.*, t. I, p. 84.
16. Paul Bastid, *Sieyès et sa pensée, op. cit.*, p. 207.
17. Marcelle Adler-Bresse, *Sieyès et le monde allemand, op. cit.*, t. I, pp. 190 et ss.
18. *Ibid.*, t. I, pp. 140 et ss.
19. Paul Bailleu, *Preussen und Frankreich von 1795 bis 1807, op. cit.*, pp. 201 et ss.
20. Marcelle Adler-Bresse, *Sieyès et le monde allemand, op. cit.*, t. I, p. 158.
21. A.N. 284 AP 12, dossier 6.
22. Paul Bailleu, *Preussen und Frankreich von 1795 bis 1807, op. cit.*, pp. 201 et ss.
23. Marcelle Adler-Bresse, *Sieyès et le monde allemand, op. cit.*, t. I, pp. 245 et ss.
24. Cités par Paul Bastid, *Sieyès et sa pensée, op. cit.*, p. 216.

XII. — Citoyen Directeur

1. François Furet et Denis Richet, *La Révolution française, op. cit.*, p. 438.
2. Marcelle Adler-Bresse, *Sieyès et le monde allemand, op. cit.*, t. I, p. 160.
3. *Ibid.*, t. I, p. 168.
4. V. P. Bastid, *Sieyès et sa pensée, op. cit.*, p. 216 ; et Marcelle Adler-Bresse, *Sieyès et le monde allemand, op. cit.*, t. I, p. 171.
5. Brinkmann, *Correspondance diplomatique*, Paris, Ed. Léouzon Le Duc, 1861, cité par Paul Bastid, *Sieyès et sa pensée, op. cit.*, p. 216.
6. A.N. 296 AP 34.
7. La Revellière-Lépeaux, *Mémoires publiés par son fils*, Paris, Plon-Nourrit, 1829, t. II, p. 382.
8. Barras, *Mémoires, op. cit.*, t. III, p. 348.
9. *Ibid.*, p. 369.
10. Benjamin Constant, « Souvenirs historiques », dans *Revue de Paris*, t. XI, 1830, pp. 115 et ss. ; et XVI, pp. 102 et ss., pp. 221-233.
11. En ce sens, Henri Guillemin : *Benjamin Constant*, Paris, 1958, pp. 249-250.
12. Ernest Lavisse, *Histoire de la France contemporaine, op. cit.*, t. II, p. 415.
13. *Ibid.*, p. 418.
14. François Furet et Denis Richet, *La Révolution française, op. cit.*, p. 492.

XIII. — JE CROIS À LA RÉVOLUTION
PARCE QUE JE CROIS EN VOUS

1. Georges Dupeux, *La société française, 1789-1970*, Paris, Armand Colin, 1972, pp. 46 et ss.
2. François Furet et Denis Richet, *La Révolution française, op. cit.*, pp. 452 et ss.
3. *Ibid.*, p. 453.
4. Cité par François Furet et Denis Richet, *La Révolution française, op. cit.*, p. 455.
5. *Ibid.*, p. 453.
6. Notes prises au cours d'un voyage dans l'Est et le Nord, probablement en l'an VI. (A.N. 284 AP 5, dossier 1).
7. François Furet et Denis Richet, *La Révolution française, op. cit.*, p. 465.
8. *Ibid.*, p. 463.
9. Albert Soboul, *La Révolution française, op. cit.*, p. 480.
10. François Furet et Denis Richet, *La Révolution française, op. cit.*, p. 499.
11. Rapport de juin 1799 (prairial an VII).
12. François Furet et Denis Richet, *La Révolution française, op. cit.*, p. 501.
13. *Ibid.*, p. 501.
14. Loi du 24 février 1795 (6 ventôse an III), sur le rapport de Lakanal.
15. *Ecrits politiques de Sieyès*, présentés par Roberto Zapperi, *op. cit.*, *La Nation*, p. 89.
16. Cf. Norman King et Etienne Hofmann, « Les lettres de Benjamin Constant à Sieyès », dans *Annales Benjamain Constant*, n° 3, 1983, p. 96 et les notes ; Paul Bastid, *Benjamin Constant et sa doctrine*, Paris, A. Colin, 1966, t. I, p. 148.
17. Mme de Staël, *Considérations sur les principaux événements de la Révolution française, op. cit.*, t. I, p. 204.
18. Notes tirées par Fortoul d'une conversation avec Ange Sieyès (A.N. 246 AP 34).

Cinquième partie
À QUOI BON !

I. — LES CORYPHÉES DU MANÈGE

1. Georges Lefebvre, *La France sous le Directoire, 1795-1799*, nouvelle édition, avant-propos d'Albert Soboul, présentation de Jean-René Suratteau, Paris, Editions sociales, 1977, pp. 670 et ss.
2. Alphonse Aulard, *Histoire politique de la Révolution française*, réimpression de la sixième édition de Paris 1926, Scientia Verlag Aalen 1977, p. 688.
3. François Furet et Denis Richet, *La Révolution française*, Paris, Fayard, 1973, p. 502.
4. Lefebvre, *La France sous le Directoire 1795-1799, op. cit.*, p. 673.
5. *Ibid.*, p. 678.
6. *Ibid.*, p. 677.
7. Ernest Lavisse, *Histoire de la France contemporaine*, Paris, Hachette, 1920, t. II, pp. 420 et ss.
8. Paul Bastid, *Sieyès et sa pensée*, Genève, Slatkine Reprints, 1978, p. 222.
9. *Discours prononcé à la fête des 9 et 10 Thermidor par le citoyen Sieyès, président du Directoire exécutif*, au Puy, l'imprimerie de J.-B. Lacombe, imprimeur du département de la Haute-Loire.
10. Paul Bastid, *Sieyès et sa pensée, op. cit.*, pp. 224 et ss.
11. *Ibid.*, p. 226.
12. *Ibid.*, p. 227.
13. *Ibid.*, p. 227.

II. — SAUVER LA RÉVOLUTION

1. François Furet et Denis Richet, *La Révolution française, op. cit.*, p. 504.
2. A. Vandal, *L'avènement de Bonaparte*, Paris, 1902-1907, Plon, t. I, pp. 79 et ss.
3. Paul Bastid, *Sieyès et sa pensée, op. cit.*, pp. 230 et ss.
4. *Ibid.*
5. A. Vandal, *L'avènement de Bonaparte, op. cit.*, t. I, p. 120.
6. *Mémoires* de Gohier, dans Bibliothèque des Mémoires relatifs à l'histoire de France, Firmin Didot, 1853-1881, t. XXX, p. 38.

7. *Ibid.*, p. 46.
8. Barras, *Mémoires*, introduits et préfacés par Georges Duruy, Paris, Hachette, 1895-1896, t. III, pp. 483 et ss.
9. Alphonse Aulard, « Sieyès et Talleyrand, d'après Benjamin Constant et Barras », dans *La Révolution française*, t. LXXII, 1920, pp. 289 et ss.
10. Fouché, *Mémoires*, rééd. avec introduction et notes de Louis Madelin, Paris, Flammarion, 1945, p. 119.
11. Comte de Las Cases, *Mémorial de Sainte-Hélène*, Paris, Furne et Bourdin, 1823, t. I, p. 776.
12. Comte de Las Cases, *Mémorial de Sainte-Hélène*, *op. cit.*, t. II, pp. 525 et 683.
13. A. Bigeon, *Sieyès, l'homme, le constituant*, Paris, Henri Becus, 1893, pp. 56 et ss.
14. Albéric Neton, *Sieyès d'après des documents inédits*, Paris, Perrin et Cie, 1900, pp. 382 et ss.
15. *Ibid.*, p. 383.
16. Paul Bastid, *Sieyès et sa pensée, op. cit.*, pp. 232 et ss.
17. Edgar Quinet, *La Révolution*, rééd. avec préface de Claude Lefort, Paris, Belin, 1987, pp. 690 et ss.
18. A. Vandal, *L'avènement de Bonaparte*, *op. cit.*, t. I, p. 118.

19. Georges Lefebvre, *Etudes sur la Révolution française*, Paris, PUF, 1954, pp. 99 et ss.
20. Georges Lefebvre, *La France sous le Directoire 1795-1799*, *op. cit.*, pp. 611 et ss.
21. M. Mignet, « Notice sur la vie de Sieyès, lue à l'Académie des Sciences morales et politiques le 28 décembre 1836 ; Sieyès, sa vie et ses travaux », dans *Revue des Deux Mondes*, janvier 1837, p. 20.
22. *Ibid.*, p. 18.
23. Alphonse Aulard, *Histoire politique de la Révolution française, op. cit.*, p. 690.
24. *Ibid.*, p. 691.
25. Roederer, *Mémoires sur la Révolution, le Consulat et l'Empire*, textes choisis et présentés par Octave Aubry, 9e éd., Paris, Plon, 1942, t. III, p. 105.
26. François Furet et Denis Richet, *La Révolution française, op. cit.*, p. 504.
27. Hippolyte Taine, *Les origines de la France contemporaine*, 18e édition, Paris, Hachette, 1947, *Le Régime moderne*, t. I, p. 137.
28. Alexis de Tocqueville, *L'Ancien Régime et la Révolution*, dans *Œuvres complètes*, Paris, Gallimard 1971, t. II, livre 12, pp. 282 et ss.

III. — JE CHERCHE UNE ÉPÉE

1. A. Vandal, *L'avènement de Bonaparte*, *op. cit.*, t. I, p. 255.
2. Hippolyte Taine, *Les origines de la France contemporaine, op. cit.*, t. I, p. 29.
3. *Ibid.*, p. 85.
4. *Mémoires* de Roederer, t. III, cité par Hippolyte Taine, dans *Les origines de la France contemporaine, op. cit., Le Régime moderne*, t. I, p. 77.
5. Taine, *Les origines de la France contemporaine, op. cit., Le Régime moderne*, t. I, p. 5.
6. M. Mignet, « Notice sur la vie de Sieyès », dans *Revue des Deux Mondes, op. cit.*, pp. 18 et ss.
7. Ernest Lavisse, *Histoire de la France contemporaine, op. cit.*, t. II, p. 424.
8. Barras, *Mémoires, op. cit.*, t. IV, préface de Victor Duruy, p. 12.
9. *Ibid.*, p. 136.
10. Alphonse Aulard, *Histoire politique de la Révolution française, op. cit.*, p. 696.

11. Paul Bastid, *Sieyès et sa pensée, op. cit.*, p. 236.
12. A. Vandal, *L'avènement de Bonaparte*, *op. cit.*, t. I, p. 256.
13. P. L. Lacretelle, dit l'Aîné, *Sur le 18 Brumaire, A. Sieyès et à Bonaparte*, Imprimerie du Journal de Paris, an VIII.
14. Paul Bastid, *Sieyès et sa pensée, op.* et *loc. cit.*
15. Barras, *Mémoires, op. cit.*, t. IV, p. 37.
16. A. Vandal, *L'avènement de Bonaparte*, t. I, *op. cit.*, p. 259.
17. Lucien Bonaparte, « Révolution de Brumaire ou Relations des principaux événements des journées des 18 et 19 Brumaire », dans Bibliothèque des mémoires relatifs à l'Histoire de France pendant le XVIIIe siècle, t. XXX, Paris, Firmin Didot, 1853-1881.
18. A. Vandal, *L'avènement de Bonaparte*, *op. cit.*, t. I, p. 269.

19. Fouché, *Mémoires*, Introduction et notes par Louis Madelin, Paris, Flammarion, 1945, p. 99.

20. A. Vandal, *L'avènement de Bonaparte, op. cit.*, t. I, p. 289.

IV. — Brumaire

1. A.N. 284 AP 16.
2. A. Vandal, *L'avènement de Bonaparte, op. cit.*, t. I, p. 323.
3. *Ibid.*, p. 326.
4. *Ibid.*, p. 337.
5. Paul Bastid, *Sieyès et sa pensée, op. cit.*, p. 244.
6. A. Vandal, *L'avènement de Bonaparte*, t. I, *op. cit.*, p. 351.
7. Mme de Staël, *Considérations sur les principaux événements de la Révolution*

française, Paris, Delaunay, Bossange et Masson libraires, 1818, p. 237.
8. A. Vandal, *L'avènement de Bonaparte, op. cit.*, t. I, p. 373.
9. *Ibid.*, p. 381.
10. *Ibid.*, pp. 389 et ss.
11. A.N. 284 AP 16.
12. A. Vandal, *L'avènement de Bonaparte, op. cit.*, t. I, p. 400.
13. Tocqueville, *L'Ancien Régime et la Révolution, op. cit.*, t. II, livre 2, p. 309.

V. — Un nouveau Washington ?

1. Paul Bastid, *Sieyès et sa pensée, op. cit.*, p. 248.
2. A. Vandal, *L'avènement de Bonaparte, op. cit.*, p. 420.
3. Paul Bastid, *Sieyès et sa pensée, op. cit.*, p. 248.
4. *Ibid.*, p. 249.
5. Alphonse Aulard, *Histoire politique de la Révolution française, op. cit.*, p. 703.
6. Fouché, *Mémoires, op. cit.*, p. 122.
7. *Ibid.*, note Madelin, pp. 119 et ss.
8. Comte de Las Cases, *Mémorial de Sainte-Hélène, op. cit.*, t. I, p. 778.
9. Publiée dans *Le Moniteur* du 19 frimaire an VIII.
10. 25 brumaire an VIII, A.N. 284 AP 16, dossier 3.
11. 20 frimaire, an VIII, A.N. 284 AP 16, dossier 3.
12. 22 frimaire, an VIII, A.N. 284 AP 16, dossier 3.
13. *Ibid.*
14. *Annales Benjamin Constant*, nº 3, 1983, « Les lettres de Benjamin Constant à Sieyès », par Norman King et Etienne Hofmann. Lettres du 10 novembre 1799 et du 15 novembre 1799, pp. 96 et ss.
15. Georges Gusdorf, *La conscience révolutionnaire, les idéologues*, Paris, Payot, 1978, pp. 315 et ss.
16. *Le Narrateur universel*, cité par Paul Bastid, *Sieyès et sa pensée, op. cit.*, pp. 250 et ss.
17. Georges Lefebvre, *La France sous le Directoire, 1795-1799, op. cit.*

VI. — Il faut en revenir aux idées de 1789

1. *Théorie constitutionnelle de Sieyès. Constitution de l'an VIII*, extraits des *Mémoires inédits* de M. Boulay de la Meurthe, Paris, Paul Renouard, août 1836.
2. Paul Bastid, *Sieyès et sa pensée, op. cit.*, p. 251.
3. A.N. 284 AP 5, dossier 2-7 : cf. les notes manuscrites de Sieyès comportant les « préliminaires » et les « bases fondamentales » d'une Constitution. A.N. 284 AP 5, dossier 2-4.
4. A.N. 284 AP 5, dossier 2-7.
5. Fouché, *Mémoires, op. cit.*, pp. 119 et ss.
6. M. Mignet, *Histoire de la Révolution française depuis 1789 jusqu'en 1814*, rééd., Paris, Firmin Didot et Cie, 1875, t. II, p. 264.
7. Aulard, *Histoire politique de la Révolution française, op. cit.*, p. 705.
8. A. Vandal, *L'avènement de Bonaparte, op. cit.*, t. I, p. 500, note 1.
9. P. Bastid, *Sieyès et sa pensée, op. cit.*, p. 322.
10. En ce sens, G. Pariset, « Sieyès et Spinoza », dans *Revue de synthèse historique*, nº 12, 1906.
11. Boulay de la Meurthe, *Mémoires inédits, op. cit.*, pp. 4 et ss.

12. A.N. 284 AP 5, dossier 2-7.
13. Cf. not. Thiers, *Histoire du Consulat et de l'Empire*, Paris, 1843-1862, t. I, pp. 76 et ss.
14. Boulay de la Meurthe, *Mémoires inédits, op. cit.*, p. 19.
15. Bigeon, *Sieyès, l'homme, le constituant, op. cit.*, p. 177.
16. Mme de Staël, *Considérations sur les principaux événements de la Révolution française, op. cit.*, t. II, p. 251.
17. Pariset, « Sieyès et Spinoza », dans *Revue de synthèse historique, op. cit.*, pp. 6 et ss.
18. A.N. 284 AP 4, dossier 7. Sieyès avait déjà affirmé, dans ces textes, la nécessité d'un monarque qui ne gouverne plus.
19. Boulay de la Meurthe, *Mémoires inédits, op. cit.*, pp. 26 et ss.
20. Mignet, *Histoire de la Révolution française, op. cit.*, t. II, p. 267.
21. Boulay de la Meurthe, *Mémoires inédits, op. cit.*, p. 32.
22. Mignet, *Histoire de la Révolution française, op. cit.*, t. II, p. 269.
23. A. Vandal, *L'avènement de Bonaparte, op. cit.*, t. I, p. 501.

24. Thiers, *Histoire du Consulat et de l'Empire, op. cit.*, t. I, p. 83.
25. Fouché, *Mémoires, op. cit.*, pp. 128 et ss.
26. Boulay de la Meurthe, *Mémoires inédits, op. cit.*, p. 45.
27. Georges Lefebvre, *Napoléon*, Paris, PUF, 1969, pp. 74 et ss.
28. Roederer, *Mémoires sur la Révolution, le Consulat et l'Empire, op. cit.*, t. III, p. 145.
29. Necker, *De la Révolution française*, Paris, Maret libraire, 1797, p. 155.
30. Paul Bastid, *Sieyès et sa pensée, op. cit.*, p. 415.
31. Boulay de la Meurthe, *Mémoires inédits, op. cit.*, p. 22.
32. Benjamin Constant, « Souvenirs historiques à l'occasion de l'ouvrage de M. Bignon », dans *Revue de Paris*, 1830, p. 120. Cf. édition critique d'Ephraïm Harpaz dans *Benjamin Constant, publiciste, 1825-1830*, Paris-Genève, Champion-Slatkine, 1987, pp. 174-175.
33. Thiers, *Histoire du Consulat et de l'Empire, op. cit.*, t. I, p. 86.
34. Edgar Quinet, *La Révolution, op. cit.*, pp. 711 et ss.

VII. — LE CHÂTELAIN DE CROSNE

1. Comte de Las Cases, *Mémorial de Sainte-Hélène, op. cit.*, t. I, p. 776.
2. Fouché, *Mémoires, op. cit.*, p. 127.
3. Cité par Boulay de la Meurthe, *Mémoires inédits, op. cit.*, p. 50.
4. A. Vandal, *L'avènement de Bonaparte, op. cit.*, t. I, p. 505.
5. Boulay de la Meurthe, *Mémoires inédits, op. cit.*, p. 56.
6. Paul Bastid, *Sieyès et sa pensée, op. cit.*, p. 254.
7. Roederer, *Mémoires sur la Révolution, le Consulat et l'Empire, op. cit.*, t. III, p. 334.
8. Boulay de la Meurthe, *Mémoires inédits, op. cit.*, p. 63.
9. Thibaudeau, *Mémoires sur le Consulat et l'Empire*, Paris, 1827, p. 204.
10. Boulay de la Meurthe, *Mémoires inédits, op. cit.*, p. 60.
11. Cité par Paul Bastid, *Sieyès et sa pensée, op. cit.*, p. 255.
12. *Ibid.*
13. Ernest Lavisse, *Histoire de la France contemporaine, op. cit.*, t. III, *Le Consulat et l'Empire*, par G. Pariset, pp. 11 et ss.

14. Roederer, *Mémoires sur la Révolution, le Consulat et l'Empire, op. cit.*, p. 116.
15. A. Vandal, *L'avènement de Bonaparte, op. cit.*, t. I, p. 520.
16. La Revellière-Lépeaux, cité par Paul Bastid, *Sieyès et sa pensée, op. cit.*, p. 256.
17. M. Mignet, *Histoire de la Révolution française, op. cit.*, t. II, p. 270.
18. A. Aulard, *Histoire politique de la Révolution française, op. cit.*, p. 709.
19. *Gazette de France* du 26 frimaire.
20. Ernest Lavisse, *Histoire de la France contemporaine, op. cit.*, t. III, p. 20.
21. A. Vandal, *L'avènement de Bonaparte, op. cit.*, t. I, p. 548.
22. *Ibid.*, p. 549.
23. *Annales Benjamin Constant*, n° 3, *op. cit.*, p. 102, avec les notes de Norman King et Etienne Hofmann.
24. Mme de Staël, *Considérations sur les principaux événements de la Révolution française, op. cit.*, t. II, p. 236.
25. Cf. Taine, *Les origines de la Révolution française, le Régime moderne, op. cit.*, t. I, pp. 74-75.

26. Paul Bastid, *Sieyès et sa pensée, op. cit.*, p. 256.

27. A. Vandal, *L'avènement de Bonaparte, op. cit.*, t. I, p. 550.

28. Cité par Paul Bastid, *Sieyès et sa pensée*, p. 259. A.N. 284 AP 6, dossier 2.

29. Gohier, *Mémoires, op. cit.*, t. II, pp. 3 et ss.

30. Paul Bastid, *Sieyès et sa pensée, op. cit.*, p. 258, note 4.

VIII. — La paix et les hochets

1. A. Vandal, *L'avènement de Bonaparte, op. cit.*, t. II, p. 430.

2. *Ibid.*

3. Ernest Lavisse, *Histoire de la France contemporaine, op. cit.*, t. III, pp. 54 et ss.

4. 23 octobre 1801. Cité par Ernest Lavisse, dans *Histoire de la France contemporaine, op. cit.*, t. III, p. 128.

5. Ernest Lavisse, *Histoire de la France contemporaine, op. cit.*, t. III, pp. 57 et ss.

6. *Ibid.*, p. 108.

7. *Ibid.*, p. 109.

8. Mignet, *Histoire de la Révolution, op. cit.*, t. II, p. 286.

9. Thibaudeau, *Mémoires sur le Consulat et l'Empire, op. cit.*, p. 82.

10. *Ibid.*, p. 92.

IX. — Un conspirateur découragé

1. Ernest Lavisse, *Histoire de la France contemporaine, op. cit.*, t. III, p. 63.

2. *Le Moniteur*, 17 et 18 nivôse.

3. Thibaudeau, *Mémoires sur le Consulat et l'Empire, op. cit.*, p. 23.

4. Mme Reinhard, *Lettres de Madame Reinhard à sa mère 1798-1815*, Paris, Picard, 1900, p. 114.

5. Paul Bastid, *Sieyès et sa pensée, op. cit.*, p. 263.

6. A. Vandal, *L'avènement de Bonaparte, op. cit.*, t. II, p. 64.

7. Paul Bastid, *Sieyès et sa pensée, op. cit.*, p. 265.

8. Cité par Paul Bastid, *Sieyès et sa pensée, op. cit.*, p. 265.

9. Roederer, *Mémoires, op. cit.*, p. 128.

10. Thibaudeau, *Mémoires sur le Consulat et l'Empire, op. cit.*, p. 23.

11. Ernest Lavisse, *Histoire de la France contemporaine, op. cit.*, t. III, pp. 74 et ss.

12. Paul Bastid, *Sieyès et sa pensée, op. cit.*, p. 266.

13. A. Vandal, *L'avènement de Bonaparte, op. cit.*, t. II, p. 402.

14. *Ibid.*.

15. Paul Bastid, *Sieyès et sa pensée, op. cit.*, p. 269.

16. Thibaudeau, *Mémoires sur le Consulat et l'Empire, op. cit.*, p. 29, note 1.

17. Paul Bastid, *Sieyès et sa pensée, op. cit.*, p. 272.

18. *Ibid.*, p. 274.

19. *Ibid.*, p. 272.

X. — La descente aux honneurs

1. Ernest Lavisse, *Histoire de la France contemporaine, op. cit.*, t. III, p. 133.

2. *Ibid.*, p. 133.

3. Albéric Neton, *Sieyès d'après des documents inédits, op. cit.*, p. 434.

4. Alphonse Aulard, *Histoire politique de la Révolution française, op. cit.*, p. 753.

5. *Ibid.*, p. 757.

6. Ernest Lavisse, *Histoire de la France contemporaine, op. cit.*, t. III, p. 210.

7. Michelet, *Histoire de la Révolution française*, Paris, F. Rouff éd., 1847-1853, t. II, livre 25, p. 1901.

8. Alphonse Aulard, *Histoire politique de la Révolution française, op. cit.*, p. 772.

9. En ce sens, Paul Bastid, *Sieyès et sa pensée, op. cit.*, p. 276. Cf. Alphonse Aulard, *Histoire politique de la Révolution française, op. cit.*, p. 774.

10. M. Mignet, *Histoire de la Révolution française, op. cit.*, t. II, p. 307.

11. Duc de Castries, *La vieille dame du quai Conti. Une histoire de l'Académie française*, préface de Jean Mistler, Paris, Perrin, 1985, pp. 274 et ss.

12. Daunou, cité par Paul Bastid, *Sieyès et sa pensée, op. cit.*, p. 278.

13. A.N. 284 AP 6-7.

14. A.N. 284 AP 6, dossiers 1 à 6.

15. A.N. 284 AP 5, dossier 3, sous-cahier 3, intitulé *Cognition*.
16. A.N. 284 AP 5, dossier 3, sous-cahier 42 intitulé *Forces simples et leur combinaison*.
17. A.N. AP 5, dossier 3, sous-cahier 3, intitulé *De la vie*.
18. Mme de Chastenay, *Mémoires*, t. II, p. 2.
19. Albéric Neton, *Sieyès d'après des documents inédits, op. cit.*, p. 436.

20. Taine, *Les origines de la Révolution française, le Régime moderne, op. cit.*, t. I, pp. 297 et ss.
21. A.N. 284 AP 16, dossier 4.
22. Paul Bastid, *Sieyès et sa pensée, op. cit.*, p. 279. A. N. 284, AP 16, dossier 4.
23. A.N. 284 AP 11, dossier 3.
24. Gursdorf, *La conscience révolutionnaire, les idéologues, op. cit.*, p. 322.
25. *Ibid.*
26. *Ibid.*, p. 323.

XI. — L'EXILÉ

1. Cité par Paul Bastid, *Sieyès et sa pensée, op. cit.*, p. 279.
2. A. Bigeon, *Sieyès, l'homme, le constituant, op. cit.*, p. 70.
3. Ernest Lavisse, *Histoire de la France contemporaine, op. cit.*, t. IV, *La Restauration*, par S. Charlety, p. 19.
4. Paul Bastid, *Sieyès et sa pensée, op. cit.*, p. 280 ; et Albéric Neton, *Sieyès d'après des documents inédits, op. cit.*, p. 438.
5. Mme de Staël, *Considérations sur les*
principaux événements de la Révolution française, op. cit., t. II, p. 143.
6. Albéric Neton, *Sieyès d'après des documents inédits, op. cit.*, p. 442.
7. Barère, *Mémoires, 1842-1844, op. cit.*, t. IV, p. 237.
8. Cité par Paul Bastid, *Sieyès et sa pensée, op. cit.*, p. 281.
9. *Ibid.*, p. 282.
10. *L'Oracle*, daté du mardi 23 janvier 1816, *Le Journal de la Belgique*, du 24 janvier 1816.

XII. — QUAND TOUT CELA FINIRA-T-IL ?

1. Paul Bastid, *Sieyès et sa pensée, op. cit.*, p. 282.
2. Cf. *L'exil du comte Sieyès à Bruxelles*, par Paul Duvivier, Malines Codenne, 1910 ; et A. Baron : « Les exilés de Bruxelles », dans *Revue de Paris*, année 1831, t. XIX, pp. 13 et ss.
3. Lettre du duc de Richelieu au marquis de Bonnay. Archives des Affaires étrangères. Correspondance de Prusse, juillet 1817.
4. Paul Duvivier, *L'exil du comte Sieyès à Bruxelles, op. cit.*, p. 37.
5. Baudot, *Notes historiques sur la Convention nationale, le Directoire, l'Empire et l'exil des votants*. Paris, 1893, p. 44.
6. Paul Bastid, *Sieyès et sa pensée, op. cit.*, p. 282.
7. *Ibid.*, p. 283.

8. Baudot, *Notes historiques sur la Convention, le Directoire, l'Empire et l'exil des votants, op. cit.*, p. 291.
9. A.N. 284 AP 16.
10. Sainte-Beuve, *Causeries du lundi*, Paris, Garnier Frères, 1851, t. V, p. 214.
11. Sainte-Beuve, *op. et loc. cit.*
12. Paul Duvivier, *L'exil du comte Sieyès à Bruxelles, op. cit.*, p. 51.
13. Paul Bastid, *Sieyès et sa pensée, op. cit.*, p. 284.
14. Mignet, « Notice sur la vie de Sieyès ; Sieyès, sa vie et ses travaux », dans *Revue des deux Mondes*, janvier 1837, pp. 5 et ss.
15. Thiers, *Histoire de la Révolution française*, nouvelle édition, Paris, Furne et Cie libraires, 1865, t. I, p. 23.

EPILOGUE

1. Bastid, *Sieyès et sa pensée, op. cit.*, p. 285.
2. *Ibid.*
3. *Qu'est-ce que le Tiers Etat ?*
4. Cité par Marcelle Adler-Bresse, *Sieyès et le monde allemand, op. cit.*, t. I, p. 280.

5. *Ibid.*, p. 281.
6. B. Constant, « Souvenirs historiques à l'occasion de l'ouvrage de M. Bignon », 1830, lettre reproduite par A. Aulard dans *La Révolution Française*, t. LXXIII, janvier-décembre 1920, p. 304.

7. J.-J. Coulmann, *Réminiscences*, t. III, *Souvenirs de Benjamin Constant*, Paris, Michel Lévy, 1869 ; rééd., Genève, Slatkine, 1973, p. 52.

8. Madame de Staël, *Considérations sur la Révolution française*, *op. cit.*, t. II, p. 25.

9. Bigeon, *Sieyès, l'homme, le constituant*, *op. cit.*, p. 73.

10. Bastid, *Sieyès et sa pensée*, *op. cit.*, p. 622.

11. Neton, *Sieyès d'après des documents inédits*, *op. cit.*, p. 423.

12. Marcelle Adler-Bresse, *Sieyès et le monde allemand*, *op. cit.*, t. I, p. 279.

13. B. Constant, « Souvenirs historiques à l'occasion de l'ouvrage de M. Bignon », dans *La Révolution française*, *op. cit.*, p. 120.

14. Mignet, « Notice sur la vie de Sieyès ; Sieyès, sa vie et ses travaux », dans *Revue des Deux Mondes*, *op. cit.*, p. 22.

15. Talleyrand, *Mémoires*, *op. cit.* t. I, p. 211.

16. Mignet, « Notice sur la vie de Sieyès », dans *Revue des Deux Mondes*, *op. cit.*, p. 22.

17. *Ibid.*, p. 22.

18. Lettre de Sieyès citée par Sainte-Beuve, *Causeries du lundi*, *op. cit.*, t. V, pp. 211 et ss.

19. Michelet, *Histoire de la Révolution française*, *op. cit.*, t. I, pp. 110 et ss.

20. Necker, *De la Révolution française*, *op. cit.*, t. II, pp. 222 et ss.

21. Talleyrand, *Mémoires*, *op. cit.*, t. I, p. 212.

22. *Ibid.*

23. Jean-Jacques Chevallier, *Les grandes œuvres politiques de Machiavel à nos jours*, Paris, A. Colin, 1970, p. 139.

24. Mignet, « Notice sur la vie de Sieyès », dans *Revue des Deux Mondes*, *op. cit.*, p. 12.

25. Roberto Zapperi, Introduction à *Qu'est-ce que le Tiers Etat ?*, *op. cit.*, p. 69.

26. François Furet, *Penser la Révolution française*, *op. cit.*, p. 69.

27. Roberto Zapperi, présentation des *Ecrits politiques de Sieyès*, *op. cit.*, pp. 13 et ss.

28. Karl Marx et Friedrich Engels, *La sainte famille, ou critique de la critique critique*, dans *Œuvres de Marx*, Paris, Gallimard, coll. La Pléiade, 1982, t. III, pp. 563.

29. Edgar Quinet, *La Révolution*, *op. cit.*, p. 716.

30. Cité par Sainte-Beuve, *Causeries du lundi*, *op. cit.*, p. 196.

31. Paul Bastid, « La place de Sieyès dans l'histoire des institutions », dans *Revue d'Histoire politique*, janvier-mars 1939, p. 306.

32. Murray Forsyth, *Reason and Revolution, the political thought of the Abbé Sieyès*, New York, Leicester University Press, Homes et Meyr Inc., 1987.

33. Cité par Sainte-Beuve, *Causeries du lundi*, *op. cit.*, t. V, p. 203.

34. Pasquale Pasquino, « Emmanuel Sieyès, Benjamin Constant et le gouvernement des modernes », dans *Revue française de science politique*, avril 1987, pp. 214 et ss.

35. *Discours prononcé à la séance du 7 septembre 1789*, dans Roberto Zapperi, *Sieyès, Ecrits politiques*, *op. cit.*, p. 236.

36. Marie-Claude Laval-Reviglio, « Les Conceptions politiques des physiocrates », dans *Revue française de science politique*, avril 1987, pp. 181 et ss.

37. A.N. 284 AP, dossier 1.

38. Cité par Pasquale Pasquino, *Emmanuel Sieyès, Benjamin Constant et le gouvernement des modernes*, *op. cit.*, p. 223.

39. Mignet, « Notice sur la vie de Sieyès », *op. cit.*, p. 10.

40. Roels, *Le Concept de représentation politique au XVIIIe siècle français*, préface de Marcel Prélot, Louvain, Editions Nauwermaerts, 1969, p. 93.

41. Necker, *De la Révolution française*, *op. cit.*, t. II, p. 149.

42. *Qu'est-ce que le Tiers Etat ?*

43. Cf. Colette Clavreul, « La Représentation », dans *Revue française de théorie juridique*, 1987, n° 6, p. 50.

44. Marcel Gauchet, « La Déclaration des Droits de l'homme et du citoyen », dans *Dictionnaire critique de la Révolution française*, par François Furet et Mona Ozouf, Paris, Flammarion, 1988.

45. *Reconnaissance et exposition raisonnée des Droits de l'homme et du citoyen*, 20 et 21 juillet 1789, dans *Ecrits politiques de Sieyès*, présentés par Zapperi, *op. cit.*, pp. 192 et ss.

46. Attribué à Œlsner, *Exposé historique des Ecrits de Sieyès an VIII*, Paris, an VIII, pp. 95-96.

47. Roberto Zapperi, introduction à *Qu'est-ce que le Tiers Etat ?*, *op. cit.*, pp. 66 et ss.

48. Cf. not. Duguit, *L'Etat*, t. I, p. 251, cité par Carré de Malberg dans *Contribution à la théorie générale de l'Etat, op. cit.*, t. II, p. 178.

49. Mathiez, « La Révolution française et la théorie de la dictature », dans *Revue historique*, 1929, n° 61, pp. 305 et ss.

50. Karl Marx, *L'historiographie du socialisme vrai (contre Karl Grün)*, dans *Œuvres de Marx, op. cit.*, pp. 709 et ss.

51. Zapperi, Présentation des *Ecrits politiques de Sieyès, op. cit.*, pp. 7 et ss.

52. *Ibid.*, p. 14. Cf. aussi Roberto Zapperi, « Sieyès et l'abolition de la féodalité en 1789 », dans *Annales Historiques de la Révolution française*, 1972, n° 44, pp. 321 et ss.

53. Cf. not. Karl Marx, *Le communisme et la « Algemeire zeitung » d'Augsbourg*, dans *Œuvres de Marx, op. cit.*, pp. 230 et ss.

54. Constitution de 1958, articles 2 et 3.

55. Sur l'attachement de Sieyès à la petite propriété, et sa méfiance à l'égard de la grande exploitation, cf. Zapperi, « Sieyès et l'abolition de la féodalité en 1789 », dans *Annales historiques de la Révolution française*, 1972, n° 44, pp. 321 et ss.

56. Benjamin Constant, « Souvenirs historiques à l'occasion de l'ouvrage de M. Bignon », dans *Revue de Paris*, 1839, t. XI, p. 121.

BIBLIOGRAPHIE SOMMAIRE

Il ne saurait être question de donner une bibliographie complète des écrits, notamment des études sur la Révolution, qui parlent de Sieyès, et évoquent son nom et son rôle. C'est toute l'historiographie de la Révolution qu'il faudrait tenter, et celle-ci a été souvent et très bien faite, quoique jamais achevée (cf. parmi les historiographies les plus récentes, celle d'Alfred Fierro dans *Histoire et Dictionnaire de la Révolution française 1789-1799* par J. Tulard, J.-F. Fayart, A. Fierro, Paris, Robert Laffont, 1987, V^e partie ; cf. également les bibliographies données, chapitre par chapitre, dans *L'Etat de la France pendant la Révolution 1789-1799* sous la direction de Michel Vovelle, Paris, Editions La Découverte, 1988).

La bibliographie ci-dessous ne rendra compte que des ouvrages, des articles, des archives les plus fréquemment utilisés.

ARCHIVES

Sieyès avait certainement conservé d'importantes archives. On en trouvait notamment la trace dans de nombreux documents consultés par Hippolyte Fortoul. Longtemps on crut que les papiers de Sieyès avaient été détruits : c'est l'opinion qu'exprimait notamment Paul Bastid, dans l'introduction de son ouvrage sur Sieyès en 1939. Mais en 1967 les Archives Nationales eurent la chance d'entrer en rapport — par Mme d'Huart, Conservateur aux Archives Nationales — avec M. et Mme de Pennart, descendants collatéraux de Sieyès, et elles purent acquérir ce qui restait des archives de l'abbé. Sans doute de nombreux documents ont-ils été détruits par Sieyès lui-même, d'autres ont été perdus, ou détruits par la suite. Mais l'ensemble des documents apporte une contribution importante à la connaissance de Sieyès.

Robert Marquant, Conservateur en Chef aux Archives Nationales, a regroupé, classé, répertorié les Archives Sieyès. Elles constituent aujourd'hui le fonds Sieyès, fonds 284 AP : au total 19 cartons de notes, rapports, correspondance, couvrant, avec d'importantes zones d'ombres, la vie et l'activité de Sieyès.

Robert Marquant a établi un inventaire très minutieux, précédé d'une utile introduction : *Les Archives Sieyès. Inventaire*, avec un avant-propos de Marcel Dunan, Paris, S.E.V.P.E.N., 1970.

Le fonds Fortoul (A.N. 246 AP 34 et 35) donne également de précieux renseignements. On y trouve notamment le brouillon d'un *Essai sur la vie et les travaux d'Emmanuel Sieyès* qu'avait ébauché Hippolyte Fortoul. Celui-ci avait commencé ses recherches sur Sieyès alors qu'il était doyen de la Faculté des lettres d'Aix, et il les avait poursuivies tandis qu'il occupait des fonctions politiques. La mort a interrompu son projet. Les papiers de Fortoul ont été donnés aux Archives Nationales par ses descendants.

Quelques lettres de Sieyès figurent également dans le fonds François de Neufchâteau (27 AP 16).

On peut consulter également :
— Les Archives du Ministère des Affaires Etrangères : correspondance concernant la Hollande, l'Espagne, la Prusse, l'Allemagne,
— Les Archives Départementales des Côtes-du-Nord (sur le séjour de Sieyès à Tréguier),
— Les Archives de la Ville d'Orléans (Bibliothèque d'Orléans, fonds Lavoisier),
— Les Archives Départementales d'Eur-et-Loir (sur le passage de Sieyès à Chartres),
— Les Archives Départementales du Var (sur Fréjus et la famille Sieyès),
— La Bibliothèque Nationale (manuscrits) qui garde de nombreux écrits de Sieyès.

ÉCRITS DE SIEYÈS

Les écrits de Sieyès n'ont pas fait l'objet à ce jour d'une publication systématique. Sieyès a beaucoup écrit, sur la politique, sur la philosophie, sur l'économie, sur le travail, sur la musique, sur la langue, sur d'innombrables sujets, et il a laissé de très nombreux fragments inachevés.

Les écrits politiques ont été généralement publiés séparément.

Cependant un *Exposé historique des écrits de Sieyès* tiré en l'an VIII en 25 exemplaires aux frais de l'auteur figure aux Archives Nationales sous le numéro 284 AP 18, dossier 1. C'est un résumé et une apologie en 96 pages des opinions de Sieyès, dus sans doute à Œlsner.

Roberto Zapperi a choisi et présenté quelques-uns des principaux écrits politiques et plusieurs textes inédits de Sieyès dans :
— *Emmanuel Joseph Sieyès, Ecrits politiques*, choix et présentation de Roberto Zapperi. Montreux et Paris, Editions des Archives Contemporaines, 1985.

Une édition critique de tous les écrits politiques de Sieyès est en cours, avec une préface de Pasquale Pasquino, sous le titre *E. Sieyès, Scritti Politici*, à Milan, chez Giuffré.

Le plus fameux des écrits politiques de Sieyès *Qu'est-ce que le Tiers Etat?* (janvier 1789), qui a connu quatre éditions au cours de l'année 1789, a fait l'objet de plusieurs rééditions et éditions critiques. On citera, en éditions françaises :
— *Qu'est-ce que le Tiers Etat?* précédé de l'*Essai sur les privilèges*, édition augmentée de 23 notes par l'abbé Morellet, Paris, chez Alexandre Correard, 1822.
— *Qu'est-ce que le Tiers Etat?*, réédition par Chapuys-Montlaville, Paris, Pagnerre, 1839.
— *Qu'est-ce que le Tiers Etat?* précédé de l'*Essai sur les privilèges*, édition critique avec une introduction par Edme Champion en collaboration avec Alphonse Aulard, Paris,

1888, Société de l'Histoire de la Révolution française, Comité d'études pour la préparation du Centenaire de 1789.

— *Qu'est-ce que le Tiers Etat?*, édition critique avec une introduction et des notes par Roberto Zapperi, Genève, Droz, 1970. L'introduction de Roberto Zapperi étudie la politique de Sieyès, au plan de ses rapports avec le capitalisme d'une part, avec la démocratie d'autre part, et comporte une brève mais utile biographie de Sieyès.

Alors que Champion et Aulard avaient choisi de reproduire l'édition de janvier 1789 de *Qu'est-ce que le Tiers Etat?*, Zapperi a publié celle de mai 1789, que Sieyès avait augmentée de nombreux développements.

— *Qu'est-ce que le Tiers Etat?*, réédition de l'édition d'Edme Champion, avec une préface de Jean Tulard. Paris, Quadrige, PUF, 1982.

— *Qu'est-ce que le Tiers Etat?*, édition de mai 1789 avec une préface de Jean-Denis Bredin, Paris, Flammarion, 1988.

La plupart des autres travaux politiques de Sieyès, imprimés ou manuscrits, se trouvent dans le fonds Sieyès, aux Archives Nationales (284 AP) ou dans *Le Moniteur*.

On citera, classés ci-dessous par ordre chronologique, ceux qui sont utilisés dans le présent ouvrage.

— *Vues sur les moyens d'exécution dont les représentants de France pourront disposer en 1789* (été 1788).

— *Essai sur les privilèges* (novembre 1788) (réédité récemment dans les *Ecrits Politiques de Sieyès*, présentés par Roberto Zapperi, Paris, EAC, 1985).

— *Instruction donnée par S.A.S. Monseigneur le Duc d'Orléans à ses représentants aux bailliages, suivies de délibérations à prendre dans les Assemblées* (février 1789).

— *Quelques idées de constitution, applicables à la ville de Paris, juillet 1789*, à Versailles, chez Baudouin, imprimeur de l'Assemblée Nationale.

— *Préliminaire de la Constitution ; reconnaissance et exposition raisonnée des droits de l'homme et du citoyen*, Paris, chez Baudouin, imprimeur de l'Assemblée Nationale, 1789. Le texte est suivi d'une déclaration des Droits en 32 articles.

— *Déclaration des Droits du Citoyen français en 37 articles, détachée du préliminaire de la Constitution par M. l'Abbé Sieyès*, Paris, chez Baudouin, imprimeur de l'Assemblée Nationale, 1789. Le texte, variante du précédent, comporte une déclaration des Droits en 37 articles.

— *Déclaration des Droits de l'homme en société*, par M. l'Abbé Sieyès, 1789, chez Baudouin, imprimeur de l'Assemblée Nationale, Paris. Cette déclaration, qui reprend et augmente la précédente, comprend 42 articles.

— *Observations sommaires sur les biens ecclésiastiques* (10 août 1789), Paris, chez Baudouin, imprimeur de l'Assemblée Nationale, 1789.

— *Opinion de M. l'Abbé Sieyès sur l'arrêté du 4 août relatif aux dîmes, prononcée le 10 août, à la séance du soir* (12 août 1789).

— *Dire de l'Abbé Sieyès sur la question du veto royal, à la séance du 7 septembre 1789*, Paris, chez Baudouin, imprimeur de l'Assemblée Nationale, 1789.

— *Aperçu d'une nouvelle organisation de la Justice et de la police en France* (septembre 1789), Paris, Imprimerie Nationale, mars 1790.

— *Observations sur le rapport du Comité de Constitution concernant la nouvelle organisation de la France, par un député de l'Assemblée Nationale* (2 octobre 1789).

— *Projet de loi contre les délits qui peuvent se commettre par la voie de l'impression et par la publication des écrits et des gravures, etc., présenté à l'Assemblée Nationale, le 20 janvier 1790, par le Comité de Constitution*.

— *Projet d'un décret provisoire sur le Clergé* (12 février 1790), Paris, Imprimerie Nationale, 1790.

— *Opinion de M. Emmanuel Sieyès, député de Paris à l'Assemblée Nationale, le 7 mai 1791, en réponse à la dénonciation de l'arrêté du département de Paris du 11 avril précédent sur les édifices religieux et la liberté générale des cultes*, Paris, Imprimerie Nationale, 1791.

— *Rapport du Comité de Défense générale pour organiser le ministère de la Guerre (1793)*, Paris, Imprimerie Nationale, 1793.

— *Rapport au nom des trois Comités de gouvernement sur la garantie de représentation nationale* (1er germinal an III), imprimé par ordre de la Convention.

— *Opinion de Sieyès sur plusieurs articles des titres IV et V du projet de Constitution*, discours prononcé le 2 thermidor de l'an III et imprimé par ordre de la Convention.

— *Opinion de Sieyès sur les attributions et l'organisation du Jury constitutionnaire prononcée à la Convention Nationale le 18 du même mois, l'an III de la République*, imprimé par ordre de la Convention.

— Paul Bastid a donné une édition critique des discours de Sieyès dans les débats constitutionnels de l'an III (2 et 18 thermidor) avec une introduction et des notes, à Paris, chez Brodard et Taupin, 1939.

— *Discours du 26 messidor* (14 juillet) an VII (n° 298 du *Moniteur*).

— *Discours prononcé à la fête des 9 et 10 Thermidor an VII par le citoyen Sieyès, président du Directoire exécutif* (au Puy, imprimerie de J.-B. Lacombe).

— *Discours du 23 thermidor* (10 août) an VII (n° 326 du *Moniteur*).

— Fragments textuellement cités par Boulay de la Meurthe d'après une dictée faite entre le 20 et le 30 brumaire an VIII et réunis dans sa *Théorie constitutionnelle de Sieyès*, 1836 (v. infra, Boulay de la Meurthe).

— La *Notice sur la vie de Sieyès, membre de la première Assemblée Nationale et de la Convention*, écrite à Paris, en messidor deuxième année de l'ère républicaine (vieux style juin 1794), a été publiée en Suisse et à Paris, chez Maradan libraire, en l'an III.

La *Notice* est une œuvre de collaboration constituée de récits personnels de Sieyès mis en forme par Œlsner, et peut-être J. G. Ebel, et revus et corrigés par Sieyès (cf. sur l'histoire de la *Notice*, Bastid, *Sieyès et sa pensée*, pp. 320-321).

La *Notice* fut publiée en français et en allemand, et comporta, dans sa version française, deux éditions, l'une chez Maradan, l'autre un peu plus longue, ornée d'un portrait de Sieyès peint par Bréa, qui fut elle-même traduite en allemand.

Le texte français de la *Notice*, publié chez Maradan, a été réédité dans la revue *Révolution française* de 1892, tome II, pp. 161 et ss.

Les œuvres de Sieyès ont été mieux connues et plus étudiées en Allemagne qu'en France. La meilleure bibliographie en langue allemande concernant Sieyès et son œuvre se trouve dans *Emmanuel Sieyès, Politische Schriften, 1788-1790*, présenté par Eberhard Schmitt et Rolf Reichardt, München-Wien, R. Oldenbourg Verlag, 1981.

SUR SIEYÈS

Sur Sieyès, sa vie et ses travaux, l'ouvrage de référence est celui de Paul BASTID, *Sieyès et sa pensée* (Paris, 1939 ; édition remaniée et révisée, Paris, Hachette, 1970 ; et Genève, Slatkine Reprints, 1978, véritable somme enrichie par l'utilisation du fonds Sieyès réuni aux Archives Nationales).

ADLER-BRESSE (Marcelle) : « Le fonds Sieyès aux Archives Nationales », dans *Annales historiques de la Révolution française*, 1970, n° 42, pp. 519 et ss.

ADLER-BRESSE (Marcelle) : *Sieyès et le monde allemand*, thèse de doctorat, Université Paris I, 15 avril 1976, Lille-Paris, Champion, 1977.

Anonyme : « Sieyès amoureux de Joséphine », dans *La Révolution Française,* juin 1901, t. XXXX, p. 566.

AULARD (Alphonse) : « Sieyès et Talleyrand, d'après Benjamin Constant et Barras », dans *La Révolution française,* t. LXXIII, 1920, pp. 289 et ss.

BACZKO (B.) : « Le Contrat social des Français, Sieyès et Rousseau », dans *The French Revolution and the creation of Modern Political Culture,* vol. 1, Baker, Oxford, Pergamon Press, 1987.

BAILLOT (Pierre) : *Observations, sur le plan d'éducation nationale présenté par Sieyès, lues à la société populaire de Dijon le 21 juillet,* Dijon, Imprimerie de P. Causse, 1793.

BARON (A.) : « Les exilés de Bruxelles », dans *Revue de Paris,* t. XIX, 1830, pp. 13 et ss.

BASTID (Paul) : « La place de Sieyès dans l'histoire des institutions », dans *Revue d'Histoire politique et constitutionnelle,* janvier-mars 1939, pp. 306 et ss.

BASTID (Paul) : *Sieyès et sa pensée,* Paris, 1939 ; nouvelle édition revue et augmentée, Paris, Hachette, 1970 ; réédition, Genève, Slatkine Reprints, 1978.

BASTID (Paul) : « Une documentation nouvelle sur Sieyès », dans *Revue de l'Institut Napoléon,* n° 118, 1971.

BEAUVERGER (Edmond de) : « Etude sur Sieyès », dans *Revue de législation et de jurisprudence,* imprimerie de Hennuyer, 1851, janvier-avril, pp. 353 et ss.

BIGEON (Alphonse) : *Sieyès, l'homme, le constituant,* Paris, Henri Becus, 1893.

BOULAY DE LA MEURTHE : *Théorie constitutionnelle de Sieyès. Constitution de l'an VIII,* extraits des *Mémoires inédits* de M. Boulay de la Meurthe, Paris, Paul Renouard, août 1836.

BOURDON (Jean) : « Les idées de Sieyès sur l'organisation judiciaire de l'an VIII », dans *Bulletin de la société d'histoire moderne,* décembre 1934-janvier 1935, n° 1, pp. 45-46.

BOUVERT (J. M.) : *La lorgnette de vérité braquée sur le Directoire. Observations sur le citoyen Sieyès en attendant les autres.* Paris, Labarre, an VII (1799).

CABANES (Dr) : « Les maladies de Sieyès », dans *Chronique médicale,* février 1901, p. 89.

CALVET (Henri) : « Sieys ou Sieyès », dans *Annales historiques de la Révolution française,* 1933, p. 538.

CLAPHAM (J.-H.) : *The abbé Sieyès : an essay in the politics of the french Revolution,* London, 1912.

CLAVREUL (Colette) : « L'influence de la théorie d'Emmanuel Sieyès sur les origines de la représentation en droit public », thèse de doctorat d'Etat, Université Paris I, octobre 1982.

CLAVREUL (Colette) : « Sieyès, " Qu'est-ce que le Tiers Etat ? " », dans *Dictionnaire des œuvres politiques,* sous la direction de François Châtelet, Olivier Duhamel et Evelyne Pisier, Paris, PUF, 1986, pp. 747 et ss.

CLAVREUL (Colette) : « Sieyès et la genèse de la représentation moderne », dans *Revue française de théorie juridique,* n° 6, 1987, pp. 45 et ss.

DAMOISEAU (Louis) : *Mirabeau et Sieyès ou la Révolution et la contre-Révolution,* Paris, 1896.

DELINIÈRE (Jean) : « K. F. Reinhard, introducteur de Kant auprès de Sieyès », dans *Revue d'Allemagne,* t. XII, n° 4, octobre-décembre 1980.

DONIOL (Henri) : « Sieyès et Bonaparte », dans *Revue d'Histoire diplomatique,* 1901, pp. 417 et ss.

DREYFUS (Ferdinand) : « Mirabeau, Sieyès et la loi de pluralité », dans *La Révolution française,* t. LXIII, juillet-décembre 1912.

DUVIVIER (Paul) : *L'exil du comte Sieyès à Bruxelles (1816-1830)*, d'après des documents inédits, Malines, Godenne, 1910.

FORSYTH (Murray) : *Reason and Revolution, the political thought of the Abbé Sieyès*, New York, Leicester Press University, 1987.

FRESNE DE BEAUCOURT (Gaston de) : *Bonaparte et Sieyès : épisode inédit de la Révolution française*, Lille, 1862.

GAVOT (Jean) : « Comment Sieyès vécut », dans *Bulletin de la Société d'études scientifiques et archéologiques de Draguignan et du Var*, 1976-1977, pp. 5 et ss.

HOFMANN (Etienne) et KING (Norman) : « Les lettres de Benjamin Constant à Sieyès », dans *Annales Benjamin Constant*, n° 3, 1983, pp. 89 et ss.

KOUNG (Yoeh) : *Théorie constitutionnelle de Sieyès*, préface de Joseph Barthélemy, Paris, Sirey, 1934.

LEFEBVRE (Georges) : compte rendu de la thèse de M. Paul Bastid dans *Annales Historiques de la Révolution française*, 1939, pp. 357 et ss. ; reproduit dans *Etudes sur la Révolution française*, Paris, PUF, 1954.

LEFLON (Mgr Jean) : « Du chapitre de Chartres à la présidence du Sénat : l'abbé Sieyès », dans *Revue de l'Institut Napoléon*, 1971, p. 57.

LENÔTRE (G.) : « Le sommeil de Sieyès », dans *La Révolution par ceux qui l'ont vue*, Paris, 1934.

MADELIN (Louis) : « Sieyès », dans *Les hommes de la Révolution*, Paris, Plon, 1928.

MARQUANT (Robert) : *Les archives Sieyès. Inventaire*, Paris, 1970.

MATHIEZ (Albert) : « L'orthographe du nom de Sieys », dans *Annales historiques de la Révolution française*, 1925, pp. 487 et ss.

METGE : *Panégyrique de Sieyès*, Paris, Imprimerie du démocrate, 1799.

MIGNET (François Auguste) : « Notice sur la vie de Sieyès, lue à l'Académie des Sciences morales et politiques le 28 décembre 1836 ; Sieyès, sa vie et ses travaux », dans *Revue des Deux Mondes*, janvier 1837, t. IX, pp. 5 et ss.

MIRKINE-GUETZIEVITCH (Boris) : « L'abbé Sieyès », dans *Révolution française*, nouvelle série, 1936, pp. 229 et ss.

NETON (Albéric) : *Sieyès, 1748-1836, d'après des documents inédits*, Paris, Perrin et Cie, 1900.

NOËL (Edouard) : « Sieyès et le 18 Brumaire », dans *La Grande Revue* t. I, 1900, pp. 196 et ss.

Notice sur la vie de Sieyès, *Révolution française*, t. XXII, janvier-juin 1892, pp. 257 et ss.

ŒLSNER (Konrad) : *Des opinions politiques du citoyen Sieyès, et de sa vie comme homme public*, Paris, Goujon fils, an VIII.

ŒLSNER (Konrad), attribué à : *Exposé historique des écrits de Sieyès*, Paris, an VIII.

PARISET (Georges) : « Sieyès et Spinoza », dans *Revue de synthèse historique*, n° 12, 1906, pp. 309 et ss.

PASQUINO (Pasquale) : « E. J. Sieyès : la politique constitutionnelle de la " commercial society " », dans *Political theory Workshop*, King's College, Cambridge, 1-3 july, 1984.

PASQUINO (Pasquale) : « Emmanuel Sieyès, Benjamin Constant et le " Gouvernement des Modernes ", contribution à l'histoire du concept de représentation politique », dans *Revue française de Science politique*, avril 1987, pp. 214 et ss.

PASQUINO (Pasquale) : « Citoyenneté, égalité et liberté chez J.-J. Rousseau et E. Sieyès », dans *Cahiers Bernard Lazare*, 1988 (en cours de publication).

PINGAUD (Léonce) : « Les derniers conventionnels », dans *Revue de Paris*, 1896.

ROELS (Jean) : « La notion de représentation chez l'abbé Sieyès », dans *Revue Générale Belge*, 1963, pp. 87 et ss.

RUIZ (Alain) : « Un admirateur allemand de Sieyès Karl Friedrich Cramer », dans *Revue d'histoire diplomatique*, 1974, pp. 259 et ss.

RUIZ (Alain) : « A l'aube du kantisme en France. Sieyès, Reinhard et le traité " vers la paix perpétuelle " », dans *Cahiers d'études germaniques*, Université de Provence n° 4, 1980, pp. 147 et ss.

SAINTE-BEUVE : « Etude sur Sieyès », dans *Causeries du Lundi*, t. V, Paris, Garnier frères, 1851.

SAINTE-BEUVE : « Sur Sieyès », dans *Le Constitutionnel*, 9 et 10 décembre 1851.

SAINT-MARTIN (Jean) : « Un attentat contre Sieyès », dans *La Révolution française*, t. L, janvier 1906, pp. 221 et ss.

SIMÉON (Comte) : *Discours aux obsèques de Sieyès*, Paris, 1836.

SPULLER (Eugène) : « Sieyès et ses brochures », dans *Hommes et choses de la Révolution*, Paris, 1896.

STERN (Alfred) : « Sieyès et la Constitution de l'an III », dans *La Révolution française*, t. XXXIX, juillet-décembre 1900, pp. 375 et ss.

TEISSIER (Octave) : « Documents inédits, la jeunesse de l'abbé Sieyès », dans *Nouvelle revue*, Marseille, 1897, t. CIX, pp. 128 et ss.

THÉNARD (Jean-François) : « L'abbé Sieyès, électeur et élu de 1789 », dans *La Révolution française*, t. XIV, 1883, pp. 1083 et ss.

TROUX (A.) : « L'orthographe du nom de Sieyès », dans *Annales historiques de la Révolution française*, 1932, pp. 66 et ss.

VAN DEUSEN (G.) : *Sieyès : his life and his nationalism*, New York, Columbia University Press, 1932.

ZAPPERI (Roberto) : « Sieyès et l'abolition de la féodalité en 1789 », dans *Annales historiques de la Révolution française*, n° 44, 1972, pp. 321 et ss.

ZAPPERI (Roberto) : *Emmanuel-Joseph Sieyès, Ecrits politiques*, Paris, Edition des Archives Contemporaines, 1985.

HISTOIRES DE LA RÉVOLUTION

AULARD (Alphonse) : *Histoire politique de la Révolution française*, Paris, Armand Colin, 1926 ; rééd. Scientia Verlag Aalen, 1977.

BERTRAND DE MOLEVILLE (A. F.) : *Histoire de la Révolution de France*, Paris, Guiguet et Cie, 1801-1802.

BLANC (Louis) : *Histoire de la Révolution française*, Paris, Langlois et Leclercq, 1847-1862.

BUCHEZ et ROUX : *Histoire parlementaire de la Révolution française*, Paris, Paulin, 1834, 1838.

CABET (E.) : *Histoire populaire de la Révolution française*, Paris, Pagnerre, 1839-1848.

FURET (François) et RICHET (Denis) : *La Révolution française*, Paris, Fayard, 1973.

FURET (François) et OZOUF (Mona), sous la direction de : *Dictionnaire critique de la Révolution française*, Paris, Flammarion, 1988.

GAXOTTE (Pierre) et TULARD (Jean) : *La Révolution française*, Edition Universitaire, Paris, Fayard, 1975.

GODECHOT (Jacques) : *Les révolutions 1770-1789*, Paris, PUF, 1963.

GODECHOT (Jacques) : *La Révolution française, chronologie commentée 1787-1789*, Paris, Librairie Académique Perrin, 1988.

JAURÈS (Jean) : *Histoire socialiste de la Révolution française*, Paris, 1901-1908 ; nouvelle édition revue et annotée par Albert Soboul, préface par Ernest Labrousse, Paris, Editions Sociales, réédition 1983.

LACRETELLE (Charles, dit le Jeune) : *Précis historique de la Révolution française, Assemblée législative*, 2ᵉ éd., Paris, Treuttel et Wurtz, 1804.

LAMARTINE (A. de) : *Histoire des Constituants*, Paris, Victor Lecou, 1855.

LAVISSE (Ernest) : *Histoire de France depuis les origines jusqu'à la Révolution*, t. IX, *Le règne de Louis XVI*, par H. Carré, P. Sagnac, et E. Lavisse, Paris, Hachette, 1911.

LAVISSE (Ernest) : *Histoire de France contemporaine*,
– tome I, *La Révolution 1789-1792*, par P. Sagnac, Paris, Hachette, 1916,
– tome II, *La Révolution 1792-1799*, par G. Pariset, Paris, Hachette, 1920,
– tome III, *Le Consulat et l'Empire, 1799-1815*, par G. Pariset, Paris, Hachette, 1921,
– tome IV, *La Restauration, 1815-1830*, par S. Charlety, Paris, Hachette, 1921.
– tome V, *La Monarchie de Juillet, 1830-1848*, par S. Charlety, Paris, Hachette, 1921.

LEFEBVRE (Georges) : *La France sous le Directoire, 1795-1799*, Paris, 1946 ; réédition avec avant-propos d'Albert Soboul, présentation de Jean-René Suratteau, Paris, Editions Sociales, 1977 ; Messidor-Editions Sociales, 1988.

LEFEBVRE (Georges) : *Etudes sur la Révolution française*, Paris, PUF, 1954.

LEFEBVRE (Georges) : *La Révolution française et les paysans*, Paris, 1957, 6ᵉ édition ; Paris, PUF, 1968.

MANCERON (Claude) : *Le sang de la Bastille, 1787-1789*, Paris, Robert Laffont, 1987.

MASSIN (Jean) : *Almanach du Premier Empire, du 9 Thermidor à Waterloo*, Paris, le Club français du livre, 1965.

MATHIEZ (Albert) : *La réaction thermidorienne*, Paris, Armand Colin, 1929.

MATHIEZ (Albert) : *La Révolution française*,
– tome I, *La chute de la royauté*,
– tome II, *La Gironde et la Montagne*,
– tome III, *La Terreur*,
Paris, Armand Colin, 1922-1927 ; rééd. Paris, Denoël, 1985.

MATHIEZ (Albert) : *Le Directoire*, Paris, Armand Colin, 1934.

MICHELET : *Histoire de la Révolution française*, Paris, Rouff éd., vol. 1 et 2, 1847-1853 ; rééd. Paris, Robert Laffont, 1979.

MIGNET (F. A.) : *Histoire de la Révolution française depuis 1789 jusqu'en 1814*, Paris, Didier et Cie, 1827 ; Paris, Firmin Didot et Cie, 1875.

NECKER (M.) : *De la Révolution française*, Paris, Maret libraire, an V, 1797.

QUINET (Edgar) : *La Révolution*, 1865 ; réédition, Paris, Belin, 1987, préface de Claude Lefort.

SOBOUL (Albert) : *Mouvement populaire et gouvernement révolutionnaire en l'an II, 1793-1794*, Paris, Flammarion, 1973.

SOBOUL (Albert) : *La Révolution française*, nouvelle édition revue et augmentée du *Précis d'histoire de la Révolution française*, avant-propos de Claude Mazauric, Paris, Gallimard, 1984.

SOREL (Albert) : *L'Europe et la Révolution française*, Paris, Plon-Nourrit, 1911-1885.

SORIA (Georges) : *Grande Histoire de la Révolution française,*
— tome 1, *L'embrasement*, Paris, Bordas, 1987,
— tome 2, *Les paroxysmes*, Paris, Bordas, 1988,
— tome 3, *L'irréversible*, Paris, Bordas, 1988.

TAINE (Hippolyte) : *Les origines de la France contemporaine,*
— première partie : *L'Ancien Régime,*
— deuxième partie : *La Révolution,*
— troisième partie : *Le Régime moderne,*
Paris, Hachette, 1876-1893 ; réédition Paris, Hachette, 1947 ; Paris, Robert Laffont, coll. Bouquins, 1986.

THIERS (Alphonse) : *Histoire de la Révolution française*, Paris, 1832 et suiv. ; réédition Paris, Furne et Cie, 1865.

THIERS (Alphonse) : *Histoire du Consulat et de l'Empire*, Paris, 1843-1862.

TULARD (Jean) : *Les révolutions de 1789 à 1851, Histoire de France*, sous la direction de Jean Favier, t. IV, Paris, Fayard, 1985.

TULARD (Jean), sous la direction de : *Dictionnaire Napoléon*, Paris, Fayard, 1987.

TULARD (Jean), FAYARD (Jean-François), FIERRO (Alfred) : *Histoire et dictionnaire de la Révolution française, 1789-1799*, Paris, Robert Laffont, 1987.

VANDAL (Albert) : *L'avènement de Bonaparte,*
— tome I : *Genèse du Consulat, Brumaire, la Constitution de l'an VIII,*
— tome II : *la République consulaire,*
Paris, Plon, 1902-1907.

VOVELLE (Michel) : *La chute de la monarchie, 1787-1792*, Paris, Le Seuil, 1972.

WINOCK (Michel) : *1789 l'année sans pareille*, Paris, Olivier Orban, 1988.

MÉMOIRES ET TRAVAUX DE CONTEMPORAINS

ARNAULT : *Souvenirs d'un sexagénaire*, Paris.

BAILLY : *Mémoires*, 1821-1822.

BARBAROUX (Charles) : *Mémoires inédits*, Paris, Baudouin frères, 1822.

BARÈRE (Bernard) : *Mémoires*, Paris, Labitte, 1842-1844 ; rééd. avec introduction, biographie et notes d'Alfred Chabaud, Paris, Colin, 1936.

BARNAVE : « Introduction à la Révolution française », dans le tome I des *Œuvres de Barnave*, Paris, Berenger de la Drôme, 1843 ; réédition Paris, Fernand Rude, 1960.

BARRAS : *Mémoires*, introduction, préface et appendices de Georges Duruy, Paris, Hachette, 1895-1896.

BARRUEL (Abbé) : *Mémoires pour servir à l'histoire du jacobinisme*, Hambourg, Opigez libraire, 1801-1803 ; Paris, 1817.

BASTON (Abbé) : *Mémoires inédits*, Paris, Picard, 1897 ; réédition Honoré Champion, 1977.

BAUDOT (Marc-Antoine) : *Notes historiques sur la Convention nationale, l'Empire et l'exil des votants*, Paris, 1893 ; réédition Genève, Slatkine, 1974.

Bibliothèque des Mémoires relatifs à l'histoire de France pendant le XVIIIᵉ siècle, Paris, Firmin Didot, 1853-1881.

BONAPARTE (Joseph) : *Mémoires et correspondances*, Paris, 1853.

BONAPARTE (Lucien) : *Mémoires*, Paris, 1836.

BRISSOT (J.-P.) : *Mémoires*, Paris, Ladvocat, 1830-1832 ; étude critique et note de Cl. Perroud, A. Picard, 1911.

BURKE (Edmond) : *Réflexions sur la Révolution de France*, Paris, Londres, 1790 ; réédition Genève, Slatkine, 1980.

CHÉNIER (André) : *Œuvres en prose*, Paris, Garnier, 1879.

CONDORCET : *Œuvres*, Paris, 1847-1849.

CONSTANT (Benjamin) : « Souvenirs historiques à l'occasion de l'ouvrage de M. Bignon », dans *Revue de Paris*, 1830, t. XI, pp. 115 et ss. ; t. XVI, pp. 102 et ss., pp. 221 et ss.

CONSTANT (Benjamin) : *Journal intime*, Paris, Paul Ollendorff, 1895.

CONSTANT (Benjamin) : *Œuvres complètes*, texte présenté et annoté par Alfred Roullin, Paris, Gallimard, Bibliothèque de La Pléiade, 1957.

CONSTANT (Benjamin) : *De la liberté chez les modernes*, préface de Marcel Gauchet, Paris, Hachette, 1980.

COULMANN (Jean-Jacques) : *Réminiscences*, t. III, *Souvenirs de Benjamin Constant*, Paris, Michel Lévy, 1869 ; réédition Genève, Slatkine, 1973.

DAMPMARTIN : *Mémoires sur divers événements de la Révolution et de l'émigration*, 1825.

DESMOULINS (Camille) : *Révolution de France et de Brabant*, Paris, 1798.

DUMONT (Etienne) : *Souvenirs sur Mirabeau et sur les deux premières Assemblées législatives*, Paris, 1832 ; réédition Paris, J. Benetruy, 1951.

DUQUESNOY (Adrien) : *Journal sur l'Assemblée constituante*, Paris, Alphonse Picard et fils, 1894.

FICHTE (J. G.) : *Considérations sur la Révolution française*, réédition Paris, Payot, 1974.

FIÉVÉE (J.) : *Des opinions et des intérêts pendant la Révolution*, Paris, Le Normant, 1809.

FOUCHÉ (Joseph) : *Mémoires*, Paris, 1824 ; réédition avec introduction et notes de Louis Madelin, Paris, Flammarion, 1945.

GOHIER (L. J.) : *Mémoires*, Paris, 1824 ; dans Bibliothèque des Mémoires relatifs à l'histoire de France, Firmin Didot, 1853-1881.

GRÉGOIRE (Abbé) : *Mémoires*, Paris, A. Dupont, 1837.

GUIZOT : *Histoire des origines du gouvernement représentatif*, Paris, 1851.

GUIZOT : *Mémoires pour servir à l'histoire de mon temps*, Paris, Michel Lévy, 1858.

HÉRAULT DE SÉCHELLES : *Œuvres littéraires et politiques*, édition établie et présentée par Hubert Juin, Paris, Editions Rencontre, 1970.

HUA (E. A.) : *Mémoires d'un avocat de Paris, député de l'Assemblée législative*, publié par son petit-fils, Poitiers, Oudin, 1847.

LACRETELLE (Charles, dit le Jeune) : *Histoire de France pendant le XVIIIᵉ siècle*, Paris, Marescy, 1844.

LACRETELLE (P.L., dit l'Aîné) : *Sur le 18 Brumaire, A. Sieyès et à Bonaparte*, à Paris, Imprimerie du Journal de Paris, an VIII.

LA FAYETTE (marquis de) : *Mémoires, correspondances publiés par sa famille*, Paris, Fournier, 1837-1838.

LAMETH (Alexandre de) : *Histoire de l'Assemblée Constituante*, Paris, Moutardier, 1828-1829.

LAMETH (Théodore de) : *Notes et souvenirs*, Paris, Fontemoing, 1914.

LA REVELLIÈRE-LÉPEAUX (L. M.) : *Mémoires publiés par son fils*, Paris, Plon-Nourrit, 1829.

LAS CASES (Comte de) : *Mémorial de Sainte-Hélène*, suivi de *Napoléon dans l'exil*, Paris, Furne et Bourdin, 1823.

MIGNET : « Notice sur la vie de Sieyès : Sieyès, sa vie, ses travaux », dans *Revue des Deux Mondes*, tome IX, janvier 1837.

MIRABEAU : *Discours de*, préface de François Furet, Paris, Gallimard, 1973.

MORELLET (Abbé) : *Mémoires inédits sur le XVIIIᵉ siècle et sur la Révolution*, Paris, 1821 ; réédition, Paris, Mercure de France, 1988.

MORRIS (Gouverneur) : *Journal pendant les années 1789, 1790, 1791, 1792*, Paris, Plon, 1901.

NECKER : *Principes positifs de M. Necker*, extraits de tous ses ouvrages, 1789.

REINHARD (Madame) : *Madame Reinhard. Une femme de diplomate. Lettres de Madame Reinhard à sa mère, 1798-1815*, Paris, Picard, 1900.

ROEDERER (Comte Pierre-Louis) : *Œuvres*, publiées par son fils, Paris, Firmin Didot, 1856-1859.

ROEDERER (Comte Pierre-Louis) : *Autour de Bonaparte, Journal du comte Roederer*, Paris, 1909.

ROEDERER (Comte Pierre-Louis) : *Mémoires sur la Révolution, le Consulat et l'Empire*, textes choisis et présentés par Octave Aubry, Paris, Plon, 1942.

ROLAND (Mme) : *Lettres publiées par Cl. Perroud*, Paris, Imprimerie Nationale, 1900-1902.

STAËL (Mme de) : *Considérations sur les principaux événements de la Révolution française*, Paris, Delaunay, Bossange et Masson libraires, 1818.

TALLEYRAND : *Mémoires*, 1891 ; réédition, Paris, Jean de Bonnot, 1967.

THIBAUDEAU : *Mémoires sur la Convention et le Directoire*, Paris, 1824.

THIBAUDEAU : *Mémoires sur le Consulat et l'Empire*, Paris, 1827.

YOUNG (Arthur) : *Voyages en France pendant les années 1787, 1788, 1789 et 1790*, à Paris chez Buisson libraire, 1793 ; réédition Paris, Guillaumin, 1860.

OUVRAGES ET ARTICLES DIVERS

Actes du Tribunal révolutionnaire, recueillis et commentés par Gérard Walter, Paris, Mercure de France, 1968

AGAY (Frédéric d') : *Les grands notables du Premier Empire dans le Var*, Paris, CNRS, à paraître 1988.

AULARD (F. A.) : *L'éloquence parlementaire pendant la Révolution française. Les orateurs de la Constituante*, Paris, Hachette, 1882.

AULARD (F. A.) : *Les orateurs de la Législative et de la Convention*, Paris, Hachette, 1885-1886.

AULARD (F.A.) : *Le culte de la Raison et le culte de l'Être Suprême, 1793-1794*, Paris, F. Alcan, 1892.

BADINTER (Elisabeth) et BADINTER (Robert) : *Condorcet*, Paris, Fayard, 1988.

BAILLEU (Paul) : *Preussen und Frankreich von 1795 bis 1807*, 1881-1887.

BAINVILLE (Jacques) : *Le 18 Brumaire*, Paris, Hachette, 1925.

BARTHES (Roland) : *Michelet*, Paris, Le Seuil, 1975.

BARTHOU (Louis) : *Mirabeau*, Paris, 1913.

BASTID (Paul) : *Benjamin Constant et sa doctrine*, Paris, A. Colin, 1966.

BEAUVERGER (Edmond de) : *Des constitutions de la France et du système politique de l'Empereur Napoléon*, Paris, A. Franck, 1852.

BÉNICHOU (Paul) : *Le sacre de l'écrivain 1750-1830*, Paris, José Corti, 1985.

BERTAUD (Jean-Paul) : *Les origines de la Révolution française*, Paris, 1971.

BERTAUD (Jean-Paul) : *La vie quotidienne en France au temps de la Révolution (1789-1795)*, Paris, Hachette, 1983.

BERTAUD (Jean-Paul) : *Bonaparte prend le pouvoir*, Bruxelles, Ed. Complexe, 1987.

BOUBEKER (Ourabah) : « La vie municipale à Fréjus de 1784 à la Révolution » (mémoire D.E.S. d'histoire du droit), Archives départementales du Var, D 146, 1968.

BOUBEKER (Ourabah) : « La vie municipale à Fréjus au xviiie siècle, thèse de doctorat », Archives départementales du Var, D 165, 1971.

BRINKMANN : *Correspondance diplomatique*, Paris, Editions Léouzon Le Duc, 1861.

CARRÉ DE MALBERG : *Contribution à la théorie générale de l'Etat*, Paris, Sirey, 1920-1922.

CASTRIES (duc de) : *La vieille dame du quai Conti. Une histoire de l'Académie française*, préface de Jean Mistler, Paris, Librairie Académique Perrin, réédition 1985.

CASTRIES (duc de) : *Mirabeau*, Paris, Fayard, 1986.

CHALLAMEL : *Les clubs contre-révolutionnaires*, Paris, Le Cerf-Noblet, 1895.

CHARLES-ROUX (Jean) : *Fréjus*, Paris, Bibliothèque régionaliste Bond et Cie, Archives départementales du Var, D 21.

CHÂTELET (François), DUHAMEL (Olivier), PISIER (Evelyne) : *Dictionnaire des œuvres politiques*, Paris, PUF, 1986.

CHAUNU (Pierre) : *La civilisation de l'Europe des Lumières*, Paris, Arthaud, 1971; Flammarion Champs, 1982.

CHAUSSINAND-NOGARET (Guy) : *La noblesse du XVIIIe siècle. De la féodalité aux Lumières*, Paris, Hachette, 1936.

CHAUSSINAND-NOGARET (Guy) : *Mirabeau*, Paris, Le Seuil, 1982.

CHEVALLIER (Jean-Jacques) : *Barnave ou les deux faces de la Révolution*, Paris, Payot, 1936.

CHEVALLIER (Jean-Jacques) : *Les grandes œuvres politiques de Machiavel à nos jours*, Paris, Armand Colin, 1970.

CHIAPPE (Jean-François) : *Louis XVI*, Paris, Librairie Académique Perrin, 1987.

Choix de rapports, opinions, et discours prononcés à la tribune nationale depuis 1789 jusqu'à ce jour, Paris, Alexis Eymery, 1818.

COBBAN (Alfred) : *Le sens de la Révolution française*, préface d'Emmanuel Le Roy Ladurie, Paris, Commentaire Julliard, 1984.

COCHIN (Augustin) : *Les sociétés de pensée et la démocratie moderne*, Paris, Plon, 1921.

COCHIN (Augustin) : *La Révolution et la libre pensée*, Paris, Plon, 1955.

DAUMARD (A.) et FURET (F.) : *Structures et relations sociales à Paris au XVIIIe siècle*, Cahier des Annales n° 18, Paris, A. Colin, 1961.

DEGERT (Abbé A.) : *Histoire des séminaires français jusqu'à la Révolution*, Paris, G. Beauchesne, 1912.

DESTUTT DE TRACY : *Eléments d'idéologie*, Paris, 1824.

DODU (G.) : *Le parlementarisme et les parlementaires sous la Révolution (1789-1799)*, Paris, Plon, 1911.

DUGUIT : *La séparation des pouvoirs et l'Assemblée nationale de 1789*, Paris, 1893.

DUGUIT : *Traité de droit constitutionnel*, Paris, 1921 et suiv.

DUPEUX (Georges) : *La société française 1789-1970*, Paris, Armand Colin, 1972.

ELLUL (Jacques) : *De la Révolution aux révoltes*, Paris, Calmann-Lévy, 1972.

FAURE (Edgar) : *La disgrâce de Turgot*, Paris, Gallimard, 1961.

FAY (Bernard) : *L'esprit révolutionnaire en France et aux Etats-Unis à la fin du XVIIIe siècle*, Paris, Libraire Edouard Champion, 1925.

FAY (Bernard) : *Louis XVI ou la fin d'un monde*, Paris, La Table ronde, 1981.

FERRAZ (M.) : *Histoire de la philosophie pendant la Révolution*, Paris, Perrin, 1889.

FERRERO (Guglielmo) : *Les deux Révolutions françaises 1789-1796*, Neuchâtel, Editions La Baconnière, 1951.

FERRY (Luc) et RENAUT (Alain) : *Philosophie politique des « droits de l'homme à l'idée républicaine »*, Paris, PUF, 1985.

La fête révolutionnaire, Actes du colloque tenu à Clermont-Ferrand en 1974, dans *Annales Historiques de la Révolution française*, juillet-septembre 1975.

FICHTE (J. G.) : *Considérations sur la Révolution française*, réédition, présentation de Marc Richir, Paris, Payot, 1974.

FIÉVÉE (J.) : *Des opinions et des intérêts pendant la Révolution*, Paris, Le Normant, 1809.

FLEISCHMANN (Hector) : *Mémoires de Charlotte Robespierre*, Paris, Albin Michel, 1910.

FORREST (Alain) : *La Révolution française et les pauvres*, Paris, Librairie Académique Perrin, 1986.

FURET (François) : *Penser la Révolution française*, Paris, Gallimard, 1978.

FURET (François) : *Marx et la Révolution française*, Paris, Flammarion, 1986.

FURET (François) : *La gauche et la Révolution au milieu du XIXe siècle*, Paris, Hachette, 1986.

GAUCHET (Marcel) : « La Déclaration des Droits », dans *Dictionnaire critique de la Révolution française*, Paris, Flammarion, 1988.

GODECHOT (Jacques) : *La contre-révolution 1789-1804*, Paris, PUF, 1961.

GODECHOT (Jacques) et REINHARD (Marcel) : « A propos de Vannelet et des Dropmore Papers », dans *Annales historiques de la Révolution française*, 1958, pp. 1-20.

GODECHOT (Jacques) : *La pensée révolutionnaire en France et Europe*, Paris, A. Colin, 1964.

GODECHOT (Jacques) : *La prise de la Bastille, 14 juillet 1789*, Paris, Gallimard, 1965.

GODECHOT (Jacques) : *La vie quotidienne en France sous le Directoire*, Paris, Hachette, 1977.

GOUBERT (Pierre) et DENIS (Michel) : *1789 les Français ont la parole, Cahiers des Etats Généraux*, Paris, Julliard, 1964 ; rééd. Gallimard, coll. Archives, 1975.

GRANDSAIGNES (R. de) : « Enquête sur les bulletins de Dropmore », dans *Annales historiques de la Révolution française*, 1957, pp. 214 et ss.

GRAWITZ (Madeleine) et LECA (Jean) : *Traité de science politique*,
– tome I, *La science politique*,
– tome II, *Les régimes politiques contemporains*,
– tome III, *L'action politique*,
– tome IV, *Les politiques publiques*,
Paris, PUF, 1985.

GUILLEMIN Henri : *Benjamin Constant*, Paris, 1958.

GUILLOU (Adolphe) : *Essai historique sur Tréguier*, Marseille, 1979.

GUSDORF (Georges) : *La conscience révolutionnaire, les idéologues*, Paris, Payot, 1978.

HARPAZ (Ephraïm) : *Benjamin Constant publiciste, 1825-1830*, Paris-Genève, Champion-Slatkine, 1987.

HAZARD (Paul) : *La crise de la conscience européenne, 1680-1715*, Paris, Fayard, 1961.

HAZARD (Paul) : *La pensée européenne au XVIIIe siècle, de Montesquieu à Lessing*, Paris, Fayard, 1979

HINDIL LEMAY (Edna) : *La vie quotidienne des députés aux Etats Généraux 1789*, Paris, Hachette, 1987.

HOFMANN (Etienne) : *Les « principes de politique » de Benjamin Constant*, Genève, Droz, 1980.

HUART (Suzanne d') : *Brissot. La Gironde au pouvoir*, Paris, Robert Laffont, 1986.

ISORNI (Jacques) : *Le vrai procès du Roi*, Paris, Atelier Marcel Jullian, 1980.

Jacques et Suzanne Necker interprétés, Actes de la 8e journée de Coppet, 8 septembre 1984 Société des études staëliennes, Paris, J. Touzot, 1985.

JULIA (Dominique) : *L'éducation en France au XVIIIe siècle*, Paris, CEDES, 1969.

LABROUSSE (C. E.) : *La crise de l'économie française à la fin de l'Ancien Régime et au début de la Révolution*, Paris, PUF, 1943.

LABROUSSE (E.), LÉON (P.), GOUBERT (P.), BOUVIER (J.), CARRIÈRE (C.), HARSIN (P.), sous la direction de F. BRAUDEL et E. LABROUSSE : *Histoire économique et sociale de la France*, tome II, *Des derniers temps de l'âge seigneurial aux préludes de l'âge industriel, 1660-1789*, Paris, PUF, 1970.

LA HARPE : *Correspondance de La Harpe et Alexandre Ier*, publié par Jean-Charles Biaudet et Françoise Nicot, tome I, *1785-1802*, Neufchâtel, 1978.

LATREILLE (André) : *L'Eglise catholique et la Révolution française*, tome I, Paris, Editions du Cerf, 1970.

LAVAL-REVIGLIO (Marie-Claude) : « Les conceptions politiques des physiocrates », dans *Revue française de science politique*, n° 2, 1987, p. 181.

LEFEBVRE (Georges) : *La grande peur de 1789*, Paris, SEDES, 1932.

LEFEBVRE (Georges) : « La Révolution française et les paysans », dans *Etudes sur la Révolution française*, Paris, PUF, 1954.

LEFEBVRE (Georges) : *Napoléon*, Paris, PUF, 1969.

LEGRAND (R.) : *Babeuf et ses compagnons de route*, Société des études robespierristes, Paris, 1981.

LIET-VEAUX (Georges) : *Essai d'une théorie juridique de la Révolution*, Paris, Sirey, 1943.

LIGOU (Daniel) : *Dictionnaire de la franc-maçonnerie*, Paris, PUF, 1987.

LOCKE : *Essai philosophique concernant l'entendement humain*, Amsterdam, Schreuder, 1755 ; réédition Paris, Librairie philosophique, Vrin, 1983.

Louis XVI : *Extraits des mémoires du temps*, recueillis par J. B. Ebeling, préface de Jacques Bainville, Paris, Plon, 1939.

MADELIN (Louis) : *Fouché 1759-1829*, Paris, Plon, 1913.

MADELIN (Louis) : *Danton*, Paris, Hachette, 1914.

MADELIN (Louis) : *Le Consulat*, Paris, 1924.

MARX (Karl) : *L'historiographie du socialisme vrai (contre Karl Grün)*, dans *Œuvres de Marx*, Paris, Gallimard, Coll. La Pléiade, 1982, t. II, *Philosophie*, pp. 665 et ss.

MARX (Karl) : *Le communisme et la « Allgemeine Zeitung » d'Augsbourg*, dans *Œuvres de Marx*, Paris, Gallimard, Coll. La Pléiade, 1982, t. III, *Philosophie*, pp. 230 et ss.

MARX (Karl) et ENGELS (Friedrich) : *La sainte famille, ou critique de la critique critique*, dans *Œuvres de Marx*, Paris, Gallimard, Coll. La Pléiade, 1982, t. III, *Philosophie*, pp. 419 et ss.

MATHIEZ (Albert) : « Histoire secrète du Comité de salut public », dans *Questions historiques*, janvier 1914.

MATHIEZ (Albert) :« Les correspondants parisiens d'Antraigues », dans *Annales de la Révolution*, mai, juin 1918.

MATHIEZ (Albert) : *Le bolchevisme et le jacobinisme*, Paris, Libraire de l'Humanité, 1920.

MATHIEZ (Albert) : « La Révolution française et la théorie de la dictature », dans *Revue historique*, 1929, n° 161, pp. 304 et ss.

MAZAURIC (Claude) : *Babeuf et la conspiration pour l'égalité*, Paris, Editions sociales, 1962.

MAZAURIC (Claude) : *Jacobinisme et Révolution*, Paris, Editions sociales, 1984.

MORNET (Daniel) : *Les origines intellectuelles de la Révolution française 1715-1817*, Paris, Armand Colin, 1933.

MOUSNIER (Roland) : *Les hiérarchies sociales de 1450 à nos jours*, Paris, PUF, 1969.

MOUSNIER (Roland) : *La société française de 1770 à 1789*, Paris, C.D.U., 1970.

NICOLET (Claude) : *L'idée républicaine en France. Essai d'histoire critique*, Paris, Gallimard, 1982.

NOELL (Henry) : *De la soutane au bonnet phrygien et à l'habit de Cour. Sieyès. Fouché. Talleyrand*, Paris, La nouvelle édition, 1947.

NORA (Pierre), sous la direction de : *Les lieux de mémoire*,
– tome I, *La République*,
– tome II, volumes 1 et 2, *La Nation*,
Paris, Gallimard, 1986.

OLLIVIER (Albert) : *Saint-Just en la force des choses*, Paris, 1954.

ORY (Pascal), sous la direction de : *Nouvelle Histoire des idées politiques*, postface de René Rémond, Paris, Hachette, 1987.

OZOUF (Mona) : *La fête révolutionnaire 1789-1799*, Paris, Gallimard, 1976.

OZOUF (Mona) : *L'école de la France. Essais sur la Révolution, l'utopie et l'enseignement*, Paris, Gallimard, 1984.

PICAVET (F.) : *Les idéologues*, Paris, Alcan, 1891.

PINGAUD (Léonce) : « Les derniers conventionnels », dans *Revue de Paris*, 15 février 1896.

PLONGERON (Bernard) : *Conscience religieuse en révolution. Regards sur l'historiographie religieuse de la Révolution française*, Paris, Picard, 1969.

PLONGERON (Bernard) : *La vie quotidienne du clergé français au XVIIIᵉ siècle*, Paris, Hachette, 1974.

PROTH (Mario) : *Bonaparte*, Paris, Le Chevalier, 1869.

PROUDHON : *Qu'est-ce que la propriété ?*, Paris, Augé-Laribé, 1926.

QUANTIN (P.) : *Les origines de l'idéologie*, Paris, Economica, 1987.

RENAN (Ernest) : *La réforme intellectuelle et morale*, Paris, Calmann-Lévy, 1871.

RICHET (Denis) : *La France moderne : l'esprit des institutions*, Paris, Flammarion, 1973.

RIOUX (Jean-Pierre) : *La révolution industrielle 1780-1880*, Paris, Le Seuil, 1971.

ROELS (Jean) : *Le concept de représentation politique au XVIIIᵉ siècle français*, préface de Marcel Prélot, Louvain, Editions Nauwermaerts, 1969.

SICARD (Abbé Augustin) : *L'ancien clergé de France, les évêques avant la Révolution*, Paris, Victor Lecoffre, 1912.

SOBOUL (Albert) : *Le procès de Louis XVI*, Gallimard, collection Archives, 1960.

SOBOUL (Albert) : *Problèmes paysans de la Révolution 1789-1848*, Paris, Maspero, 1976.

STERN (Alfred) : « C.E. Œlsner », notice biographique accompagnée de fragments de ses mémoires, dans *Revue historique* XXXIX, juillet-décembre 1900.

TACKETT (Timothy) : *La Révolution, l'Eglise, la France*, traduit par A. Spiers, préface de Michel Vovelle, postface de Claude Langlois, Paris, Editions du Cerf, 1986.

TOCQUEVILLE (Alexis de) : *L'Ancien Régime et la Révolution*, dans *Œuvres complètes*, édition définitive sous la direction de J.-P. Mayer, texte établi et annoté par André Jardin, introduction par Georges Lefebvre, et fragments et notes inédits sur la Révolution, Paris, Gallimard, 1971.

TOUCHARD (Jean) : *Histoire des idées politiques*, tome II, *Du XVIIIᵉ siècle à nos jours*, Paris, PUF 1959.

TROPER (Michel) : *La séparation des pouvoirs et l'histoire constitutionnelle française*, Paris, LGDJ, 1980.

VALLENTIN (Antonina) : *Mirabeau dans la Révolution*, Paris, Grasset, 1947.

VINOT (Bernard) : *Saint-Just*, Paris, Fayard, 1985.

VOVELLE (Michel) : *Religion et Révolution. La déchristianisation de l'an II*, Paris, Hachette, 1976.

VOVELLE (Michel) : *Ville et campagne au XVIIIᵉ siècle (Chartres et la Beauce)*, Paris, Editions Sociales, 1980.

VOVELLE (Michel) : *Idéologie et mentalités*, Paris, Maspero, 1982.

VOVELLE (Michel) : *La mentalité révolutionnaire, société et mentalité sous la Révolution française*, Paris, Editions Sociales, 1985.

VOVELLE (Michel), sous la direction de : *L'état de la France pendant la Révolution, 1789-1799*, Paris, Editions de la Découverte, 1988.

WORONOFF (Denis) : *La République bourgeoise de Thermidor à Brumaire, 1794-1799*, Paris, Le Seuil, 1972.

INDEX DES NOMS CITÉS

REMERCIEMENTS

Je remercie mon ami François Furet, qui, durant les quatre années de ce travail, n'a cessé de m'encourager de son amitié et de m'éclairer de ses lumières. Sans lui ce livre n'aurait pu être. Il m'en a donné l'idée et il a guidé mes efforts. Je lui dis mon affectueuse gratitude.

Je remercie Marcel Gauchet dont la parfaite connaissance et l'exceptionnelle compréhension de Sieyès m'ont beaucoup aidé. Chaque conversation avec lui m'a ouvert de nouvelles perspectives.

Je remercie Colette Clavreul, je remercie Pasquale Pasquino qui ont bien voulu me donner le précieux appui de leur compétence.

Je remercie Elisabeth Badinter et Robert Badinter dont l'affection, en cette occasion — comme en toutes — a été si vigilante.

Je remercie mon ami Maître Claude Reymond, Professeur à l'Université de Lausanne, qui m'a beaucoup éclairé sur les relations compliquées de Sieyès et de Benjamin Constant. Le travail a disputé à la joie chacune de nos rencontres. Je remercie Monsieur Etienne Hofmann, Professeur à l'Institut Benjamin Constant de l'Université de Lausanne, qui m'a aidé de ses remarquables compétences. Grâce à lui et au très efficace appui de l'Institut Benjamin Constant j'ai pu approcher le groupe de Coppet.

Je remercie mes amis Jacqueline Le Bris et Renaud Fessaguet, qui m'ont aidé dans mes recherches. Sans leur concours, je n'aurais pu parcourir ce long chemin.

Je remercie Monsieur Jean Favier, Directeur Général des Archives de France qui a beaucoup fait pour faciliter mon travail. Je remercie Monsieur Jean Becarud, Conservateur en chef de la Bibliothèque du Sénat.

A Madame Schaetzel, sans la compétence — et la patience — de qui ce livre n'aurait pas pris corps, à Madame Briquet, qui en a vécu toutes les étapes, j'exprime ma reconnaissance.

Je remercie Laurent Theis, qui voulut bien lire mes manuscrits. Chacune de ses observations me fut utile, et son attentive amitié m'a été, tout au long de ce travail, un constant réconfort.

Je remercie Bernard de Fallois. Ensemble nous avons conçu ce projet, puis tenté de le réaliser. Il en a partagé les moments heureux, et aussi les moments difficiles. Il n'a cessé de m'encourager. Je lui en dis mon amicale gratitude.

Enfin je ne puis pas ne pas évoquer la mémoire de mon maître Paul Bastid. Ce livre lui doit beaucoup. Ma pensée admirative et reconnaissante va vers lui.

TABLE

Troisième partie

J'AI VÉCU

Quatrième partie

QUE LES RÉVOLUTIONS SOIENT FINIES PAR CEUX QUI LES COMMENCENT

TABLE 611

Cinquième partie

À QUOI BON !

*Cet ouvrage a été composé
par l'Imprimerie BUSSIÈRE
et imprimé sur presse CAMERON
dans les ateliers de la S.E.P.C.
à Saint-Amand-Montrond (Cher)
en septembre 1988*

N° d'édit. : 25. N° d'imp. : 5278-1445.
Dépôt légal : octobre 1988.
Imprimé en France